PI S
D'ESSAI[MC]

2012

LES GUIDES MOTOCYCLISTES

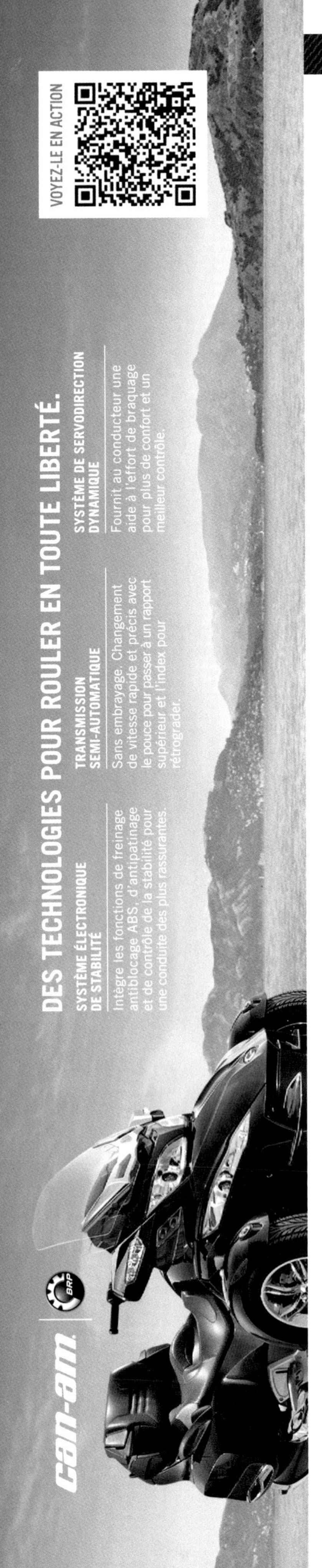

CRÉDITS

Pour leur soutien et les divers services qu'ils ont rendus et qui ont aidé la réalisation du Guide de la Moto 2012, nous tenons à sincèrement remercier les personnes suivantes. Merci à tous et à toutes.

Christian Lafrenière, Christian Dubé, Jocelyne Béslile, Louise Coulombe, Stéphane Théroux, Aline Plante, Suzanne Gascon, Marc Bouchard, Sylvain Drouin, Nathalie Grégoire, Jacques Grégoire, Michel Boivin, Jacques Provencher, Karen Caron, Sonia Boucher, Jean-Pierre Belmonte, Roger Saint-Laurent, John Campbell, John Maloney, Didier Constant, Costa Mouzouris, Pete Thibaudeau, David Booth, Raymond Calouche, Ilka Michaelson, Daniel Chicoine, Jean Leduc, Kimberly Moore, Jason Lee, Tylor Donnelly, Jean Deshaies, Michel Olaïzola, Michael Bissonnette, Derek Schoeberle, John Howell, Enrico Pavia, Collin Whitley, Ian McKinstray, Steeve Corrigan, Jeff Comello, Stéphane Nadon, André Leblanc, Jan Plessner, Karl Edmondson, Russ Brenan, Jeff Herzog, Greg Lasiewski, Agata Formato, Lauren Oldoerp, Joey Lombardo, Sean Alexander, Jon Rall, Norm Wells, Vivian Scott, Rob Dexter, Chris Duff, Chris Ellis, Christine Ellis, Thais Toro, Marc R. Lacroix, José Boisjoli, Philippe Normand, Johanne Denault, Maude Desjarlais, Alex Carroni, Paul James, Jennifer Hoyer, Dana Wilke, John Bayliss, François Morneau, Steeve Bolduc, Natalie Garry, Martin Tejeda, Tim Kennedy, Bryan Hudgin, Luc Boivin, Robert Pandya, Francis Larivière, Steve Hicks, John Paolo Canton, Arrick Maurice, Dominic Sheraki, Tim Collins, Tom Riles, Brian J. Nelson, Steven Graetz, Kinney Jones, Adam Campbell, Kevin Wing, Tim Stover, Anthony Prowell, Barry Hathaway, Reg Kittrelle, Nick Ienatsch, Ken Hill, Chris Langlois.

Dépôt légal : Deuxième trimestre 2012
Bibliothèque nationale du Québec
Bibliothèque nationale du Canada
ISBN : 978-2-9809146-6-9
Imprimé et relié au Québec

Graphisme : CRI agence
Infographie : Groupe Charest
Chargé de projet : Pascal Meunier
Coordonnatrice : Nathalie Guénette
Direction artistique : Philippe Lagarde, Sébastien Houde
Direction de l'infographie : Wolfgang Housseaux
Retouche photo : Claude Lemieux
Associé - directeur de la création : Christian Lafrenière
Révision linguistique : Anabelle Morante, Gilberte Duplessis
Données techniques : Costa Mouzouris
Révision technique : Ugo Levac
Envoyé spécial EICMA : Didier Constant
Rédacteur section hors-route : Claude Léonard
Éditeur, rédacteur en chef : Bertrand Gahel
Impression : Imprimerie Transcontinental
Représentants : Robert Langlois, Nathalie Larose

LES GUIDES MOTOCYCLISTES

Téléphone : 1 877 363-6686
Adresse Internet : info@leguidedelamoto.com
Site Internet : www.leguidedelamoto.com

ÉDITIONS ANTÉRIEURES

Des éditions antérieures du Guide de la Moto sont offertes aux lecteurs qui souhaiteraient compléter leur collection. Les éditions antérieures peuvent être obtenues uniquement par service postal. Voici la liste des éditions que nous avons encore en stock ainsi que leur description :

- 2011 (français, 368 pages en couleurs)
- 2010 (français, 384 pages en couleurs)
- 2009 (français, 384 pages en couleurs)
- 2008 (français, 368 pages en couleurs)
- 2007 (français, 384 pages en couleurs)
- 2006 (français, 400 pages en couleurs)
- 2005 (français, 368 pages en couleurs)
- 2004 (épuisée)
- 2003 (français, 300 pages en couleurs)
- 2002 (français, 272 pages en couleurs)
- 2001 (français, 256 pages en noir et blanc avec section couleur)
- 2000 (français ou anglais, 256 pages en noir et blanc avec section couleur)
- 1995, 1996, 1997, 1998, 1999 (épuisées)

Pour commander, veuillez préparer un chèque ou un mandat postal à l'ordre de : ***Le Guide de la Moto*** et postez-le au : C.P. 55011, Longueuil, QC. J4H 0A2. N'oubliez pas de préciser quelle(s) édition(s) vous désirez commander et d'inclure votre om et votre adresse au complet écrits de manière lisible, pour le retour ! Les commandes sont en général reçues dans un délai de trois à quatre semaines.

Coût total par Guide, donc incluant taxe et transport, selon l'édition :

- 30 $ pour les éditions 2011, 2010, 2009, 2008, 2007, 2006, 2005 et 2003
- 25 $ pour l'édition 2002
- 20 $ pour l'édition 2001
- 15 $ pour l'édition 2000

IMPORTANT : Les éditions antérieures du Guide de la Moto que nous offrons à nos lecteurs sont des exemplaires ayant déjà été placés en librairie. Il se peut donc qu'ils affichent certaines imperfections mineures, généralement des couvertures très légèrement éraflées. La plupart sont toutefois en excellent état.

© 2012 Bombardier Produits Récréatifs inc. (BRP). Tous droits réservés. ®, MC et le logo BRP sont des marques de commerce de BRP ou de ses sociétés affiliées. Conduisez toujours de façon responsable et sécuritaire. Gardez toujours à l'esprit que l'alcool, les drogues et la conduite ne font pas bon ménage.
MORDEZ DANS LA ROUTE.
TROIS FOIS PLUTÔT QU'UNE.
Les roadsters Can-Am® Spyder® RT et RS. Avec leur géométrie unique à trois roues et des caractéristiques intuitives axées sur le conducteur, vous voilà fin prêt à ne faire qu'un avec la route. C'est ça, la conduite réinventée. Découvrez ce que des milliers de conducteurs savent déjà en visitant can-am.brp.com.
can-am
BRP
CONDUITE AUTORISÉE avec
PERMIS AUTO
FORMATION 7 HEURES

TABLE DES MATIÈRES

WDW2012
WORLDDUCATIWEEK
21-24 juin/June 2012
Italie, Misano World Circuit

DUCATI

Comme il m'arrive de traîner dans des endroits où d'autres partagent la même affection que j'ai pour la moto et comme j'y rencontre des gens de tous les genres et de toutes les souches sociales, il arrive aussi, bien entendu, que nous jasions moto. Assez souvent et longuement, en fait. J'aime ces gens et j'aime ces discussions. Ils ne le réalisent pas, mais leur point de vue est absolument essentiel à mon travail. Parce qu'à force de sauter de la meilleure moto à l'encore meilleure moto et à force de rouler dans des endroits encore plus beaux que ceux du dernier voyage, on peut finir par perdre pied, par s'égarer, par ne plus avoir les bons repères. Je constate régulièrement les conséquences de cette perte potentielle de clarté dans le jugement erroné de collègues, par exemple, ou dans les recommandations peu judicieuses de quelconques experts. L'un des meilleurs moyens pour moi de continuer à y voir clair, c'est justement de participer à ces échanges, et ce sont eux qui m'ont permis de réaliser qu'un fossé de plus en plus profond est en train de se creuser entre les gens qui font partie de l'industrie de la moto et ceux pour qui cette industrie, en fait, n'en est pas une. Pour ces derniers, la moto, c'est une passion, un loisir, une activité, un rêve. Et parce que c'est à ce niveau que se situe leur rapport avec les deux-roues, il leur est très difficile de comprendre pourquoi je répète que la moto change, car pour eux, rien n'est différent. Ils acceptent volontiers l'idée que les motos changent pour le mieux, en s'améliorant, mais c'est tout. Or, je peux vous assurer qu'en arrière, dans les coulisses, ça bouge. En fait, tout est même un peu sens dessus dessous derrière les rideaux, ce qui rend d'ailleurs de plus en plus complexe la réalisation d'un livre comme celui-ci. Les modèles

jadis dévoilés en septembre le sont désormais en novembre, les événements auxquels on assistait en janvier ont maintenant lieu au printemps... Il reste néanmoins que tout ce qui concerne cette lente métamorphose n'est pas négatif, bien au contraire, puisque c'est même absolument fascinant à voir évoluer. Surtout que ces discussions, je les ai aussi avec un tout autre genre d'interlocuteur, celui qui travaille sur la moto de demain, celui qui se creuse les méninges pour trouver la façon d'intéresser nos jeunes à remplacer leurs machines à textes par des guidons, celui qui s'est donné la mission de changer l'histoire en rendant la moto accessible à la masse et non plus seulement aux marginaux. Ces échanges sont non seulement, eux aussi, essentiels à mon travail, bien entendu, mais ils font également partie des plus riches moments du boulot. De pouvoir discuter en tête à tête avec l'individu chargé de ramener Indian à la vie, de pouvoir argumenter sur la direction d'un produit futur testé dans le secret avec l'équipe qui l'a conçu, de pouvoir rouler au milieu de Rio pour être témoin du succès ou de l'échec d'un ambitieux nouveau plan signé Harley-Davidson... Tout ça constitue la première moitié d'un privilège incroyable. L'autre moitié, c'est celle de bénéficier d'une plateforme comme *Le Guide de la Moto* pour partager tous ces moments et toutes ces informations avec ceux et celles qui, comme moi, sont fascinés par tout ça. Avec vous.

Bertrand Gahel

Crédit photo : Riles & Nelson

INDEX DES PRIX

APRILIA

Modèle	Variation	Prix
RSV4 Factory APRC		23 295
RSV4 APRC		17 495
Tuono V4R APRC		15 695
Dorsoduro 1200		12 795
Mana 850 GT ABS		10 995
Shiver 750		9 995

BMW

Modèle	Variation	Prix
K1600GTL	(+2 275)	29 500
K1600GT	(+100)	24 200
R1200RT	(+100)	20 550
K1300S	(+0)	16 990
S1000RR	(+100)	17 750
F800ST	(+0)	12 550
K1300R	(+0)	16 850
R1200R	(+0)	15 100
F800R	(+50)	10 150
R1200GS	(+50)	17 900
R1200GS Adventure	(+0)	20 600
F800GS	(+0)	12 750
F650GS	(+0)	9 850
G650GS	(+0)	8 800
G650GS Sertão	NM	9 750

BRP CAN-AM

Modèle	Variation	Prix
Spyder RT Limited	(+400)	32 849
Spyder RT-S	(-400)	29 349
Spyder RT-S SE5		30 949
Spyder RT A&C	(-700)	27 049
Spyder RT A&C SE5		28 649
Spyder RT	(-500)	25 249
Spyder RS-S SE5		22 749
Spyder RS-S	(-200)	21 149
Spyder RS SE5		20 949
Spyder RS	(-800)	19 349

Note : les prix BRP incluent les frais de transport et de préparation.

DUCATI

Modèle	Variation	Prix
1199 Panigale S Tricolore	NM	29 995
1199 Panigale S	NM	24 495
1199 Panigale	(+0)	19 995
848 EVO Corse SE	NM	16 495
848 EVO	(-1 000)	15 495
Multistrada 1200 S Pikes Peak	NM	22 995
Multistrada 1200 S Touring	NM	20 995
Multistrada 1200 S Sport	(+0)	20 995
Multistrada 1200	(+0)	17 495
Diavel AMG	NM	26 995
Diavel Carbon	(+0)	20 995
Diavel Cromo	NM	19 995
Diavel	(+0)	18 995
Streetfighter S	(+0)	22 495
Streetfighter 848	NM	13 995
Monster Diesel	NM	15 295
Monster 1100 EVO	(+0)	13 495
Monster 796	(+0)	11 495
Monster 696	(+0)	9 495
Hypermotard 1100 EVO SP	(+0)	17 495
Hypermotard 796	(+0)	11 495

HARLEY-DAVIDSON

Modèle	Variation	Prix
Tri Glide Ultra Classic	(+1 150)	35 949
Electra Glide Ultra Limited	(+820)	27 029
Road Glide Ultra	(+660)	25 549
Ultra Classic Electra Glide	(+1 190)	24 419
Electra Glide Classic	(+1 150)	22 149
Street Glide	(+1 150)	22 149
Road Glide Custom	(+1 070)	22 149
Road King Classic	(+700)	22 259
Road King	(+1 070)	19 869
Fat Boy	(+870)	18 569
Fat Boy Lo	(+870)	18 899
Heritage Softail Classic	(+900)	19 699
Softail Deluxe	(+900)	19 479
Softail Slim	NM	17 599
Softail Blackline	(+450)	17 599
Super Glide Custom	(+380)	14 759
Street Bob	(+380)	14 759
Wide Glide	(+820)	16 859
Fat Bob	(+840)	17 429
Switchback	NM	18 169
V-Rod 10e Anniversaire	NM	18 169
V-Rod Muscle	(+450)	17 039
Night Rod Special	(+1 130)	17 379
Sportster XR1200X	(+350)	13 399
Sportster 1200 Seventy-Two	NM	11 919
Sportster 1200 Forty-Eight	(+320)	11 919
Sporster 1200 Custom	(+310)	11 699
Sportster 1200 Nightster	(+330)	11 349
Sportster 883 Iron	(+250)	9 089
Sportster 883 SuperLow	(+250)	9 089
CVO Ultra Classic Electra Glide	(+1 930)	42 299
CVO Road Glide Custom	NM	34 869
CVO Street Glide	(+1 190)	37 139
CVO Softail Convertible	(+990)	33 729

HONDA

Modèle	Variation	Prix
GL1800AD	(-500)	30 999
GL1800AL	(+0)	29 999
ST1300A	(-1 000)	18 999
VFR1200F DCT	(-1 500)	18 999
VFR1200F	(-1 200)	18 699
CBF1000	(+0)	12 999
NC700X	PND	(est. 9 000)
NC700S	PND	(est. 8 500)
CBF600S	(+300)	10 299
CBR1000RR ABS	(-1 200)	15 999
CBR600RR ABS	(-1 000)	13 599
CBR250R ABS	(+0)	4 999
CBR250R	(+0)	4 499
CBR125R Repsol	NM	3 599
CBR125R	(+0)	3 499
CB1000R	(+0)	13 999
Fury ABS	(-1 000)	14 999
Stateline ABS	(-300)	13 499
Shadow Phantom	(-600)	8 999
Shadow Aero ABS	(-500)	9 499

INDIAN

Modèle	Variation	Prix
Chief Vintage		37 999
Chief Dark Horse		29 499
Chief Classic		27 999

KAWASAKI

Modèle	Variation	Prix
Vulcan 1700 Voyager ABS	(-1 150)	21 399
Vulcan 1700 Voyager	(-750)	20 299
Concours 14 ABS	(-1 200)	18 999
Ninja ZX-14R	(+900)	16 999
Ninja ZX-10R ABS	(+0)	17 299
Ninja ZX-10R	(+0)	16 499
Ninja ZX-6R	(-900)	12 299
Ninja 1000 ABS	(+300)	13 999
Z1000	(+0)	13 199
Ninja 650	(-400)	8 499
ER-6n	(-350)	7 899
Ninja 400R	(-500)	6 999
Ninja 400R Édition Spéciale	NM	7 199
Ninja 250R	(+0)	4 999
Versys 1000	NM	13 999
Versys	(-300)	8 699
Vulcan 1700 Vaquero	(-800)	19 199
Vulcan 1700 Vaquero ABS	NM	20 299
Vulcan 1700 Nomad	(-800)	17 899
Vulcan 1700 Classic	(-3 000)	12 999
Vulcan 900 Classic LT	(+0)	11 399
Vulcan 900 Classic	(+0)	9 699
Vulcan 900 Custom Édition Spéciale	(+0)	10 299
Vulcan 900 Custom	(+0)	9 999
KLR650	(-250)	6 899

KTM

Modèle	Variation	Prix
990 Supermoto T	(-199)	15 399
990 Adventure	(+201)	16 999
990 Adventure R	NM	17 199
RC8R	(-3 990)	18 999

MOTO GUZZI

Modèle	Variation	Prix
Norge GT 8V		16 990
Stelvio 1200 NTX		16 190
Griso 8V SE		13 590
V7 Classic		9 490
V7 Racer		10 190

MV AGUSTA

Modèle	Variation	Prix
F4 RR		24 995
F3 Serie Oro		28 995
F3		14 995
Brutale RR		19 995

SUZUKI

Modèle	Variation	Prix
GSX1300R Hayabusa	(-900)	15 399
GSX-R1000	(-1 600)	14 999
GSX-R750	(-800)	13 199
GSX-R600	(-1 100)	12 299
GSX1250FA SE	NM	12 899
GSX1250FA	(-400)	11 399
GSX650F ABS	(-1 100)	8 899
SV650S ABS	(-1 100)	8 399
Gladius ABS	(-1 100)	8 299
V-Strom 1000 SE	NM	12 499
V-Strom 1000	(-800)	11 499
V-Strom 650 EXP	NM	10 899
V-Strom 650 SE	NM	10 199
V-Strom 650 ABS	(-600)	9 099
Boulevard M109RZ	(-800)	16 499
Boulevard M109R	(-800)	15 999
Boulevard C50T	(-300)	10 499
Boulevard C50 SE	NM	10 399
Boulevard C50	(-400)	8 899
Boulevard M50	(-500)	8 999
Boulevard S40	(-600)	6 199
TU250	(+0)	5 299
Burgman 650 ABS	(-800)	11 099
Burgman 400 ABS	(-600)	7 999

TRIUMPH

Modèle	Variation	Prix
Sprint GT	(+0)	14 699
Daytona 675R	(+600)	14 599
Daytona 675	(+600)	12 599
Speed Triple R ABS	NM	17 499
Speed Triple ABS	(+100)	14 395
Speed Triple	(+0)	13 495
Street Triple R	(+0)	11 199
Street Triple	(+0)	9 999
Thruxton	(-200)	9 999
Bonneville T100 McQueen	NM	10 999
Bonneville T100	(+100)	10 299
Bonneville SE 2 tons	(-200)	9 699
Bonneville SE	(-200)	9 399
Bonneville	(-200)	8 699
Scrambler	(-200)	9 999
Tiger Explorer	NM	17 499
Tiger 1050 SE ABS	(+200)	14 799
Tiger 1050 ABS	(+0)	13 999
Tiger 800XC ABS	(+300)	13 399
Tiger 800 ABS	(+600)	12 299
Rocket III Touring 2 tons	(+300)	19 499
Rocket III Touring	(+300)	18 999
Rocket III Roadster	(-1 200)	16 799
Thunderbird Storm ABS	NM	16 499
Thunderbird Storm	(-800)	15 499
Thunderbird ABS rouge	NM	15 799
Thunderbird ABS 2 tons	(-1 000)	15 499
Thunderbird ABS	(-1 000)	14 999
Thunderbird 2 tons	(-1 000)	14 499
Thunderbird	(-1 000)	13 999
America	(+400)	9 599
America noir	(+300)	9 299
Speedmaster	(+100)	9 299

VICTORY

Modèle	Variation	Prix
Cross Country Tour	NM	23 999
Cross Country	(+630)	20 699
Cory Ness Cross Country	(+520)	28 399
Vision Tour	(-2 970)	22 899
Arlen Ness Vision	(-3 020)	28 199
Hard-Ball	NM	20 699
Cross Roads Classic LE	NM	19 599
Cross Roads	(+770)	17 499
Vegas Jackpot	(-430)	20 199
Vegas 8-Ball	(-240)	13 699
Vegas	(-370)	15 799
Zach Ness Vegas	(-2 690)	18 499
Kingpin	(-30)	16 699
Judge	NM	15 299
High-Ball	(-360)	14 699
Hammer S	(-430)	20 199
Hammer 8-Ball	(-370)	15 799

YAMAHA

Modèle	Variation	Prix
Royal Star Venture S	(-3 900)	19 999
FJR1300A	(-3 200)	16 999
YZF-R1	(-1 900)	14 999
YZF-R1 Édition 50e	NM	15 399
YZF-R6	(-1 300)	11 999
YZF-R6 Édition 50e	NM	12 399
FZ1	(-1 200)	11 999
Fazer 8	(-1 000)	9 999
FZ8	(-1 000)	9 499
FZ8 Édition 50e	NM	9 749
FZ6R	(-900)	7 999
Super Ténéré	(+0)	16 499
VMAX	(+0)	22 999
Stratoliner Deluxe	(-3 000)	19 999
Stratoliner S	(-4 300)	18 999
Roadliner S	(-5 300)	15 999
Raider S	(-3 500)	16 499
Raider	(-3 600)	15 999
Road Star Silverado S	(-3 700)	15 499
Road Star S	(-3 000)	13 999
Stryker	(+0)	12 599
V-Star 1300 Tourer	(-700)	13 499
V-Star 1300	(-600)	11 999
V-Star 950 Tourer	(-1 100)	10 999
V-Star 950	(-200)	9 899
V-Star 250	(-1 000)	4 499
Majesty	(-1 000)	7 499
TMAX	NM	10 499

Légende

PND = prix non déterminé

(-100) = coûte 100 $ de moins qu'en 2011

(+100) = coûte 100 $ de plus qu'en 2011

(+0) = aucune variation de prix par rapport à 2011

NM = nouveau modèle

Les prix indiqués sont les prix de base et n'incluent aucune option.

K1600GTL
BMW
bmw-motorrad.ca
Le plaisir de conduire

Toutes les données figurant dans les fiches techniques proviennent de la documentation de presse des constructeurs. Elles sont mises à jour avec les modèles courants et changent donc occasionnellement même si la moto n'a pas été modifiée. Les puissances sont toujours mesurées en usine par les constructeurs et représentent donc des chevaux « au moteur » et non à la roue arrière. Les performances représentent des moyennes générées par *Le Guide de la Moto*. Il s'agit d'attributs qui peuvent toutefois être dupliqués par un bon pilote, dans de bonnes conditions. Les vitesses de pointes sont mesurées et non lues sur les instruments de la moto, qui sont habituellement optimistes par une marge de 10 à 15 pour cent. Selon la mention, les poids sont soit donnés à sec, ce qui signifie sans essence, huile, liquide de frein, liquide de batterie, liquide de refroidissement, etc., soit donnés avec tous pleins faits. Enfin, les prix indiqués sont les prix de détail suggérés par les manufacturiers. Les prix en magasin peuvent varier selon la volonté de l'établissement de baisser ou de hausser ce montant, ou encore en raison d'une hausse ou d'une baisse dictée par le constructeur.

GÉNÉRAL

Catégorie	Sport-Tourisme
Prix	18 999 $
Immatriculation 2012	545,65 $
Catégorisation SAAQ 2012	« régulière »
Évolution récente	introduite en 2008, revue en 2010
Garantie	3 ans/kilométrage illimité
Couleur(s)	noir, rouge
Concurrence	BMW K1600GT, Honda ST1300 Yamaha FJR1300

DONNÉES SAAQ

Les données concernant les coûts d'immatriculation ainsi que la catégorisation établie par la SAAQ proviennent des renseignements les plus à jour fournis par la SAAQ au moment d'aller sous presse. Lorsqu'un nouveau modèle n'a pas encore été catégorisé par la SAAQ, une mention NC (non catégorisé) apparaît à côté d'une catégorie qui devrait logiquement être celle que la SAAQ finira par adopter si ses propres critères ne changent pas. Il est important de réaliser que la catégorisation de la SAAQ n'est pas fixe et qu'une moto catégorisée « à risque» une année peut devenir « régulière » l'année suivante, et vice versa. Ces situations devraient toutefois être rares, selon la Société. *Le Guide de la Moto* établit sa propre catégorisation et se détache complètement des critères de catégorisation de la SAAQ ainsi que de sa logique de tarification.

RAPPORT VALEUR/PRIX

Le Rapport Valeur/Prix du Guide de la Moto indique la valeur d'un modèle par rapport à son prix. Une moto peu dispendieuse et très généreuse en caractéristiques se mérite la plus haute note, tandis qu'une moto très dispendieuse qui n'offre que peu de caractéristiques intéressantes mérite une note très basse. Une évaluation de 7 sur 10 représente « la note de passage ». Tout ce qui est au-dessus représente une bonne valeur, et tout ce qui est en dessous une mauvaise valeur, à plusieurs degrés.

La note de 10/10 n'est donnée que très rarement au travers du Guide. Elle représente une valeur imbattable à tous les points de vues. Elle est généralement accordée à des montures affichant un prix budget, mais qui offrent des caractéristiques très généreuses.

La note de 9/10 est donnée à des montures de très haute valeur, soit parce que leur prix est peu élevé pour ce qu'elles ont à offrir, soit parce qu'elles offrent un niveau de technologie très élevé pour un prix normal, comme c'est le cas pour plusieurs sportives, par exemple.

La note de 8/10 est donnée aux montures qui représentent une valeur supérieure à la moyenne. Le prix n'est pas nécessairement bas, mais la qualité et les caractéristiques de ce qu'on achète restent élevées.

La note de 7/10 est donnée aux montures qui affichent un prix plus ou moins équivalent à leur valeur. On paie pour ce qu'on obtient, pas plus, pas moins.

La note de 6/10 est donnée aux modèles qui, sans nécessairement être de mauvaises motos, sont trop chères par rapport à ce qu'elles ont à offrir.

La note de 5/10 est donnée aux modèles dont la valeur est médiocre, soit parce qu'ils sont carrément trop chers, soit parce qu'ils sont simplement désuets. À ce stade, ils ne sont pas recommandés par *Le Guide de la Moto*.

INDICE D'EXPERTISE

L'indice d'expertise du Guide de la Moto est un indicateur illustrant l'intensité ou la difficulté de pilotage d'un modèle, donc le niveau d'expérience que doit détenir son pilote. D'une manière générale, plus les graduations « allumées » sont élevées et peu nombreuses dans l'échelle, plus il s'agit d'une monture destinée à une clientèle expérimentée, comme une Suzuki GSX-R1000. À l'inverse, plus les graduations « allumées » sont peu nombreuses et basses sur l'échelle, plus il s'agit d'une monture destinée à une clientèle novice, comme une Honda CBR125R. Il est à noter qu'il n'existe aucune étude liant directement la puissance ou la cylindrée aux accidents. En raison de leur nature pointue, certaines sportives peuvent toutefois surprendre un pilote peu expérimenté, tandis que le même commentaire est valable pour une monture peu puissante, mais lourde ou haute. De telles caractéristiques ont pour conséquence de repousser l'étendue des graduations « allumées » vers le côté Expert de l'indice. À l'inverse, certaines montures, même puissantes, ont un comportement général relativement docile, comme une Honda CBF1000. D'autres ont une grosse cylindrée, mais sont faciles à prendre en main, comme une Yamaha V-Star 1300. De telles caractéristiques ont pour conséquence d'élargir l'étendue des graduations « allumées » vers le côté Novice de l'indice, puisqu'il s'agit à la fois de modèles capables de satisfaire un pilote expérimenté, mais dont le comportement relativement calme et facile d'accès ne devrait pas surprendre un pilote moins expérimenté. Ainsi, chaque graduation vers le haut indique des réactions un peu plus intenses ou un niveau de difficulté de pilotage un peu plus élevé, tandis que chaque graduation vers le bas indique une plus grande facilité de prise en main et une diminution du risque de surprise lié à des réactions inhérentes au poids ou à la performance. L'information donnée par l'indice d'expertise en est donc une qu'on doit apprendre à lire, et qui doit être interprétée selon le modèle.

L'avis du lecteur est très important pour *Le Guide de la Moto.* Nous vous invitons donc à remplir le questionnaire qui suit. Soyez assurés que chaque réponse sera lue avec le plus grand intérêt.

1 Quelle(s) moto(s) possédez-vous présentement?

2 Quelle(s) moto(s) avez-vous déjà possédée(s)?

3 Comment en êtes-vous arrivés à choisir le modèle que vous possédez actuellement?

4 Processus pour arriver à ce choix?

5 Quand vous pensez aux diverses marques de motos, qu'est-ce que chacune d'elles représente pour vous et comment la percevez-vous?

6 Comptez-vous acheter une moto neuve ou d'occasion et si oui, quand et quel genre de moto?

7 Quelles sont les raisons qui vous poussent à vouloir changer de moto?

8 Quel âge avez-vous, quelle est votre profession et êtes-vous Monsieur ou Madame?

9 Est-ce que les dernières nouveautés vous intéressent ou pas, est-ce qu'elles vous captivent ou pas, et pourquoi?

10 Quelle est votre expérience à moto: êtes-vous débutant, intermédiaire, expert ou de retour à la moto? Depuis combien d'années faites-vous de la moto, ou depuis combien de temps n'en faites-vous plus?

11 Comment connaissez-vous *Le Guide de la Moto*?

12 Quelles éditions du guide vous êtes-vous procurées?

13 Dans quelle région et dans quel type d'établissement avez-vous acheté votre édition du Guide?

14 Depuis quand achetez-vous *Le Guide de la Moto*?

15 Avez-vous eu de la difficulté à vous procurer votre exemplaire?

16 Qu'est-ce qui fait que vous achetez un guide une année et que vous ne l'achetez pas une autre année?

17 Lors de votre prochain achat de moto, le Guide vous influencera-t-il? Sinon pourquoi, et si oui, comment?

18 Que pensez-vous de la section Protos?

19 Que pensez-vous de la section Atlas?

20 Que manque-t-il comme informations dans *Le Guide de la Moto?*

21 Préférez-vous que *Le Guide de la Moto* soit disponible plus rapidement, mais qu'une certaine quantité d'informations soit manquante comme des prix, des photos et des essais, ou préférez-vous qu'il ne soit mis en marché que lorsque l'information provenant des constructeurs est complète?

22 Vos trois «Pas mal» et vos trois «Bof» du *Guide de la Moto.*

23 Quelles sont vos lectures, autres que le guide, qu'elles soient reliées à la moto ou pas?

24 Qu'aimeriez-vous retrouver sur un site Internet du *Guide de la Moto?*

25 Souhaitez-vous que nous communiquions avec vous directement par le biais d'une adresse courriel des renseignements concernant la date de disponibilité des éditions à venir? Si oui, veuillez inclure cette adresse.

Retournez ce sondage par courriel à: info@leguidedelamoto.com

PROTOS

THE MORSUS

Construite par l'atelier Dreamachine Motorcycles en Slovénie pour le compte d'Akrapovic, cette création baptisée The Morsus marque l'entrée du fabricant de systèmes d'échappement de performance dans l'arène des customs artisanales. Selon Akrapovic, la forme du scorpion, auquel est associée la marque, serait perceptible dans les lignes de cet objet d'art bâti en faisant un usage maximal du titane, de l'acier inoxydable et de la fibre de carbone, les matériaux avec lesquels les échappements du fabricant sont réalisés. The Morsus est animée par un V-Twin S&S de 113 pouces cubes ou 1 852 cc et est équipée de roues de 26 pouces en aluminium et en fibre de carbone.

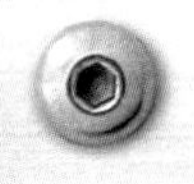

LA PUISSANCE DE LA PASSION KAWASAKI DEPUIS DES GÉNÉRATIONS

MOTO DUCHARME

Famille Ducharme, dépositaire Kawasaki depuis 22 ans

Fruit d'un demi-siècle de travail passionné de la part de la famille Ducharme, Moto Ducharme est établi sur le chemin des Prairies dans l'une des plus impressionnantes bâtisses de la région de Joliette. Bien qu'elle ait été très différente à l'époque, celle-ci est acquise en 1967 par Marcelin Ducharme, le père, lorsque la station d'essence qu'il opère depuis 1961 ne suffit plus aux besoins croissants de son autre entreprise, une concession de motoneiges SnowJet. Les produits Kawasaki font une première apparition chez Moto Ducharme à la fin des années 1970 lorsque le constructeur japonais acquiert SnowJet. L'aventure des Verts dans le domaine de la motoneige fut de courte durée, mais à la suite de la faillite du concessionnaire Kawasaki local, la marque effectue un retour chez Moto Ducharme en 1990. Au fil des ans, le commerce a non seulement vu sa surface plus que quadruplée, mais il a aussi accueilli, l'un après l'autre, les trois fils Ducharme, Yves, Stéphane et Martin.

«C'est facile de dire que tu offres du «service», mais notre cas est un peu différent parce que nous sommes vraiment passionnés par les produits que nous vendons. Dans notre famille, les fins de semaine sont toujours passées à faire de la moto, de la motoneige ou du VTT. On sait donc très bien à quel point chacune de ces fins de semaine est précieuse pour nos clients et on fait ce qu'il faut pour qu'ils ne les manquent pas.» Stéphane Ducharme

761, CHEMIN DES PRAIRIES, JOLIETTE
1 888 684-0590
www.motoducharme.com

DESHAIES MOTOSPORT

Famille De Pinto, dépositaire Kawasaki depuis 33 ans

Établi à Montréal depuis plus de trois décennies, le concessionnaire Deshaies MotoSport définit la notion d'entreprise familiale. L'origine du commerce remonte au milieu des années 70 alors que le père, Francesco De Pinto, est employé par Bentley Cycles, rue Beaubien, l'un des plus gros concessionnaires de l'Ile à l'époque. Lorsque celui-ci ferme ses portes en 1977, Francesco trouve un emploi de mécanicien dans un petit établissement rue Gilford, Deshaies Cycle & Sport, qu'il rachètera de la succession après le décès du propriétaire en 1978. Il fonde Deshaies MotoSport en 1979 et devient dépositaire Kawasaki la même année. Établi depuis sur le boulevard Saint-Michel, Deshaies MotoSport respire littéralement l'esprit de Montréal. Aujourd'hui épaulé par ses fils Dominic et Joe, le père, Francesco, y travaille toujours.

«Comme nous avons toujours été dans le domaine de la moto, nous sommes très expérimentés, mais c'est en offrant un service exceptionnel que nous avons bâti notre réputation. Le plus important pour nous, c'est que notre client sorte content.» Joe De Pinto

8568, BOUL. SAINT-MICHEL, MONTRÉAL
514 593-1959
www.deshaiesmotosport.com

NADON SPORT

Famille Nadon, dépositaire Kawasaki depuis 23 ans

Les origines des concessionnaires multigénérationnels actuels sont souvent modestes. L'histoire de Nadon Sport, à Saint-Eustache, le montre bien, le commerce ayant été fondé en 1961 lorsque le grand-père Maurice se lance dans la vente de bicyclettes. La famille vit alors dans le local situé au-dessus de l'espace commercial et plusieurs de ses membres, dont le père Gérald, alors jeune adolescent, y travaillent au retour de l'école. La vocation de Nadon Sport commence à se transformer dès 1963 lorsque l'entreprise se met à louer des motoneiges. L'époque est bien différente et les machines sont livrées aux clients directement sur le lac des Deux Montagnes. La vente de motos, un projet de Gérald, débute en 1968. Les deux décennies suivantes verront nombre de marques japonaises et européennes arriver et partir, mais lorsque Kawasaki fait enfin son entrée chez Nadon Sport en 1989, ce sera pour de bon. Le commerce, qui offre les produits Verts depuis près d'un quart de siècle, est aujourd'hui dirigé par la troisième génération des Nadon, Martin et Natalie. Bien que d'autres types de véhicules récréatifs, comme les motoneiges, soient toujours offerts, la moto, le VTT et le côte-à-côte représentent désormais les produits principaux de Nadon Sport.

«C'est vrai qu'on a longtemps été dans la motoneige, mais aujourd'hui, on est vraiment du monde de moto, de VTT et de côte-à-côte. On en mange. Ça fait longtemps qu'on en est là et notre nom est connu et respecté dans la région. On en est fier, c'est sûr, mais ça nous oblige aussi à garder un très haut niveau de service. On a une belle réputation, on a la confiance de nos clients, et c'est comme ça qu'on aime faire des affaires.»

Martin Nadon

62, RUE ST-LOUIS, ST-EUSTACHE
450 473-2381
www.nadonsport.com

CENTRE DE LA MOTO VANIER

Famille Bibeau, dépositaire Kawasaki depuis 39 ans

Si autant de motocyclistes connaissent les sympathiques «frères Bibeau» et leur établissement du boulevard Hamel, à Québec, c'est qu'il y a près de 40 ans qu'ils sont en affaires. Leur aventure démarre au printemps 1973 lorsque Jean-Guy et son ami Yvon Duval fondent Motos Bibeau. Pour un loyer de 100 $ par mois, le modeste atelier de mécanique occupe l'arrière du concessionnaire Jawa Herbert Roux. Lorsque la seule franchise Kawasaki de la région de Québec, Moto Michel, fait faillite à peine quelques mois plus tard, Jean-Guy et Yvon saisissent l'occasion. Très vite, ils prennent possession du local entier et de ses modestes 18 pieds de façade sur le boulevard Hamel. Le Centre de la Moto Vanier s'agrandira plusieurs fois par la suite, particulièrement après que l'autre «frère Bibeau», Roger, eut acquis les parts d'Yvon en 1976. Avec le temps, une maison voisine, puis une épicerie sont annexées au local original, transformant la façade de Moto Vanier en vitrine de 125 pieds.

Le caractère familial de l'entreprise, qui offre les produits Kawasaki depuis 39 ans, a également grandi au fil des ans. Non seulement leurs fils Martin, Émile et Dave y sont maintenant employés, mais les épouses ont, elles aussi, fait le choix de quitter leur emploi pour se charger de la comptabilité du commerce.

«On est des passionnés bien avant d'être des hommes d'affaires. On est là-dedans parce qu'on aime ça. Quand on nous demande si on compte prendre notre retraite, on ne sait même pas quoi répondre... On n'y a même pas pensé. Même quand on est en vacances, on s'arrange pour visiter des shops de motos. On en a vu en Europe, en Afrique, au Japon...» Jean-Guy Bibeau

776, BOUL. WILFRID-HAMEL, QUÉBEC
418 527-6907 1 888 527-6907
www.motovanier.ca

Kawasaki
NINJA ZX-14R

YAMAHA MOEGI

Si nous avons choisi de laisser à ce concept signé Yamaha qu'est la Moegi le privilège d'orner la couverture du Guide de la Moto 2012, c'est d'abord parce qu'elle est splendide, mais c'est aussi parce qu'elle représente à merveille cette fameuse quête de la moto de la prochaine génération de motocyclistes. Ni custom ni sportive ni rétro ni futuriste, la Moegi se veut plutôt un lien évident entre le monde du vélo et celui de la moto. Pesant à peine 80 kilos et ne consommant que 1,25 litre par 100 kilomètres, elle suggère ce dont pourrait avoir l'air une moto urbaine destinée à une clientèle jeune et soucieuse des tendances actuelles en matière de mode. La Moegi est construite autour d'un cadre en aluminium coulé, une spécialité chez Yamaha, utilise un petit mono 4-temps injecté de 125 cc et roule sur des roues de 21 pouces à l'avant et de 20 pouces à l'arrière.

MOEGI

MOEGI

HUSQVARNA MOAB

Signée Husqvarna, la Moab est une interprétation moderne de la moto de type scrambler dont l'histoire de la marque est profondément imprégnée. Son nom s'inspire d'une région désertique de l'Utah, un haut lieu pour les amateurs de hors-route. Animée par un mono injecté de 650 cc, la Moab affiche par ailleurs un traitement graphique rappelant très fidèlement la H400 de Steve McQueen. Équipée de roues de 17 pouces chaussées de gommes agressives, elle semble capable de passer du bitume à la poussière sans problème. Bien qu'il ne s'agisse que d'un prototype, le fait est que la Moab est construite à partir de pièces existantes et pourrait facilement être produite si Husqvarna le décidait.

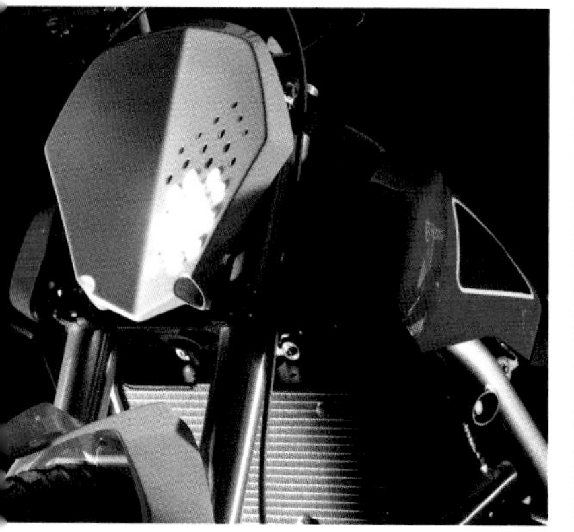

CONFEDERATE X132 HELLCAT

La toute nouvelle X132 Hellcat du manufacturier boutique américain Confederate représente l'opposé absolu des machines électriques qui illustrent la section Protos du Guide de la Moto 2012. Non seulement elle brûle de l'essence, mais elle le fait en célébrant l'acte, soit par le biais d'un V-Twin monstre de 132 pouces cubes, ou 2 163 cc. Développé en étroite collaboration avec le motoriste S&S, il s'agit d'une usine à couple produisant probablement autour de 150 lb-pi. Nous disons probablement parce que la seule donnée de puissance ou de couple annoncée par le micro constructeur est : suffisamment. Les carters du moteur sont usinés à partir d'énormes blocs d'aluminium massif, les suspensions ne seraient pas égarées sur une pure Superbike et les roues sont en fibre de carbone. Mais ce qu'on retient au-delà de tout, c'est la ligne non seulement sublime, mais aussi extraordinairement audacieuse de la X132. La marque est en affaires depuis maintenant 21 ans et elle affirme que cette Hellcat représente la moto qu'elle a toujours voulu construire. Les intéressés devront mettre leur nom sur une liste d'attente et préparer un chèque de 49 500 $ US.

YAMAHA HV-X

Même s'il a été présenté il y a déjà quelques années, le prototype HV-X, pour Hybrid Vehicule X, est décidément d'actualité aujourd'hui, puisque l'électricité se trouve réellement aux portes du monde de la moto. Basé sur le châssis d'un maxiscooter, il s'agit d'une moto hybride dont l'aspect le plus intéressant, outre le fait que son moteur à combustion est assisté par un puissant moteur électrique de 20 chevaux, est retrouvé au niveau du positionnement des composantes. Des cylindres couchés permettent à une batterie de bonne dimension d'être installée à la place du réservoir, qui se trouve sous la selle. Les nouvelles Honda NC700 affichent d'ailleurs une construction très semblable.

BRP SPYDER HYBRIDE

Conçu par le Centre de technologies avancées - Université de Sherbrooke (CTA), le Spyder Hybride est plus qu'un prototype. Bien qu'aucun plan de production en série ne soit pour le moment envisagé, il s'agit d'un véhicule fonctionnel. Genre de laboratoire roulant servant à acquérir des connaissances «sur le terrain» en matière de technologie hybride – connaissances qui restent pour le moment relativement limitées dans le cas de ce type de véhicule dont la moto est ce qui s'en rapproche le plus –, le Spyder Hybride a pour but d'arriver à réduire sa consommation de carburant et ses émissions polluantes de moitié, un objectif que BRP se dit confiant d'atteindre. Il peut fonctionner en mode hybride, mais aussi en mode purement électrique et possède une prise pour la recharge.

Propulsée par un puissant bicylindre en «v» de 1304 cm refroidi par liquide , **la Stryker est synonyme de randonnées extra sensorielles.**

Concessionnaire

YAMAHA

Liquidations des modèles 2011
Rabais jusqu,à $1900,00 sur certains modèles sélectionnés

Faites vites!
Quantités limités.

Concessionnaire

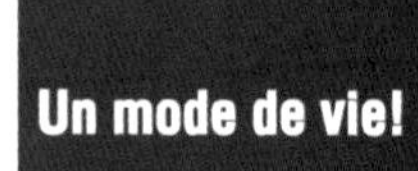

Le tout nouveau **Ninja ZX-14r** offre des performances plus remarquables que jamais avec son nouveau chassis plus agile et une foule d'appareils electronique de pointe pour livrer l'experience sport ultime.

Concessionnaire

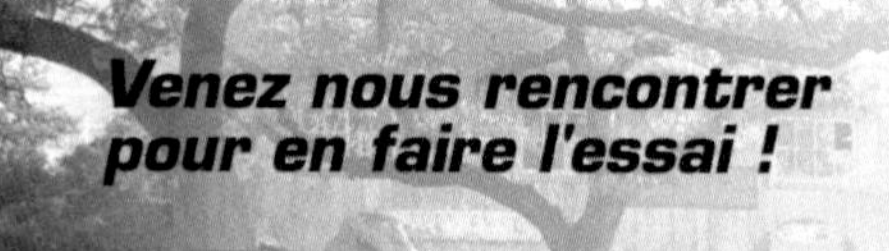

Venez nous rencontrer pour en faire l'essai !

NOUVEAU
Concessionnaire

Autoroute 20
Sainte-Julie
sortie 102

1233 Armand-Frappier, Sainte-Julie

450 649-0066

Lundi	9h00	18h00
Mardi	9h00	18h00
Mercredi	9h00	18h00
Jeudi	9h00	21h00
Vendredi	9h00	21h00
Samedi	9h00	17h00
Dimanche	Fermé	

Husqvarna

Husqvarna

HUSQVARNA E-GO

La E-go représente la vision de Husqvarna en matière de moto de jeunes. Un assemblage de nature routière, hors-route et supermoto, elle défie toute catégorisation. Évidemment présentée comme un prototype, la E-go est une moto entièrement électrique dont le poids n'est que de 80 kilos et que le constructeur annonce tout à fait fonctionnelle. Conçue avec l'objectif d'illustrer le genre de moto qui arriverait à exciter une nouvelle génération de jeunes motocyclistes, elle se distingue par l'utilisation de composantes inédites, comme une spectaculaire suspension avant unilatérale à doubles poteaux de 35 mm.

HONDA RC-E

Dévoilée à l'occasion du Salon de Tokyo à la fin de 2011, la Honda RC-E n'est qu'un prototype, même si elle a tous les airs d'une machine fonctionnelle. Le E est évidemment pour Electric, et jamais n'a-t-on vu une moto de ce type aussi sérieusement construite. Le massif cadre en aluminium coulé, l'énorme moteur électrique positionné de manière centrale et la généreuse surface d'arrivée d'air pour le refroidissement des batteries démontrent clairement qu'il ne s'agit pas que d'une étude de style farfelue. La RC-E, dont les dimensions sont celles d'un modèle de 250cc, nous montre pour la première fois à quoi une moto électrique ressemblerait si elle était conçue par un grand constructeur.

EV

L'idée du véhicule électrique, ou EV, est décidément en vogue ces temps-ci. S'il prend généralement la forme d'une automobile ou d'un scooter, l'EV peut aussi être présenté d'autres manières. Honda a profité du Salon de Tokyo 2011 pour dévoiler un trio de concepts permettant à une personne de se déplacer sans brûler quoi que ce soit. Le Micro Commuter Concept, ci-haut, est un tout petit véhicule qui serait utile même lorsqu'il est garé, puisque sa batterie amovible peut aussi servir de source d'alimentation à la maison ou au bureau. En haut à gauche, le E-Canopy se veut un véhicule électrique urbain pouvant servir aux déplacements ou à la livraison. Possédant une structure articulée, il peut pencher même s'il a trois roues. Il est aussi équipé d'un essuie-glace. Enfin, le Townwalker se veut une réinterprétation de la marchette électrique populaire auprès des gens à mobilité réduite. Allégé et pliable, il est facilement transportable dans une voiture.

LIGHT CYCLE

La Light Cycle du film Tron Legacy, c'est l'ultime moto électrique. Même si elle n'existe en version fonctionnelle que dans l'esprit du long métrage de science-fiction, le chemin qui a mené à sa réalisation est remarquablement similaire à celui qui fait passer une moto de série de la première esquisse à la chaîne de production. À partir de dessins d'artistes, on est arrivé à une machine virtuelle qui a finalement été traduite en prototype de taille réelle. En fait, les formes et la présence de la Light Cycle sont tellement captivantes qu'on se demande pourquoi un grand constructeur ne pourrait produire quelque chose du genre. Qui en aurait le courage ? Harley-Davidson ? Et pourquoi pas BRP, qui pourrait adapter le concept à une architecture à trois roues sur laquelle les pneus ultralarges n'ont aucun effet néfaste ? On peut bien rêver, non ?

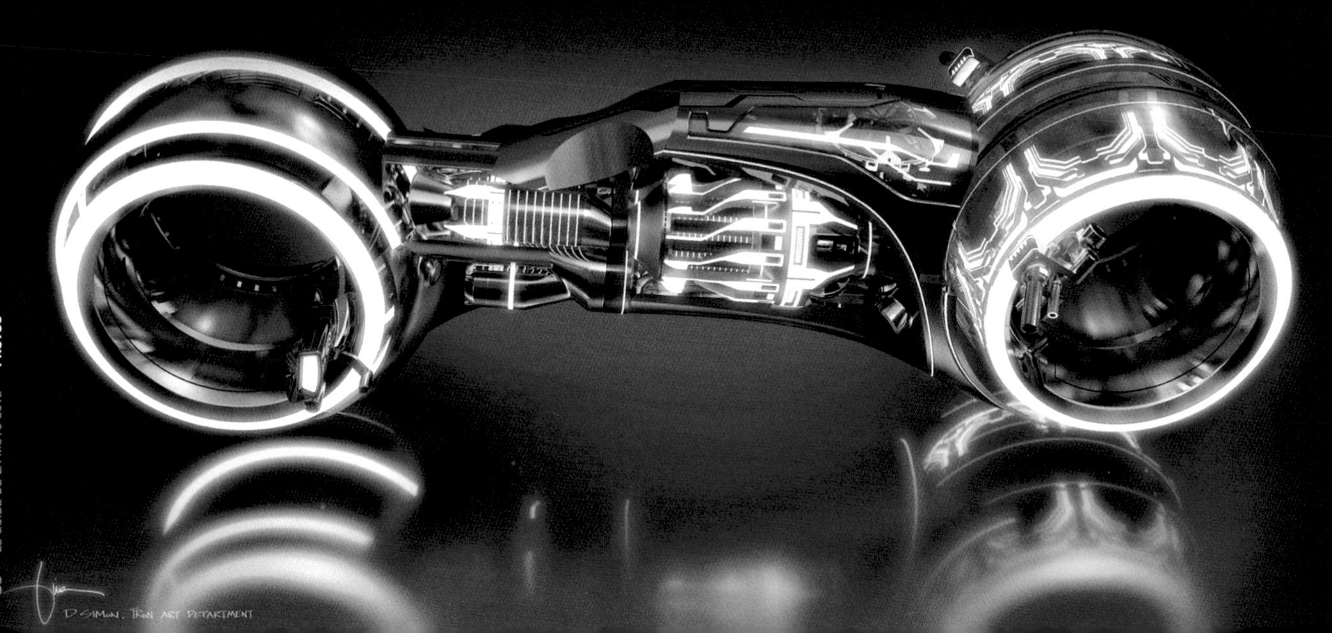

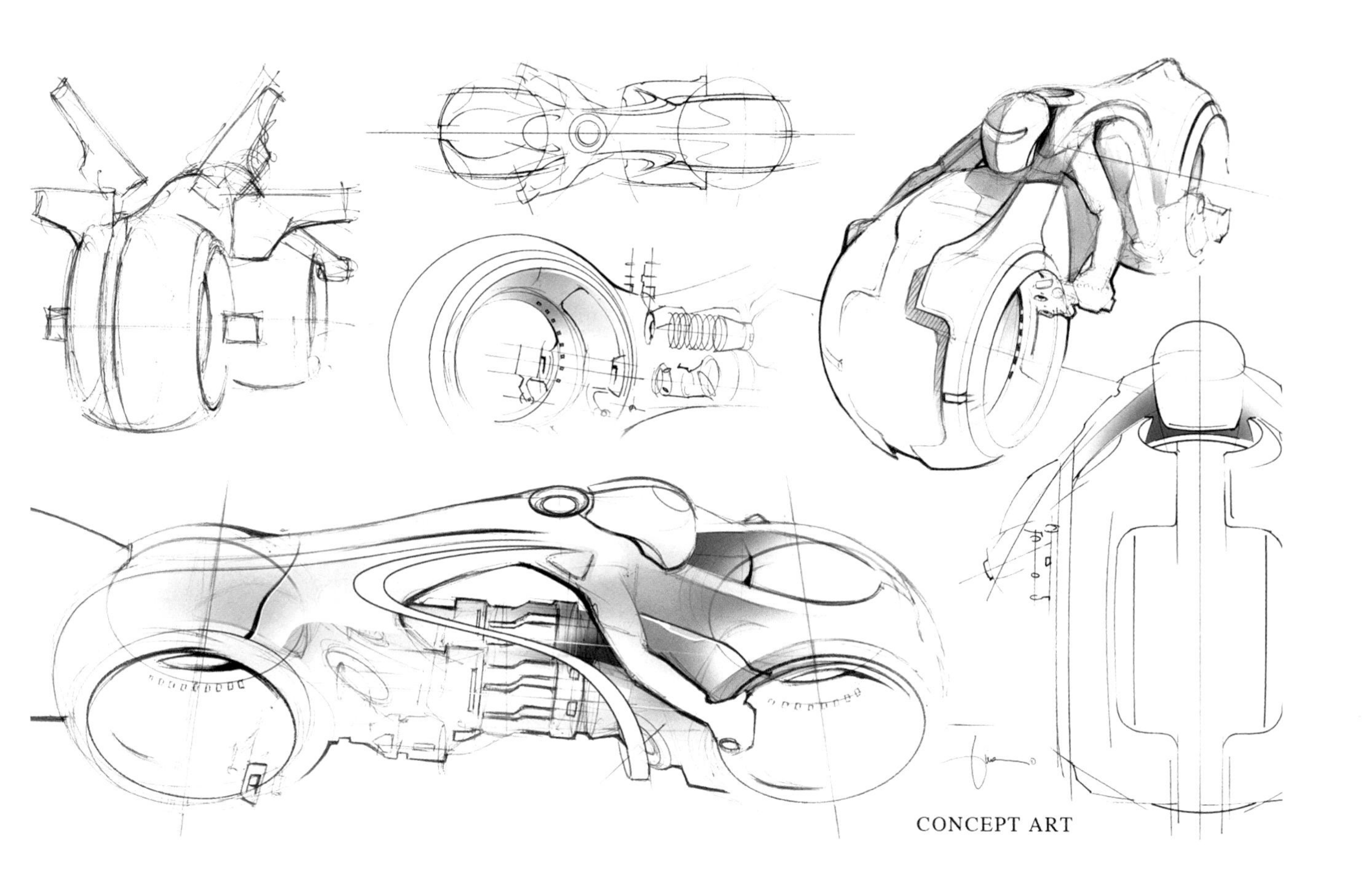

CONCEPT ART

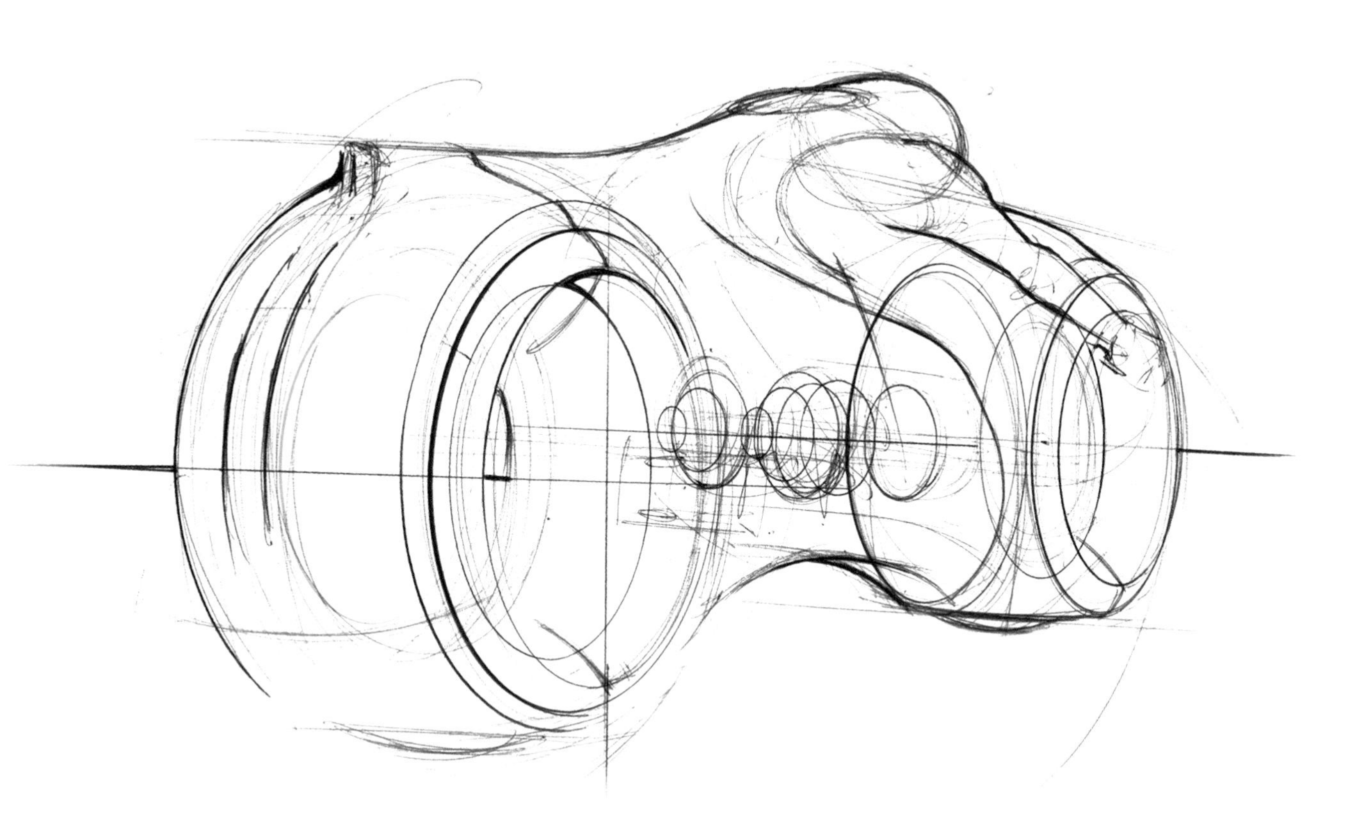

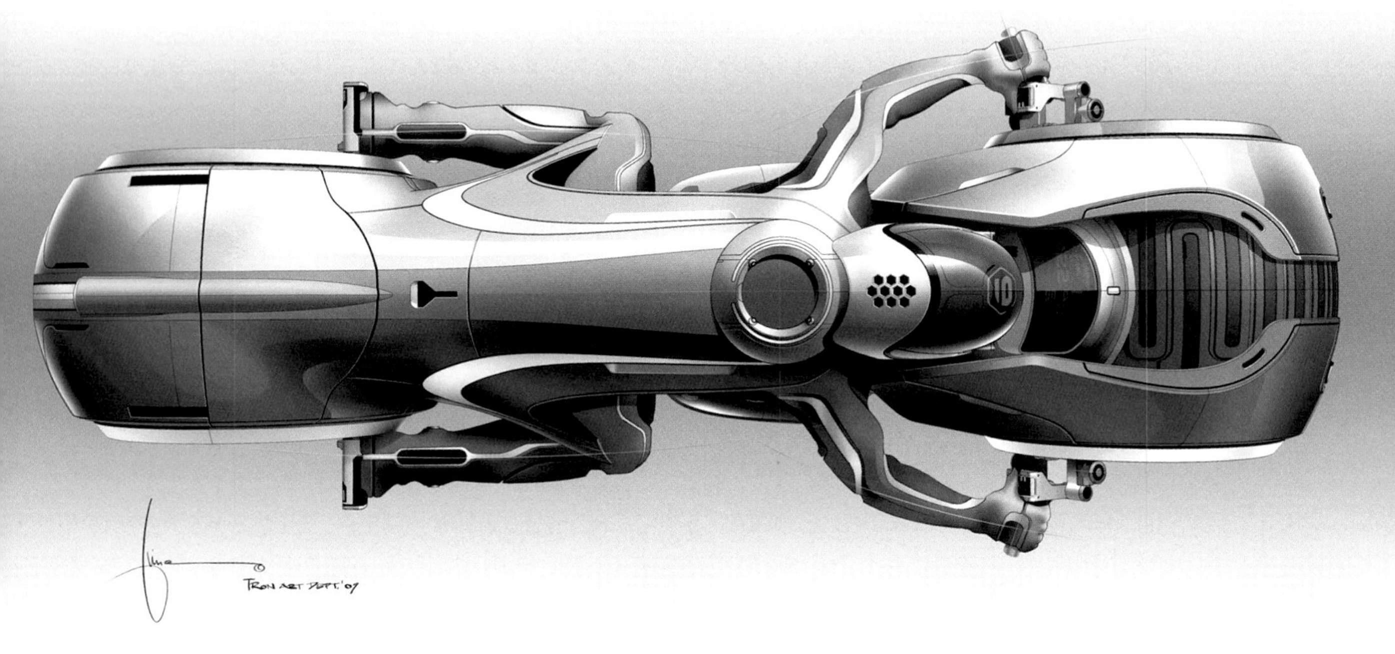

CONCEPT ART

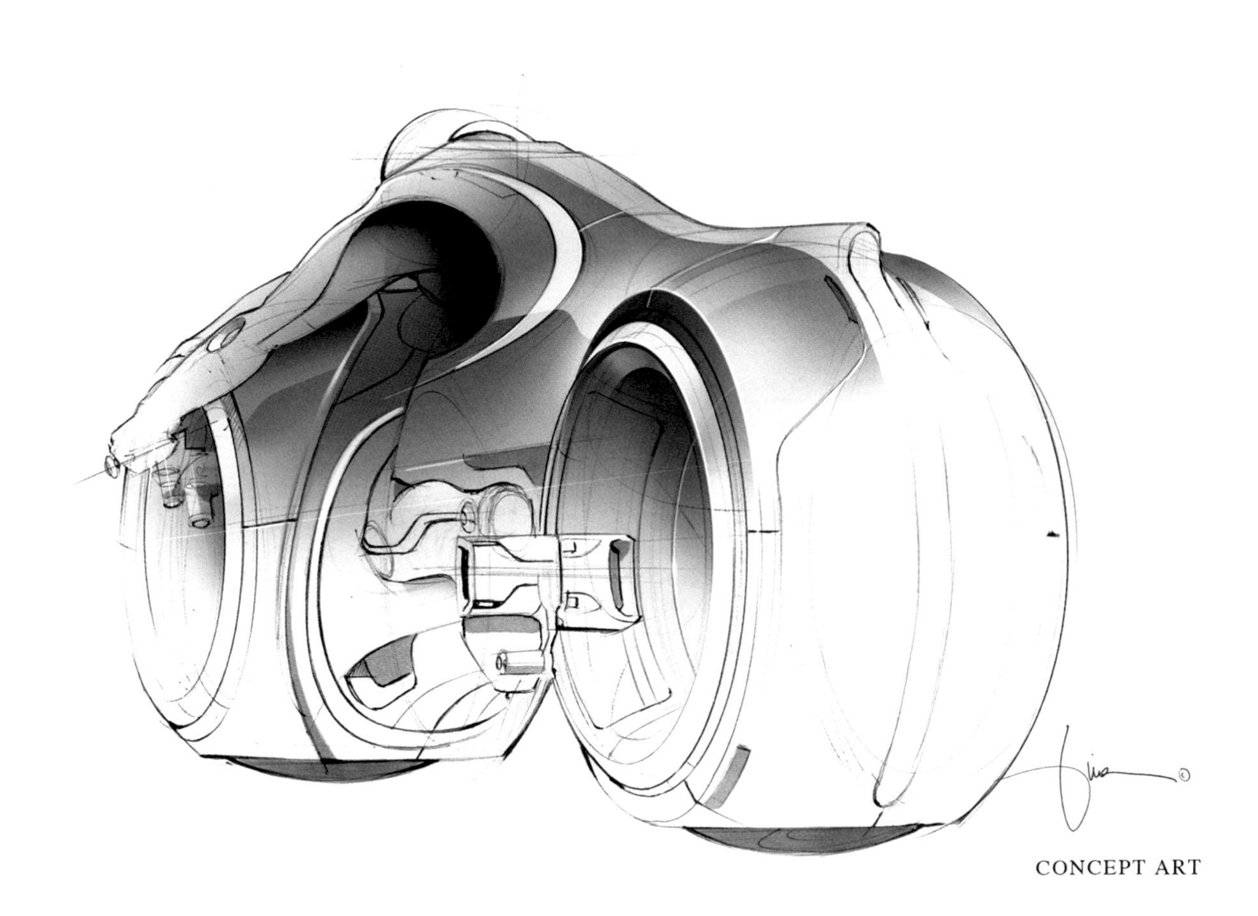

CONCEPT ART

LA LIGHT CYCLE EN CHAIR ET EN OS

Lorsqu'un studio de l'envergure de Disney se lance dans un film comme Tron Legacy, il semble que rien ne soit hors de portée, comme la réalisation d'une version grandeur nature de la Light Cycle. Le travail effectué par les artisans qui sculptent et créent à partir de rien la version physique du véhicule est en fait exactement le même que s'il avait été question d'une moto de production. Le résultat n'est qu'une sculpture non fonctionnelle, bien entendu, puisque la technologie du film n'existe pas, mais le fait de voir de telles proportions et de telles lignes prendre « vie » laisse décidément le sentiment que si une telle machine existait, elle serait irrésistible.

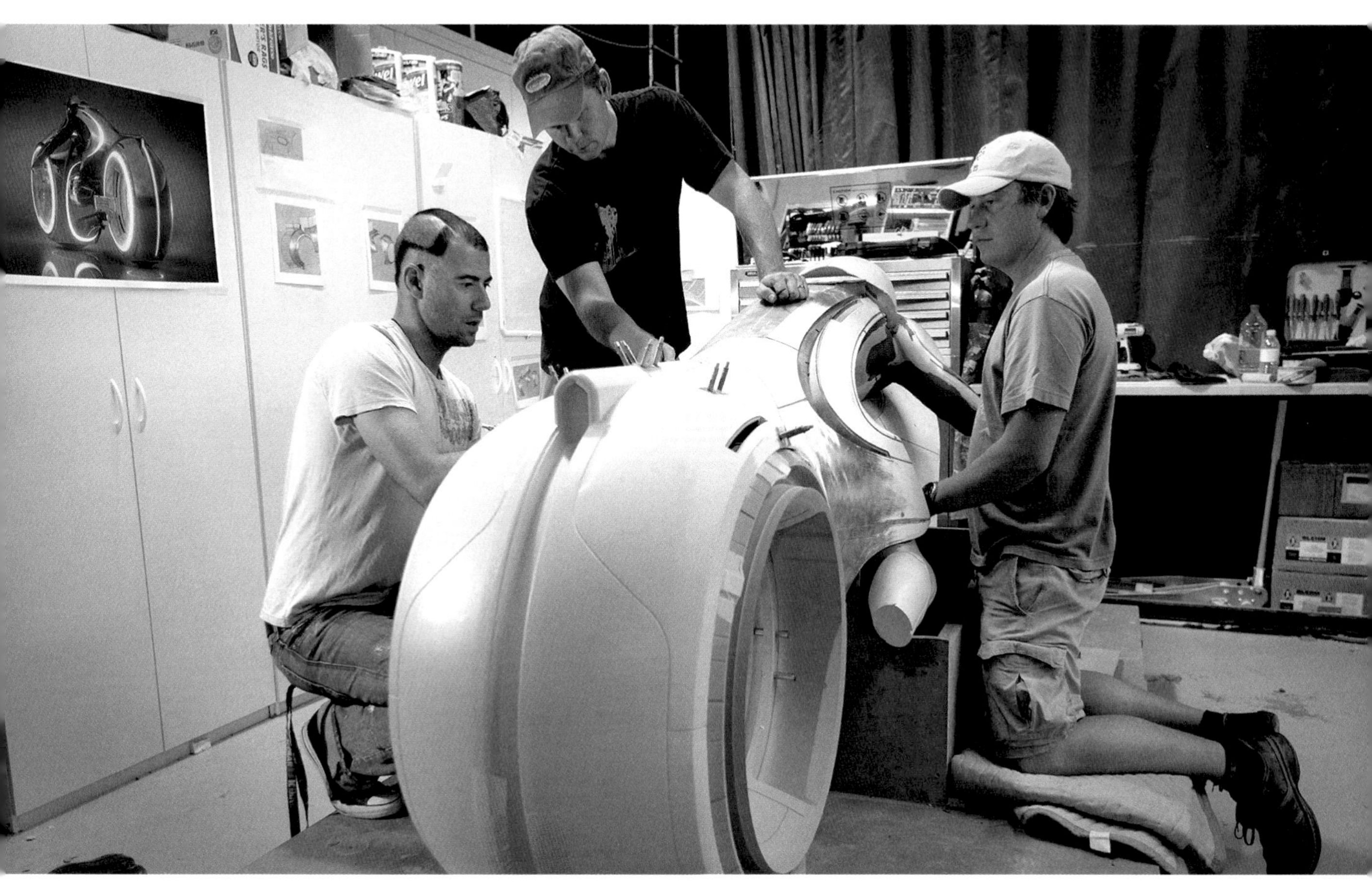

TRON ART

Les motocyclistes sont habitués de voir des études de style être présentées de temps à autre par les grands constructeurs qui laissent occasionnellement à leurs designers libre champ, mais rarement voit-on des idées aussi spectaculaires que celles issues du film Tron Legacy. C'est à se demander si les grandes marques, qui semblent parfois plafonner ou manquer d'imagination en termes de style, ne devraient pas recruter les designers responsables de concepts comme celui-ci.

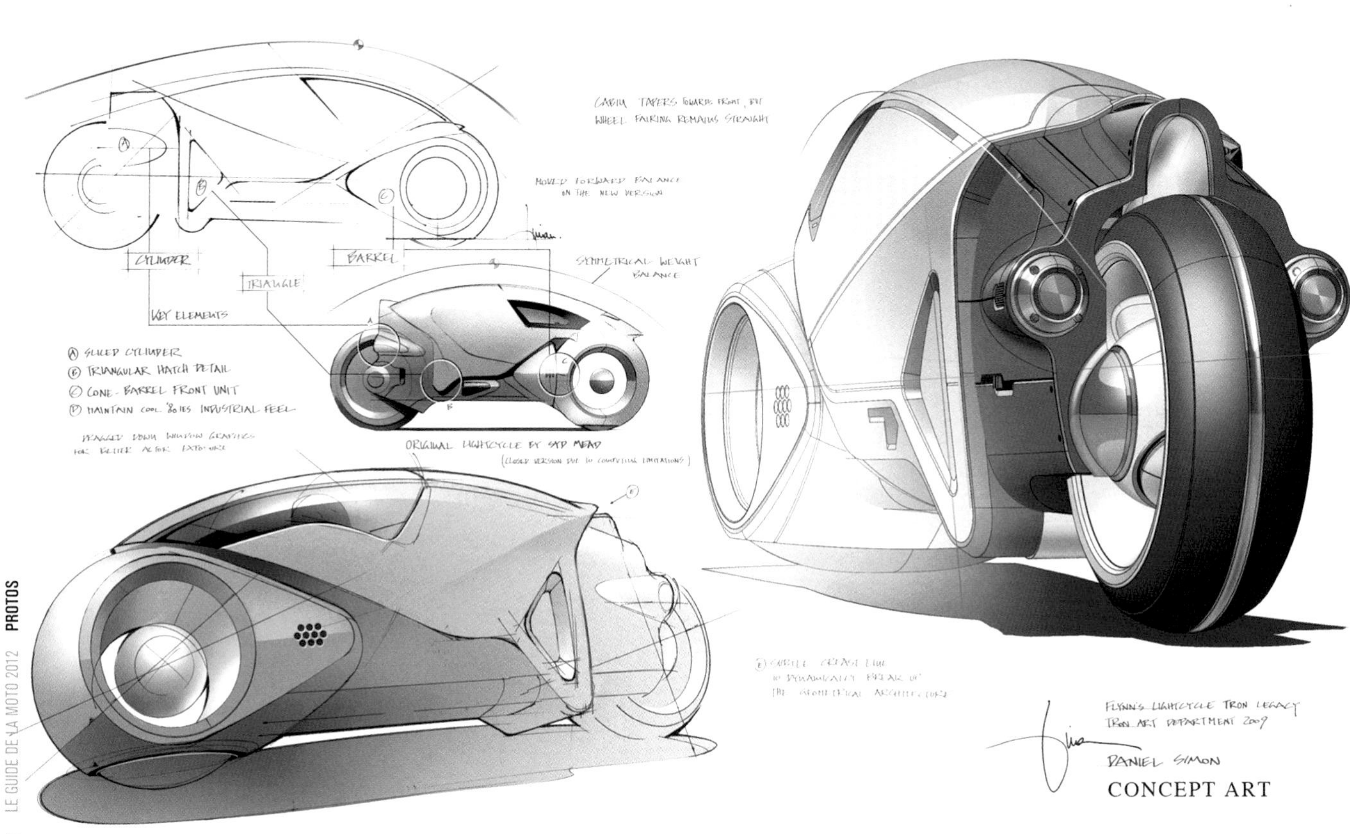

AMD WORLD CHAMPIONSHIP

Le Guide de la Moto s'intéresse depuis plusieurs années à l'esprit créatif et artistique inhérent aux machines de construction artisanales. Celles qui nous intéressent le plus n'ont toutefois rien à voir avec les prévisibles choppers et repoussent plutôt les limites de l'imagination. À ce chapitre, il est difficile de trouver mieux que les modèles qui convergent de partout dans le monde pour se rassembler à Sturgis afin de prendre part à l'AMD World Championship of Custom Bike Building. Voici donc ce que nous considérons comme la combinaison d'un véritable festin visuel et d'une débauche de créativité, soit les designs les plus intéressants présentés cette année.

TAVAX 2011V

Construction : Japon – V-Twin S&S de 93 pouces cubes

SON OF A GUN

Construction : Angleterre – mono BSA de 500 cc

BOLIDE

Construction : États-Unis – V-Twin S&S de 93 pouces cubes

SPACESTER

Construction : France – V-Twin Harley-Davidson de 1 200 cc

RK S

Construction : États-Unis – V-Twin Buell de 1 200 cc

STARGATE

Construction : Italie – V-Twin Revtech

SLUGGER

Construction : Suisse – Twin Boxer BMW de 1 200 cc

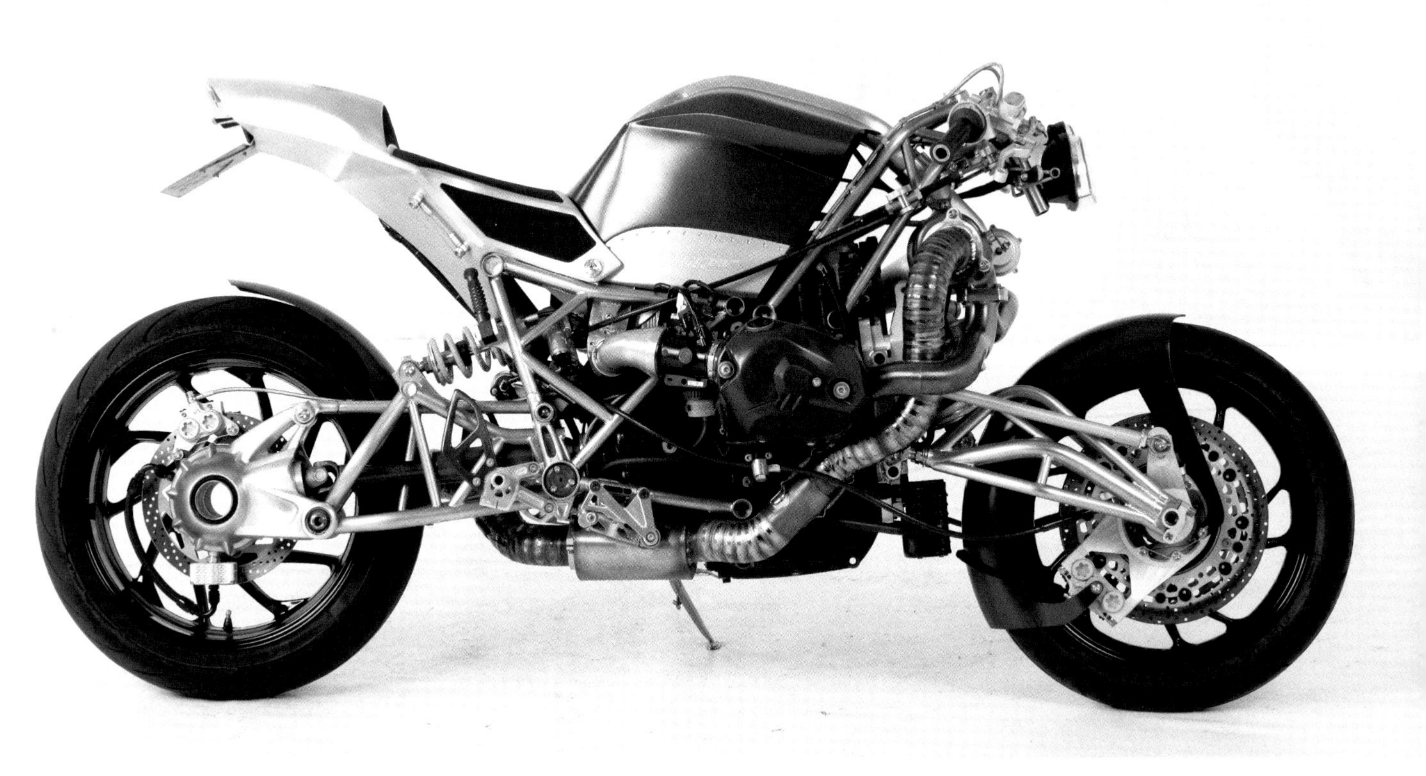

RLX

Construction : États-Unis – V-Twin S&S de 132 pouces cubes

Sportster
L'ÉCOLE DES
MÉTIERS DE
L'ÉQUIPEMENT
MOTORISÉ
DE MONTRÉAL
Un choix excitant!

Commission
scolaire
de Montréal

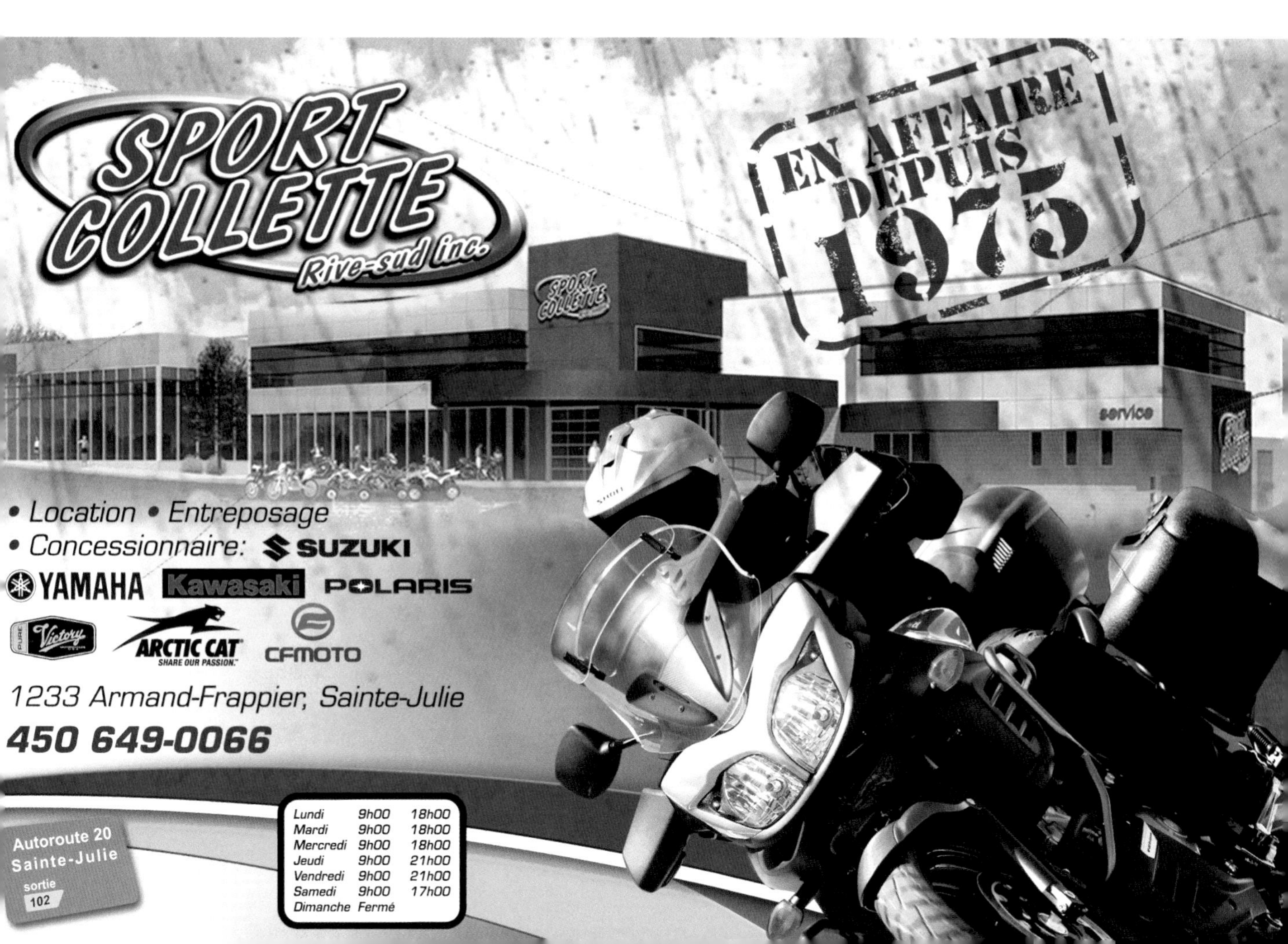
SPORT COLLETTE
Rive-sud inc.
EN AFFAIRE DEPUIS 1975
service
• Location • Entreposage
• Concessionnaire: SUZUKI
YAMAHA Kawasaki POLARIS
Victory ARCTIC CAT SHARE OUR PASSION. CFMOTO
1233 Armand-Frappier, Sainte-Julie
450 649-0066
Autoroute 20
Sainte-Julie
sortie
102
Lundi 9h00 18h00
Mardi 9h00 18h00
Mercredi 9h00 18h00
Jeudi 9h00 21h00
Vendredi 9h00 21h00
Samedi 9h00 17h00
Dimanche Fermé

GOLD YAMAHA

Construction : États-Unis – V-Twin Yamaha

TYPE 6

Construction : États-Unis – V-Twin S&S de 96 pouces cubes

NASCAFE RACER

Construction : Angleterre – V-Twin Harley-Davidson de 1 690 cc

RK SPRING FRAME

Construction : États-Unis – mono Yamaha de 450 cc

RODAN

Construction : États-Unis – 4-cylindres Honda de 836 cc

SKYWALKER'S CADDY

Construction : Russie – V-Twin Harley-Davidson de 1 250 cc

HORS-ROUTE

PAR CLAUDE LÉONARD

Crédit photo : Loïc Léonard

À PROPOS DU CO(S)MIQUE AUTEUR

Après de percutantes études en sciences de la Terre, tant à l'université qu'à titre de pilote pro en motocross, Claude Léonard a tourné le dos à une sans doute brillante carrière scientifique pour se consacrer au journalisme moto. Rédacteur en chef de divers magazines de moto tant québécois que pancanadiens durant quelque 20 ans, il est, depuis 2007, responsable de la section Hors-route du Guide de la Moto, une tâche à laquelle il se dévoue avec un zèle qu'il pousse au-delà de la simple quête de l'excellence journalistique. Fidèle à son background de scientifique, notre homme se consacre en effet, par le biais du Guide, à la noble et oh combien lourde tâche d'assurer l'équilibre du cosmos. Rien de moins. « Une des premières choses qu'on vous apprend en sciences, c'est que rien ne se perd, rien ne se crée. Or, depuis quelques années, le monde de la moto hors-route est fortement influencé par une boisson énergisante qui affirme qu'elle donne des ailes. Pour assurer l'équilibre de l'univers, ça prend donc quelqu'un quelque part qui arrache des ailes. C'est ma mission sur terre. Et parfois dans les airs. Mais je finis toujours par retomber. La preuve... »

TOUR D'HORIZON POUSSIÉREUX

Les six grands fabricants qui se partagent l'essentiel du marché de la moto hors-route attaquent la saison 2012 avec des stratégies de course complètement différentes. L'orange (KTM) est en feu, le vert (Kawasaki) et le bleu (Yamaha) accélèrent doucement, le rouge (Honda) donne quelques coups de gaz au ralenti et le jaune (Suzuki) patiente, moteur arrêté. Quant au rouge européen (Husqvarna), il est temporairement pris entre deux vitesses.

KTM est de loin le fabricant le plus dynamique en 2012. Après avoir surmonté d'importants défis financiers en 2009, la firme autrichienne a réussi à redresser sa situation de façon plutôt spectaculaire. En 2011, malgré un marché mondial toujours moribond et en baisse d'environ cinq pour cent, KTM a vu ses ventes augmenter de plus de 22 pour cent, ce qui lui a apporté un important gain de quelque 30 pour cent en parts de marché. La stratégie de développement de produits et de marketing agressive de la marque orange a donc porté fruits et ce dynamisme se poursuit en 2012 avec l'arrivée de plusieurs nouveautés. KTM a par ailleurs recentré ses priorités sur le cœur de son marché en 2012, soit les machines à vocation enduro-cross, enduro et double-usage. Alors que la gamme de motocross SX connaît une évolution plus limitée, les gammes XC, XC-W et EXC sont fortement repensées.

La grosse nouveauté est l'arrivée d'un tout nouveau moteur 4T à vocation sentier qu'on peut qualifier de gros bloc, puisqu'il équipe les modèles 450 et 500. Doté de l'injection électronique, d'une culasse à simple arbre à cames en tête (SACT) et d'un embrayage de type diaphragme (voir section technique), le nouveau moteur est plus compact et environ cinq livres (2,3 kilos) plus léger que le moteur précédent. Il permet donc des gains qui se font sentir tant côté performances que comportement général de la moto. Ce moteur équipe les nouvelles 450XC-W et 500XC-W, qui héritent également du plus récent châssis à suspension arrière PDS (sans tringlerie). Par ailleurs, la gamme enduro gagne un tout nouveau joueur, la 350XCF-W, qui utilise une version remaniée du moteur 350 4T lancé d'abord sur la 350SX, puis sur la 350XC-F.

Tous les modèles enduro XC-W (2T) et XCF-W (4T) reçoivent aussi le plus récent châssis à suspension PDS utilisé l'an dernier sur les SX 2T et les divers XC. La gamme cross-country XC (2T) et XC-F (4T) a, quant à elle, droit au nouveau châssis à suspension arrière à biellettes lancé sur les 4T de motocross l'an dernier.

Côté double-usage, KTM frappe fort en lançant une toute nouvelle 350EXC et une 500EXC fortement remaniée. La 350EXC est très proche de la nouvelle 350XCF-W d'enduro, tandis que la 500EXC est presque identique à la nouvelle 500XCF-W d'enduro, incluant le tout nouveau moteur.

Kawasaki concentre ses efforts sur sa gamme motocross 4T en 2012, avec des résultats assez spectaculaires. La KX450F a droit à une révision bien ciblée de son châssis qui améliore l'agilité. Le moteur a, pour sa part, reçu une dose de vitamines qui redéfinit son caractère. Par ailleurs, la KX450F exploite le domaine du tuning électronique en offrant différents modules révisant la gestion du moteur et un système de départ permettant une accélération initiale plus contrôlée (voir section technique plus loin). La KX250F remaniée s'inscrit dans la même veine du raffinement électronique en devenant la première machine de cross à utiliser un système à double injecteur (voir section technique).

Yamaha surprend en lançant une 250F de motocross jouant à la fois la carte de la nouveauté (un châssis redessiné) et celle du déjà-vu (le moteur à carburateur est toujours là). Le plus surprenant encore c'est l'arrivée d'une toute nouvelle WR450F d'enduro. Alors que Kawasaki et Suzuki semblent avoir lancé la serviette dans ce segment, Yamaha fonce avec une nouvelle machine de facture traditionnelle (elle n'utilise pas l'approche radicale de la YZ450F) favorisant toutefois une plus grande maniabilité. Si le reste de la gamme est essentiellement inchangé d'un point de vue technique, le Service de comptabilité de Yamaha, lui, génère quand même pas mal d'action cette année. Alors que les listes de prix 2012 des autres fabricants s'alignent de façon générale sur les prix 2011, Yamaha a sabré ceux de nombreux modèles. Les YZ125 (moins 1 000 $), YZ85 (moins 800 $), TT-R230 (moins 700 $), TT-R125LE (moins 500 $) et WR450F (moins 550 $) ont ainsi droit à des réductions importantes.

Honda se contente cette année de révisions relativement timides sur ses 4T de motocross, mais on doit noter le retour en tant que modèle 2012 d'une CRF150R légèrement retouchée. Chez Suzuki, c'est le calme plat en 2012, aucun changement notable n'étant apporté. La gamme jaune est exclusivement peuplée de modèles 4T au Canada, mais Suzuki n'a pas officiellement tué le 2T puisque la RM85 de motocross demeure disponible aux États-Unis.

Mondialement, Husqvarna se contente de révisions mineures à ses gammes de motocross et d'enduro pour 2012, mais de nouvelles 2T à injection directe ont été annoncées pour 2013 par divers représentants européens de la firme. Au Canada, la situation est quelque peu complexe, puisque la compagnie qui assurait la distribution de la marque au pays depuis quelques années a cessé ses activités au tournant du nouvel an. Au moment d'écrire ces lignes, le groupe BMW (propriétaire de Husqvarna) s'affairait à intégrer la distribution canadienne à sa division américaine (Husqvarna North America). Les petites 65 et 50 de motocross dont l'arrivée imminente avait été annoncée sont absentes de la liste initiale. Il faut également noter que les prix que nous avons publiés sont très approximatifs, sont exprimés en dollars US et sont sujets à être modifiés lorsque la situation de la distribution canadienne sera réglée.

LES MOTOS BOUTIQUE

Le phénomène demeure marginal, mais sous l'effort de quelques concessionnaires enthousiastes, diverses marques relativement exotiques sont disponibles au Québec en 2012. C'est le cas des Gas Gas espagnoles et des TM italiennes, qui devraient surtout se trouver une niche chez les amateurs de hors-route 2T. On peut aussi se procurer les petites 65 et 50 de motocross du fabricant artisanal américain Cobra. Toutes ces motos attireront surtout les amateurs qui aiment se distinguer de la masse ou qui sont mûrs pour quelque chose de différent. Il faut toutefois noter qu'en de tels cas, l'approvisionnement en pièces et la valeur de revente demeurent des inconnus.

AVANCÉES TECHNOLOGIQUES

Sur le plan technique, la nouveauté la plus marquante de l'année est l'adoption d'un système d'alimentation à double injecteur sur la Kawasaki KX250F. Alors que les autres moteurs injectés utilisent tous un seul injecteur, situé entre le conduit de la boîte à air et la culasse (environ au même endroit qu'un gicleur de carburateur) pour alimenter la chambre de combustion en essence, la KX250F ajoute un second injecteur un peu en amont. Jusqu'à 7 000 tours/minute, le premier injecteur alimente le moteur. Au-delà de ce régime, le second entre progressivement en action jusqu'à se charger seul de l'alimentation. L'avantage vient du fait qu'un injecteur plus en amont permet de mieux tirer profit de la vitesse élevée de la colonne d'air défilant dans l'admission à haut régime. Cette approche permet de maximiser la puissance produite tout en corrigeant le comportement un peu plat, souvent perçu comme un manque de caractère, commun aux 4T injectés. La gestion du moteur est plus complexe, mais le résultat est probant. La technologie n'est pas nouvelle en soi, puisqu'elle est utilisée sur des routières sportives depuis 2003. Le moteur de la KX250F redéfinit à ce point la norme qu'on peut s'attendre à ce que l'alimentation à double injecteur devienne bientôt la règle dans cette catégorie.

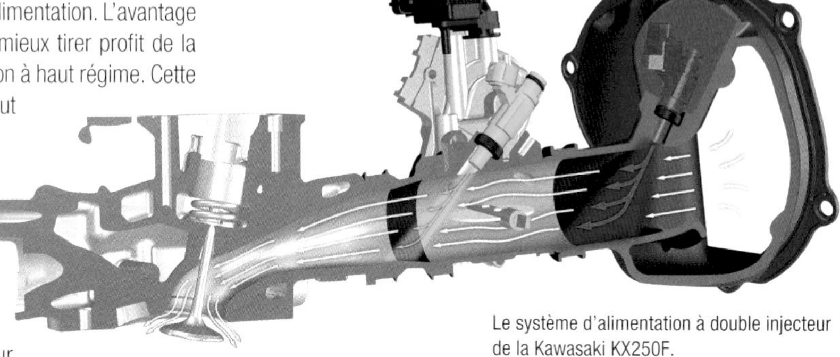

Le système d'alimentation à double injecteur de la Kawasaki KX250F.

Kawasaki KX250F

Le système Launch Control de la KX450F est activé par un bouton et rend le moteur plus facile à contrôler en quittant une barrière de départ.

Kawasaki joue également la carte de l'électronique sur sa KX450F qui est équipée d'un système baptisé Launch Control rendant le moteur plus facile à contrôler en quittant une barrière de départ. En appuyant sur un bouton, on active un système qui retarde l'allumage sur les premier et second rapports à partir d'environ 8 000 tours, réduisant la puissance de un à quatre chevaux selon le régime. En enclenchant la troisième, le système se désactive automatiquement. La KX450F offre aussi la possibilité de choisir une cartographie mieux adaptée aux conditions ou à l'expertise du pilote en changeant un petit module branché au niveau de la colonne de direction. Trois modules sont offerts (doux, de base, agressif). Ces deux types de tuning électronique ne sont pas nouveaux en soi, mais Kawasaki a le mérite de rendre la technologie facile à utiliser.

KTM a repensé le bon vieil embrayage multidisque avec son nouvel embrayage de type diaphragme qui utilise un ressort unique en coupole de type Belleville (essentiellement une grosse rondelle) à la place des classiques petits ressorts hélicoïdaux multiples. Le résultat est un embrayage plus petit et étroit, mieux coussiné et offrant un engagement plus doux, qui devrait théoriquement user moins rapidement. La tension du ressort est facilement ajustable : il suffit d'enlever le couvercle d'inspection et de changer la position d'une rondelle de précontrainte au niveau de l'embrayage. Le nouvel embrayage équipe les nouvelles XC-W 350, 450 et 500, de même que la 450SX.

Kawasaki KX450F

LE BUZZ DE LA FREERIDE E

La nouvelle récente la plus électrisante (s'cusez-la…) venant des principaux fabricants est certes l'annonce par KTM de la sortie imminente d'une moto hors-route électrique nommée Freeride E. Si la plupart des motocyclistes hors-route ont entendu parler de motos électriques (plus particulièrement la Zero X), le phénomène demeure très marginal et rares sont ceux qui en ont vu une en action. Cela risque de changer d'ici peu puisque KTM a officiellement laissé tomber la barrière de départ électrique. La Freeride E existe, fonctionne et peut être vue en marche sur des vidéos. Quelques journalistes l'ont même essayée en Europe. On ne la verra pas demain matin chez un concessionnaire du Québec, mais KTM parle d'une préproduction de 500 unités en Europe avant la fin 2012. Ces machines serviront à peaufiner le modèle de série définitif, dont la production serait prévue pour la fin 2013. Les premières Freeride E de série pourraient donc faire leur entrée dans les salles de montre dès 2014. La moto aura une vocation d'abord récréative, et KTM vise un prix sous les 10 000 Euros, soit environ 13 500 $. Tous ces chiffres (qui peuvent évidemment changer en cours de route…) démontrent que le processus est bel et bien enclenché.

Ce n'est pas demain la veille que les pousseuses d'électrons vont remplacer les brasseuses de pistons sous le poignet droit des amateurs de hors-route, mais le fait demeure que l'apparition dans les salles de montre d'une moto électrique étiquetée KTM va changer quelque peu la donne. À tout le moins, la Freeride E vient valider le concept même d'une hors-route électrique.

C'est quoi au juste une Freeride E? Le châssis, l'ergonomie et l'allure sont très semblables à ce qu'on trouve sur une moto classique. Pour le reste, les ingénieurs ont éliminé le réservoir à essence, le moteur à piston, les systèmes d'alimentation et d'échappement de même que la transmission, pour les remplacer par un bloc d'alimentation, un moteur électrique en prise directe et un contrôleur électronique. Ces changements définissent les qualités (presque pas de bruit, fort couple, pas d'émanations polluantes, pas d'essence ni d'huile à acheter) et les défauts (rapport poids–comportement inférieur, autonomie limitée, temps de recharge relativement long, prix d'achat plus élevé) de l'approche électrique.

KTM affirme avoir ciblé une 125 2T de motocross côté poids et puissance. La fiche technique laisse croire que le but est atteint puisqu'elle affiche une puissance équivalente à 30 hp et un poids de 95 kilos (209 livres). Mais les chiffres ne disent pas tout: il y a une raison pour laquelle la Freeride E est décrite comme une récréative et non une machine de cross. Et cette raison est directement liée à la principale faiblesse de la moto: son bloc d'alimentation. Comme sur tous les véhicules électriques, le bloc d'alimentation de la Freeride E a deux gros défauts: il est lourd, et il offre une autonomie limitée.

Pour atteindre le poids ciblé, KTM a doté la Freeride E d'un châssis une coche sous la norme pour une 125 de cross. En fait, les éléments de suspension proviennent directement de la SX85 de catégorie Écoliers. Ce choix, qui influe sur le comportement de la moto, est en grande partie lié au poids du bloc d'alimentation qui nourrit le moteur. Ce bloc, composé de piles lithium-ion 18650 d'ordi portable, pèse 24,9 kg (55 livres), soit plus du double du poids du moteur électrique (9,9 kg ou 22 livres) fourni par la firme allemande PERM.

Le choix d'un bloc d'alimentation à haut voltage (300 V) a permis d'utiliser un moteur plus léger et compact. Ceux qui se souviennent de leurs cours de physique savent que la puissance est égale au courant multiplié par le voltage. Pour une puissance donnée (22 kW ou 30 hp dans ce cas), plus le voltage est élevé, plus le courant est bas. Et sur le plan pratique, plus le courant est bas, plus le moteur peut être petit.

Selon KTM, la Freeride E peut fonctionner 20 minutes à vitesse Pro, 45 minutes à un bon rythme et plus d'une heure en mode promenade en forêt. Il faut ensuite recharger, ce qui prend 90 minutes. Le bloc peut être rechargé en place sur la moto. On peut aussi l'enlever facilement et le remplacer immédiatement par un autre bloc chargé à fond. L'opération prendrait moins de cinq minutes, soit pas beaucoup plus qu'effectuer un plein et vérifier l'état d'un maudit filtre à air. Le prix d'un bloc de rechange n'est pas connu, mais il ne sera sûrement pas donné.

Si la Freeride E était bleue, on pourrait décrire ses performances comme un croisement entre une TT-R125, une YZ85 et une YZ125. Genre. On est loin d'une 450 de cross, mais ça demeure tout à fait acceptable côté plaisir d'utilisation. Pour un amateur de moto hors-route, le gros avantage de la Freeride E demeure son silence de fonctionnement. Le bruit produit provient essentiellement de la chaîne qui tourne et se comparerait au bruit produit par des skis sur de la neige damée. Avec une Freeride E, tu pourrais donc rouler dans ta cour sans faire plus de bruit que la thermopompe de ton voisin. Ça ouvre pas mal de possibilités côté terrains de pratique, surtout près de la civilisation.

Pas de bruit pour écœurer le peuple, et pas de filtre à air pour nous écœurer nous. Comme seconde moto, nous pourrions nous laisser tenter.

MX 450 4T

HONDA CRF450R

La Honda 450 se cherche depuis qu'elle a été radicalement repensée en 2009. Chaque année depuis sa sortie, Honda a revu la géométrie de la tringlerie arrière et modifié les réglages de la suspension. L'approche 2012 semble enfin être la bonne : en abaissant l'arrière et en durcissant la fourche, la CRF adopte enfin une assiette équilibrée. Du coup, le comportement quelque peu vague reproché au châssis est passablement amélioré. Le moteur n'est toujours pas le plus puissant, mais il demeure linéaire et facile à exploiter. L'embrayage n'a pas été corrigé et demeure suspect, tant côté fonctionnement que durabilité. La légèreté de l'ensemble et la précision de la direction demeurent les deux plus gros atouts dynamiques de la Honda.

Moteur-refroidissement	monocylindre 4-temps de 449 cc – liquide
Transmission-embrayage	5 rapports – manuel
Cadre-roues avant/arrière	aluminium – 21 pouces / 19 pouces
Poids-selle-réservoir	106,5 kg – 954 mm – 5,7 litres
Prix-garantie	9 499 $ – aucune

MX 450 4T

HUSQVARNA TC449

En 2011, la TC449 a été complètement revue afin d'adopter le moteur lancé l'année précédente sur la BMW G450X. Du coup, elle est passée de machine techniquement vieillotte à engin moderne, mais quelque peu hors-norme. Husqvarna poursuit son raffinement en 2012. Des modifications à la distribution et à l'admission améliorent les performances du moteur avec embrayage au vilebrequin, arbre de sortie de boîte et pivot de bras oscillant concentriques et démarreur électrique. La rigidité du cadre a été révisée et la fourche Kayaba à cartouche fermée est maintenant appuyée par un amortisseur Kayaba doté d'un ressort progressif. Pour le motocross, la Husky demeure une moto, disons spéciale, pour pilotes privilégiant l'approche « vive la différence ».

Moteur-refroidissement	monocylindre 4-temps de 449 cc – liquide
Transmission-embrayage	5 rapports – manuel
Cadre-roues avant/arrière	acier – 21 pouces / 19 pouces
Poids-selle-réservoir	108 kg – 963 mm – 8,5 litres
Prix-garantie	7 999 $ USD – aucune

MX 450 4T

KAWASAKI KX450F

De toutes les machines de cette catégorie, la KX450F est celle qui bénéficie de la révision la plus poussée pour 2012, et le résultat est impressionnant. Le changement le plus senti est sans doute le nouveau cadre plus étroit à rigidité révisée qui améliore sensiblement l'ergonomie et le comportement de la moto, la rendant à la fois plus svelte, efficace et plaisante à piloter. Le moteur a aussi droit à de nombreuses révisions qui le placent quelque part entre la rageuse version 2010 et la plus docile 2011. Trois petits modules amovibles se branchant derrière la colonne de direction permettent de changer la bande de puissance selon les conditions. Sans faire de miracle, le bouton retardant l'allumage sur les 2 premiers rapports lors de départs est un outil intéressant.

Moteur-refroidissement	monocylindre 4-temps de 449 cc – liquide
Transmission-embrayage	5 rapports – manuel
Cadre-roues avant/arrière	aluminium – 21 pouces / 19 pouces
Poids-selle-réservoir	113,4 kg – 960 mm – 7 litres
Prix-garantie	9 499 $ – aucune

MX 450 4T

KTM 450SX-F

Après avoir eu droit à une révision importante en 2011, incluant un tout nouveau châssis à suspension arrière à biellettes, la 450SX-F se contente d'un nouvel embrayage innovateur avec ressort unique à diaphragme pour 2012. Elle demeure tout à fait dans le coup grâce à son châssis équilibré et à son bon vieux moteur à carburateur (le seul ainsi équipé de la catégorie) qui marie à merveille puissance, efficacité et caractère. Et avec le démarreur électrique, il est toujours prêt à prendre vie. La version 2013 est en quelque sorte déjà sortie : afin d'homologuer la moto menée par Ryan Dungey en Supercross US, KTM offre déjà, en édition limitée aux É-U, une autre SX-F 2012 basée sur le nouveau moteur à injection lancé cette année sur la XC-W.

Moteur-refroidissement	monocylindre 4-temps de 449 cc – liquide
Transmission-embrayage	5 rapports – manuel
Cadre-roues avant/arrière	acier – 21 pouces / 19 pouces
Poids-selle-réservoir	106,9 kg – 992 mm – 7,5 litres
Prix-garantie	9 649 $ – 1 mois

MX 450 4T

SUZUKI RM-Z450

La RM-Z450 nous revient essentiellement inchangée pour 2012. Heureusement, les nombreux changements apportés au châssis et au moteur en 2010 et 2011 avaient atteint la cible et mené la Suzuki au cœur de la lutte dans la catégorie. La version 2011 reconduite demeure donc compétitive en 2012. Le moteur répond présent dès les bas régimes et se montre facile à moduler. Il pousse fort à mi-régime et offre une allonge respectable. Il n'est pas spectaculaire, mais il génère une très bonne motricité qui propulse la moto avec efficacité. La suspension est un peu sèche et rend parfois la RM un peu confuse dans le défoncé, mais la stabilité demeure généralement bonne. Sa géométrie incisive et sa direction précise la font briller en virage serré.

Moteur-refroidissement	monocylindre 4-temps de 449 cc – liquide
Transmission-embrayage	5 rapports – manuel
Cadre-roues avant/arrière	aluminium – 21 pouces / 19 pouces
Poids-selle-réservoir	112 kg – 955 mm – 6,2 litres
Prix-garantie	8 999 $ – aucune

MX 450 4T

YAMAHA YZ450F

En 2010, Yamaha a risqué gros en lançant une YZ450F radicalement différente de la norme, équipée d'un moteur inversé de conception inédite. Respectant la logique en de telles circonstances, la moto a exigé une certaine adaptation, mais s'est, en fin de compte, montrée tout à fait dans le coup côté performances. Après deux ans, on peut aussi ajouter qu'elle est d'une fiabilité exemplaire. Pratiquement inchangée en 2011, la radicale YZ a droit à une évolution en 2012 visant à corriger quelques petits défauts. L'injection et l'allumage ont été révisés pour adoucir la réponse un peu brusque en bas, tandis que l'amortissement en compression et détente de la fourche est revu pour corriger la sensation d'instabilité qui rendait le comportement parfois vague.

Moteur-refroidissement	monocylindre 4-temps de 449 cc – liquide
Transmission-embrayage	5 rapports – manuel
Cadre-roues avant/arrière	aluminium – 21 pouces / 19 pouces
Poids-selle-réservoir	108,3 kg – 989 mm – 7 litres
Prix-garantie	9 199 $ (9 299 $ en blanc) – aucune

MX 450 4T

KTM 350SX-F

KTM place beaucoup d'espoirs dans sa 350SX-F, qu'elle propose comme une alternative plus facile à maîtriser et à exploiter par le commun des mortels que les 450, tout en demeurant compétitive. Même si elle ne pèse qu'environ 2,5 kilos de moins que la 450SX-F, elle transmet une sensation de légèreté notable une fois en piste. Pour 2012, l'allumage et l'injection ont été revus pour améliorer le couple à bas régime, facilitant certaines sorties de virage même si l'essentiel de la puissance demeure tout en haut de la plage. Les pépins électriques de l'an dernier sont réglés par un nouveau faisceau électrique plus étanche et un nouveau capuchon de sonde d'ouverture des gaz. Excellent choix pour un pilote amateur ou un spécialiste des pistes de pratique.

Moteur-refroidissement	monocylindre 4-temps de 349,7 cc – liquide
Transmission-embrayage	5 rapports – manuel
Cadre-roues avant/arrière	acier – 21 pouces / 19 pouces
Poids-selle-réservoir	104 kg – 992 mm – 7,5 litres
Prix-garantie	9 499 $ – 1 mois

MX 250 4T

HONDA CRF250R

En 2010, Honda a complètement revu sa CRF250R selon la même philosophie qui avait animé la révision de la CRF450R l'année précédente. Le résultat fut une machine considérablement différente de la précédente, ce qui n'a pas fait l'unanimité. Après avoir légèrement peaufiné l'ensemble en 2011, Honda apporte cette année des correctifs qui visent à éliminer certains irritants. Des modifications à l'admission, incluant un papillon 4 mm plus petit, donnent un peu plus de zeste au moteur à mi-régime. Une révision de la tringlerie arrière et de l'amortissement avant et arrière améliorent l'assiette dynamique de même que la stabilité. La sensation de légèreté de la CR la rend agréable à piloter, sensation appuyée par l'excellente ergonomie et le moteur convivial.

Moteur-refroidissement	monocylindre 4-temps de 249 cc – liquide
Transmission-embrayage	5 rapports – manuel
Cadre-roues avant/arrière	aluminium – 21 pouces / 19 pouces
Poids-selle-réservoir	102,5 kg – 955 mm – 5,7 litres
Prix-garantie	8 499 $ – aucune

HUSQVARNA TC250

Il y a deux ans, Husqvarna a lancé une prometteuse nouvelle TC250 dotée d'un tout nouveau moteur extrêmement compact. Malheureusement, la perte de volume et de poids du moteur avait aussi affecté la puissance, qui était nettement en retrait face à la concurrence. En 2011, Husky a ajouté l'injection, modifié la culasse et opté pour un nouvel échappement en titane pour corriger le tir, mais l'écart de puissance n'a pas été comblé, ce qui a cimenté la réputation de la moto. C'est dommage, parce que la partie cycle est réussie et que la moto est saine et amusante à piloter. Pour 2012, Husky a changé le système d'injection et la culasse, et la puissance atteint enfin un niveau acceptable. Mais l'ombre des 2010 et 2011 plane toujours.

Moteur-refroidissement	monocylindre 4-temps de 249 cc – liquide
Transmission-embrayage	5 rapports – manuel
Cadre-roues avant/arrière	aluminium – 21 pouces / 19 pouces
Poids-selle-réservoir	97 kg – 985 mm – 6,5 litres
Prix-garantie	6 999 $ USD – aucune

KAWASAKI KX250F

Kawasaki est le fabricant le plus agressif dans la catégorie MX2, et la nouvelle KX250F est tout à l'image de cette approche. Kawasaki devient le premier fabricant à adapter un système d'alimentation à double injecteur (courant sur les motos sport) sur une 4T de motocross, et le résultat est impressionnant. Le moteur de la KX250F est dans une classe à part à haut régime, tout en demeurant en très bonne santé à bas et moyens régimes. Appuyé par des révisions au vilebrequin, à la bielle, au cylindre, à l'allumage et à la transmission, ce moteur éclipse tous ses rivaux. Kawasaki a légèrement revu la fourche (à ressort d'un côté et amortissement de l'autre), l'amortisseur et la tringlerie pour mieux appuyer son nouveau moteur rageur.

Moteur-refroidissement	monocylindre 4-temps de 249 cc – liquide
Transmission-embrayage	5 rapports – manuel
Cadre-roues avant/arrière	aluminium – 21 pouces / 19 pouces
Poids-selle-réservoir	105,7 kg – 945 mm – 7,2 litres
Prix-garantie	8 699 $ – aucune

KTM 250SX-F

L'an dernier, la 250SX-F a hérité d'une nouvelle partie cycle à suspension arrière à tringlerie. Elle a aussi reçu une culasse retravaillée, un échappement modifié et l'injection. Comme pour d'autres avant elle, le passage à l'injection a aseptisé le caractère du moteur qui est devenu un peu paresseux en bas. Son plus gros défaut fut toutefois l'apparence chez certains d'un pépin électrique que KTM affirme avoir réglé cette année en imperméabilisant mieux le capuchon de la sonde de position des gaz. Pour le reste, le gros changement apporté au modèle 2012 est l'adoption du démarrage exclusivement électrique (un levier de kick est disponible) qui est certes très pratique, mais qui ajoute encore des kilos à ce qui fut jadis la moto la plus légère de sa classe.

Moteur-refroidissement	monocylindre 4-temps de 249 cc – liquide
Transmission-embrayage	6 rapports – manuel
Cadre-roues avant/arrière	acier – 21 pouces / 19 pouces
Poids-selle-réservoir	99,9 kg – 992 mm – 7,5 litres
Prix-garantie	8 849 $ – 1 mois

SUZUKI RM-Z250

En 2010, Suzuki a fortement remanié sa 250 4T et l'a du coup propulsée au cœur de la lutte dans cette catégorie. En 2011, des modifications mineures, mais bien ciblées au moteur et à la suspension ont permis de confirmer que la RM-Z250 était une moto de top niveau. Malheureusement, Suzuki a décidé d'appuyer sur le bouton pause pour 2012, et la suite de l'évolution demeure en attente. Une 250 4T qui nous revient pratiquement inchangée peut-elle demeurer dans le coup ? La réponse est oui, mais le danger pour Suzuki est que la motivation incitant un client à changer sa RM-Z 2011 n'est pas très forte. La bonne nouvelle, c'est que la RM-Z250 a conservé son moteur très en santé et sa précision démoniaque en virage.

Moteur-refroidissement	monocylindre 4-temps de 249 cc – liquide
Transmission-embrayage	5 rapports – manuel
Cadre-roues avant/arrière	aluminium – 21 pouces / 19 pouces
Poids-selle-réservoir	104,5 kg – 955 mm – 6,5 litres
Prix-garantie	7 999 $ – aucune

MX 250 4T

YAMAHA YZ250F

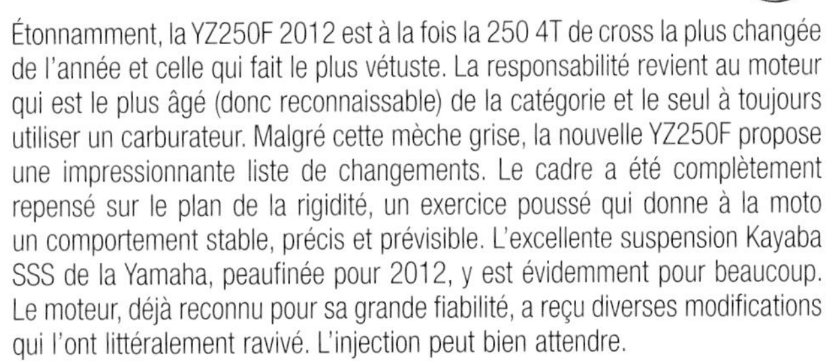

Étonnamment, la YZ250F 2012 est à la fois la 250 4T de cross la plus changée de l'année et celle qui fait le plus vétuste. La responsabilité revient au moteur qui est le plus âgé (donc reconnaissable) de la catégorie et le seul à toujours utiliser un carburateur. Malgré cette mèche grise, la nouvelle YZ250F propose une impressionnante liste de changements. Le cadre a été complètement repensé sur le plan de la rigidité, un exercice poussé qui donne à la moto un comportement stable, précis et prévisible. L'excellente suspension Kayaba SSS de la Yamaha, peaufinée pour 2012, y est évidemment pour beaucoup. Le moteur, déjà reconnu pour sa grande fiabilité, a reçu diverses modifications qui l'ont littéralement ravivé. L'injection peut bien attendre.

Moteur-refroidissement	monocylindre 4-temps de 249 cc – liquide
Transmission-embrayage	5 rapports – manuel
Cadre-roues avant/arrière	aluminium – 21 pouces / 19 pouces
Poids-selle-réservoir	102,8 kg – 984 mm – 7 litres
Prix-garantie	7 999 $ (8 099 $ en blanc) – aucune

MX 250 2T

KTM 250SX

Pour 2012, la 250SX a droit à son tour au nouveau châssis avec suspension arrière à biellettes qui a été lancé sur les SX-F 4T l'an dernier. Son excellent moteur gagne un peu de coffre grâce à un nouveau bloc de clapets VForce3 et un conduit de boîte à air redessiné. Il est plus puissant qu'un 250 4T et offre une vivacité à rendre un 450 4T jaloux. La 250SX constitue une excellente alternative aux machines 4T pour ceux qui cherchent une moto abordable, performante, amusante et facile d'entretien pour aller s'amuser dans des parcs de motocross. Et de plus en plus d'associations permettent d'utiliser une 250 2T contre les 250 4T. Si vous cherchez plus de polyvalence, KTM offre aussi sa 250 2T en versions XC et XC-W.

Moteur-refroidissement	monocylindre 2-temps de 249 cc – liquide
Transmission-embrayage	5 rapports – manuel
Cadre-roues avant/arrière	acier – 21 pouces / 19 pouces
Poids-selle-réservoir	95,4 kg – 985 mm – 8 litres
Prix-garantie	7 999 $ – 1 mois

MX 250 2T

YAMAHA YZ250

La vénérable 2T de Yamaha montre son âge, puisqu'elle n'a à peu près pas évolué depuis sa dernière refonte importante en 2006. Mais sur le plan des performances et de l'efficacité, cette version 2012 (essentiellement identique à la cuvée d'origine) demeure une machine tout à fait dans le coup. Son excellente suspension Kayaba SSS est à ce jour citée en exemple pour son efficacité et son équilibre. Son moteur est également un modèle d'efficacité, offrant une combinaison de puissance, de vivacité et de plage d'utilisation impressionnante. À côté d'elle, une 250 4T semble pépère et manquer totalement de punch. Étonnamment polyvalente, la YZ250 s'avère aussi un très bon choix pour l'enduro-cross.

Moteur-refroidissement	monocylindre 2-temps de 249 cc – liquide
Transmission-embrayage	5 rapports – manuel
Cadre-roues avant/arrière	aluminium – 21 pouces / 19 pouces
Poids-selle-réservoir	105 kg – 997 mm – 8 litres
Prix-garantie	7 999 $ – aucune

MX 150 2T

HUSQVARNA CR125

À la suite du tout récent changement majeur au niveau de la distribution des Husqvarna au Canada, la petite 2T de Husky, vendue comme CR150 l'an dernier, redevient une CR125 en 2012. Elle est toutefois livrée avec un kit de pièces qui inclut un cylindre et un piston, permettant de faire passer la cylindrée à 144 cc. L'acheteur aurait tort de s'en passer, puisque le gain en puissance rend la moto plus efficace et amusante. La version 144 n'a pas l'allonge d'une KTM 150, mais elle a plus de coffre au milieu qu'une Yamaha 125. La petite Husky est une 125 typique côté comportement, ce qui est un compliment. Son cadre est un peu plus costaud en 2012, mais contrairement aux 4T, elle conserve la combinaison fourche Kayaba / amortisseur Sachs.

Moteur-refroidissement	monocylindre 2-temps de 124 cc – liquide
Transmission-embrayage	6 rapports – manuel
Cadre-roues avant/arrière	acier – 21 pouces / 19 pouces
Poids-selle-réservoir	95 kg – 985 mm – 7 litres
Prix-garantie	5 999 $ USD – 1 mois

MX 150 2T

KTM 150SX / 125SX

La reine de la catégorie a droit à une évolution importante en 2012. La 150SX hérite en effet du nouveau châssis à suspension arrière à biellettes lancé sur les 4T de motocross l'an dernier. Le cadre, le bras oscillant et l'amortisseur sont identiques, mais le ressort et l'amortissement de ce dernier sont plus légers. La partie avant du cadre conserve la géométrie lancée sur la 150SX 2011. La fourche bénéficie d'un amortissement révisé et de nouveaux joints d'étanchéité. Le moteur a droit à un support de culasse redessiné pour réduire la vibration. Un nouvel échappement et un conduit de boîte à air modifié donnent des montées en régime plus rapides. La presque identique 125SX est de retour en 2012, mais la 150 lui est nettement supérieure.

Moteur-refroidissement	monocylindre 2-temps de 143 cc – liquide
Transmission-embrayage	6 rapports – manuel
Cadre-roues avant/arrière	acier – 21 pouces / 19 pouces
Poids-selle-réservoir	90,8 kg – 985 mm – 8 litres
Prix-garantie	7 449 $ (7 349 $) – 1 mois

MX 150 2T

YAMAHA YZ125

La quasi-totalité des pros qui ont connu les 125 2T affirment qu'une machine de cette catégorie est un outil d'apprentissage incroyable que la plupart des jeunes auraient avantage à expérimenter. Ce rôle de machine de progression convient à merveille à la YZ125. La petite Yamaha est une excellente petite moto, légère, nerveuse et très agréable à piloter. Même si l'ensemble est essentiellement inchangé depuis des lunes, sa suspension demeure à la fine pointe et absorbe le défoncé de façon exemplaire. Comparée à une 250 4T côté comportement, elle est un véritable vélo. Son moteur se montre vif et efficace, mais il faut être agressif et précis pour l'exploiter. Autre excellente raison de la considérer : Yamaha a réduit son prix de 1 000 $ en 2012.

Moteur-refroidissement	monocylindre 2-temps de 124 cc – liquide
Transmission-embrayage	6 rapports – manuel
Cadre-roues avant/arrière	aluminium – 21 pouces / 19 pouces
Poids-selle-réservoir	94 kg – 998 mm – 8 litres
Prix-garantie	6 499 $ – aucune

MX ÉCOLIERS

HONDA CRF150RB

Absente du catalogue Honda en 2011, la CRF150R nous revient en 2012 avec les premiers changements importants depuis son lancement en 2007. Elle est toutefois offerte seulement dans sa version à grandes roues (19/16 pouces), ce qui la sort d'office du domaine des pilotes de gabarit 85. Le moteur gagne sur toute sa plage de puissance déjà généreuse grâce à une nouvelle culasse, à un nouveau carbu, à un piston plus léger et à un arbre à cames redessiné. L'amortissement avant et arrière a aussi été revu pour offrir un comportement plus doux et onctueux. Malgré un net avantage côté puissance et allonge du moteur face aux 2T, le fort prix à payer à l'achat comme à l'entretien freine l'élan du 4T dans cette catégorie.

Moteur-refroidissement	monocylindre 4-temps de 149 cc – liquide
Transmission-embrayage	5 rapports – manuel
Cadre-roues avant/arrière	acier – 19 pouces / 16 pouces
Poids-selle-réservoir	85 kg – 866 mm – 4,3 litres
Prix-garantie	5 299 $ – aucune

MX ÉCOLIERS

KAWASAKI KX100

Puisque la KTM 105 n'est pas au catalogue 2012 de cette marque, l'excellente KX100 est la seule 2T de catégorie super mini sur le marché en 2012. Son design est un peu vieillot, mais elle demeure une excellente machine d'apprentissage, très polyvalente et super fiable. Le nouveau champion du Québec d'enduro et d'enduro-cross, Loïc Léonard, a brassé une KX100 2007 de série pendant deux ans en enduro-cross FMSQ (incluant les Extrêmes), a tout gagné, et n'a jamais réussi à briser quoi que ce soit d'important. En 2009, il a même mené une autre KX100 légèrement modifiée au championnat américain Super Mini d'enduro-cross, sans aucun pépin. Pour un jeune en évolution ou la femme de petite taille, la conviviale KX100 est un excellent achat.

Moteur-refroidissement	monocylindre 2-temps de 98 cc – liquide
Transmission-embrayage	6 rapports – manuel
Cadre-roues avant/arrière	acier – 19 pouces / 16 pouces
Poids-selle-réservoir	68 kg – 870 mm – 5,6 litres
Prix-garantie	4 999 $ – aucune

MX ÉCOLIERS

KAWASAKI KX85

La RM85 ne figurant plus au catalogue Suzuki, la KX85 devient la moto la plus accessible de la catégorie des 85 côté prix et facilité. Réputée pour sa fiabilité, elle est performante sans être intimidante, ce qui fera le bonheur d'un jeune pilote qui débute dans cette catégorie. L'ergonomie plutôt ramassée sied particulièrement aux jeunes de petite taille, tout comme la suspension efficace, mais relativement souple. Cette dernière se prête par ailleurs très bien à une utilisation variée, incluant du sentier. Son moteur à valve d'échappement KIPS se ramasse proprement en bas et prend sérieusement vie à mi-régime, mais demeure assez facile à exploiter. La KX85 a une riche histoire en motocross et répond particulièrement bien à diverses modifications.

Moteur-refroidissement	monocylindre 2-temps de 84 cc – liquide
Transmission-embrayage	6 rapports – manuel
Cadre-roues avant/arrière	acier – 17 pouces / 14 pouces
Poids-selle-réservoir	65 kg – 840 mm – 5,6 litres
Prix-garantie	4 699 $ – aucune

MX ÉCOLIERS

KTM 85SX / 85SXS

De toutes les 85 cc, la KTM est de loin la plus moderne et la plus évoluée. Et le fossé ne fait que se creuser en 2012, puisqu'elle continue de progresser alors que la concurrence demeure au point mort. L'accent est mis sur la tenue en piste avec l'arrivée d'une nouvelle fourche WP de 43 mm, agrémentée de nouveaux réglages avant et arrière. Un nouvel étrier avant à quatre pistons améliore la puissance du freinage. Un nouveau guidon en alu Renthal doté de nouveaux manchons relève le confort et l'ergonomie. Elle est plus sophistiquée et typée course que les Kawa et Yamaha, mais aussi considérablement plus dispendieuse. Une nouvelle version SXS fait par ailleurs son apparition en 2012 ajoutant, entre autres, un allumage plus performant et un échappement FMF.

Moteur-refroidissement	monocylindre 2-temps de 84 cc – liquide
Transmission-embrayage	6 rapports – manuel
Cadre-roues avant/arrière	acier – 17 pouces / 14 pouces
Poids-selle-réservoir	68 kg – 865 mm – 5 litres
Prix-garantie	5 799 $ (6 699 $) – aucune

MX ÉCOLIERS

YAMAHA YZ85

Avec sa suspension assez ferme, son moteur puissant et son ergonomie relativement généreuse, surtout en position debout, la YZ85 est un bon choix pour un jeune pilote de plus grande taille, à condition qu'il affiche déjà un bon niveau de pilotage. La petite Yamaha est en effet quelque peu difficile à dompter pour un débutant. Non muni d'une valve à l'échappement, son moteur 2T se montre plutôt creux en bas, une sensation accentuée par une transition assez brusque quand les chevaux se précipitent à mi-régime, pour ensuite hurler en haut. Le moteur pointu et la suspension rigide limitent la polyvalence de la moto et en font une 85 passablement intense qui vise surtout les pilotes plus habiles et expérimentés. Son prix a baissé de 800 $ pour 2012.

Moteur-refroidissement	monocylindre 2-temps de 85 cc – liquide
Transmission-embrayage	6 rapports – manuel
Cadre-roues avant/arrière	acier – 17 pouces / 14 pouces
Poids-selle-réservoir	71 kg – 864 mm – 5 litres
Prix-garantie	3 999 $ – aucune

MX ÉCOLIERS

KAWASAKI KX65

Même si elle n'a à peu près pas changé depuis une dizaine d'années déjà, la petite KX65 demeure un excellent choix pour un jeune pilote prêt à passer d'une mini à embrayage automatique à une vraie machine de motocross avec embrayage manuel. Elle offre un moteur performant et des suspensions efficaces, tout en demeurant conviviale. De plus, moyennant un entretien normal, elle se montre très robuste et durable, permettant d'accumuler les heures en selle sans faire sauter la banque. La KTM 65SX est plus désirable tant visuellement que côté performances, mais la KX65 se montre moins chère à l'achat et à l'entretien, et s'avère une excellente machine d'apprentissage. Pour la plupart des jeunes pilotes, bien apprendre est ce qui compte le plus.

Moteur-refroidissement	monocylindre 2-temps de 65 cc – liquide
Transmission-embrayage	6 rapports – manuel
Cadre-roues avant/arrière	acier – 14 pouces / 12 pouces
Poids-selle-réservoir	57 kg – 760 mm – 3,8 litres
Prix-garantie	4 099 $ – aucune

MX ÉCOLIERS

MX ÉCOLIERS

KTM 65SX / 65SXS

Comme sa grande sœur la 85SX, la 65SX est équipée d'une nouvelle fourche plus performante pour 2012. Dans ce cas-ci, il s'agit d'une WP à poteaux de 35 mm. De nouveaux réglages de l'amortisseur arrière permettent au châssis de conserver son équilibre. Un nouvel étrier avant à quatre pistons rehausse la performance du freinage, tant côté puissance que sensation. Un nouveau guidon en alu Renthal doté de nouveaux manchons améliore le confort et l'ergonomie. La 65SX s'est nettement démarquée dans sa catégorie lorsqu'elle a bénéficié d'une refonte complète il y a trois ans et s'est imposée en termes de performances pures devant la KX65. La nouvelle version SXS en rajoute avec, entre autres, une valve d'échappement modifiée et un silencieux FMF.

Moteur-refroidissement	monocylindre 2-temps de 65 cc – liquide
Transmission-embrayage	6 rapports – manuel
Cadre-roues avant/arrière	acier – 14 pouces / 12 pouces
Poids-selle-réservoir	55,4 kg – 750 mm – 3,5 litres
Prix-garantie	4 749 $ (5 599 $) – aucune

KTM 50SX / 50SXS

Observez une ligne de départ en catégorie mini pour enfants, et vous aurez l'impression que la couleur orange est exigée par le règlement. Et puisque l'arrivée d'une 50 de cross chez Husqvarna continue de se faire attendre, KTM demeure le seul des grands fabricants à offrir une authentique machine de compétition taillée sur mesure pour un tout jeune pilote. La racée 50SX à embrayage automatique ne dort pas sur ses lauriers et a droit à une évolution pour 2012, incluant une nouvelle fourche WP de 35 mm ancrée dans de nouveaux tés de fourche forgés. La suspension arrière bénéficie d'une nouvelle calibration. L'ergonomie évolue grâce à un nouveau guidon en alu Renthal doté de nouveaux manchons plus confortables. La nouvelle version SXS est encore plus poussée.

Moteur-refroidissement	monocylindre 2-temps de 49 cc – liquide
Transmission-embrayage	1 rapport – automatique
Cadre-roues avant/arrière	acier – 12 pouces / 10 pouces
Poids-selle-réservoir	39,8 kg – 684 mm – 2,3 litres
Prix-garantie	3 799 $ (5 099 $) – aucune

HR 500 4T
NOUVEAUTÉ

HR 500 4T
NOUVEAUTÉ

HUSQVARNA TXC511 / TXC310 / TXC250

Les versions TE étant étiquetées double-usage pour 2012 plutôt qu'enduro comme auparavant, la famille TXC à vocation cross-country (plus proche des TC de motocross) mène la charge Husqvarna dans les catégories hors-route 4T. La nouvelle TXC511 utilise une version à alésage plus grand du moteur ex-BMW G450X lancé l'an dernier en tant que 449. La rigidité du cadre, les radiateurs et l'allumage sont révisés, et il y a un nouvel amortisseur Kayaba à ressort progressif derrière. La 511 est beaucoup plus grands espaces que sentiers. La TXC310 est nouvelle pour 2012, reprenant l'approche 250 vitaminée lancée l'an dernier avec la TE310. Elle est presque identique à la TXC250, mais pour la course, son moteur est plus dans le coup côté puissance.

Moteur-refroidissement	monocylindre 4-temps de 477 cc – liquide
Transmission-embrayage	6 rapports – manuel
Cadre-roues avant/arrière	acier – 21 pouces / 18 pouces
Poids-selle-réservoir	113 kg – 963 mm – 8,5 litres
Prix-garantie	8 299 $ USD (7 889 $ USD) (7 399 $ USD) – 1 mois

KTM 500XC-W / 450XC-W

Toutes nouvelles pour 2012, les grosses 4T d'enduro de KTM inaugurent un moteur de nouvelle génération à SACT qui se distingue par son poids réduit (moins 2 kg), sa souplesse améliorée, sa puissance supérieure et son inertie réduite lorsque les gaz sont coupés. Le tout est logé dans le plus récent châssis à amortisseur sans tringlerie utilisé l'an dernier sur les cross 2T. La 450 devient du coup plus fine et maniable, tout en se montrant plus performante et facile à exploiter côté moteur. Le nouvel embrayage à ressort à diaphragme contribue à l'onctuosité des reprises. La version 500 affiche 510 cc comme les 520, 525 et 530 d'antan et ajoute une bonne dose de couple sur une plage plus linéaire. La 450 est une arme, et la 500 en rajoute.

Moteur-refroidissement	monocylindre 4-temps de 510 (449) cc – liquide
Transmission-embrayage	6 rapports – manuel
Cadre-roues avant/arrière	acier – 21 pouces / 18 pouces
Poids-selle-réservoir	112 (111) kg – 970 mm – 9,5 litres
Prix-garantie	10 299 $ (10 099 $) – 1 mois

HR 500 4T

HONDA CRF450X

À la suite de la disparition de ses rivales des catalogues Suzuki et Kawasaki et de l'arrivée d'une nouvelle Yamaha WR450 en 2012, la CRF450X devient la seule représentante de l'ancienne génération de cette catégorie. Elle a été révisée pour la dernière fois en 2008, quand Honda lui a apporté une série de modifications qui ont radicalisé sa personnalité. La CRF450X est depuis essentiellement inchangée et demeure basée sur la Honda 450 de motocross de génération précédente. À l'origine une machine de sentier agréable, mais plus corpulente qu'athlétique, elle est devenue plus sportive en 2008. Elle affiche depuis un comportement plus incisif en sentier appuyé par un couple omniprésent. Elle demeure moins typée course que ses rivales directes.

Moteur-refroidissement	monocylindre 4-temps de 449 cc – liquide
Transmission-embrayage	5 rapports – manuel
Cadre-roues avant/arrière	aluminium – 21 pouces / 18 pouces
Poids-selle-réservoir	113 kg – 962 mm – 8,7 litres
Prix-garantie	9 199 $ – aucune

HR 500 4T

NOUVEAUTÉ

YAMAHA WR450F

Yamaha surprend doublement en lançant une toute nouvelle WR450F en 2012. De un, la firme choisit d'innover alors même que les Kawasaki KLX450 et Suzuki RMX450Z disparaissent de leur catalogue respectif. Et de deux, la nouvelle moto n'est pas basée sur la révolutionnaire YZ450F de motocross comme il fut anticipé. Yamaha a choisi de faire évoluer un moteur d'ancienne génération en lui greffant l'injection électronique et en revoyant ses caractéristiques pour favoriser la souplesse et la facilité d'utilisation. La grosse nouveauté est l'adoption d'un châssis plus compact basé de près sur celui de la nouvelle YZ250F de cross, mais spécifique à la WR450F. Du coup, Yamaha raffine et radicalise la vocation de la WR qui lorgne plus côté compétition.

Moteur-refroidissement	monocylindre 4-temps de 449 cc – liquide
Transmission-embrayage	5 rapports – manuel
Cadre-roues avant/arrière	aluminium – 21 pouces / 18 pouces
Poids-selle-réservoir	124 kg – 960 mm – 7,5 litres
Prix-garantie	8 999 $ – aucune

HR 500 4T

NOUVEAUTÉ

KTM 350XC-F / 350XCF-W

Lancée l'an dernier, la version XC a droit cette année au châssis cross à biellettes arrière et à une injection révisée avec filtre à essence additionnel et capuchon de sonde de position des gaz plus étanche. Si votre cœur balance entre le sentier et les parcs de motocross, elle est faite pour vous. La toute nouvelle version XCF-W a tout pour devenir le porte-étendard de l'approche 350 si prisée par KTM. Le moteur est considérablement révisé (piston, carters, vilebrequin, arbre à cames…) pour l'adapter à une utilisation typée enduro. Équipée du plus récent châssis PDS sans tringlerie, elle paraît encore plus fine et légère que la nouvelle 450 tout en offrant des performances moteur qui font pâlir un bloc 250 tant côté souplesse qu'allonge et puissance maximale.

Moteur-refroidissement	monocylindre 4-temps de 349,7 cc – liquide
Transmission-embrayage	6 rapports – manuel
Cadre-roues avant/arrière	acier – 21 pouces / 18 pouces
Poids-selle-réservoir	106 (107) kg – 992 (970) mm – 9,5 litres
Prix-garantie	9 999 $ – 1 mois

HR 300 2T

HUSQVARNA WR300 / WR250 / WR125

Les Husky 2T ont pas mal de vécu (surtout le bloc 250/300), et leur modernisation se laisse désirer. Ça n'empêche pas les versions hors-route WR de bien se défendre dans leur marché, grâce surtout à leur prix très compétitif. Les moteurs Husqvarna sont de la vieille école et sont moins sophistiqués, plus rugueux et un peu moins vifs que ceux de la marque orange, mais ils demeurent efficaces en hors-route. La partie cycle fait un peu « Vieille Europe », mais se montre saine. La 300 est plus attirante que la 250 chez la clientèle visée par ce type de moto. Cette année, la WR150 nous revient en tant que WR125, livrée avec un kit de 144 cc comprenant un cylindre et un piston. Un peu comme chez Ikea, elle exige un peu d'assemblage pour redevenir une 150.

Moteur-refroidissement	monocylindre 2-temps de 293 (249) (124) cc – liquide
Transmission-embrayage	6 rapports – manuel
Cadre-roues avant/arrière	acier – 21 pouces / 18 pouces
Poids-selle-réservoir	103 (103) (96) kg – 975 mm – 9,5 litres
Prix-garantie	6 999 $ USD (6 799 $ USD) (5 999 $ USD) – 1 mois

HR 300 2T

KTM 300XC / 250XC

Le penchant motocross déjà prononcé des versions XC des KTM 300 et 250 2T s'accentue en 2012, puisque ces deux modèles ont maintenant droit au châssis à suspension arrière à biellettes lancé sur les 4T de cross l'an dernier. Ces deux XC sont très proches de la 250SX de cross, se distinguant surtout par une suspension un peu plus souple et l'ajout d'une transmission à six rapports (parfois récalcitrante) et d'un démarreur électrique. La suspension des XC est un peu costaude pour le sentier (les XC-W absorbent mieux les irrégularités), mais elle rend ces modèles très attrayants pour ceux qui aiment partager leur temps entre le sentier et un parc de motocross. La 300XC est même une machine de cross très compétente en catégorie Vétéran.

Moteur-refroidissement	monocylindre 2-temps de 293 (249) cc – liquide
Transmission-embrayage	6 rapports – manuel
Cadre-roues avant/arrière	acier – 21 pouces / 18 pouces
Poids-selle-réservoir	101 kg – 992 mm – 11,5 litres
Prix-garantie	9 099 $ (8 999 $) – 1 mois

HR 300 2T

KTM 300XC-W / 250XC-W

Les versions typées enduro XC-W des 250 et 300 ont droit à une bonne dose de rajeunissement en 2012, puisqu'elles adoptent le châssis lancé l'an dernier sur les 2T de cross. La fourche demeure à cartouche ouverte et l'amortisseur PDS sans tringlerie est réglé plus souple, question de mieux dompter les sentiers serrés et accidentés. Le nouveau châssis améliore le comportement et la sensation de stabilité. Les deux moteurs reçoivent un nouveau système de clapets favorisant les reprises à bas et moyen régimes. De plus, la 300 a droit à un nouveau cylindre qui améliore sa puissance sur toute la courbe. La 250 paraît plus vive et légère tandis que la 300 se distingue par le coffre impressionnant, mais facile à doser de son moteur.

Moteur-refroidissement	monocylindre 2-temps de 293 (249) cc – liquide
Transmission-embrayage	5 rapports – manuel
Cadre-roues avant/arrière	acier – 21 pouces / 18 pouces
Poids-selle-réservoir	102 kg – 960 mm – 10 litres
Prix-garantie	9 099 $ (8 999 $) – 1 mois

HR 300 2T

KTM 200XC-W

La 200 de KTM est l'une des motos les plus sous-estimées sur le marché. Combinant en quelque sorte le poids d'une 125 et le coffre d'une 250, elle permet de foncer sans se défoncer, ce qui est une recette gagnante tant pour un jeune en évolution que pour une femme ou un vétéran. La recette est même efficace à haut niveau, comme l'a démontré Loïc Léonard en remportant l'été dernier le championnat Pro de la FMSQ sur une 200XC-W essentiellement de série. Pour 2012, la 200 hérite, comme les 250 et 300XC-W, du cadre de cross 2T de l'an dernier qui améliore son comportement. Le moteur a droit à des modifications à l'allumage et à l'admission qui bonifient légèrement sa puissance en haut et améliorent la vivacité.

Moteur-refroidissement	monocylindre 2-temps de 193 cc – liquide
Transmission-embrayage	6 rapports – manuel
Cadre-roues avant/arrière	acier – 21 pouces / 18 pouces
Poids-selle-réservoir	95 kg – 960 mm –10 litres
Prix-garantie	8 099 $ – 1 mois

HR 300 2T

KTM 150XC

Depuis quelques années déjà, la 150XC remplace l'ancienne version XC de la 200. Elle n'a pas le couple de la 200, ce qui est souvent un handicap en sentier, mais pour une utilisation sur terrain plus ouvert ou sur une piste de cross, son moteur affiche de belles qualités. Basé sur celui de la 125SX, il a été revu tant du côté de l'alésage que de la course. Il en a résulté une bande de puissance plus large que ce qui se produit quand on ne fait que réaléser un 125. Le moteur est puissant et très vivant à haut régime, et s'il demeure relativement efficace en bas, il récompense nettement un pilotage agressif. Pour 2012, le penchant motocross de la XC150 est appuyé par l'arrivée du plus récent châssis cross à suspension arrière à biellettes.

Moteur-refroidissement	monocylindre 2-temps de 143 cc – liquide
Transmission-embrayage	6 rapports – manuel
Cadre-roues avant/arrière	acier – 21 pouces / 18 pouces
Poids-selle-réservoir	94 kg – 992 mm – 11,5 litres
Prix-garantie	8 099 $ – 1 mois

HR 250 4T

HONDA CRF250X

L'excellente petite randonneuse de Honda poursuit sa mission sans faire de bruit et nous revient pratiquement inchangée pour 2012. Comme sa grande sœur la CRF450X, la 250X est une version assouplie côté moteur et suspension de la CRF250R de motocross de génération précédente. Sa suspension privilégiant la souplesse avale sans broncher roches et racines, alors que son moteur à démarreur électrique livre un couple généreux à bas régime, ce qui le rend étonnamment efficace dans le serré et lorsque l'adhérence est précaire. Mais autant la CRF250X excelle dans le serré, autant elle n'est pas une machine de grands espaces : son moteur s'essouffle assez rapidement et sa suspension molle devient imprécise quand ça brasse trop.

Moteur-refroidissement	monocylindre 4-temps de 249 cc – liquide
Transmission-embrayage	5 rapports – manuel
Cadre-roues avant/arrière	aluminium – 21 pouces / 18 pouces
Poids-selle-réservoir	102 kg – 957 mm – 8,3 litres
Prix-garantie	8 999 $ – aucune

HR 250 4T

KTM 250XC-F / XCF-W

Pour 2012, la version XC-F a droit au châssis à suspension arrière à biellettes des KTM de motocross. La cartographie de l'injection, inaugurée l'an dernier, a été revue pour bonifier les reprises. KTM a aussi ajouté un nouveau filtre à essence intégré au conduit et un capuchon imperméabilisé de la sonde d'ouverture des gaz pour corriger la fiabilité fonctionnelle. Si la XC-F est très proche de la version cross, la version W est beaucoup plus typée enduro. Elle reçoit le châssis des 2T de cross de l'an dernier, tout en conservant des suspensions plus souples. Cette année, le moteur a droit à son tour à l'injection alimentée par un stator plus puissant. Les deux versions sont typées compétition, mais la W demeure un très bon choix pour le randonneur.

Moteur-refroidissement	monocylindre 4-temps de 249 cc – liquide
Transmission-embrayage	6 rapports – manuel
Cadre-roues avant/arrière	acier – 21 pouces / 18 pouces
Poids-selle-réservoir	104 (106) kg – 992 (970) mm – 9,5 litres
Prix-garantie	9 399 $ – 1 mois

HR 250 4T

YAMAHA WR250F

Complètement remaniée en 2007 et très légèrement retouchée en 2008, la WR250F nous revient une fois de plus pratiquement inchangée pour la nouvelle année. On a donc toujours affaire à une machine plus axée sur l'agrément en sentier que sur la compétition. Sa suspension souple est calibrée pour attaquer confortablement un sentier serré et accidenté, tout en se montrant un peu plus ferme et efficace que celle de la CRF250X à plus haute vitesse. Le moteur à démarreur électrique n'a pas tout à fait le coffre de celui de la rouge en bas, mais il lui est légèrement supérieur à haut régime. Le châssis à cadre en aluminium allie une direction précise et une excellente stabilité même lorsqu'on pousse le rythme. Une révision genre WR450F serait néanmoins bienvenue.

Moteur-refroidissement	monocylindre 4-temps de 249 cc – liquide
Transmission-embrayage	5 rapports – manuel
Cadre-roues avant/arrière	aluminium – 21 pouces / 18 pouces
Poids-selle-réservoir	116 kg – 980 mm – 8 litres
Prix-garantie	8 499 $ – aucune

RÉCRÉATIVES

HONDA CRF230F

Pendant plus de 25 ans, la légendaire gamme XR de Honda a arpenté les sentiers de la planète et même remporté des enduros. Fière descendante de cette lignée, la CRF230F est le modèle pleine grandeur, conçu pour un pilote de taille adulte, de la gamme hors-route récréative actuelle de Honda. Inchangée pour 2012, elle se veut plus une moto abordable et facile à apprivoiser que performante. Propulsée par un convivial moteur refroidi à l'air, elle bénéficie d'un démarreur électrique et d'une boîte à six rapports. Il y a quatre ans, elle a eu droit à une selle et à un réservoir plus sveltes et bas qui ont amélioré le confort et l'ergonomie et réduit la sensation de lourdeur. La CRF230F n'en demeure pas moins une initiatrice relativement lourde.

Moteur-refroidissement	monocylindre 4-temps de 223 cc – air
Transmission-embrayage	6 rapports – manuel
Cadre-roues avant/arrière	acier – 21 pouces / 18 pouces
Poids-selle-réservoir	113 kg – 866 mm – 7,2 litres
Prix-garantie	4 599 $ – 6 mois

RÉCRÉATIVES

YAMAHA TT-R230

Rhabillée de façon à rappeler les YZ de motocross en 2008, la TT-R230 poursuit son chemin sans évolution notable en 2012. Pour un pilote de taille adulte désirant découvrir le merveilleux monde du hors-route sur une moto pleine grandeur, à la fois abordable et facile d'accès, la TT-R230 joue à merveille le rôle de machine d'initiation. Son classique moteur 4T refroidi à l'air est doté d'un pratique démarreur électrique et d'une boîte à six rapports. Tant côté prix que fiche technique, elle est très proche de la CRF230F décrite précédemment. La Yamaha est un tantinet plus conviviale tandis que la Honda est très légèrement plus poussée côté suspension et puissance maxi. Mais la différence est mince. Aimez-vous mieux le bleu ou le rouge?

Moteur-refroidissement	monocylindre 4-temps de 223 cc – air
Transmission-embrayage	6 rapports – manuel
Cadre-roues avant/arrière	acier – 21 pouces / 18 pouces
Poids-selle-réservoir	107 kg – 870 mm – 8 litres
Prix-garantie	3 999 $ – 90 jours

RÉCRÉATIVES

HONDA CRF150F

Avec ses roues de 19 et 16 pouces, la CRF150F est plus petite qu'une moto pleine grandeur et donc parfaite pour initier un adolescent ou un adulte de petite taille. Elle représente en quelque sorte une valeur ajoutée dans la gamme récréative Honda. Elle est très proche de la CRF100 côté vocation, mais la 150 est plus évoluée et performante, se distinguant par son moteur plus puissant, son frein avant à disque et son débattement de suspension supérieur. Elle est du fait même plus lourde et plus dispendieuse que la 100. Tout en demeurant peu intimidant, son moteur est assez fort en couple pour sa taille, ce qui, avec la suspension relativement ferme, rend la polyvalente petite CRF150 attrayante même pour un pilote plus expérimenté.

Moteur-refroidissement	monocylindre 4-temps de 149 cc – air
Transmission-embrayage	5 rapports – manuel
Cadre-roues avant/arrière	acier – 19 pouces / 16 pouces
Poids-selle-réservoir	101 kg – 825 mm – 8,3 litres
Prix-garantie	4 149 $ – 6 mois

RÉCRÉATIVES

KAWASAKI KLX140 (L)

La KLX140 entreprend en 2012 sa cinquième année sur le marché. C'est en effet en 2008 que Kawasaki a enfin joint la catégorie des récréatives avec une petite 4T moderne et conviviale, offerte en deux versions afin d'accommoder des pilotes de tailles variées. La KLX140 de base arrive avec des petites roues de 17-14 pouces; la version L utilise plutôt des grandes roues de 19-16 pouces et un amortisseur arrière plus évolué à réservoir externe. Les deux sont équipées de freins à disque avant et arrière. Doté d'un démarreur électrique, le moteur a une large plage de puissance, mais ne pousse pas beaucoup plus qu'un 125. Avec sa transmission à cinq rapports un peu longs, il semble donc plus vivant sur la version à petites roues.

Moteur-refroidissement	monocylindre 4-temps de 144 cc – air
Transmission-embrayage	5 rapports – manuel
Cadre-roues avant/arrière	acier – 17 (19) pouces / 14 (16) pouces
Poids-selle-réservoir	89 (90) kg – 780 (800) mm – 5,7 litres
Prix-garantie	3 599 $ (3 999 $) – 6 mois

RÉCRÉATIVES

SUZUKI DR-Z125 (L)

Pour 2012, les deux versions de la DR-Z125 sont les seules représentantes de Suzuki dans la catégorie des récréatives, la DR-Z70 n'étant plus au catalogue. La DR-Z125 n'est pas très évoluée mécaniquement, son héritage remontant à plusieurs années, mais sa fiabilité est éprouvée. Elle est offerte en version de base à petites roues de 17 et 14 pouces, et en version L à grandes roues de 19 (avec frein à disque) et 16 pouces, ce qui lui permet d'accommoder différents gabarits. Son petit 4T, malgré une paresse relative à bas régime, est souple et agréable. L'allure est moderne et la suspension acceptable. L'absence d'un démarreur électrique peut limiter son attrait pour certains, mais comporte des avantages côté poids et prix.

Moteur-refroidissement	monocylindre 4-temps de 124 cc – air
Transmission-embrayage	5 rapports – manuel
Cadre-roues avant/arrière	acier – 17 (19) pouces / 14 (16) pouces
Poids-selle-reservoir	79 (81) kg – 775 (805) mm – 6,2 litres
Prix-garantie	3 099 $ (3 499 $) – 6 mois

RÉCRÉATIVES

YAMAHA TT-R125LE (L)

Durant quelques années, la TT-R125 était disponible en pas moins de quatre versions, selon l'utilisation de «petites roues» ou de «grandes roues» et la présence ou l'absence d'un démarreur électrique. L'an dernier, seule la TT-R125LE, soit la version haut de gamme à grandes roues et démarreur électrique, était offerte. Pour 2012, la LE est toujours au catalogue, mais elle est accompagnée par le retour de la TT-R125L, soit la version à grandes roues et démarrage par kick, plus simple (et légère…) et donc plus abordable. La TT-R125 demeure une petite initiatrice conviviale, efficace, durable et agréable à piloter. Elle a un peu plus de moteur que la 125 de Suzuki, mais un peu moins que les Kawa 140 et surtout la Honda 150.

Moteur-refroidissement	monocylindre 4-temps de 124 cc – air
Transmission-embrayage	5 rapports – manuel
Cadre-roues avant/arrière	acier – 19 pouces / 16 pouces
Poids-selle-réservoir	84 kg – 805 mm – 6,1 litres
Prix-garantie	3 499 $ (2 999 $) – 90 jours

RÉCRÉATIVES

KAWASAKI KLX110 (L)

Il y a deux ans, Kawasaki a officiellement reconnu la nature schizophrénique de la KLX110 en lançant, en plus du modèle de base pour enfants à embrayage automatique, une nouvelle version L pour adultes qui se distingue essentiellement par une suspension à long débattement et un embrayage manuel. Cette évolution ne surprend pas, puisqu'avec son moteur de plus de 100 cc et ses roues de 14 et 12 pouces, la KLX110 figurait depuis sa sortie à l'extrémité supérieure de la catégorie des mini motos, tant côté gabarit que puissance, attirant la convoitise des plus jeunes tout en chatouillant des adultes à la recherche d'un nouveau jouet. Les deux versions partagent le même moteur, une boîte à quatre rapports et un démarreur électrique.

Moteur-refroidissement	monocylindre 4-temps de 111 cc – air
Transmission-embrayage	4 rapports – automatique (manuel)
Cadre-roues avant/arrière	acier – 14 pouces / 12 pouces
Poids-selle-réservoir	64 kg – 650 (730) mm – 3,8 litres
Prix-garantie	2 649 $ (2 799 $) – 6 mois

RÉCRÉATIVES

YAMAHA TT-R110E

Un peu comme sa grande sœur la TT-R125, la TT-R90 a connu un succès immédiat à son lancement au tournant du millénaire. Son petit moteur 4T, jumelé à une boîte à trois rapports et un embrayage automatique, avait du caractère tout en demeurant docile et facile à maîtriser. Dès le départ, la petite TT-R s'est imposée comme une machine idéale pour les enfants un peu plus vieux, pour lesquels les minis de 50 cc sont un peu trop petites. En 2008, Yamaha a fait passer son moteur de 89 à 110 cc, ajouté un quatrième rapport à sa boîte semi-automatique et greffé un démarreur électrique. Les changements ont rendu une très bonne petite moto encore meilleure. Efficace, amusante et fiable, la TT-R110E nous revient inchangée pour 2012.

Moteur-refroidissement	monocylindre 4-temps de 110 cc – air
Transmission-embrayage	4 rapports – automatique
Cadre-roues avant/arrière	acier – 14 pouces / 12 pouces
Poids-selle-réservoir	69 kg – 670 mm – 3,8 litres
Prix-garantie	2 499 $ – 90 jours

RÉCRÉATIVES

HONDA CRF100F

Très semblable à la CRF150F côté dimensions, la CRF100F est moins évoluée sur le plan technique, mais bénéficie de deux avantages non négligeables : elle est plus légère de quelque 25 kg, et elle coûte environ 1 000 $ de moins. Son moteur est loin d'être une fusée, mais il a du caractère, offre une large bande de puissance et se montre plaisant à exploiter. Avec un minimum d'entretien, on peut dire qu'il est quasi indestructible. La CRF100F démarre facilement au kick et sa transmission à embrayage manuel est facile à apprivoiser. Ses freins à tambour datent d'une autre époque et n'aiment pas l'eau ni la boue, mais la CRF100F demeure une moto bien équilibrée et efficace qui permet à un jeune de développer de saines techniques de pilotage.

Moteur-refroidissement	monocylindre 4-temps de 99 cc – air
Transmission-embrayage	5 rapports – manuel
Cadre-roues avant/arrière	acier – 19 pouces / 16 pouces
Poids-selle-réservoir	75 kg – 825 mm – 5,7 litres
Prix-garantie	3 099 $ – 6 mois

RÉCRÉATIVES

HONDA CRF80F

Lorsque vient le temps d'assurer le passage d'une mini typique à une « vraie » moto (machine à embrayage manuel), la plupart des parents optent pour une 65 de cross, ou peut-être une 125 récréative à petites roues, et ignorent carrément la CRF80F. C'est dommage, car la petite Honda constitue une excellente machine de progression, tant côté gabarit que convivialité. Elle est relativement légère, dotée d'une suspension efficace et propulsée par un petit 4T fort en couple qui facilite l'apprentissage de l'embrayage, même si l'effort au levier est un peu élevé. Cette petite machine de sentier très homogène permet de plus à un jeune de développer efficacement son pilotage. Elle demande peu d'entretien et sa fiabilité est excellente.

Moteur-refroidissement	monocylindre 4-temps de 80 cc – air
Transmission-embrayage	5 rapports – manuel
Cadre-roues avant/arrière	acier – 16 pouces / 14 pouces
Poids-selle-réservoir	70 kg – 734 mm – 5,7 litres
Prix-garantie	2 799 $ – 6 mois

RÉCRÉATIVES

HONDA CRF70F

La CRF70F ressemble à s'y méprendre à une copie quasi conforme, mais agrandie d'un cran, de la légendaire CRF50F. De sa suspension arrière à bras oscillant triangulé à ses caches de réservoir stylisés, en passant par son classique petit monocylindre 4T horizontal et sa transmission à trois vitesses avec embrayage automatique, la CRF70F reprend fidèlement le design de la 50, en une version à roues un peu plus grosses et selle un peu plus haute, visant un enfant un peu plus grand. Sans être intimidante, la 70 est plus puissante que la 50 et offre un comportement plus stable et sécurisant, grâce à son empattement plus long, sa suspension plus généreuse et ses plus grosses roues. Comme d'habitude, elle nous revient inchangée pour la nouvelle année.

Moteur-refroidissement	monocylindre 4-temps de 72 cc – air
Transmission-embrayage	3 rapports – automatique
Cadre-roues avant/arrière	acier – 14 pouces / 12 pouces
Poids-selle-réservoir	58 kg – 663 mm – 5,7 litres
Prix-garantie	2 139 $ – 6 mois

RÉCRÉATIVES

HONDA CRF50F

De toutes les motos présentées dans cette section hors-route du Guide, la petite CRF50F est sans conteste celle dont les racines sont le plus profondément ancrées dans l'histoire de la moto. Sa généalogie remonte à la légendaire Mini Trail des planantes années 60, une machine qui a fait plus que sa part pour populariser la moto en Amérique. Après l'avoir renommée QA50 puis Z50R, Honda a modernisé sa légendaire petite initiatrice en 2000 en lui donnant une suspension arrière à monoamortisseur, une selle plus basse, une allure rajeunie et l'appellation XR50. Rebaptisée CRF50R il y a quelques années, la petite Honda nous revient inchangée pour 2012 et demeure, sur le plan mécanique, conceptuellement identique à l'increvable Mini Trail.

Moteur-refroidissement	monocylindre 4-temps de 49 cc – air
Transmission-embrayage	3 rapports – automatique
Cadre-roues avant/arrière	acier – 10 pouces / 10 pouces
Poids-selle-réservoir	47 kg – 549 mm – 3 litres
Prix-garantie	1 839 $ – 6 mois

RÉCRÉATIVES

YAMAHA TT-R50E

Avec ses roues de 10 pouces, son petit moteur 4T refroidi à l'air de 49 cc à cylindre horizontal et sa boîte de vitesses à trois rapports avec embrayage automatique, la TT-R50E fait beaucoup penser à la Honda CRF50F. Considérant le succès connu par cette dernière au fil des ans, ce n'est sans doute pas une coïncidence. Mais puisque même un moteur à embrayage automatique doit être lancé en début de sortie et peut caler à l'occasion, Yamaha a décidé d'équiper sa TT-R50E d'un démarreur électrique dès sa conception. La batterie et le démarreur ajoutent quelque 7 kilos au poids de la Honda. Puisque Yamaha a réduit son prix de 300 $ pour 2012, la TT-R50E est maintenant moins chère que la CRF50F à démarrage par kick seulement.

Moteur-refroidissement	monocylindre 4-temps de 49,5 cc – air
Transmission-embrayage	3 rapports – automatique
Cadre-roues avant/arrière	acier – 10 pouces / 10 pouces
Poids-selle-réservoir	54 kg – 555 mm – 3,1 litres
Prix-garantie	1 599 $ – 90 jours

RÉCRÉATIVES

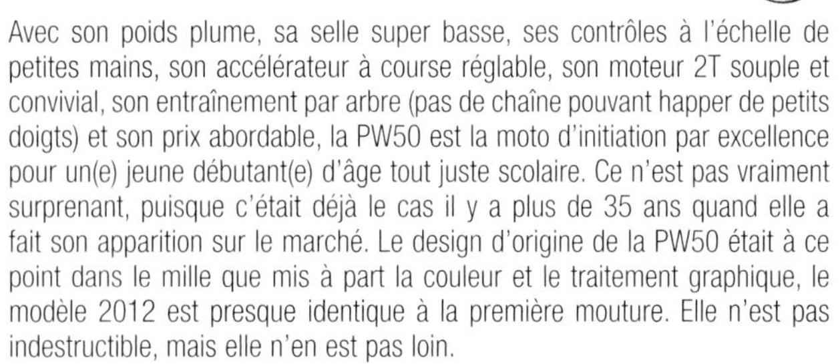

YAMAHA PW50

Avec son poids plume, sa selle super basse, ses contrôles à l'échelle de petites mains, son accélérateur à course réglable, son moteur 2T souple et convivial, son entraînement par arbre (pas de chaîne pouvant happer de petits doigts) et son prix abordable, la PW50 est la moto d'initiation par excellence pour un(e) jeune débutant(e) d'âge tout juste scolaire. Ce n'est pas vraiment surprenant, puisque c'était déjà le cas il y a plus de 35 ans quand elle a fait son apparition sur le marché. Le design d'origine de la PW50 était à ce point dans le mille que mis à part la couleur et le traitement graphique, le modèle 2012 est presque identique à la première mouture. Elle n'est pas indestructible, mais elle n'en est pas loin.

Moteur-refroidissement	monocylindre 2-temps de 49 cc – air
Transmission-embrayage	1 rapport – automatique
Cadre-roues avant/arrière	acier – 10 pouces / 10 pouces
Poids-selle-réservoir	37 kg – 485 mm – 2 litres
Prix-garantie	1 299 $ – 90 jours

DOUBLE-USAGE

KTM 690 ENDURO R

Malgré son nom, la 690 est considérablement moins typée enduro que les radicales EXC décrites un peu plus loin. On a affaire ici à une double-usage relativement classique, à penchant plus aventurier que sentier. À sa sortie, la 690 est d'ailleurs venue remplacer la vénérable 640 Adventure dans le catalogue KTM. Elle se distingua dès lors par son cadre porteur (sans berceau) en treillis, sa suspension arrière utilisant une tringlerie et sa coque porteuse en plastique renforcé combinant le réservoir à essence, le cadre arrière, le garde-boue arrière et la boîte à air. Le monocylindre 4T de 654 cc, qui a été lancé sur la 690 Supermoto en 2007, produit des tas de chevaux et se montre doux et agréable. Elle est un peu lourde en sentier, mais demeure compétente.

Moteur-refroidissement	monocylindre 4-temps de 654 cc – liquide
Transmission-embrayage	6 rapports – manuel
Cadre-roues avant/arrière	acier – 21 pouces / 18 pouces
Poids-selle-réservoir	138,5 kg – 930 mm – 12 litres
Prix-garantie	11 399 $ – 1 an ou 20 000 km

DOUBLE-USAGE

HONDA XR650L

La vénérable grosse double-usage de Honda a été lancée il y a maintenant 20 ans. Techniquement parlant, la version 2012 devrait donc pouvoir se qualifier à titre de moto ancienne lors d'un rassemblement historique, puisqu'elle demeure à ce jour virtuellement identique à sa première mouture. Son moteur refroidi à l'air tire ses origines de la légendaire XR600R des années 80. Pas jeune, mais il a du caractère et un certain charme. Malgré toutes ces années, la suspension demeure efficace pour ce type de moto et permet de brasser la 650L assez sérieusement en sentier avant que son poids ne prenne le dessus sur l'amortissement. Sa hauteur de selle vertigineuse, son ergonomie vieillotte et son prix assez élevé ne l'empêchent pas de poursuivre.

Moteur-refroidissement	monocylindre 4-temps de 644 cc – air
Transmission-embrayage	5 rapports – manuel
Cadre-roues avant/arrière	acier – 21 pouces / 18 pouces
Poids-selle-réservoir	147 kg – 940 mm – 10,5 litres
Prix-garantie	8 199 $ – 1 an/kilométrage illimité

DOUBLE-USAGE

SUZUKI DR650S

La grosse monocylindre double-usage de Suzuki n'est pas offerte aux États-Unis pour 2012, mais demeure au catalogue de Suzuki Canada. C'est une bonne nouvelle, puisqu'elle remplit à merveille son rôle de grosse mono double-usage d'approche classique, affichant un penchant marqué pour le bitume. Elle n'a pour ainsi dire pas changé depuis sa sortie dans les années 90. Plutôt légère pour une routière, la grosse DR se montre agile en ville et amusante à piloter vivement sur une petite route sinueuse, tout en ayant le coffre pour attaquer une autoroute. Son moteur refroidi à l'air et à l'huile est assez fort en couple et relativement doux. La hauteur de selle raisonnable est un atout. Son bas prix est vraiment intéressant pour une moto de ce calibre.

Moteur-refroidissement	monocylindre 4-temps de 644 cc – air et huile
Transmission-embrayage	5 rapports – manuel
Cadre-roues avant/arrière	acier – 21 pouces / 18 pouces
Poids-selle-réservoir	147 kg – 885 mm – 13 litres
Prix-garantie	6 299 $ – 1 an/kilométrage illimité

DOUBLE-USAGE

HUSQVARNA TE511 / 449 / 310 / 250

La gamme TE est identifiée double-usage par Husqvarna en 2012, mais originalement, elle portait l'étiquette enduro. On devine donc qu'il s'agit de motos qui penchent plus vers le sentier que la grande route. Il y a quatre modèles basés sur deux motos. Les 511 et 449 utilisent une version améliorée du moteur de l'ex BMW G450X (réalésé de 3 mm sur la 511) avec, pour 2012, un châssis et des radiateurs révisés. Elles assument mieux une double vocation traditionnelle que les 250/310 qui demeurent très typées hors route. Ces deux dernières sont presque identiques et ont droit pour 2012 à un nouveau cadre plus rigide, à un nouvel amortisseur Kayaba, à une hauteur de selle réduite et à un nouvel échappement. La puissance supérieure de la 310 est un atout partout.

Moteur-refroidissement	monocylindre 4-temps de 477 cc – liquide
Transmission-embrayage	6 rapports – manuel
Cadre-roues avant/arrière	acier – 21 pouces / 18 pouces
Poids-selle-réservoir	113 kg – 963 mm – 8,5 litres
Prix-garantie	8 999 $ USD (8 699 $ USD) (8 199 $ USD) (7 599 $ USD)

DOUBLE-USAGE
NOUVEAUTÉ

KTM 500EXC / 350EXC

Pour 2012, le dynamique duo EXC de KTM relève à nouveau la barre chez les double-usage pures et dures à fort penchant pour la poussière. La 500EXC, qui remplace la 530EXC, est basée de près sur la toute nouvelle 500XC-W d'enduro, incluant le tout nouveau moteur à SACT plus léger et performant et le plus récent châssis à suspension PDS. La 450EXC disparaît à la faveur de la nouvelle 350EXC, elle-même basée de près sur la nouvelle 350XC-W d'enduro, qui utilise une version du moteur 350 de motocross lancé en 2011 logé dans le nouveau châssis enduro. Du coup, choisir entre les deux EXC devient plus facile. La 500 est la reine du couple et l'arme de choix pour les grands espaces. La 350EXC est plus vive, légère et agile dans la forêt.

Moteur-refroidissement	monocylindre 4-temps de 510 (349) cc – liquide
Transmission-embrayage	6 rapports – manuel
Cadre-roues avant/arrière	acier – 21 pouces / 18 pouces
Poids-selle-réservoir	113,5 (109) kg – 970 mm – 9 litres
Prix-garantie	10 599 $ (10 299 $) – 6 mois ou 10 000 km

DOUBLE-USAGE

SUZUKI DR-Z400S / DR-Z400SM

Originalement conçue comme pure hors-route à suffixe R, la DR-Z400 a été modifiée en version double-usage S il y a des lunes déjà. Elle demeure, à ce jour, un excellent choix pour celui qui cherche une double-usage de facture classique, à l'aise tant sur l'asphalte qu'en sentier. Elle combine une partie cycle suffisamment légère et maniable pour être amusante et efficace (avec de meilleurs pneus) en sentier à un moteur qui sait se tirer d'affaire sur la route (la version SM supermoto dotée de roues de 17 pouces, de pneus sport, d'un frein avant plus puissant et de réglages de suspension plus fermes est fort appréciée). Plus agile que les 650 et plus puissante que les 250, elle se distingue aussi par sa grande fiabilité. Elle coûte 700 $ de moins en 2012.

Moteur-refroidissement	monocylindre 4-temps de 398 cc – liquide
Transmission-embrayage	5 rapports – manuel
Cadre-roues avant/arrière	acier – 21 (17) pouces / 18 (17) pouces
Poids-selle-réservoir	132 (134) kg – 935 (890) mm – 10 litres
Prix-garantie	7 299 $ (7 699 $) – 1 an/kilométrage illimité

DOUBLE-USAGE

KAWASAKI KLX250S

À la suite de la disparition de la Super Sherpa l'an dernier, la KLX250S continue sa route en solo en nous revenant inchangée pour 2012. Lancée en 2008, cette plus récente version de la KLX250 cultive un peu plus son jardin routier que la machine précédente. Le cadre et la suspension avaient été revus en ce sens afin d'améliorer la stabilité et réduire la hauteur de la selle. Confortable et efficace sur la route, la suspension se débrouille correctement en sentier, à condition de ne pas trop pousser l'allure. Le moteur est plaisant, privilégiant le couple à bas et moyen régimes, mais s'essouffle assez vite. La KLX est plus lente que la Suzuki DR-Z400S et moins sophistiquée que la Yamaha WR250R, mais elle coûte un gros 1 000 $ de moins.

Moteur-refroidissement	monocylindre 4-temps de 249 cc – liquide
Transmission-embrayage	6 rapports – manuel
Cadre-roues avant/arrière	acier – 21 pouces / 18 pouces
Poids-selle-réservoir	119 kg – 884 mm – 7,2 litres
Prix-garantie	5 899 $ – 1 an/kilométrage illimité

DOUBLE-USAGE

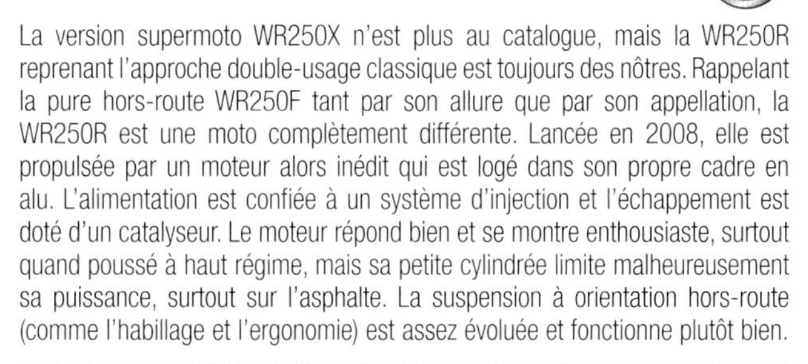

YAMAHA WR250R

La version supermoto WR250X n'est plus au catalogue, mais la WR250R reprenant l'approche double-usage classique est toujours des nôtres. Rappelant la pure hors-route WR250F tant par son allure que par son appellation, la WR250R est une moto complètement différente. Lancée en 2008, elle est propulsée par un moteur alors inédit qui est logé dans son propre cadre en alu. L'alimentation est confiée à un système d'injection et l'échappement est doté d'un catalyseur. Le moteur répond bien et se montre enthousiaste, surtout quand poussé à haut régime, mais sa petite cylindrée limite malheureusement sa puissance, surtout sur l'asphalte. La suspension à orientation hors-route (comme l'habillage et l'ergonomie) est assez évoluée et fonctionne plutôt bien.

Moteur-refroidissement	monocylindre 4-temps de 249 cc – liquide
Transmission-embrayage	6 rapports – manuel
Cadre-roues avant/arrière	aluminium – 21 pouces / 18 pouces
Poids-selle-réservoir	125 kg – 930 mm – 7,6 litres
Prix-garantie	6999$ – 1 an/kilométrage illimité

DOUBLE-USAGE

YAMAHA XT250

Avec son moteur refroidi à l'air, son réservoir bombé et ses soufflets de fourche, la XT250 fait plus 1990 que 2010. Pourtant, elle a été lancée il y a seulement quatre ans, en remplacement de la vénérable XT225, une double-usage tranquille et facile à apprivoiser, mais plutôt fade lancée en 1992. La XT250 fait appel à de la technologie moderne, même si son moteur 4T à SACT et deux soupapes est refroidi à l'air pour des raisons de simplicité et de coût. Il fournit une plage de puissance satisfaisante pour une utilisation tranquille, mais on peut se demander pourquoi Yamaha n'a pas opté pour une cylindrée un peu plus forte afin d'amplifier le couple. La XT250 demeure agréable en promenade, ville ou à la campagne, et son prix est réduit de 900$ en 2012.

Moteur-refroidissement	monocylindre 4-temps de 249 cc – air
Transmission-embrayage	6 rapports – manuel
Cadre-roues avant/arrière	acier – 21 pouces / 18 pouces
Poids-selle-réservoir	123 kg – 810 mm – 9,8 litres
Prix-garantie	4999$ – 1 an/kilométrage illimité

DOUBLE-USAGE

SUZUKI DR200S

Comme une couronne de cheveux gris, le look de la DR200S ne ment pas: y'a du vécu sous l'coco. Le bon côté, c'est qu'elle est éprouvée. C'est une machine peu évoluée et pas très performante, mais grâce à sa nature conviviale, elle demeure attrayante comme petite machine d'initiation et de promenade tranquille, sur route comme en sentier. Son petit monocylindre 4T refroidi à l'air est plutôt timide, mais avec son démarreur électrique, il est toujours prêt à poursuivre. Relativement basse, peu intimidante, maniable et plutôt légère, la petite DR peut facilement initier un débutant à la route le matin, puis aux joies du hors-route l'après-midi. En 2012, elle perd toutefois son titre de moto double-usage la plus abordable sur le marché.

Moteur-refroidissement	monocylindre 4-temps de 199 cc – air
Transmission-embrayage	5 rapports – manuel
Cadre-roues avant/arrière	acier – 21 pouces / 18 pouces
Poids-selle-réservoir	113 kg – 810 mm – 13 litres
Prix-garantie	4999$ – 1 an/kilométrage illimité

DOUBLE-USAGE

YAMAHA TW200

Le mystère se poursuit: malgré le recul du marché, la TW200 à gros pneus rappelant vaguement ceux d'un VTT garde sa place au catalogue. Cette énigmatique machine tire ses origines d'une moto hors-route des années 80 équipée de deux gros pneus ballon à basse pression et nommée BW200. La BW a connu une carrière brève et anonyme, mais envers et contre tous, la version double-usage de ce concept, la TW200 à gros pneus, a trouvé un marché sur la route et refuse de mourir. Basse et facile à apprivoiser avec son démarreur électrique, la TW est une machine d'initiation rassurante. Ses gros pneus ajoutent un effet coussin qui améliore légèrement le confort et dégagent sans doute un petit air réconfortant. En sentier, surtout, c'est discutable, mais bon...

Moteur-refroidissement	monocylindre 4-temps de 196 cc – air
Transmission-embrayage	5 rapports – manuel
Cadre-roues avant/arrière	acier – 18 pouces / 14 pouces
Poids-selle-réservoir	118 kg – 780 mm – 7 litres
Prix-garantie	4699$ – 1 an/kilométrage illimité

RSVR APRC

CŒUR EN V...

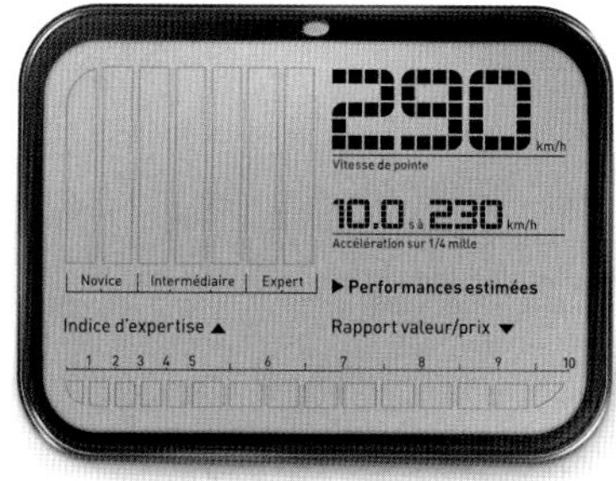

La RSV4 est la remplaçante de la RSV1000 à moteur V-Twin qui a longtemps été la sportive phare du constructeur italien. Par rapport aux autres modèles de la catégorie que sont les 1000 japonaises, la S1000RR de BMW et la F4 de MV Agusta, la RSV4 se distingue par ses proportions très compactes et surtout parce qu'elle est la seule qui est propulsée par un V4. En 2012, Aprilia présente par ailleurs une version standard de la RSV4, la Tuono V4 R APRC, qui est propulsée par une version un peu moins puissante du quatre-cylindres en V de la sportive.

Analyse Technique

Les RSV4 APRC et Tuono V4 R APRC sont les modèles les plus avancés offerts par la compagnie italienne Aprilia. Alors que les générations précédentes étaient propulsées par un V-Twin Rotax, celles-ci sont animées par un V4 de fabrication maison qui est unique dans cette catégorie. Tous les modèles sont équipés de ce qu'Aprilia appelle APRC, pour Aprilia Performance Ride Control. Il s'agit d'un système de gestion du comportement qui inclut le contrôle de traction, le contrôle de wheelie et le contrôle de l'accélération à partir d'un arrêt.

Tuono V4 R APRC

GÉNÉRAL

Catégorie	Sportive/Standard
Prix	RSV4 APRC: 17 495 $ (Factory: 23 295 $) Tuono V4 R APRC: 15 695 $;
Immatriculation 2012	RSV4 APRC: 1 093,65 $; Tuono V4 R APRC: 545,65 $
Catégorisation SAAQ 2012	RSV4: « à risque »; Tuono V4: « régulière »
Évolution récente	RSV4 introduite en 2010, Tuono V4 introduite en 2012
Garantie	2 ans/kilométrage illimité
Couleur(s)	RSV4: blanc, noir; Tuono V4: jaune, noir
Concurrence	RSV4: BMW S1000RR, MV Agusta F4 Tuono V4: Ducati Streetfighter S, Triumph Speed Triple

MOTEUR

Type	bicylindre 4-temps en V à 65 degrés, DACT, 4 soupapes par cylindre, refroidissement par liquide
Alimentation	injection à 4 corps de 48 mm
Rapport volumétrique	13,0:1
Cylindrée	999 cc
Alésage et course	78 mm x 52,3 mm
Puissance	RSV4: 180 ch @ 12 250 tr/min Tuono V4: 167 ch @ 11 500 tr/min
Couple	RSV4: 84,8 lb-pi @ 10 000 tr/min Tuono V4: 82,3 lb-pi @ 9 500 tr/min
Boîte de vitesses	6 rapports
Transmission finale	par chaîne
Révolution à 100 km/h	n/d
Consommation moyenne	n/d
Autonomie moyenne	n/d

PARTIE CYCLE

Type de cadre	périmétrique, en aluminium
Suspension avant	fourche inversée de 43 mm ajustable en précharge, compression et détente
Suspension arrière	monoamortisseur ajustable en précharge, compression et détente
Freinage avant	2 disques de 320 mm de Ø avec étriers radiaux à 4 pistons
Freinage arrière	1 disque de 220 mm de Ø avec étrier à 2 pistons
Pneus avant/arrière	120/70 ZR17 & 200/55 (Tuono V4 :190/55) ZR17
Empattement	RSV4: 1 420 mm; Tuono V4: 1 445 mm
Hauteur de selle	RSV4: 845 mm; Tuono V4: 835 mm
Poids à vide	RSV4: 184 kg (Factory: 179 kg); Tuono V4: 183 kg
Réservoir de carburant	17 litres

SM À L'ITALIENNE...

La Dorsoduro 1200 a rejoint en 2011 le modèle de 750 cc du même nom dans la gamme Aprilia. Elle est propulsée par un V-Twin ouvert à 90 degrés que le constructeur annonce à 130 chevaux, une puissance qui devrait arriver à distraire les intéressés. Ni la KTM 990 Supermoto R ni la Ducati Hypermotard ne produisent une puissance aussi élevée. Notons qu'un sélecteur offrant le choix de trois cartographies de puissance fait partie de l'équipement de série. Comme c'est le cas chez ses rivales, la Dorsoduro affiche une partie cycle d'inspiration sportive.

Analyse Technique

Les modèles de catégorie supermoto ont attiré beaucoup d'attention il y a quelques années, mais la classe s'est ensuite vite stabilisée, pour ne pas dire qu'elle a même ralenti. La Dorsoduro est l'un des derniers modèles à s'y être joint. Il s'agit de motos qui ont été conçues pour les goûts de l'Europe et non de l'Amérique du Nord, où elles représentent tout au plus une niche. Il reste que la Dorsoduro 1200 est sérieusement construite. Sa partie cycle utilise beaucoup de pièces qui ne seraient pas égarées sur une sportive, tandis que son V-Twin est plus puissant que celui des modèles rivaux.

GÉNÉRAL

Catégorie	Supermoto
Prix	12 795 $
Immatriculation 2012	545,65 $
Catégorisation SAAQ 2012	régulière
Évolution récente	introduite en 2011
Garantie	2 ans/kilométrage illimité
Couleur(s)	rouge
Concurrence	Ducati Hypermotard 1100 EVO

MOTEUR

Type	bicylindre 4-temps en V à 90 degrés, DACT, 4 soupapes par cylindre, refroidissement par liquide
Alimentation	injection à 2 corps
Rapport volumétrique	12,0:1
Cylindrée	1 197 cc
Alésage et course	106 mm x 67,8 mm
Puissance	130 ch @ 8 700 tr/min
Couple	84,8 lb-pi @ 7 200 tr/min
Boîte de vitesses	6 rapports
Transmission finale	par chaîne
Révolution à 100 km/h	n/d
Consommation moyenne	n/d
Autonomie moyenne	n/d

PARTIE CYCLE

Type de cadre	treillis en aluminium et en acier
Suspension avant	fourche inversée de 43 mm ajustable en précharge, compression et détente
Suspension arrière	monoamortisseur ajustable en précharge et détente
Freinage avant	2 disques de 320 mm de Ø avec étriers radiaux à 4 pistons
Freinage arrière	1 disque de 240 mm de Ø avec étrier à 1 piston
Pneus avant/arrière	120/70 ZR17 & 180/55 ZR17
Empattement	1 528 mm
Hauteur de selle	870 mm
Poids à vide	n/d
Réservoir de carburant	15 litres

AUTO...

La Mana 850 GT est un modèle très particulier qui n'a pratiquement pas de concurrence directe. Il s'agit d'une standard assez commune en termes de partie cycle et d'équipement, mais qui se distingue complètement de quoi que ce soit d'autre sur le marché en ce qui concerne la mécanique. En effet, le V-Twin de 850 cc qui anime le modèle provient du gros maxiscooter du constructeur italien, le SRV 850. Il s'agit donc d'une moto à transmission automatique. La Mana 850 GT bénéficie aussi de l'ABS qui est livré de série.

Analyse Technique

Si la Mana 850 GT peut être qualifiée d'unique sur le marché, c'est parce qu'elle approche le concept de la moto automatique comme aucun autre modèle ne le fait. Aprilia a même répondu à la question de façon très simple, puisqu'au lieu d'utiliser une complexe et coûteuse transmission nouveau genre comme celle de la VRF1200F de Honda, la Mana reprend tout bonnement la boîte à rapport constamment variable d'un maxiscooter. En fait, c'est la mécanique entière du SRV 850 qui propulse la Mana 850 GT. Un mode «manuel» comme celui du Suzuki Burgman 650 permet de changer les rapports avec des boutons ou un levier.

GÉNÉRAL

Catégorie	Standard
Prix	10 995 $
Immatriculation 2012	545,65 $
Catégorisation SAAQ 2012	« régulière »
Évolution récente	introduite en 2008, revue en 2010
Garantie	2 ans/kilométrage illimité
Couleur(s)	blanc, noir
Concurrence	BMW F800R

MOTEUR

Type	bicylindre 4-temps en V à 90 degrés, DACT, 4 soupapes par cylindre, refroidissement par liquide
Alimentation	injection à 2 corps
Rapport volumétrique	10,0:1
Cylindrée	839 cc
Alésage et course	88 mm x 69 mm
Puissance	76 ch @ 8 000 tr/min
Couple	53,8 lb-pi @ 5 000 tr/min
Boîte de vitesses	automatique et semi-automatique avec 7 rapports
Transmission finale	par chaîne
Révolution à 100 km/h	n/d
Consommation moyenne	n/d
Autonomie moyenne	n/d

PARTIE CYCLE

Type de cadre	treillis en acier
Suspension avant	fourche inversée de 43 mm non ajustable
Suspension arrière	monoamortisseur ajustable en précharge et détente
Freinage avant	2 disques de 320 mm de Ø avec étriers radiaux à 4 pistons et système ABS
Freinage arrière	1 disque de 260 mm de Ø avec étrier à 1 piston et système ABS
Pneus avant/arrière	120/70 ZR17 & 180/55 ZR17
Empattement	1 463 mm
Hauteur de selle	800 mm
Poids à vide	n/d
Réservoir de carburant	16 litres

Modèle européen

BEAU CHIFFRE...

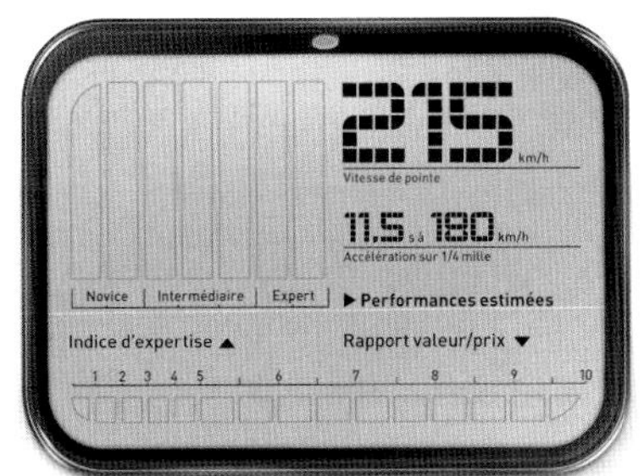

Construite autour d'un cadre combinant des pièces en aluminium coulé et une portion en treillis, la Shiver 750 est une standard de dimension moyenne dont le V-Twin affiche une cylindrée intéressante, puisque celle-ci positionne le modèle dans une zone juste en haut de celle où se trouvent des motos comme la Kawasaki Ninja 650 ou la Suzuki SV650S, des modèles auxquels il manque juste un peu de puissance pour satisfaire des pilotes avec un bon niveau d'expérience. Notons que la version offerte sur notre marché n'est pas équipée de l'ABS.

Analyse Technique

Grâce à une cylindrée supérieure aux 650 cc traditionnels de la classe et à sa puissance approchant les 100 chevaux, la Shiver 750 a le potentiel d'offrir un niveau de performances suffisamment élevé pour ne pas être boudée par les pilotes expérimentés. Propulsée par le seul V-Twin de cette cylindrée sur le marché, elle est construite avec des composantes solides, par exemple en ce qui concerne les suspensions qui consistent en une fourche inversée de 43 mm et en un bras oscillant plutôt massif. Les disques de freins de gros diamètre sont pincés par des étriers radiaux et les roues larges de 17 pouces sont chaussées de pneus sportifs.

GÉNÉRAL

Catégorie	Standard
Prix	9 995 $
Immatriculation 2012	545,65 $
Catégorisation SAAQ 2012	« régulière »
Évolution récente	introduite en 2007
Garantie	2 ans/kilométrage illimité
Couleur(s)	argent, noir
Concurrence	BMW F800R, Kawasaki Ninja 650, Suzuki SV650S

MOTEUR

Type	bicylindre 4-temps en V à 90 degrés, DACT, 4 soupapes par cylindre, refroidissement par liquide
Alimentation	injection à 2 corps
Rapport volumétrique	11,0 :1
Cylindrée	749,9 cc
Alésage et course	92 mm x 56,4 mm
Puissance	95 ch @ 9 000 tr/min
Couple	59,6 lb-pi @ 7 000 tr/min
Boîte de vitesses	6 rapports
Transmission finale	par chaîne
Révolution à 100 km/h	n/d
Consommation moyenne	n/d
Autonomie moyenne	n/d

PARTIE CYCLE

Type de cadre	treillis en aluminium et en acier
Suspension avant	fourche inversée de 43 mm non ajustable
Suspension arrière	monoamortisseur ajustable en précharge et détente
Freinage avant	2 disques de 320 mm de Ø avec étriers radiaux à 4 pistons
Freinage arrière	1 disque de 240 mm de Ø avec étrier à 1 piston
Pneus avant/arrière	120/70 ZR17 & 180/55 ZR17
Empattement	1 440 mm
Hauteur de selle	810 mm
Poids à vide	n/d
Réservoir de carburant	15 litres

K1600GTL

TOURISME RÉINVENTÉ... Le courage et la détermination de BMW sont admirables. Après s'être attaqué – avec succès – à l'une des classes les plus hostiles de l'univers du motocyclisme avec sa S1000RR, celles des sportives pures d'un litre, la marque de Munich se lançait l'an dernier à l'assaut d'un autre créneau sacré, celui du tourisme de luxe où la vénérable Honda Gold Wing se montre intouchable depuis toujours. Il faut dire qu'il s'agissait d'une seconde tentative pour BMW qui avait produit une K1200LT à la fin des années 90 dans le même but. Cette fois, le constructeur s'y est pris très différemment, puisqu'il n'a choisi aucun modèle comme cible, mais qu'il s'est plutôt appliqué à redéfinir ce que serait une monture de ce genre selon les propres valeurs de la marque allemande. Le résultat n'est pas une, mais bien deux variantes d'une impressionnante machine à six cylindres.

L'expérience offerte par la K1600GTL n'est pas particulièrement facile à décrire, puisque le marché actuel n'offre absolument rien de directement comparable. En fait, le modèle introduit en 2011 par BMW propose tout simplement une nouvelle façon d'envisager le tourisme à moto.

La K1600GTL fait littéralement figure d'athlète chez les montures de tourisme de luxe. Il s'agit d'une moto offrant l'unique combinaison de presque tout ce qu'on attend d'un modèle ultraconfortable comme la Honda Gold Wing et de la rigueur de comportement d'une monture beaucoup plus sportive comme la Kawasaki Concours 14. D'une certaine façon, la K1600GTL est la machine de tourisme utopique dont plusieurs ont longtemps rêvé, sans toutefois jamais vraiment espérer la voir exister : une touriste à la fois vraiment luxueuse et vraiment sportive.

LA K1600GTL PROPOSE TOUT SIMPLEMENT UNE NOUVELLE FAÇON DE VOYAGER À MOTO.

À peine se trouve-t-on aux commandes de la GTL que déjà ses particularités frappent. Les deux pieds fermement posés au sol, on la soulève de sa béquille en la balançant même entre ses jambes avec une surprenante facilité. Cette impression de légèreté, qui entre non seulement en contradiction avec tout ce qui définit la catégorie du tourisme de luxe, mais aussi avec la très longue liste d'équipements du modèle, devient, incroyablement, encore plus forte dès qu'on relâche l'embrayage. On comprend même difficilement comment il est possible de donner une telle agilité à une moto aussi massive. À titre d'exemple, la direction s'avère tellement légère que lors des premières sorties, il faut carrément adapter sa conduite en réduisant la poussée au guidon.

Au-delà de leur grande légèreté de direction, les K1600GTL/GT proposent un comportement d'un calibre nettement plus élevé que ce qu'on croirait possible pour des motos de leur classe. Sur une route à la fois sinueuse et serrée, la partie cycle fait non seulement preuve d'une impressionnante précision, mais elle renvoie aussi une étrange sensation de pureté. Incroyablement, quelque chose à propos de la tenue de route des allemandes rappelle le comportement d'une sportive effectuant un tour de piste.

Tout ça et il n'a même pas encore été question du fameux et fabuleux six-cylindres en ligne de 1,6 litre qui les anime, un moteur devant déjà être considéré comme l'une des mécaniques les plus réussies de l'histoire du motocyclisme. Sans qu'il soit parfait, puisque le passage des vitesses est un peu rugueux et que le couple à très bas régime, bien que généreux, n'est pas du genre à vous allonger les bras, il se montre ultradoux et chante littéralement lorsqu'il est sollicité. Amenez-le jusqu'au dernier tiers de sa bande de puissance avec l'accélérateur bien enroulé et il hurlera même comme une mécanique de Ferrari approchant sa zone rouge. Un délice.

En ce qui concerne l'équipement, on peut s'en douter, tout y est, du pare-brise à ajustement électrique jusqu'au système de navigation en passant par le réglage électronique des suspensions, les selles chauffantes, le système audio avec intégration iPod et Bluetooth, le contrôle de vitesse, le freinage avec ABS Semi Integral, l'antipatinage, etc. Notons que selon les marchés et les versions, certains équipements sont optionnels.

Rien, dans la fiche technique de la grosse K1600GTL, et surtout pas son unique six-cylindres en ligne de 1,6 litre, ne laisse soupçonner l'incroyable agilité dont fait preuve le modèle. Sur une route sinueuse, elle est d'une efficacité stupéfiante.

BMW a présenté ses toutes nouvelles et très attendues K1600GT et GTL à la presse dans la pittoresque région d'Adairsville, en Georgie, où il a d'ailleurs déniché des routes exquises. À l'extérieur de l'une des nombreuses courbes aisément négociées par les touristes bavaroises, le photographe Kevin Wing a réalisé cette photo de l'auteur aux commandes de la K1600GTL.

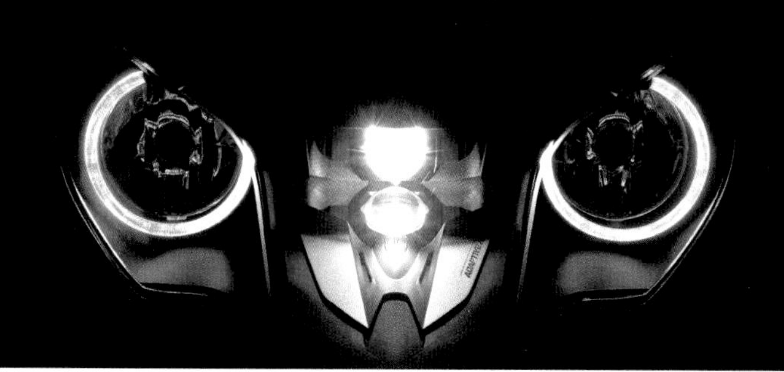

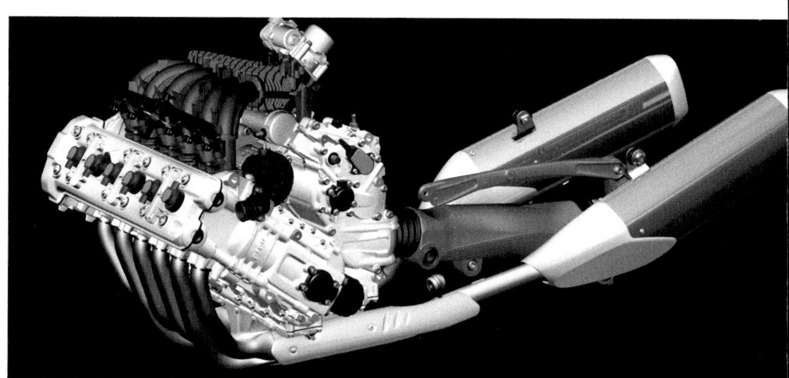

K1600GT

Prenez une K1600GTL, soulagez-la de son coffre/dossier arrière, réduisez légèrement la quantité d'équipements en éliminant, par exemple, le système de navigation et les haut-parleurs arrière, donnez à la position de conduite une saveur légèrement plus sportive en la basculant un peu vers l'avant et installez un pare-brise de moins grande surface et vous obtenez la K1600GT. Même si elle est ainsi basée de très près sur la GTL, la GT se positionne directement en face du créneau tout entier des montures de sport-tourisme. Et comme dans le cas de la GTL, la GT propose quelque chose de complètement nouveau. Incroyablement, elle est plus équipée et plus puissante que n'importe quoi d'autre et, en même temps, fait preuve d'une agilité qui rivalise facilement avec celle des modèles les plus sportifs de la classe.

Crédit photo : Kevin Wing

QUOI DE NEUF EN 2012 ?

ESA II livré de série sur la GTL au Canada

K1600GTL coûte 2 275 $ et K1600GT 100 $ de plus qu'en 2011

PAS MAL

Des concepts non seulement vraiment nouveaux en matière de tourisme de luxe et de tourisme sportif, mais aussi exceptionnellement bien réalisés

Une mécanique fabuleuse qui se montre à la fois puissante à souhait, agréablement coupleuse et douce ; sa configuration est exclusive à BMW et sa musicalité dans les tours élevés rappelle celle d'une voiture exotique

Une quantité d'équipements et une qualité d'intégration impressionnantes

Un comportement routier d'une qualité stupéfiante en raison d'une légèreté de direction extraordinaire ainsi que d'une sérénité littéralement sportive en courbe

BOF

Un niveau de confort très élevé, mais qui n'est pas tout à fait celui de « fauteuil » qu'offre la Honda Gold Wing en ce qui concerne la selle plus ferme, par exemple

Une chaîne audio dont la puissance est faible et dont la qualité sonore est décevante

Une transmission qui fonctionne sans accroc, mais dont les passages de vitesses pourraient être un peu plus doux

Des pare-brise qui créent un peu de turbulence à la hauteur du casque, surtout sur la GTL, ce qui étonne compte tenu de l'excellente réputation de BMW à ce chapitre

Une facture assez élevée sur la GT par rapport aux prix des modèles rivaux ; en revanche, il s'agit d'une machine supérieure à certains niveaux

CONCLUSION

L'un des plus grands exploits de BMW, en ce qui concerne la K1600GTL et sa variante de sport-tourisme, la GT, c'est d'être arrivé à générer une qualité à laquelle les motocyclistes réagissent généralement de manière très favorable : l'authenticité. La marque de Munich a établi ce que des montures de tourisme de luxe et de sport-tourisme devraient être selon ses propres valeurs plutôt qu'en regardant ce que quelqu'un d'autre faisait, et elle les a construites. Il s'agit d'une décision audacieuse et même plutôt risquée, mais qui est déjà validée par l'accueil chaleureux dont jouissent les deux modèles. L'un des côtés les plus intéressants du duo est qu'il est positionné dans des créneaux déjà établis, ceux de la Gold Wing et de la Concours 14, mais que dans les faits, les K1600 sont des machines complètement différentes. BMW a véritablement mis sur le marché quelque chose de nouveau.

K1600GT

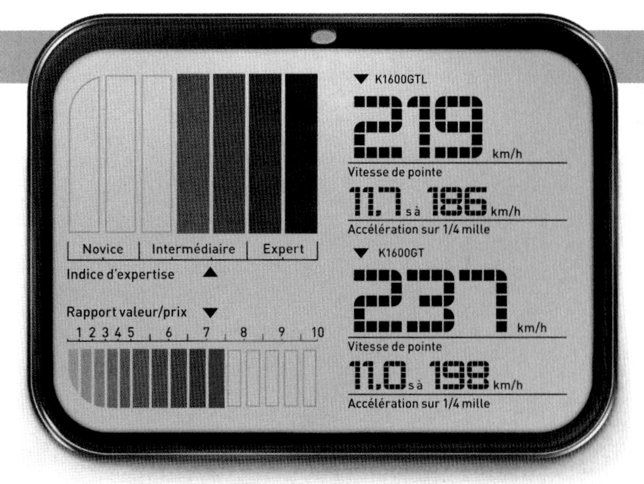

Voir légende en page 16

GÉNÉRAL

Catégorie	Tourisme de luxe/Sport-Tourisme
Prix	K1600GTL : 29 500 $ K1600GT : 24 200 $
Immatriculation 2012	545,65 $
Catégorisation SAAQ 2012	« régulière »
Évolution récente	introduites en 2011
Garantie	3 ans/kilométrage illimité
Couleur(s)	K1600GTL : argent, bleu K1600GT : rouge, blanc
Concurrence	K1600GTL : Honda Gold Wing K1600GT : Honda ST1300, Kawasaki Concours 14, Yamaha FJR1300

MOTEUR

Type	6-cylindres en ligne 4-temps, DACT, 4 soupapes par cylindre, refroidissement par liquide
Alimentation	injection à 6 corps de 52 mm
Rapport volumétrique	12,2 :1
Cylindrée	1 649 cc
Alésage et course	72 mm x 67,5 mm
Puissance	160 ch @ 7 750 tr/min
Couple	129 lb-pi @ 5 250 tr/min
Boîte de vitesses	6 rapports
Transmission finale	par arbre
Révolution à 100 km/h	environ 2 900 tr/min
Consommation moyenne	6,7 l/100 km
Autonomie moyenne	GTL : 395 km ; GT : 358 km

PARTIE CYCLE

Type de cadre	périmétrique, en aluminium
Suspension avant	fourche Duolever avec monoamortisseur ajustable avec l'ESA II (GT : optionnel)
Suspension arrière	GTL : monoamortisseur ajustable avec l'ESA II GT : monoamortisseur ajustable en précharge et détente (ESA II optionnel)
Freinage avant	2 disques de 320 mm de Ø avec étriers à 4 pistons et système ABS Semi Integral
Freinage arrière	1 disque de 320 mm de Ø avec étrier à 2 pistons et système ABS Semi Integral
Pneus avant/arrière	120/70 ZR17 & 190/55 ZR17
Empattement	1 618 mm
Hauteur de selle	GTL : 750 mm ; GT : 810/830 mm
Poids tous pleins faits	GTL : 348 kg ; GT : 319 kg
Réservoir de carburant	GTL : 26,5 litres ; GT : 24 litres

L'AUTRE TOURISTE SPORTIVE... Au sein de la très exclusive classe des «vraies» machines de sport-tourisme, un seul modèle n'a pas recours à une configuration mécanique à quatre ou six cylindres, la R1200RT, qui se distingue clairement par le côté beaucoup plus classique de son bicylindre Boxer. La dernière évolution du modèle remonte à 2010 alors qu'il recevait justement, entre autres, la plus récente évolution du mythique Twin Boxer allemand. En dépit de son «handicap» de cylindres, la R1200RT n'est ni plus ni moins que l'incarnation même de la pure routière. Beaucoup moins imposante que les modèles de tourisme de luxe que sont les Gold Wing et K1600GTL, bien plus adaptée aux longs trajets que n'importe quelle routière sportive et un peu moins encombrante que ses propres rivales, elle est, d'une certaine façon, dans sa propre classe.

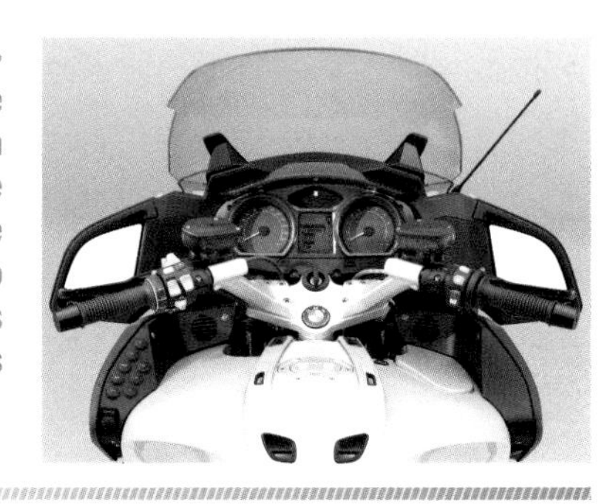

Ramené à son état le plus brut, le tourisme sportif se résume à une simple affaire d'équilibre. Trop d'enthousiasme au niveau de l'équipement résultera en une machine confortable, mais dont l'encombrement pénalisera le côté sportif et l'agilité. D'un autre côté, une emphase trop importante sur les performances au détriment de l'équipement nuira à l'agrément sur long trajet.

La R1200RT représente probablement le modèle pour lequel BMW a déployé le plus d'efforts de toute son histoire dans le but unique d'atteindre un équilibre parfait entre sport et confort. Parce qu'il réduit le poids de l'ensemble, le Twin Boxer de la RT représente un élément essentiel à l'atteinte de ce but. Il permet, par exemple, l'installation de plus d'équipements que sur pratiquement toute autre machine rivale sans que la masse n'augmente au point d'affecter le comportement. Le pilote de la RT s'installe ainsi devant un véritable cockpit lui permettant de gérer le système audio, la hauteur et l'angle du pare-brise, les poignées et les selles chauffantes, le régulateur de vitesse, le système de navigation, les réglages des suspensions, et plus. S'il est important de rappeler que certains de ces accessoires sont des options pouvant gonfler la facture, il reste que la RT est livrée de série avec un généreux niveau d'équipement qui comprend, entre autres, un complexe et efficace système de freinage ABS semi-combiné, ainsi que des poignées chauffantes.

MALGRÉ DES PERFORMANCES PLUS FAIBLES QUE CELLES DES MACHINES À QUATRE OU SIX CYLINDRES, L'AGRÉMENT DE CONDUITE EST PLUS ÉLEVÉ.

Les performances de la R1200RT ne sont pas aussi élevées que celles de la plupart des montures rivales, mais il s'agit ici de l'un des rares cas où des performances légèrement moindres n'empêchent pas le plaisir de conduite de s'avérer supérieur, et ce, surtout pour les motocyclistes amateurs de mécanique à caractère, puisque le Twin Boxer en est débordant. Il s'agit d'un moteur très attachant dont la sonorité feutrée et le doux tremblement agrémentent chaque instant de conduite. Également digne de mention est l'exemplaire souplesse de cette unique mécanique. Celle-ci figure d'ailleurs tout en haut de la liste des raisons pour lesquelles on devrait s'intéresser à une R1200RT. L'arrivée en 2010 d'une version de ce moteur empruntée à la HP2 Sport en a encore adouci le fonctionnement en plus d'en améliorer légèrement le couple, la rapidité des montées en régimes et la sonorité, mais elle n'a ni transformé la nature de la R1200RT ni le niveau de performances de cette dernière. D'ailleurs, la transmission se montre encore parfois bruyante et l'agaçant jeu du rouage d'entraînement, qu'on ressent surtout à la fermeture et à l'ouverture des gaz sur les rapports inférieurs, est toujours aussi notable qu'auparavant.

La R1200RT se distingue également du reste de la classe au niveau de sa facilité de prise en main et de son agilité, puisqu'une fois lancée, elle se manie avec plus d'aisance et de précision qu'on le croirait possible pour une machine de ce gabarit. La partie cycle est construite de manière très rigoureuse et propose un comportement solide et stable en toutes circonstances. Si une R1200RT ne peut évidemment pas rivaliser avec l'agilité d'une sportive spécialisée, il reste qu'avec un pilote prêt à explorer les limites remarquables de la partie cycle à ses commandes, le rythme et les inclinaisons peuvent atteindre des niveaux très impressionnants.

QUOI DE NEUF EN 2012 ?

Aucun changement

Coûte 100 $ de plus qu'en 2011

PAS MAL

Un niveau d'équipements parmi les plus complets et fonctionnels du marché

Une efficacité aérodynamique extrêmement poussée qui se traduit par un écoulement de l'air exempt de turbulences à toutes les vitesses ; la R1200RT possède probablement le meilleur pare-brise de toute l'industrie de la moto

Un moteur dont le caractère est aussi unique que charmant et dont le niveau de performances suffit à divertir un pilote exigeant

Une partie cycle admirablement efficace dans toutes les circonstances, surtout lorsqu'il s'agit de rouler vite et longtemps

Une option très intéressante d'abaissement de selle approuvée par l'usine

BOF

Un poids considérable ; la R1200RT est assez lourde et demande une bonne attention et une bonne habileté dans les manœuvres lentes et serrées ou à l'arrêt

Une boîte de vitesses qui fonctionne bien lorsqu'il s'agit de passer les rapports en accélération, mais qui se montre parfois bruyante lors d'autres opérations

Un jeu excessif du rouage d'entraînement qui rend la conduite saccadée dans certaines circonstances, surtout en ouvrant et fermant les gaz à basse vitesse

Un système audio dont la qualité sonore est médiocre

CONCLUSION

Comme l'a d'ailleurs fait chacune de ses incarnations précédentes depuis la toute première, la R1200RT a établi un barème de qualités tellement admirable en matière de tourisme sportif qu'elle est littéralement devenue l'unité de mesure de la catégorie. Du niveau de confort jusqu'à la rigueur du châssis en passant par l'efficacité aérodynamique, n'importe quel modèle semblable sera considéré comme réussi s'il arrive à rejoindre la RT. Quant à son Twin Boxer, il ne constitue certes pas un handicap, bien au contraire, puisqu'il garantit un caractère mécanique qui manque cruellement chez plusieurs modèles rivaux. En fait, la manière dont ce moteur génère ses chevaux s'avère même tellement plaisante et intelligente qu'une fois la RT lancée sur la route, tout déficit en termes de puissance brute s'évapore complètement. La R1200RT est exceptionnelle.

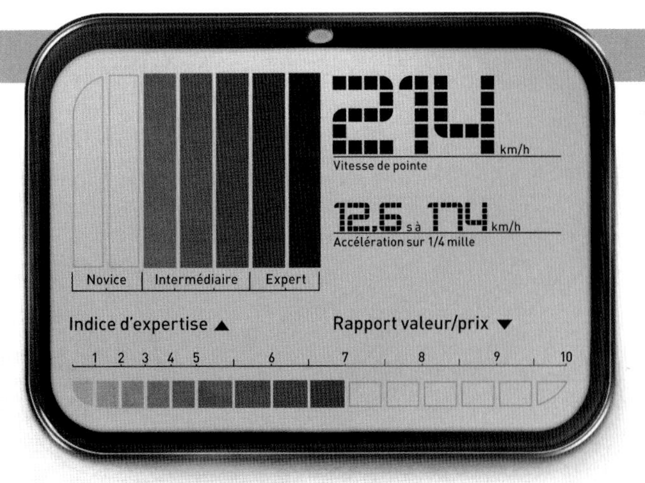

Voir légende en page 16

GÉNÉRAL

Catégorie	Sport-Tourisme
Prix	20 550 $
Immatriculation 2012	545,65 $
Catégorisation SAAQ 2012	« régulière »
Évolution récente	introduite en 1996, revue en 2001, en 2005 et en 2010
Garantie	3 ans/kilométrage illimité
Couleur(s)	magnésium/beige, bleu, gris
Concurrence	Honda ST1300, Kawasaki Concours 14 Yamaha FJR1300

MOTEUR

Type	bicylindre 4-temps Boxer, DACT, 4 soupapes par cylindre, refroidissement par air et huile
Alimentation	injection à 2 corps de 47 mm
Rapport volumétrique	12,0 :1
Cylindrée	1 170 cc
Alésage et course	101 mm x 73 mm
Puissance	110 ch @ 7 750 tr/min
Couple	88,5 lb-pi @ 6 000 tr/min
Boîte de vitesses	6 rapports
Transmission finale	par arbre
Révolution à 100 km/h	environ 3 200 tr/min
Consommation moyenne	5,9 l/100 km
Autonomie moyenne	423 km

PARTIE CYCLE

Type de cadre	treillis en acier, moteur porteur
Suspension avant	fourche Telelever de 41 mm non ajustable
Suspension arrière	monoamortisseur ajustable en précharge et détente
Freinage avant	2 disques de 320 mm de Ø avec étriers à 4 pistons et système ABS Semi Integral
Freinage arrière	1 disque de 265 mm de Ø avec étrier à 2 pistons et système ABS Semi Integral
Pneus avant/arrière	120/70 ZR17 & 180/55 ZR17
Empattement	1 485 mm
Hauteur de selle	820/840 mm
Poids tous pleins faits	259 kg
Réservoir de carburant	25 litres

K1300R

LES GROSSES BÉHEMES... Partageant une base en tous points identique depuis leur révision de 2009, la sportive K1300S et la standard K1300R font partie des modèles les plus puissants et les plus rapides de leur catégorie respective, un fait dû aux quelque 175 chevaux générés par leur gros quatre-cylindres de 1,3 litre. Dans les deux cas, on a néanmoins affaire à des routières accomplies dont le comportement est digne de l'excellente réputation du constructeur allemand en matière de motos de route. Elles sont aussi de dignes BMW en termes de technologie, puisqu'à l'ABS, l'antipatinage, l'ajustement électronique des suspensions et la sélection assistée des vitesses, s'ajoute une suspension avant unique à notre industrie. Si la S possède quelques rivales plus ou moins directes, la R est plutôt un produit presque unique qui ressemble à un genre de VFR1200F standard.

On résumerait de manière assez juste la nature de ces grosses sœurs germaniques en affirmant que ni l'une ni l'autre ne fait dans la dentelle. Proposant des dimensions et une masse plutôt imposantes et propulsées par un massif moteur de 1,3 litre, elles affichent toutes deux une nature sportive qui ne semble pas le moindrement gênée par la générosité de leur gabarit.

Se distinguant par l'angle très incliné des cylindres, la mécanique qui les anime est une interprétation moderne du bon vieux quatre-cylindres en ligne de gros cubage. Grâce aux quelque 175 chevaux, les performances sont impressionnantes et figurent parmi les plus élevées des catégories respectives. Outre des accélérations très fortes, c'est surtout le couple qui étonne tellement il est élevé et accessible à partir de régimes bas, juste comme on l'aime en pilotage quotidien.

ELLES SONT LA RÉINTERPRÉTATION MODERNE DES ATTACHANTES GROSSES MACHINES QU'ON ROULAIT AUTREFOIS.

Sans que ce soit leur mission première, la K1300S et la K1300R prennent un peu le rôle de vitrines technologiques pour BMW, un fait dû à la grande quantité de particularités techniques qu'elles affichent. On note, par exemple, un freinage ABS Semi Integral qui est à la fois presque complètement transparent et très performant. Les suspensions de conceptions alternatives que sont le Duolever à l'avant et le Paralever à l'arrière, quant à elles, restent uniques à BMW et fonctionnent sans le moindre reproche. L'ajustement électronique des suspensions, l'ESA II, représente probablement le genre de technologie qui sera un jour très répandu tellement il est logique et pratique. Même la boîte de vitesses a son gadget, une assistance électrique permettant de monter les rapports sans l'embrayage. Il faut s'y habituer, mais on s'y attache ensuite, surtout que cette sélection assistée camoufle complètement la rudesse de la transmission des modèles 1200 précédents. La seule exception à l'aspect positif de ce débordement de technologie est un système appelé Automatic Stability Control qui est en fait une combinaison un peu primitive d'antipatinage et d'antiwheelie. Si le système arrive effectivement à empêcher la roue arrière de déraper sur chaussée glissante, la coupure de puissance se fait en revanche de manière beaucoup trop rude lorsqu'un manque de traction, même léger, est détecté. Le système réagit également de façon abrupte lorsque le pneu avant quitte le sol en pleine accélération, ce qui arrive presque inévitablement sur le premier rapport, surtout sur la R dont l'avant est plus léger. L'ASC coupe la puissance de façon tellement rude que l'avant est jeté au sol, en pleine accélération. Or, comme la puissance est instantanément rétablie dès que la roue avant touche à nouveau le pavé, celle-ci se soulève, et le cycle recommence. Nous ne serons pas surpris lorsque l'ASC sera recalibré.

À cette exception près, la combinaison de toute cette technologie et du côté puissant, mais amical des K1300 est exactement ce qui fait leur charme. Elles incarnent la réinterprétation moderne des attachantes grosses machines qu'on roulait autrefois, ces motos confortables et pratiques animées par un gros moteur et dont les dimensions étaient pleines. Le fait qu'il s'agisse d'un genre de montures presque éteint aujourd'hui compte pour une grande partie de ce qui rend ces K1300 si particulières.

QUOI DE NEUF EN 2012 ?

Aucun changement

Aucune augmentation

PAS MAL

Un moteur extrêmement puissant, mais aussi très coupleux dans les bas régimes utilisés au jour le jour

Une tenue de route solide et précise ainsi qu'une étonnante agilité vu les gabarits

Un sélecteur de vitesses assisté qui fonctionne très bien et qui semble camoufler le problème du passage de vitesses rude des 1200 précédentes

Un niveau de confort qui n'est pas mauvais du tout sur les deux variantes et qui fait de la K1300S une routière étonnamment compétente

BOF

Un comportement qui se dégrade si l'on exagère en les traitant comme des sportives pures ; leur tenue de route est excellente, mais elles restent des motos imposantes

Un système antipatinage ASC à revoir, puisqu'il fonctionne parfois de manière très abrupte, surtout lors de fortes accélérations

Une facture assez élevée dans le cas de la K1300R, du moins par rapport à ce que coûtent les autres modèles de la classe ; d'un autre côté, elle offre une formule unique et n'a pas vraiment de rivale directe

Une identité un peu confuse dans le cas de la K1300S qui, d'un côté, semble vouloir se mesurer aux modèles de très hautes performances que sont les Hayabusa et ZX-14R et de l'autre, affiche une apparence sobre et un comportement de routière

CONCLUSION

Même si elles sont techniquement des jumelles, chacune des K1300 propose clairement sa propre personnalité. La S est un petit monstre de puissance qui se distingue, d'un côté, en ne traînant pas trop loin derrière ses rivales de très hautes performances et, de l'autre, en offrant des qualités de routière qui ne sont pas sans rappeler celles de la VFR1200F. Quant à la R, qui n'est en fait qu'une S déshabillée, elle propose un ensemble si particulier qu'on ne lui trouve presque pas d'équivalent sur le marché. Il s'agit d'une standard, certes, mais dont la cylindrée est exceptionnellement généreuse et dont le niveau de confort élevé rend non seulement la conduite quotidienne très plaisante, mais amène aussi des capacités routières très réelles. L'une joue les Busa et l'autre la standard extrême, mais toutes deux sont en réalité des bonnes grosses motos qui brillent surtout dans toutes les facettes de l'utilisation normale.

K1300S

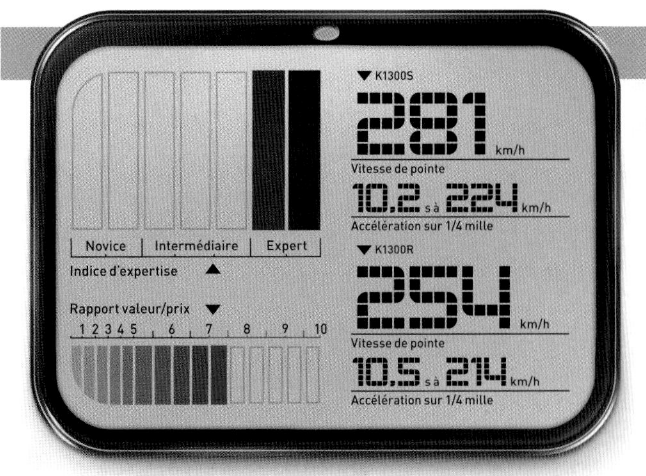

Voir légende en page 16

GÉNÉRAL

Catégorie	Routière Sportive/Standard
Prix	K1300S : 16 990 $ K1300R : 16 850 $
Immatriculation 2012	K1300S : 1 093,65 $ K1300R : 545,65 $
Catégorisation SAAQ 2012	K1300S : « à risque » K1300R : « régulière »
Évolution récente	introduites en 2005, revues en 2009
Garantie	3 ans/kilométrage illimité
Couleur(s)	K1300S : blanc/bleu/noir, rouge/noir, argent/noir K1300R : argent, noir, titane et noir
Concurrence	K1300S : Honda VFR1200F, Kawasaki Ninja ZX-14R, Suzuki GSX1300R Hayabusa K1300R : Kawasaki Z1000

MOTEUR

Type	4-cylindres en ligne 4-temps, DACT, 4 soupapes par cylindre, refroidissement par liquide
Alimentation	injection à 4 corps de 46 mm
Rapport volumétrique	13,0 :1
Cylindrée	1 293 cc
Alésage et course	80 mm x 64,3 mm
Puissance	K1300S : 175 ch @ 9 250 tr/min K1300R : 173 ch @ 9 250 tr/min
Couple	103 lb-pi @ 8 250 tr/min
Boîte de vitesses	6 rapports
Transmission finale	par arbre
Révolution à 100 km/h	environ 3 800 tr/min
Consommation moyenne	6,7 l/100 km
Autonomie moyenne	283 km

PARTIE CYCLE

Type de cadre	périmétrique, en aluminium
Suspension avant	fourche Duolever avec monoamortisseur non ajustable (ajustable avec l'ESA II optionnel)
Suspension arrière	monoamortisseur ajustable en précharge et détente (R : en précharge et compression)
Freinage avant	2 disques de 320 mm de Ø avec étriers à 4 pistons et système ABS Semi Integral
Freinage arrière	1 disque de 265 mm de Ø avec étriers à 2 pistons et système ABS Semi Integral
Pneus avant/arrière	K1300S : 120/70 ZR17 & 190 /55 ZR17 K1300R : 120/70 ZR17 & 180/55 ZR17
Empattement	1 585 mm
Hauteur de selle	820 mm (790 mm avec selle basse optionnelle)
Poids tous pleins faits	K1300S : 254 kg K1300R : 243 kg
Réservoir de carburant	19 litres

ENGAGEMENT... Jamais personne ne prétendra que produire une sportive pure du calibre de la S1000RR est facile, bien au contraire, celle-ci faisant plutôt partie d'une des classes de véhicules les plus complexes de la planète. Mais il reste qu'arriver à créer une telle sportive et la garder compétitive face à ses rivales sont deux choses complètement différentes. En présentant déjà en 2012 une S1000RR sérieusement révisée, BMW illustre le sérieux de son engagement envers le modèle. Il est maintenant clair que le constructeur ne s'est pas lancé dans un tel projet sans être pleinement conscient du fait qu'il s'agit d'une catégorie bougeant vite et où la seule manière de demeurer à l'avant-plan est de retourner à la planche à dessin aussi tôt qu'une version est présentée. La marque de Munich affirme que tous les changements apportés en 2012 proviennent de leçons apprises en course.

Analyse Technique

Nous ne dirons pas que la chance est du côté de BMW, car ce que le constructeur de Munich a réalisé avec sa S1000RR n'est rien d'autre qu'un travail extraordinaire. Il reste néanmoins que les allemands ont frappé l'empire japonais à un moment où l'économie mondiale a considérablement affaibli la capacité de répliquer des marques asiatiques. D'autres diront qu'au contraire, BMW s'est engagé dans cette catégorie à un moment extrêmement difficile en raison du niveau de performances ahurissant offert par le reste des modèles. Et ils n'auraient pas tort. Quoi qu'il en soit, le fait est qu'en 2012, à sa troisième année sur le marché, la S1000RR, qui représente encore l'arme de choix dans cette classe, reçoit un nombre étonnamment grand de modifications.

LES CAMPAGNES DE COURSE AUXQUELLES A PARTICIPÉ LA S1000RR SONT LA SOURCE DES MODIFICATIONS APPORTÉES EN 2012.

Bien que celles-ci ne soient pas de nature à transformer la moto au point d'en faire une nouvelle génération, on doit décidément parler d'évolution sérieuse. En termes visuels, le constructeur a très légèrement rafraîchi la S1000RR en redessinant la partie arrière et les panneaux latéraux. L'instrumentation reçoit par ailleurs de nouvelles fonctions, comme celles d'afficher le meilleur temps lors d'une séance en piste, ou encore d'annoncer au pilote qu'il dépasse une certaine vitesse. Mais les changements les plus importants sont effectués, en ce qui concerne le moteur, aux divers niveaux de la gestion électronique de la puissance et, pour le châssis, au niveau de la géométrie de direction qui est considérablement modifiée. On note également l'ajout d'un nouvel amortisseur de direction à ajustement manuel.

Les 193 chevaux de la S1000RR et les incroyables performances qu'ils permettent demeurent intacts en 2012. Mais la façon dont cette puissance est livrée, elle, subit plusieurs modifications. Dans la presque totalité des cas, celles-ci proviennent d'informations recueillies durant les campagnes de courses auxquelles BMW a participé ces deux dernières années.

Le but principal de ces changements, qui comprennent un nouvel accélérateur, des cartographies d'injection révisées pour chacun des modes de puissance (Rain, Sport, Race et Slick) et un raffinement de la gestion de l'ABS et du système de contrôle de traction, se résume à améliorer la finesse avec laquelle la puissance est passée au sol. Sur papier, cela peut sembler abstrait, mais lorsqu'on doit gérer près de 200 chevaux sur un tour de piste, ces raffinements représentent exactement ce qui permet d'aller plus vite. Notons par ailleurs que si la puissance maximale ne change pas, en mode Race, elle passe de 150 à 163 chevaux.

Malgré le fait que nous n'avons jamais trouvé quoi que ce soit à reprocher à la tenue de route de la S1000RR, BMW a effectué de sérieuses modifications à la géométrie de direction dont toutes les valeurs sont ajustées en 2012. L'emplacement du pivot du bras oscillant a également été modifié, tout comme la longueur de l'amortisseur arrière. Les suspensions bénéficient aussi de changements destinés à rendre les ajustements plus fins. Selon le constructeur, l'ensemble de ces modifications améliore le comportement sur circuit en augmentant la précision de la direction et la finesse de l'information ressentie par le pilote. Sur la route, les gains devraient néanmoins être mineurs.

QUOI DE NEUF EN 2012 ?

Cartographies d'injection et niveaux de puissances recalibrés

Géométrie de direction modifiée

Partie arrière et panneaux latéraux redessinés

Fonctions ajoutées à l'ordinateur de bord

Coûte 100 $ de plus qu'en 2011

PAS MAL

Une réalisation très impressionnante de la part de BMW à qui la S1000RR a instantanément donné une très grande crédibilité en matière de sportives pures ; cette crédibilité est d'ailleurs appuyée par la profondeur de la révision faite cette année

Un comportement exceptionnel en piste ; même les pilotes les plus rapides n'ont que de bons mots pour elle dans l'environnement du circuit

Un moteur qui n'est peut-être pas un monstre de couple à bas régime, mais qui s'avère fabuleux entre les mi-régimes et la zone rouge où l'accélération est furieuse

Une garantie de 3 ans sans limite de kilométrage

Une accessibilité de pilotage remarquable en raison des superbes manières du châssis, mais aussi grâce à l'ABS de course et au contrôle de traction

BOF

Une certaine nervosité de direction lorsque l'avant retombait au sol à haute vitesse, sur l'ancien modèle ; les changements à la géométrie de direction en 2012 ainsi que l'ajout d'un meilleur amortisseur de direction pourraient régler ce problème

Une puissance surtout disponible à haut régime et des aides électroniques assez complexes et dont il est essentiel de bien comprendre le fonctionnement

CONCLUSION

Sans même avoir bénéficié de toutes les améliorations apportées par BMW en 2012, la S1000RR demeure tout en haut du palmarès des sportives pures d'un litre. Tant que la marque allemande ne s'est pas complètement égarée dans ses réglages, ce qui ne nous inquiète pas vraiment, il semblerait que l'évolution que subit cette année le nouveau modèle ne fasse que confirmer son statut. Bref, selon toute vraisemblance, la mouture 2012 de la S1000RR se voudrait une version non pas plus performante, mais plutôt raffinée du modèle original. Comme nous avons bouclé de forts nombreux tours de piste aux commandes de ce dernier et que nous sommes donc très familiers avec son incroyable niveau de performances, avec sa tenue de route exemplaire et avec l'efficacité exceptionnelle de ses aides électroniques au pilotage, et comme nous ne doutons absolument pas du sérieux de BMW dans ce créneau, disons simplement qu'en matière de 1000 à quatre cylindres, nous ne voyons pas vraiment quel autre modèle pourrait même commencer à penser déloger la S1000RR cette année.

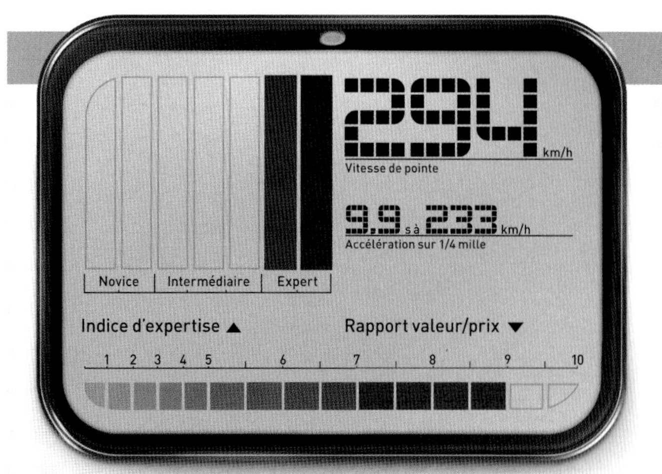

Voir légende en page 16

GÉNÉRAL

Catégorie	Sportive
Prix	17 750 $
Immatriculation 2012	1 093,65 $
Catégorisation SAAQ 2012	« à risque »
Évolution récente	introduite en 2010, revue en 2012
Garantie	3 ans/kilométrage illimité
Couleur(s)	noir, bleu, rouge et blanc, bleu et blanc
Concurrence	Aprilia RSV4, Honda CBR1000RR, Kawasaki Ninja ZX-10R, MV Agusta F4 Suzuki GSX-R1000, Yamaha YZF-R1

MOTEUR

Type	4-cylindres en ligne 4-temps, DACT, 4 soupapes par cylindre, refroidissement par liquide
Alimentation	injection à 4 corps de 48 mm
Rapport volumétrique	13,0 : 1
Cylindrée	999 cc
Alésage et course	80 mm x 49,7 mm
Puissance	193 ch @ 13 000 tr/min
Couple	83 lb-pi @ 9 750 tr/min
Boîte de vitesses	6 rapports
Transmission finale	par chaîne
Révolution à 100 km/h	environ 4 200 tr/min
Consommation moyenne	6,3 l/100 km
Autonomie moyenne	277 km

PARTIE CYCLE

Type de cadre	périmétrique, en aluminium
Suspension avant	fourche inversée de 46 mm ajustable en précharge, compression et détente
Suspension arrière	monoamortisseur ajustable en précharge, compression et détente
Freinage avant	2 disques de 320 mm de Ø avec étriers radiaux à 4 pistons et systèmes ABS et DTC
Freinage arrière	1 disque de 220 mm de Ø avec étrier à 1 piston et systèmes ABS et DTC
Pneus avant/arrière	120/70 ZR17 & 190/55 ZR17
Empattement	1 432 mm
Hauteur de selle	820 mm
Poids tous pleins faits	204 kg (ABS : 206,5 kg)
Réservoir de carburant	17,5 litres

FRACTION... Décrite froidement, la F800ST n'est qu'une routière sportive de 800 cc de conception plutôt simple. Mais examinée plus attentivement et avec un peu de recul, elle prend la forme d'une rare alternative aux machines beaucoup plus complexes, coûteuses et encombrantes que sont les ultraspécialisées montures de sport-tourisme. Son principal argument tient du fait que tous les motocyclistes avides de longs trajets et de confort n'ont pas nécessairement les moyens ou l'envie de rouler une K1600GT offrant deux fois plus de cubage et trois fois plus de cylindres. Dérivée de la F800S, qui n'est plus produite, la ST se distingue avant tout par son format compact dont est surtout responsable l'étroit Twin parallèle de 800 cc qui l'anime. Le côté routier du modèle est par ailleurs appuyé par une longue liste d'équipements optionnels offerts par le constructeur.

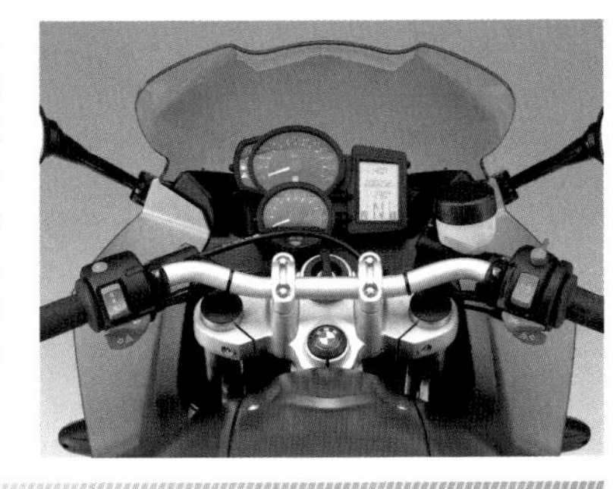

Chaque fois qu'il introduit une nouveauté, BMW démontre à quel point ses stylistes ont la capacité d'innover et d'étonner. Lancée en 2007 et n'ayant jamais été revue depuis, la F800ST arriva toutefois sur le marché à une époque où les coups de crayon du constructeur étaient clairement plus timides. Cette sobriété stylistique n'empêche toutefois aucunement la ST d'offrir l'une des formules les plus particulières du marché en matière de routières sportives. Propulsée par un bicylindre parallèle de 800 cc nettement plus intéressant que les mécaniques d'environ 650 cc de certains produits similaires et affichant des dimensions beaucoup plus accessibles que celles de routières sportives de plus grosse cylindrée, la F800ST propose un format unique.

MÊME SI LES 85 CHEVAUX NE REPRÉSENTENT PAS UN CHIFFRE RENVERSANT, ILS RESTENT ADMIRABLEMENT BIEN EXPLOITÉS.

Dérivée de la défunte sportive F800S, la F800ST est une routière légère, compacte et étonnamment mince. Même si elle n'a décidément rien d'une machine de course, elle surprend franchement en offrant une qualité de tenue de route qui la rend tout à fait capable de boucler des tours de piste, ce qui n'est pas peu dire. Dotée d'une impressionnante agilité et offrant une grande facilité de pilotage, il s'agit d'un excellent outil d'initiation à la conduite sportive.

Dans la besogne quotidienne, cette nature se traduit par une grande légèreté de direction et par une plaisante aisance à s'engager en virage. En pleine inclinaison, la partie cycle se montre solide, précise et communicative tandis que l'excellent système de freinage est couplé (en option au Canada) à l'ABS. Grâce à tous ces facteurs, la F800ST devient une monture sérieusement capable de faire sourire son pilote sur une route sinueuse, et ce, peu importe que celui-ci soit peu ou très expérimenté.

Une bonne partie de l'agrément de pilotage de la F800ST est attribuable au vigoureux Twin parallèle qui l'anime. Même si sa puissance de 85 chevaux n'a rien de très impressionnant selon les normes sportives – et même routières sportives – actuelles, la réalité est qu'on se surprend à ne rien réclamer de plus tellement les chevaux et le couple disponibles sont bien exploités. À bas et moyen régimes, la poussée est si bonne qu'elle permet de s'amuser sans avoir recours à des tours élevés, ce qui n'empêche pas l'accélération d'être agrémentée d'un amusant punch à l'approche de la zone rouge. Les vibrations ne gênent jamais tandis que l'entraînement final par courroie fait de la F800ST l'une des rares BMW qui ne sont pas affectées par un agaçant jeu dans le rouage d'entraînement, une qualité qui rend son pilotage d'autant plus plaisant.

La F800ST fait honneur à la réputation de BMW en matière de montures à l'aise sur long trajet, puisque le confort qu'elle offre est très respectable. La position de conduite est compacte et relevée, les suspensions sont admirablement bien calibrées et la selle, sans qu'elle soit exceptionnelle, reste confortable même après plusieurs heures de route. D'autres éléments comme un pare-brise offrant une bonne protection au vent et des poignées chauffantes installées de série ne font que renforcer ce point. BMW offre d'ailleurs plusieurs équipements optionnels qui la rendent encore plus apte aux voyages.

QUOI DE NEUF EN 2012 ?

Aucun changement

Aucune augmentation

PAS MAL

Une tenue de route superbe ; la F800ST est extrêmement agile, précise et facile à piloter dans un contexte sportif qui peut aller de la route sinueuse jusqu'à une séance en piste, où elle pourrait d'ailleurs laisser perplexe bien des proprios de sportives

Un format pratiquement unique sur le marché pour ce type de routière sportive

Un niveau de confort suffisamment élevé pour envisager de parcourir de longues distances ; il s'agit presque d'une petite sport-tourisme

Une option d'abaissement considérable de la selle offerte par BMW

BOF

Un prix relativement élevé qui place la F800ST non seulement nez à nez avec des routières de bien plus grosse cylindrée, mais qui l'amène aussi dangereusement près de la facture de modèles supérieurs de la marque ; elle devrait coûter moins cher

Un niveau de performances amusant, mais seulement pour les motocyclistes capables d'apprécier les avantages du format compact du modèle ; pour les amateurs de machines de sport-tourisme de gros calibre, elle est probablement inappropriée

Une ligne qui n'a rien de laid ou de dérangeant, mais qui est anonyme, qui ne génère que très peu d'émotions et qui mériterait d'être rajeunie ; de nombreux modèles de la gamme allemande révèlent que BMW pourrait faire beaucoup mieux à ce chapitre

CONCLUSION

La formule proposée par la F800ST est unique, puisqu'aucune routière sportive présentement sur le marché n'offre la combinaison d'un niveau de confort aussi intéressant, d'un format aussi accessible et de capacités sportives aussi relevées. Il s'agit d'ailleurs de la raison pour laquelle les intéressés la trouvent aussi appropriée à leurs besoins et que les autres la trouvent tout simplement trop petite ou trop chère. Étonnamment, cette formule n'est pas le fruit d'un concept délibéré de la part de BMW, mais plutôt le résultat d'une sorte d'accident. En effet, la ST devait uniquement jouer le rôle de variante de tourisme de la F800S lorsque les deux modèles furent lancés en 2007. Aujourd'hui, seule la ST est toujours offerte. Bien qu'elle n'en ait pas l'air, il s'agit d'un modèle assez spécialisé s'adressant à une niche d'amateurs de tourisme sportif et de format compact. Nous ne lui trouvons vraiment de défauts qu'une facture un peu trop élevée et une ligne que BMW pourrait décidément « jazzer » un peu plus.

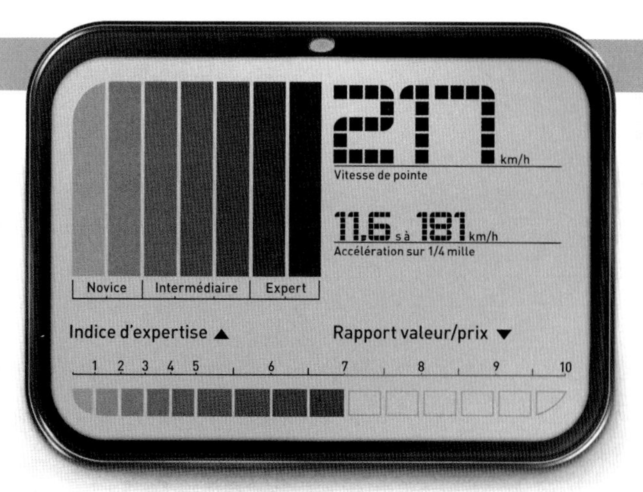

Voir légende en page 16

GÉNÉRAL

Catégorie	Routière Sportive
Prix	12 550 $
Immatriculation 2012	545,65 $
Catégorisation SAAQ 2012	« régulière »
Évolution récente	introduite en 2007
Garantie	3 ans/kilométrage illimité
Couleur(s)	noir, bleu/noir
Concurrence	Honda CBF1000, Yamaha Fazer 8

MOTEUR

Type	bicylindre parallèle 4-temps, DACT, 4 soupapes par cylindre, refroidissement par liquide
Alimentation	injection à 2 corps de 46 mm
Rapport volumétrique	12,0:1
Cylindrée	798 cc
Alésage et course	82 mm x 75,6 mm
Puissance	85 ch @ 8 000 tr/min
Couple	63,4 lb-pi @ 5 800 tr/min
Boîte de vitesses	6 rapports
Transmission finale	par courroie
Révolution à 100 km/h	environ 3 500 tr/min
Consommation moyenne	5,6 l/100 km
Autonomie moyenne	285 km

PARTIE CYCLE

Type de cadre	périmétrique, en aluminium
Suspension avant	fourche conventionnelle de 41 mm non ajustable
Suspension arrière	monoamortisseur ajustable en précharge
Freinage avant	2 disques de 320 mm de Ø avec étriers à 4 pistons
Freinage arrière	1 disque de 265 mm de Ø avec étrier à 1 piston
Pneus avant/arrière	120/70 ZR17 & 180/55 ZR17
Empattement	1 466 mm
Hauteur de selle	820 mm
Poids tous pleins faits	209 kg
Réservoir de carburant	16 litres

SECRET... Il n'est pas du tout rare de voir les motocyclistes s'arrêter sur une monture principalement pour des raisons de style, et ce, sans trop se soucier des avantages ou des inconvénients fonctionnels du modèle choisi. Ce qui est dommage avec une telle attitude, c'est que les motos affichant un style plus sobre deviennent essentiellement invisibles pour ces acheteurs. Or, il existe parmi ces montures de véritables trouvailles qui méritent vraiment d'être mieux connues. La standard R1200R est l'exemple parfait de ce genre de montures. Entièrement renouvelée en 2007, elle gagnait alors 24 chevaux et perdait 20 kilos par rapport à sa sympathique devancière, la R1150R. L'an dernier, le modèle évolua légèrement en adoptant la mécanique de la HP2 Sport à son tour. Il s'agit de la version la plus à jour et la plus désirable du Twin Boxer allemand.

La moto étant bien plus une affaire d'émotions que de raison, il n'est pas rare que les amateurs aient tendance à tirer des conclusions sur les modèles en se basant sur leur style, sans toutefois qu'ils aient nécessairement tort de le faire. On devine, par exemple et avec raison, qu'une agressive sportive sera rapide et inconfortable ou qu'une custom sera coupleuse et décontractée. Dans le cas d'une moto comme la R1200R, les termes « pratique et équilibrée » seraient sûrement les plus probables. Mais la R1200R est beaucoup plus qu'une standard simple et efficace. En fait, en l'allégeant et en augmentant sa puissance comme il l'a fait en 2007, BMW l'a même carrément transformée en machine à sensations.

L'un des plus grands attraits de la R1200R est le Twin Boxer qui l'anime, puisqu'il s'agit d'un pur délice mécanique. Grondant juste assez pour rappeler qu'il ne s'agit pas d'un moteur commun et tremblant juste ce qu'il faut en pleine accélération pour chatouiller les sens, il s'adoucit presque complètement à vitesse constante, que ce soit en ville ou sur autoroute, au point d'en devenir velouté.

GRONDANT ET TREMBLANT JUSTE ASSEZ POUR RAPPELER QU'IL NE S'AGIT PAS D'UN MOTEUR COMMUN, LE TWIN BOXER EST EXQUIS.

Exceptionnellement souple, il accepte sans broncher d'accélérer sur tous les rapports supérieurs à partir de régimes aussi bas que 1 500 tr/min. Dans la majorité des situations, le couple qu'il génère entre le ralenti et 4 500 tr/min s'avère plus que suffisant. Mais faites monter les tours jusqu'à la zone rouge de 8 500 tr/min et il accélérera avec assez d'intensité pour soulever l'avant. Sans qu'on puise qualifier ses accélérations d'époustouflantes, la R1200R reste quand même suffisamment rapide pour franchement amuser un pilote expérimenté.

La mécanique de la R1200R offre l'une des livrées de couple et de puissance les plus réussies et intelligentes qui soient. L'un des rares défauts de ce moteur se situe au niveau du rouage d'entraînement qui est encore et toujours affligé d'un agaçant jeu malheureusement présent sur bien des BMW et qu'on ressent surtout à la fermeture/ouverture des gaz sur les premiers rapports. Le passage au moteur de la HP2 Sport a un peu raffiné la sonorité tout en augmentant légèrement la rapidité des montées en régimes.

La R1200R affiche une stabilité exceptionnelle. Une direction légère, mais pas nerveuse ainsi qu'une agréable impression de solidité et de précision en pleine inclinaison sont autant de qualités qui en font un outil aussi redoutable que plaisant sur une route sinueuse. Les suspensions ont une grande part de responsabilité dans ce beau comportement, puisqu'elles se montrent à la fois assez souples pour offrir un excellent niveau de confort sur une route en mauvais état et capables de supporter un rythme plutôt rapide dans une série de virages. Le puissant freinage se montre toutefois un peu difficile à moduler avec précision en raison de sa nature « tout ou rien ».

Bien que le niveau de confort diminue à mesure que la vitesse augmente en raison de l'absence de protection au vent, cet aspect reste tolérable tant qu'on demeure autour des limites légales. Grâce à une position de conduite droite et naturelle ainsi qu'à une selle excellente sur tous les parcours, sauf les plus longs, la R1200R se montre par ailleurs tout à fait capable de prendre le rôle de machine de longues distances.

QUOI DE NEUF EN 2012 ?

Aucun changement

Aucune augmentation

PAS MAL

Un Twin Boxer génial qui se montre à la fois doux, coupleux, caractériel et étonnamment rapide; le passage au moteur de la HP2 en 2011 a raffiné le tout d'un autre cran en améliorant légèrement la sonorité et les montées en régime

Une tenue de route exceptionnelle; la R1200R est assez stable, précise et agile pour impressionner les connaisseurs les plus difficiles

Une ligne classique très élégante qui expose de manière très gracieuse les nombreuses particularités techniques du modèle

Un niveau de confort élevé provenant d'une position joliment équilibrée, de suspensions judicieusement calibrées et d'une très bonne selle

BOF

Une ligne élégante et classique, mais certes pas spectaculaire; ceux qui choisissent la R1200R ne le font pas pour faire tourner les têtes

Une transmission qui fonctionne correctement, mais qui a une nature bruyante pas toujours flatteuse lors de certaines opérations

Un tempérament pas toujours amical en pleine accélération sur les premiers rapports où la R1200R se montre occasionnellement nerveuse

Un rouage d'entraînement affligé d'un jeu qui rend la conduite saccadée à basse vitesse sur les rapports inférieurs

Un système de freinage très efficace, mais qui n'est pas le plus communicatif qui soit

CONCLUSION

Le côté classique et la sobriété de la ligne de la R1200R ne le laissent pas prévoir, mais il s'agit d'une monture remarquable. Légère, précise, agile, confortable, rapide, coupleuse et merveilleusement caractérielle, elle propose à son pilote de vivre l'expérience de la conduite d'une moto à son état le plus pur. Une expérience qui est d'ailleurs intimement liée à la nature et à la présence mécanique très particulière de l'emblématique Twin Boxer qui l'anime. Ses multiples qualités lui donnent le potentiel de plaire à un grand nombre de motocyclistes, mais ce sont les connaisseurs friands de mécaniques hors normes qui l'apprécieront le plus. Il s'agit de l'une des motos les plus plaisantes et les plus équilibrées du marché en utilisation quotidienne.

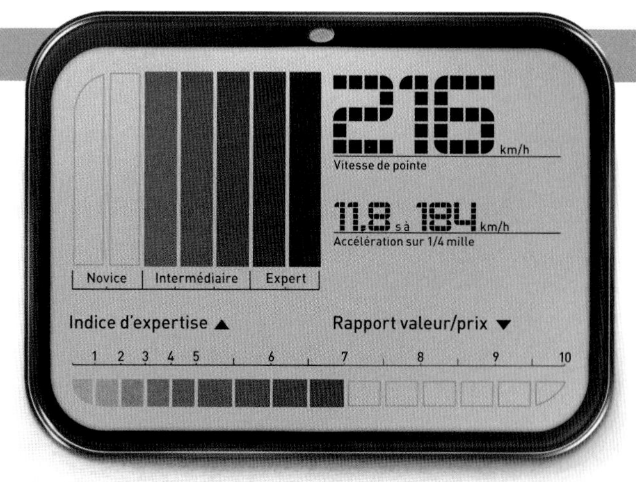

Voir légende en page 16

GÉNÉRAL

Catégorie	Standard
Prix	15 100 $
Immatriculation 2012	545,65 $
Catégorisation SAAQ 2012	« régulière »
Évolution récente	introduite en 1995, revue en 2001, en 2007 et en 2011
Garantie	3 ans/kilométrage illimité
Couleur(s)	gris, blanc, rouge, noir et blanc
Concurrence	Ducati Monster 1100, Triumph Speed Triple

MOTEUR

Type	bicylindre 4-temps Boxer, DACT, 4 soupapes par cylindre, refroidissement par air et huile
Alimentation	injection à 2 corps de 50 mm
Rapport volumétrique	12,0:1
Cylindrée	1 170 cc
Alésage et course	101 mm x 73 mm
Puissance	110 ch @ 7 750 tr/min
Couple	87,8 lb-pi @ 6 000 tr/min
Boîte de vitesses	6 rapports
Transmission finale	par arbre
Révolution à 100 km/h	environ 3 400 tr/min
Consommation moyenne	5,7 l/100 km
Autonomie moyenne	316 km

PARTIE CYCLE

Type de cadre	treillis en acier, moteur porteur
Suspension avant	fourche Telelever de 41 mm non ajustable
Suspension arrière	monoamortisseur ajustable en précharge et détente
Freinage avant	2 disques de 320 mm de Ø avec étriers à 4 pistons
Freinage arrière	1 disque de 265 mm de Ø avec étrier à 2 pistons
Pneus avant/arrière	120/70 ZR17 & 180/55 ZR17
Empattement	1 495 mm
Hauteur de selle	800 mm
Poids tous pleins faits	223 kg
Réservoir de carburant	18 litres

LA 800, SIMPLEMENT... Lancée en 2007 avec les F800S et ST, la plateforme F800 de BMW a donné naissance à une série de modèles dont les F650GS/800GS en 2008, puis, finalement, à la R en 2010. Proposée sous le thème standard, ou « naked », il s'agit de la version la plus simplement construite et de la plus accessible en termes de coût de la famille F800. Cette simplicité n'en fait toutefois pas une monture moins intéressante à piloter, un fait bien démontré par les incroyables figures réalisées par le cascadeur maison chez BMW, Chris Pfeiffer. Reprenant le cadre et le Twin parallèle Rotax des S/ST, la R se distingue surtout de ces dernières, d'un point de vue technique, par sa fourche plus costaude, par son bras oscillant double branche plutôt que monobranche et par son entraînement final par chaîne plutôt que par courroie. L'ABS est installé de série aux États-Unis, mais pas au Canada.

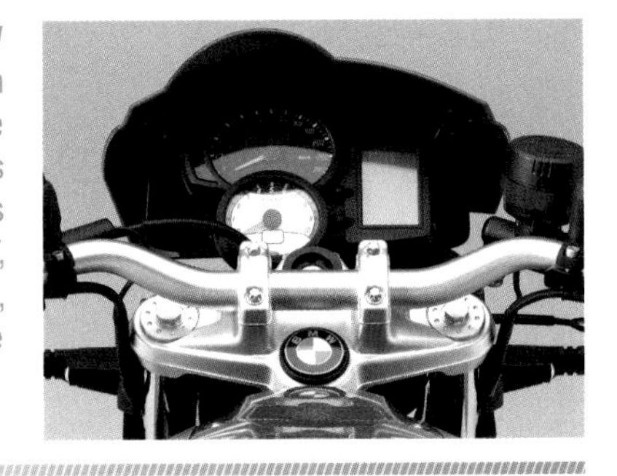

En marge des divers aspects de son rendement routier, la F800R possède un côté assez particulier en raison de son association officielle au milieu des cascades professionnelles à moto. Il s'agit, en effet, du modèle fourni par la marque allemande à son cascadeur maison, Chris Pfeiffer, pour effectuer des spectacles et amuser les foules partout à travers le monde.

La F800R se veut avant tout une petite routière dont l'arrivée en 2010 était assez prévisible, puisqu'elle complétait la famille F800 en lui amenant un membre de style standard. Il s'agit de l'équivalent chez les F800 de la K1300R chez les K1300 et de la R1200R chez les R1200.

Comme c'est le cas avec la plupart des autres montures de la série F, la F800R possède relativement peu de concurrence. Mais contrairement à la situation de la F800ST à laquelle on n'arrive littéralement pas à trouver de rivale, la F800R peut être comparée de manière assez directe avec des modèles comme la Monster 796 de Ducati, la FZ8 de Yamaha et même, à la rigueur, à la Street Triple de Triumph.

Très mince sous le pilote, affichant une hauteur de selle relativement basse et laissant l'impression immédiate d'une machine assez compacte, surtout au niveau des jambes qui sont même suffisamment pliées pour gêner un pilote grand, la F800R rend instantanément à l'aise grâce à son gabarit minimaliste et à sa position de conduite à la fois relevée et dominante.

Sur la route, on met très peu de temps à saisir les raisons pour lesquelles BMW l'a choisie comme base pour une moto destinée à réaliser des cascades d'une difficulté extrême. La F800R fait partie de ces montures qui vous donnent l'impression de pouvoir accomplir n'importe quoi. Il s'agit d'une moto sur laquelle on se sent convaincu d'arriver à toujours se tirer d'affaire, peu importe la témérité de ce que l'on tente. Son niveau d'agilité est extrêmement élevé, tandis que la partie cycle démontre la solidité de sa construction en encaissant les abus sans broncher, peu importe qu'il s'agisse d'une enfilade de courbes prises à fond de train ou d'une quelconque cascade, pour ceux qui en ont le courage et le talent. Solidité et précision en courbe tout comme puissance et facilité de modulation du freinage sont dans toutes les circonstances excellentes.

TRÈS MINCE SOUS LE PILOTE, LÉGÈRE ET BASSE, LA F800R REND INSTANTANÉMENT À L'AISE GRÂCE À SON GABARIT MINIMALISTE.

Au-delà de son image de cascadeuse, la F800R est surtout une sympathique petite routière. L'exposition au vent sur l'autoroute est évidemment considérable, mais ça reste tolérable, surtout compte tenu du fait que le vent qui frappe le casque est complètement exempt de turbulences.

C'est toutefois en ville que la plus petite des BMW de type R – pour Roadster – semble se retrouver dans son élément, puisque c'est dans ce genre d'environnement que toutes ses qualités ressortent. La très grande agilité permise par le poids faible et la minceur de l'ensemble ainsi que le bon couple généreusement distribué sur la plage de régimes du Twin parallèle se combinent pour en faire une arme urbaine pratiquement idéale. Le confort s'avère meilleur dans ce genre de conduite réalisée sur des distances relativement courtes que sur de longs trajets, où l'on découvre une selle qui n'est pas la meilleure qui soit.

QUOI DE NEUF EN 2012 ?

Panneaux latéraux redessinés et de couleur agencée à celle de la moto

Saute-vent « Sport » et clignotants à lentille claire offerts en équipement de série

Garde-boue avant de couleur agencée à celle de la moto

Coûte 50 $ de plus qu'en 2011

PAS MAL

Un ensemble qui séduit immédiatement par son format léger, mince et compact, et dont l'agilité est telle qu'elle donne l'impression de pouvoir tout faire

Une mécanique qui ne mérite pratiquement que des compliments ; sa puissance est intelligemment produite et nettement plus intéressante que celle d'un Twin de 650 cc, puisqu'un pilote expérimenté s'en satisfait, tandis que sa sonorité est agréable

Une valeur intéressante provenant d'un ensemble solide sur lequel rien n'est réalisé de manière économique et d'un niveau de performances très correct

BOF

Une puissance suffisante pour satisfaire les pilotes amateurs de machines compactes et légères, mais qui pourrait être juste pour les motards plus gourmands

Un entraînement final par chaîne et un bras oscillant double branche qui auraient pu être remplacés par la courroie sans entretien et le très désirable bras monobranche de la F800ST ; d'un autre côté, ces ajouts feraient grimper le prix

Une ergonomie qui pourrait paraître serrée pour les pilotes grands en raison de la courte distance séparant la selle des repose-pieds et qui coince leurs jambes

Une exposition totale au vent dont on doit être conscient à l'achat, puisqu'elle limite le niveau de confort sur l'autoroute

CONCLUSION

La F800R fait partie de ces motos qui semblent à point dès le moment où l'on en prend les commandes et sur lesquelles on se sent tellement vite à l'aise qu'on trouve immédiatement beaucoup à aimer et très peu à critiquer. Les intéressés doivent réaliser que malgré le lien de famille avec les autres modèles Roadster de BMW, il s'agit d'une machine s'adressant à une clientèle bien particulière en raison de son niveau de performances d'un tout autre ordre. Cela dit, pour les motocyclistes n'ayant pas absolument besoin de 175 chevaux et qui apprécient plutôt les qualités d'une monture mince et agile, le niveau de puissance du Twin parallèle devrait s'avérer intéressant. Une chose est certaine, on est loin des prestations et du caractère bien plus timides d'une 650 japonaise, tout en n'en restant pas trop loin en termes de coût, ce qui fait de la F800R une valeur assez attrayante.

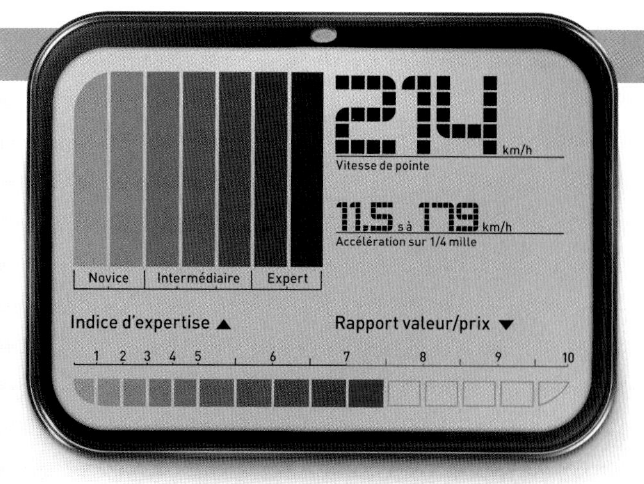

Voir légende en page 16

GÉNÉRAL

Catégorie	Standard
Prix	10 150 $
Immatriculation 2012	545,65 $
Catégorisation SAAQ 2012	« régulière »
Évolution récente	introduite en 2010
Garantie	3 ans/kilométrage illimité
Couleur(s)	argent, blanc et noir, rouge et argent
Concurrence	Ducati Monster 796, Triumph Street Triple Yamaha FZ8

MOTEUR

Type	bicylindre parallèle 4-temps, DACT, 4 soupapes par cylindre, refroidissement par liquide
Alimentation	injection à 2 corps de 46 mm
Rapport volumétrique	12,0:1
Cylindrée	798 cc
Alésage et course	82 mm x 75,6 mm
Puissance	87 ch @ 8 000 tr/min
Couple	63,4 lb-pi @ 6 000 tr/min
Boîte de vitesses	6 rapports
Transmission finale	par chaîne
Révolution à 100 km/h	environ 4 000 tr/min
Consommation moyenne	5,8 l/100 km
Autonomie moyenne	276 km

PARTIE CYCLE

Type de cadre	périmétrique, en aluminium
Suspension avant	fourche conventionnelle de 43 mm non ajustable
Suspension arrière	monoamortisseur ajustable en précharge et détente
Freinage avant	2 disques de 320 mm de Ø avec étriers à 4 pistons
Freinage arrière	1 disque de 265 mm de Ø avec étrier à 1 piston
Pneus avant/arrière	120/70 ZR17 & 180/55 ZR17
Empattement	1 520 mm
Hauteur de selle	800 mm
Poids tous pleins faits	199 kg
Réservoir de carburant	16 litres

R1200GS Adventure

RECETTE SECRÈTE... Il fut un temps où la grosse BMW GS était perçue par le reste du monde du motocyclisme comme le fruit de l'exubérance allemande, et rien de plus. Quelques décennies furent nécessaires au reste de la planète pour comprendre quel était l'attrait d'une telle création, mais aujourd'hui, la R1200GS est non seulement l'une des BMW les plus vendues globalement, elle fait aussi l'envie de bien d'autres marques qui tentent l'une après l'autre de l'imiter. Fait intéressant, BMW affirme que le modèle est d'autant plus important pour lui qu'il est responsable de la majorité des vols de clients aux marques rivales. Ainsi, lorsqu'un ancien pilote de sportive ou un ex-propriétaire de custom décide d'envisager une BMW, la grosse GS est celle qui les convainc de passer à l'acte. Comme toujours, une version de base et une imposante variante Adventure sont offertes.

Le marché de la moto est aujourd'hui rempli de montures exceptionnellement raffinées et compétentes, mais même en telle compagnie, la R1200GS s'avère simplement supérieure. En fait, sa « recette secrète » est tellement efficace qu'elle semble intouchable au sein de la classe qu'elle a elle-même créée. Parmi les marques qui se sont aventurées dans la direction de la GS, certaines, dont KTM avec sa 990 Adventure et Yamaha avec sa Super Ténéré (la nouvelle Triumph Tiger Explorer est une valeur inconnue pour le moment), proposent même des résultats tout à fait décents, voire impressionnants à certains égards. Mais cette sérénité presque absolue dont fait preuve la R1200GS dans une variété tellement large de conditions, elle, est tout simplement absente chez ses rivales. En fait, et c'est probablement là la plus grande preuve de la nature extraordinairement polyvalente de la GS, c'est que chaque fois que nous en reprenons les commandes, elle nous étonne à nouveau. À ce moment précis, durant les tout premiers instants de conduite, et ce, peu importe les motos roulées précédemment, nous sommes inévitablement et invariablement de nouveau surpris par la qualité de l'expérience, par la cohérence du tout qu'est la GS, par la sensation d'unité, d'efficacité et d'harmonie qui se dégage de cet ensemble de pièces. Aucune autre moto n'a la capacité de passer de la terre à la route asphaltée, du voyage à la randonnée sportive ou même aux déplacements urbains de manière si naturelle et si transparente. S'il est une exception à cette liste apparemment infinie de qualités, elle a trait à un genre d'environnement où la même GS n'échappe pas aux lois de la physique, c'est-à-dire en pilotage hors-route extrême. Dans ces circonstances, son poids et sa hauteur demandent un degré d'expérience extraordinaire pour être maîtrisés. Cela dit, grosse ou pas, même en terrain très abîmé, la GS surprend en arrivant toujours à passer, et ce, surtout si elle est chaussée de pneus appropriés. Notons que la version Adventure est un véritable monstre dans de telles conditions et qu'elle ne constitue tout simplement pas une meilleure moto hors-route que la 1200GS. La sérénité de la grosse GS refait néanmoins surface dès que l'on s'en tient à des routes non pavées en terre ou en gravier. Assis bien droit sur une excellente selle, profitant de l'étonnante protection au vent générée par l'un des rares pare-brise ne causant pas de turbulences et choyé par l'action stupéfiante des suspensions tant à haute vitesse que sur des routes sans le moindre revêtement, aux commandes de la GS, on plane.

AUCUNE MOTO N'ARRIVE À PASSER DE LA TERRE À L'ASPHALTE, AUX VOYAGES OU AUX DÉPLACEMENTS URBAINS AVEC UNE TELLE TRANSPARENCE.

Les belles qualités de l'allemande dépassent l'environnement poussiéreux et se retrouvent toutes une fois de retour sur les chemins pavés, une transition que l'ajustement électronique optionnel des suspensions, l'Enduro ESA, facilite grandement en permettant de varier les réglages à la simple poussée d'un bouton.

Le généreux couple et le caractère charmeur du Twin Boxer font partie intégrante de l'attrait de la R1200GS. Montant en régime légèrement plus vite et produisant une sonorité plus propre depuis l'évolution de 2010, ce moteur est un exemple de souplesse et propose une puissance qui, sans être immense, suffit amplement à amuser en plus de correspondre parfaitement à la nature et à l'esprit du modèle.

QUOI DE NEUF EN 2012 ?

Édition spéciale Rally offerte moyennant supplément de 1 700 $

R1200GS coûte 50 $ de plus qu'en 2011

Aucune augmentation pour l'Adventure

PAS MAL

Un niveau de polyvalence inégalé ; la R1200GS passe de la route à la poussière avec une facilité et un naturel déconcertants

Un Twin Boxer qui tremble juste comme il faut, mais qui se montre aussi juste assez doux pour permettre d'explorer les hauts régimes sans vibrations excessives

Un pare-brise si efficace qu'on a envie de se pencher pour l'embrasser ; il fait rougir de honte les innombrables pare-brise qui vous obligent à subir leurs turbulences

Un impressionnant niveau d'équipement et de technologie avec l'ASC et l'Enduro ESA

Une partie cycle dont les capacités étonnent toujours et un excellent niveau de confort

BOF

Une selle haute compte tenu de l'usage surtout routier qui attend le modèle, et ce, surtout sur l'Adventure qui, en plus, est très lourde

Une mécanique qui a perdu un tout petit peu de son caractère grondant dans l'adoucissement qu'elle a subi lors de son passage de 1150 à 1200 et qui s'est encore un peu raffinée depuis l'adoption du moteur de la HP2 Sport en 2010

Une facture qui grimpe très vite lorsqu'on commence à ajouter les options

Une direction tellement légère qu'elle en est parfois hypersensible ; la version Adventure est en revanche plus stable en raison de sa masse

CONCLUSION

En matière de moto, la R1200GS est plus qu'une carte de visite pour BMW, elle est BMW et définit l'esprit d'aventure et d'innovation dont le constructeur se sert pour promouvoir le reste de sa gamme. Pour cette raison, il est donc normal qu'elle reçoive toute l'attention du constructeur. Elle n'est pas donnée, surtout lorsqu'on commence à empiler les options, et les motocyclistes qui s'y intéressent se demandent souvent si son prix plus élevé est justifié. La réponse est tout simplement oui. Même si ses rivales arrivent en général à accomplir les mêmes choses, aucune ne le fait avec la sérénité et l'aisance innées de l'allemande. Qu'il s'agisse d'explorer de nouveaux espaces où les routes non pavées abondent, de traverser le continent par les autoroutes ou simplement de se balader confortablement sans trop s'éloigner, la grosse GS n'a tout simplement pas d'égal. Nous l'avons déjà dit et le répétons, il s'agit d'une des meilleures motos qui soient.

R1200GS Rally accessoirisée

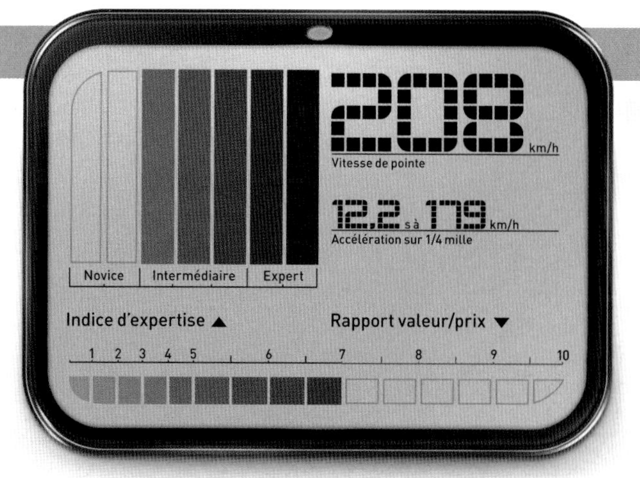

Voir légende en page 16

GÉNÉRAL

Catégorie	Routière Aventurière
Prix	R1200GS : 17 900 $ R1200GS Adventure : 20 600 $
Immatriculation 2012	545,65 $
Catégorisation SAAQ 2012	« régulière »
Évolution récente	introduite en 1994, revue en 2000 et en 2005 et en 2010 ; Adventure introduite en 2002, revue en 2006 et en 2010
Garantie	3 ans/kilométrage illimité
Couleur(s)	R1200GS : argent, bleu, noir, blanc et rouge R1200 GS Adventure : rouge, noir, argent
Concurrence	KTM 990 Adventure, Triumph Tiger Explorer, Yamaha Super Ténéré

MOTEUR

Type	bicylindre 4-temps Boxer, DACT, 4 soupapes par cylindre, refroidissement par air et huile
Alimentation	injection à 2 corps de 47 mm
Rapport volumétrique	12,0 :1
Cylindrée	1 170 cc
Alésage et course	101 mm x 73 mm
Puissance	110 ch @ 7 750 tr/min
Couple	88,5 lb-pi @ 6 000 tr/min
Boîte de vitesses	6 rapports
Transmission finale	par arbre
Révolution à 100 km/h	environ 3 500 tr/min
Consommation moyenne	5,8 l/100 km
Autonomie moyenne	GS : 344 km ; Adventure : 569 km

PARTIE CYCLE

Type de cadre	treillis en acier, moteur porteur
Suspension avant	fourche Telelever de 41 mm avec monoamortisseur ajustable en précharge (ajustable avec l'Enduro ESA optionnel)
Suspension arrière	monoamortisseur ajustable en précharge et détente (ajustable avec l'Enduro ESA optionnel)
Freinage avant	2 disques de 305 mm de Ø avec étriers à 4 pistons
Freinage arrière	1 disque de 265 mm de Ø avec étrier à 2 pistons
Pneus avant/arrière	110/80 R19 & 150/70 R17
Empattement	GS : 1 507 mm ; Adventure : 1 510 mm
Hauteur de selle mm	GS : 850/870 mm ; Adventure : 890/910
Poids tous pleins faits	GS : 229 kg ; Adventure : 256 kg
Réservoir de carburant	GS : 20 litres ; Adventure : 33 litres

F650GS

MARQUE DE COMMERCE... Voilà à peine quelques années, on pouvait choisir entre une excellente GS de 1 200 cc animée par un superbe Twin Boxer et une économique et très accessible GS de 650 cc propulsée par un monocylindre éprouvé. On aurait pu croire que ça suffisait amplement, mais chez BMW, on avait d'ambitieux plans pour la formule GS. Lancé en 2008, le duo des F650GS et F800GS représente une importante part de ces plans. Elles ne sont peut-être pas aussi prestigieuses et raffinées que la vénérable 1200, mais il s'agit de GS en bonne et due forme, c'est-à-dire de véritables routières aventurières. Alors que la 800 s'adresse à une clientèle relativement expérimentée désirant s'enfoncer plutôt loin en terrain non pavé, la 650, plus basse et moins puissante, prend plutôt le rôle de monture d'initiation. Le prix comprend l'ABS aux États-Unis, mais il s'agit d'une option au Canada.

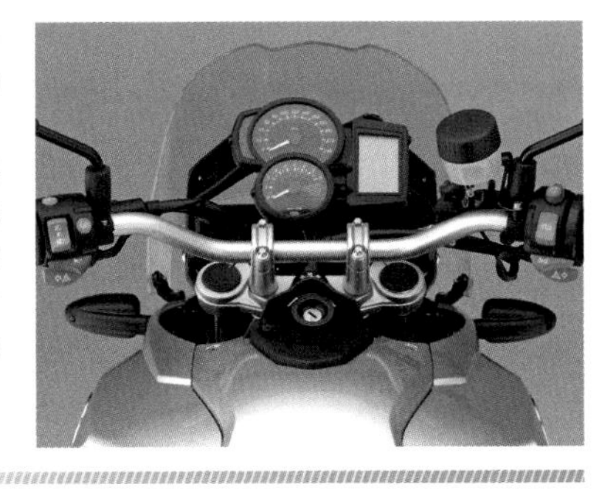

Elles ont beau faire partie de la même famille, être construites à partir d'une plateforme unique et partager une multitude de pièces, les F800GS et F650GS demeurent des montures très différentes, la première étant positionnée comme une aventurière de calibre expert et la seconde comme une moto d'initiation ou de progression.

Avant que Triumph ne s'inspire de la bonne idée des Allemands et qu'il ne lance la Tiger 800XC, la F800GS était la seule moto du genre sur le marché. Haute, mince et légère, elle offre une maniabilité dont une R1200GS ne peut que rêver, et ce, surtout en pilotage hors-route intense. Dans un tel environnement, la F800GS se débrouille presque aussi bien qu'une 650 monocylindre double-usage et représente donc un genre de pont entre l'agilité d'une 650 et la puissance plus élevée d'une 1200. La facilité de pilotage démontrée par la F800GS en sentier se transporte sur la route où le comportement est dominé par une stabilité sans reproches, par une grande légèreté de direction et par une très bonne solidité en courbe. Une suspension qui plonge de manière notable à l'avant et une selle qui pourrait décidément être plus confortable sur long trajet sont parmi les rares défauts qu'on puisse formuler à l'égard du modèle dans l'environnement de la route.

LA 650 EST SOUVENT CATÉGORISÉE COMME UNE MOTO DE DÉBUTANT, MAIS ELLE POSSÈDE DES QUALITÉS BIEN PLUS GRANDES.

Avec ses 85 chevaux, la F800GS offre des performances nettement moins intéressantes que celles d'une puissante et coupleuse 1200GS, mais elle se montre en revanche beaucoup plus plaisante qu'une mono de 650 cc. Il s'agit d'un compromis judicieux et plaisant, d'un entre-deux – presque – unique.

Bien que, pour un pilote exigeant, le Twin parallèle se montre encore moins excitant dans la version de 71 chevaux qui propulse la F650GS – qui, faut-il encore le rappeler, a une cylindrée de 800 cc –, le motocycliste possédant une expérience limitée ou moyenne, lui, s'en déclarera tout à fait satisfait. Il s'agit d'une mécanique assez douce et souple qui, bien qu'elle ne déborde pas de caractère, cadre bien avec la vocation d'accessibilité et le prix réduit de la 650.

Si la F800GS se veut la « mini 1200GS » du duo, la F650GS, elle, est décidément l'aubaine de la paire et représente une excellente valeur. Souvent catégorisée comme une moto de débutant, elle est en réalité suffisamment intéressante pour distraire un pilote plus avancé, du moins tant que celui-ci ne s'attend pas à une tonne de chevaux. Considérablement plus basse que la 800GS, mais tout aussi légère et mince, elle offre une agilité et une facilité de prise en main qui impressionnent vraiment. Comme sur la 800, la selle n'est pas extraordinaire sur long trajet, tandis que l'espace restreint entre cette dernière et les repose-pieds est un peu juste pour les pilotes de grande taille. Hormis ces points, ce sont les belles qualités de la tenue de route qu'on remarque. L'avant ne plonge pas au freinage comme celui de la 800, tandis que le disque unique à l'avant se débrouille très bien. Par ailleurs, même si BMW a conçu la F650GS pour rouler avant tout sur route, les capacités de celles-ci surprennent franchement en sentier, puisqu'elle s'avère capable de passer pratiquement partout et que seuls les obstacles très sérieux la ralentissent. Elle est moins performante que la 800 dans ces conditions, mais elle s'y montre aussi bien plus accessible.

QUOI DE NEUF EN 2012 ?

Aucun changement

Aucune augmentation

PAS MAL

Un positionnement très intéressant pour la F800GS qui est une proposition très particulière située quelque part entre le luxe et le caractère d'une 1200GS et l'agilité d'une double-usage de 650 cc

Une grande capacité à affronter des terrains très abîmés qui fait de la F800GS une exploratrice beaucoup plus accessible et dont le potentiel est bien plus concret que celui de la R1200GS

Une option d'abaissement offerte par BMW pour la 650 qui réduit la hauteur de selle à une valeur presque jamais vue sur une moto de série de ce type

Une valeur élevée et une très grande facilité de prise en main pour la F650GS qui est facilement l'une des meilleures motos pour débuter et continuer à rouler

BOF

Une nature qui n'est pas vraiment celle de la « mini R1200GS » que la F800GS laisse imaginer sur papier ; sur le terrain, les capacités hors-route sont au rendez-vous, mais l'agrément du Twin Boxer et le confort de la 1200 ne sont simplement pas présents

Des selles correctes, mais sans plus dans les deux cas, et qu'on aurait vraiment souhaité meilleures sur les longs trajets dont ces modèles sont parfaitement capables

Une tendance considérable à plonger de l'avant au freinage pour la F800GS

Une distance réduite entre la selle et les repose-pieds de la F650GS qui pourrait coincer les longues jambes

CONCLUSION

Animées par des Twin parallèles peut-être pas géniaux, mais quand même plaisants, dotées d'une partie cycle solide, précise et compétente dans une très longue liste d'environnements et parfaitement capables de livrer la marchandise « aventure » que leur ligne annonce, la F800GS et la F650GS représentent, chacune à leur façon, une réussite indiscutable. La 650 pour sa valeur et son accessibilité autant sur la route qu'en sentier, la 800 pour avoir rendu le concept de la routière aventurière envisageable par le motocycliste moyen, et ce, tant au niveau du prix qu'à celui de la facilité de pilotage en terrain difficile. L'une, comme l'autre, représente un coup brillant de la part de BMW, puisque le constructeur allemand a encore une fois trouvé le moyen de créer une catégorie qui n'existait pas vraiment avant, en plus de mettre encore plus en évidence son expertise dans ce créneau.

F800GS

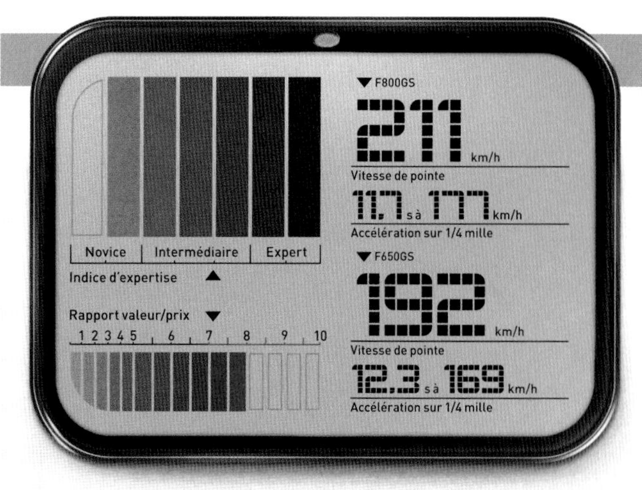

Voir légende en page 16

GÉNÉRAL

Catégorie	Routière Aventurière
Prix	F800GS : 12 750 $ F650GS : 9 850 $
Immatriculation 2012	545,65 $
Catégorisation SAAQ 2012	« régulière »
Évolution récente	introduites en 2008
Garantie	3 ans/kilométrage illimité
Couleur(s)	F800GS : bleu, noir, graphite F650GS : bleu, blanc, jaune et noir
Concurrence	F800GS : Triumph Tiger 800XC F650GS : Suzuki V-Strom 650, Triumph Tiger 800

MOTEUR

Type	bicylindre parallèle 4-temps, DACT, 4 soupapes par cylindre, refroidissement par liquide
Alimentation	injection à 2 corps de 46 mm
Rapport volumétrique	12,0 : 1
Cylindrée	798 cc
Alésage et course	82 mm x 75,6 mm
Puissance	F800GS : 85 ch @ 7 500 tr/min F650GS : 71 ch @ 7 000 tr/min
Couple	F800GS : 61,2 lb-pi @ 5 750 tr/min F650GS : 53,3 lb-pi @ 4 500 tr/min
Boîte de vitesses	6 rapports
Transmission finale	par chaîne
Révolution à 100 km/h	environ 3 500 tr/min
Consommation moyenne	5,7 l/100 km
Autonomie moyenne	280 km

PARTIE CYCLE

Type de cadre	périmétrique, treillis d'acier
Suspension avant	F800GS : fourche inversée de 45 mm non ajustable F650GS : fourche conventionnelle de 43 mm non ajustable
Suspension arrière	monoamortisseur ajustable en précharge et détente
Freinage avant	2 (650 : 1) disques de 300 mm de Ø avec étriers à 2 pistons
Freinage arrière	1 disque de 265 mm de Ø avec étrier à 1 piston
Pneus avant/arrière	F800GS : 90/90-21 & 150/70 R17 F650GS : 110/80 R19 & 140/80 R17
Empattement	F800GS : 1 578 mm ; F650GS : 1 575 mm
Hauteur de selle	F800GS : 880 mm (opt. : 850 mm) F650GS : 820 mm (opt. : 790 mm)
Poids tous pleins faits	F800GS : 207 kg ; F650GS : 199 kg
Réservoir de carburant	16 litres

G650GS Sertão

PASSER PARTOUT... Avec tout le tapage médiatique qui entoure depuis des années les GS de 800 et 1 200 cc, sans parler de toute l'encre que font couler les modèles de plus en plus nombreux qui tentent de rivaliser les allemandes, on oublie presque qu'il existe une autre catégorie chez ces machines, celle des 650 à monocylindre. Moins puissante, certes, mais aussi plus légère et plus agile, la G650GS représente l'un des modèles les plus avancés dans le genre. En fait, il s'agit d'une évolution directe de la F650GS à monocylindre originale. Renommée G650GS en 2009, puis redessinée en 2011, elle est toujours animée par le même mono refroidi par liquide et injecté de 652 cc. Pour 2012, BMW ajoute une version Sertão mieux équipée pour affronter des conditions hors-route sérieuses. Il s'agit, en gros, d'une G650GS avec des roues à rayons et des suspensions plus hautes.

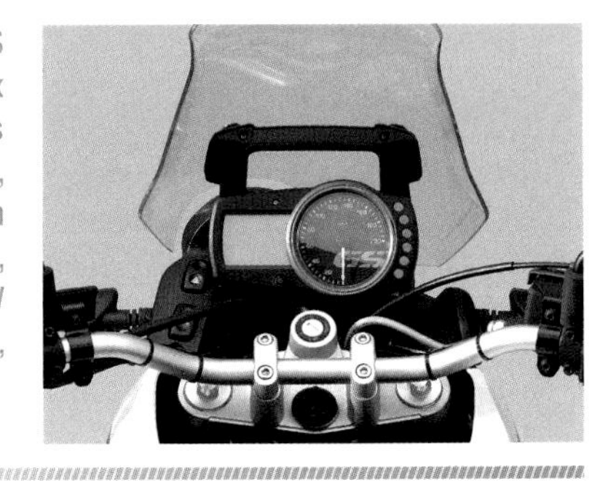

La G650GS devrait normalement être catégorisée comme une double-usage, mais puisque BMW s'est toujours assuré qu'elle conserve des qualités routières, nous la traitons comme une petite routière aventurière. S'il s'agit donc d'un cas qui ressemble beaucoup à celui de la Kawasaki KLR650, la situation n'est quand même pas identique, puisque la G650GS évolue juste à cheval sur la ligne qui sépare la classe double-usage de celle des routières aventurières.

Aux commandes de la G650GS, on se retrouve décidément installé comme sur une double-usage, une impression provenant surtout de la position droite et poussée vers le réservoir. Des repose-pieds placés juste sous le bassin, un guidon très large et la sensation d'enfourcher une monture d'une grande minceur sont autant de caractéristiques qui, lorsque combinées, laissent au pilote la claire impression d'être aux commandes d'un véritable passe-partout.

LA GRANDE LÉGÈRETÉ DE DIRECTION ET LE POIDS FAIBLE SONT DES ATOUTS CONSIDÉRABLES SUR, COMME HORS ROUTE.

D'un autre côté, la G650GS ne se limite pas du tout à offrir la capacité de rouler hors-route. Sa selle, par exemple, bien qu'elle ne soit pas exceptionnellement confortable, lorsque les heures de route se multiplient, reste tout à fait décente et n'a rien à voir avec les étroites planches souvent installées sur les motos de ce genre plus spécialisées. Si la position de conduite dégagée contribue également au confort sur la route, on note aussi une protection au vent très correcte et des suspensions qui fonctionnent assez bien pour que le pilote ne soit jamais malmené. Quant au monocylindre, il se montre généralement assez doux, mais les hauts régimes amènent avec eux un certain niveau de vibrations.

L'impression immédiate renvoyée par la G650GS sur la route est celle d'une monture un peu haute, mince, très légère, et dont le niveau de performances, à défaut d'être élevé, s'avère extrêmement accessible. Compte tenu des chevaux limités du mono, on ne s'étonne pas vraiment du fait qu'il doit être exploité sans gêne pour maintenir un rythme amusant sur la route. La petite mécanique ne s'en plaint toutefois pas du tout, surtout que la boîte de vitesses ne demande qu'à être sollicitée. La circulation urbaine est suivie et dépassée sans le moindre problème, tandis que sur l'autoroute, les régimes ne sont pas exagérément élevés, si bien que suivre une circulation, même rapide, reste parfaitement possible.

Si les prestations du petit mono, bien qu'un peu timides, s'avèrent ainsi adéquates sur la route, une fois en sentier, la livrée de puissance devient idéale, surtout s'il s'agit d'un environnement le moindrement serré. Dans ces conditions, le côté amical du moteur, la légèreté et la minceur de la moto deviennent des avantages marqués, surtout pour le pilote ne pouvant être décrit comme un expert en matière de poussière.

La très grande légèreté de direction et le poids faible de la G650GS sont également des atouts considérables lorsqu'il est question de changer de direction, et ce, autant sur la route où la stabilité et la précision de la partie cycle sont sans reproches qu'en sentier où tout est aisément accompli. L'ABS, qui est installé de série aux États-Unis, mais offert en option au Canada, peut d'ailleurs être désactivé, une caractéristique non seulement appréciée en sentier, mais aussi indispensable.

QUOI DE NEUF EN 2012 ?

Version Sertão adaptée pour le pilotage hors-route avec : roues à rayons dont le diamètre passe de 19 à 21 pouces à l'avant ; débattements de suspensions qui passent de 170 à 210 mm à l'avant et de 165 à 210 mm à l'arrière ; protège-mains ; protège-moteur ; garde-boue avant allongé ; pare-brise haut

Aucune augmentation pour la G650GS

PAS MAL

Un intéressant concept à mi-chemin entre celui de l'agile double-usage classique et celui de la routière aventurière plus orientée vers une utilisation routière

Une très grande agilité en sentier comme sur la route grâce à une impressionnante minceur, à une direction très légère, à un châssis solide et à un poids faible

Un niveau de fonctionnalité qu'on ne s'attend pas nécessairement de retrouver sur une moto de ce type ; par exemple, la protection au vent n'est pas mauvaise du tout et les poignées chauffantes sont franchement appréciées par temps froid

BOF

Une hauteur de selle raisonnable compte tenu de la nature du modèle, mais qui gêne quand même les pilotes qui ne sont pas grands ; par contre, la version Sertão est très haute et demande d'être soit très grand soit très expérimenté pour s'y sentir à l'aise

Une mécanique qui se débrouille bien, mais dont la puissance est limitée et qui ne plaira qu'aux motocyclistes appréciant vraiment les capacités hors-route du modèle où à ceux qu'un tel niveau de puissance ne dérange pas

Un niveau de confort correct sur la route, mais qui est limité par une selle qui ne reste pas confortable après plusieurs heures de route et par un moteur qui vibre un peu à haut régime

CONCLUSION

Il est important de réaliser que même si le style de la G650GS est aujourd'hui devenu plus agressif que ça n'était le cas sur la F650GS monocylindre originale et qu'il fait allusion de manière bien plus marquée aux capacités hors-route du modèle, la nature routière du modèle, elle, est demeurée pratiquement intacte. On a donc à la fois affaire à une légère, sympathique et accessible petite routière dont la puissance limitée s'avère tout de même parfaitement décente au jour le jour, et à un véritable passe-partout dont la capacité de s'enfoncer en sentier est franchement impressionnante, surtout si des pneus appropriés sont installés. On répète souvent que les routières aventurières ne sont pas vraiment conçues pour les terrains très abîmés, mais lorsque le format devient aussi léger et agile que dans le cas de ces 650, cette affirmation ne tient plus vraiment.

G650GS

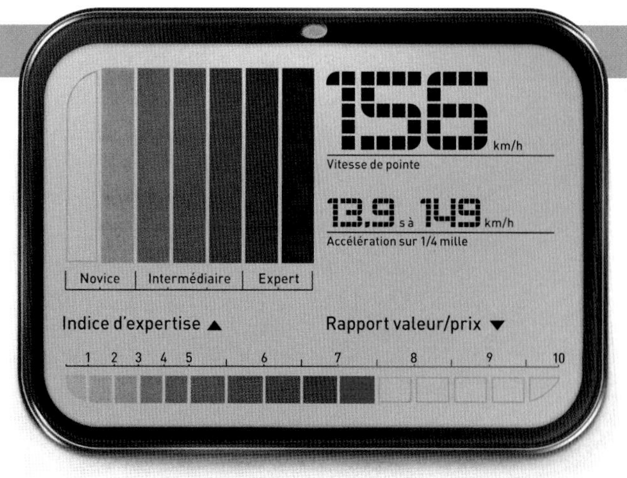

Voir légende en page 16

GÉNÉRAL

Catégorie	Routière Aventurière
Prix	G650GS : 8 800 $ G650GS Sertão : 9 750 $
Immatriculation 2012	545,65 $
Catégorisation SAAQ 2012	« régulière »
Évolution récente	G650GS introduite en 2009, revue en 2011 ; G650GS Sertão introduite en 2012
Garantie	3 ans/kilométrage illimité
Couleur(s)	G650GS : blanc, rouge G650GS Sertão : blanc et bleu
Concurrence	Kawasaki KLR650

MOTEUR

Type	monocylindre 4-temps, DACT, 4 soupapes, refroidissement par liquide
Alimentation	injection à 1 corps de 43 mm
Rapport volumétrique	11,5 :1
Cylindrée	652 cc
Alésage et course	100 mm x 83 mm
Puissance	48 ch @ 6 500 tr/min
Couple	44,2 lb-pi @ 5 000 tr/min
Boîte de vitesses	5 rapports
Transmission finale	par chaîne
Révolution à 100 km/h	environ 4 000 tr/min
Consommation moyenne	4,2 l/100 km
Autonomie moyenne	333 km

PARTIE CYCLE

Type de cadre	périmétrique d'acier
Suspension avant	fourche conventionnelle de 41 mm non ajustable
Suspension arrière	monoamortisseur ajustable en précharge et détente
Freinage avant	1 disque de 300 mm de Ø avec étrier à 2 pistons
Freinage arrière	1 disque de 240 mm de Ø avec étrier à 1 piston
Pneus avant/arrière	G650GS : 110/80 R19 & 140/80 R17 G650GS Sertão : 90/90-19 & 130/80 R17
Empattement	G650GS : 1 477 mm G650GS Sertão : 1 484 mm
Hauteur de selle	G650G : 800 mm G650GS Sertão : 860 mm
Poids tous pleins faits	G650GS : 192 kg G650GS Sertão : 193 kg
Réservoir de carburant	14 litres

C600 Sport

MOBILITÉ URBAINE... BMW, au cas où quelqu'un ne l'aurait pas encore remarqué, est en pleine expansion. Le constructeur allemand a plongé tête première, il y a quelques années, dans le milieu ultracompétitif des sportives pures. L'an dernier, ce fut l'univers du tourisme qu'il a carrément tenté de redéfinir. En 2012, la marque de Munich poursuit sa lancée en joignant la catégorie des maxiscooters. Selon BMW, il est indiscutable que l'avenir réserve des défis majeurs en matière de mobilité urbaine, de pollution et de coûts de carburant. Le constructeur affirme beaucoup s'intéresser à ces problèmes, auxquels il croit fermement que les deux roues motorisées représentent une solution. Les tout nouveaux C600 Sport et C650GT seraient l'une des formes que cette solution pourrait prendre. Ils seront d'ailleurs vraisemblablement suivis d'autres modèles similaires, peut-être même électriques.

Analyse Technique

S'ils sont encore perçus, en Amérique du Nord, comme des manières un peu excentriques de se déplacer, sur le Vieux Continent, les maxiscooters sont devenus monnaie courante et représentent une classe dont la croissance est continuelle. Il s'agit d'une différence qui ne devrait étonner personne lorsque sont pris en considération les goûts de chacun des marchés en matière de scooters. En effet, ces derniers pullulent littéralement dans la plupart des grandes villes européennes, alors que de notre côté de l'Atlantique, l'automobile n'a encore rien cédé du territoire urbain qui est depuis toujours le sien. Bref, là-bas, les maxiscooters ne sont pas bizarres, mais représentent simplement la suite tout à fait logique des modèles de plus petite cylindrée.

L'entrée de BMW dans ce créneau – qui ne lui est pas complètement étranger, puisqu'il a déjà produit le C1 – n'est peut-être pas aussi spectaculaire que l'arrivée du constructeur chez les sportives ou chez les machines de tourisme de luxe, mais les C600 Sport et C650 GT proposent tout de même certaines innovations.

Contrairement à ce que leur nom laisse croire, le C600 et le C650 sont propulsés par la même mécanique. Comme le démontre le cas similaire de la F650GS à moteur de 800 cc, BMW n'en est pas à ses premières confusions en matière de noms. En fait, les C600 et C650 partagent exactement la même base mécanique et ne diffèrent l'un de l'autre que par leur ligne, par leur ergonomie et par leur niveau d'équipements.

SELON BMW, LE TWIN PARALLÈLE DES SPORT ET GT SERAIT LE PLUS PUISSANT DE SA CATÉGORIE AVEC 60 CHEVAUX.

Déjà suffisamment propre pour satisfaire la norme Euro 4, le Twin parallèle qui les anime se distingue par l'angle prononcé de ses cylindres qui sont inclinés à 70 degrés. Selon BMW, il s'agit du plus puissant moteur de sa catégorie avec 60 chevaux. La transmission est du type à rapport constamment variable.

L'un des aspects intéressants de la mécanique est qu'elle agit à titre de membre structurel du châssis qui est composé d'un complexe cadre en acier et d'un support de bras oscillant en aluminium. BMW affirme qu'en combinant les propriétés du châssis à des suspensions de bonne dimension et à des roues de 15 pouces chaussées de pneus larges, un équilibre a été atteint entre l'agilité traditionnelle des scooters et la stabilité d'une moto. L'ABS est livré de série sur les deux modèles.

Fidèle à sa réputation, BMW n'a pas lésiné sur la quantité d'équipements qu'offrent les C600 Sport et C650GT. Sur le Sport, par exemple, on retrouve une fort intéressante innovation appelée FlexCase qui est un compartiment extensible sous la selle permettant d'accueillir deux casques lorsqu'il est ouvert, à l'arrêt, et un seul en marche lorsqu'il est fermé. Plus volumineux, le GT propose un compartiment d'environ 60 litres pouvant accepter 2 casques sous sa selle. Cette dernière est équipée d'un dosseret ajustable pour le pilote. Quant aux poignées et aux selles chauffantes offertes en équipement optionnel, elles ont la particularité de pouvoir être activées automatiquement lorsque la température plonge sous les 8 degrés Celcius. Enfin, les deux modèles ont un pare-brise ajustable, manuellement dans le cas du Sport et électriquement pour le GT.

L'un s'appelle C600 Sport et l'autre C650GT, mais comme dans le cas des F800GS et F650GS, les noms portent à confusion. Les deux nouveaux maxiscooters allemands partagent le même Twin parallèle de 650 cc.

C650GT

C650GT

C600 Sport

Conçu pour offrir plus de confort et un côté pratique plus grand, le C650GT bénéficie d'une selle plus généreuse munie d'un dosseret ajustable. En équipement optionnel, la selle peut être chauffante, comme les poignées.

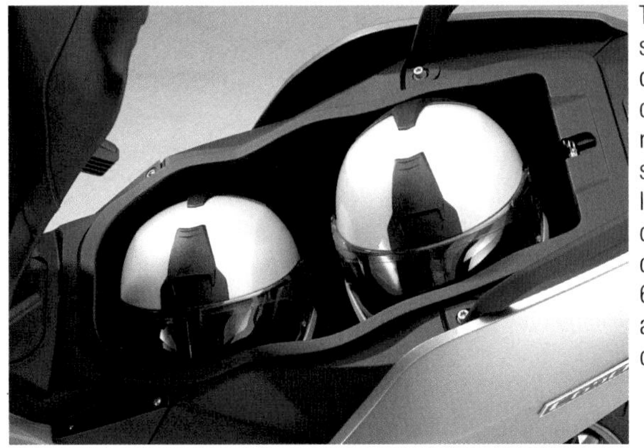

Tout maxiscooter qui se respecte se doit d'offrir un généreux compartiment de rangement sous sa selle. Le C650GT livre la marchandise à ce chapitre avec un coffre d'environ 60 litres pouvant accepter deux casques.

Même s'il ne s'agit «que» de scooters, BMW n'a pas lésiné sur l'équipement. En plus d'un ordinateur de bord, chacun des modèles possède un pare-brise ajustable. Celui du GT se règle de façon électrique et celui du Sport manuellement.

En raison de sa ligne plus sportive, la partie arrière du C600 Sport n'offre pas le volume de rangement du modèle GT. La solution de BMW, que le constructeur appelle FlexCase, permet quand même de loger une paire de casques à l'arrêt.

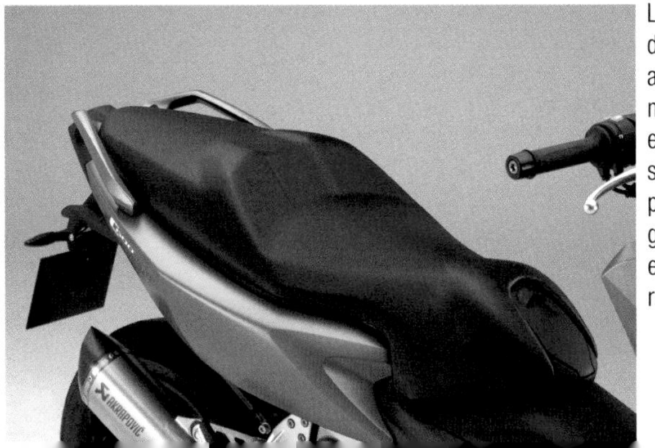

La nature plus sportive du modèle C600 Sport a été réalisée en modifiant le triangle ergonomique entre la selle, le guidon et les plateformes. Son guidon, par exemple, est plus plat et moins reculé que celui du GT.

QUOI DE NEUF EN 2012 ?

Nouveaux modèles

PAS MAL

Une exécution du concept du maxiscooter qui semble faite selon les règles et qui devrait avoir pour résultat des véhicules techniquement compétitifs

Une nouvelle mécanique développée spécifiquement pour cette utilisation ; un peu plus puissante que celle du Suzuki Burgman 650, elle devrait permettre des performances intéressantes

Des lignes très habiles, puisqu'elles affichent un lien évident avec le style actuel des modèles de la division moto de BMW, mais qu'elles ne dérangent pas le côté clairement conservateur du créneau

BOF

Une certaine déception provenant du fait que BMW nous a gâtés ces dernières années en révolutionnant les catégories qu'il a rejointes ; or, dans ce cas, il ne semble pas faire beaucoup plus qu'y participer ; cela dit, il y a des raisons tout à fait valables derrière cette retenue

Des poids assez élevés et des selles qui ne sont pas particulièrement basses ; sur papier, les C600 Sport et C650GT n'ont certainement pas un faible gabarit

Des prix qui demeurent inconnus, mais que tout l'équipement pourrait fort bien faire grimper

CONCLUSION

Contrairement aux S1000RR et K1600GTL dont le rôle était de bouleverser les catégories respectives, les C600 Sport et C650GT ont plutôt la simple mission de donner une présence à BMW dans le créneau des maxiscooters. Certains motocyclistes critiqueront peut-être cet apparent manque d'audace, mais en le faisant, ils démontreront aussi à quel point ils sont détachés de cette catégorie. En effet, celle-ci s'apparente beaucoup à celle des minifourgonnettes dans le domaine de l'automobile en ce sens que les besoins des utilisateurs tiennent bien plus du pratique que de l'émotionnel. BMW semble avoir habilement respecté cette réalité en créant des véhicules construits de manière relativement conservatrice, mais en les habillant de lignes à la fois sobres et clairement identifiables à la marque de Munich. Bref, à moins d'une grosse surprise, les C600 Sport et C650GT devraient accomplir leur travail adéquatement, à tout le moins, et ce, sans déranger la relative quiétude de la classe.

Voir légende en page 16

GÉNÉRAL

Catégorie	Scooter
Prix	n/d
Immatriculation 2012	545,65 $
Catégorisation SAAQ 2012	« régulière »
Évolution récente	introduits en 2012
Garantie	3 ans/kilométrage illimité
Couleur(s)	C650GT : noir, bronze, rouge C600 Sport : noir, bleu, argent
Concurrence	C650GT : Suzuki Burgman 650 C600 Sport : Yamaha TMAX

MOTEUR

Type	bicylindre parallèle 4-temps, DACT, 4 soupapes par cylindre, refroidissement par liquide
Alimentation	injection à 2 corps de 38 mm
Rapport volumétrique	11,6 :1
Cylindrée	647 cc
Alésage et course	79 mm x 66 mm
Puissance	60 ch @ 7 500 tr/min
Couple	48,7 lb-pi @ 6 000 tr/min
Boîte de vitesses	CVT
Transmission finale	par chaîne
Révolution à 100 km/h	n/d
Consommation moyenne	n/d
Autonomie moyenne	n/d

PARTIE CYCLE

Type de cadre	treillis d'acier et support de bras oscillant en aluminium
Suspension avant	fourche inversée de 40 mm non ajustable
Suspension arrière	monoamortisseur non ajustable
Freinage avant	2 disques de 270 mm de Ø avec étriers à 2 pistons et système ABS
Freinage arrière	1 disque de 270 mm de Ø avec étrier à 2 pistons et système ABS
Pneus avant/arrière	120/70 R15 & 160/60 R15
Empattement	1 591 mm
Hauteur de selle	C650GT : 780 mm C600 Sport : 810 mm
Poids tous pleins faits	C650GT : 261 kg C600 Sport : 249 kg
Réservoir de carburant	16 litres

Spyder RT Limited

TOURISME D'UN AUTRE GENRE... Le monde de la moto propose bien des manières d'aborder le tourisme. De la majestueuse Gold Wing jusqu'à la sportive Kawasaki Concours en passant par l'étonnante BMW R1200GS, il en existe pour tous les goûts. Et puis, il y a la version RT du Spyder de la marque québécoise Can Am, un engin se distinguant de tout ce qui se fait d'autre sur le marché par le fait qu'il roule sur trois roues, pas deux, et qu'il ne penche pas. Littéralement aussi équipé qu'une Honda Gold Wing, ce qui n'est pas peu dire, et offrant un impressionnant volume de rangement de 155 litres, le Spyder RT est proposé en quatre variantes : le RT de base, le A&C (pour Audio et Commodités), le RT-S et le Limited. Une transmission semi-automatique, donc sans embrayage, est offerte en option sur tous les modèles sauf le Limited qui, lui, est exclusivement livré avec la boîte SE5.

Dévoilé en 2008 avec le RS, le concept Spyder de BRP progressait deux ans plus tard avec la présentation de la seconde version du véhicule, le RT. Si l'on se demande toujours dans quelle direction BRP amènera le concept la prochaine fois, les choix faits dans le cas du RT semblent indiquer que la marque connaît plutôt bien son jeune marché. En effet, la décision de produire un Spyder de tourisme représenta une évolution très appropriée du concept original, puisque le RS se voyait régulièrement accessoirisé par les propriétaires, et ce, justement dans le but d'améliorer le confort et le côté pratique.

Grâce aux 155 litres de rangement offerts par le trio de valises et le coffre avant, à la luxueuse selle, au généreux pare-brise à ajustement électrique, aux poignées chauffantes, au système audio avec intégrations multiples et à l'impressionnant ordinateur de bord (notons que l'équipement varie selon les versions), le Spyder RT possède décidément l'équipement requis pour répondre aux besoins des amateurs de tourisme de luxe.

L'ENVIRONNEMENT PROPOSÉ PAR LE SPYDER RT EST INDÉNIABLEMENT CELUI D'UN VÉHICULE APTE AU TOURISME.

Qu'une monture offre une impressionnante liste d'équipements ne suffit toutefois pas à garantir qu'il s'agit d'une bonne machine de tourisme. En fait, la plupart des motos très équipées souffrent justement d'avoir à transporter tout cet équipement, puisque celui-ci les transforme souvent en intimidants mastodontes. Et c'est probablement à ce niveau bien précis que se situe la plus grande force du RT, puisqu'en raison de sa structure à trois roues, les problèmes de poids n'existent tout simplement plus à ses commandes. En fait, le Spyder RT s'avère essentiellement aussi facile à piloter et à manier qu'on le conduise en solo pour une courte course, ou que madame soit en selle alors que chacun des espaces de rangement est rempli à craquer.

Le comportement du RT diffère considérablement de celui du RS, surtout en raison d'un niveau de confort largement supérieur et d'une ambiance générale beaucoup plus détendue. On note immédiatement, par exemple, un V-Twin dont les pulsations semblent plus isolées ainsi que des performances moins élevées. À ce sujet, comme tous les Spyder actuels ne se prêtent pas vraiment aux très hautes vitesses, on n'a presque jamais l'impression de manquer de puissance. Cela dit, bien que les performances soient satisfaisantes, si un couple supérieur permettant une meilleure accélération était un jour offert, on l'accueillerait volontiers. Par ailleurs, la direction assistée du RT est très légère, peut-être même trop, puisqu'elle se montre tellement sensible sur l'autoroute que l'on doit constamment corriger et recorriger la tenue de cap.

En matière de confort et de praticité, l'environnement proposé par le Spyder RT est indéniablement celui d'un véhicule apte au tourisme. La position de conduite, qui est carrément celle d'une moto de tourisme de luxe, garde le dos droit et ne place pas le moindre poids sur les mains, tandis que les selles se montrent exceptionnelles tant pour le pilote que pour le passager. Les équipements fonctionnent tous sans accrocs, ce qui vaut aussi pour la transmission semi-automatique qui fait son travail correctement en plus de simplifier la conduite. Seules une meilleure qualité sonore de la chaîne audio et des selles chauffantes pourraient vraiment améliorer le confort.

BRP SE PAIE MONTRÉAL

Quiconque se trouvait au centre-ville de Montréal à la mi-juillet 2011, et ce, particulièrement près de la rue Crescent, n'a pu que constater la présence aussi massive qu'inhabituelle du constructeur de produits récréatifs BRP dans les rues de la métropole. En plus de fermer et d'envahir la fameuse rue comme le font la Formule 1 ou certains festivals, la marque de Valcourt a réservé le hall d'exposition entier du Palais des congrès afin d'y tenir des conférences et d'y présenter divers projets. De plus, le constructeur a occupé le Centre Bell, qu'il a presque rempli à pleine capacité et où il a même retenu les services du groupe Styx en guise de divertissement. En cette période de rémission économique, un événement d'une telle ampleur était décidément étrange, mais le constructeur affirme avoir eu d'excellentes raisons de s'engager dans un tel projet. En fait, le but principal de l'exercice se résumait surtout à séduire des concessionnaires venus de partout dans le monde en leur faisant enfin voir les installations de la marque de Valcourt. Au total, BRP a reçu chez lui plus de 4 000 concessionnaires, distributeurs, fournisseurs et médias venus de plus de 100 pays.

José Boisjoli, président et chef de la direction de BRP, a bien voulu répondre aux questions du Guide de la Moto. Nous avons parlé du Spyder, évidemment, mais aussi de technologie, du futur et même de Buell.

José Boisjoli, président et chef de la direction de BRP.

BG : Durant l'événement de l'été 2011, vous avez annoncé qu'avec ses Can Am Spyder, BRP occupait le second rang des meilleures ventes au Québec, derrière Harley-Davidson. Est-ce une statistique provenant d'un calcul créatif, ou est-ce vraiment le cas ?

JB : Le point de repère le plus proche que nous avons est le marché de la moto. Nous nous comparons donc aux ventes de motos de plus de 500 cc. Et oui, au Québec, nous sommes vraiment numéro deux.

BG : Je m'excuse d'insister, mais l'information est vraiment difficile à assimiler. BRP aurait donc vendu plus de Spyder que Honda, Suzuki ou Yamaha ont chacun vendu de modèles de plus de 500 cc ?

JB : C'est ça. Mais laissez-moi vous donner mon point de vue à ce sujet. Si l'on interroge la population du Québec, environ 85 pour cent répondront savoir ce qu'est un Spyder. Le chiffre varie entre 40 et 50 pour cent au Canada et tourne autour de 25 pour cent aux États-Unis. Donc, au Québec, la notoriété du produit contribue beaucoup aux ventes.

BG : L'industrie de la moto cherche actuellement par tous les moyens à intéresser un nouveau public au sport, dont les femmes. Le Spyder étant par sa nature plus facile à piloter qu'une moto, quels sont vos résultats à ce niveau ?

JB : En ce qui concerne les femmes, nous vendons environ deux fois plus de Spyder aux femmes qu'elles n'achètent de motos. Elles comptent donc pour environ 30 pour cent des ventes, soit presque le tiers. Nous avons aussi une quantité impressionnante de clients que nous appelons les « None None ». Il s'agit de gens qui n'ont jamais possédé de moto ou de produits motorisés autres qu'une voiture et qui représentent un immense marché inexploité. Notre défi, c'est de convaincre ces gens qu'ils sont capables de piloter un Spyder.

BG : Lorsqu'on sort du Québec et que la notoriété du produit diminue, que se passe-t-il avec les ventes ?

JB : Elles sont bien inférieures. Nous croyons que le Québec a présentement de deux à trois ans d'avance sur les autres marchés à ce niveau. Ça fait aussi partie de notre défi et nous investissons de manière considérable pour augmenter cette notoriété. On doit simplement être patient, mais nous croyons que plus il y aura de Spyder sur les routes, plus ça semblera normal de rouler en Spyder et plus nous en vendrons. En 2010-2011, nos ventes en Amérique du Nord ont augmenté de 50 pour cent, et au printemps 2012, les ventes ont encore augmenté de plus de 50 pour cent. Ce que nos concessionnaires nous disent, c'est qu'ils n'ont plus à expliquer le véhicule. Maintenant, ils les vendent. Donc, je crois que nous sommes sur la bonne voie. Je l'ai toujours dit et je le dis encore, je pense qu'on vendra un jour plus de Spyder dans le monde que nous vendons de motoneiges aujourd'hui.

BG : Revenons un peu à l'événement de l'été 2011 si vous le voulez bien. Pourriez-vous nous expliquer quelle était la motivation derrière un projet d'une telle envergure qui, finalement, n'était qu'une énorme rencontre de concessionnaires, et comment un tel exercice peut être justifié en ces temps où la plupart de constructeurs réduisent plutôt leurs budgets de façon importante ?

JB : Nos concessionnaires sont à la croisée des chemins. Je m'explique. Si on recule d'une quinzaine années, ceux-ci n'offraient que deux produits, Sea-Doo et Ski-Doo. Dans le Sud, ça n'était qu'un produit. Ça n'était donc pas possible pour eux de ne vivre que de produits BRP. Aujourd'hui, nous avons rajouté une gamme de VTT, de Side-by-Side (côte-côte) et de Roadster, six produits au total. Les concessionnaires qui ne vendent que des produits BRP doivent aujourd'hui agrandir, et s'ils vendent plusieurs marques, ils doivent parfois en mettre une dehors pour donner plus de place à BRP. Voilà pourquoi ils sont à la croisée des chemins et voilà pourquoi nous croyions que le temps était venu d'organiser un événement de cette ampleur. Ça a été une décision d'affaires dont le but était de convaincre nos concessionnaires d'investir avec BRP. En leur faisant visiter nos usines, notre musée et notre centre design, on voulait leur prouver qu'ils ne faisaient pas affaire avec une petite entreprise et qu'on a une certaine notoriété. Ça a marché très bien.

BG : Le Spyder Hybride que vous avez dernièrement annoncé, s'agit-il d'une pure expérience ou d'une avenue que BRP pourrait vraiment prendre ?

JB : J'ai roulé notre Spyder Hybride en mode électrique, en mode hybride et en mode combustion, et c'est intéressant. Pour le moment, c'est un exercice pour lequel on dépense, mais qui nous force à nous mettre le nez dans ce domaine et à en comprendre les défis et les coûts. Nous avons d'ailleurs aussi un Commander électrique à l'étude, donc c'est un projet sérieux. Notre objectif pour le Spyder était de réduire la consommation et les émissions de moitié et nous savons que nous allons l'atteindre. Est-ce que le coût des technologies électriques baissera au point où une telle proposition sera intéressante pour nos clients ? Je ne le sais pas encore.

BG : Vous avez lancé le Spyder RS en 2008, puis le RT en 2010, mais depuis, c'est un peu le calme plat. BRP s'est-il assis sur ses lauriers, ou est-ce plutôt le calme avant la tempête ?

JB : Notre défi, pour le moment, c'est de faire connaître le Spyder et nous investissons beaucoup pour y arriver. Il y a un équilibre que nous devons respecter entre ces investissements et le développement des nouveaux produits, et c'est ce que nous faisons. En ce qui concerne le futur, je vous garantis que nous ne sommes pas assis sur nos lauriers. La gamme va s'élargir.

L'auteur aux commandes du prototype Can Am Commander électrique.

BG : Puisque nous sommes sur le sujet du futur, parlons un peu du fameux brevet d'un Spyder qui penche que BRP a récemment déposé et qui a généré nombre de rumeurs. Y a-t-il un intérêt concret de votre part pour un tel véhicule ?

JB : Nous avons une équipe de concepts avancés qui teste toutes sortes d'idées et dont le but est d'explorer des pistes qui mèneront à l'invention de nouveaux produits. Nous avons en effet déposé ce brevet, comme nous en déposons d'ailleurs plusieurs chaque année dans plusieurs domaines. Est-ce que ce concept fera partie de nos plans pour faire évoluer la gamme dans le futur ? C'est une question à laquelle je ne peux répondre.

BG : Terminons avec le cas de la défunte marque Buell pour laquelle Rotax, donc BRP, produisait le V-Twin qui propulsait les modèles 1125. Est-il vrai que BRP a tenté d'acquérir Buell et verrons-nous ce moteur dans un Spyder ?

JB : Lorsque Harley-Davidson a fermé Buell et mit fin au contrat, nous sommes arrivés à un règlement avec lequel nous vivons. Je vous mentirais si je vous disais que nous ne nous sommes pas posé de questions à propos de Buell et que nous n'avons pas envisagé cette avenue. Mais nous avons finalement décidé de ne pas aller de l'avant. Pour le moment, nos efforts sont concentrés sur le Spyder et les véhicules côte-à-côte. Ce sont nos deux vecteurs de croissance et nous devons en faire des succès avant de penser à nous engager dans une autre direction. En ce qui concerne le V-Twin de 1125 cc, notre entente avec Harley-Davidson est confidentielle et je n'ajouterai donc rien à ce sujet. Je peux par contre vous dire qu'un jour, la motorisation du Spyder va évoluer, mais que ça ne sera pas avec le 1125. Je peux même vous dire qu'on ira plus loin que le 1125, mais je m'arrête là.

QUOI DE NEUF EN 2012 ?

Roues, embout d'échappement et rétroviseurs chromés sur la version Limited

Couleurs de l'écran de l'instrumentation changées pour meilleur contraste

RT de base coûte 500 $, RT A&C 700 $ et RT-S 400 $ de moins qu'en 2011 ; RT Limited coûte 400 $ de plus qu'en 2011

PAS MAL

Un concept unique qui permet aux amateurs de tourisme de pratiquer l'activité sans avoir à se soucier du poids et des proportions d'une machine très imposante

Une qualité d'exécution de première classe ; le Spyder RT offre une ligne superbe, une finition très soignée et l'intégration transparente d'une longue liste d'équipements

Un accès facilité par l'absence d'une obligation de permis de moto

Un côté pratique impressionnant en raison du grand volume de rangement qui atteint 155 litres ; avec la remorque optionnelle de BRP, ce volume passe même à 777 litres

BOF

Une direction assistée dont la très grande légèreté facilite les manœuvres serrées, mais dont la trop grande assistance est agaçante sur l'autoroute où la RT devient trop sensible et se dandine à la moindre impulsion dans le guidon ; cette assistance devrait être considérablement réduite à mesure que la vitesse augmente

Des proportions considérables ; le RT prend la place d'une petite voiture dans un garage

Une absence de certains équipements souhaitables comme des selles chauffantes ainsi qu'une chaîne audio dont la qualité sonore n'est que moyenne

Une mécanique dont la puissance est adéquate, mais pas impressionnante

CONCLUSION

Le tourisme de luxe représente, pour le moment, l'utilisation pour laquelle le concept Spyder de BRP semble le plus approprié, du moins lorsqu'on observe ce concept avec un regard de motocycliste. En effet, comme il n'est pas rare de voir les propriétaires de motos de tourisme se battre avec les proportions et le poids de leurs luxueuses machines, l'idée d'éliminer ces facteurs grâce à une architecture à trois roues est loin d'être insensée, surtout lorsqu'on ajoute à l'équation l'âge généralement plus élevé des acheteurs de ce type de motos. Évidemment, choisir de rouler avec trois roues plutôt que deux équivaut aussi à abandonner la possibilité de pencher. Il s'agit d'un compromis que certains acceptent volontiers, que d'autres refusent farouchement d'envisager et que d'autres encore accueillent à bras ouverts, puisqu'ils n'auraient jamais osé aller jusqu'à piloter une moto. Tout ça pour dire que le Spyder RT et ses trois roues ont bel et bien leur place sur le marché.

Spyder RT-S

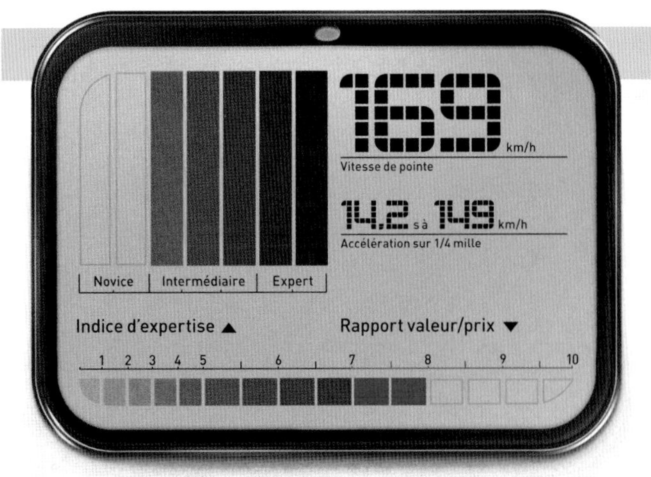

Voir légende en page 16

GÉNÉRAL

Catégorie	3 roues
Prix	RT Limited : 32 849 $; RT-S : 29 349 $ RT A&C : 27 049 $; RT : 25 249 $ Note : la préparation et le transport sont inclus dans les prix BRP.
Immatriculation 2012	545,65 $
Catégorisation SAAQ 2012	« régulière »
Évolution récente	introduit en 2010
Garantie	2 ans/kilométrage illimité
Couleur(s)	RT Limited : blanc, brun RT-S : rouge, bleu, magnésium RT A&C : bleu, magnésium RT : magnésium
Concurrence	Can Am Spyder RS, Harley-Davidson Tri Glide Ultra Classic

MOTEUR

Type	bicylindre 4-temps en V à 60 degrés, DACT, 4 soupapes par cylindre, refroidissement par liquide
Alimentation	injection à 2 corps de 57 mm
Rapport volumétrique	12,2 : 1
Cylindrée	998 cc
Alésage et course	97 mm x 68 mm
Puissance estimée	100 ch @ 7 500 tr/min
Couple	80 lb-pi @ 5 500 tr/min
Boîte de vitesses	5 rapports ou semi-automatique, avec marche arrière
Transmission finale	par courroie
Révolution à 100 km/h	environ 4 500 tr/min
Consommation moyenne	7,4 l/100 km
Autonomie moyenne	338 km

PARTIE CYCLE

Type de cadre	épine dorsale, en acier
Suspension avant	bras triangulaires avec amortisseurs et ressorts doubles, ajustables en précharge
Suspension arrière	monoamortisseur ajustable pneumatiquement en précharge
Freinage avant	2 disques de 250 mm de Ø avec étriers à 4 pistons et système ABS combiné
Freinage arrière	1 disque de 250 mm de Ø avec étrier à 1 piston et système ABS combiné
Pneus avant/arrière	165/65 R14 & 225/50 R15
Empattement	1 708 mm
Hauteur de selle	772 mm
Poids tous pleins faits	421 kg
Réservoir de carburant	25 litres

Spyder RS-S

UNIVERS PARALLÈLE... Le constructeur québécois BRP semble vivre dans un univers parallèle à celui du motocyclisme où nos valeurs les plus profondes ne sont que des suggestions. Chez BRP, rouler « à moto » et pencher ne sont pas nécessairement indissociable. En fait, pour la compagnie de Valcourt, l'acte sacré de pencher représente même un problème auquel une troisième roue constitue la solution. La réaction initiale des motocyclistes face à un tel concept fut initialement très forte, les plus purs d'entre nous refusant tout simplement d'associer un engin comme le Spyder à leur activité chérie. Aujourd'hui, toutefois, en ce cinquième anniversaire de mise en production du modèle RS original, les faits sont irréfutables : rouler « à moto » sans pencher fait apparemment l'affaire de pas mal de monde. À part de nouveaux amortisseurs pour la version RS-S, rien ne bouge en 2012.

Le cas Spyder représente, sans aucun doute, l'un des phénomènes les plus intrigants du monde du motocyclisme actuel, et ce, bien que nombreux sont ceux qui refusent toujours de qualifier le trois-roues Can Am de moto. Bien que ces derniers aient absolument raison, puisqu'un Spyder n'est évidemment pas une moto, cela n'empêche en rien ce type de véhicule d'être quand même intimement relié au monde de la moto. Selon le constructeur de Valcourt, une partie importante des ventes sont d'ailleurs faites à des motocyclistes. Il s'agit d'une information initialement difficile à rationaliser, surtout pour les amateurs de motos endurcis, mais qui devient très logique lorsqu'on comprend la motivation des acheteurs de Spyder. L'explication vient simplement du fait que les motocyclistes ne sont pas tous très habiles et très confiants sur deux roues. Peu l'avouent, mais nombreux sont ceux qui ressentent même un profond malaise face à nombre d'aspects inhérents à la conduite d'une moto. Parmi ces derniers, on note les virages et l'incertitude qui les accompagne en termes d'adhérence, les freinages d'urgence qui deviennent une opération presque funambulesque, les selles souvent trop hautes et le poids élevé des modèles, ou même la conduite quotidienne qui est constamment accompagnée de la peur d'une chute. Dans le cas des motocyclistes aux prises avec toutes ces insécurités, le concept même du Spyder prend non seulement la forme d'une solution inespérée, mais aussi d'une réponse à un clair besoin, celui de permettre aux « autres » de faire de la « moto » dans un climat bien moins dense en stress.

LE SPYDER RÉPOND À UN BESOIN CLAIR, CELUI DE PERMETTRE AUX « AUTRES » DE FAIRE DE LA « MOTO ».

L'un des grands attraits du Spyder RS, c'est que le fait qu'il tourne sans pencher ne l'empêche pas de proposer certaines caractéristiques qui rappellent beaucoup le pilotage d'une moto. Par exemple, la position de conduite est pratiquement la même que celle d'une routière sportive. Le vrombissement du puissant et coupleux V-Twin d'un litre, l'angle avec lequel on perçoit la route ainsi que la force du vent qui frappe le pilote sont autant d'autres facteurs responsables d'un certain parallèle entre l'expérience de la conduite d'une moto et de celle du Spyder. Mais le côté le plus intéressant du véhicule de BRP, pour les motocyclistes dont les craintes ont été décrites plus tôt, c'est que ce parallèle peut être vécu en éliminant presque complètement tous les malaises énumérés plus tôt. En effet, aux commandes d'un Spyder, les virages sont pris sans crainte de dérobade de l'avant, et ce, même sous la pluie, tandis que les freinages sont simples et sûrs, puisqu'on n'a qu'à appuyer sur une pédale unique et laisser l'ABS se charger du reste. Quant à la question de l'équilibre ou du poids élevé, elle n'existe plus. Pour ceux qui souhaiteraient pousser cette simplification encore plus loin, une boîte semi-automatique à 5 rapports est offerte sur la variante RS-S.

En ce qui concerne tous les aspects du confort, là encore, un clair parallèle peut être établi avec la moto, puisque l'environnement est essentiellement le même que celui d'une routière sportive, selle un peu plus large en prime. L'équipement est également le même que sur une moto, la seule différence notable étant le géant coffre de rangement situé dans le nez du véhicule.

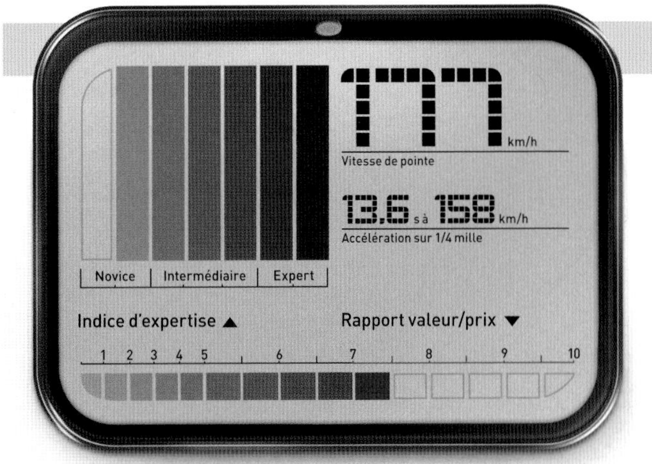

Voir légende en page 16

QUOI DE NEUF EN 2012 ?

Couleurs de l'écran de l'instrumentation changées pour meilleur contraste

Amortisseurs avant Fox sur la version RS-S

RS coûte 800 $ et RS-S 200 $ de moins qu'en 2011

PAS MAL

Une excellente alternative à la moto pour ceux ou celles que le pilotage d'une deux-roues intimide tellement qu'ils n'osent pas tenter l'expérience

Des assistances électroniques au pilotage qui ne sont pas des garanties contre une sortie de route, mais qui se montrent généralement efficaces

Des sensations qui se rapprochent beaucoup de celles vécues à moto en ligne droite ; toutefois, dès qu'on tourne, ça devient autre chose

Un coffre géant qui augmente considérablement le côté pratique

Un accès facilité par l'absence d'une obligation d'un permis de moto

BOF

Une stabilité imparfaite en ligne droite en raison d'une grande sensibilité à l'état de la route ; le pilotage implique de mineures, mais constantes rectifications de trajectoire

Un effort plutôt élevé en virage amené par une force centrifuge étonnamment grande

Des capacités sportives limitées ; dans l'absolu, le Spyder RS n'est ni très rapide en ligne droite ni très efficace en courbe ; cela dit, ce qu'il offre reste plutôt satisfaisant, si bien qu'on ne ressent pas vraiment le besoin de multiplier les chevaux ou les vitesses

Une ligne qui vieillit, qui mériterait décidément d'être rafraîchie et dont certains aspects pourraient être mieux définis ; c'était le premier Spyder et ça se voit

CONCLUSION

Le Spyder RS est clairement le modèle le plus sportif de la gamme Can Am. Non seulement en termes de style, mais aussi en ce qui concerne la conduite, puisqu'il propose une expérience de pilotage beaucoup plus forte et sensorielle que ce n'est le cas sur la version RT. Une direction plus dure, plus directe et plus engageante – surtout dans le cas du RS-S –, une communication tant auditive que tactile bien plus directe avec le V-Twin ainsi qu'une position de conduite plus agressive sont autant de caractéristiques qui rendent le pilotage du RS nettement plus riche en sensations. Le fait que les avantages du concept Spyder soient réalisés en éliminant certaines caractéristiques inhérentes à la pratique d'une moto équivaut à dire que, sauf exception, il n'est pas vraiment intéressant pour le motocycliste endurci. Mais pour tous les autres, incluant ceux – et celles, bien entendu – qui n'auraient jamais osé rouler une moto, il s'agit d'une proposition à la fois unique, audacieuse et fort bien exécutée.

Spyder RS-S

GÉNÉRAL

Catégorie	3 roues
Prix	RS-S : 21 149 $ RS : 19 349 $ Note : la préparation et le transport sont inclus dans les prix BRP.
Immatriculation 2012	545,65 $
Catégorisation SAAQ 2012	« régulière »
Évolution récente	introduit en 2008
Garantie	2 ans/kilométrage illimité
Couleur(s)	RS-S : rouge et noir, vert et noir, magnésium et noir RS : noir, blanc
Concurrence	Can Am Spyder RT

MOTEUR

Type	bicylindre 4-temps en V à 60 degrés, DACT, 4 soupapes par cylindre, refroidissement par liquide
Alimentation	injection à 2 corps de 57 mm
Rapport volumétrique	10,8 :1
Cylindrée	998 cc
Alésage et course	97 mm x 68 mm
Puissance estimée	106 ch @ 8 500 tr/min
Couple	77 lb-pi @ 6 250 tr/min
Boîte de vitesses	5 rapports (RS-S seulement : option semi-automatique, avec marche arrière
Transmission finale	par courroie
Révolution à 100 km/h	environ 4 500 tr/min
Consommation moyenne	7,1 l/100 km
Autonomie moyenne	380 km

PARTIE CYCLE

Type de cadre	épine dorsale, en acier
Suspension avant	bras triangulaires avec amortisseurs et ressorts doubles, ajustables en précharge
Suspension arrière	monoamortisseur
Freinage avant	2 disques de 250 mm de Ø avec étriers à 4 pistons et système ABS combiné
Freinage arrière	1 disque de 250 mm de Ø avec étrier à 1 piston et système ABS combiné
Pneus avant/arrière	165/65 R14 & 225/50 R15
Empattement	1 727 mm
Hauteur de selle	737 mm
Poids tous pleins faits	317 kg
Réservoir de carburant	25 litres

1199 Panigale

RÉVOLUTION... À un moment où le monde du motocyclisme se remet péniblement d'une catastrophique crise économique et où le créneau sportif évolue plus lentement qu'il ne l'a fait depuis des décennies, Ducati ne fait pas que présenter une nouvelle sportive, il présente un nouveau genre de sportive. D'un point de vue technique, la toute nouvelle 1199 Panigale réinvente carrément la race. Elle le fait non seulement en annonçant des chiffres aussi ahurissants qu'une puissance de 195 chevaux, une marque incroyable pour un V-Twin de production, mais aussi en proposant une architecture sans cadre, du jamais vu. Sur la Panigale, direction, suspension arrière et cadre arrière sont plutôt fixés au moteur, tandis que l'électronique est présente absolument à tous les niveaux. Et puis, il y a cette ligne à la fois magnifique, élégante et unique. De la haute couture mécanique.

Analyse Technique

Ducati est en train de passer maître dans l'art de l'exotisme sur deux roues. Nous avons refusé très longtemps d'endosser la croyance populaire voulant que Ducati soit l'équivalent chez les motos de Ferrari dans le monde automobile, mais cette 1199 Panigale nous oblige désormais à sérieusement la contempler.

C'est évidemment dit sous toute réserve, puisque nous n'avons pas encore testé le modèle, mais si les chiffres annoncés par le constructeur s'avèrent justes, ce que son historique nous pousse à croire, la Panigale devrait inaugurer un nouveau chapitre en matière de performances chez les sportives.

Si, dans l'absolu, les 195 chevaux du tout nouveau V-Twin Superquadro ne sont pas très différents des 193 chevaux d'une S1000RR, dans les faits, ça n'a rien à voir, puisque la puissance de l'italienne provient de deux cylindres seulement, pas de quatre, ce qui représente un exploit majeur. Selon Ducati, le poids à sec d'à peine 164 kilos signifie que la Panigale offre le rapport poids-puissance le plus favorable jamais vu sur une sportive de production.

Afin de rendre toute cette cavalerie accessible au commun des mortels, un véritable arsenal électronique fait partie de l'équipement de série, la seule exception étant l'ABS de course, livré de série sur la version Tricolore seulement. Ainsi, le pilote peut compter sur le freinage combiné et assisté, sur le contrôle de traction, sur l'ajustement électronique des suspensions, sur un sélecteur de rapport assisté, sur un contrôle électronique du frein moteur et sur un accélérateur sans câble de type Ride-by-Wire. Des modes Race, Sport et Wet peuvent être sélectionnés, chacun engageant une série de paramètres au niveau de la livrée de puissance et du réglage des suspensions.

Sous tous les angles, la Panigale est absolument sublime. Elle affiche l'un des plus beaux et l'un des plus purs coups de crayon jamais vus.

1199 Panigale S

INNOVATION PURE

La disparition du traditionnel cadre en treillis représente un tournant majeur dans l'histoire du constructeur italien, mais la solution amenée pour remplacer ce cadre pourrait vite le faire oublier. La pièce maîtresse du châssis de la 1199 Panigale est un sous-cadre monocoque en aluminium coulé servant essentiellement de point d'attache à la direction, en plus de jouer le rôle de boîte à air. À lui seul, il est responsable de la moitié des 10 kilos perdus par rapport au poids de la 1198. Parmi nombre d'autres composantes allégées, un réservoir en aluminium permet de soustraire près de 3 kilos de plus. Au-delà de la réduction de poids, la Panigale a également subi un sérieux programme de centralisation de la masse, comme en témoignent, par exemple, le système d'échappement à la Buell et le positionnement de l'amortisseur arrière. Sur les versions S, les suspensions sont confiées à Öhlins et consistent en une fourche NIX30 et un amortisseur TTX36. Leur ajustement est fait de façon électronique.

1199 Panigale S

848^{EVO} CORSE SE

La 1198 a peut-être tiré sa révérence, mais la 848^{EVO} survit, du moins pour le moment. Il ne s'agit pas de la 848 originale, qui était une version un peu bon marché et moins puissante de la première 1098, mais plutôt d'une assez sérieuse évolution de cette moto, d'où le nom 848^{EVO}. Grâce à une série d'améliorations et à des composantes nettement plus relevées, le modèle ne renvoie absolument plus l'impression quelque peu rudimentaire de la version originale. À ses commandes, on sent plutôt qu'on a affaire à une petite sœur parfaitement légitime de l'excellente 1198, qui est l'une des sportives les plus remarquables que nous n'ayons jamais testées. Deux versions sont offertes en 2012, la 848^{EVO} à 15 495 $ et la 848^{EVO} Corse SE à 16 495 $.

QUOI DE NEUF EN 2012 ?

Nouvelle génération de la plateforme Superbike

PAS MAL

Une puissance annoncée inimaginable pour un V-Twin de production et un poids inconcevablement bas qui devraient générer des performances ahurissantes

Une conception sans cadre bouleversante qui représente tout simplement une nouvelle façon de construire des sportives ; la dernière fois qu'on a vraiment pu dire une telle chose remonte probablement à 1985, dans le cas de la première GSX-R

Une valeur intéressante compte tenu de la quantité de technologie livrée de série et du niveau d'ingénierie et d'innovation présent

Une ligne fabuleuse qui mérite pleinement le qualificatif exotique

BOF

L'une des motos qu'on aurait vraiment – vraiment – souhaité pouvoir rouler avant la mise sous presse de notre édition 2012

Un niveau de performances tellement élevé qu'on peut déjà prévoir qu'il sera presque impossible d'en profiter de manière régulière dans un environnement routier

Une quantité littéralement étourdissante de technologie ; on n'ose même pas penser à la tâche que représentera sa réparation

Un niveau de confort qu'on ne s'attend pas à constater très élevé

CONCLUSION

Ce n'est évidemment qu'en piste que nous pourrons constater quel genre d'avancée la nouvelle 1199 Panigale représente vraiment, mais une chose semble très certaine, c'est que le domaine des sportives pures à moteur V-Twin devient un royaume où Ducati règne pour le moment en maître absolu, et où quiconque penserait s'aventurer devra déployer des efforts inimaginables. En fait, en matière de technologie et de vision, la Panigale semble tellement avancée qu'on dirait voir au moins cinq ans dans le futur en l'observant. Ducati fait partie des quelques marques qui impressionnent beaucoup ces dernières années, et des produits comme la Panigale expliquent pourquoi.

1199 Panigale S Tricolore

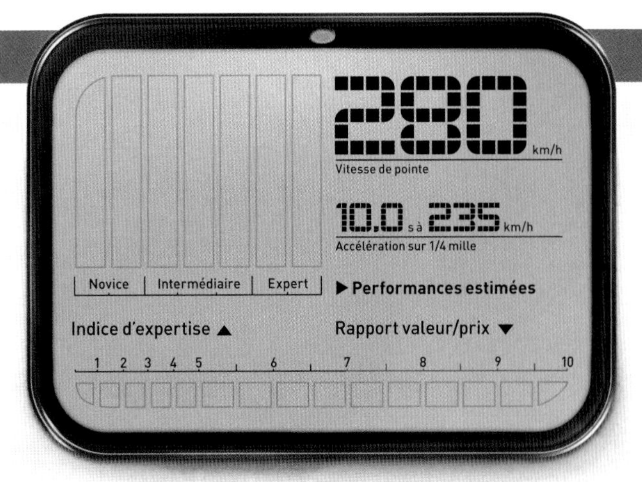

Voir légende en page 16

GÉNÉRAL

Catégorie	Sportive
Prix	1199 Panigale S Tricolore : 29 995 $ 1199 Panigale S : 24 495 $ 1199 Panigale : 19 995 $
Immatriculation 2012	1 093,65 $
Catégorisation SAAQ 2012	« à risque »
Évolution récente	1098 introduite en 2007 ; 1098R et 848 introduites en 2008 ; 1198 introduite en 2009 ; 1198SP et 848EVO introduites en 2011 ; 1199 Panigale introduite en 2012
Garantie	2 ans/kilométrage illimité
Couleur(s)	rouge (Tricolore : rouge, blanc et vert)
Concurrence	BMW S1000RR, KTM RC8R

MOTEUR

Type	bicylindres 4-temps en V à 90 degrés, contrôle desmodromique des soupapes, 4 soupapes par cylindre, refroidissement par liquide
Alimentation	injection à 2 corps elliptiques
Rapport volumétrique	12,5 :1
Cylindrée	1 198 cc
Alésage et course	112 mm x 60,8 mm
Puissance	195 ch @ 10 750 tr/min
Couple	98,1 lb-pi @ 9 000 tr/min
Boîte de vitesses	6 rapports
Transmission finale	par chaîne
Révolution à 100 km/h	n/d
Consommation moyenne	n/d
Autonomie moyenne	n/d

PARTIE CYCLE

Type de cadre	monocoque, en aluminium
Suspension avant	fourche en aluminium inversée de 50 mm (S : 43 mm) ajustable en précharge, compression et détente
Suspension arrière	monoamortisseur ajustable en précharge, compression et détente
Freinage avant	2 disques de 330 mm de Ø avec étriers radiaux à 4 pistons (et ABS optionnel)
Freinage arrière	1 disque de 245 mm de Ø avec étrier à 2 pistons (et ABS optionnel)
Pneus avant/arrière	120/70 ZR17 & 200/55 ZR17
Empattement	1 437 mm
Hauteur de selle	825 mm
Poids tous pleins faits	188 kg (Tricolore : 190,5 kg)
Réservoir de carburant	17 litres

Multistrada 1200 S Pikes Peak

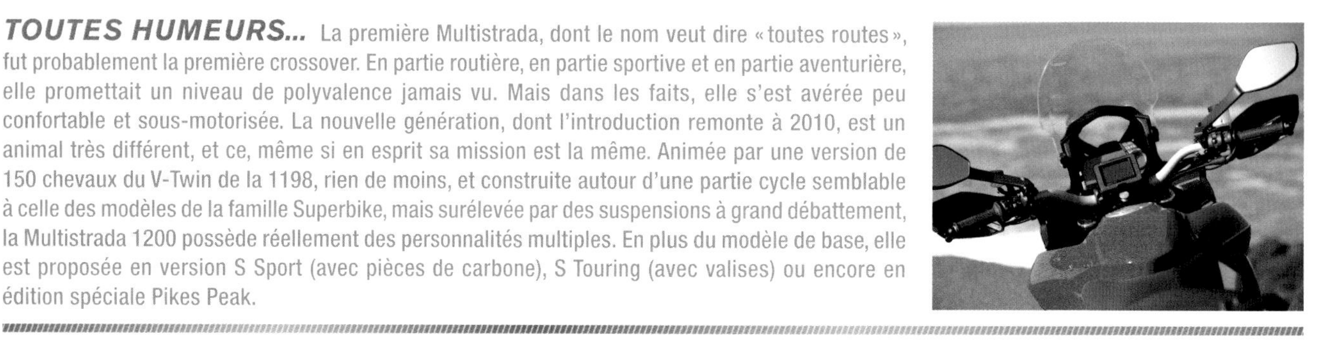

TOUTES HUMEURS... La première Multistrada, dont le nom veut dire «toutes routes», fut probablement la première crossover. En partie routière, en partie sportive et en partie aventurière, elle promettait un niveau de polyvalence jamais vu. Mais dans les faits, elle s'est avérée peu confortable et sous-motorisée. La nouvelle génération, dont l'introduction remonte à 2010, est un animal très différent, et ce, même si en esprit sa mission est la même. Animée par une version de 150 chevaux du V-Twin de la 1198, rien de moins, et construite autour d'une partie cycle semblable à celle des modèles de la famille Superbike, mais surélevée par des suspensions à grand débattement, la Multistrada 1200 possède réellement des personnalités multiples. En plus du modèle de base, elle est proposée en version S Sport (avec pièces de carbone), S Touring (avec valises) ou encore en édition spéciale Pikes Peak.

Avec la Multistrada 1200, Ducati s'est donné la mission de créer un nouveau type de motos dont la polyvalence et l'adaptabilité seraient non seulement les plus grandes qualités, mais aussi d'un niveau jamais vu. La marque a fait appel à tout son savoir-faire afin de permettre au pilote de vivre une expérience de conduite qui suit son humeur. Le principal responsable de cette polyvalence est un ordinateur de bord dont les quatre modes (Sport, Touring, Urban et Enduro) modifient la nature même de la moto en variant la puissance produite et les ajustements des suspensions. Et le plus étonnant, c'est que ça marche.

Affichant une construction multigenre inspirée par les créneaux aventurier et sportif, la Multistrada ressemble à une Streetfighter sur laquelle on aurait installé des suspensions d'aventurière. La réalité n'est pas très lointaine.

LA MULTISTRADA RESSEMBLE À UNE STREETFIGHTER AVEC DES SUSPENSIONS D'AVENTURIÈRE.

Le plus grand argument de vente du modèle est sa polyvalence. À la poussée d'un bouton, la Multistrada permet de choisir le type de livrée de puissance et le genre d'ajustement de suspension l'on préfère. Toutes les combinaisons possibles expliquent la raison pour laquelle Ducati prétend offrir «quatre motos en une». Toutefois, dans les faits, la Multistrada n'est, évidemment, qu'une seule moto. Peu importe le mode choisi avec l'ordinateur de bord, on y est toujours assis de la même fort agréable manière, les freins sont toujours aussi bons, la direction se montre toujours aussi précise et légère, la selle est toujours aussi confortable et la tenue de route est toujours aussi invitante. Bref, s'il est vrai que la livrée de puissance peut être variée de manière tout à fait notable et s'il est vrai que c'est aussi le cas avec les réglages des suspensions, le résultat n'équivaut quand même pas à plusieurs motos. Cela dit, parler de plusieurs personnalités serait plus juste, ce qui est déjà exceptionnel.

La Multistrada est extraordinairement polyvalente, puisqu'elle se prête autant à une conduite sportive qu'à de longs trajets ou à de courtes courses. Sa capacité de machine tout terrain est par contre limitée à des routes de gravier. Mais au-delà de ses capacités multiples, le modèle est aussi une moto dont le plaisir de pilotage sort décidément de l'ordinaire. Sa nature de routière crossover place le pilote dans un environnement ergonomique d'aventurière, mais en enrobant le tout d'une atmosphère nettement sportive en termes de partie cycle et de mécanique.

Catapultant la Multistrada comme une moto de ce genre ne l'a jamais été, le V-Twin issu de la 1198 est fabuleux et rien de moins. En pleine accélération, l'avant se soulève sur les deux premiers rapports comme s'il s'agissait d'une puissante sportive, alors que le tout se déroule dans une ambiance de contrôle qui semble rendre l'exercice parfaitement normal, puisque la solide et très précise partie cycle encaisse tous les abus sans broncher. En fait, ce que propose la Multistrada 1200 comme expérience de conduite semble tellement logique – elle est, d'une certaine façon, la parfaite sportive de route – qu'on se demande pourquoi personne n'a pensé plus tôt à créer quelque chose du genre. Quant à tous les choix de puissance qu'elle offre, comme c'est souvent le cas, on finit par tomber sur celui qui nous convient et par ne plus y toucher. Dans notre cas, ce fut le mode Touring offrant la pleine puissance et les suspensions assouplies.

QUOI DE NEUF EN 2012 ?

Selle redessinée

Édition Pikes Peak avec finition spéciale et livrée avec système d'échappement Termignioni et pare-brise en fibre de carbone en plus des composantes d'origine

Aucune augmentation

PAS MAL

Un modèle qui donne beaucoup de crédit aux avantages de la classe crossover en raison d'une très impressionnante polyvalence et d'un grand agrément de pilotage

Un moteur très puissant, coupleux et caractériel qui semble carrément égaré dans cette moto haute sur patte et qui agrémente chaque instant de conduite avec des wheelies monstres et des performances très sérieuses

Une partie cycle construite très sérieusement et qui encaisse sans le moindre problème la fougue du V-Twin en plus de permettre une tenue de route très saine

BOF

Une quantité d'électronique presque étourdissante ; elle demande vraiment un petit cours pour être comprise et même ainsi, les menus ne sont pas intuitifs

Une hauteur de selle considérable qui fait pointer des pieds même les pilotes assez grands et dérange ceux de taille moyenne ou moins

Une capacité hors-route très limitée ; son terrain de jeu, c'est la route

Un prix assez élevé, puisque tous ces gadgets ont un prix ; une version nettement moins chère, mais qui ne serait pas équipée de tous ces modes et de ces ordinateurs pourrait être intéressante

CONCLUSION

La génération actuelle de la Multistrada est un franc succès pour Ducati. Il s'agit d'une de ces motos dont on ne peut vraiment pas imaginer le comportement jusqu'à ce qu'on en prenne les commandes. Il existe des modèles semblables en matière de position de conduite et de tenue de route, mais le moteur de la Ducati change tout. Son niveau de performances est tel qu'il distrait sans le moindre problème un pilote habitué à une rapide sportive. Mais dans ce cas, ces performances viennent d'une machine véritablement multifonctionnelle. De la besogne quotidienne aux longues randonnées en passant par l'attaque d'une route sinueuse, la Multistrada se montre plus qu'à la hauteur et change d'humeur aussi vite que son pilote. Elle n'est pas donnée, mais la combinaison de performance, de confort et de polyvalence qu'elle offre est unique pour le moment.

Multistrada 1200 S Touring

Voir légende en page 16

GÉNÉRAL

Catégorie	Routière Crossover
Prix	Multistrada 1200 S Pikes Peak : 22 995 $ Multistrada 1200 S Sport : 20 995 $ Multistrada 1200 S Touring : 20 995 $ Multistrada 1200 : 17 495 $
Immatriculation 2012	545,65 $
Catégorisation SAAQ 2012	« régulière »
Évolution récente	introduite en 2004, revue en 2010
Garantie	2 ans/kilométrage illimité
Couleur(s)	rouge, blanc, argent (PP : rouge et noir)
Concurrence	Kawasaki Versys 1000, KTM 990 Supermoto T, Triumph Tiger 1050

MOTEUR

Type	bicylindres 4-temps en V à 90 degrés, contrôle desmodromique des soupapes, 4 soupapes par cylindre, refroidissement par liquide
Alimentation	injection à 2 corps elliptiques
Rapport volumétrique	11,5 :1
Cylindrée	1 198,4 cc
Alésage et course	106 mm x 67,9 mm
Puissance	150 ch @ 9 250 tr/min
Couple	87,5 lb-pi @ 7 500 tr/min
Boîte de vitesses	6 rapports
Transmission finale	par chaîne
Révolution à 100 km/h	environ 3 200 tr/min
Consommation moyenne	6,2 l/100 km
Autonomie moyenne	322 km

PARTIE CYCLE

Type de cadre	treillis, en acier tubulaire
Suspension avant	fourche inversée de 50 mm (S : 48 mm) ajustable en précharge, compression et détente
Suspension arrière	monoamortisseur ajustable en précharge, compression et détente
Freinage avant	2 disques de 320 mm de Ø avec étriers à 4 pistons et système ABS
Freinage arrière	1 disque de 245 mm de Ø avec étrier à 2 pistons et système ABS
Pneus avant/arrière	120/70 R17 & 190/55 R17
Empattement	1 530 mm
Hauteur de selle	850 mm
Poids tous pleins faits	220 kg
Réservoir de carburant	20 litres

Diavel

AUDACE DIABLE... Lancée l'an dernier, la Diavel et sa spectaculaire ligne ont fait couler énormément d'encre. Pour Ducati, qui a eu l'audace de dessiner et de mettre sur le marché un tel engin, il s'agit d'un autre franc succès. Essentiellement une Streetfighter allongée, abaissée et déguisée en torpille, la Diavel a, par ailleurs et un peu malgré elle, semé la controverse en se voyant largement catégorisée comme une custom, ce qu'elle n'est, mais alors, absolument pas. Il s'agit techniquement d'une standard. Cela dit, l'accent qu'elle place sur les performances est si extrême et le concept tellement poussé du point de vue stylistique que la classer comme une standard ne lui rend tout simplement pas justice. En fait, la Diavel est une Muscle Bike, une catégorie dans laquelle une seule autre moto figure actuellement, la VMAX de Yamaha.

L'une des raisons majeures derrière la confusion entourant la nature de la Diavel, que beaucoup continuent de qualifier de custom avec une profonde ignorance, c'est qu'il existe effectivement un lien entre la spectaculaire italienne et des modèles comme la Harley-Davidson Night Rod Special ou la Yamaha VMAX. Cette dernière aussi, d'ailleurs, se voit souvent considérée – toujours à tort – comme une custom. Ce lien, c'est le thème « Muscle », comme dans « Muscle Car ». Dans tous ces cas, on a ainsi affaire à des « Muscle Bike », une définition que la Diavel respecte autant par son impressionnant niveau de performances que par sa ligne aussi audacieuse que musclée.

Nous avons la chance d'évaluer les plus récentes et les plus aguichantes motos sur le marché, et plusieurs font évidemment tourner les têtes. Mais l'Oscar, à ce sujet, revient sans le moindre doute à la Diavel. Jamais une autre moto n'a tant été suivie du regard, jamais un modèle n'a tant été pointé du doigt. Ne serait-ce que pour cette raison, les motocyclistes friands d'attention devraient décidément l'envisager. Cela dit, la Diavel a bien plus à offrir qu'une ligne fascinante.

Comme la VMAX le fait à sa façon, la Diavel offre une expérience de pilotage unique. Étant construite à partir d'éléments retrouvés sur les sportives pures de la marque, elle propose une masse étonnamment faible. Plutôt longue et affichant une hauteur de selle inhabituellement basse, elle donne un peu l'impression d'être aux commandes d'une moto d'accélération, un thème que le large pneu arrière endosse d'ailleurs à merveille. Le thème du « dragster » gagne également en crédibilité dès que la poignée des gaz est ouverte, puisque sous le capot de la Diavel se trouve rien de moins qu'un furieux V-Twin de 162 chevaux emprunté à la Superbike 1198. La combinaison de toute cette puissance à la nature basse et allongée de la Ducati se traduit par une très impressionnante poussée. La forme creusée de la selle fixe le pilote en place en pleine accélération, un exercice accompagné d'une série de sons carrément exotiques qu'on n'a normalement le plaisir d'écouter qu'aux commandes des pur-sang que sont les sportives du constructeur. Il s'agit aussi d'un exercice qui n'est pas de tout repos, car en dépit de son profil long et bas, la Diavel se soulève assez violemment à pleins gaz sur le premier rapport.

MALGRÉ SON IMMENSE PNEU ARRIÈRE, LE COMPORTEMENT DE LA DIAVEL N'EST PAS MAUVAIS DU TOUT.

En termes de comportement routier, malgré son immense pneu arrière de 240 mm, la Diavel n'est pas mauvaise du tout. Compte tenu de la qualité de la partie cycle, qui n'est pas très différente de celle d'une Streetfighter, par exemple, on ne devrait pas trop s'en étonner. En fait, à l'exception d'une légère résistance initiale à s'incliner en amorce de courbe, à laquelle on s'habitue d'ailleurs assez vite, la Diavel arrive à négocier une route sinueuse de manière à la fois précise, solide et très amusante. Avec des freins offrant une puissance monstre, il est possible d'atteindre un rythme assez élevé dans un tel environnement, un fait grandement aidé par le poids très raisonnable. La position de conduite est presque exactement celle d'une standard, mais la selle plus basse plie les jambes légèrement plus, tandis que les repose-pieds sont placés un peu plus à l'avant que ne le veut la coutume sur une standard.

Essentiellement une Streetfighter allongée et déguisée en torpille, la Diavel se débrouille très bien en termes de tenue de route. L'amener en piste serait exagéré, mais une chose est sûre : une custom, elle n'est pas.

Tout juste à l'extérieur de Los Angeles, où Ducati a présenté sa Diavel à la presse, l'auteur négocie une série de virages aux commandes de la version Carbon devant la lentille de Brian J. Nelson.

DIAVEL AMG

Première collaboration entre Ducati et Mercedes AMG, cette édition spéciale de la Diavel affiche un nombre de pièces dont le style combine la signature visuelle des deux marques. Basée sur la version Carbon, elle se distingue par des roues, des caches de radiateurs latéraux, des silencieux et une selle inspirés des automobiles AMG. Chaque modèle est numéroté, et chaque moteur est signé par le technicien qui l'a calibré.

DIAVEL CROMO

La Diavel Cromo est une variante esthétique dérivée du modèle de base. Dessinée par Ducati, elle se distingue par les panneaux latéraux chromés de son réservoir d'essence, par la partie inférieure de la nacelle de phare en aluminium poli et par une classique finition noire lustrée et argentée.

QUOI DE NEUF EN 2012 ?

Variantes Cromo et AMG

Aucune augmentation

PAS MAL

L'un des styles les plus audacieux des dernières années : la Diavel est la moto attirant le plus d'attention sur son passage que nous avons testée à ce jour

Une mécanique sublime qui provient directement de la génération précédente de sportives pures du constructeur italien ; le V-Twin séduit tant par la sonorité et les bruits très particuliers qui s'en dégagent que par ses très fortes accélérations

Un comportement routier qui n'est pas mauvais du tout, et en dépit de la présence d'un immense pneu arrière, la Diavel se débrouille très bien sur une route sinueuse

BOF

Une position de conduite qui n'est pas très naturelle en raison de la position un peu avancée des repose-pieds ; les reculer d'un pouce ou deux serait parfait, puisque le pilote est installé exactement comme sur une standard pour ce qui est du reste

Un comportement qui n'est pas trop touché par la largeur du pneu arrière, mais qui souffre quand même de la présence de celui-ci surtout en amorce de courbe lorsque la Diavel résiste légèrement à s'incliner et manque un peu de précision

Un côté pratique qui n'est pas celui d'une standard en raison d'un niveau d'agilité limité et d'un confort moyen ; la Diavel n'est pas une moto à tout faire comme une Monster, mais plutôt une très efficace et amusante machine à attirer les regards

CONCLUSION

Bardée d'électronique avec son ABS de série, son système de contrôle de traction et ses choix multiples de niveaux de puissance, dotée d'une gueule à faire trébucher les passants et assez performante pour donner pleine crédibilité au thème « Muscle » de sa ligne, la Diavel est décidément une pièce unique. Il s'agit de l'une de ces rares motos qui, sans égard au plaisir de pilotage qu'elle procure – ou pas –, arrivent à générer un attrait presque magnétique, et ce, de la part des connaisseurs comme de celle des néophytes. Elle n'est pas la plus pratique des deux-roues, mais elle représente assurément l'un des plus particuliers et audacieux designs qu'on ait vus depuis un long moment. Toutes nos félicitations à Ducati pour avoir osé imaginer et produire une telle machine.

Diavel Carbon

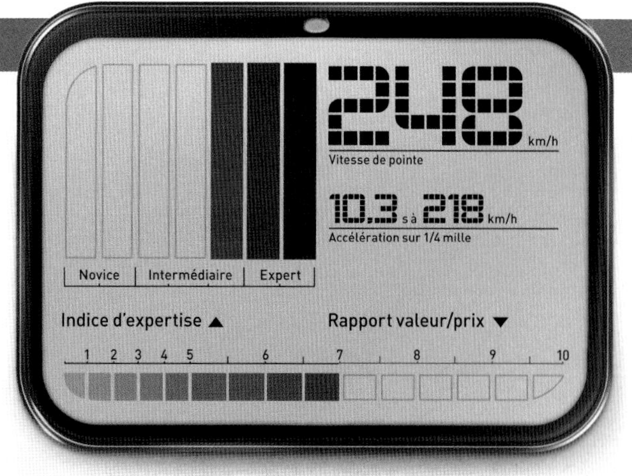

Voir légende en page 16

GÉNÉRAL

Catégorie	Muscle Bike
Prix	Diavel : 18 995 $ Diavel Cromo : 19 995 $ Diavel Carbon : 20 995 $ Diavel AMG : 26 995 $
Immatriculation 2012	545,65 $
Catégorisation SAAQ 2012	régulière
Évolution récente	introduite en 2011
Garantie	2 ans/kilométrage illimité
Couleur(s)	Diavel : rouge, noir Cromo : noir et chrome Carbon : noir, rouge et noir AMG : blanc et noir
Concurrence	Yamaha VMAX

MOTEUR

Type	bicylindres 4-temps en V à 90 degrés, contrôle desmodromique des soupapes, 4 soupapes par cylindre, refroidissement par liquide
Alimentation	injection à 2 corps elliptiques
Rapport volumétrique	11,5 :1
Cylindrée	1 198,4 cc
Alésage et course	106 mm x 67,9 mm
Puissance	162 ch @ 9 500 tr/min
Couple	94 lb-pi @ 8 000 tr/min
Boîte de vitesses	6 rapports
Transmission finale	par chaîne
Révolution à 100 km/h	environ 3 500 tr/min
Consommation moyenne	6,4 l/100 km
Autonomie moyenne	265 km

PARTIE CYCLE

Type de cadre	treillis, en acier tubulaire
Suspension avant	fourche inversée de 50 mm ajustable en précharge, compression et détente
Suspension arrière	monoamortisseur ajustable en précharge, compression et détente
Freinage avant	2 disques de 320 mm de Ø avec étriers radiaux à 4 pistons et système ABS
Freinage arrière	1 disque de 265 mm de Ø avec étrier à 2 pistons et système ABS
Pneus avant/arrière	120/70 ZR17 & 240/45 ZR17
Empattement	1 590 mm
Hauteur de selle	770 mm
Poids tous pleins faits	Diavel / Cromo : 239 kg Diavel Carbon / AMG : 234 kg
Réservoir de carburant	17 litres

Streetfighter 848

MERCI SUPERBIKE... L'une des manières les plus faciles de construire une standard sportive est tout simplement de déshabiller une sportive. La qualité de la monture résultant de l'exercice varie toutefois grandement. Chez Ducati, la Streetfighter est carrément une sportive de la famille Superbike transformée en standard. Alors que la version S est dérivée de la 1098, la nouvelle 848, elle, n'est pas dérivée de la 848[EVO], elle est une 848[EVO]. Dans le cas de la S, la puissance a été ramenée de 160 à 155 chevaux, tandis que sur la 848, elle est passée de 140 à 132 chevaux. Dans les deux cas, il s'agit d'un adoucissement remarquablement léger de la quantité de chevaux, mais ce qu'il faut surtout retenir, c'est qu'en matière de partie cycle, on reste réellement très proche de ce que les modèles de la famille Superbike proposent. Les Streetfighter sont effectivement des Superbike dénudées.

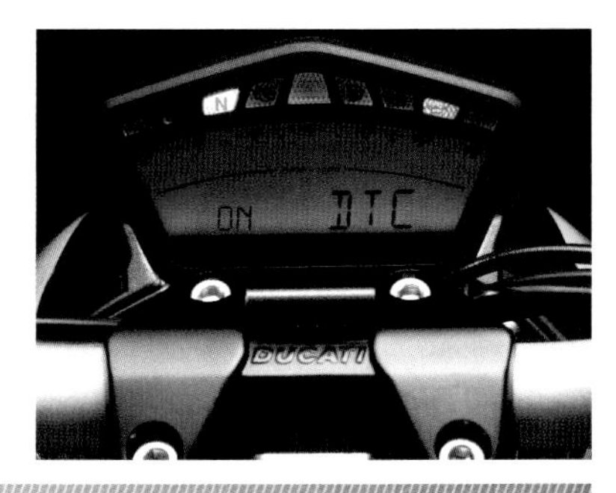

On entend très souvent des gens se questionner sur la nécessité de produire des sportives extrêmes dont la seule raison d'être est de tourner autour d'une piste. Les Streetfighter S et Streetfighter 848 représentent des réponses très intéressantes, car jamais une compagnie n'aurait développé des standards aussi poussées. Or, en dépit de l'origine ultrasportive de leur moteur et de leur partie cycle, toutes deux s'avèrent de très bonnes, et même d'excellentes routières.

Les 155 chevaux de la Streetfighter S ne représentent pas la puissance la plus élevée chez les standards, mais comme l'origine sportive du modèle garantit une masse relativement faible et des composantes de haute qualité, les performances sont excellentes à tous les niveaux. Bien que la géométrie de direction ne soit pas précisément la même que celle de la 1098 et que quelques autres valeurs, comme l'empattement, ne soient pas non plus identiques, le fait est que la Streetfighter S offre presque exactement la tenue de route de la sportive pure de laquelle elle est dérivée, ce qui n'est évidemment pas peu dire. À pleine vitesse sur circuit, les plus grandes différences viennent de la position qui n'est pas aussi sévère et d'une direction un tout petit peu moins légère. L'exposition complète au vent est assez déroutante lorsqu'on dépasse les 250 kilomètres à l'heure, en plus d'exiger un effort physique considérable. La direction est exacte et les freins aussi puissants qu'endurants, tandis que la présence du contrôle de traction DTC et des suspensions Öhlins font de la Streetfighter S l'une de ces motos qui semblent toujours mieux se comporter à mesure que le rythme s'élève.

PLUS ÉQUILIBRÉE SUR LA ROUTE ET DOTÉE D'UN V-TWIN QUI SE LAISSE PLEINEMENT EXPLOITER, LA 848 EST NOTRE PRÉFÉRÉE.

Comme routière, la Streetfighter S se montre bien entendu très performante, mais sans que cela en fasse une monture particulièrement plaisante. La position de conduite est clairement plus agressive que celle de la moyenne des modèles semblables, bien qu'elle ne soit pas inconfortable non plus. La mécanique se montre très coupleuse et produit tous les bruits qui font d'une Ducati une Ducati tandis que les suspensions ne sont pas calibrées trop fermement. Mais pour une raison étrange, on ne la sent pas particulièrement agile lors de manœuvres serrées. Bref, sur la route, on ressent également de manière très claire qu'il ne s'agit pas d'une standard commune.

Quant à la nouvelle 848, elle est à la fois très similaire et très différente. Similaire parce que le concept est le même, et différente parce tout, à ses commandes, semble plus amical et plus naturel dans l'environnement de la route. La position de conduite est presque parfaite, juste assez sportive, mais pas trop. Grâce au large guidon, la direction est merveilleusement légère et précise, et la tenue de route en générale est exceptionnellement accueillante. La 848, qui est équipée de série du contrôle de traction, permet elle aussi de pousser très fort sur piste, mais sur la route, elle est clairement plus agréable que la S. En plus de son comportement plus naturel, cette constatation est aussi liée au niveau de puissance qui est moins élevé, mais pas moins plaisant. Le V-Twin est bien rempli partout et tire agréablement fort jusqu'en haut, mais le plaisir vient surtout du fait qu'il se laisse pleinement exploiter, ce qu'on n'arrive tout simplement pas à faire de façon régulière sur la plus puissante S.

Une quantité étonnante d'informations peut être obtenue d'un exercice comme celui-ci. C'est du moins ce que l'auteur a servi comme raison aux représentants de la marque italienne, qui l'ont laissé faire en se secouant la tête.

Quelque part dans les montagnes surplombant la ville de Palm Springs, en Californie, l'auteur « teste » la Streetfighter 848 lors de sa présentation officielle. La photo principale est de Brian J. Nelson et la petite de Costa Mouzouris.

STREETFIGHTER S

En 2012, la version de base de la grosse Streetfighter n'existe plus et seul le modèle S est offert. Il est livré avec le contrôle de traction de série, tandis que ses suspensions sont signées Öhlins. En gros, il s'agit d'une Superbike 1098 sans carénage. Au Canada, elle commande un supplément presque incroyable de 8 500 $ par rapport à la nouvelle 848.

QUOI DE NEUF EN 2012 ?

Introduction d'une version 848 et retrait de la Streetfighter 1098 de base

Aucune augmentation pour la Streetfighter S

PAS MAL

Un concept dont la seule concession à l'utilisation routière est une position de conduite moins radicale ; il s'agit bien des 1098 et 848^{EVO} en petite tenue et, donc, de machines très intuitives sur route et capables de rouler très fort sur piste

Un niveau de performances très élevé qui n'est que marginalement en retrait par rapport à celui des modèles de la famille Superbike desquels elles sont dérivées

Une économie très appréciable par rapport à la S pour la 848

Un facteur amusement sur la 848 qui n'est étrangement pas présent sur la S, qu'on sent nettement plus sérieuse, comme si elle devait avant tout performer sur piste

BOF

Une position de conduite qui est nettement plus agressive que celle d'une standard traditionnelle pour la S, puisqu'elle place pas mal de poids sur les mains et bascule le pilote vers l'avant ; la 848 offre une ergonomie plus amicale

Un comportement qui semble affecté par une mission peut-être trop sportive pour la S qui n'est pas une standard sur laquelle on se sent immédiatement à l'aise ; encore une fois, la 848 est très différente à ce chapitre, puisque bien plus invitante

Une finition qui n'est pas exceptionnelle en ce sens que toute la quincaillerie des versions sportives est dans ces cas pleinement à découvert

Des V-Twin qui n'aiment pas traîner à très bas régime et qui rouspètent si l'on tente d'accélérer à partir de ces régimes sur un rapport supérieur

CONCLUSION

La Streetfighter S n'est pas une standard de performances comme une Z1000 ou une Speed Triple, mais bien une moto de piste sans carénage et dont la position de conduite n'est pas aussi sévère. Avec ses suspensions Öhlins et son contrôle de traction, elle arrive à passer au sol ses 155 chevaux avec une telle efficacité qu'elle n'a de désavantage, sur circuit, que de considérablement « décoiffer ». À part une vitesse de pointe légèrement inférieure due à l'absence de carénage, elle peut rester dans la roue de n'importe quelle sportive pure si son pilote le souhaite. Si les mêmes conclusions peuvent être appliquées à la nouvelle 848, qui n'est rien de plus ou de moins qu'une 848^{EVO} déshabillée, le plus petit modèle nous a surpris en devenant facilement notre préféré. Sa mécanique est plus facile à exploiter pleinement, son confort est meilleur, son comportement sur route est plus naturel et son prix permet de réaliser une économie suffisante pour acheter une autre moto. Il n'existe rien de directement comparable sur le marché.

Streetfighter 848

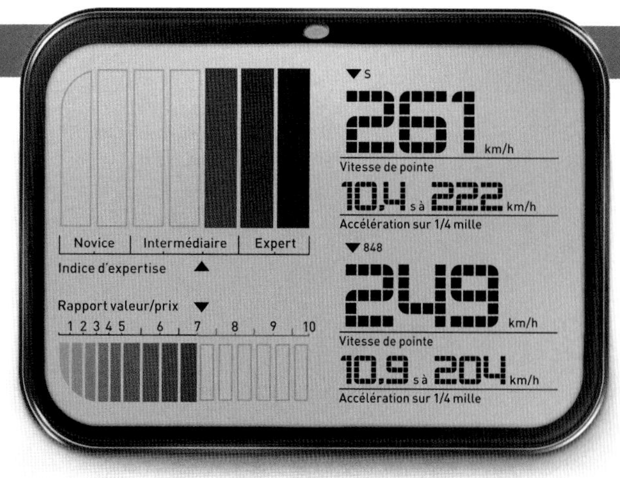

Voir légende en page 16

GÉNÉRAL

Catégorie	Standard
Prix	Streetfighter S : 22 495 $ Streetfighter 848 : 13 995 $
Immatriculation 2012	545,65 $
Catégorisation SAAQ 2012	« régulière »
Évolution récente	Streetfighter 1098 introduite en 2009 ; 848 introduite en 2012
Garantie	2 ans/kilométrage illimité
Couleur(s)	Streetfighter S : rouge, gris Streetfighter 848 : rouge, jaune, noir
Concurrence	Streetfighter S : Kawasaki Z1000, Triumph Speed Triple Streetfighter S : Triumph Street Triple, Yamaha FZ8

MOTEUR

Type	bicylindres 4-temps en V à 90 degrés, contrôle desmodromique des soupapes, 4 soupapes par cylindre, refroidissement par liquide
Alimentation	injection à 2 corps elliptiques
Rapport volumétrique	S : 12,5 :1 / 848 : 13,2 :1
Cylindrée	S : 1 099 cc / 848 : 849,4 cc
Alésage et course	S : 104 mm x 64,7 mm 848 : 94 mm x 61,2 mm
Puissance	S : 155 ch @ 9 500 tr/min 848 : 132 ch @ 10 000 tr/min
Couple	S : 85 lb-pi @ 9 500 tr/min 848 : 69 lb-pi @ 9 500 tr/min
Boîte de vitesses	6 rapports
Transmission finale	par chaîne
Révolution à 100 km/h	environ 3 400 / 3 800 tr/min
Consommation moyenne	6,4 l/100 km
Autonomie moyenne	257 km

PARTIE CYCLE

Type de cadre	treillis, en acier tubulaire
Suspension avant	fourche inversée de 43 mm ajustable en précharge, compression et détente
Suspension arrière	monoamortisseur ajustable en précharge, compression et détente
Freinage avant	2 disques de 330 (848 : 320) mm de Ø avec étriers radiaux à 4 pistons
Freinage arrière	1 disque de 245 mm de Ø avec étrier à 2 pistons
Pneus avant/arrière	S : 120/70 ZR17 & 190/55 ZR17 848 : 120/70 ZR17 & 180/60 ZR17
Empattement	1 475 mm
Hauteur de selle	840 mm
Poids tous pleins faits	S : 197 kg / 848 : 199 kg
Réservoir de carburant	16,5 litres

Monster Diesel

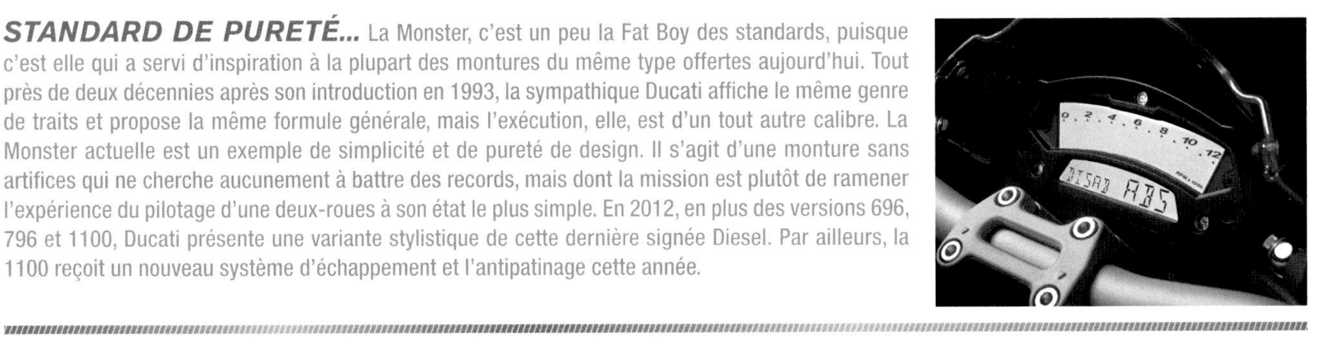

STANDARD DE PURETÉ... La Monster, c'est un peu la Fat Boy des standards, puisque c'est elle qui a servi d'inspiration à la plupart des montures du même type offertes aujourd'hui. Tout près de deux décennies après son introduction en 1993, la sympathique Ducati affiche le même genre de traits et propose la même formule générale, mais l'exécution, elle, est d'un tout autre calibre. La Monster actuelle est un exemple de simplicité et de pureté de design. Il s'agit d'une monture sans artifices qui ne cherche aucunement à battre des records, mais dont la mission est plutôt de ramener l'expérience du pilotage d'une deux-roues à son état le plus simple. En 2012, en plus des versions 696, 796 et 1100, Ducati présente une variante stylistique de cette dernière signée Diesel. Par ailleurs, la 1100 reçoit un nouveau système d'échappement et l'antipatinage cette année.

Ducati possède non seulement certains des meilleurs et des plus habiles designers de l'industrie, mais la marque fait aussi preuve d'un impressionnant instinct stylistique. La direction qu'a prise la famille Monster depuis sa première refonte complète en 2009 en est le parfait exemple, puisque les modèles évoluent d'une manière à la fois fidèle au concept d'origine et assez agressive pour continuer de captiver l'attention.

Visuellement, la Monster est exactement ce qu'elle devait être. L'esprit de la ligne originale est évident, mais on remarque aussi une superbe intégration de la mécanique dans le style. La Monster ne se bat pas avec ses pièces en essayant de les dissimuler. Au contraire, elle célèbre ses composantes, pour ne pas dire qu'elle «est» sa mécanique. La qualité du travail rappelle d'ailleurs beaucoup ce que Harley-Davidson fait dans son propre univers.

LA MONSTER NE CHERCHE PAS À CACHER SES PIÈCES. AU CONTRAIRE, ELLE LES CÉLÈBRE.

Ducati a traditionnellement offert toute une gamme de Monster. Ces choix sont aujourd'hui au nombre de trois : la 696 destinée aux novices, la 796 qui vise le motocycliste moyennement expérimenté ou plus exigeant et la 1100 qui, en fait, est la vraie Monster, celle qu'on devrait vraiment choisir si le prix n'est pas un obstacle. Quant à la version Diesel de la 1100, il s'agit d'une variante stylistique signée par la marque, une direction que Ducati semble vouloir emprunter de plus en plus.

Comme c'est toujours le cas avec le constructeur italien, plus les modèles montent dans la hiérarchie, plus les composantes qui les équipent sont désirables et performantes. Pour cette raison, la 696 laisse une certaine impression de monture bas de gamme. L'ensemble fonctionne très bien et satisfera les motocyclistes moins expérimentés ou moins exigeants, mais les autres trouveront le travail des suspensions un peu rudimentaire et les prestations de la mécanique un peu trop justes. Si le petit V-Twin offre des accélérations honnêtes, il n'est en revanche pas un exemple de souplesse, demandant des hauts régimes et des changements de rapports fréquents pour livrer ses meilleures prestations. Pour la clientèle visée, il est probable que ce niveau de performances s'avère suffisant.

La selle étonnamment basse ainsi que la grande légèreté et la maniabilité exceptionnelle de la 696 sont les facteurs principaux derrière sa très grande accessibilité. Toutefois, si le budget le permet, nous recommandons de viser la 796 qui est nettement plus intéressante à nombre de chapitres et qui se montre presque aussi facile à piloter.

La génération courante de la Monstrer corrige l'un des défauts de la version originale en proposant une position de conduite plus équilibrée. La relation entre guidon, repose-pieds et selle est aujourd'hui très similaire à celle qu'une standard moderne propose, c'est-à-dire compacte et naturelle.

Offrant un comportement routier similaire, mais de beaucoup plus grande qualité que celui de la 696, la Monster 1100 se détache complètement de la petite cylindrée en matière de mécanique. Ses performances sont beaucoup plus intéressantes en raison de l'excellente souplesse du V-Twin, de ses accélérations nettement plus musclées et, surtout, de la manière absolument charmante qu'il a de vibrer profondément lorsqu'il accélère.

QUOI DE NEUF EN 2012 ?

Monster 1100^{EVO} reçoit le Ducati Safety Package (DSP) combinant ABS et contrôle de traction à 4 niveaux, un système d'échappement avec silencieux double superposé et une partie arrière redessinée

Variante stylistique Diesel de la Monster 1100^{EVO}

Aucune augmentation

PAS MAL

Une ligne dessinée de manière très habile, puisque la Monster est à la fois immédiatement reconnaissable et très jolie

Une partie cycle extrêmement légère et agile qui permet une grande maniabilité et une tenue de route permettant même de rouler assez fort en piste

Une mécanique sublime sur la 1100 qui dégage un caractère tellement fort qu'elle rappelle les regrettées Buell Lightning d'une certaine façon

Une selle particulièrement basse sur la 696 destinée à une clientèle peu expérimentée

BOF

Un comportement généralement bon, mais dont la qualité est réduite, sur la 696, par des suspensions dont le travail est rudimentaire ; la 1100 est nettement supérieure

Des performances décentes, mais pas impressionnantes pour la 696 qui annonce pourtant une puissance qui devrait se traduire par des prestations plus intéressantes

Une certaine déception découlant du fait que l'économique 696 n'est ni une aubaine ni une moto acceptable pour le motocycliste expérimenté ; celui-ci devra payer plus pour les autres, et préférablement pour l'excellente 1100

CONCLUSION

Parce que la Monster originale a été produite durant une bonne quinzaine d'années, la seconde génération du modèle faisait face à de hautes attentes. Présentée en 2009, la version actuelle est non seulement à la hauteur de celles-ci, mais elle a aussi élevé la qualité du modèle à un niveau aussi impressionnant que désirable. La version la plus plaisante est très facilement la 1100, dont la coupleuse mécanique est une petite merveille de caractère. Comme c'est souvent le cas chez Ducati, on la sent nettement supérieure aux deux autres, mais surtout à la 696. Celle-ci n'est finalement qu'une moto d'introduction à la marque dont plusieurs aspects s'avèrent plutôt rudimentaires. Comme première moto, lorsqu'on n'a rien connu d'autre, ça va, mais tout motocycliste le moindrement expérimenté devrait sérieusement envisager la 796, qui est plus intéressante.

Monster 796

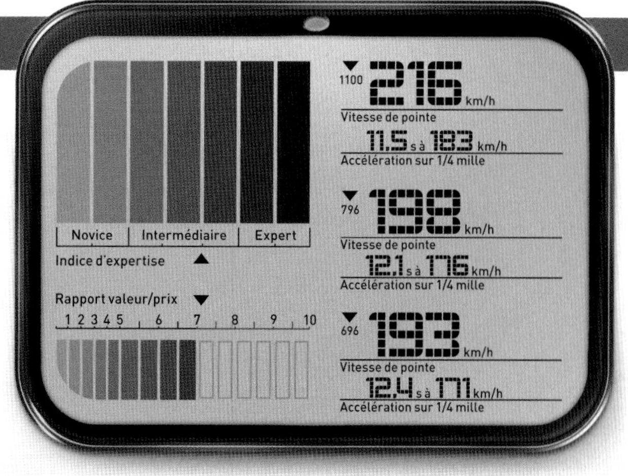

Voir légende en page 16

GÉNÉRAL

Catégorie	Standard
Prix	Monster 1100^{EVO} : 13 495 $ (Diesel : 15 295 $) Monster 796 : 11 495 $ Monster 696 : 9 495 $
Immatriculation 2012	545,65 $
Catégorisation SAAQ 2012	« régulière »
Évolution récente	introduite en 1993 ; 696 et 1100 introduites en 2009 ; 796 introduite en 2011
Garantie	2 ans/kilométrage illimité
Couleur(s)	Monster 1100^{EVO} : rouge, noir (Diesel : vert) Monster 796 : rouge, noir Monster 696 : rouge, noir, blanc
Concurrence	Monster 1100^{EVO} : BMW R1200R, Triumph Speed Triple Monster 796 : BMW F800R, Triumph Street Triple Monster 696 : Kawasaki ER-6n, Suzuki Gladius

MOTEUR

Type	bicylindre 4-temps en V à 90 degrés, contrôle desmodromique des soupapes, 2 soupapes par cylindre, refroidissement par air
Alimentation	injection à 2 corps de 45 mm
Rapport volumétrique	11,3:1 / 11,0:1 / 10,7:1
Cylindrée	1 078 / 803 / 696 cc
Alésage et course	98 / 88 / 88 mm x 71,5 / 66 / 57,2 mm
Puissance	100 / 87 / 80 ch @ 7 500 / 8 250 / 9 000 tr/min
Couple	76 / 58 / 50,6 lb-pi @ 6 000 / 6 250 / 7 750 tr/min
Boîte de vitesses	6 rapports
Transmission finale	par chaîne
Révolution à 100 km/h	environ 3 100 tr/min (1 100)
Consommation moyenne	6,0 l/100 km (1 100)
Autonomie moyenne	225 km (1 100)

PARTIE CYCLE

Type de cadre	treillis, en acier tubulaire
Suspension avant	fourche inversée de 43 mm non ajustable (1100 : ajustable en précharge, compression et détente)
Suspension arrière	monoamortisseur ajustable en précharge et détente
Freinage avant	2 disques de 320 mm de Ø avec étriers radiaux à 4 pistons (1100 : système ABS)
Freinage arrière	1 disque de 245 mm de Ø avec étrier à 2 pistons (1100 : système ABS)
Pneus avant/arrière	120/70 R17 & 180/55 (696 : 160/60) R17
Empattement	1 450 mm
Hauteur de selle	810 / 800 / 770 mm
Poids tous pleins faits	188 / 187 / 185 kg
Réservoir de carburant	15 / 15 / 13,5 litres

Hypermotard 1100 EVO SP Corsa Edition

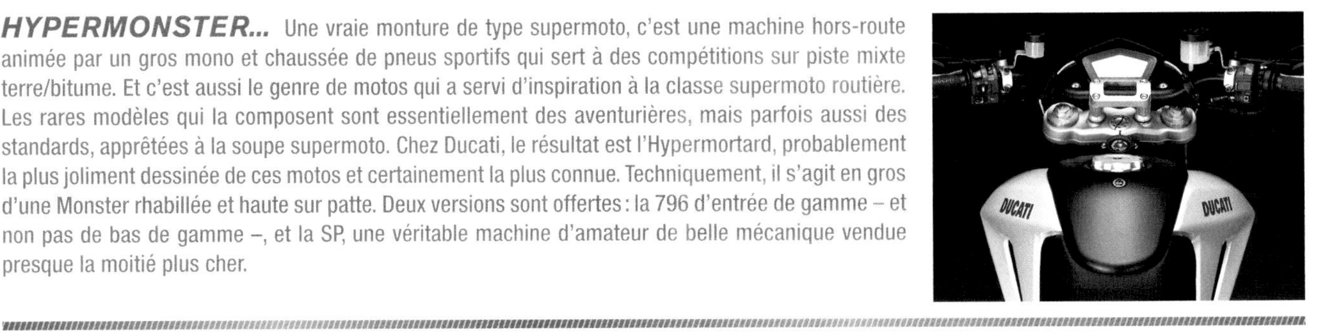

HYPERMONSTER... Une vraie monture de type supermoto, c'est une machine hors-route animée par un gros mono et chaussée de pneus sportifs qui sert à des compétitions sur piste mixte terre/bitume. Et c'est aussi le genre de motos qui a servi d'inspiration à la classe supermoto routière. Les rares modèles qui la composent sont essentiellement des aventurières, mais parfois aussi des standards, apprêtées à la soupe supermoto. Chez Ducati, le résultat est l'Hypermortard, probablement la plus joliment dessinée de ces motos et certainement la plus connue. Techniquement, il s'agit en gros d'une Monster rhabillée et haute sur patte. Deux versions sont offertes : la 796 d'entrée de gamme – et non pas de bas de gamme –, et la SP, une véritable machine d'amateur de belle mécanique vendue presque la moitié plus cher.

Plusieurs marques se sont précipitées vers la classe supermoto lorsque sa popularité s'est spontanément mise à grandir vers le milieu de la dernière décennie. Il s'agit néanmoins d'une tendance qui a énormément ralenti depuis, et l'Hypermotard est l'un des rares modèles du genre qui soient toujours offerts.

La crédibilité du produit offert par Ducati représente l'une des raisons principales derrière cette longévité. Non pas parce que l'Hypermotard est une vraie supermoto – aucune de ces grosses machines ne l'est vraiment –, mais plutôt parce que la marque italienne l'a construite de manière nettement plus sérieuse que la plupart des autres modèles de la classe, des motos souvent concoctées à la hâte à partir de routières inappropriées pour ce type d'utilisation. Évidemment, il y a aussi le fait que l'Hypermotard est probablement la plus habilement dessinée et la plus jolie de toutes les motos du genre, une constatation qui tient encore cinq ans après la présentation du modèle.

LA POSITION DE CONDUITE EST PROBABLEMENT L'ASPECT LE PLUS PARTICULIER DE L'HYPERMOTARD.

Animée par un V-Twin de 803 cc annoncé à 81 chevaux, la 796 est construite comme une Ducati de milieu de gamme, c'est-à-dire avec de bonnes composantes, mais pas avec les meilleures. Ces dernières sont par contre retrouvées à profusion sur la version SP de 95 chevaux qui possède décidément le curriculum pour rouler fort sur circuit. Entre autres, elle est équipée de suspensions beaucoup plus sophistiquées, mais aussi plus hautes lui permettant d'atteindre de plus fortes inclinaisons. Il s'agit d'une caractéristique qui en fait aussi une moto dont la selle est exceptionnellement élevée.

Sur la route, l'Hypermotard est une machine différente de toute autre routière. La position de conduite est probablement l'aspect le plus particulier du modèle, puisqu'elle semble calquée sur celle d'une monture hors-route. À ses commandes, on se retrouve perché assez haut et de manière très avancée sur une selle longue et étroite. L'Hypermotard place même le pilote si près du guidon qu'il a l'impression d'être assis sur le réservoir, avec le large guidon sous les bras plutôt que devant. Une fois en mouvement, on ne tarde pas à remarquer que le fait d'être installé sur une selle aussi étroite n'est pas très confortable. Même si l'on peut facilement changer de position, il reste que l'Hypermotard n'a clairement pas été conçue pour faire du tourisme, un fait appuyé par la faible autonomie permise par le minuscule réservoir d'essence. En fait, le modèle a plutôt le but ultime de donner à son pilote l'occasion d'accomplir des acrobaties extrêmes.

Sans être un monstre de puissance, le caractériel V-Twin de la SP propose une accélération amusante et un très plaisant vrombissement. Il soulève même doucement l'avant sur les deux premiers rapports à pleins gaz, une réaction qui varie selon la position plus ou moins avancée du pilote sur la selle. La 796 est bien plus timide, mais reste plaisante.

Les suspensions sportives se comportent très bien sur une route sinueuse, tandis que l'étonnante minceur des modèles contribue à leur grande agilité. Le châssis est aisément assez solide pour permettre de rouler sur piste, mais la position à saveur hors-route demande une adaptation de la part du pilote. La SP offre d'ailleurs une position de conduite ajustée pour rouler sur circuit.

QUOI DE NEUF EN 2012 ?

Aucun changement

Aucune augmentation

PAS MAL

Une ligne originale et un style très réussi qui font toujours partie des principaux facteurs d'intérêt du modèle

Une très grande agilité amenée par le large guidon droit de type Cross, par l'étonnante étroitesse de l'ensemble et par la position de conduite hors-route, une combinaison de caractéristiques qui en fait une machine urbaine très efficace

Un facteur d'amusement qui exige un certain talent, mais qui peut prendre plusieurs formes allant du wheelie à la glissade en passant par la conduite en piste

BOF

Une selle très étroite qui n'est pas conçue pour être confortable, mais pour permettre au pilote de bouger librement

Une hauteur de selle importante, surtout dans le cas de la version SP où ce facteur n'apporte que des inconvénients en pilotage normal

Une capacité à effectuer des acrobaties en tous genres un peu théorique, puisque celles-ci sont irréalisables pour le motocycliste moyen; d'un autre côté, on peut dire la même chose des capacités d'une sportive pure

Une position de conduite relevée qui ne taxe aucune partie du corps, mais qui place le pilote étrangement près du guidon

CONCLUSION

La mode des routières de type supermoto est arrivée d'un peu nulle part vers le milieu de la dernière décennie, probablement, tout simplement, parce qu'elles avaient une gueule cool. De cette tendance est née de manière très spontanée une série de machines parfois plus et parfois moins sérieuses. L'Hypermotard est l'une des rares survivantes de cette classe et décidément l'une des plus sérieusement construites. La version SP regorge même suffisamment de belles pièces pour faire saliver un proprio de sportive pure. Quant à la 796, si elle est un peu moins généreuse à ce chapitre, elle est aussi bien plus abordable et loin d'être déplaisante. À ceux qui se demandent toujours ce qu'est une routière supermoto, nous dirions que la question est excellente. La meilleure réponse est possiblement qu'il s'agit d'un «fun bike» dérivé de la Monster, donc d'une moto solidement construite et plutôt caractérielle. Et si vous l'achetez vraiment pour faire des glissades monstres des deux roues sur l'asphalte et sauter des buttes de terres comme le font les vraies machines de supermoto, premièrement, bonne chance et, deuxièmement, envoyez-nous la vidéo.

Hypermotard 796

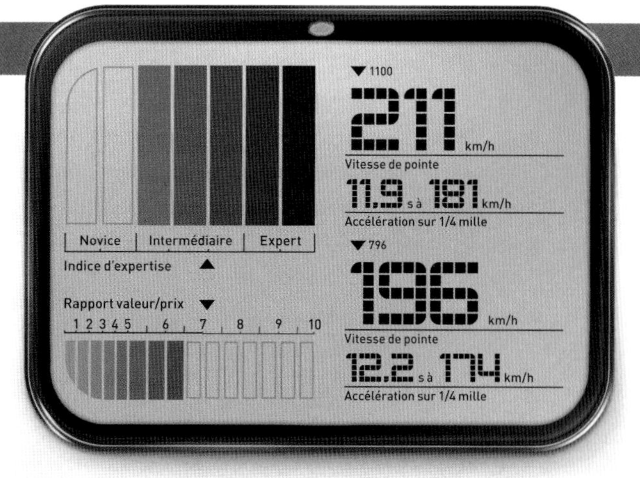

Voir légende en page 16

GÉNÉRAL

Catégorie	Supermoto
Prix	Hypermotard 1100^{EVO} SP: 17 495 $ Hypermotard 796: 11 495 $
Immatriculation 2012	545,65 $
Catégorisation SAAQ 2012	«régulière»
Évolution récente	1100 introduite en 2007 et revue en 2010 (EVO); 796 et 1100^{EVO} SP introduites en 2010
Garantie	2 ans/kilométrage illimité
Couleur(s)	Hypermotard 1100^{EVO} SP: rouge et noir Hypermotard 796: rouge, noir
Concurrence	Aprilia Dorsoduro 1200, KTM 990 Supermoto R

MOTEUR

Type	bicylindre 4-temps en V à 90 degrés, contrôle desmodromique des soupapes, 2 soupapes par cylindre, refroidissement par air
Alimentation	injection à 2 corps de 45 mm
Rapport volumétrique	1100^{EVO} SP: 11,3:1 / 796: 11,0:1
Cylindrée	1100^{EVO} SP: 1 078 cc / 796: 803 cc
Alésage et course	1100^{EVO} SP: 98 mm x 71,5 mm 796: 88 mm x 66 mm
Puissance	1100^{EVO} SP: 95 ch @ 7 500 tr/min 796: 81 ch @ 8 000 tr/min
Couple	1100^{EVO} SP: 75,9 lb-pi @ 5 750 tr/min 796: 55,7 lb-pi @ 6 250 tr/min
Boîte de vitesses	6 rapports
Transmission finale	par chaîne
Révolution à 100 km/h	environ 3 300 / 4 000 tr/min
Consommation moyenne	5,9 l/100 km
Autonomie moyenne	210 km

PARTIE CYCLE

Type de cadre	treillis, en acier tubulaire
Suspension avant	fourche inversée de 50 mm ajustable en précharge, compression et détente (796: 43 mm non ajustable)
Suspension arrière	monoamortisseur ajustable en précharge, compression et détente (compression et détente)
Freinage avant	2 disques de 305 mm de Ø avec étriers radiaux à 4 pistons
Freinage arrière	1 disque de 245 mm de Ø avec étrier à 2 pistons
Pneus avant/arrière	120/70 ZR17 & 180/55 ZR17
Empattement	1100^{EVO} SP: 1 465 mm / 796: 1 455 mm
Hauteur de selle	1100^{EVO} SP: 875 mm / 796: 825 mm
Poids tous pleins faits	1100^{EVO} SP: 190 kg / 796: 186 kg
Réservoir de carburant	12,4 litres

Electra Glide Ultra Limited

ANTI-GOLDWING... Le voyage à moto peut prendre bien des formes, et pour beaucoup de motocyclistes, la Gold Wing représente la machine absolue en la matière. Complètement à l'opposé de la finesse quasi automobile de la réputée Honda se trouve l'Electra Glide et toutes les variantes qui en sont dérivées. Souvent considérées archaïques aux yeux des non-Harleyistes, les montures de tourisme de Milwaukee sont en réalité étonnamment modernes bien qu'elles le soient à leur propre façon. De leur gros V-Twin de 103 pouces cubes – qui anime tous les modèles en 2012 – dont les propriétés acoustiques sont finement calibrées jusqu'à leur partie cycle aux qualités surprenantes en passant par leur ligne intemporelle dont chaque détail a sa raison d'être, elles proposent une « formule de voyage » que le constructeur ne cesse de perfectionner, mais ne change jamais et protège plutôt jalousement.

On a souvent l'impression que Harley-Davidson évolue dans son propre univers et qu'il n'obéit qu'aux règles qu'il a lui-même établies, et la série des montures de tourisme du constructeur de Milwaukee confirme le bien-fondé de ce sentiment. En effet, malgré une classe où les gros joueurs proposent désormais trois fois plus de cylindres et plus de deux fois autant de puissance, les Electra Glide demeurent absolument sublimes lorsqu'elles se retrouvent dans l'environnement pour lequel elles existent, celui où les kilomètres s'enfilent et où les paysages défilent. Dans de telles circonstances, la « formule » Harley-Davidson prend non seulement tout son sens, mais elle va même jusqu'à prendre une dimension magique. Elles ne s'adressent décidément pas à tous et surtout pas aux motocyclistes qui considèrent l'expérience du voyage à moto meilleure lorsqu'elle se rapproche de celle du voyage en voiture. Ces derniers seront très bien servis par d'autres modèles. L'Electra Glide et ses variantes font plutôt le choix de ne pas être parfaitement douces, mais de célébrer le doux et profond grondement de leur adorable V-Twin de presque 1 700 cc. Elles font le choix de proposer un environnement moins enveloppant, d'être un peu plus ouvertes, de protéger le pilote des éléments, mais sans l'isoler de la route et de tout ce qui l'accompagne. Tous ces choix se transforment en caractéristiques parfaitement calculées et judicieusement dosées. Par ailleurs, chacun des ingrédients qui se combinent pour donner cette fameuse « formule américaine » n'est ni archaïque ni désuet, mais représente plutôt l'une des nombreuses facettes qui font la particularité de ces machines de route très spéciales. Elles ne sont néanmoins pas parfaites et bénéficieraient, par exemple, d'être livrées de série avec de poignées chauffantes, voire des selles chauffantes, avec une meilleure chaîne audio et avec des valises latérales plus volumineuses. L'écoulement de l'air serait également perfectible, et c'est avec impatience que nous attendons le jour où Harley-Davidson trouvera le moyen d'installer des pare-brise ajustables électriquement, puisque ceux qui les équipent de série sont tous fixes.

ELLES PROTÈGENT LE PILOTE DES ÉLÉMENTS, MAIS SANS ALLER JUSQU'À L'ISOLER DE LA ROUTE ET DE TOUT CE QUI L'ACCOMPAGNE.

En raison du grand nombre de variantes, la série de tourisme du constructeur américain peut sembler difficile à suivre, mais on n'a qu'à se rappeler que plus les prix montent, plus le confort et l'équipement sont présents. Tous les modèles possèdent néanmoins trois principaux atouts techniques. Le premier concerne la partie cycle qui, depuis sa révision de 2009, propose un comportement d'une qualité surprenante, et ce, même si le rythme s'intensifie et que les courbes se resserrent. Compte tenu de la masse considérable de toutes les versions, on s'étonne même franchement de leur maniabilité une fois qu'elles sont en mouvement.

Le second de ces atouts est ce fameux V-Twin qui s'avère absolument charmant en raison de sa faculté très particulière de communiquer son vrombissement au pilote tout en se montrant très doux à vitesse d'autoroute.

Enfin, toutes les variantes proposent un niveau de confort agréablement élevé. En raison de leur bonne protection contre les éléments et de leurs énormes selles, les modèles haut de gamme sont même de véritables machines à voyager.

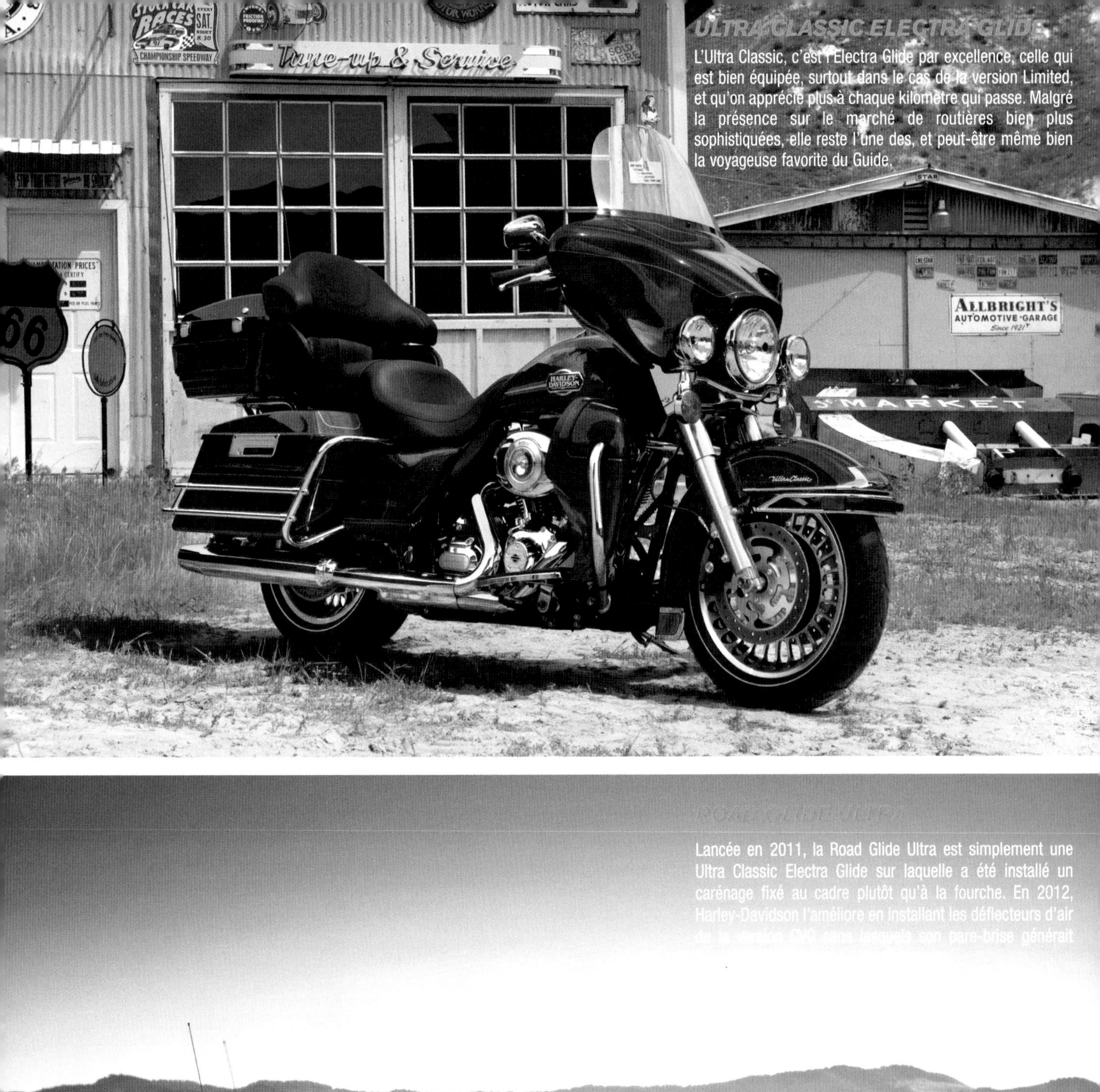

ULTRA CLASSIC ELECTRA GLIDE

L'Ultra Classic, c'est l'Electra Glide par excellence, celle qui est bien équipée, surtout dans le cas de la version Limited, et qu'on apprécie plus à chaque kilomètre qui passe. Malgré la présence sur le marché de routières bien plus sophistiquées, elle reste l'une des, et peut-être même bien la voyageuse favorite du Guide.

ROAD GLIDE ULTRA

Lancée en 2011, la Road Glide Ultra est simplement une Ultra Classic Electra Glide sur laquelle a été installé un carénage fixé au cadre plutôt qu'à la fourche. En 2012, Harley-Davidson l'améliore en installant les déflecteurs d'air de la version CVO sans lesquels son pare-brise générait

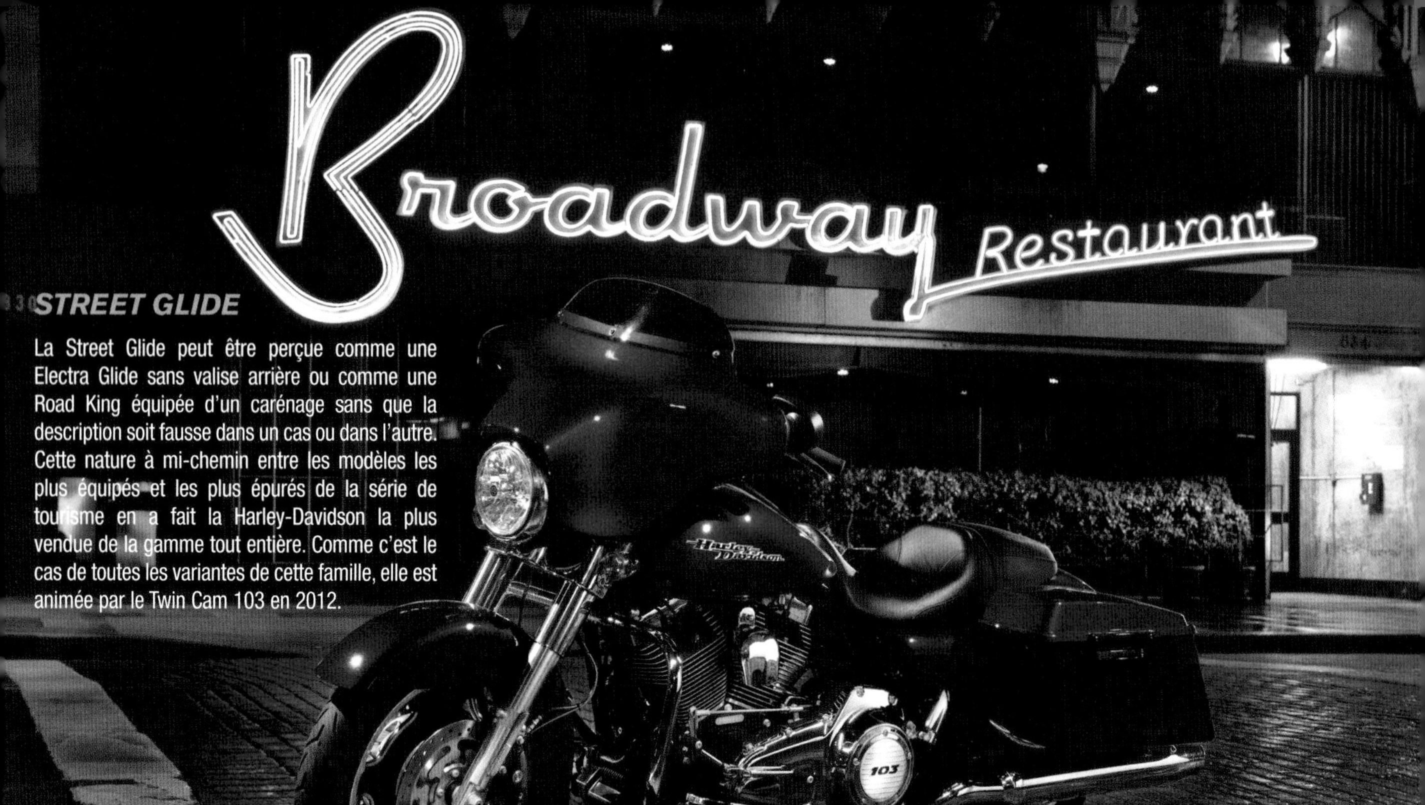

STREET GLIDE

La Street Glide peut être perçue comme une Electra Glide sans valise arrière ou comme une Road King équipée d'un carénage sans que la description soit fausse dans un cas ou dans l'autre. Cette nature à mi-chemin entre les modèles les plus équipés et les plus épurés de la série de tourisme en a fait la Harley-Davidson la plus vendue de la gamme tout entière. Comme c'est le cas de toutes les variantes de cette famille, elle est animée par le Twin Cam 103 en 2012.

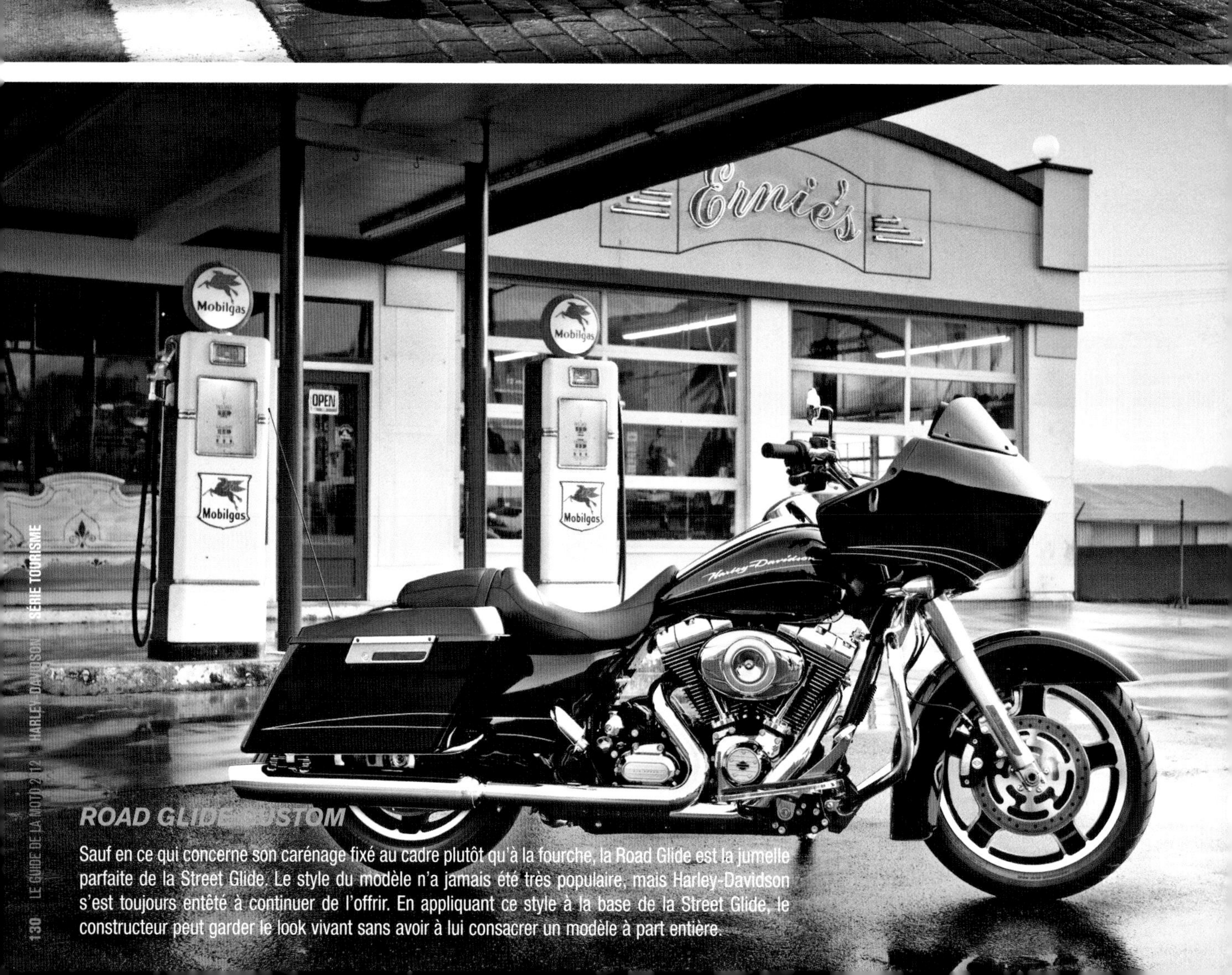

ROAD GLIDE CUSTOM

Sauf en ce qui concerne son carénage fixé au cadre plutôt qu'à la fourche, la Road Glide est la jumelle parfaite de la Street Glide. Le style du modèle n'a jamais été très populaire, mais Harley-Davidson s'est toujours entêté à continuer de l'offrir. En appliquant ce style à la base de la Street Glide, le constructeur peut garder le look vivant sans avoir à lui consacrer un modèle à part entière.

ROAD KING CLASSIC

Avec ses valises semi-rigides recouvertes de cuir et ses pneus à flanc blanc dont l'avant n'est pas de type radial, la version Classic de la Road King joue la carte de la nostalgie plus que tout autre modèle de la famille des montures de tourisme de Harley-Davidson. Autrement, d'un point de vue mécanique, elle est identique à la Road King originale.

ROAD KING

L'une des plus grandes surprises que réserve la Road King, c'est à quel point elle se pilote facilement pour une moto d'un tel poids et de telles proportions. Équipée d'un pare-brise détachable, elle se distingue mécaniquement de la version Classic par ses roues larges chaussées de pneus à profil bas, une caractéristique qui élève considérablement la qualité de son comportement routier. Comme tous les modèles de la famille de tourisme en 2012, elle est propulsée par l'excellent moteur Twin Cam 103.

À quelques kilomètres de la frontière entre le Montana et la Colombie-Britannique, à l'occasion d'une randonnée de presse organisée par Harley-Davidson, l'auteur a profité de la rare présence d'une Tri Glide Ultra Classic, comme de celle du photographe Bill Petro, d'ailleurs, pour brasser un peu cet autre type de machine à trois roues.

QUOI FAIRE – ET NE PAS FAIRE – AVEC UN TRIKE

La Tri Glide Ultra Classic existe. Je le sais, puisque je l'ai vue en photos sous tous les angles. Mais curieusement, à chaque présentation officielle de produits Harley-Davidson auxquelles j'ai assisté depuis son lancement de 2009, elle était absente. Comme par hasard. Puis, à l'occasion d'une randonnée de presse organisée par le constructeur durant laquelle nous avions un large choix de montures, j'en ai aperçu une tout au fond d'une remorque. «Elle fonctionne?» «Oui, mais si tu la prends, ça sera pour la durée de la randonnée.» «Pas de problème, sortez-la.» La Tri Glide trouva finalement quelques autres preneurs durant notre petit périple, mais pas avant que je passe une longue journée à traverser le Montana à ses commandes. Conclusion? Je comprends maintenant pourquoi elle était absente de la flotte lors des présentations officielles, puisqu'il s'agit d'un engin bien particulier qui ne devrait se retrouver en compagnie de motos normales uniquement si le rythme adopté par celles-ci reste très modéré, et ce, particulièrement si la route comporte des sections sinueuses.

La Tri Glide a sa place sur la route et comble un besoin légitime chez les motocyclistes qui ne peuvent plus ou ne veulent plus faire face à la masse importante d'une moto de ce type chargée de bagages et d'un passager. À ces derniers, elle offre le luxe de ne plus jamais avoir à balancer une machine de cette masse à l'arrêt ou dans des situations serrées. Mais ce luxe a un prix, car la Tri Glide n'est ni un cadeau à piloter, surtout en virage, ni très stable en ligne droite. En fait, son comportement remplace essentiellement un ensemble de difficultés par un autre. En revanche, comme ce nouvel ensemble ne comporte pas la possibilité d'une perte d'équilibre et comme les inconvénients qu'il amène sont considérablement réduits si la vitesse est limitée à un rythme de balade tranquille, il s'agit d'un compromis qui devient acceptable pour le type de clientèle qu'une telle proposition intéresserait. D'une manière générale, la Tri Glide fonctionne adéquatement, ce qui signifie qu'elle avance comme le ferait une Electra Glide, dans un environnement qui est pratiquement celui d'une Electra Glide et en procurant les sensations mécaniques que générerait une Electra Glide. L'aspect «moto» n'est cependant plus de la partie en termes de stabilité, puisqu'il faut toujours s'affairer à la garder dans le droit chemin, tandis que le comportement en virage peut vite faire grimper le rythme cardiaque si l'on dépasse un rythme très modéré. Par ailleurs, juste au cas où on ne m'en prêterait plus une à l'avenir, j'ai pris soin de vérifier si la Tri Glide se montrait à l'aise en wheelie ou en glissade. La réponse est: pas vraiment.

B.G.

QUOI DE NEUF EN 2012 ?

Twin Cam 103 installé de série sur tous les modèles

Road Glide Ultra reçoit les déflecteurs d'air de la version CVO pour moins de turbulences

Coûtent de 660$ à 1 190$ de plus qu'en 2011

PAS MAL

Des lignes classiques et intemporelles dont la popularité est bien reflétée par le nombre de fois où on les retrouve sur des customs de manufacturiers rivaux

Un V-Twin qui n'est pas tout à fait aussi communicatif que celui des Dyna, mais qui chante de manière fort agréable et génère un niveau de performances que la majorité des acheteurs trouvera tout à fait suffisant, surtout maintenant qu'il s'agit du Twin Cam 103 de 1 690 cc

Une facilité de pilotage qui surprend et rend ces motos, qui sont techniquement des poids lourds, accessibles aux moins qu'experts

Un niveau de turbulences désormais acceptable sur la Road Glide Ultra grâce à l'ajout des déflecteurs développés pour la version CVO

Une merveilleuse sérénité et une grande efficacité dans l'environnement du voyage de longue distance pour les modèles très équipés

BOF

Une suspension arrière correcte sur des routes pas trop abîmées, mais qui devient sèche lorsque l'état de la chaussée se détériore

Un poids élevé pour les modèles très équipés ; les manœuvres lentes et serrées demandent toute l'attention du pilote et un bon niveau d'expérience

Des pare-brise qui génèrent tous une turbulence plus ou moins importante au niveau du casque, sur l'autoroute, et une absence totale de possibilité d'ajustement

Un système ABS qui n'est offert de série que sur les versions Ultra

Des chaînes audio dont la qualité sonore est correcte, mais sans plus et dont la connectivité avec les accessoires de type iPod est rudimentaire ; sur des montures de ce prix, on s'attend à mieux

CONCLUSION

La manière dont Harley-Davidson s'y prend pour aborder l'expérience du voyage à moto est l'équivalent d'un doigt d'honneur à toutes les tendances qui poussent des produits de tous genres à offrir « plus » juste pour offrir « plus ». Nous avons choisi de façon très délibérée de parler de « formule » pour décrire ces modèles de tourisme non seulement parce que nous les considérons comme des manières absolument uniques de voyager, mais aussi parce que cette unicité est issue de la mentalité Harley-Davidson et de rien d'autre. Comme l'est le Big Mac, le Coca-Cola ou la Porsche 911, les Electra Glide sont des concepts tellement originaux et tellement mûrs qu'elles sont devenues des objets culturels pour lesquels le renouvellement n'est ni nécessaire ni souhaité. Les machines de tourisme de Milwaukee ne plairont pas à tous. Mais aux motocyclistes que la sophistication à outrance n'interpelle pas, à ceux et celles pour qui prendre la route signifie aussi prendre plaisir à s'imprégner de la machine que l'on pilote et du décor que l'on traverse, elles sont irremplaçables.

Tri Glide Ultra Classic

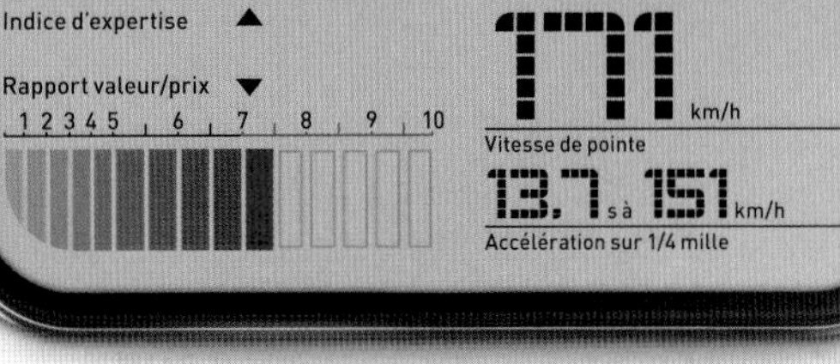

Voir légende en page 16

GÉNÉRAL

Catégorie	Tourisme de luxe / Tourisme léger
Prix	19 869$ à 27 029$ (Tri Glide : 35 949$)
Immatriculation 2012	545,65$
Catégorisation SAAQ 2012	« régulière »
Évolution récente	plateforme revue en 2009 ; TC96 introduit en 2007, TC103 en 2010, adopté en 2012 ; Street Glide introduite en 2006, Tri Glide Ultra Classic en 2009 et Road Glide Ultra en 2011
Garantie	2 ans/kilométrage illimité
Couleur(s)	choix multiples
Concurrence	Kawasaki Vulcan 1700 Nomad/Voyager ; Victory Vision Tour, Cross Country/Tour, Cross Roads ; Yamaha Venture

MOTEUR

Type	bicylindre 4-temps en V à 45 degrés (Twin Cam 103), culbuté, 2 soupapes par cylindre, refroidissement par air
Alimentation	injection séquentielle
Rapport volumétrique	9,6 :1
Cylindrée	1 690 cc
Alésage et course	98,4 mm x 111,3 mm
Puissance estimée	75 ch @ 5 000 tr/min
Couple	100 lb-pi @ 3 250 tr/min
Boîte de vitesses	6 rapports
Transmission finale	par courroie
Révolution à 100 km/h	environ 2 300 tr/min (Tri Glide : 2 500 tr/min)
Consommation moyenne	6,2 l/100 km
Autonomie moyenne	366 km

PARTIE CYCLE

Type de cadre	double berceau, en acier
Suspension avant	fourche conventionnelle de 41,3 mm non ajustable
Suspension arrière	2 amortisseurs ajustables en précharge par pression d'air
Freinage avant	2 disques de 300 mm de Ø avec étriers à 4 pistons (ABS optionnel selon modèle)
Freinage arrière	1 disque de 300 mm de Ø avec étrier à 4 pistons (ABS optionnel selon modèle)
Pneus avant/arrière	EG/RGU/RK : 130/80 B17 & 180/65 B16 SG/RGC : 130/70 B18 & 180/65 B16 RKC : 130/90 B16 & 180/65 B16
Empattement	1 613 mm (Tri Glide : 1 692 mm)
Hauteur de selle	688 mm à 739 mm (Tri Glide : 734 mm)
Poids tous pleins faits	367 kg à 409 kg (Tri Glide : 540 kg)
Réservoir de carburant	22,7 litres

Softail Slim

HARLEY-DAVIDSON ET SON ART... Les Softail sont, d'une certaine façon, l'âme des produits de la marque de Milwaukee. Constituant l'une des familles du constructeur affichant la plus grande diversité stylistique, elles représentent, dans l'imaginaire du grand public comme dans celui des connaisseurs, l'essence même des produits du légendaire manufacturier, un fait qui est d'ailleurs probablement attribuable à la célèbre Fat Boy. Chacune des six variantes offertes en 2012, dont la nouvelle Slim, est construite autour d'une plateforme presque identique constituée d'un cadre dont l'arrière offre une suspension d'apparence rigide et d'un V-Twin refroidi par air et adouci par balanciers. Pour 2012, tous les modèles de la famille reçoivent la version de 103 pouces cubes de cette mécanique, tandis que l'ABS est toujours offert en équipement optionnel.

Chez Harley-Davidson, les Softail représentent le produit dont la mission est de plaire au plus grand nombre. Il s'agit d'une réalité qui est mise en évidence dès que l'on enfonce le bouton du démarreur, car en dépit d'une cylindrée qui atteint cette année près de 1 700 cc, le très agréable et coupleux V-Twin animant chacun des modèles de la famille se montre particulièrement doux, justement pour plaire au plus large public possible. Presque exempt de vibrations au ralenti et tremblant à peine à vitesse d'autoroute, il gronde par contre de manière assez marquée en pleine accélération. La sonorité profonde et veloutée des silencieux est aisément audible, tandis que les nombreux bruits mécaniques typiques des montures du constructeur font également partie de l'expérience. Le caractère des Softail s'avère toutefois nettement plus réservé que celui des modèles Dyna et de tourisme. Il s'agit d'un niveau de sensations auditives et tactiles volontairement et précisément dosé, et aussi du type de présence mécanique dont les modèles customs des constructeurs rivaux cherchent le plus à se rapprocher. Ainsi, même si l'expérience sensorielle n'est pas tout à fait la même et que les performances ne sont pas nécessairement du même niveau, ce dosage fait en sorte que l'ancien propriétaire d'une custom poids lourd de marque Kawasaki, Honda ou Victory, par exemple, ne se sentira pas du tout égaré sur une Softail et vice versa. En revanche, l'amateur de customs recherchant des sensations mécaniques fortes restera peut-être sur sa faim avec les modèles de cette famille. Dans un tel cas, n'importe laquelle des montures de la famille Dyna serait tout indiquée.

EN TERMES DE FONCTIONNALITÉ, LES SOFTAIL SONT FACILEMENT ÉQUIVALENTES AUX MODÈLES RIVAUX JAPONAIS.

La marque Harley-Davidson et ses produits ont beau jouir d'une enviable notoriété et d'une reconnaissance globale, mais une série de croyances populaires peu flatteuses continue de les accompagner. Qu'il s'agisse de freins déficients, de fiabilité douteuse, de vibrations qui font tomber les pièces, d'huile qui fuit, de garde au sol inexistante ou de comportement boiteux, la réalité est qu'on a affaire, dans tous ces cas, à des mythes purs et simples, pour ne pas parler de commentaires ignorants. Le fait est qu'en matière de comportement, la plupart des Harley, dont certainement celles-ci, proposent un niveau de fonctionnalité facilement équivalent à celui des produits rivaux japonais ou américains. À une exception près, celle de la Blackline dont la combinaison d'une grande roue avant et d'un guidon étroit alourdit un peu la direction, toutes les variantes offrent une direction très légère, une masse vraiment habilement déguisée permettant une prise en main étonnamment facile ainsi qu'une solidité, une précision et une garde au sol tout à fait satisfaisantes en virage, lorsqu'elles sont pilotées à un rythme modéré. Toutes les versions proposent par ailleurs un niveau de confort correct lors de balades de courte ou moyenne durée, et ce, malgré une suspension arrière dont les bonnes manières se dissipent avec l'arrivée de mauvais revêtement. Grâce à son gros pare-brise – qui génère toutefois de la turbulence au niveau du casque –, à son dossier de passager et à ses sacoches latérales souples, l'Heritage Softail Classic est la plus appropriée sur de longues distances, même s'il ne s'agit certainement pas d'une routière du calibre d'une Road King, par exemple.

POUR JEUNE ADULTE

Une nouveauté pour 2012, la Softail Slim illustre parfaitement deux des plus importants talents de Harley-Davidson. Le premier, et souvent le plus critiqué par les «infidèles», c'est celui d'arriver à créer des modèles distincts à partir d'une base commune «en changeant à peine une pièce à gauche ou à droite». Ils ont à la fois raison et tort. Raison parce que c'est exactement ce qui se passe d'un point de vue technique. Dans le cas de la nouvelle Slim, par exemple, on a essentiellement affaire à une Softail Deluxe. Comme les points de contact avec le pilote, soit la selle, le guidon et les plateformes, ne sont pas exactement les mêmes entre les deux modèles, et comme la suspension arrière de la Slim offre un débattement un peu plus grand, les impressions de conduite diffèrent légèrement de l'une à l'autre. Mais à l'exception de ces différences, la machine est la même. Là où les fameux «infidèles» ont toutefois tort, c'est en croyant que ces transformations sont simples. Si elles l'étaient, chaque compagnie les ferait et chaque compagnie aurait autant de succès que Harley-Davidson. Mais ça n'est évidemment pas le cas, puisque les constructeurs rivaux peinent généralement à dessiner une seule custom dont les lignes ne soient pas complètement prévisibles. Et là se situe l'autre grand talent de la marque de Milwaukee : le goût et l'instinct artistique dont elle fait preuve sont absolument inégalés dans l'industrie de la moto, en matière de customs. La Slim n'est effectivement qu'une Deluxe rhabillée, mais c'est la manière dont elle est rhabillée qui déterminera son succès, et non le décompte des pièces qui lui sont propres. Encore plus important est le fait que cet habillement, s'il est judicieusement choisi, arrivera à lui seul à captiver une clientèle plus jeune que celle qui s'attarde traditionnellement aux Harley-Davidson classiques, justement comme la Softail Deluxe. La marque de Milwaukee a depuis longtemps compris que le style vend, mais elle est aujourd'hui en train de perfectionner l'art de comprendre quel style vend à qui.

Fat Boy

Fat Boy Lo

Softail Deluxe

Blackline

DES VISAGES MULTIPLES, UNE BASE COMMUNE

La famille Softail met mieux en évidence que n'importe quelles autres Harley-Davidson la façon dont le constructeur s'y prend pour multiplier les modèles à partir d'une plateforme commune. En fait, à part la Blackline, qui se distingue par sa grande et mince roue avant de 21 pouces et par son angle de fourche un peu plus ouvert, toutes les autres variantes de la famille sont étonnamment semblables d'un point de vue technique, et ce, même si visuellement leur nature est complètement différente. En examinant, et ce, même rapidement de profil la Fat Boy, la Fat Boy Lo, la Softail Deluxe, l'Heritage Softail Classic et la nouvelle Slim, on comprend instantanément à quel point la recette de base derrière tous les modèles est similaire. Ce qui surprend toujours chez Harley-Davidson, c'est à quel point les impressions de conduite varient d'un modèle à l'autre en dépit des similitudes mécaniques. Grâce à des guidons différents, à des repose-pieds dont l'emplacement varie légèrement et à des selles dont la forme et la densité sont adaptées à chaque modèle, chacune des Softail possède sa propre personnalité. Personnalité d'autant plus forte qu'elle est appuyée par un très habile travail stylistique.

QUOI DE NEUF EN 2012 ?

Introduction de la variante Softail Slim

Twin Cam 96B remplacé par le Twin Cam 103B

Retrait de la Cross Bones

Guidon abaissé sur les Fat Boy et Fat Boy Lo

Fat Boy et Fat Boy Lo coûtent 870 $, Softail Deluxe et Heritage Softail Classic 900 $ et Blackline 450 $ de plus qu'en 2011

PAS MAL

Des lignes soit classiques et intemporelles comme celles de la Fat Boy et de l'Heritage, soit modernes et progressives comme celle de la Blackline ; chacune à sa façon est une éloquente démonstration du talent stylistique de Harley-Davidson

Un V-Twin qui, sans être le plus communicatif du catalogue américain, chante de manière fort agréable et génère un niveau de performances que la majorité des acheteurs trouvera satisfaisant, surtout maintenant qu'il s'agit du Twin Cam 103B

Une facilité de pilotage qui surprend et rend ces lourdes motos, notamment la Fat Boy Lo, étonnamment accessibles aux moins qu'experts

BOF

Une suspension arrière dont le comportement sur des routes pas trop abîmées peut être qualifié de correct, mais qui devient sèche quand la chaussée se détériore

Un thème « tourisme léger » qui doit justement être pris à la légère sur l'Heritage puisqu'on n'a décidément pas affaire à une Street Glide

Une certaine nervosité de la direction sur l'autoroute, pour certains modèles dont la Fat Boy, où le moindre mouvement du pilote se transforme en réaction du châssis

CONCLUSION

On entend souvent des critiques dirigées vers Harley-Davidson en ce qui concerne sa façon de multiplier les modèles à partir d'une plateforme commune, surtout parce qu'une telle pratique est perçue comme une manière simpliste de créer des nouveautés. Ce que les auteurs de ces critiques ne comprennent pas, c'est que plusieurs règles ne s'appliquent pas nécessairement à Harley-Davidson. À moins qu'il ne soit extrêmement habile en le faisant, un autre constructeur générerait probablement très peu d'intérêt en créant un nouveau modèle de cette façon. Mais la marque de Milwaukee y arrive, en partie parce que sa clientèle ne demande pas la même chose que celle des autres constructeurs et en partie parce le goût et l'instinct stylistique de Harley-Davidson sont extraordinairement développés. Par ailleurs, si le manufacturier peut se permettre de se concentrer sur le style des variantes, c'est aussi parce que cette fameuse base commune est particulièrement réussie.

Heritage Softail Classic

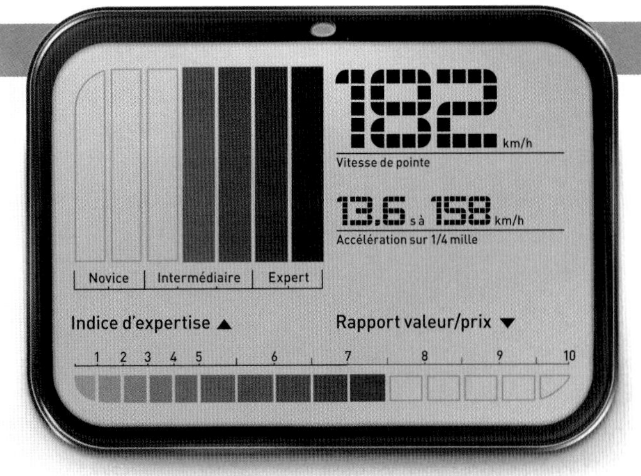

Voir légende en page 16

GÉNÉRAL

Catégorie	Custom / Tourisme léger
Prix	FB/FBL/SD : 18 569/18 899/19 479 $ HSC/Slim/BL : 19 699/17 599/17 599 $
Immatriculation 2012	545,65 $
Catégorisation SAAQ 2012	« régulière »
Évolution récente	plateforme revue en 2000 ; TC96B introduit en 2007 et TC103B en 2012 ; Deluxe introduite en 2005, Fat Boy Lo en 2010, Blackline en 2011 et Slim en 2012
Garantie	2 ans/kilométrage illimité
Couleur(s)	choix multiples
Concurrence	Kawasaki Vulcan 1700 Classic, Victory Kingpin, Yamaha Road Star, Yamaha Road Star Silverado

MOTEUR

Type	bicylindre 4-temps en V à 45 degrés (Twin Cam 103B), culbuté, 2 soupapes par cylindre, refroidissement par air
Alimentation	injection séquentielle
Rapport volumétrique	9,6 : 1
Cylindrée	1 690 cc
Alésage et course	98,4 mm x 111,1 mm
Puissance estimée	75 ch @ 5 000 tr/min
Couple	98,7 lb-pi @ 3 000 (BL : 3 250) tr/min
Boîte de vitesses	6 rapports
Transmission finale	par courroie
Révolution à 100 km/h	environ 2 300 tr/min
Consommation moyenne	5,8 l/100 km
Autonomie moyenne	326 km

PARTIE CYCLE

Type de cadre	double berceau, en acier
Suspension avant	fourche conventionnelle de 41,3 mm non ajustable
Suspension arrière	2 amortisseurs ajustables en précharge
Freinage avant	1 disque de 292 mm de Ø avec étrier à 4 pistons (ABS optionnel)
Freinage arrière	1 disque de 292 mm de Ø avec étrier à 2 pistons (ABS optionnel)
Pneus avant/arrière	FB/FBL : 140/75-17 & 200/55-17 SD/Slim : MT90 B16 & MU85B16 HSC : MT90 B16 & 150/80 B16 BL : MH90-21 & MU85B16
Empattement	1 638 mm (BL : 1 689 mm)
Hauteur de selle	FB/FBL/SD : 690/669/658 mm HSC/Slim/BL : 688/658/663 mm
Poids tous pleins faits	FB/FBL/SD : 329/332/329 kg HSC/Slim/BL : 345/317,5/310 kg
Réservoir de carburant	18,9 litres

Street Bob

LES DYNA ABORDABLES... La plateforme Dyna représente depuis toujours l'une des trouvailles les moins connues de l'univers custom. Toutes les montures de cette famille ont, en effet, la particularité d'être construites autour d'un cadre dans lequel une version sans balancier du gros V-Twin américain est montée de manière souple. Il s'agit d'une caractéristique qui doit absolument être expérimentée pour être appréciée et qui transforme ces motos en machines absolument uniques. Rien, et nous disons bien rien, ne tremble de cette façon, à un point tel que les amateurs de V-Twin «tranquilles» ne sont ici décidément pas au bon endroit. Afin de s'assurer que la Street Bob et la Super Glide Custom continuent d'offrir la facture la plus basse des grosses Harley-Davidson, la décision fut prise en 2012 de ne pas les équiper du Twin Cam 103 qui fait son arrivée sur le reste de la gamme.

Au-delà des particularités techniques de la plateforme Dyna autour de laquelle elles sont construites, les Street Bob et Super Glide Custom se distinguent du reste la gamme américaine par le fait qu'il s'agit des grosses Harley-Davidson les moins chères. La facture des modèles est même similaire et parfois inférieure à celle des montures rivales, ce qui constitue une situation plutôt inhabituelle. Malgré cela, ni l'une ni l'autre n'est construite de manière moins attentionnée que le reste des grosses Harley, la seule exception étant la cylindrée du gros V-Twin qui est dans leur cas de 96 plutôt que de 103 pouces cubes. Autrement, en termes de technologie, on a affaire à des motos qui sont l'équivalent des Softail.

S'il est une facette de ces Dyna qui fasse un peu bon marché, c'est leur style un peu prévisible. Le guidon Ape Hanger de la Street Bob a beau amener quelque chose d'audacieux qui se marie d'ailleurs très bien avec la finition d'inspiration Dark Custom du modèle, mais il reste qu'en termes de look d'ensemble, le tout renvoie une impression plutôt simpliste. Cette conclusion est d'ailleurs aussi et surtout valable pour la Super Glide Custom qui, outre sa belle finition, ne semble rien offrir de très désirable en matière de style, pour ne pas dire qu'elle est finalement anonyme. Comme tout ce qui sépare ces modèles d'un niveau de désirabilité supérieur est l'un de ces coups de crayon géniaux qui font la réputation du constructeur, et comme Harley-Davidson continue de peaufiner le style des modèles qu'il a négligé par le passé – les Sportster, par exemple –, nous ne serons pas surpris lorsque la ligne des modèles Dyna se mettra à évoluer.

PAR SOUCI D'ÉCONOMIE, ELLES SONT LES SEULES GROSSES HARLEY QUI SONT ENCORE ANIMÉES PAR LE TWIN CAM 96.

Bien que la Street Bob et surtout la Super Glide Custom souffrent de certaines lacunes stylistiques, en termes de désirabilité mécanique, c'est tout le contraire puisqu'elles figurent aisément parmi les customs les plus communicatives du marché. Pour l'amateur de V-Twin custom à caractère fort, on peut même difficilement trouver plus satisfaisant.

À partir du ralenti jusqu'à environ 2 500 tr/min, une Dyna offre un lien extraordinairement direct entre les mouvements des pistons et les pulsations ressenties par le pilote. Ce profond tremblement s'adoucit comme par magie une fois ce régime passé, le gros V-Twin se contentant alors de doucement gronder à vitesse d'autoroute. Les performances sont d'un niveau satisfaisant grâce à une bonne poussée à bas et moyen régimes.

Compte tenu de ses quelque 300 kilos et de sa cylindrée de près de 1 600 cc, la grande accessibilité de la Super Glide Custom surprend. Une selle et un centre de gravité bas ainsi qu'un guidon large tombant naturellement facilitent sa prise en main. Bien que ses proportions soient identiques, le cas de la Street Bob est différent en raison d'une position de conduite très affectée par le haut guidon. L'effet n'a non seulement rien de naturel, mais une bonne attention lors de manœuvres serrées est aussi requise. Dans les deux cas, à cause de la distance réduite entre les selles basses et les repose-pieds en position centrale, les pilotes aux longues jambes pourraient se sentir coincés ou étrangement installés. Enfin, grâce aux selles correctes et aux suspensions souples, toutes deux offrent un niveau de confort satisfaisant.

QUOI DE NEUF EN 2012 ?

ABS offert en option

Coûtent 380 $ de plus qu'en 2011

PAS MAL

D'excellentes occasions pour quiconque rêve d'une Harley-Davidson « pleine grandeur » à prix raisonnable

Une mécanique au caractère carrément ensorcelant qui tremble et qui gronde comme aucun autre V-Twin en existence, ainsi qu'un niveau de performances tout à fait satisfaisant

Une accessibilité de pilotage étonnante pour des customs d'une telle cylindrée et de tels poids

BOF

Un prix intéressant, mais qui se traduit par une selle solo sur la Street Bob et par l'utilisation du Twin Cam 96 plutôt que le Twin Cam 103 adopté par le reste de la gamme à partir de 2012

Un style prévisible et facile pour la Super Glide Custom qui mériterait vraiment un peu d'attention ; certaines Dyna pourraient être bien plus intéressantes si Harley leur administrait la même médecine stylistique dont profitent les Softail ou les Sportster

Une position de conduite pas très naturelle à cause de la position centrale des repose-pieds ; la posture très particulière qu'impose la Street Bob ne plaira pas à tous

Une mécanique dont le caractère est tellement fort que certains motocyclistes n'arrivent pas à s'y faire ; il s'agit des clients parfaits pour les Softail dont les sensations mécaniques sont bien plus retenues

CONCLUSION

Au sein de la gamme Harley-Davidson, ce duo de Dyna s'adresse aux motocyclistes souhaitant accéder à bon prix à l'un des produits désirables de la marque, ce qui signifie un modèle équipé du gros V-Twin. Dans ce cas, on devra néanmoins se « contenter » de la version de 96 pouces cubes de cette sublime mécanique américaine, puisque les Street Bob et Super Glide Custom sont désormais les seules grosses Harley n'étant pas animées par le TC103. Notre affection pour la nature extraordinairement communicative de la plateforme Dyna est bien documentée et elle demeure entière dans ces deux cas. Cela dit, si nous avons un reproche à formuler à l'égard du duo, il est essentiellement stylistique, puisque nous croyons que Harley-Davidson pourrait faire mieux à ce chapitre, et ce, surtout dans le cas de la Super Glide Custom qui ressemble – pardonnez-nous, Willie – à une custom japonaise.

Super Glide Custom

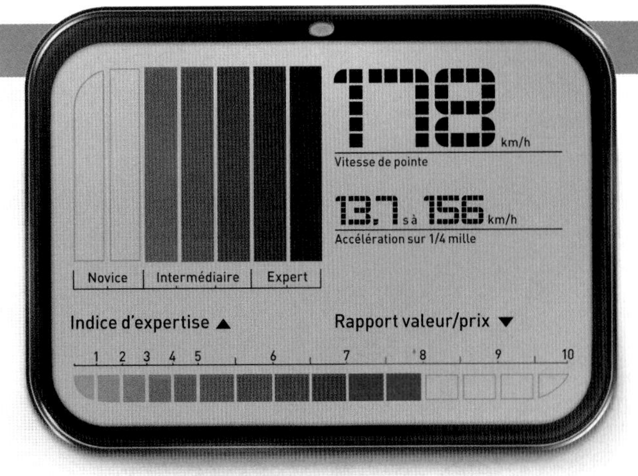

Voir légende en page 16

GÉNÉRAL

Catégorie	Custom
Prix	Street Bob : 14 759 $ Super Glide Custom : 14 759 $
Immatriculation 2012	545,65 $
Catégorisation SAAQ 2012	« régulière »
Évolution récente	Street Bob introduite en 2007 ; TC96 introduit en 2007
Garantie	2 ans/kilométrage illimité
Couleur(s)	choix multiples
Concurrence	Kawasaki Vulcan 1700 Classic, Victory Vegas, Yamaha Road Star 1700

MOTEUR

Type	bicylindre 4-temps en V à 45 degrés (Twin Cam 96), culbuté, 2 soupapes par cylindre, refroidissement par air
Alimentation	injection séquentielle
Rapport volumétrique	9,2 : 1
Cylindrée	1 584 cc
Alésage et course	95,3 mm x 111,3 mm
Puissance estimée	70 ch @ 5 000 tr/min
Couple	92 lb-pi @ 3 000 tr/min
Boîte de vitesses	6 rapports
Transmission finale	par courroie
Révolution à 100 km/h	environ 2 400 tr/min
Consommation moyenne	5,6 l/100 km
Autonomie moyenne	SB : 317 km ; SGC : 337 km

PARTIE CYCLE

Type de cadre	double berceau, en acier
Suspension avant	fourche conventionnelle de 49 mm non ajustable
Suspension arrière	2 amortisseurs ajustables en précharge
Freinage avant	1 disque de 300 mm de Ø avec étrier à 4 pistons
Freinage arrière	1 disque de 292 mm de Ø avec étrier à 2 pistons
Pneus avant/arrière	100/90-19 & 160/70 B17
Empattement	1 631 mm
Hauteur de selle	SB : 678 mm ; SGC : 673 mm
Poids tous pleins faits	SB : 304 kg ; SGC : 308 kg
Réservoir de carburant	SB : 17,8 litres ; SGC : 18,9 litres

Switchback

ESSOR... D'une manière inexplicable, les modèles de la famille Dyna ont longtemps été délaissés par Harley-Davidson qui a toujours semblé bien plus intéressé à peaufiner ses Softail. Il s'agit d'une tendance qui est aujourd'hui presque complètement dans le passé, puisqu'on perçoit depuis quelques années une constante évolution dans cette famille qui compte même certains des modèles les plus distincts de la gamme américaine, comme la légendaire Wide Glide et la trapue Fat Bob. Pour 2012, ces deux Dyna évoluent grâce à l'arrivée de l'ABS en option, mais aussi en raison de l'adoption de la version de 103 pouces cubes du vénérable moteur Twin Cam. De plus, une toute nouvelle variante est introduite cette année, la Switchback, qui ramène à la vie le concept «convertible». Chez Harley-Davidson, celui-ci correspond à la capacité de facilement changer de rôle grâce à la dépose rapide d'équipements.

Les «infidèles» expriment souvent leur dédain face à l'habitude qu'a Harley-Davidson de créer plusieurs modèles à partir d'une même plateforme, parfois en ne changeant que quelques pièces. Mais la réalité, c'est qu'il n'y a absolument rien de mal à cette façon de faire, surtout quand ladite plateforme est aussi particulière et plaisante que celle servant de base à la famille Dyna. D'ailleurs, la marque de Milwaukee récidive en 2012 en ajoutant un membre à cette famille, la Switchback. Comme les Fat Bob et Wide Glide, dont le style est, par ailleurs, beaucoup plus osé que les lignes très conservatrices de la Switchback, celle-ci est animée par la version de 103 pouces cubes de l'exquise mécanique qu'est le Twin Cam. La présence de ce V-Twin de près de 1 700 cc ne transforme aucune de ces motos en fusée, mais elle leur donne en revanche un niveau de performances décidément plaisant, notamment en raison de la très généreuse quantité de couple produite à bas et moyen régime. Mais l'attrait de cette mécanique tient aussi de la façon qu'elle a de transformer chaque balade en expérience sensorielle. Il n'existe tout simplement rien sur le marché qui tremble de cette façon et on peine même à imaginer un autre constructeur que Harley-Davidson oser offrir une monture dont le caractère mécanique est aussi franc.

LA SWITCHBACK PARTAGE AVEC LA 883 SUPERLOW UNE CONCEPTION ENTIÈREMENT BASÉE AUTOUR DU THÈME DE L'ACCESSIBILITÉ.

Les Wide Glide et Fat Bob sont des motos dont la conception est fortement liée à un thème stylistique, ce qui peut en affecter le côté pratique. C'est surtout vrai dans le cas de la première, puisqu'elle n'est pas la partenaire idéale des longues distances et qu'on la choisit d'abord et avant tout pour le thème rétro de sa ligne. La Fat Bob est construite de manière très différente et ne se comporte pas du tout de la même façon. En fait, on s'étonne même de son agilité et de son côté facile à vivre dans un environnement quotidien. Quant à la nouvelle Switchback, elle diffère des deux autres non seulement en termes de style, mais aussi, et surtout, au niveau fonctionnel, puisqu'il ne s'agit absolument pas d'une de ces customs de courtes randonnées. Équipée de série d'un pare-brise de bonne dimension et d'une paire de valises latérales dont le volume est décent, mais pas énorme, la Switchback est une custom de tourisme léger qui partage avec la Sportster 883 SuperLow une conception entièrement basée autour du thème de l'accessibilité. En d'autres mots, la nouveauté a pour mission de rendre le tourisme léger plus accessible qu'il ne l'est dans le cas des modèles habituels comme la Road King, par exemple. Il ne s'agit pas d'un poids plume, mais grâce à un centre de gravité bas et à la nature judicieusement compacte de la position de conduite, on jurerait que la Switchback est beaucoup plus légère que la balance ne l'indique réellement. La clientèle visée par Harley-Davidson comprend, on s'en doute, les femmes, mais elle compte aussi les hommes dont la stature ou le niveau d'expérience réduit compliquerait l'accès à un modèle de tourisme pleine grandeur. Les avantages de la Switchback ne s'arrêtent pas là, puisqu'il s'agit d'un modèle transformable grâce à un système de dépose rapide du pare-brise et des valises qui permet d'en changer la fonction et l'apparence en quelques instants à peine.

La nouvelle Switchback n'est pas qu'une custom rapidement transformable en monture de tourisme léger. Elle a aussi la mission de rendre ce type de motos plus accessible qu'une grosse et lourde Road King, par exemple.

Quelque part dans le sud du Wyoming, en chemin vers le rassemblement annuel de Sturgis à l'occasion de la présentation officielle des Harley-Davidson 2012, l'auteur fait une pause dans la minuscule ville de Medicine Bow et devant la lentille de Riles & Nelson.

WIDE GLIDE

La Wide Glide, c'est la mauvaise fille de la famille Dyna. Très habilement redessinée en 2010, elle se distingue des autres membres de la famille par son angle de fourche nettement plus ouvert lui donnant un profil élancé. Elle est présentement, et a probablement toujours été, ce que Harley-Davidson produit de plus près d'un chopper. Elle reçoit le Twin Cam 103 en 2012, tandis que l'ABS peut-être installé en option.

D'un point de vue stylistique, la Fat Bob est la bagarreuse de la gamme Harley-Davidson. Entièrement construite autour d'un thème massif et trapu, elle en rajoute avec son phare avant double et ses pneus au dessin agressif. En dépit de cette apparence dure, la Fat Bob est l'une des Harley les plus agiles du catalogue américain et aussi l'une des plus faciles à vivre dans le quotidien. Comme la Wide Glide, elle reçoit l'excellent Twin Cam 103 en 2012 et peut être équipée du freinage ABS en équipement optionnel.

QUOI DE NEUF EN 2012 ?

Variante Switchback introduite

Twin Cam 96 remplacé par le Twin Cam 103

ABS offert en équipement optionnel

Fat Bob coûte 840 $ et Wide Glide 820 $ de plus qu'en 2011

PAS MAL

Des styles qui sont tout sauf anonymes dans le cas des Wide Glide et Fat Bob et qu'on associe au premier coup d'oeil à Harley-Davidson

Un concept non seulement intéressant dans le cas de la Switchback, mais aussi unique, puisqu'il n'existe rien de directement comparable

Une mécanique coupleuse très agréable à solliciter et qui dégage des sensations uniques en secouant sans gêne pilote et moto à bas régime puis en s'adoucissant complètement à vitesse d'autoroute

Une facilité de pilotage étonnante pour des motos de tels poids qui rend ces modèles accessibles même à des motocyclistes de petite stature ou moins qu'experts

BOF

Une suspension arrière qui peut se montrer assez sèche sur mauvais revêtement

Un pare-brise causant de la turbulence au niveau du casque sur la Switchback

Une garde au sol plus limitée que la moyenne dans le cas de la Wide Glide dont les silencieux frottent le sol facilement

Des styles tellement forts et particuliers qu'ils deviennent polarisants dans le cas de la Wide Glide et de la Fat Bob qu'on aime ou qu'on n'aime pas ; en revanche, Harley-Davidson produit d'autres customs aux lignes plus neutres, dont la Switchback

CONCLUSION

Pour l'acheteur éventuel d'une Harley-Davidson, une question surpasse toutes les autres en termes d'importance : laquelle ? La réponse à cette question n'est pas toujours logique, puisqu'elle découle souvent d'une forte réaction émotionnelle liée à la ligne d'un modèle. La Wide Glide et la Street Bob font partie des Harley qui suscitent les réactions les plus fortes en raison de leur style très distinct. Heureusement, une telle réaction aura pour conséquence l'acquisition d'une moto au comportement généralement sain, voire joueur dans le cas de la Fat Bob, et animée par l'une des plus plaisantes mécaniques jamais installées dans un cadre de moto. Quant à la nouvelle Switchback, si sa ligne est beaucoup plus retenue que celle des deux autres, elle propose en revanche un niveau de fonctionnalité dont ni l'une ni l'autre ne peut rêver. Véritablement capable de rouler loin et longtemps, la Switchback offre en plus l'avantage de se montrer inhabituellement accessible pour une moto de ce type. Il s'agit d'un genre de petite Road King qui change de fonction en quelques instants, ce qui est unique sur le marché.

Fat Bob

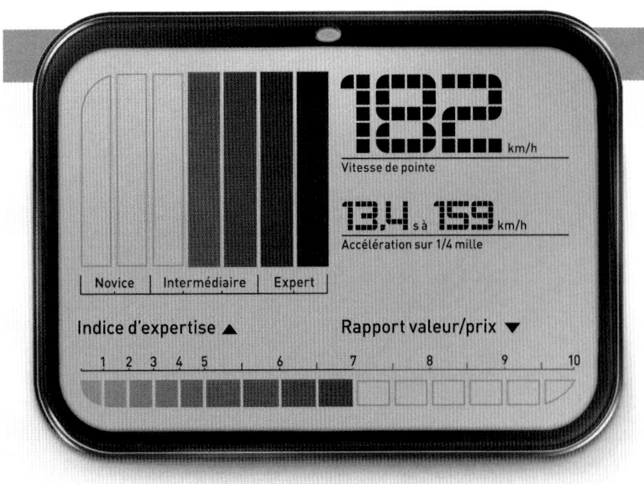

Voir légende en page 16

GÉNÉRAL

Catégorie	Custom/Tourisme léger
Prix	Switchback : 18 169 $ Wide Glide : 16 859 $ Fat Bob : 17 429 $
Immatriculation 2012	545,65 $
Catégorisation SAAQ 2012	« régulière »
Évolution récente	Fat Bob introduite en 2008 ; Wide Glide révisée en 2010 ; Switchback introduite en 2012 ; TC103 introduit en 2012
Garantie	2 ans/kilométrage illimité
Couleur(s)	choix multiples
Concurrence	Switchback : Yamaha Road Star Silverado Wide Glide : Victory Jackpot Fat Bob : Victory Hammer

MOTEUR

Type	bicylindre 4-temps en V à 45 degrés (Twin Cam 103), culbuté, 2 soupapes par cylindre, refroidissement par air
Alimentation	injection séquentielle
Rapport volumétrique	9,6 :1
Cylindrée	1 690 cc
Alésage et course	98,4 mm x 111,3 mm
Puissance estimée	75 ch @ 5 000 tr/min
Couple	100 lb-pi @ 3 500 tr/min
Boîte de vitesses	6 rapports
Transmission finale	par courroie
Révolution à 100 km/h	environ 2 300 tr/min
Consommation moyenne	5,8 l/100 km
Autonomie moyenne	SB / WG / FB : 307 / 307 / 326 km

PARTIE CYCLE

Type de cadre	double berceau, en acier
Suspension avant	fourche conventionnelle de 49 mm non ajustable
Suspension arrière	2 amortisseurs ajustables en précharge
Freinage avant	1 (FB : 2) disque de 300 mm de Ø avec étrier(s) à 4 pistons
Freinage arrière	1 disque de 292 mm de Ø avec étrier à 2 pistons
Pneus avant/arrière	SB : 130/70 B18 & 160/70 B17 WG : 80/90-21 & 180/60 B17 FB : 130/90 B16 & 180/70 B16
Empattement	SB / WG / FB : 1 595 / 1 735 / 1 618 mm
Hauteur de selle	SB / WG / FB : 695 / 678 / 686 mm
Poids tous pleins faits	SB / WG / FB : 326 / 303 / 320 kg
Réservoir de carburant	SB / WG / FB : 17,8 / 17,8 / 18,9 litres

V-Rod 10e anniversaire

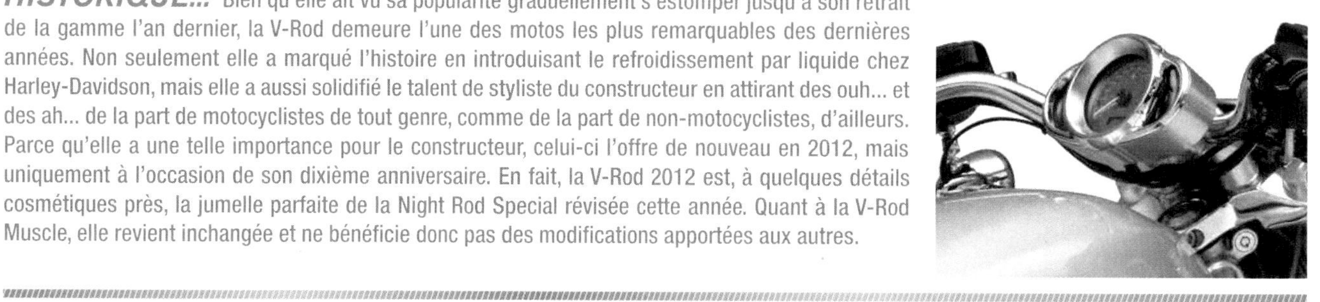

HISTORIQUE... Bien qu'elle ait vu sa popularité graduellement s'estomper jusqu'à son retrait de la gamme l'an dernier, la V-Rod demeure l'une des motos les plus remarquables des dernières années. Non seulement elle a marqué l'histoire en introduisant le refroidissement par liquide chez Harley-Davidson, mais elle a aussi solidifié le talent de styliste du constructeur en attirant des ouh... et des ah... de la part de motocyclistes de tout genre, comme de la part de non-motocyclistes, d'ailleurs. Parce qu'elle a une telle importance pour le constructeur, celui-ci l'offre de nouveau en 2012, mais uniquement à l'occasion de son dixième anniversaire. En fait, la V-Rod 2012 est, à quelques détails cosmétiques près, la jumelle parfaite de la Night Rod Special révisée cette année. Quant à la V-Rod Muscle, elle revient inchangée et ne bénéficie donc pas des modifications apportées aux autres.

L'une des leçons tirées de l'exercice de la V-Rod originale est qu'une Harley-Davidson dirigée vers une clientèle non traditionnelle ne doit pas être traitée de la même manière que les modèles classiques. Alors que ces derniers représentent souvent aux yeux des amateurs des sculptures intemporelles, la V-Rod a plutôt été perçue par les motocyclistes moyens comme une intéressante nouveauté. Or, les nouveautés ont beau être intéressantes, elles vieillissent et doivent tôt ou tard être rafraîchies. La famille VRSC évolue ainsi dans un environnement où l'intérêt ne sera conservé que s'il y a évolution. Et évolution, il y a eu, d'abord par l'adoption d'un V-Twin de 1 250 cc plutôt que 1 130 cc, puis par l'installation d'un pneu arrière géant à section de 240 mm et, finalement, par l'introduction de styles nouveaux, ceux de la Night Rod Special et de la V-Rod Muscle, des modèles joliment dessinés qui incarnent parfaitement l'esprit de Muscle Bike de la V-Rod originale.

GRÂCE À LA RÉVISION DE SA POSITION DE CONDUITE, LA NIGHT ROD SPECIAL ACCUEILLE SON PILOTE BIEN MOINS RADICALEMENT.

L'évolution de la famille VRSC se poursuit en 2012 avec une révision assez profonde de la Night Rod Special, dont Harley-Davidson s'est d'ailleurs servi pour concocter une édition 10e anniversaire de la V-Rod qui ne sera offerte que cette année, pour cette occasion.

L'une des améliorations les plus importantes apportées au modèle, outre sa ligne raffinée, est retrouvée au niveau des roues que le constructeur annonce trois kilos plus légère chacune, ce qui est énorme. La réduction de cette masse en rotation est responsable d'un net allègement de la direction. En combinant à cette amélioration une ergonomie revue par le rapprochement du guidon et des repose-pieds vers le pilote, on obtient une monture dont la position de conduite est non seulement beaucoup moins radicale, mais qui donne aussi au pilote plus de contrôle dans toutes les situations. Le résultat net est une amélioration du comportement, une facilité de pilotage accrue et une position de conduite presque normale pour une custom.

En termes de mécanique, tous les modèles de la famille VRSC sont essentiellement équivalents, ce qui signifie qu'on a affaire dans chaque cas au niveau de performances le plus élevé de l'univers custom. Toutes les variantes sont propulsées par un V-Twin doux et vraiment très particulier qui marie de façon unique un tempérament custom à des accélérations réellement impressionnantes. Si les tout premiers régimes ne proposent pas une quantité de couple exceptionnelle, la situation change complètement dès que l'aiguille du tachymètre s'éloigne du ralenti. À partir d'un arrêt ou même d'une vitesse lente, une ouverture des gaz généreuse jumelée à un relâchement abrupt de l'embrayage se traduira par l'enfumage instantané du gros pneu arrière ainsi que par une impressionnante poussée. Contrairement aux Harley traditionnelles sur lesquelles le travail de la transmission est volontairement lourd, sur celles-ci, tout est léger et précis. La clientèle visée n'est pas la même et les sensations ressenties non plus.

La V-Rod Muscle se distingue de la Night Rod Special en offrant une posture en C de type « pieds et mains loin devant » qui s'avère cool, mais pas confortable. Par ailleurs, le seul prix à payer pour le gros pneu arrière est une petite lourdeur de direction à basse vitesse, ce qui demeure tout à fait acceptable.

QUOI DE NEUF EN 2012 ?

Night Rod Special révisée : roues en aluminium à 10 branches plus légères de 3 kilos chacune, section arrière redessinée incluant la selle, guidon reculé de 3 pouces et repose-pieds reculés d'un pouce, fourche inversée de 43 mm provenant de la V-Rod Muscle,

Édition 10e anniversaire de la V-Rod identique à la Night Rod révisée sauf la finition

V-Rod Muscle coûte 450 $ et Night Rod Special 1 130 $ de plus qu'en 2011

PAS MAL

Un V-Twin fabuleux provenant de la Screamin'Eagle V-Rod ; il est doux, souple et pousse de façon très impressionnante

Une révision de la Night Rod Special qui rend sa position bien moins extrême, allège sa direction et rend son comportement beaucoup plus « normal »

Des lignes et des proportions extrêmement bien réalisées qui illustrent parfaitement le type de motos toutes en muscles auxquelles on a affaire

Un comportement qui n'est pas trop affecté par la présence d'un pneu arrière ultralarge, ce qui n'est pas le cas de toutes les customs équipées de la sorte

BOF

Une position de conduite non seulement typée dans le cas de la Muscle, mais bien extrême qui place littéralement les pieds aussi loin que les mains et plie le pilote en deux ; en revanche, elle immerge celui-ci dans une ambiance très particulière

Une suspension arrière qui n'est pas une merveille de souplesse et dont le rendement moyen est considérablement amplifié par la position qui rend le dos vulnérable

Une certaine lourdeur de direction sur la Muscle et un comportement pas très naturel dans les manœuvres serrées qui découlent de la présence du gros pneu arrière

CONCLUSION

La seule et unique raison d'être de la famille VRSC est d'intéresser une clientèle non traditionnelle à acquérir une Harley-Davidson. La tâche des modèles n'a toutefois rien de facile, puisqu'ils doivent la remplir sans jamais nuire à l'identité de la marque. La V-Rod, sa jumelle la Night Rod Special et la V-Rod Muscle s'adressent ainsi aux motocyclistes qui n'auraient probablement jamais envisagé une Harley-Davidson classique. Extrêmement rapides, mieux maniérées qu'on pourrait le croire et dessinées de main de maître, elles sont les Harley des autres.

Night Rod Special

V-Rod Muscle

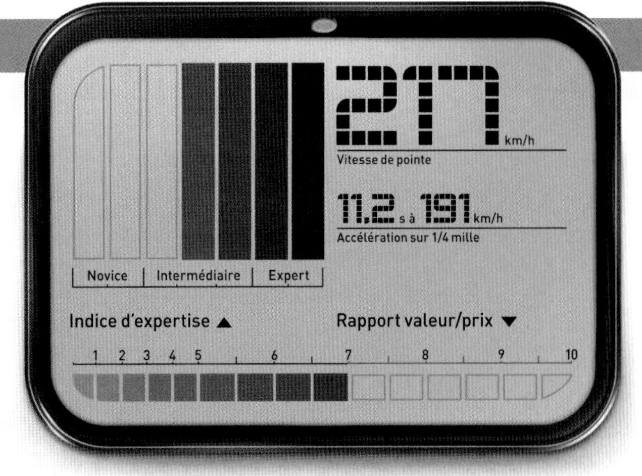

Voir légende en page 16

GÉNÉRAL

Catégorie	Custom
Prix	Night Rod Special : 17 379 $ V-Rod 10e anniversaire : 18 169 $ V-Rod Muscle : 17 039 $
Immatriculation 2012	545,65 $
Catégorisation SAAQ 2012	« régulière »
Évolution récente	V-Rod introduite en 2002, Night Rod Special en 2007 et V-Rod Muscle en 2009 ; Night Rod Special revue en 2012
Garantie	2 ans/kilométrage illimité
Couleur(s)	Night Rod Special : noir, orange, noir mat V-Rod 10e anniversaire : argent V-Rod Muscle : noir, jaune, noir mat
Concurrence	Suzuki Boulevard M109R, Yamaha Raider, Victory Hammer

MOTEUR

Type	bicylindre 4-temps en V à 60 degrés (Revolution), DACT, 4 soupapes par cylindre, refroidissement par liquide
Alimentation	injection séquentielle
Rapport volumétrique	11,5 :1
Cylindrée	1 250 cc
Alésage et course	105 mm x 72 mm
Puissance	V-Rod Muscle : 122 ch @ 8 250 tr/min Night Rod Special : 125 ch @ 8 250 tr/min
Couple	V-Rod Muscle : 86 lb-pi @ 6 500 tr/min Night Rod Special : 85 lb-pi @ 7 000 tr/min
Boîte de vitesses	5 rapports
Transmission finale	par courroie
Révolution à 100 km/h	environ 4 100 tr/min
Consommation moyenne	6,6 l/100 km
Autonomie moyenne	286 km

PARTIE CYCLE

Type de cadre	périmétrique à double berceau, en acier
Suspension avant	fourche inversée de 43 mm non ajustable
Suspension arrière	2 amortisseurs ajustables en précharge
Freinage avant	2 disques de 300 mm de Ø avec étriers à 4 pistons (ABS optionnel)
Freinage arrière	1 disque de 300 mm de Ø avec étrier à 4 pistons (ABS optionnel)
Pneus avant/arrière	120/70 ZR19 & 240/40 R18
Empattement	1 702 mm
Hauteur de selle	678 mm
Poids tous pleins faits	Special / 10e : 304 kg ; Muscle : 305 kg
Réservoir de carburant	18,9 litres

MOUTON NOIR MILWAUKIEN... Dérivée d'une base de Sportster 1200 de laquelle elle ne conserve pas beaucoup plus que le cadre, la XR1200X est propulsée par un V-Twin Evolution produisant quelque 25 chevaux de plus que la version custom. Merci Buell... Afin de donner une certaine crédibilité à son thème sportif, la XR est équipée de suspensions ajustables, de freins puissants et de roues et de pneus larges qui ne seraient décidément pas égarés sur une vraie machine sportive. Le modèle est lié à la famille des V-Rod en ce sens qu'il a, lui aussi, la mission d'inviter une nouvelle clientèle à s'intéresser à Harley-Davidson. Jusqu'à maintenant, la XR n'a pas été un succès retentissant en termes de ventes, mais la marque de Milwaukee continue heureusement de l'offrir. Pour ceux qui seraient tentés par une Harley, mais qui n'aiment pas les modèles traditionnels, l'occasion est unique.

Derrière son style très réussi de machine de course sur terre battue, la XR1200X cache une monture de classe standard qui s'avère très particulière à bien des niveaux. Par exemple, une fois installé à ses commandes d'inspiration custom, on remarque une position de conduite un peu inhabituelle pour une moto de ce genre, puisque les repose-pieds sont hauts et un peu plus avancés que sur une vraie sportive et que le guidon très large est légèrement plus haut et plus reculé que sur une standard normale. Le confort offert par la selle est honnête, mais l'espace limité entre cette dernière et les repose-pieds peut finir par devenir inconfortable, surtout pour les pilotes ayant de longues jambes. Le passager a droit à des repose-pieds hauts et à une selle minimaliste.

Le V-Twin qui anime la XR1200X constitue sans le moindre doute la caractéristique la plus particulière du modèle. Bien que son caractère ne surprenne pas les habitués de la marque, une grosse surprise attend les autres. Au ralenti, ses pulsations sont si profondes et franches qu'elles entraînent avec elles toute la moto et troublent même la vision du pilote. Sur la route, ce tremblement accompagne chaque instant de pilotage, mais puisqu'il est finement calibré par le constructeur, son amplitude ne devient jamais gênante. Du moins, tant qu'on ne s'entête pas à conserver des régimes frôlant la zone rouge de 7 000 tr/min, puisque ceux-ci transforment ces pulsations en vibrations pas vraiment plaisantes. En termes de caractère et de charme mécanique, on ne peut qu'être séduit par la musique milwaukienne grave et saccadée qui se dégage du gros V-Twin refroidi par air à chaque ouverture de l'accélérateur.

MALGRÉ UN CADRE PRESQUE IDENTIQUE À CELUI DE LA SPORTSTER 1200, LA XR1200X OFFRE UN COMPORTEMENT TRÈS SAIN.

Les accélérations sont franches et linéaires, sans toutefois qu'on puisse parler de hautes performances. L'honnête et très plaisant couple livré à bas et moyen régimes compense toutefois en permettant de s'élancer sans effort à partir d'un arrêt et de sortir de courbe autoritairement sans besoin de rétrograder.

L'une des facettes les plus intéressantes de la XR1200X concerne son comportement routier. Malgré un cadre presque identique à celui de la Sportster 1200 custom, la tenue de route affiche d'étonnantes qualités. Avec ses suspensions réglables de haute qualité, elle est capable d'un rythme impressionnant sur une route sinueuse, et quelques tours de piste tranquilles ne seraient même pas hors de question. Sans qu'elle n'affiche la précision ou la légèreté d'une vraie sportive ou même d'une standard extrême, la XR reste très bien maniérée et a la particularité de demander de son pilote qu'il s'implique en conduite sportive en posant des gestes déterminés et francs. En retour, elle fait vivre une impression d'accomplissement qu'une vraie sportive ne pourra rendre qu'à des vitesses très élevées, sur circuit. Cette façon qu'a la XR1200X d'impliquer son pilote en conduite sportive, lorsqu'elle est combinée aux sensations fortes renvoyées par sa mécanique, représente l'attrait principal du modèle. Aux commandes de la XR, on arrive ainsi à se faire plaisir en pilotant de façon sportive, mais sans obligatoirement que les vitesses deviennent extrêmes, et sans non plus qu'on doive absolument posséder un curriculum vitæ de coureur professionnel pour avoir le droit de faire l'expérience du plein potentiel du modèle.

S'engageant dans la chicane du circuit de l'Autodrome Saint-Eustache, l'auteur tente de ne pas trop bloquer les vrais coureurs de la série XR1200. Le crédit photo revient à Pierre Désilets.

L'infâme XR1200X #22 a dû être exorcisée. Crédit photo : Don Empey

Gahel et Mouzouris discutent de réglages. Crédit photo : Don Empey

LE GUIDE AUX COURSES

À peine quelques virages suffirent pour comprendre que la moto que je pilotais avait quelque chose de très différent. Quelques tours plus tard et je réalisais qu'en fait, je pilotais tout simplement une moto atroce. Pas mauvaise, pas perfectible, juste atroce. Comme le serait une bécane des années 70 poussée à fond sur une piste. Avec un cadre fracturé. Cet inconduisible engin, c'était la XR1200X numéro 22 aux commandes de laquelle j'allais devoir participer à la ronde de l'Autodrome Saint-Eustache du championnat canadien de la série XR1200. Mais dans quoi m'étais-je encore embarqué?

Pour la saison 2011, Deeley Harley-Davidson, le distributeur de la marque américaine au Canada, a offert à divers journalistes la possibilité de participer à l'une des rondes de la série XR1200. Une quinzaine de pilotes y sont inscrits, tous sur des machines en principe identiques. Connaissant assez bien la piste de l'Autodrome Saint-Eustache, j'avais accepté de prendre part à la course qui s'y tenait, en me disant que ça pourrait être drôle de jouer les coureurs, ne serait-ce que le temps d'un week-end. Mais ce premier contact avec ma XR, durant la pratique du vendredi matin, sema un doute dans mon esprit. Le reste de la fin de semaine pourrait ne pas être une partie de plaisir, surtout que le peloton comprenait des Steve Crevier et des Darren James, sans parler d'un tas d'autres vrais coureurs. Eux aussi n'en étaient qu'à leurs tout premiers moments en piste durant cette séance, et pourtant, j'avais la gênante impression d'être un obstacle roulant. Mais ce qui était surtout troublant, c'est que je n'y comprenais rien. Ces motos n'étaient-elles pas toutes identiques? Si oui, alors comment arrivaient-ils à rouler aussi vite sur une machine aussi mal maniérée? La réponse, c'était que leurs motos n'étaient pas mal maniérées, mais que la mienne refusait de coopérer. Là où la mienne louvoyait follement en entrée de courbe, les leurs semblaient rivées au sol et tout à fait stables. Était-ce seulement une question d'habitude? Le vrai problème tenait-il les guidons? Était-ce possible que les divers réglages soient tellement faux qu'ils créaient un comportement aussi mauvais? Autant de questions qui sont restées sans réponses durant une vingtaine des minutes les plus ardues que j'ai passées en piste. En entrant aux puits, mes bras et mes mains commençaient à sérieusement cramper. On m'annonça que mon meilleur temps avait été de 54,560s à la toute fin de la séance. Tout juste devant Steve Crevier, Samuel Proulx avait quant à lui réalisé le meilleur temps en complétant un tour du circuit fraîchement repavé en 51,286s. J'avais beaucoup de travail devant moi.

Ayant participé à la ronde du Circuit ICAR, le journaliste Costa Mouzouris m'avait gracieusement offert d'agir à titre de mécano durant la fin de semaine. «Tu n'auras qu'à rouler, je me charge du reste.» Comme Costa avait déjà fait une course aux commandes de la XR (mes premières impressions de la Harley ne l'ont d'ailleurs pas vraiment surpris), qu'il a déjà couru et même remporté un championnat, et qu'il a été mécanicien professionnel dans une vie antérieure, j'ai évidemment accepté son offre.

Je ne m'étais pas vraiment attardé à l'aspect mécanique de la version modifiée pour la course de la XR1200X, mais je n'avais plus le choix de le faire. En fait, les modèles de la série XR1200 n'ont plus grand-chose à voir avec l'amicale XR de série. Dans le but de permettre l'installation de gommes de course, la roue avant originale de 18 pouces est remplacée par une roue de 17 pouces, et comme le modèle de production frotte beaucoup trop rapidement en virage sur circuit, les amortisseurs arrière sont remplacés par des unités beaucoup plus longues afin de soulever la moto. Le résultat est une monture dont la géométrie n'a plus rien à voir avec celle du modèle d'origine. En fin de compte, la XR de course peut se comporter solidement, mais seulement si ses suspensions sont parfaitement réglées. Voilà qui commençait à expliquer la si grande différence de comportement entre ma moto et celles des autres compétiteurs qui en étaient, dans plusieurs cas, à leur seconde saison dans cette série. Je me suis dit qu'avec un peu de temps de piste, on arriverait à les régler ces suspensions. Puis, on m'expliqua qu'il ne me restait qu'une seconde séance de 20 minutes pour cette première journée, et que le lendemain, soit le samedi, après une séance de pratique, ce serait déjà le temps des qualifications. Le dimanche, même chose : 20 minutes de pratique, puis ce serait la course. Le temps de piste limité fut très problématique. S'il s'agissait d'une journée d'essais libres comme celles auxquelles je suis habitué, on aurait pu prendre tout notre temps et expérimenter avec une multitude de réglages jusqu'à trouver les bons. Mais dans ce cas, le tout était extrêmement condensé. J'ai donc choisi de passer la seconde séance du vendredi et la première du samedi à tenter d'exorciser la XR, en ne sortant que pour quelques tours, puis en rentrant immédiatement pour essayer d'autres réglages. Même si nous ne sommes jamais arrivés à atteindre le genre de stabilité que les motos finement réglées des autres compétiteurs offraient, ma XR s'améliorait tranquillement. Mon meilleur temps de la seconde séance de vendredi fut de 53,924s, alors que Steve Crevier menait avec 50,432s. Samedi matin, après d'autres réglages, je gagnais presque une demi-seconde avec un temps de 53,594s, toujours loin derrière Crevier, encore meneur avec ses 50,586s. Lors de la séance de qualification (les positions de départ sont déterminées en fonction des meilleurs temps), ce dernier remporta d'ailleurs la position de tête avec un chrono de 50,234s, alors que je traînais à 53,054s, en dixième position, avec seulement trois coureurs derrière moi. C'était frustrant, et l'une des choses les plus difficiles durant le week-end fut de rester conscient du contexte. Je n'étais qu'un journaliste invité, pas un coureur, avec rien à gagner et tout à perdre si quelque chose tournait mal, et je devais donc me méfier de mon propre esprit compétitif. Rien ne pouvait justifier de me blesser ou de blesser un autre compétiteur.

La journée de dimanche fut très intéressante. Il y eut d'abord la visite du photographe Don Empey qui vint nous montrer quelques images sur son appareil. Il trouvait drôle qu'à chaque passage de l'épingle, mes yeux étaient fermés. Je lui répondis qu'ils n'étaient pas fermés, mais que je regardais plutôt le sol pour m'assurer d'être au bon endroit dans ce difficile virage. En m'entendant prononcer ces mots, Costa explosa : « Tu fais quoi ? Tu regardes par terre ? Tu sais très bien que tu dois regarder loin ! Ça doit te coûter une demi-seconde au moins. Tu dois absolument arrêter de faire ça. » Ok, ok, les nerfs... Il y eut ensuite une visite de Steve Crevier qui arrêta quelques minutes pour voir comment mon aventure se déroulait. Je ne connaissais pas Steve, mais on s'est mis à discuter de la piste et des XR. Je lui expliqué que je ne savais plus trop où ni comment gagner du temps et que malgré toutes les années à tourner à Saint-Eustache, la chicane à l'avant des puits continuait d'être un mystère pour moi. Il m'avoua qu'il croyait lui-même la négocier correctement peut-être une fois sur dix seulement et que la clé était vraiment d'en sortir le mieux possible, puisqu'elle est suivie d'une courte zone d'accélération qui pourrait valoir quelques dixièmes au tour. Puis, il y eut une petite trouvaille d'Alex Carroni, la représentante de presse chez Deeley Harley-Davidson qui m'avait invité à prendre part à cette manche. En fouillant dans le lot de pièces de rechange de l'équipe officielle, elle trouva un ensemble de repose-pieds reculés qu'on avait cherché tout le weekend et que les pilotes de Deeley « pensaient égaré ». Costa s'empressa de les installer. Jusque-là, les repose-pieds d'origine étaient un sérieux problème pour moi, puisqu'ils frottaient partout, parfois assez lourdement pour soulever la moto et amorcer une glissade. L'avant de mes bottes était d'ailleurs troué à force de frotter. Grâce à tous ces conseils, à ces modifications et à quelques réglages supplémentaires suggérés par les gens de Elka, qui produisent les amortisseurs arrière de la XR, la séance de pratique du matin s'est assez bien déroulée. Bien que mon temps ne baissa que légèrement, à 52,969s (le meilleur chrono allait cette fois à Olivier Spilborghs avec 50,369s), je me sentais beaucoup mieux sur la moto. La XR continuait de se dandiner de façon agaçante un peu partout, mais j'arrivais au moins à la piloter et, finalement, je n'avais plus à me soucier des repose-pieds qui s'enfonçaient dangereusement dans l'asphalte.

Costa m'avait suggéré de garder mon dernier train de pneus neufs pour la course et de ne pas les user durant la séance du matin. Je n'étais pas du tout à l'aise à m'élancer dans une course avec des pneus neufs, puisqu'ils sont toujours glissants durant les premiers virages, mais Costa m'assura qu'il s'agissait de pneus de course sans enduit glissant et qu'ils colleraient instantanément grâce aux couvertures chauffantes. Il me demanda de faire confiance à l'équipement et de foncer aussi fort que possible dès le départ. La grille de départ est typiquement l'endroit où la nervosité est à son maximum et pour essayer d'éviter de tomber dans ce piège, j'ai essayé de ne pas trop prendre le moment au sérieux. Par exemple, on s'est amusé à demander à Costa de jouer les « Umbrella girls »... Et puis, très vite, le moment arriva. Juste avant qu'il quitte la grille avec les couvertures chauffantes et les béquilles, je demandai à Costa où était situé le drapeau qui donnerait le départ. Il m'expliqua qu'il y avait des années que le départ était donné par une série de lumières, pas par un drapeau. Ah bon.

Crédit photo : Don Empey

Les courses sont un environnement où les superstitions sont nombreuses. Par exemple, sur la grille de départ, plusieurs pilotes insistent pour demeurer sous un parapluie porte-chance tenu par une – ou des – danseuse de ballet classique portant une tenue aérodynamique. Gahel tenait tellement à respecter la tradition que son collègue et mécano d'un jour, Costa Mouzouris, se proposa pour tenir le fameux parapluie. Ayant longuement observé des danseuses de ballet, il était certain de pouvoir dupliquer l'exercice.

Les premiers mètres de la course se déroulèrent étrangement bien. Je fus même surpris de doubler quelques motos avant le premier virage. Mais il s'agissait, dans la plupart des cas, de pilotes plus rapides qui finirent par me dépasser. Malgré cela, le rythme semblait bon, je ne sentais pas que je roulais au-dessus de mes limites et la XR se comportait mieux qu'elle ne l'avait fait durant tout le week-end. À mesure que les tours passaient, je me suis rapproché, puis j'ai doublé quelques coureurs. L'un d'eux est brièvement revenu devant moi, mais je l'ai immédiatement dépassé et je ne l'ai plus jamais revu. J'appris plus tard que mes temps n'avaient cessé de s'améliorer alors que les leurs avaient légèrement reculé, probablement à cause de la fatigue. Non seulement la course n'avait pas été énervante du tout, mais elle fut même le moment le plus amusant de la fin de semaine. La victoire fut remportée par Steve Crevier, avec un meilleur chrono de 50,180s, tandis que mon meilleur temps, 51,603s, fut réalisé à l'avant-dernier tour et me valut une huitième place. Je n'étais pas tombé, je n'avais pas abîmé la moto qu'on m'avait prêtée, je n'avais pas causé de problèmes aux vrais coureurs, je n'avais pas fini dernier et je m'étais finalement bien amusé. Et j'ai même reçu un chèque de 100$ pour ma performance, puisqu'une bourse était distribuée jusqu'à la huitième position. L'expérience allait-elle me pousser à changer de carrière ? Ce fut très plaisant, mais absolument pas. D'ailleurs, à peine quelques heures plus tard, j'étais attendu au Palais des Congrès pour assister à un événement BRP. Le temps d'une douche et j'étais revenu à ma bonne vieille réalité de journaliste.

B.G.

Crédit photo : Pierre Désilets

QUOI DE NEUF EN 2012 ?

Pneus Michelin Scorcher « 11 »

Coûte 350 $ de plus qu'en 2011

PAS MAL

Un concept joliment réussi ; pour la première fois, tout le savoir-faire de Harley-Davidson en termes de nostalgie est dirigé vers un modèle non-custom

Une tenue de route qui n'inquiétera pas les sportives pures, mais qui reste assez précise et solide pour permettre de sérieusement s'amuser sur une route sinueuse

Un côté pratique, accessible, invitant et simple qui est extrêmement rafraîchissant, puisqu'au-delà de son thème de machine de terre battue, la XR1200X est une très bonne moto aussi à l'aise au quotidien qu'en balade ou en mode sport

Un V-Twin très charismatique qui gronde et tremble comme seule une mécanique Harley-Davidson sait le faire

BOF

Un niveau de performances très correct, mais qui n'est pas du calibre à exciter un motocycliste gourmand en chevaux

Une position de conduite un peu inhabituelle, à laquelle on finit néanmoins par s'habituer ; les jambes sont par contre pliées de manière assez agressive

Une absence de système de freinage ABS, même en option

Une selle qui n'est pas mauvaise, mais qui finit par devenir inconfortable lors de longues randonnées, tandis que l'accueil réservé au passager n'est pas très généreux

CONCLUSION

Seul modèle de la gamme Milwaukienne qui ne soit pas une custom, la XR1200X propose une expérience de pilotage complètement différente de quoi que ce soit d'autre portant le nom Harley-Davidson. Il s'agit non seulement d'une standard, mais aussi d'une moto dont les qualités de routières sont surprenantes. L'attrait principal du modèle, outre son style franchement réussi, c'est qu'il arrive à combiner de manière aussi unique que charmante les caractéristiques d'une Harley-Davidson, notamment en termes de sensations mécaniques, à un comportement étonnamment sain. Elle fait partie de ces rares motos qui offrent quelque chose de tellement particulier et inimitable qu'elles n'ont pas réellement de concurrence.

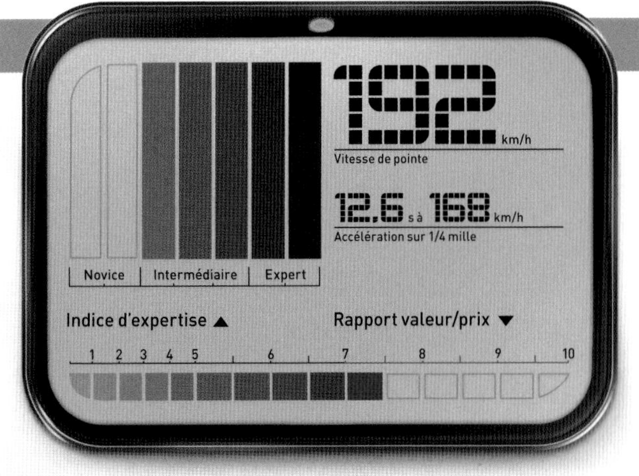

Voir légende en page 16

GÉNÉRAL

Catégorie	Standard
Prix	13 399 $
Immatriculation 2012	545,65 $
Catégorisation SAAQ 2012	« régulière »
Évolution récente	XR1200 introduite en 2009, version X introduite en 2010
Garantie	2 ans/kilométrage illimité
Couleur(s)	noir, blanc
Concurrence	BMW R1200R, Ducati Monster 1100

MOTEUR

Type	bicylindre 4-temps en V à 45 degrés (Evolution), culbuté, 2 soupapes par cylindre, refroidissement par air
Alimentation	injection séquentielle
Rapport volumétrique	10,0 :1
Cylindrée	1 203 cc
Alésage et course	88,9 mm x 96,8 mm
Puissance	90 ch @ 7 000 tr/min
Couple	74 lb-pi @ 4 000 tr/min
Boîte de vitesses	5 rapports
Transmission finale	par courroie
Révolution à 100 km/h	environ 3 500 tr/min
Consommation moyenne	6,2 l/100 km
Autonomie moyenne	214 km

PARTIE CYCLE

Type de cadre	double berceau, en acier
Suspension avant	fourche inversée de 43 mm ajustable en précharge, compression et détente
Suspension arrière	2 amortisseurs ajustables en précharge, compression et détente
Freinage avant	2 disques de 292 mm de Ø avec étriers à 4 pistons
Freinage arrière	1 disque de 260 mm de Ø avec étrier à 1 piston
Pneus avant/arrière	120/70 ZR18 & 180/55 ZR17
Empattement	1 524 mm
Hauteur de selle	795 mm
Poids tous pleins faits	260 kg
Réservoir de carburant	13,3 litres

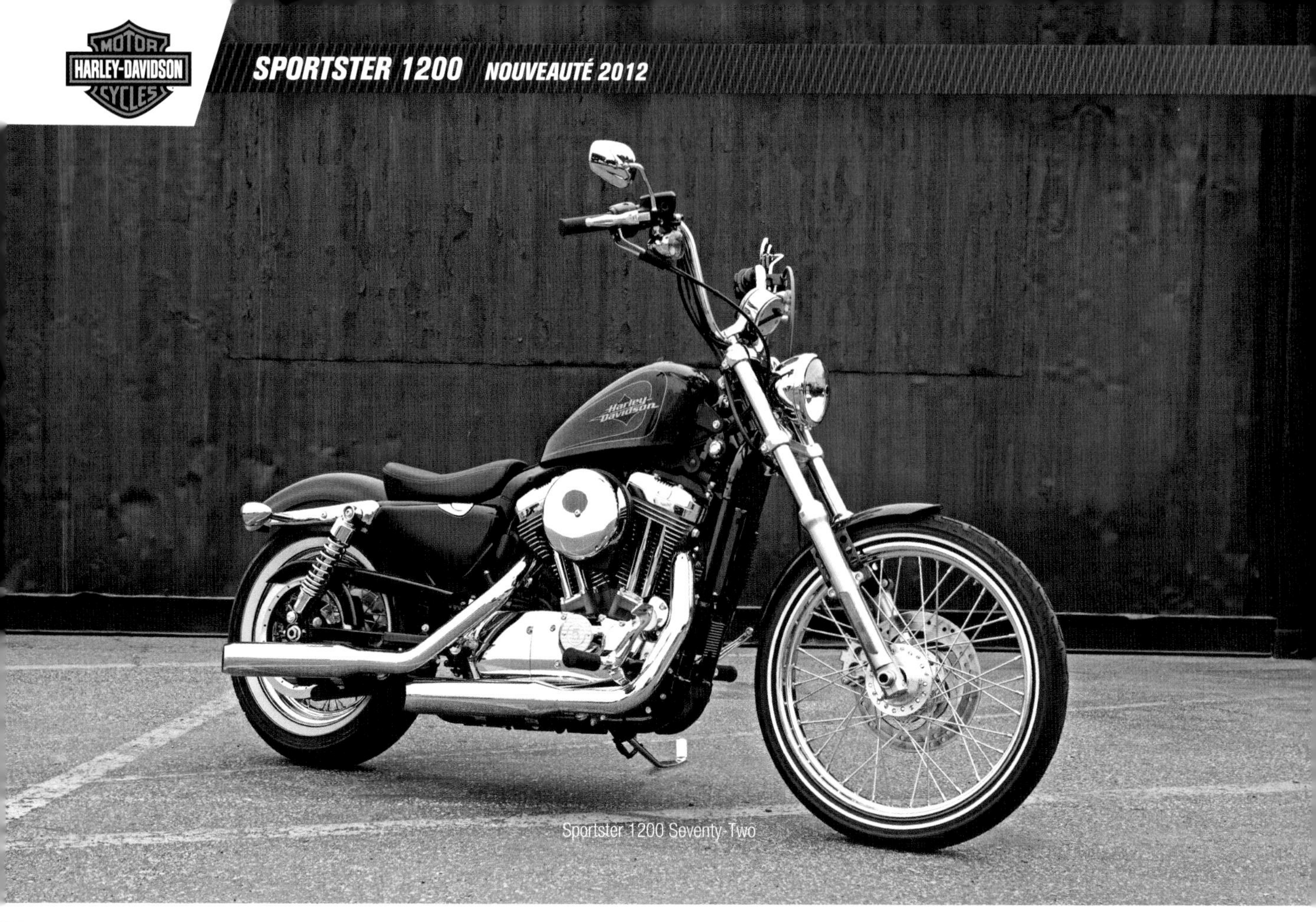

Sportster 1200 Seventy-Two

CANEVAS... Dotées d'une cylindrée nettement plus intéressante que les 883, les Sportster 1200 sont la véritable porte d'entrée dans l'univers Harley-Davidson. De modèles bas de gamme qui semblaient presque négligés par le constructeur il y a quelques années, elles sont aujourd'hui devenues le canevas où les stylistes milwaukiens prennent le plus de risques. Comme en témoigne la sublime Seventy-Two introduite cette année, tout comme la Nightster et la Forty-Eight, d'ailleurs, le résultat de cette audace stylistique est absolument admirable. Quant à la Custom, il s'agit d'un modèle de base lié à un programme de personnalisation permettant aux acheteurs de construire leur propre moto. Toutes les variantes sont construites à partir d'une base identique dont le cœur est le caractériel V-Twin Evolution de 1,2 litre qui est, dans ce cas, monté sur supports caoutchoutés.

Ce n'est qu'à partir du moment où Harley-Davidson a enfin complètement revu leur plateforme que les Sportster 1200 sont devenues recommandables. Cela dit, malgré leur agréable mécanique et leur facture raisonnable, elles demeuraient des Harley bon marché qu'on achetait faute de pouvoir se payer les plus grosses.

Le statut des Sportster 1200 est aujourd'hui très différent, puisque Harley-Davidson a enfin cessé de les négliger en termes de style. En fait, non seulement le constructeur a demandé à ses stylistes de s'attarder beaucoup plus sérieusement à la famille Sportster, mais il leur a aussi pratiquement donné carte blanche. Le résultat de cette liberté est évident, puisque les Sportster 1200 ne sont plus du tout d'anonymes modèles sans véritable direction stylistique. La toute nouvelle Seventy-Two, dont le nom s'inspire de la route 72 dans le sud de la Californie, en est un parfait exemple. Avec sa grande roue avant de 21 pouces, son guidon haut, son minuscule réservoir d'essence et sa superbe peinture métallisée, elle est l'incarnation même de la scène custom des années 60. Mais ce qui est tout aussi impressionnant que l'habileté de son coup de crayon, c'est qu'il s'agit en fait d'une Forty-Eight, un autre modèle au style magnifiquement réussi, avec un nouveau train avant. Rien de plus. La capacité qu'a Harley-Davidson de créer différents modèles à partir d'une même base est décidément sans égal.

ELLES FONT PARTIE DES HARLEY-DAVIDSON LES PLUS POPULAIRES CHEZ LES JEUNES ADULTES.

Il est intéressant de noter que tant ces deux variantes que l'épurée Nightster ou que la Custom, qui peut être personnalisée par l'acheteur grâce à un programme spécialement conçu pour elle, font partie des modèles qui ont le plus de succès chez les jeunes adultes.

Bénéficiant depuis 2004 d'un système de montage souple du moteur, les Sportster 1200 proposent l'expérience mécanique la plus plaisante de leur classe. Les observer tourner au ralenti est même un petit spectacle où chaque mouvement des pistons fait trembler et basculer le moteur et le système d'échappement au point de faire sautiller la roue avant. Au-delà de ses impressionnantes accélérations, c'est surtout par le genre d'expérience sensorielle qu'il fait vivre à son pilote que ce V-Twin se distingue. Les lourdes pulsations qu'il transmet au ralenti se transforment en un plaisant tremblement à chaque montée en régime, tandis que le tout est accompagné d'une sonorité aussi profonde qu'étonnamment présente pour une mécanique de série. L'expérience rappelle d'ailleurs beaucoup celle d'une Dyna, ce qui est un très grand compliment à l'égard des Sportster.

Pour des customs, les Sportster 1200 s'avèrent relativement légères, minces et plutôt agiles en plus d'être très basses. L'un de leurs pires défauts a toujours été des suspensions rudimentaires et bien qu'il y ait eu une certaine amélioration à ce chapitre avec les années, le confort n'est certainement pas leur plus grand atout encore aujourd'hui. Toutes les variantes sont équipées de suspensions aux débattements réduits qui ne pardonnent décidément pas grand-chose lorsque l'état de la chaussée se dégrade, ce qu'on apprend d'ailleurs souvent douloureusement.

Le fait que toutes ces variantes de la Sportster 1200 partagent une base quasi identique est stupéfiant. Leur style est tellement individuel – et réussi – qu'on jurerait que chaque modèle sort de sa propre usine.

SPORTSTER 1200 NIGHTSTER

Même si elle a été introduite en 2007, la Nightster est aujourd'hui la plus vieille variante de la famille des Sportster 1200. Son traitement noir, que Harley-Davidson appelle Dark Custom, est appliqué à de plus en plus de modèles dans la gamme américaine et est aussi de plus en plus copié par les constructeurs rivaux. Elle se distingue mécaniquement par son guidon plat et sa roue avant de 19 pouces.

SPORTSTER 1200 CUSTOM

En anglais, le terme « custom » est synonyme de personnalisation et c'est en raison de cette signification qu'il a été choisi pour cette variante. En effet, la Custom bénéficie d'un programme spécialement conçu pour elle et qui permet aux acheteurs de choisir parmi une panoplie de guidons, de roues, de selles, de repose-pieds, de peintures, de finition de moteur et plus. La moto est construite en usine selon les choix du client et livrée dans un délai relativement court.

QUOI DE NEUF EN 2012 ?

Variantes Seventy-Two et Custom introduites (Custom au courant de 2011)

Retrait de la variante Low

Nightster coûte 330 $, Custom 310 $ et Forty-Eight 320 $ de plus qu'en 2011

PAS MAL

Un V-Twin qui a longtemps été plutôt désagréable en raison d'un niveau de vibrations trop élevé, mais qui est aujourd'hui devenu le moteur de custom le plus plaisant du marché dans cette classe de cylindrée

Une évolution stylistique très intéressante qui voit des lignes plus « jeunes » prendre la place des silhouettes customs traditionnelles, voire anonymes des vieux modèles

Une bonne valeur pour toutes les variantes dont les prix sont inférieurs à ceux des modèles japonais de cylindrée semblable

Un comportement simple, stable et exempt de vices importants qui s'avère facile d'accès même pour les motocyclistes ne disposant pas d'une grande expérience

BOF

Des suspensions dont le travail est rudimentaire, voire carrément rude à l'arrière sur chaussée abîmée en raison d'un débattement très faible

Une position de conduite un peu étrange sur les modèles munis de repose-pieds en position centrale

Une absence totale de système ABS, même en option

Des autonomies très faibles dans le cas de certaines variantes

Un niveau de confort général assez moyen et un côté pratique limité font des Sportster 1200 des motos qui sont surtout à l'aise sur de courtes distances

CONCLUSION

Nous n'aurions jamais cru dire pareille chose il y a tout juste quelque temps, mais les Sportster 1200 sont en train de devenir certaines des Harley-Davidson les plus intéressantes. Peut-être pas en termes de confort, puisqu'à ce chapitre, elles ne se prêtent guère plus qu'à de courtes balades, mais en matière de style, vraiment, quel goût et quelle créativité ! Du magnifique minimalisme de la Forty-Eight jusqu'au superbe thème rétro de la nouvelle Seventy-Two en passant par la simple pureté de la Nightster, on a carrément affaire à des petits chefs-d'œuvre de design custom. Le fait que toutes ces variantes sont dérivées d'une seule et unique plateforme ne fait qu'ajouter à l'extraordinaire talent du constructeur américain. Elles ne sont pas les plus pratiques des deux-roues, mais toutes sont animées par une mécanique délicieusement caractérielle, et toutes sont aussi étonnamment abordables.

Sportster 1200 Forty-Eight

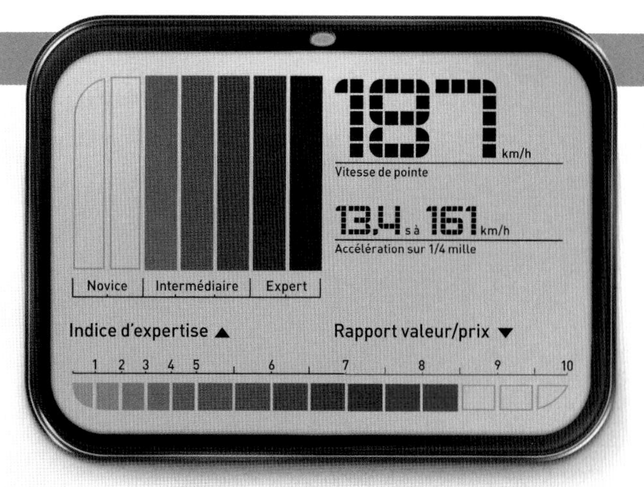

Voir légende en page 16

GÉNÉRAL

Catégorie	Custom
Prix	Seventy-Two : 11 919 $ Forty-Eight : 11 919 $ Nightster : 11 349 $ Custom : 11 699 $
Immatriculation 2012	545,65 $
Catégorisation SAAQ 2012	« régulière »
Évolution récente	plateforme entièrement revue en 2004 ; Nightster introduite en 2007, Forty-Eight en 2010, Custom en 2011 et Seventy-Two en 2012
Garantie	2 ans/kilométrage illimité
Couleur(s)	choix multiples
Concurrence	Honda Sabre et Stateline, Yamaha V-Star 1300

MOTEUR

Type	bicylindre 4-temps en V à 45 degrés (Evolution), culbuté, 2 soupapes par cylindre, refroidissement par air
Alimentation	injection séquentielle
Rapport volumétrique	9,7 :1
Cylindrée	1 203 cc
Alésage et course	88,9 mm x 96,8 mm
Puissance estimée	65 ch @ 6 000 tr/min
Couple	FE / C / N : 79 lb-pi @ 4 000 tr/min ST : 73 lb-pi @ 3 500 tr/min
Boîte de vitesses	5 rapports
Transmission finale	par courroie
Révolution à 100 km/h	environ 2 800 tr/min
Consommation moyenne	6,0 l/100 km
Autonomie moyenne	ST / FE / C / N : 132 / 132 / 283 / 208 km

PARTIE CYCLE

Type de cadre	double berceau, en acier
Suspension avant	fourche conventionnelle de 39 mm non ajustable
Suspension arrière	2 amortisseurs ajustables en précharge
Freinage avant	1 disque de 292 mm de Ø avec étrier à 2 pistons
Freinage arrière	1 disque de 260 mm de Ø avec étrier à 1 piston
Pneus avant/arrière	ST : MH90-21 & 150/80 B16 FE / C : 130/90 B16 & 150/80 B16 N : 100/90-19 & 150/80 B16
Empattement	ST/FE/C/N:1524/1519/1521/1519mm
Hauteur de selle	ST/FE/C/N: 710/681/724/683 mm
Poids tous pleins faits	ST/FE/C/N: 257/260/252/255 kg
Réservoir de carburant	ST/FE/C/N:7,9/7,9/17/12,5 litres

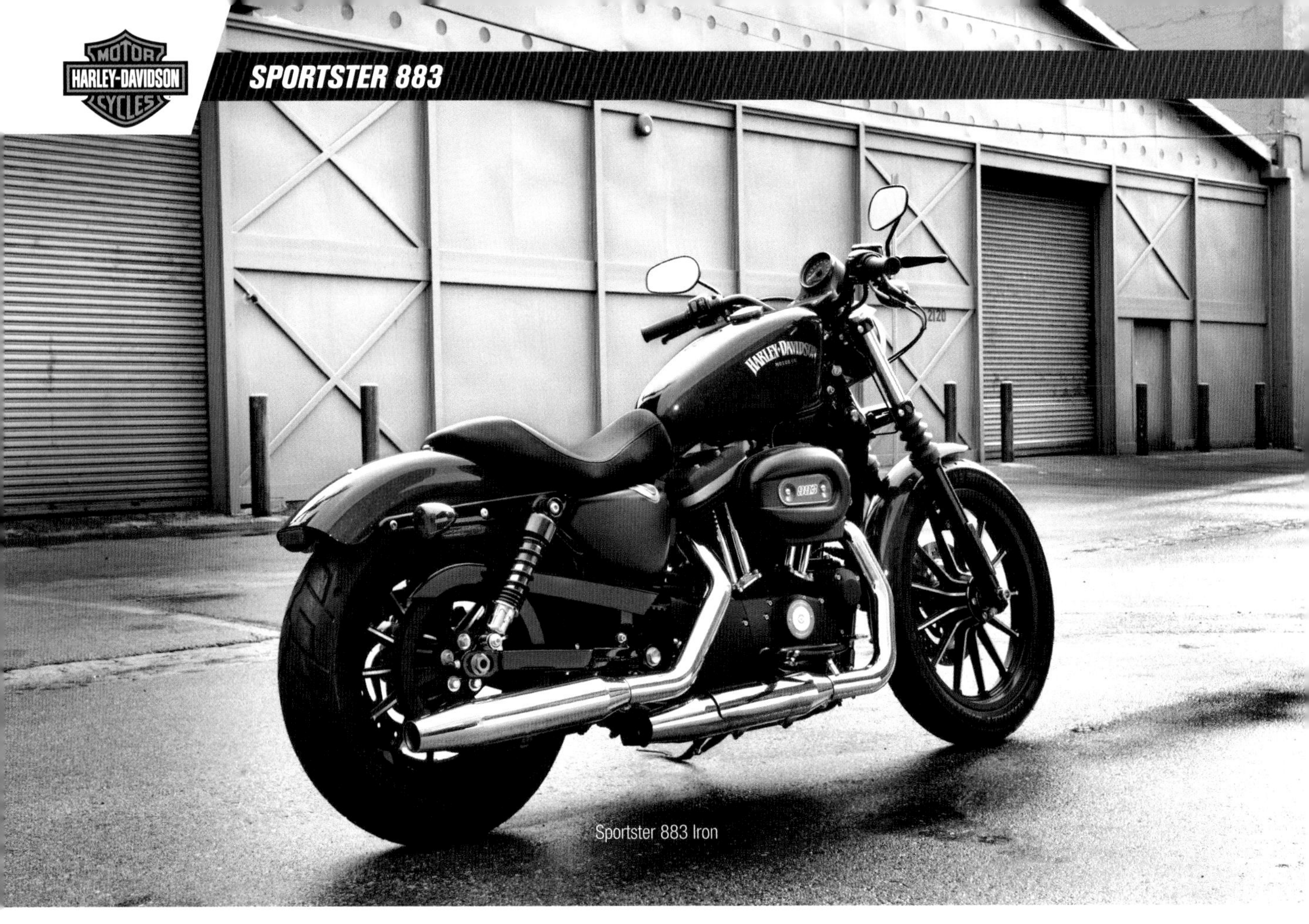

Sportster 883 Iron

IMPORTANT RÔLE... Elles ont beau être des Harley-Davidson, les 883 ont très longtemps été des engins que personne n'aurait dû être fier de produire ou de posséder. Les qualifier d'attrapes n'aurait même pas été exagéré, puisqu'elles avaient comme unique but de pousser une clientèle fascinée par la marque, mais autrement peu connaisseuse, à laisser quelques dollars dans les coffres du constructeur de Milwaukee. Compte tenu d'une telle origine, le statut des modèles courants, qui sont de vraies petites Harley-Davidson, constitue un revirement complet. Celui-ci n'est toutefois pas étonnant, puisqu'il correspond à la plus forte tendance actuelle au sein de l'industrie de la moto, celle visant à séduire une nouvelle clientèle composée de jeunes adultes et de femmes. Deux variantes sont proposées en 2012, l'Iron au style épuré et la SuperLow expressément conçue pour les novices.

Il a fallu très longtemps à Harley-Davidson avant de comprendre l'importance et le potentiel de ses 883 et de finalement s'attarder à cette famille. Cette lenteur à les traiter autrement que comme des modèles de second rang pourrait probablement être expliquée par le fait que durant les belles années de la moto, la marque américaine était bien trop occupée à vendre à prix fort d'incroyables quantités de modèles de grosse cylindrée. Mais les temps ont bien changé depuis cette époque et le climat économique fragile des États-Unis, là où la majorité des Harley-Davidson sont vendues, élève le degré d'importance des modèles les moins chers. D'un autre côté, à un moment où tous les constructeurs cherchent à attirer de nouveaux motocyclistes, les modèles d'entrée de gamme deviennent des atouts qu'il est indispensable de maximiser.

Bien que la refonte totale de la plateforme Sportster en 2004 ait fait de la 883 une petite custom tout à fait convenable et même plaisante, le modèle conserva quand même sa réputation de Harley plus ou moins authentique. Cette réputation commença à changer en 2009 avec l'arrivée de la surprenante Iron, une 883 inspirée de la Sportster 1200 Nightster et à laquelle on avait fait subir un traitement Dark Custom très réussi. Encore une fois, grâce au talent de ses stylistes, Harley-Davidson était arrivé à multiplier le niveau de désirabilité d'un modèle. Soudainement, la 883 n'était plus perçue comme une simple moto bas de gamme, mais elle devenait plutôt une vraie petite Harley-Davidson avec un look à elle et une personnalité propre.

LA PLUS GRANDE QUALITÉ DU V-TWIN DE 883 CC RESTE LES FRANCHES SENSATIONS QU'IL COMMUNIQUE AU PILOTE.

Ce même désir d'augmenter l'attrait d'une monture bas de gamme est à la base du concept de la SuperLow qui a remplacé la rudimentaire Low l'an dernier. Proposant un style beaucoup plus raffiné et une finition nettement plus poussée que la Low, la SuperLow est devenue plus qu'une simple moto d'initiation abordable. Grâce à l'habile travail de stylisme dont elle a bénéficié, on perçoit désormais en la regardant non seulement une authentique Harley-Davidson, mais aussi une jolie custom ne laissant ni l'impression d'être une monture de débutant ni celle d'être un modèle bas de gamme.

En dépit d'une cylindrée de presque 900 cc, les 883 ne sont pas particulièrement rapides et leurs performances satisferont surtout les motocyclistes peu expérimentés ou peu exigeants en matière de chevaux. Le couple décent livré à bas et moyen régimes permet néanmoins de circuler sans aucun problème, surtout si l'esprit est à la promenade. La plus grande qualité du V-Twin de 883 cc reste les sensations aussi franches que plaisantes qu'il communique au pilote sous la forme d'agréables pulsations et d'une sonorité américaine authentique.

Basse, relativement agile et extrêmement stable, la version Iron est très accessible, mais la SuperLow l'est encore plus, puisque sa direction ultra légère et ses pneus à profil bas lui donnent une maniabilité de bicyclette. La garde au sol de cette dernière est néanmoins très limitée et doit absolument être respectée en virage. Enfin, même si la SuperLow a fait des petits progrès à ce sujet, les suspensions des deux variantes restent assez rudes sur mauvais revêtement.

QUOI DE NEUF EN 2012 ?

Pneus Michelin Scorcher « 31 » sur la variante Iron

Coûtent 250$ de plus qu'en 2011

PAS MAL

Une facilité de prise en main intéressante pour les motocyclistes peu expérimentés à qui elles donnent vite confiance, tout particulièrement la SuperLow

Un V-Twin pas très puissant malgré ses 883 cc, mais dont le caractère est authentique, puisque son rythme et sa sonorité représentent un échantillonnage fidèle de ce qu'offrent les grosses Harley-Davidson

Un côté simple et épuré jusqu'au strict essentiel qui s'avère très attachant sur l'Iron

Un traitement visuel vraiment réussi sur la version Iron et très soigné sur la SuperLow

Une valeur incontestable; pour une somme qui ne permet généralement l'acquisition que de customs japonaises d'entrée de gamme, on se paye une Harley-Davidson

BOF

Un niveau de performances qui n'a rien d'excitant; les novices et les pilotes peu exigeants s'en accommoderont, mais les autres devraient vraiment envisager la 1200

Des suspensions qui ont toujours été et qui sont encore très rudimentaires; le fait que les deux versions soient surbaissées ne les aide pas du tout à ce chapitre

Une garde au sol vraiment très limitée sur la SuperLow qui doit absolument être pilotée en tenant compte de cette particularité

Une absence de système ABS, même en équipement optionnel

Un niveau pratique limité qui en fait surtout des motos de courtes balades

Une position de conduite un peu étrange qui est typique des Sportster

CONCLUSION

Un simple coup d'œil à ces petites Sportster 883 suffit pour comprendre que Harley-Davidson leur accorde aujourd'hui une importance beaucoup plus grande que par le passé. Jadis l'enfant mal aimée et négligée de la marque de Milwaukee, la 883 profite aujourd'hui du genre d'attention aux détails et au style habituellement réservée aux modèles coûtant deux fois plus cher, ce qui, par ailleurs, en fait d'assez bonnes valeurs. Elles ont le rôle d'accueillir chez Harley-Davidson des intéressés limités soit par leurs moyens, soit par leur expérience, ce qu'elles arrivent à accomplir grâce à des proportions peu intimidantes et à un comportement très accessible. Leur plus gros point faible demeure ces suspensions qui ne sont vraiment acceptables que sur de très belles routes, tandis que leur plus grand atout reste le caractère franc du charmant V-Twin qui les anime.

Sportster 883 SuperLow

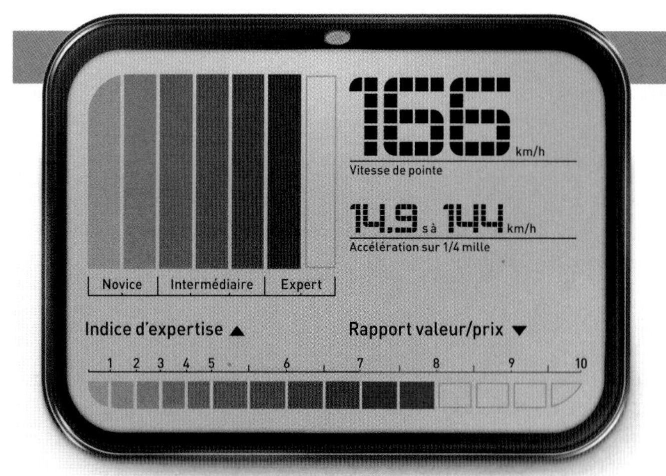

Voir légende en page 16

GÉNÉRAL

Catégorie	Custom
Prix	Iron : 9 089 $ SuperLow : 9 089 $
Immatriculation 2012	545,65 $
Catégorisation SAAQ 2012	« régulière »
Évolution récente	plateforme entièrement revue en 2004, Iron introduite en 2009, SuperLow introduite en 2011
Garantie	2 ans/kilométrage illimité
Couleur(s)	choix multiples
Concurrence	Honda Shadow 750, Kawasaki Vulcan 900, Suzuki Boulevard C50, Yamaha V-Star 950, Triumph Speedmaster et America

MOTEUR

Type	bicylindre 4-temps en V à 45 degrés (Evolution), culbuté, 2 soupapes par cylindre, refroidissement par air
Alimentation	injection séquentielle
Rapport volumétrique	8,9 :1
Cylindrée	883 cc
Alésage et course	76,2 mm x 96,8 mm
Puissance estimée	53 ch @ 6 000 tr/min
Couple	55 lb-pi @ 3 500 tr/min
Boîte de vitesses	5 rapports
Transmission finale	par courroie
Révolution à 100 km/h	environ 3 100 tr/min
Consommation moyenne	5,8 l/100 km
Autonomie moyenne	Iron : 215 km ; SuperLow : 293 km

PARTIE CYCLE

Type de cadre	double berceau, en acier
Suspension avant	fourche conventionnelle de 39 mm non ajustable
Suspension arrière	2 amortisseurs ajustables en précharge
Freinage avant	1 disque de 292 mm de Ø avec étrier à 2 pistons
Freinage arrière	1 disque de 260 mm de Ø avec étrier à 1 piston
Pneus avant/arrière	Iron : 100/90-19 & 150/80B16 SuperLow : 120/70ZR18 & 150/60ZR17
Empattement	Iron : 1 519 mm ; SuperLow : 1 506 mm
Hauteur de selle	Iron : 683 mm ; SuperLow : 681 mm
Poids tous pleins faits	Iron : 256 kg ; SuperLow : 255 kg
Réservoir de carburant	Iron : 12,5 litres ; SuperLow : 17 litres

CVO Road Glide Custom

EXCEPTIONS À TOUTES LES RÈGLES... Peintes à la main, propulsées par un V-Twin de 110 pouces cubes que l'on ne retrouve que sur ces modèles et offrant une interminable liste d'équipements additionnels, les montures de la division CVO de Harley-Davidson enfreignent toutes les règles. Elles devraient être beaucoup trop chères pour que n'importe qui ne songe même à les acquérir. Toutefois, tous les ans, chaque unité de cette série limitée arrive à séduire un maniaque de Harley. Ces absolus inconditionnels de la marque, le constructeur les appelle ses Clients Alpha et il les connaît très, très bien. En 2012, il leur propose un menu de quatre modèles, l'un d'eux étant la nouvelle CVO Road Glide Custom. Chaque moto est animée par le Twin Cam 110, livrée avec ABS, régulateur de vitesse et chaîne audio, et finie de manière extraordinairement détaillée.

Même si nombreux sont les motocyclistes qui ne comprennent tout simplement pas l'attrait d'une Harley-Davidson accessoirisée de manière presque perverse et vendue à prix d'or, le besoin comblé par les modèles CVO demeure basé sur une demande bien réelle, celle du désir de la Harley ultime. Il s'agit d'un phénomène uniquement retrouvé chez le constructeur de Milwaukee qui, au grand dam de la concurrence, arrive à vendre des machines à plus de 40 000 $ dans un marché et une économie où l'on peine à écouler quoi que ce soit approchant les 20 000 $.

L'un des mythes les plus courants en ce qui concerne les montures de la division CVO, c'est qu'elles ne sont que des motos de série enguirlandées. S'il est vrai qu'elles sont accessoirisées de manière extrême, il reste qu'elles affichent également une liste d'équipements que les propriétaires de Harley de série envient profondément. En tête de cette liste se trouve le plus gros et le plus puissant V-Twin du constructeur, une gentille brute de 110 pouces cubes ou 1 802 cc débordante de couple et de caractère milwaukien. Viennent ensuite des caractéristiques comme les GPS, les selles et les poignées chauffantes, les systèmes ABS et les régulateurs de vitesse qui représentent soit de coûteuses options sur les versions de base, soit des articles dont ces dernières ne peuvent tout simplement pas être équipées. À ce sujet, les chaînes audio avec haut-parleurs multiples BOOM! se veulent de parfaits exemples. Exclusives aux modèles CVO, elles ajoutent carrément une nouvelle dimension à l'expérience de pilotage en générant jusqu'à 400 watts crachés au travers de huit haut-parleurs. C'est le cas de la CVO Street Glide cette année, et il faut l'entendre pour le croire. Il s'agit de la meilleure sonorité offerte sur deux roues, et de très loin. Un lecteur iPod logé dans une valise et géré à partir des commandes de la moto est même livré de série. Ces chaînes, comme les selles de tourisme avec effet « hamac » illustrent bien le type de caractéristiques dont on s'ennuie énormément une fois de retour sur les modèles de la gamme régulière. En fait, piloter l'un de ces derniers après avoir passé quelques kilomètres aux commandes de l'équivalent CVO s'avère même frustrant, puisqu'on passe son temps à souhaiter retrouver un certain équipement. Un sentiment semblable existe également en ce qui concerne la finition puisque certaines des pièces ornant les modèles CVO sont absolument superbes, comme les roues. S'il est une critique possible en matière de style, dans le cas de la série CVO, elle a trait au choix de peintures et de motifs qui frôlent parfois l'exubérance. Le constructeur fait néanmoins preuve d'une certaine retenue à ce sujet depuis peu. Mais sobres, les CVO ne sont pas, et l'on a qu'à s'en approcher pour apercevoir des détails dans la peinture des diverses versions qui ne devraient exister que sur des machines ayant été confiées à des artistes-peintres. Et là se situe la plus grande force des modèles. Ajouter à une Harley de série les mêmes accessoires, gonfler son moteur à 110 pouces cubes et lui appliquer une peinture personnalisée est tout à fait possible. Mais l'exercice coûterait bien plus que les sommes demandées pour les éditions CVO et le résultat pourrait décevoir.

AVEC 400 WATTS, DEUX AMPLIS ET HUIT HAUT-PARLEURS, LA CVO STREET GLIDE OFFRE LE MEILLEUR SON SUR DEUX ROUES.

L’aspect le plus frustrant des modèles CVO, c’est leur prix. Parce qu’une fois qu’on a été en contact avec eux, une fois qu’on s’est habitué à cette magnifique finition, à ce puissant V-Twin de 110 pouces cubes et à tout cet équipement, on ne veut tout simplement plus revenir en arrière.

La petite ville de Calistoga en Californie a servi de base à Harley-Davidson à l’occasion du lancement de la gamme CVO 2012. Elle fut choisie pour les pittoresques routes qui l’entourent. Alors que le duo de photographes Riles & Nelson faisait son travail en bordure de l’une de ces routes, l’auteur, lui, faisait le sien.

CVO ULTRA CLASSIC ELECTRA GLIDE

La version CVO de l'Ultra Classic Electra Glide est une pièce sublime. De ses magnifiques nouvelles roues jusqu'à son puissant moteur de 110 pouces cubes en passant par sa finition extraordinairement soignée, elle représente l'une des manières de voyager les plus agréables qui soient. Ironiquement, il s'agit aussi d'une CVO affichant des choix quelque peu douteux. La peinture et les couleurs, par exemple, mériteraient probablement d'être un peu plus classiques dans ce cas, tandis qu'on s'explique mal que la chaîne audio dont est équipé le modèle le plus cher de la série est aussi l'une des moins puissantes. Par ailleurs, on attend toujours un pare-brise pouvant être ajusté.

CVO STREET GLIDE

Il est presque impossible d'imaginer la puissance et la qualité sonore de la chaîne audio dont est équipée en 2012 la CVO Street Glide, à laquelle ont été ajoutés cette année une paire de haut-parleurs logés dans les couvercles des valises et un second amplificateur de 200 watts, pour un total de 400 watts. Il s'agit carrément d'une discothèque mobile et d'un concept qui ne sera peut-être pas le favori des militants contre la pollution sonore, mais qui amène une nouvelle dimension à l'expérience de pilotage. Au-delà de cette caractéristique, la CVO Street Glide, dont le modèle de série régulière est la Harley la plus vendue, est un véritable petit joyau en matière de custom.

QUOI DE NEUF EN 2012 ?

Introduction de la CVO Road Glide Custom

Retrait de la CVO Road Glide Ultra

Chaîne audio et finition améliorées sur toutes les variantes ; nouvelles roues sur l'Electra Glide ; pare-brise amélioré et GPS/lecteur audio ajouté sur la Convertible

CVO Ultra Classic Electra Glide coûte 1 930 $, CVO Street Glide 1 190 $ et CVO Softail Convertible 990 $ de plus qu'en 2011

PAS MAL

Des valeurs intéressantes malgré les factures élevées, puisqu'il en coûte facilement plus pour créer une Harley-Davidson personnalisée, et ce, sans garantie que le résultat sera fonctionnel ; toutes les CVO sont autant, sinon plus fonctionnelles que les modèles de base

Une série d'équipement très longue qui agrémente vraiment l'expérience de pilotage ; les éléments chauffants, les moteurs puissants et les extraordinaires chaînes audio ne sont que quelques exemples d'options auxquelles on s'attache très vite

Un V-Twin gonflé à 110 pouces cubes qui génère agréablement plus de puissance et de couple que les Twin Cam 96 et 103 qui propulsent le reste de la gamme

Un choix de peintures d'une qualité exceptionnelle et dont le design est un peu moins clinquant que par le passé ; les peintures CVO sont parfois, malheureusement, trop criardes

BOF

L'absence de la dimension véritablement « unique » qu'apporte une moto personnalisée ; en revanche, les CVO ne courent pas les rues et demeurent quand même exclusives

Des factures non seulement élevées, mais aussi frustrantes en ce sens que l'écart de prix est énorme avec les modèles de base, ce qui rend ces très attachantes versions CVO tout simplement inaccessibles pour la majorité des motocyclistes

Un V-Twin qui, bien qu'il pousse fort, n'aime pas vraiment tourner très haut où on le sent surmené ; la transmission devient aussi capricieuse lors de changements de rapports à haut régime, en pleine accélération, et ce, surtout dans le cas de la Softail Convertible

Une mécanique qui se montre tellement mieux adaptée au poids élevé de l'Ultra Classic Electra Glide qu'elle devrait être celle que Harley-Davidson retient pour propulser le modèle de série et non seulement la version de la série CVO

CONCLUSION

Aux yeux des motocyclistes qui ne s'intéressent pas trop aux produits Harley-Davidson, les modèles de la série CVO ne sont rien d'autre que des versions encore plus enguirlandées des modèles de base et représentent une aberration complète. Mais les modèles CVO ne s'adressent évidemment pas à eux et dès qu'on passe « de l'autre côté » et qu'on met les pieds dans l'univers Harley-Davidson, chacune de ces motos se transforme en machine exceptionnelle, et ce, autant en termes d'équipements que de plaisir de conduite ou de finition. En fait, il n'existe aucun autre constructeur sur Terre qui oserait offrir de tels engins ni qui arriverait à les vendre. En les mettant sur le marché et en arrivant année après année à trouver preneur pour chacun des exemplaires produits, Harley-Davidson rappelle au monde entier, et ce, peut-être même avec un peu d'arrogance, qu'il demeure le maître absolu d'un univers qu'il a lui-même créé et où les « Clients Alpha » ne magasinent qu'à une adresse.

CVO Softail Convertible

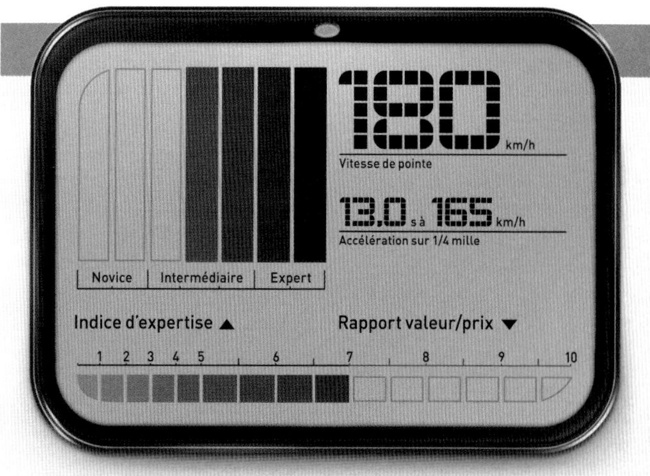

Voir légende en page 16

GÉNÉRAL

Catégorie	Tourisme de luxe / Tourisme léger
Prix	CVO Ultra Classic EG : 42 299 $ CVO Street Glide : 37 139 $ CVO Road Glide Custom : 34 869 $ CVO Softail Convertible : 33 729 $
Immatriculation 2012	545,65 $
Catégorisation SAAQ 2012	« régulière »
Évolution récente	série introduite en 1999 ; TC110 introduit en 2007
Garantie	2 ans/kilométrage illimité
Couleur(s)	choix multiples
Concurrence	Victory série Ness

MOTEUR

Type	bicylindre 4-temps en V à 45 degrés (Twin Cam 110/B), culbuté, 2 soupapes par cylindre, refroidissement par air
Alimentation	injection séquentielle
Rapport volumétrique	9,2 :1
Cylindrée	1 802 cc
Alésage et course	101,6 mm x 111,3 mm
Puissance estimée	90 ch @ 5 000 tr/min
Couple	UCEG/SG : 118 lb-pi @ 3 750 tr/min RGC : 122 lb-pi @ 3 750 tr/min SC : 105 lb-pi @ 2 750 tr/min
Boîte de vitesses	6 rapports
Transmission finale	par courroie
Révolution à 100 km/h	environ 2 300 tr/min
Consommation moyenne	6,3 l/100 km
Autonomie moyenne	360 km (SC : 300 km)

PARTIE CYCLE

Type de cadre	double berceau, en acier
Suspension avant	fourche conventionnelle de 41,3 mm non ajustable
Suspension arrière	2 amortisseurs ajustables en précharge
Freinage avant	2 (SC : 1) disques de 300 (SC : 292) mm de Ø avec étriers à 4 pistons
Freinage arrière	1 disque de 300 (SC : 292) mm de Ø avec étrier à 4 (SC : 2) pistons
Pneus avant/arrière	UCEG : 130/80 B17 & 180/65 B16 RGC/SG : 130/60 B19 & 180/55 B18 SC : 130/70 R18 & 200/50 R18
Empattement	1 613 mm (SC : 1 631 mm)
Hauteur de selle	UCEG/RGC/SG/SC : 757/699/696/665 mm
Poids tous pleins faits	UCEG/RGC/SG/SC : 421/383/389/357 kg
Réservoir de carburant	22,7 litres (SC : 18,9 litres)

LÉGENDAIRE ROULEUSE... La Gold Wing de Honda, c'est LA moto de voyage. Quelques modèles rivaux ont bien tenté de s'y frotter durant sa longue histoire, mais tous ont fini par abandonner l'idée d'aller aussi loin que Honda. Les rumeurs suggéraient depuis nombre d'années que la prochaine Gold Wing pousserait le concept encore plus en adoptant un inimaginable huit-cylindres Boxer, mais la version révisée pour 2012 a toutefois enlevé toute crédibilité à ces suppositions, puisque la nouvelle version n'est en fait qu'une évolution du modèle précédent. Notons qu'il n'y a pas eu de Gold Wing produite en 2011 en raison du déménagement de la chaîne de montage des États-Unis jusqu'au Japon. Par ailleurs, contrairement aux États-Unis où plusieurs versions du modèle sont offertes, au Canada, celui-ci est livré entièrement équipé, avec ou sans coussin gonflable.

L'une des manières les plus appropriées de décrire la Gold Wing, c'est de la considérer comme l'ultime moto de passager. En effet, une monture destinée aux voyages ne pourrait jamais mériter l'accolade « ultime » sans d'abord se montrer exceptionnellement accueillante pour l'autre personne qui y prend place, et ce, surtout lorsque celle-ci s'avère être la tendre moitié du pilote, comme c'est très souvent le cas.

Honda utilise le terme trône pour décrire le siège du passager et la réalité n'est décidément pas très lointaine. À l'exception possible du siège arrière d'une Harley-Davidson Electra Glide, ou possiblement d'une Victory Vison, on ne peut tout simplement pas prendre place plus confortablement sur une moto. Tant la portion avant que la portion arrière, qui sont chauffantes et possèdent chacune leur contrôle de température, offrent maintenant un rembourrage plus confortable. Elles sont également désormais recouvertes d'un matériau tenant davantage d'un cuir de voiture de luxe que du similicuir. La vue de l'arrière est périphérique, puisqu'on regarde au-dessus du casque du pilote pour contempler le paysage défiler. Quant au dossier, qui offre un niveau de support presque automobile, il contribue immensément à la confiance du passager en le maintenant bien en place, peu importe l'agressivité avec laquelle l'accélérateur est enroulé. D'autres caractéristiques, comme l'écoulement de l'air soigné, l'impressionnante qualité de la nouvelle chaîne audio Panasonic – maintenant finalement avec intégration iPod –, l'absence quasi totale de vibrations de la « turbine » qu'est le moteur Boxer à six cylindres et, enfin, ce qui doit être considéré comme la suspension de moto la plus confortable de l'industrie, contribuent également à rendre la Gold Wing extraordinairement accueillante pour le passager.

LE TERME TRÔNE N'A RIEN D'EXAGÉRÉ POUR DÉCRIRE LE SIÈGE DU PASSAGER DE LA GOLD WING.

Heureusement, la grosse Honda est également plaisante pour le pilote. Bien qu'elle a effectivement progressé, en termes de comportement, la version 2012 demeure très proche de la 2010. Au-delà d'une légère amélioration de l'écoulement de l'air au niveau des jambes et d'un système de navigation plus rapide, le gain le plus intéressant provient de la suspension dont le raffinement est désormais vraiment impressionnant. Aucune moto sur le marché n'arrive à offrir un niveau d'absorption aussi raffiné. Ce qui étonne, dans le cas de la Gold Wing, c'est que cette impressionnante souplesse est également accompagnée d'une fermeté suffisante pour permettre d'attaquer franchement une route en lacet, et de se faire plaisir en le faisant. De nouveaux pneus contribuent par ailleurs à une légère amélioration de la tenue de route qui, compte tenu des proportions toujours massives du modèle, continue de surprendre par sa solidité et sa précision. Si cet embonpoint disparaît littéralement une fois en route, à basse vitesse ou à l'arrêt, il requiert du pilote toute son attention. Dans ces circonstances, la marche arrière électrique représente une caractéristique fort appréciée.

Enfin, même si les traits restent familiers, le carénage est entièrement revu et propose maintenant une ligne plus affûtée. La quantité de chrome a été réduite, et les feux arrière transparents jadis à la mode ont disparu.

Physiquement, la Gold Wing est un monstre et la version révisée pour 2012 ne change rien à ce fait. Mais la facilité et la grâce avec lesquelles cet immense ensemble se manie dès l'instant où il se met en mouvement continuent d'être complètement stupéfiantes.

Quelque part dans un coin reculé de la Caroline du Nord, le photographe Kevin Wing indique à l'auteur ce qu'il attend de lui afin de réaliser une photo aussi appropriée que possible de la nouvelle Gold Wing. Vitesse moyenne, angle modéré, vue de trois quarts. Sans problème.

Crédit photo : Kevin Wing

SANS LES MAINS...

Quand on a l'habitude de pousser les boutons et de tirer les leviers, reculer d'un siège et se laisser conduire est tout sauf naturel. Mais en raison de sa nature, la Gold Wing l'obligeait, et l'auteur s'est donc prêté au jeu (ci-dessus), non sans résister à l'idée, toutefois. Même dans un cas extrême comme celui-ci, la grosse Honda finit immanquablement par rendre l'expérience plaisante. En fait, à part une ou deux autres motos qui s'en approchent, la Gold Wing est tout simplement dans une classe à part lorsqu'il est question de cajoler le passager, et ce, même sur de très longues distances. Dans ces circonstances, on découvre une selle exceptionnellement confortable et une position naturelle, tandis que les à-côtés comme la très bonne chaîne audio et les éléments chauffants dans la selle et le dossier se transforment vite en caractéristiques dont on ne veut plus se passer. Du côté du pilote, les poignées chauffantes et le système de navigation, entre bien d'autres équipements, viennent s'ajouter à cette liste.

QUOI DE NEUF EN 2012 ?

Carénage et partie arrière redessinés ; volume des valises latérales augmenté de 7 litres

Suspensions recalibrées et nouveau type de pneus ; selle améliorée et recouverte d'un nouveau matériau ; présentation de l'instrumentation rafraîchie ; roues recouvertes de laque transparente pour faciliter le nettoyage

Système de navigation de nouvelle génération avec chaîne audio à compatibilité iPod

Aucune augmentation pour le modèle de base ; modèle AD avec coussin gonflable coûte 500 $ de moins qu'en 2010

PAS MAL

Un 6-cylindres Boxer qui reste unique et qui contribue fortement à l'agrément de pilotage par sa sonorité, sa souplesse et sa puissance

Un niveau de confort exceptionnel grâce à la selle digne d'un fauteuil, à la protection au vent totale, à l'absence de vibrations et à l'interminable liste d'équipements

Un comportement étonnamment solide et précis pour une monture de ce poids

BOF

Un poids immense qui demande une bonne expérience de pilotage

Une efficacité aérodynamique imparfaite en raison d'une certaine turbulence à la hauteur du casque ; la Gold Wing aurait dû recevoir un nouveau pare-brise électrique

Une position de conduite qui n'offre pas beaucoup de flexibilité au pilote, puisque les têtes du moteur l'empêchent d'étendre un peu les jambes

Un raffinement extrême qui peut ne pas plaire aux amateurs de caractère fort

Une transmission correcte, mais un peu rugueuse et pas particulièrement précise

CONCLUSION

La liste tout de même assez longue de petites améliorations dont la Gold Wing a bénéficié lors de cette évolution ne constitue pas ce qui nous a le plus impressionnés au sujet du modèle. L'aspect de la célèbre Honda que nous trouvons plus stupéfiant que jamais, c'est plutôt le miracle d'ingénierie qu'elle représente. On s'attend à ce qu'elle soit confortable sur long trajet, mais il semble tout simplement impossible qu'une motocyclette aussi grosse et aussi bien équipée se montre tellement légère à manier et à l'aise en pleine inclinaison. En ce qui concerne la version 2012, les diverses améliorations qu'elle reçoit ne sont pas suffisantes pour justifier que le propriétaire d'une 2010 accourt chez son concessionnaire, chéquier en main. Mais dans le cas de ceux qui possèdent une meilleure raison de l'acquérir, elle offrira non seulement l'expérience du voyage à moto la plus raffinée qui soit, mais grâce à toute l'attention portée au confort du passager, elle contribuera aussi grandement au bonheur conjugal sur la route.

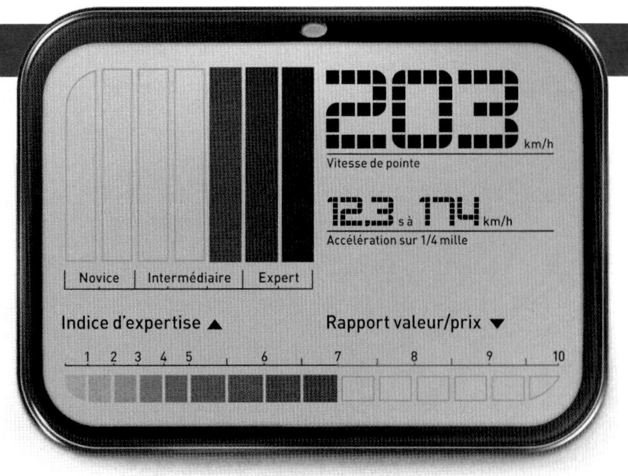

Voir légende en page 16

GÉNÉRAL

Catégorie	Tourisme de luxe
Prix	29 999 $ (AD : 30 999 $)
Immatriculation 2012	545,65 $
Catégorisation SAAQ 2012	« régulière »
Évolution récente	introduite en 1975, revue en 1980, en 1984, en 1988, en 2001 et en 2012
Garantie	3 ans/kilométrage illimité
Couleur(s)	rouge (AD : bleu)
Concurrence	BMW K1600GTL

MOTEUR

Type	6-cylindres 4-temps Boxer, SACT, 2 soupapes par cylindre, refroidissement par liquide
Alimentation	injection à 2 corps de 40 mm
Rapport volumétrique	9,8 :1
Cylindrée	1 832 cc
Alésage et course	74 mm x 71 mm
Puissance	118 ch @ 5 500 tr/min
Couple	125 lb-pi @ 4 000 tr/min
Boîte de vitesses	5 rapports avec marche arrière électrique
Transmission finale	par arbre
Révolution à 100 km/h	environ 2 700 tr/min
Consommation moyenne	7,6 l/100 km
Autonomie moyenne	329 km

PARTIE CYCLE

Type de cadre	périmétrique, en aluminium
Suspension avant	fourche conventionnelle de 45 mm non ajustable
Suspension arrière	monoamortisseur ajustable en précharge
Freinage avant	2 disques de 296 mm de Ø avec étriers à 3 pistons et système C-ABS
Freinage arrière	1 disque de 316 mm de Ø avec étrier à 3 pistons et systèmes C-ABS
Pneus avant/arrière	130/70 R18 & 180/60 R16
Empattement	1 690 mm
Hauteur de selle	740 mm
Poids tous pleins faits	417 kg (AD : 423 kg)
Réservoir de carburant	25 litres

Modèle européen

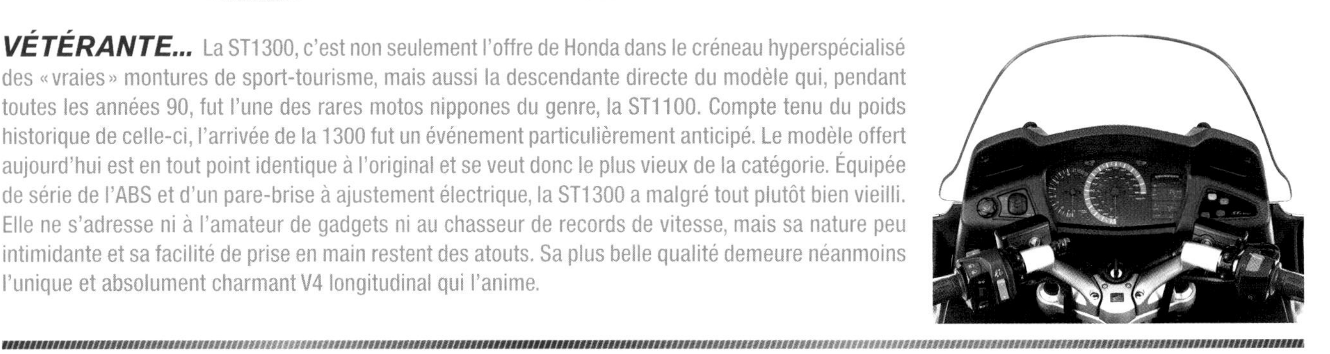

VÉTÉRANTE... La ST1300, c'est non seulement l'offre de Honda dans le créneau hyperspécialisé des «vraies» montures de sport-tourisme, mais aussi la descendante directe du modèle qui, pendant toutes les années 90, fut l'une des rares motos nippones du genre, la ST1100. Compte tenu du poids historique de celle-ci, l'arrivée de la 1300 fut un événement particulièrement anticipé. Le modèle offert aujourd'hui est en tout point identique à l'original et se veut donc le plus vieux de la catégorie. Équipée de série de l'ABS et d'un pare-brise à ajustement électrique, la ST1300 a malgré tout plutôt bien vieilli. Elle ne s'adresse ni à l'amateur de gadgets ni au chasseur de records de vitesse, mais sa nature peu intimidante et sa facilité de prise en main restent des atouts. Sa plus belle qualité demeure néanmoins l'unique et absolument charmant V4 longitudinal qui l'anime.

Ça n'est plus tout à fait le cas aujourd'hui, du moins en ce qui concerne sa division moto, mais Honda a très longtemps été LA marque dont l'audace ne semblait pas avoir de limites et celle d'où arrivaient systématiquement les designs les plus audacieux. La ST1300 représente un bon exemple du genre de montures qui a valu à Honda cette réputation.

L'une des caractéristiques les plus intéressantes du modèle est sa mécanique, un V4 disposé de façon longitudinale qui joue un très important rôle au niveau du plaisir de pilotage. Le seul moteur du genre sur le marché actuel, il produit une mélodie unique et feutrée qui accompagne et agrémente chaque instant de la conduite. Bourré de couple dans les premiers tours, il est assez puissant pour soulever la roue avant sur le premier rapport si les gaz sont ouverts de façon brusque. L'accélération est ensuite linéaire jusqu'à la zone rouge, si bien qu'on a toujours la sensation de disposer d'assez de puissance, et qu'on ne pense pratiquement jamais à rétrograder pour rendre les choses plus intéressantes. La boîte de vitesses à 5 rapports est douce, précise et bien étagée. La ST n'est pas ultrarapide, mais elle possède ce qu'il faut pour satisfaire.

SI HONDA COMPTE GARDER LA ST1300 DANS SA GAMME, IL FAUDRAIT AU MOINS QUE SON PRIX SOIT AJUSTÉ POUR EN REFLÉTER L'ÂGE.

La ST1300 offre un bon niveau de confort. La position de conduite est agréablement équilibrée, la selle ne génère presque pas de critiques et les suspensions sont à la fois souples et juste assez fermes. L'un des rares commentaires négatifs concerne l'agaçant retour d'air que provoque le pare-brise à ajustement électrique – qui offre autrement une protection assez généreuse – lorsqu'il se trouve en position élevée. L'écoulement de l'air n'est pas totalement exempt de turbulences, mais ça reste acceptable. Par temps chaud, on note un dégagement important de chaleur, dans des situations lentes comme la conduite urbaine.

Comme sport-tourisme implique aussi sport, la qualité du comportement routier de ces modèles occupe une place importante dans leur évaluation. Encore là, et malgré son âge, la ST1300 se sort d'affaire avec de bonnes notes. Étonnamment agile et maniable pour une monture de son gabarit, la ST ne demande qu'un effort minime pour s'engager en virage ou se basculer d'un angle à l'autre. Le châssis renvoie une forte impression de solidité et de précision en plein virage. Il fait également preuve d'une grande agilité dans les enfilades de courbes, qui sont un exercice à la fois plaisant et étonnamment accessible à ses commandes. Les très hautes vitesses représentent la seule circonstance où le comportement de la ST1300 peut être pris en défaut, puisqu'à l'approche des 200 km/h, sa stabilité n'est plus aussi grande, et ce, surtout lorsque l'on transporte un passager et que le pare-brise est en position haute. La plupart des modèles rivaux demeurent irréprochables dans de telles conditions.

Le plus grand défaut de la ST1300 demeure son âge, qu'on perçoit dans le manque d'équipement et dans l'aspect vieillot de l'instrumentation. Si Honda compte la garder dans sa gamme, il faudrait logiquement que son prix soit ajusté afin de refléter cet âge, ce qui n'est pas le cas.

QUOI DE NEUF EN 2012 ?

Aucun changement

De retour après une année d'absence au Canada

Coûte 1 000 $ de moins qu'en 2010

PAS MAL

Un niveau de confort très difficile à prendre en faute ; la protection au vent est généreuse, la position de conduite est bien équilibrée, les suspensions sont bien calibrées et la selle est bonne tant pour le pilote que pour son passager

Un caractère facile à vivre dans l'environnement quotidien qui vient s'ajouter aux excellentes qualités du modèle dans les situations comme les longues distances parsemées de routes en lacets

Un plaisir de conduite élevé amené par un niveau de performances satisfaisant et surtout par le caractère très particulier du superbe V4 qui anime le modèle

BOF

Un pare-brise électrique qui, en position haute à vitesse élevée, crée de la turbulence à la hauteur du casque et génère un retour d'air dans le dos du pilote

Une grande quantité de chaleur dégagée par le moteur lors de journées chaudes, et ce, surtout dans des conditions sans déplacement d'air comme la circulation dense

Un prix trop élevé compte tenu de l'âge du modèle et du niveau d'équipements moins généreux que celui de plusieurs modèles rivaux

Un léger louvoiement à très haute vitesse, surtout lorsque le pare-brise est en position haute ; on ne s'en rend toutefois jamais compte à l'intérieur des limites de vitesse

CONCLUSION

Pour vraiment satisfaire leur acheteur à long terme, les montures de sport-tourisme doivent être choisies non seulement selon leur ligne ou leur équipement, mais aussi en fonction du caractère du pilote. En partie en raison de son âge, la ST1300 est aujourd'hui la plus sobre et la plus discrète de sa classe. Elle ne s'adresse pas à l'amateur de sensations fortes ni au coureur à la retraite, mais plutôt au motocycliste moyen et commun, celui qui ne demande qu'à rouler longtemps et confortablement avec un minimum de tracas. Comme sa plus belle qualité se situe au niveau du charmant caractère du V4 qui l'anime, ceux qui apprécient les mécaniques communicatives y trouveront aussi leur compte. Cela dit, la ST1300 vieillit et même si le produit reste satisfaisant, son prix, lui, devrait refléter cet âge. Sinon, que cette facture soit celle d'une nouvelle ST.

Modèle européen

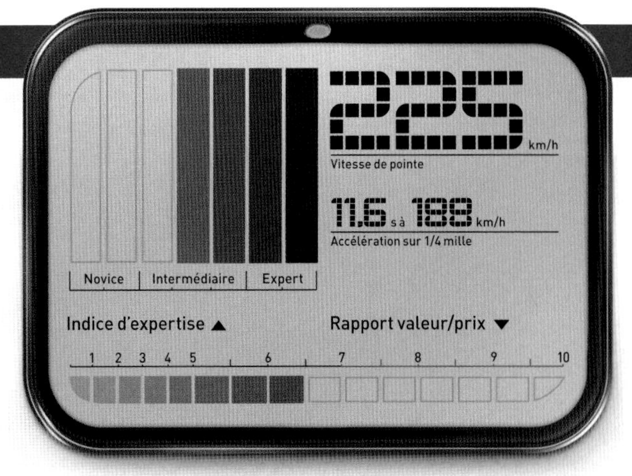

Voir légende en page 16

GÉNÉRAL

Catégorie	Sport-Tourisme
Prix	18 999 $
Immatriculation 2012	545,65 $
Catégorisation SAAQ 2012	« régulière »
Évolution récente	introduite en 1990, revue en 2003
Garantie	3 ans/kilométrage illimité
Couleur(s)	noir
Concurrence	BMW K1600GT, Kawasaki Concours 14, Yamaha FJR1300

MOTEUR

Type	4-cylindres longitudinal 4-temps en V à 90 degrés, DACT, 4 soupapes par cylindre, refroidissement par liquide
Alimentation	injection à 4 corps de 36 mm
Rapport volumétrique	10,8 :1
Cylindrée	1 261 cc
Alésage et course	78 mm x 66 mm
Puissance	125 ch @ 8 000 tr/min
Couple	85 lb-pi @ 6 000 tr/min
Boîte de vitesses	5 rapports
Transmission finale	par arbre
Révolution à 100 km/h	environ 3 400 tr/min
Consommation moyenne	6,5 l/100 km
Autonomie moyenne	446 km

PARTIE CYCLE

Type de cadre	périmétrique, en aluminium
Suspension avant	fourche conventionnelle de 45 mm non ajustable
Suspension arrière	monoamortisseur ajustable en précharge
Freinage avant	2 disques de 310 mm de Ø avec étriers à 3 pistons et système C-ABS
Freinage arrière	1 disque de 316 mm de Ø avec étrier à 3 pistons et système C-ABS
Pneus avant/arrière	120/70 ZR18 & 170/60 ZR17
Empattement	1 491 mm
Hauteur de selle	775 – 805 mm
Poids tous pleins faits	331 kg
Réservoir de carburant	29 litres

VFR1200F

VFR SUPRÊME... La VFR1200F fait partie des modèles les plus importants de l'histoire de la division moto de Honda, ce qui n'est pas peu dire. Son inauguration en 2010 mettait en effet un terme à presque une décennie de disette en matière d'innovations importantes chez les routières de la part de ce constructeur dont la réputation a pourtant été solidifiée grâce à l'introduction régulière de nombre de montures révolutionnaires. Animée par un l'un des très rares V4 sportifs sur le marché, elle joue plus que jamais le rôle d'ambassadrice technologique pour Honda en 2012 grâce à l'arrivée du contrôle de traction, une technologie qui vient s'ajouter au freinage ABS combiné offert de série et à la seule transmission DCT (pour Dual Clutch Transmission) du marché. Comme quelques autres caractéristiques, la programmation gérant cette boîte automatique est d'ailleurs améliorée en 2012.

Parce que la VFR se veut pratiquement une carte de visite pour Honda, le modèle représente une sorte de mesure de la santé du célèbre constructeur nippon. Quand la VFR va, Honda va. Et si la VFR ne va pas, on se pose des questions. Or, pour diverses raisons, dont un VTEC capricieux, la VFR800, la génération précédente de la VFR, n'a jamais vraiment fait l'unanimité. De plus, au lieu de la renouveler au bout de quatre ans comme toutes les VFR avant elle, Honda l'a offerte inchangée durant huit ans. Lorsque vint enfin le temps de présenter la nouvelle génération en 2010, la pression sur le constructeur était énorme et le modèle dont il accoucha poussa le concept VFR à l'extrême. La VFR800 n'était plus et la VFR1200F était née.

LA VFR1200F EST SOUVENT PRÉSENTÉE COMME LA REMPLAÇANTE DE LA ST1300, MAIS C'EST FAUX. IL S'AGIT D'UNE ROUTIÈRE SPORTIVE.

Le mandat de la VFR1200F est d'incarner l'ultime VFR. Le style est trompeur en ce sens qu'il fait paraître les proportions beaucoup plus importantes qu'elles ne le sont réellement. La 1200 est presque un clone parfait de la VFR800 en matière d'ergonomie. Physiquement, à moins de la bousculer en piste, où son surplus de poids devient évident, on ne la sent pas vraiment plus grosse ni plus longue que la 800. Malgré l'air très massif de la partie avant, la protection offerte par le carénage est très proche de celle de la 800, donc bonne. La position de conduite conserve une saveur sportive marquée tant au niveau de l'angle des jambes qu'à celui du poids modéré, mais tout de même notable que doivent supporter les mains. Il ne s'agit clairement pas d'une cousine de la ST1300 et surtout pas de la remplaçante de ce modèle, mais plutôt d'une sorte de suite à moteur V4 de la regrettée CBR110016.

Les ressemblances avec la génération précédente s'estompent très vite dès l'instant où les gaz sont ouverts. Oubliez complètement toute comparaison avec les performances de la 800, car la 1200 se trouve dans une ligue totalement différente. Compte tenu de sa forte cylindrée, de sa mission routière et de la réputation de moteurs coupleux qu'ont les V4, on s'est un peu étonné de constater la poussée limitée de VFR1200F à très bas régime. Il s'agit d'une des améliorations annoncées en 2012 par Honda, qui a probablement profité de la sécurité accrue amenée par le système antipatinage, une autre nouveauté 2012, pour «permettre» un couple plus fort entre 2000 tr/min et 4000 tr/min. Une fois passés les 5000 tr/min, le gros V4 s'éveille d'un coup et s'emballe furieusement jusqu'à sa zone rouge avec un rugissement qui ne peut provenir que de ce type de moteur. À l'exception de quelques vibrations à certains régimes, la mécanique se montre assez douce en utilisation normale. Quant à la sonorité, on ne peut s'empêcher d'en souhaiter plus. Un quatre-cylindres en V de ce calibre devrait littéralement chanter, pas chuchoter.

En dépit de son imposante cylindrée et de sa masse considérable, la VFR1200F étonne en affichant une nature admirablement neutre et légère. Chaque manœuvre se réalise avec facilité, avec précision et de manière très naturelle, sans jamais que la VFR donne l'impression de résister aux intentions du pilote. La partie cycle confère même au comportement routier une précision et une solidité tellement impressionnantes qu'on a littéralement l'impression de chevaucher un bloc inflexible en virage.

QUOI DE NEUF EN 2012 ?

Système antipatinage ; programmation d'alimentation revue ; contenance de carburant augmentée ; transmission DCT améliorée ; couple accru à bas régime ; selle améliorée

Version de base coûte 1 200 $ et version à boîte DCT 1 500 $ de moins qu'en 2011

PAS MAL

Une proposition mécanique sans pareil, puisque personne n'offre une machine de ce calibre propulsée par un V4, ce qui fait de la VFR1200F une monture unique

Un niveau de performances très impressionnant qui fait de la VFR1200F une rivale légitime des monstres que sont les ZX-14 et Hayabusa, confort en prime

Une boîte automatique qui représente un impressionnant accomplissement technique

Un comportement dont l'équilibre est très impressionnant, puisque malgré sa masse considérable, la VFR1200F se manie avec aisance et légèreté

BOF

Une mécanique qu'on aimerait encore plus présente d'un point de vue auditif et dont la puissance à bas régime devrait être plus élevée ; Honda prétend avoir amélioré ce point en 2012

Un excellent niveau de confort, mais une position de conduite qui affiche une nature un peu trop sportive, surtout au niveau des poignées qui sont trop basses sans raison

Une boîte DCT dont la douceur et le fonctionnement impressionnent, mais qui décide de changer ses rapports à des moments et à des régimes qui ne sont pas toujours ceux que le pilote choisirait ; Honda prétend avoir amélioré ce point en 2012

Un positionnement qui n'est plus du tout le même que celui de la VFR800, dont la VFR1200F n'est pas la vraie remplaçante

CONCLUSION

La VFR1200F est une pièce très impressionnante. Bien qu'un pilote exigeant soit en droit de souhaiter une meilleure musicalité de la part du gros V4 ou un couple plus gras à très bas régime – un point que Honda prétend justement avoir amélioré en 2012 –, la VFR1200F demeure un ensemble exceptionnellement raffiné sans concurrence directe. Il s'agit d'un croisement très particulier entre la finesse et la polyvalence d'une CBR110016, le caractère mécanique unique de la VFR800 et la rapidité d'une K1300S, le tout uni par un niveau d'ingénierie digne des plus belles réalisations de Honda. Elle n'est pas donnée, mais un tel niveau de technologie a évidemment un prix. Si la VFR1200F peut légitimement mériter le qualificatif de VFR ultime, cette suprématie est aussi un peu ce que nous lui reprochons. Car parallèlement à l'arrivée de tout ce plus, plus, plus, l'équilibre sacré de la VFR800, lui, a disparu. La VFR1200F a beau être remplie de qualités, elle ne représente tout simplement pas une remplaçante de la VFR800. Ce qu'elle offre est impressionnant, mais c'est autre chose.

VFR1200F DCT

Voir légende en page 16

GÉNÉRAL

Catégorie	Routière Sportive
Prix	17 499 $ (DCT : 18 999 $)
Immatriculation 2012	1 093,65 $
Catégorisation SAAQ 2012	« à risque »
Évolution récente	introduite en 1986, revue en 1990, en 1994, en 1998 et en 2002 ; VFR1200F introduite en 2010
Garantie	1 an/kilométrage illimité
Couleur(s)	bleu
Concurrence	BMW K1300S, Kawasaki Ninja ZX-14R, Suzuki GSX1300R Hayabusa

MOTEUR

Type	4-cylindres 4-temps en V à 76 degrés, SACT, 4 soupapes par cylindre, refroidissement par liquide
Alimentation	injection à 4 corps de 44 mm
Rapport volumétrique	12,0 :1
Cylindrée	1 237 cc
Alésage et course	81 mm x 60 mm
Puissance	172,7 ch @ 10 000 tr/min
Couple	95 lb-pi @ 8 750 tr/min
Boîte de vitesses	6 rapports (DCT : automatique)
Transmission finale	par arbre
Révolution à 100 km/h	environ 3 500 tr/min
Consommation moyenne	6,5 l/100 km (2011)
Autonomie moyenne	284 km (2011)

PARTIE CYCLE

Type de cadre	périmétrique, en aluminium
Suspension avant	fourche inversée de 43 mm ajustable en précharge
Suspension arrière	monoamortisseur ajustable en précharge et détente
Freinage avant	2 disques de 320 mm de Ø avec étriers à 6 pistons et système C-ABS
Freinage arrière	1 disque de 276 mm de Ø avec étrier à 2 pistons et système C-ABS
Pneus avant/arrière	120/70 ZR17 & 190/55 ZR17
Empattement	1 545 mm
Hauteur de selle	810 mm
Poids tous pleins faits	268 kg (DCT : 278 kg)
Réservoir de carburant	19 litres

CBF1000

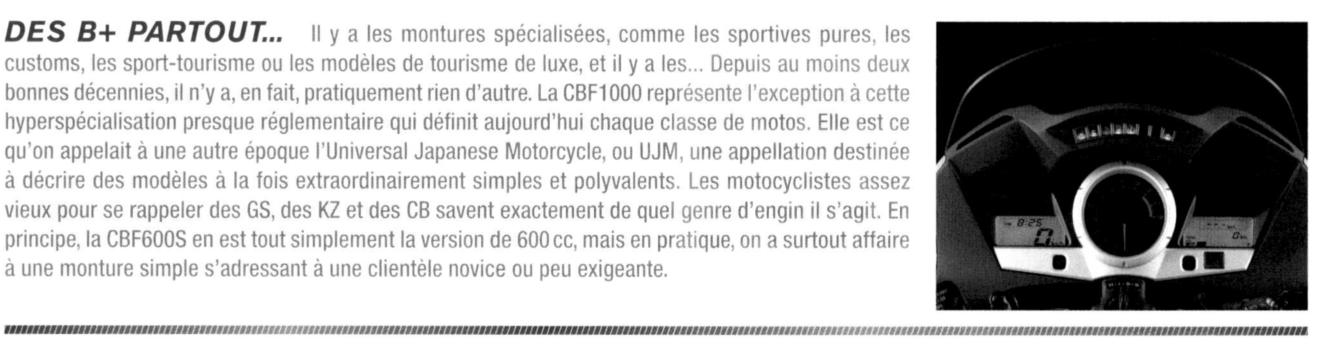

DES B+ PARTOUT... Il y a les montures spécialisées, comme les sportives pures, les customs, les sport-tourisme ou les modèles de tourisme de luxe, et il y a les... Depuis au moins deux bonnes décennies, il n'y a, en fait, pratiquement rien d'autre. La CBF1000 représente l'exception à cette hyperspécialisation presque réglementaire qui définit aujourd'hui chaque classe de motos. Elle est ce qu'on appelait à une autre époque l'Universal Japanese Motorcycle, ou UJM, une appellation destinée à décrire des modèles à la fois extraordinairement simples et polyvalents. Les motocyclistes assez vieux pour se rappeler des GS, des KZ et des CB savent exactement de quel genre d'engin il s'agit. En principe, la CBF600S en est tout simplement la version de 600 cc, mais en pratique, on a surtout affaire à une monture simple s'adressant à une clientèle novice ou peu exigeante.

En matière de premières impressions, la CBF1000 se montre à peu près tout, sauf excitante, pour ne pas dire qu'on éprouve à ses commandes la peu flatteuse sensation de se retrouver sur l'équivalent à deux roues d'une fonctionnelle, mais oh combien ennuyante Honda Accord. Le terme « aseptisé » est probablement le plus approprié pour décrire l'environnement et l'ambiance attendant le pilote qui en prend les commandes. La ligne est sympathique, bien que sobre, l'instrumentation est claire, la position de conduite est bien droite et les commandes sont démunies de tout gadget. L'aspect sécurité est assuré par l'un de ces systèmes de freinage ABS combiné si chers à Honda, tandis que la puissance est à peine supérieure à 100 chevaux.

L'EXPLICATION DU PHÉNOMÈNE QU'EST LA CBF1000 EST SIMPLE. ELLE FONCTIONNE BIEN. TRÈS BIEN.

Une pression du démarreur ne change strictement rien à l'ambiance, puisque le quatre-cylindres s'anime instantanément dans un murmure on ne peut plus anonyme. Le ton se maintient une fois sur la route où l'on découvre des montées en régimes d'une linéarité apparemment parfaite, un niveau de vibrations très bien contrôlé et une mécanique dont le caractère pousse à se demander s'il ne s'agit pas d'un moteur électrique. Une moto excitante, la CBF1000 n'est pas. Une conclusion qui se veut d'ailleurs encore plus valable pour sa petite sœur de 600 cc, qui n'est pas exactement construite sur la même base que la 1000, mais dont toutes les caractéristiques sont très proches. La 600 affiche toutefois en « prime » un côté un peu bon marché qui est absent chez la 1000. Facture inférieure oblige, la finition est moins poussée, l'instrumentation est plus ordinaire, le moteur est moins soyeux et, bien entendu, nettement moins puissant.

Contre toute attente, nous nous sommes nous-mêmes surpris à littéralement adorer la CBF1000. Pas durant la prise de contact avec le modèle, mais plutôt à force de l'utiliser. Par une étrange ironie, tout d'elle prend son sens lorsqu'elle se retrouve dans l'ennui et la monotonie de l'environnement quotidien, celui des déplacements normaux et de la circulation. L'explication du phénomène est pourtant simple, puisqu'elle se résume à cette observation : la CBF1000 fonctionne bien. Très bien. Assis bien droit, sur une bonne selle avec une bonne dose de couple toujours à la portée de la main, profitant de suspensions calibrées pour la réalité des routes imparfaites et comptant sur une partie cycle parfaitement équilibrée, vous maniez un outil à deux roues pratiquement sans défaut. Durant tout ce temps, comme la personnalité de la CBF1000 reste tout à fait anonyme, rien ne vous excite outre mesure, mais rien ne vous agace non plus. Puis, juste par curiosité, vous la lancez dans une courbe, pour découvrir que la partie cycle cache bien plus qu'une agréable légèreté de direction et de bons freins, et qu'elle révèle une tenue de route d'une qualité complètement insoupçonnée permettant même à la CBF1000 de boucler un tour de piste à un rythme très surprenant, ce que nous avons d'ailleurs fait. Et refait.

Toutes ces observations sont valables pour la 600, mais encore une fois, dans son cas, passer du mode utilitaire au mode amusement s'avère plus ardu, surtout en raison de ses modestes performances. Cela peut sembler un peu sec comme image, mais la CBF600S fait un peu penser à un gros scooter qu'on enjambe et dont la transmission est manuelle.

QUOI DE NEUF EN 2012 ?

Aucun changement

CBF600S coûte 300 $ de plus qu'en 2011, aucune augmentation pour la CBF1000

PAS MAL

Un niveau de polyvalence assez exceptionnel dans le cas de la 1000 qui est une véritable moto à tout faire en plus de se montrer très accessible

Une mécanique d'un litre souple et douce, une boîte de vitesses fonctionnant de manière transparente et un embrayage léger agrémentent et facilitent le pilotage

Un niveau d'accessibilité extraordinaire pour la 600 qui n'est peut-être pas la moto la plus excitante sur le marché, mais qui est certainement l'une des plus amicales

Un excellent système ABS combiné livré de série sur les deux modèles

Un comportement routier qui pourrait en surprendre plusieurs non seulement en raison de son bel équilibre, mais aussi de son potentiel élevé en pilotage sportif

BOF

Une mécanique qui livre une quantité raisonnable de couple et se montre décemment puissante sur la 1000, mais qui est pratiquement démunie de caractère et bourdonne de manière complètement anonyme ; la 600 est sans espoir à ce chapitre

Un niveau de performances assez modeste sur la 600 qui ne satisfera que les pilotes expérimentés très peu gourmands en chevaux et surtout intéressés par une monture pratique et accessible ; les motocyclistes novices ou ceux à la recherche d'une moto de progression après un séjour sur une plus petite cylindrée représentent la clientèle la plus logique du modèle

CONCLUSION

Malgré à peine plus d'une centaine de chevaux sous le capot, malgré une partie cycle absolument exempte de tout matériau noble et de toutes pièces particulières, malgré une mine pas vraiment aguichante – bien que quand même jolie, – bref, malgré un curriculum qui semble tout, sauf excitant, la CBF1000 est l'une des motos les plus plaisantes à piloter au jour le jour du marché présent. Très précise même s'il ne s'agit pas d'une véritable sportive et étonnamment confortable même s'il ne s'agit pas d'une vraie voyageuse, elle a la capacité de transformer la plus banale des courses en un simple, mais plaisant moment de moto. Elle est la bonne vieille machine à tout faire que cette fameuse hyperspécialisation nous a presque fait oublier. Quant à la 600, elle arrive à réaliser tout ce que la 1000 accomplit, mais sans que cela soit vraiment très amusant ou excitant. Elle fonctionne très bien, elle est pratique, extrêmement accessible et offre un bon niveau de confort. Mais en matière de personnalité, on trouve difficilement plus fade. Cela dit, comme simple monture de progression après, disons, une petite 250, on ne peut lui reprocher grand-chose.

CBF600S (modèle européen)

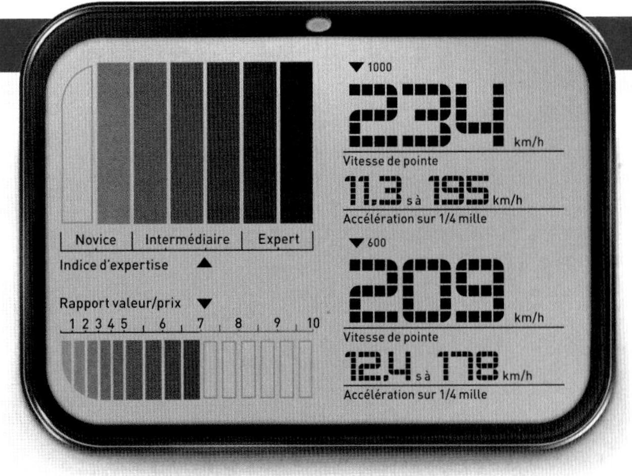

Voir légende en page 16

GÉNÉRAL

Catégorie	Routière Sportive
Prix	CBF1000 : 12 999 $ CBF600S : 10 299 $
Immatriculation 2012	545,65 $
Catégorisation SAAQ 2012	« régulière »
Évolution récente	CBF1000 : introduite en 2006, revue en 2010 CBF600S : introduite en 2010
Garantie	1 an/kilométrage illimité
Couleur(s)	blanc
Concurrence	CBF1000 : Kawasaki Ninja 1000, Suzuki Bandit 1250S, Yamaha FZ1 CBF600S : Kawasaki Ninja 650R, Suzuki GSX650F, Yamaha FZ6R

MOTEUR

Type	4-cylindres en ligne 4-temps, DACT, 4 soupapes par cylindre, refroidissement par liquide
Alimentation	injection à 4 corps de 36 mm
Rapport volumétrique	11,2:1 (11,6:1)
Cylindrée	998 cc (599 cc)
Alésage et course	CBF1000 : 75 mm x 56,5 mm CBF600S : 67 mm x 42,5 mm
Puissance	CBF1000 : 107,4 ch @ 9 000 tr/min CBF600S : 77,5 ch @ 10 500 tr/min
Couple	CBF1000 : 70,8 lb-pi @ 6 500 tr/min CBF600S : 43,5 lb-pi @ 8 250 tr/min
Boîte de vitesses	6 rapports
Transmission finale	par chaîne
Révolution à 100 km/h	environ 4 200 tr/min (600 : 4 600 tr/min)
Consommation moyenne	6,9 l/100 km (600 : 6,2 l/100 km)
Autonomie moyenne	290 km (600 : 322 km)

PARTIE CYCLE

Type de cadre	épine dorsale, en aluminium
Suspension avant	fourche conventionnelle de 41 mm ajustable en précharge
Suspension arrière	monoamortisseur ajustable en précharge et détente (précharge)
Freinage avant	2 disques de 296 mm de Ø avec étriers à 3 pistons et système C-ABS
Freinage arrière	1 disque de 240 mm de Ø avec étrier à 1 piston et système C-ABS
Pneus avant/arrière	120/70 ZR17 & 160/60 ZR17
Empattement	CBF1000 : 1 495 mm ; CBF600S : 1 490 mm
Hauteur de selle	CBF1000 : 780/795/810 mm CBF600S : 770/785/800 mm
Poids tous pleins faits	CBF1000 : 245 kg ; CBF600S : 222 kg
Réservoir de carburant	20 litres

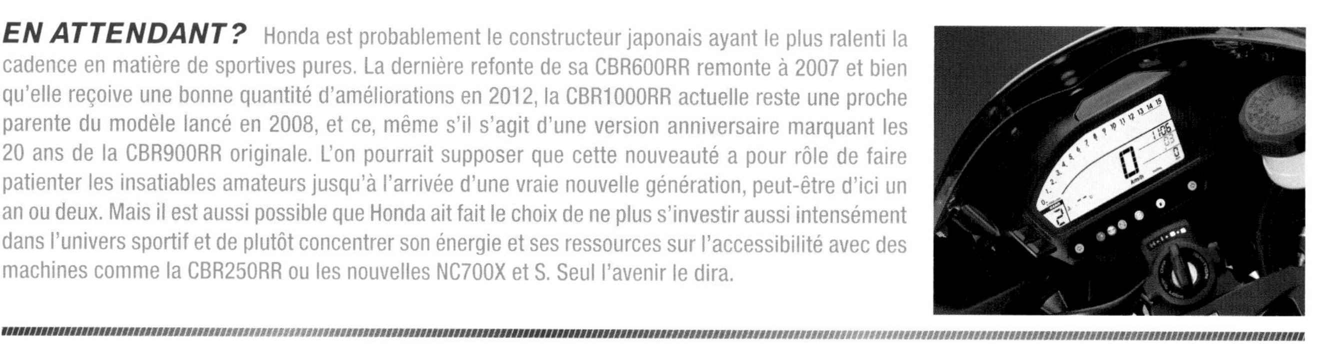

EN ATTENDANT? Honda est probablement le constructeur japonais ayant le plus ralenti la cadence en matière de sportives pures. La dernière refonte de sa CBR600RR remonte à 2007 et bien qu'elle reçoive une bonne quantité d'améliorations en 2012, la CBR1000RR actuelle reste une proche parente du modèle lancé en 2008, et ce, même s'il s'agit d'une version anniversaire marquant les 20 ans de la CBR900RR originale. L'on pourrait supposer que cette nouveauté a pour rôle de faire patienter les insatiables amateurs jusqu'à l'arrivée d'une vraie nouvelle génération, peut-être d'ici un an ou deux. Mais il est aussi possible que Honda ait fait le choix de ne plus s'investir aussi intensément dans l'univers sportif et de plutôt concentrer son énergie et ses ressources sur l'accessibilité avec des machines comme la CBR250RR ou les nouvelles NC700X et S. Seul l'avenir le dira.

Analyse Technique

Qu'il ait vraiment choisi ou pas de ralentir le rythme en matière de sportives pures, Honda n'avait pas vraiment le choix de souligner le vingtième anniversaire, cette année, de la révolutionnaire CBR900RR de 1992. Pour ce faire, le constructeur propose une évolution de la version inaugurée en 2008 de la CBR1000RR.

L'aspect le plus évident de l'évolution dont bénéficie la CBR d'un litre en 2012 est son nouveau carénage en couches multiples, une technique améliorant l'aérodynamisme, selon Honda. Les superbes nouvelles roues à 12 branches servent, elles aussi, à marquer l'identité de la version anniversaire. Selon le constructeur, leur nouveau design améliorerait la constance de leur rigidité.

HONDA N'AVAIT PAS VRAIMENT LE CHOIX DE SOULIGNER LE VINGTIÈME ANNIVERSAIRE DE LA CBR900RR DE 1992.

D'un point de vue mécanique, le cadre demeure inchangé, tout comme le moteur, bien que la programmation de l'injection, elle, reçoit quelques raffinements. Les suspensions bénéficient des plus importantes modifications. L'amortisseur arrière Showa est tout nouveau et présente une conception à double cylindre apparemment inédite, tandis que la fourche Showa est désormais du type BPF, pour Big Piston Fork, une technologie qui améliorerait le comportement en piste, particulièrement au freinage. Enfin, le réglage du système ABS est modifié afin d'améliorer les réactions lorsque le frein arrière est activé et qu'il agit sur le frein avant. On note par ailleurs une toute nouvelle instrumentation entièrement numérique.

Bien que nous n'ayons pas testé la version 2012 de la CBR1000RR, un survol des caractéristiques de la version 2011 demeure utile aux acheteurs éventuels en raison de la profondeur relativement faible des modifications affichées par l'édition anniversaire.

Depuis sa refonte de 2008, la CBR1000RR continue de se distinguer en faisant preuve de l'un des plus impressionnants niveaux d'accessibilité de la classe dans l'environnement du circuit. À ses commandes, toutes les manœuvres requises pour effectuer un tour de piste de manière précise et coulée sont accomplies dans une ambiance remarquablement sereine. La grande précision et la rassurante solidité du châssis en virages sont celles auxquelles on s'attend aujourd'hui de n'importe quelle sportive de haut calibre, tandis que la progressivité de la livrée de puissance permet d'ouvrir l'accélérateur tôt en sortie de courbe, sans trop craindre les dérapages inattendus. À ce sujet, compte tenu de l'excellent travail du super ABS qui équipe la CBR1000RR, on s'étonne un peu que le contrôle de traction ne fasse pas partie des améliorations proposées par l'évolution du modèle en 2012.

Le 4-cylindres en ligne qui anime la grosse CBR affiche une nature axée sur la puissance maximale et les hauts régimes. Sans qu'il offre une souplesse extraordinaire sous les 5 000 ou 6 000 tr/min, il s'éveille ensuite jusqu'à la zone rouge de 13 000 tr/min et offre un niveau de performances très élevé, et ce, même s'il n'est pas du calibre de celui d'une S1000RR.

Exactement comme c'est le cas pour la GSX-R1000 en 2012, la CBR1000RR reçoit une série d'améliorations destinées à faire patienter les amateurs jusqu'à l'arrivée éventuelle d'une nouvelle génération.

CBR900RR 1992 - 893cc

CBR900RR 1994 - 893cc

CBR900RR 1996 - 918cc

CBR900RR 1998 - 918cc

CBR929RR 2000 - 929cc

CBR954RR 2002 - 954cc

CBR1000RR 2004 - 998cc

CBR1000RR 2008 - 999cc

20 ANS DE CBR-RR

La première des CBR-RR fut introduite il y a déjà 20 ans. À une époque où la CBR600F2 produisait déjà une centaine de chevaux, on s'étonna un peu de constater que l'anticipée version de grosse cylindrée ne générait pas plus de 124 chevaux, mais Honda justifia la direction prise par sa nouveauté avec un argument majeur: un poids plume de 185 kilos à sec. Honda continua de travailler avec cette philosophie durant près d'une dizaine d'années, mais l'arrivée de la Yamaha YZF-R1 en 1998 força le constructeur à pousser la formule plus loin et en 2000, la CBR929RR fut annoncée à 152 chevaux pour un poids à sec de 170 kilos. Cette nouvelle génération abandonnait aussi la controversée roue avant de 16 pouces de la CBR900RR en faveur d'une roue de 17 pouces plus commune. Bien que la CBR954RR de 2002 poussa les choses un peu plus avec 154 chevaux et 168 kilos, la partie cycle, elle, semblait avoir atteint sa limite et montrait des signes flagrants d'instabilité. La CBR1000RR de 2004 s'attaqua directement à ce problème. Inspirée de la RC211V championne de MotoGP, elle affichait une stabilité phénoménale, bien que son poids, lui, grimpait d'une dizaine de kilos. Ce n'est qu'en 2008, avec l'arrivée d'une toute nouvelle génération, que Honda s'attaqua de nouveau sérieusement à la masse, tout en continuant d'augmenter la puissance.

QUOI DE NEUF EN 2012 ?

Évolution de la CBR1000RR : carénage redessiné ; suspensions, injection et ABS révisés ; nouvelles roues ; nouvelle instrumentation

Coûte 1 200 $ de moins qu'en 2011

PAS MAL

Une qualité de comportement et surtout une facilité de pilotage extraordinaires sur circuit ; la CBR1000RR est l'une des montures de ce type les plus accessibles

Des performances d'un calibre très élevé, mais qui sont livrées de manière très civilisée, ce qui facilite grandement le pilotage sur piste

Un système de freinage ABS combiné extrêmement avancé qui permet de profiter pleinement du potentiel de freinage

BOF

Un niveau de performances tellement élevé qu'il n'est vraiment accessible qu'en piste, ce qui fait paraître la conduite quotidienne presque banale

Des performances qui, même aussi élevées qu'elles le sont, restent en retrait par rapport à celles de modèles comme la S1000RR ou la 1199 Panigale

Une mécanique très avancée, mais dont le caractère est presque inexistant

Un niveau de confort très faible, comme c'est d'ailleurs la norme sur ces motos

Une évolution respectable du modèle, mais qui laisse un peu sur leur faim les gourmands amateurs de ce type de machine qui s'attendaient à plus, et ce, autant en termes de mécanique qu'en matière de style

Une absence de système antipatinage qui tarde à arriver et qui limite les performances en piste face à des machines rivales qui en sont équipées

CONCLUSION

En matière de sportives pures, les produits Honda se sont métamorphosés ces dernières années. D'incontournables et d'innovatrices machines très souvent à l'avant-plan de leur classe durant les années 80 et 90, les sportives du constructeur ont commencé à prendre du retard vers le tournant du millénaire et n'ont jamais vraiment remonté la pente depuis. La CBR1000RR proposée cette année ne fait que suivre la tendance prise par la vénérable marque, puisqu'il s'agit d'une version légèrement améliorée et rhabillée d'une moto qui, bien qu'excellente lorsqu'elle était isolée, n'était ni la plus rapide ni la plus avancée de sa catégorie. Elle reste néanmoins tout à fait recommandable, et ce, simplement parce que le niveau de performances atteint par chacune de ces extraordinaires 1000 était déjà ahurissant. Reste maintenant à voir si les acheteurs sauront finalement se satisfaire de ce niveau ou s'ils continueront plutôt d'exiger toujours plus, même s'ils ne savent qu'en faire, avant d'accepter de délier les cordons de leur bourse.

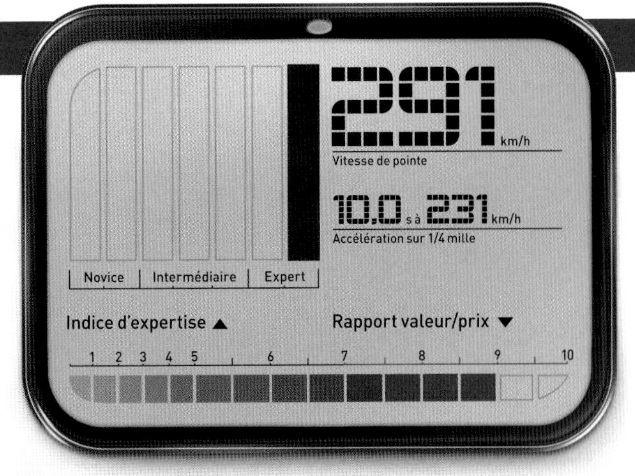

Voir légende en page 16

GÉNÉRAL

Catégorie	Sportive
Prix	15 999 $
Immatriculation 2012	1 093,65 $
Catégorisation SAAQ 2012	« à risque »
Évolution récente	introduite en 1992, revue en 1996, en 1998, en 2000, en 2002, en 2004, en 2006, en 2008 et en 2012
Garantie	1 an/kilométrage illimité
Couleur(s)	rouge ; blanc, bleu et rouge
Concurrence	Aprilia RSV4, BMW S1000RR, Kawasaki Ninja ZX-10R, MV Agusta F4 Suzuki GSX-R1000, Yamaha YZF-R1

MOTEUR

Type	4-cylindres en ligne 4-temps, DACT, 4 soupapes par cylindre, refroidissement par liquide
Alimentation	injection à 4 corps de 46 mm
Rapport volumétrique	12,3 :1
Cylindrée	999,8 cc
Alésage et course	76 mm x 55,1 mm
Puissance sans Ram Air	178,1 ch @ 12 000 tr/min
Couple sans Ram Air	82,6 lb-pi @ 8 500 tr/min
Boîte de vitesses	6 rapports
Transmission finale	par chaîne
Révolution à 100 km/h	environ 4 200 tr/min
Consommation moyenne	6,9 l/100 km
Autonomie moyenne	256 km

PARTIE CYCLE

Type de cadre	périmétrique, en aluminium
Suspension avant	fourche inversée de 43 mm ajustable en précharge, compression et détente
Suspension arrière	monoamortisseur ajustable en précharge, compression et détente
Freinage avant	2 disques de 320 mm de Ø avec étriers radiaux à 4 pistons et système C-ABS
Freinage arrière	1 disque de 220 mm de Ø avec étrier à 1 piston et système C-ABS
Pneus avant/arrière	120/70 ZR17 & 190/50 ZR17
Empattement	1 410 mm
Hauteur de selle	820 mm
Poids tous pleins faits	211 kg
Réservoir de carburant	17,7 litres

CBR600RR ABS

RALENTISSEMENT... Un simple coup d'œil à l'évolution récente de la CBR600RR suffit pour constater dans quel contexte se retrouve actuellement non seulement la 600 de Honda, mais aussi tout le reste de la classe. Lancée en 2003 afin de remplacer les vénérables CBR600F dont le côté polyvalent ne correspondait plus au goût du jour, la CBR600RR représentait l'arme de Honda dans la féroce bataille d'hypersportives qu'allaient se livrer les constructeurs tout au long de la dernière décennie. Afin de maintenir le rythme, la CBR fut renouvelée dès 2005, puis encore à peine 2 ans plus tard en 2007. Depuis, toutefois, c'est le calme plat. La classe des 600 a été l'une des plus durement touchées par la crise économique et la chute des ventes ne justifie tout simplement plus le même genre d'investissement de la part des constructeurs. Au Canada, seule la version ABS du modèle est offerte en 2012.

Nous sommes nous-mêmes étonnés de constater que malgré le fait qu'elle entame en 2012 sa sixième année de production sous cette forme, bref, une éternité, la CBR600RR demeure une 600 parfaitement recommandable. Il s'agit d'une réalité due au ralentissement marqué du développement des 600 certes, mais dont sont aussi responsables les multiples qualités de la CBR600RR. Parmi celles-ci, se trouve un système C-ABS introduit en 2009 et qui demeure une exclusivité Honda. Il s'agit d'une technologie dont l'efficacité est stupéfiante.

Les sceptiques étaient nombreux à croire que l'ABS n'avait pas sa place sur une sportive pure. Une bonne séance en piste suffit néanmoins pour comprendre qu'on n'a pas affaire à n'importe quel ABS, mais plutôt à une révolution dans le genre. Non seulement le système élève la sécurité sur la route jusqu'à un niveau jamais connu auparavant sur ce type de monture, mais il est aussi tellement avancé et performant qu'il permet à un pilote expérimenté de boucler des tours plus rapides en repoussant les limites du freinage. On pourrait même dire que l'ABS permet de freiner tellement tard en approche de courbe qu'il équivaut presque à de la tricherie... Notons que Honda offre uniquement la version ABS au Canada en 2012, mais qu'aux États-Unis, où les motocyclistes résistent encore à l'ABS, la CBR600RR est offerte avec ou sans la technologie.

MALGRÉ SON ÂGE, ELLE RESTE L'UNE DES SPORTIVES LES PLUS FACILES À PILOTER RAPIDEMENT SUR PISTE.

Mince, très légère et ultra-compacte sans toutefois qu'elle coince son pilote, la CBR600RR propose une mécanique à la fois très puissante et relativement souple. Les accélérations sont propres et franches du ralenti jusqu'à la barre des 8 000 tr/min, puis deviennent considérablement plus intenses au fur et à mesure que les graduations du tachymètre défilent. Il n'arrive presque jamais qu'on parle de linéarité en décrivant les accélérations d'une 600, mais c'est en quelque sorte le cas ici, même si c'est au-delà des 10 000 tr/min que le plein potentiel de la mécanique réside. L'excellent 4-cylindres de la CBR impressionne également par sa facilité à prendre des tours et par son aisance absolue lorsqu'il tourne à des régimes très élevés. Des facteurs comme la très bonne transmission, l'embrayage léger et progressif, et l'injection à point ne font qu'ajouter à la sensation de qualité et de sophistication qui s'en dégage.

Grâce à sa selle décente, à sa position tolérable et à ses suspensions fermes sans être rudes, la CBR ne constitue pas une mauvaise routière. Mais elle reste avant tout une machine conçue pour la piste, un environnement où elle se montre encore exceptionnelle. À la fois sereine, posée, précise et agile, elle procure instantanément au pilote un degré de confiance très élevé et facilite l'exercice du circuit plus qu'on ne le croirait possible. Grâce à ses freins fantastiques, à son châssis imperturbable, à ses suspensions judicieusement calibrées et à une légèreté remarquable, la CBR600RR reste l'une des sportives pures les plus invitantes à piloter très rapidement sur piste. La qualité de sa tenue de route est même tellement élevée qu'on n'arrive pas à pointer quoi que ce soit à améliorer à ce sujet. Seule l'absence d'un limiteur de contre-couple, un équipement qui lui permettrait de se montrer encore plus à l'aise dans l'environnement du circuit, peut lui être reprochée.

QUOI DE NEUF EN 2012?

Version sans ABS retirée du catalogue canadien

Version avec ABS coûte 1 000$ de moins qu'en 2011

PAS MAL

Une mécanique superbe puisque douce, relativement souple, très puissante et incroyablement à l'aise à haut régime

Une partie cycle tellement réussie qu'elle arrive à transformer les motocyclistes ordinaires en pilotes compétents sur une piste, où la CBR600RR est par ailleurs une véritable merveille de précision et d'agilité

Un système de freinage ABS combiné de nouvelle génération conçu spécifiquement pour les sportives et dont l'efficacité est extraordinaire

Une nature qui semble vouloir revenir aux origines du modèle en proposant à la fois un niveau de performances très élevé et une polyvalence supérieure à la moyenne

BOF

Des accélérations puissantes, mais aussi un tempérament très civilisé, presque linéaire qui affecte un tout petit peu le facteur d'excitation

Un embrayage sans limiteur de contre-couple; il s'agit d'un équipement dont les avantages sont clairs en piste et que toutes les rivales de la CBR offrent

Une génération qui commence à vieillir, même si elle reste très compétente

Un niveau de confort inexistant pour le passager, quoique tolérable pour le pilote

CONCLUSION

Personne ne connaît ni l'avenir ni les intentions de Honda en ce qui concerne sa CBR600RR. On s'est tellement habitué à des renouvellements rapides chez ces motos que de les voir rester inchangées durant aussi longtemps semble décidément étrange. En fait, le cas d'un modèle de ce type qui, comme celui-ci, entame sa sixième année sans modification devrait logiquement amener des qualificatifs comme «dépassé». Mais la CBR600RR demeure plutôt une 600 rapide, précise et même jolie. Il s'agit d'une sportive brillante dont la liste des qualités est extrêmement impressionnante et dont celle des défauts s'avère non seulement courte, mais aussi très difficile à dresser. Surtout depuis qu'elle est équipée de ce phénoménal système ABS dont nous sommes de grands admirateurs. De plus, au sein de sa classe, elle est l'une des plus tolérables dans des conditions quotidiennes qui, évidemment, n'ont pas la moindre chose en commun avec un tour de piste rapide. Si Honda poussait cet aspect un peu plus loin lorsqu'il la renouvellera, on pourrait avoir droit au retour des CBR à la fois rapides et polyvalentes.

Modèle européen

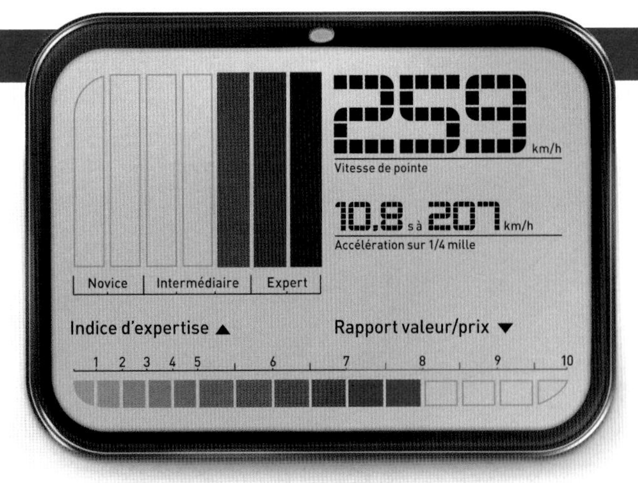

Voir légende en page 16

GÉNÉRAL

Catégorie	Sportive
Prix	13 599$
Immatriculation 2012	1 093,65$
Catégorisation SAAQ 2012	«à risque»
Évolution récente	introduite en 2003, revue en 2005 et en 2007
Garantie	1 an/kilométrage illimité
Couleur(s)	noir
Concurrence	Kawasaki Ninja ZX-6R, MV Agusta F3 Suzuki GSX-R600, Triumph Daytona 675, Yamaha YZF-R6

MOTEUR

Type	4-cylindres en ligne 4-temps, DACT, 4 soupapes par cylindre, refroidissement par liquide
Alimentation	injection à 4 corps de 40 mm
Rapport volumétrique	12,2:1
Cylindrée	599 cc
Alésage et course	67 mm x 42,5 mm
Puissance sans Ram Air	119,6 ch @ 13 500 tr/min
Couple sans Ram air	48,8 lb-pi @ 11 250 tr/min
Boîte de vitesses	6 rapports
Transmission finale	par chaîne
Révolution à 100 km/h	environ 5 500 tr/min
Consommation moyenne	6,6 l/100 km
Autonomie moyenne	274 km

PARTIE CYCLE

Type de cadre	périmétrique, en aluminium
Suspension avant	fourche inversée de 41 mm ajustable en précharge, compression et détente
Suspension arrière	monoamortisseur ajustable en précharge, compression et détente
Freinage avant	2 disques de 310 mm de Ø avec étriers radiaux à 4 pistons et système C-ABS
Freinage arrière	1 disque de 220 mm de Ø avec étrier à 1 piston et système C-ABS
Pneus avant/arrière	120/70 ZR17 & 180/55 ZR17
Empattement	1 370 mm
Hauteur de selle	820 mm
Poids tous pleins faits	196 kg
Réservoir de carburant	18 litres

CBR250R ABS

MOTO DE L'ANNÉE? La décision d'octroyer le prestigieux titre de « moto de l'année » découle généralement d'un époustouflant record de vitesse, de l'aspect inédit d'une ligne ou d'un quelconque autre facteur spectaculaire. Or, même si aucun de ces critères ne s'applique à la CBR250R, qui n'est finalement qu'une modeste moto d'initiation, nous croyons qu'elle était quand même digne d'une telle accolade pour 2011. La principale raison derrière cette opinion se résume au fait que les temps changent et que le souhait le plus cher de l'industrie de la moto, aujourd'hui, n'est plus la performance pure. Tous les constructeurs, quels qu'ils soient, attendent plutôt avec beaucoup d'impatience de voir arriver de nouveaux motocyclistes. Bien qu'elle ne constitue pas « l'appât » miracle, la CBR250R représente l'une des propositions les plus intéressantes du moment à ce sujet.

Nombreux sont ceux qui s'intéressent à l'accueil reçu par la CBR250R lors de sa première année de commercialisation. Parmi ces intéressés se trouvent non seulement des compagnies qui pourraient décider de se lancer dans la production d'une telle moto, mais aussi des marques attendant simplement de voir de nouveaux visages adopter la moto afin de leur proposer leurs produits. Pour le moment, la donnée la plus importante fournie par Honda concerne les acheteurs, puisque ceux-ci ne seraient pas que des jeunes, mais constitueraient plutôt un groupe dont l'âge et le niveau d'expérience couvrent un large éventail. Il s'agit d'une donnée cruciale parce qu'elle indique clairement que de nouveaux acheteurs de motos peuvent s'intéresser à un produit qui n'est pas directement lié à une quelconque statistique extrême. Or, l'extrême était, jusqu'à tout récemment, ce qui se vendait le mieux. En fait, on n'a pas à reculer très loin dans le temps pour retrouver une époque à laquelle une 250 aurait strictement été perçue comme une banale et ennuyeuse moto de novice. Le fait qu'une telle monture soit aujourd'hui acceptée par un éventail aussi large de motocyclistes représente une claire démonstration de l'amorce d'un changement de mentalité, et ce, non seulement chez les acheteurs de motos, mais aussi chez les constructeurs. Honda, par exemple, a toujours utilisé la massive empreinte sur l'univers des véhicules à moteur qui lui a valu le surnom de Géant Rouge pour offrir ses produits à un prix supérieur à la moyenne. La CBR250R représente possiblement le premier produit Honda, et ce, toutes catégories confondues, qui est offert à prix d'aubaine. Même le supplément demandé pour la version équipée de l'ABS et du freinage combiné reste très raisonnable. En fait, une facture comme celle de la CBR250R limite normalement les choix à des machines très rudimentaires dont l'intérêt se limite aux besoins des écoles de conduite, une description qui ne correspond ni de près ni de loin à la petite Honda. Capable d'atteindre les 150 kilomètres à l'heure, parfaitement à l'aise sur l'autoroute à vitesse légale, offrant une ergonomie aussi appropriée pour un pilote novice que pour un motocycliste plus expérimenté, assez confortable pour jouer le rôle de routière, impeccablement finie, propulsée par un monocylindre moderne étonnamment doux et suffisamment puissant pour tous les besoins quotidiens et offrant une tenue de route dont la solidité et la précision surprennent franchement, la CBR250R est non seulement une excellente petite moto, mais elle est aussi une Honda, une vraie, offerte à prix de « produit chinois ». Il ne s'agit pas, comme c'est le cas avec la CBR125R, d'un modèle miniature laissant au pilote l'impression d'être aux commandes d'un jouet, mais plutôt d'une vraie monture avec laquelle tous les types de conduite sont envisageables, de la besogne quotidienne jusqu'à la séance en piste. Ses surprenantes capacités sportives en matière de tenue de route en font par ailleurs un excellent préambule au pilotage d'un modèle plus puissant du même genre. Pour les motocyclistes novices qui insistent pour commencer en bas de l'échelle, elle représente l'un des meilleurs outils qui soient même si, comme pour toutes ces motos, on risque d'en demander davantage et relativement vite.

IL S'AGIT NON SEULEMENT D'UNE EXCELLENTE PETITE MOTO, MAIS AUSSI D'UNE HONDA, UNE VRAIE, OFFERTE À PRIX DE PRODUIT CHINOIS.

QUOI DE NEUF EN 2012 ?

Aucun changement

Aucune augmentation

PAS MAL

Un niveau d'accessibilité exceptionnel qui en fait l'une des meilleures motos d'initiation qu'on puisse acheter ; si ce n'était de la fragilité du plein carénage, elle serait même l'outil parfait d'une école de conduite

Une valeur exceptionnelle, et ce, même en incluant l'option de l'ABS combiné que nous recommandons d'ailleurs chaudement ; la CBR250R redéfinit même ce qu'il est possible de construire pour une somme X, puisqu'on peut dorénavant avancer que si Honda arrive à produire sa CBR250R pour une somme X, alors telle ou telle moto devrait logiquement pouvoir être offerte pour une somme Y

Une tenue de route d'un calibre suffisamment bon pour soutenir un rythme très élevé en piste, où la CBR250R se montre même très amusante à pousser

Un soin apporté à la finition et au style qui est tel qu'on a l'impression que les petites cylindrées commencent enfin à être prises au sérieux

BOF

Une cylindrée et une puissance qui, malgré le prix alléchant, restent limitées et qui doivent absolument être prises en considération par les acheteurs potentiels ; la CBR250R demeure seulement une 250 qu'on voudra relativement vite changer pour une monture plus puissante

Un monocylindre qui fonctionne de façon tout à fait correcte, mais qui n'est pas aussi techniquement intéressant que le bicylindre parallèle du modèle rival, la Ninja 250R

CONCLUSION

Malgré sa modeste nature de monture d'initiation, la CBR250R est l'une des motos les plus importantes du moment. Ne serait-ce qu'en raison du changement d'attitude qu'elle représente de la part de Honda qui, pour la première fois, tente d'attirer les acheteurs avec un prix intéressant plutôt que seulement avec sa réputation de grand constructeur, elle fait partie des signes annonciateurs d'une nouvelle ère dans le monde des deux-roues. Une ère dans laquelle les besoins des nouveaux arrivants ont autant de poids que ceux des exigeants motocyclistes de longue date. De manière plus précise en ce qui concerne le modèle, il s'agit d'une excellente petite moto à tous les niveaux du comportement, construite avec le même souci du détail et finie avec la même attention qu'une plus grande cylindrée. Pour autant qu'on réalise ce qu'une 250 implique en termes de limites, on ne peut en être déçu.

Modèle américain

Voir légende en page 16

GÉNÉRAL

Catégorie	Routière Sportive
Prix	4 499 $ (ABS : 4 999 $)
Immatriculation 2012	343,65 $
Catégorisation SAAQ 2012	« régulière »
Évolution récente	introduite en 2011
Garantie	1 an/kilométrage illimité
Couleur(s)	rouge, noir
Concurrence	Kawasaki Ninja 250R

MOTEUR

Type	monocylindre 4-temps, DACT, 4 soupapes par cylindre, refroidissement par liquide
Alimentation	injection à corps de 38 mm
Rapport volumétrique	10,7 :1
Cylindrée	249,4 cc
Alésage et course	76 mm x 55 mm
Puissance	26 ch @ 8 500 tr/min
Couple	16,9 lb-pi @ 7 000 tr/min
Boîte de vitesses	6 rapports
Transmission finale	par chaîne
Révolution à 100 km/h	environ 5 900 tr/min
Consommation moyenne	4,2 l/100 km
Autonomie moyenne	309 km

PARTIE CYCLE

Type de cadre	périmétrique, en acier
Suspension avant	fourche conventionnelle de 37 mm non ajustable
Suspension arrière	monoamortisseur ajustable en précharge
Freinage avant	1 disque de 296 mm de Ø avec étrier à 2 pistons (ABS : à 3 pistons avec système C-ABS)
Freinage arrière	1 disque de 220 mm de Ø avec étrier à 1 piston (ABS : à 1 piston avec système C-ABS)
Pneus avant/arrière	110/70 -17 & 140/70-17
Empattement	1370mm
Hauteur de selle	775 mm
Poids tous pleins faits	162 kg (ABS : 166 kg)
Réservoir de carburant	13 litres

CBR125R Repsol

ILLUSION D'OPTIQUE... Elle n'a pas été conçue pour l'Amérique du Nord, où elle demeure d'ailleurs l'unique modèle du genre, mais plutôt pour ces endroits comme la France où piloter une 125 ne requiert qu'un permis de conduire de voiture, ou encore pour divers pays où commencer sa carrière de motocycliste par une 125 est obligatoire. Les États-Unis auraient pu l'offrir, mais ils n'en ont jamais voulu. La division canadienne de Honda, elle, y croyait toutefois et l'a donc importée chez elle dès 2007. Grâce à une facture et à une ligne toutes deux irrésistibles, la CBR125R fut un franc succès. Le modèle offert en 2012 est une évolution de cette version dont l'aspect technique est très similaire, mais dont le style a considérablement progressé, si bien qu'on a affaire à une véritable illusion d'optique. Du moins, jusqu'à ce que l'on s'y installe et que l'on constate ses dimensions de vélo...

Au Canada, le seul endroit en Amérique du Nord où elle est vendue, la CBR125R semble non seulement avoir amorcé une intéressante tendance vers les petites cylindrées, mais aussi vers des prix tellement bas qu'ils deviennent des arguments de vente majeurs. Ainsi, un an après son arrivée au pays en 2007, la petite CBR fut rejointe par la génération actuelle de la Ninja 250R, une moto qui venait alors d'être entièrement repensée et que Kawasaki offrait pour à peine quelques centaines de dollars de plus. Deux ans passèrent et ce fut au tour de Honda de récidiver avec une CBR250R qui vint jouer directement dans les platebandes de la Kawasaki en proposant même, en prime, un système ABS combiné, et ce, à prix presque égal. Toujours au Canada, cette «escalade» poussa d'ailleurs Kawasaki à revenir à la charge avec une Ninja 400R dont la mission se voulait d'offrir un échelon suivant aux propriétaires de 250.

Le raisonnement derrière la présence de la CBR125R en sol nord-américain est entièrement basé sur le souhait qu'a l'industrie de la moto de former de jeunes nouveaux motocyclistes afin de prendre la relève de ceux qui quittent actuellement le sport. Aux yeux de Honda, elle représente ni plus ni moins que la réincarnation de la sympathique et abordable monture de petite cylindrée qui a permis à une génération tout entière de s'initier à la moto durant les années 60. À 3 499 $, la CBR125R a ce qu'on peut appeler un prix accrocheur puisqu'au Canada, on n'achète guère mieux qu'un scooter de 50 cc pour une telle somme, un véhicule très loin d'égaler les capacités de la 125.

LA PETITE CBR125R PEUT MÊME ÊTRE ROULÉE EN PISTE OÙ SON COMPORTEMENT RAPPELLE CELUI D'UNE VRAIE SPORTIVE.

La CBR125R est une toute petite moto propulsée par un tout petit moteur monocylindre 4-temps de 125 cc générant environ 13 chevaux. Les intéressés ne doivent donc pas s'attendre à des prestations particulièrement grisantes. Cela dit, dans le contexte de l'apprentissage, pour une catégorie de motocyclistes en herbe facilement intimidables par un poids trop élevé, par des dimensions trop importantes ou par des réactions trop nerveuses, on trouve difficilement plus amical et plus accessible que la petite CBR125R. Elle est même tellement mince, basse et légère que nous nous amusons souvent à la comparer à un vélo...

La petite mécanique arrive à propulser la CBR miniature sans aucun problème en ville où la circulation automobile est assez facilement laissée derrière. Le petit mono se montre aussi étonnamment doux. La vitesse maximale de l'ordre de 125 km/h permet de s'engager de façon sécuritaire sur la plupart des voies rapides, mais un bon vent de face vous coûtera plusieurs kilomètres à l'heure. La légèreté de l'embrayage et la fluidité de la boîte de vitesses assurent que les fréquents passages de rapports ne sont jamais une corvée. Un poids ultra-faible, une direction directe, un châssis solide à souhait et un système de freinage parfaitement adéquat permettent par ailleurs à la CBR125R d'offrir un comportement étonnamment précis et serein, et ce, même en pilotage sportif. La tenue de route est même tellement bonne que la petite CBR peut être roulée sur piste, où son comportement est facilement comparable à celui d'une sportive de plus grosse cylindrée.

Voir légende en page 16

QUOI DE NEUF EN 2012 ?

Édition Repsol offerte pour 100 $ de plus

Aucune augmentation pour la CBR125R

PAS MAL

Une ligne sportive crédible et sympathique ainsi qu'une finition sans reproche qui contribuent beaucoup à l'attrait du modèle, surtout compte tenu du prix

Un petit moteur qui se débrouille étonnamment bien en ville ; la CBR125R n'est évidemment pas une bombe, mais elle exploite suffisamment bien la puissance dont elle dispose pour être tout à fait utilisable au quotidien

Une partie cycle très bien maniérée, à la fois très accessible, très solide, très légère et étonnamment précise ; observer un seul tour d'une course de CBR125R suffit pour en être complètement convaincu

BOF

Des dimensions minuscules qui donnent l'impression d'avoir affaire à une moto jouet

Un niveau de performances accessible, mais faible ; il convient lors de l'apprentissage et contribue à mettre la clientèle visée en confiance, mais dès l'initiation terminée, même les novices s'en lassent ; la CBR250R est un peu plus chère, mais elle satisfera bien plus longtemps

Un problème commun à toutes les motos d'apprentissage de très petite cylindrée : on les achète, on les utilise pour s'initier, puis on arrive inévitablement trop tôt au moment de les vendre, ce qui ne fait l'affaire de personne ; un programme de reprise de la 125 à l'achat d'une plus grosse Honda serait une idée qui conviendrait à la fois aux acheteurs et au constructeur

CONCLUSION

En acquiesçant systématiquement aux demandes toujours plus grandes de l'important bassin de motocyclistes expérimentés, les constructeurs ont fini par s'éloigner de la notion d'accessibilité au point de presque en oublier la signification. Si bien que pour beaucoup, aujourd'hui, une 600 « peu puissante » d'environ 85 chevaux constitue la machine d'apprentissage idéale. Si cela peut s'avérer exact pour une certaine catégorie de novices, pour un autre groupe beaucoup plus craintif face à l'idée de piloter une moto, une telle monture équivaut à un monstre. La CBR125R s'adresse expressément à ce groupe qu'elle ravira grâce à sa maniabilité de bicyclette et à son ultra-docile petit mono. Inévitablement, toutefois, même ce type de clientèle finira assez vite par se lasser des performances limitées et désirera passer à autre chose. Cela signifiera que la petite Honda aura alors permis à ces néophytes de mettre le pied dans l'univers du motocyclisme et qu'elle leur aura donné envie de continuer l'expérience sur une machine un peu plus substantielle. Sa mission aura été accomplie.

CBR125R

GÉNÉRAL

Catégorie	Routière Sportive
Prix	3 499 $ (Repsol : 3 599 $)
Immatriculation 2012	238,65 $
Catégorisation SAAQ 2012	« régulière »
Évolution récente	introduite en 2004, revue en 2007 et en 2011
Garantie	1 an/kilométrage illimité
Couleur(s)	noir, Repsol
Concurrence	aucune

MOTEUR

Type	monocylindre 4-temps, SACT, 2 soupapes par cylindre, refroidissement par liquide
Alimentation	injection à corps de 30 mm
Rapport volumétrique	11,0 :1
Cylindrée	124,7 cc
Alésage et course	58 mm x 47,2 mm
Puissance	13,1 ch @ 10 000 tr/min
Couple	7,7 lb-pi @ 8 000 tr/min
Boîte de vitesses	6 rapports
Transmission finale	par chaîne
Révolution à 100 km/h	environ 7 700 tr/min
Consommation moyenne	3,5 l/100 km
Autonomie moyenne	371 km

PARTIE CYCLE

Type de cadre	périmétrique, en acier
Suspension avant	fourche conventionnelle de 31 mm non ajustable
Suspension arrière	monoamortisseur non ajustable
Freinage avant	1 disque de 276 mm de Ø avec étrier à 2 pistons
Freinage arrière	1 disque de 220 mm de Ø avec étrier à 1 piston
Pneus avant/arrière	110/80-17 & 130/70-17
Empattement	1313 mm
Hauteur de selle	793 mm
Poids tous pleins faits	137 kg
Réservoir de carburant	13 litres

NC700X

LES VOILÀ... L'un des refrains préférés des constructeurs, ces dernières années, fait sans cesse référence à l'importance d'intéresser une nouvelle génération à la moto. Les moyens de parvenir à ce but, eux, se sont toutefois limités à une poignée de petites cylindrées, comme la CBR250R, ou à un traitement visuel plus jeune, comme le style Dark Custom de Harley-Davidson. Mais rien de fondamentalement révolutionnaire n'a jusqu'à maintenant été proposé pour attirer ces fameux nouveaux motocyclistes. Cette situation change en 2012 avec l'arrivée des Honda NC700X crossover et NC700S standard, deux cousines techniques dont la mission se résume à attirer une nouvelle clientèle en offrant un niveau extraordinaire d'accessibilité et de praticité. Le constructeur a pris l'exercice au sérieux en allant jusqu'à concevoir un tout nouveau moteur juste pour elles.

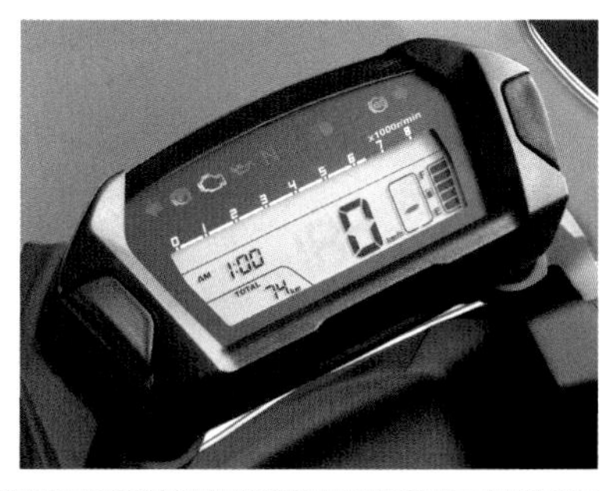

Dire qu'on souhaite vendre des motos à une nouvelle génération de motocyclistes est une chose, prendre les moyens d'y arriver en est une tout autre. Nous avons toujours été et continuons d'être très sceptiques face à l'idée d'attirer les jeunes à la moto, puisqu'aux dernières nouvelles, ces jeunes étaient toujours coincés sur une lointaine planète où les sources d'adrénaline sont toutes liées à l'électronique. Nous ne doutons pas que certains jeunes puissent s'intéresser à la moto, mais nous ne donnons pas cher du constructeur dont le plan d'affaires est de les attirer en masse vers la moto. Ça n'arrivera pas. Par contre, intéresser une nouvelle génération de motocyclistes dont l'âge couvrirait un large éventail est non seulement une entreprise qui demeure entièrement possible, mais aussi une description exacte de la mission des nouvelles NC700X et NC700S.

ELLES ONT CARRÉMENT ÉTÉ CONÇUES AUTOUR D'UN COFFRE SITUÉ À LA PLACE HABITUELLE DU RÉSERVOIR D'ESSENCE.

Bien qu'elles proposent toutes les deux des styles relativement normaux, surtout la NC700S qui affiche une ligne de standard élégante, mais finalement assez ordinaire, techniquement, les innovations sont nombreuses. En fait, les deux NC, dont le nom est une abréviation de New Concept, ne sont tout simplement pas construites comme la moyenne des motos. Le but de Honda, créer une paire de machines nettement plus amicales à piloter et nettement plus pratique en utilisation quotidienne, demandait en effet de repenser bien des aspects de la conception. Si le résultat n'a rien de spectaculaire en termes de chiffres, il reste impressionnant, ne serait-ce qu'en raison de la détermination de Honda de créer des montures d'un genre nouveau.

L'une des caractéristiques les plus particulières des NC est leur coffre de rangement de 21 litres. Situé à la place habituelle du réservoir d'essence, lui-même relocalisé sous la selle, ce coffre exige des dégagements qui ont requis la conception d'un tout nouveau moteur. Il s'agit d'un bicylindre parallèle de 670 cc dont l'angle d'inclinaison de 62 degrés est inhabituellement prononcé, justement afin de laisser la place nécessaire au volume de rangement désiré. De plus, comme un examen du cadre révèle que les NC ont carrément été conçues autour de ce fameux coffre, il devient clair que pour Honda, l'importance d'une telle caractéristique et, bien entendu, du côté pratique qui l'accompagne, est majeure.

Plus on observe les NC, plus on constate les efforts déployés afin de les rendre pratiques au jour le jour. Par exemple, la zone rouge est établie à 6 500 tr/min alors que la normale est presque le double. Le but, dans ce cas, est d'offrir une puissance et un couple utilisables entièrement à chaque sortie plutôt que seulement occasionnellement. En plus d'une boîte de vitesses à six rapports, une transmission DCT de nouvelle génération est proposée en option sur la NC700X. Le freinage combiné C-ABS est livré de série sur les deux versions au Canada, mais seulement avec la boîte automatique aux États-Unis, où la S n'est pas offerte.

Quant aux différences principales entre les deux versions, elles se situent essentiellement au niveau de la position de conduite de type aventure sur la NC700X, qui est une crossover, et de type standard sur la S. Les débattements des suspensions de la X offrent par ailleurs une trentaine de millimètres de plus.

Ces nouvelles 700 sont les premières motos modernes dont le développement a été motivé avant tout par une facilité d'utilisation poussée et par un grand côté pratique. Seront-elles les modèles qui arriveront finalement à captiver de nouveaux motocyclistes ?

L'Espagne a des visages très différents qui vont de désertiques à côtiers en passant par de magnifiques montagnes, l'environnement où fut prise cette photo de l'auteur aux commandes de la version X (crédit : Francesc Montero).

LE COFFRE AVANT, LE RESTE APRÈS

Un simple coup d'oeil à la NC700X (ou S) dévêtue suffit pour comprendre que la moto entière a été conçue autour du coffre de rangement, ce qui revient à dire qu'elle a été conçue avec le côté pratique en priorité. À l'utilisation, ce fameux volume de rangement s'avère effectivement très utile, puisqu'il permet d'amener très facilement un tas d'items qui sont généralement un peu agaçants à traîner sur une moto normale. Pour permettre les dégagements requis par la présence du coffre, le réservoir d'essence a été déplacé sous la selle et un tout nouveau bicylindre parallèle fortement incliné a été construit. Une nouvelle génération de la transmission automatique DCT est offerte sur d'autres marchés, dont les États-Unis, mais pas au Canada où seule une très bonne boîte à six rapports est proposée.

NC700X

NC700S

Si la version X des nouvelles NC700 fait partie de la niche naissante que sont les crossovers, la S, elle, est tout simplement une standard. Cela dit, elle bénéficie des mêmes solutions techniques que la X, mais pousse l'accessibilité encore plus loin en raison de sa selle plus basse, une conséquence de ses débattements de suspensions moins grands. Il s'agit d'une des très rares motos du marché dont l'aspect pratique a été priorisé lors du développement.

NC700S

Tellement similaires d'un point de vue technique qu'on pourrait presque parler de jumelles, les NC700X et NC700S sont, sur la route, deux motos au caractère bien distinct.

Ni sportive, ni aventurière, mais quand même un peu des deux, la X appartient bel et bien à la classe crossover. Elle sera presque assurément comparée à la Suzuki V-Strom 650, mais c'est surtout de la Kawasaki Versys qu'elle se rapproche. Affichant une selle assez haute, elle positionne son pilote à mi-chemin entre la façon dont le font une standard et une aventurière. Le dos est parfaitement droit, les pieds sont juste en dessous du bassin, les jambes sont pliées de manière sportive, mais pas à l'extrême, et parce que la position est plutôt compacte, le haut guidon tombe juste sous les mains. En termes de posture, celle-ci est idéale, puisqu'elle arrive à offrir à la fois confort et contrôle. Si la NC700X a un défaut en matière d'ergonomie, c'est d'avoir une hauteur de selle assez importante, bien que pas démesurée. Ce qui est un peu dommage à ce sujet c'est que les suspensions sont assez fermes et qu'elles n'utilisent donc pas leur débattement additionnel. En d'autres mots, si la X est haute, c'est bien plus pour des raisons de style que par nécessité fonctionnelle. Quant au tout petit pare-brise, il ne semble pas capable d'offrir beaucoup de protection, mais combiné au carénage, il surprend en soulageant le torse d'une bonne partie de la pression du vent sur l'autoroute, même à haute vitesse.

Grâce à une partie cycle admirablement bien maniérée, la NC700X propose une tenue de route exemplaire. Il s'agit d'une dévoreuse de petites routes sinueuses de la plus agréable espèce. En fait, cette qualité est tellement prononcée que même un pilote expert ne pourra que s'en déclarer ravi. Même en poussant très fort, la X reste merveilleusement neutre en virage, où sa solidité et sa précision ne sont affectées ni par un freinage tardif en entrée de courbe ni par une accélération hâtive et forte en sortie de virage. Le freinage est, quant à lui, excellent, et ce, malgré la présence d'un seul disque à l'avant. D'une façon générale, la NC700X dégage une impression de monture de pilote mature. Elle est toujours stable, se montre agile, mais n'est jamais nerveuse, et si ce n'était d'une selle qui devient inconfortable après quelques heures de route, la X pourrait décidément être qualifiée d'excellente routière.

La NC700S partage évidemment beaucoup de traits avec le modèle X, mais elle reste quand même assez différente. Nettement plus basse, elle profite aussi d'une direction considérablement plus légère, des facteurs qui lui confèrent une agilité plutôt impressionnante. Sa position de conduite est très proche de celle de la X, mais on s'y sent installé de manière un peu plus compacte et ramassée. L'agilité et l'accessibilité de la S sont exceptionnelles et donnent l'impression qu'il s'agit d'une monture tout indiquée soit pour une clientèle recherchant une machine dont la maniabilité est extrême, soit pour une clientèle novice ou moyennement expérimentée. La Kawasaki ER-6n serait probablement le modèle le plus proche en matière de comportement.

S'il est une caractéristique qui définit les NC700, c'est leur tout nouveau moteur. Conçu de manière à livrer autant de couple que possible, il sacrifie complètement les hauts régimes en affichant une zone rouge de 6 500 tr/min.

Le but de Honda était de maximiser la livrée de puissance dans les tours le plus souvent utilisés. Ça marche, puisqu'on profite d'une livrée de couple abondante du ralenti jusqu'à l'entrée en jeu un peu abrupte du limiteur de régime. Il s'agit d'une philosophie d'usage de puissance qui rappelle un peu celle des customs qui priorisent le couple à bas régime avant tout. Mais le Twin des NC700 se distingue en se montrant vraiment utilisable jusqu'aux derniers tours. On se surprend même à le laisser tourner tout près de la zone rouge sans s'en rendre compte et sans que cela semble le surmener comme c'est le cas avec la plupart des mécaniques lorsqu'elles approchent leur régime maximal. Il ne s'agit pas d'un moteur excitant à solliciter et ses performances sont finalement assez modestes, mais la générosité avec laquelle il produit du couple le rend satisfaisant. Sur les NC, le moteur n'est pas une source d'excitation, il devient un outil adapté aux réalités d'une utilisation quotidienne. Sa présence mécanique reste toutefois assez prononcée grâce à un agréable niveau de pulsations à bas régime et en accélération, suivi par une remarquable douceur de fonctionnement à plus haut régime et à vitesse constante sur l'autoroute. Il s'agit probablement de la facette des NC700 qui sera la plus déterminante pour les acheteurs, puisque ceux-ci devront décider si une telle livrée de puissance leur convient.

À quelques kilomètres de Barcelone, où Honda a présenté ses NC700X et NC700S, l'auteur négocie une portion sinueuse de la montagneuse campagne espagnole devant la lentille de Francesc Montero.

HONDA INSTITUTO DE SEGURIDAD

Honda a profité du lancement de ses nouvelles NC700X et S en Espagne pour inscrire les journalistes présents à l'un de ses instituts de sécurité pour une journée de cours de perfectionnement. Situé tout juste à l'extérieur de Barcelone, l'*Instituto de Seguridad* a pour seul et unique but d'améliorer le calibre du pilotage des participants afin d'en faire des motocyclistes plus sécuritaires. Il ne s'agit pas d'un organisme à but non lucratif, mais les profits ne sont pas l'objectif. Une bonne partie des cours sont même offerts gratuitement à la population étudiante qui s'y présente. Sinon, il en coûte environ entre 100 $ et 150 $ pour s'inscrire à une journée durant laquelle les participants sont soumis à une panoplie d'exercices, d'environnements et même de types de motos. Lors de notre passage, nous avons commencé par un bref cours théorique pour ensuite nous retrouver aux commandes de CBF600 sur lesquelles on nous a demandé d'exécuter un tas de manœuvres. Le niveau de difficulté n'est pas très élevé pour un pilote expérimenté, mais pour un novice ou pour un motocycliste ne sachant pas si ses propres techniques sont les bonnes, les bénéfices de ces cours sont aussi nombreux qu'indéniables. L'une des facettes les plus intéressantes de l'*Instituto*, c'est qu'on passe de l'asphalte à la poussière, des motos de route à des machines hors-route et même à des motos de trial. On entend souvent dire que les meilleurs coureurs ont une solide expérience de pilotage hors-route et l'on n'a qu'à tenter de maîtriser l'un de ces engins dans un environnement qui n'est pas celui auquel on est habitué pour comprendre pourquoi. En effet, aucune situation de route ne requiert le degré d'équilibre que nécessite le trial ou la maîtrise de la glisse qu'implique le pilotage sur terre. L'auteur, dont l'incompétence hors-routière est bien documentée, a d'ailleurs bien démontré ces difficultés en se faisant assez sérieusement éjecter d'une «puissante» XR100 durant une course «amicale». Bref, il est incontestable qu'apprendre à bien piloter dans la poussière amène des bénéfices sur l'asphalte. Au-delà des détails des cours donnés par l'*Instituto de Seguridad*, c'est surtout l'initiative même de Honda qui doit être retenue. Reconnaissant le danger inhérent à la conduite d'une deux-roues motorisée, le constructeur a senti la responsabilité d'offrir aux motocyclistes, et ce, qu'ils soient propriétaires d'une Honda ou non, un moyen de parfaire leur pilotage. Comme une bonne surface asphaltée, un parc de motos, une piste de terre battue et quelques gros cailloux sont les seuls éléments requis en termes d'infrastructures, on se demande un peu pourquoi ce genre d'initiative n'est pas repris non seulement par d'autres constructeurs, mais aussi par notre gouvernement. Après tout, celui-ci ne dit-il pas vouloir améliorer la sécurité des motocyclistes ?

QUOI DE NEUF EN 2012 ?

Nouveaux modèles

PAS MAL

Une mécanique unique qui, sans se montrer extraordinairement caractérielle, reste présente grâce à ses agréables pulsations ; celles-ci disparaissent à vitesse d'autoroute pour faire place à une douceur de fonctionnement exceptionnelle

Une puissance livrée de manière intelligente et utilisable, puisque tout en couple et jamais à très haut régime, car les très hauts régimes n'existent pas

Une consommation d'essence facilement parmi les plus basses pour une moto

Un système de freinage avec ABS combiné dont l'efficacité est étonnamment élevée

Une tenue de route à la fois très accessible et d'un calibre fort impressionnant ; même un pilote expérimenté et exigeant ne trouvera pratiquement rien à lui reprocher

BOF

Un moteur dont les performances modestes s'avèrent parfaitement suffisantes pour rouler normalement dans toutes les circonstances vécues au quotidien, mais qui ne possède pas ce qu'il faut pour exciter les sens d'un pilote expérimenté ou exigeant

Des selles qui sont très correctes sur des distances courtes ou moyennes, mais qui deviennent inconfortables lorsqu'on multiplie les heures de route

Une finition critiquable au niveau du radiateur complètement exposé

Un système de freinage dont l'aspect combiné est assez agressif ; sur surface glissante, freiner fort de l'arrière fait bloquer la roue avant entre les réactions de l'ABS

Une selle inutilement élevée sur la NC700X qui n'a pas de prétentions hors-routière ; de plus, comme les suspensions sont assez fermes, le débattement supplémentaire n'est même pas utilisé

CONCLUSION

Les nouvelles NC700 font partie des plus intéressantes motos de 2012. Leur format et ce qu'elles tentent d'accomplir rappellent beaucoup la BMW F650CS, un modèle qui ne peut certes pas être qualifié de succès. Mais la CS n'était qu'une GS semi sérieusement « adaptée à la ville », à une époque où l'extrême, et non le pratique, se vendait. Les Honda sont très différentes, puisqu'elles ont été pensées pour être pratiques et accessibles d'abord, et tout le reste après. Et c'est exactement la marchandise qu'elles livrent. Il s'agit d'une paire de motos qui, bien que distinctes l'une de l'autre en termes de catégorie, sont toutes deux définies par une agilité très élevée, par un comportement admirablement équilibré et par un coffre auquel on s'attache très vite. Mais ce qui distingue les NC700 de n'importe quoi d'autre sur le marché c'est ce nouveau moteur qui tourne toujours bas et qui priorise on ne peut plus clairement la portion réaliste de la conduite. Les accros d'adrénaline ne lui trouveront rien d'attrayant, mais pour les amateurs de motos qui, au contraire, veulent plutôt simplement circuler sans tracas aux commandes d'une machine polyvalente et accessible, ce que Honda propose frappe la cible en plein centre.

NC700S

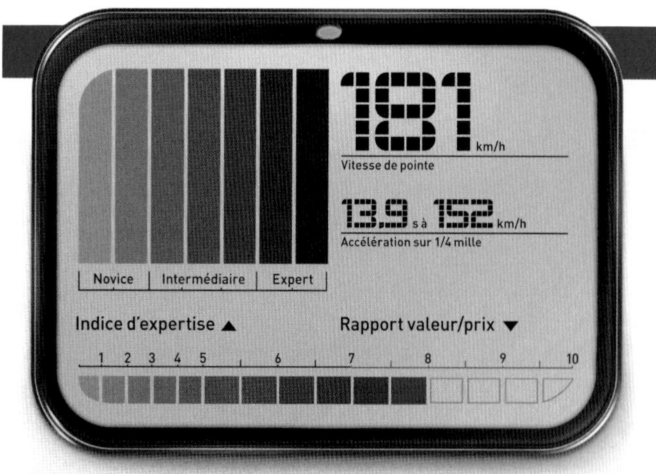

Voir légende en page 16

GÉNÉRAL

Catégorie	Routière Crossover/Standard
Prix	NC700X : 9 000 $ (estimé) NC700S : 8 500 $ (estimé)
Immatriculation 2012	NC - probabilité : 545,65 $
Catégorisation SAAQ 2012	NC - probabilité : « régulière »
Évolution récente	introduites en 2012
Garantie	1 an/kilométrage illimité
Couleur(s)	NC700X : noir ; NC700S : gris
Concurrence	NC700X : Kawasaki Versys, Suzuki V-Strom 650 NC700S : Ducati Monster 696, Kawasaki ER-6n, Suzuki Gladius

MOTEUR

Type	bicylindre parallèle 4-temps, SACT, 4 soupapes par cylindre, refroidissement par liquide
Alimentation	injection à 1 corps de 36 mm
Rapport volumétrique	10,7 :1
Cylindrée	670 cc
Alésage et course	73 mm x 80 mm
Puissance	NC700X : 51,8 ch @ 6 250 tr/min NC700S : 47,6 ch @ 6 250 tr/min
Couple	NC700X : 45,7 lb-pi @ 4 750 tr/min NC700S : 44,2 lb-pi @ 4 750 tr/min
Boîte de vitesses	6 rapports
Transmission finale	par chaîne
Révolution à 100 km/h	environ 3 200 tr/min
Consommation moyenne	3,9 l/100 km
Autonomie moyenne	361 km

PARTIE CYCLE

Type de cadre	diamant, en acier tubulaire
Suspension avant	fourche conventionnelle de 41 mm non ajustable
Suspension arrière	monoamortisseur non ajustable
Freinage avant	1 disque de 320 mm de Ø avec étriers à 3 pistons et système C-ABS
Freinage arrière	1 disque de 240 mm de Ø avec étrier à 1 piston et système C-ABS
Pneus avant/arrière	120/70 ZR17 & 160/60 ZR17
Empattement	NC700X : 1 540 mm ; NC700S : 1 525 mm
Hauteur de selle	NC700X : 830 mm ; NC700S : 790 mm
Poids tous pleins faits	NC700X : 218 kg ; NC700S : 215 kg
Réservoir de carburant	14,1 litres

Modèle européen

PLUS QUE STANDARD... Pas que nous y étions opposés, loin de là, mais le fait demeure que l'arrivée de la CB1000R en Amérique du Nord en 2011 fut franchement un peu surprenante. Elle est l'exemple parfait du genre de modèle conçu expressément pour le marché européen et qui ne se rend jamais chez nous. Il s'agit d'une standard extrême dans le même genre que la Z1000 de Kawasaki – dont la construction est d'ailleurs très similaire – ou que la Brutale de MV Agusta. La mécanique qui l'anime provient de la CBR1000RR 2006-2007, mais Honda l'a amputée d'une cinquantaine de chevaux et en a gonflé le couple, comme c'est la coutume avec ce genre de transplantation. Le cadre et la partie cycle n'ont toutefois rien à voir avec le modèle sportif et sont uniques à la CB1000R. L'ABS combiné est livré de série au Canada, mais n'est pas offert aux États-Unis.

Quelques instants d'observation suffisent pour constater que la CB1000R n'a rien d'une monture commune pour le motocycliste nord-américain. Nous savons tous que ce genre de motos existe en raison de sa très forte popularité sur le marché européen où ces standards sont d'ailleurs souvent les modèles les plus populaires. Mais à moins de traverser l'Atlantique, on ne les voit pratiquement jamais.

Le style de la CB1000R est extrêmement soigné, chaque angle révélant une pièce intéressante. L'instrumentation entièrement numérique, les courbes torturées de l'immanquable système d'échappement, la forme complexe du phare avant, les roues uniques et le magnifique bras oscillant monobranche sont autant d'exemples du type de composantes très désirables avec lesquelles elle est bâtie et qui sont à la base de son aspect très particulier.

La sensation d'avoir affaire à une monture hors de l'ordinaire ne fait que s'amplifier dès qu'on s'installe à ses commandes. Le terme compact ne rend pas justice à la position de conduite, puisqu'on a littéralement l'impression d'être assis sur une machine de cylindrée moyenne de laquelle on a retiré tout sauf une selle et un guidon, sans toutefois qu'on s'y sente coincé. Mais la CB1000R n'est pas une cylindrée moyenne, puisque la mécanique qui l'anime et qui produit près de 125 chevaux provient de la génération 2006-2007 de la CBR1000RR. Plutôt doux et générant une sonorité feutrée et discrète, il s'agit d'un moteur dont la souplesse est très bonne, puisqu'il accepte de rouler et de reprendre à partir de bas régimes sur de hauts rapports sans jamais rouspéter. En termes de performances brutes, la CB1000R est indéniablement rapide, mais la fluidité des accélérations fait paraître celles-ci moins puissantes qu'elles ne le sont en réalité, un phénomène provenant aussi du fait qu'on sent très bien qu'il s'agit d'un moteur dont le potentiel original est beaucoup plus élevé. Si le châssis affiche le genre de solidité qui pourrait facilement encaisser beaucoup plus de chevaux sans broncher, le comportement légèrement nerveux de la direction, lui, s'agiterait probablement plus si c'était le cas. Cette dernière est exceptionnellement légère, en partie à cause de la géométrie carrément sportive de la partie cycle et en partie à cause du large guidon plat qui permet une maniabilité très élevée. Le modèle affiche aussi le genre de position de conduite relevée qui donne une grande sensation de confiance, un sentiment qui traduit d'ailleurs très bien l'état d'esprit du pilote en conduite sportive.

LA QUALITÉ DE LA TENUE DE ROUTE EST CELLE D'UNE SPORTIVE PURE ET PERMET À LA CB1000R DE TRÈS BIEN SE DÉBROUILLER EN PISTE.

La qualité de la tenue de route est celle d'une sportive pure, impression de compacité extrême en prime. Nous avons amené la CB1000R en piste et elle s'y est débrouillée aussi bien qu'une sportive de haut calibre à tous les égards. À l'exception d'une direction occasionnellement nerveuse et de repose-pieds qui frottent plus tôt que ceux d'une véritable sportive, dans le contexte du circuit, elle s'est avérée très impressionnante, ce qui donne une idée du genre de comportement qu'elle offre sur la route. Notons que l'aspect sécuritaire du modèle n'a pas été laissé de côté par Honda, puisque l'ABS combiné est livré de série, du moins au Canada.

QUOI DE NEUF EN 2012 ?

Aucun changement

Aucune augmentation

PAS MAL

Un style très particulier et très européen qui est mis en valeur par la présence de pièces superbes comme le massif bras oscillant monobranche, par une grande attention aux détails et par une finition impeccable

Un comportement véritablement sportif qui permet non seulement à la CB1000R de boucler des tours de piste confortablement, mais aussi de le faire à un rythme élevé

Un niveau pratique tout à fait réel en conduite quotidienne grâce à une position de conduite relevée ne taxant pas le corps, à une selle correcte et à des suspensions qui se montrent fermes, mais pas rudes

BOF

Une mécanique dont les performances sont assez élevées, mais qui livre ces dernières avec une politesse et une linéarité telles que l'expérience n'est pas la plus excitante qui soit

Une direction très légère qui peut devenir nerveuse en pleine accélération alors que l'avant ne fait qu'effleurer le sol ; un amortisseur de direction ne serait pas de refus

Une sensation générale de sportive déshabillée plutôt que de routière dénudée qui plaira probablement aux amateurs ou aux anciens propriétaires de modèles sportifs, mais qui pourrait ne pas représenter ce que recherchent des amateurs de routières

CONCLUSION

Les rivales de la CB1000R sont toutes des machines à forte personnalité, un groupe au sein duquel la Honda fait preuve d'un degré de politesse élevé typique de la marque nippone, mais sans pour autant qu'on la sente trop aseptisée. L'environnement qu'elle propose à son pilote fait beaucoup penser à celui d'une véritable sportive comme une CBR1000RR qu'on aurait complètement déshabillée, sur laquelle on aurait installé un guidon haut et large de standard, et dont la mécanique aurait été privée d'une bonne cinquantaine de chevaux. D'autres modèles, par contraste, donnent l'impression de piloter une routière dénudée, ce qui n'est pas la même chose. Malgré cette constatation et malgré tout cet héritage sportif, la CB1000R demeure parfaitement à l'aise dans les déplacements quotidiens. Il s'agit donc d'une de ces rares motos proposant à la fois un côté sportif authentique et un intéressant niveau de praticité au jour le jour.

Modèle américain

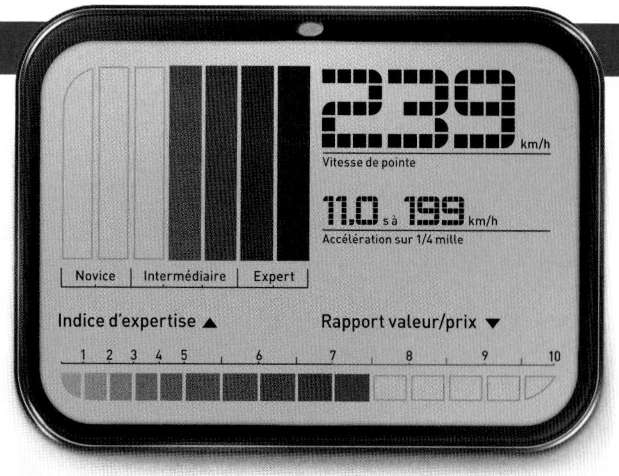

Voir légende en page 16

GÉNÉRAL

Catégorie	Standard
Prix	13 999 $
Immatriculation 2012	545,65 $
Catégorisation SAAQ 2012	« régulière »
Évolution récente	introduite en 2008
Garantie	1 an/kilométrage illimité
Couleur(s)	noir
Concurrence	Ducati Streetfighter, Kawasaki Z1000, MV Agusta Brutale, Triumph Speed Triple

MOTEUR

Type	4-cylindres en ligne 4-temps, DACT, 4 soupapes par cylindre, refroidissement par liquide
Alimentation	injection à 4 corps de 36 mm
Rapport volumétrique	11,2:1
Cylindrée	998 cc
Alésage et course	75 mm x 56,5 mm
Puissance	123,3 ch @ 10 000 tr/min
Couple	73 lb-pi @ 7 750 tr/min
Boîte de vitesses	6 rapports
Transmission finale	par chaîne
Révolution à 100 km/h	environ 4 300 tr/min
Consommation moyenne	6,4 l/100 km
Autonomie moyenne	265 km

PARTIE CYCLE

Type de cadre	épine dorsale, en aluminium
Suspension avant	fourche inversée de 43 mm ajustable en précharge, compression et détente
Suspension arrière	monoamortisseur ajustable en précharge et détente
Freinage avant	2 disques de 310 mm de Ø avec étriers radiaux à 3 pistons et système C-ABS
Freinage arrière	1 disque de 256 mm de Ø avec étrier à 2 pistons et système C-ABS
Pneus avant/arrière	120/70 ZR17 & 190/50 ZR17
Empattement	1 445 mm
Hauteur de selle	825 mm
Poids tous pleins faits	222 kg
Réservoir de carburant	17 litres

Fury (modèle européen)

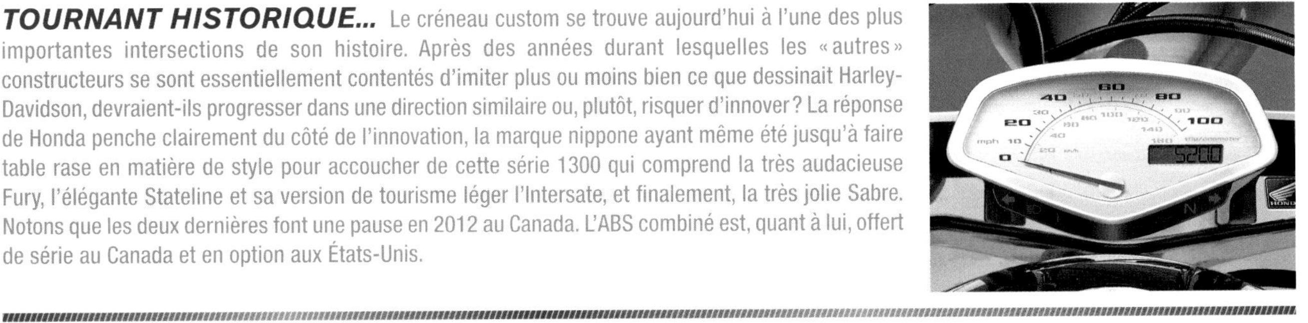

TOURNANT HISTORIQUE... Le créneau custom se trouve aujourd'hui à l'une des plus importantes intersections de son histoire. Après des années durant lesquelles les «autres» constructeurs se sont essentiellement contentés d'imiter plus ou moins bien ce que dessinait Harley-Davidson, devraient-ils progresser dans une direction similaire ou, plutôt, risquer d'innover? La réponse de Honda penche clairement du côté de l'innovation, la marque nippone ayant même été jusqu'à faire table rase en matière de style pour accoucher de cette série 1300 qui comprend la très audacieuse Fury, l'élégante Stateline et sa version de tourisme léger l'Intersate, et finalement, la très jolie Sabre. Notons que les deux dernières font une pause en 2012 au Canada. L'ABS combiné est, quant à lui, offert de série au Canada et en option aux États-Unis.

Le style de chacun de ces modèles est tellement particulier, voire extrême dans le cas de la Fury, qu'on est instinctivement porté à douter de leur comportement routier. Et effectivement, de tels choix en matière de géométrie de châssis engendrent souvent de sévères défauts de tenue de route. Mais Honda demeure Honda et malgré des géométries de direction figurant parmi les plus extrêmes jamais vues sur des motos de production ainsi qu'un très long empattement, la Fury, la Sabre, la Stateline et l'Interstate se conduisent tout à fait naturellement.

Même si l'ergonomie diffère légèrement d'une variante à l'autre, on note dans tous les cas un guidon reculé jusqu'à ce qu'il tombe de façon naturelle sous les mains, une selle très basse et un positionnement tout à fait raisonnable des repose-pieds.

ON POURRAIT CROIRE QU'UN CHÂSSIS À LA GÉOMÉTRIE AUSSI EXTRÊME AFFECTE LE COMPORTEMENT. PAS CHEZ HONDA.

Sur la route, la combinaison de cette position de conduite typée mais équilibrée aux proportions anormalement allongées des modèles s'avère fort agréable. L'environnement de la Sabre, par exemple, se montre même particulièrement attrayant. On ressent de manière prédominante la minceur du modèle au niveau de la selle, du réservoir et de la très longue et très soignée partie avant. Même la forme allongée de la nacelle du phare, qui reflète gracieusement le paysage déformé qui défile, agrémente l'expérience de conduite.

Si la famille de choppers de Honda s'avère donc aussi habilement dessinée que bien maniérée, elle offre en revanche très peu d'innovations en matière de mécanique ou de sensations moteur. Toutes sont propulsées par le même V-Twin de 1,3 litre dérivé de celui de la défunte série des VTX1300. Désormais injecté, ce moteur a été, pour l'occasion, calibré de manière à produire plus de couple à bas régime au détriment de quelques chevaux.

Il s'agit d'un compromis dont la plupart des amateurs de customs ne se plaindront pas, car malgré une cylindrée et une poussée nettement inférieures à celles des divers poids lourds du créneau, chacun des modèles fait plus que se débrouiller en ligne droite. Si elles n'ont clairement pas été conçues avec l'intention de gagner des courses d'accélération, les 1300 de Honda procurent tout de même le type de poussée immédiate et le genre de vrombissement profond qui devraient parfaitement satisfaire l'amateur moyen de ce type de montures. La seule exception à l'aspect technique ordinaire de ces modèles est la présence d'un système de freinage ABS combiné. Il s'agit d'une première dans cette catégorie et d'une preuve supplémentaire de la détermination de Honda à munir toutes ses motos de l'ABS.

Si seulement le constructeur mettait un peu de cette énergie à dessiner ses pare-brise de customs... Celui de l'Interstate, un modèle pourtant destiné au tourisme, en aurait grand besoin, puisqu'il est simplement exécrable en raison des étourdissantes turbulences qu'il génère au niveau de la tête. Les selles sont par ailleurs correctes, le travail des suspensions peut être qualifié d'acceptable et le niveau de vibrations est généralement bien calibré, ce qui signifie qu'on sent le moteur vrombir de manière plaisante, mais que ce tremblement ne se transforme pas en caractéristique agaçante.

QUOI DE NEUF EN 2012 ?

Variantes Sabre et Interstate ne sont pas offertes au Canada en 2012

Fury ABS coûte 1 000 $ et Stateline ABS 300 $ de moins qu'en 2011

PAS MAL

Un style à la fois réussi et rafraîchissant en ce sens qu'il n'est pas directement dérivé de la ligne d'une quelconque Harley-Davidson, ce qui est très rare chez les customs

Un comportement sain dont la politesse étonne même franchement dans le cas de la Fury lorsqu'on prend en considération son style extrême et la géométrie de son cadre

Un aspect sécuritaire qui n'a pas été oublié, puisqu'au Canada, toutes les versions sont équipées de l'ABS combiné

Une mécanique peut-être pas vraiment excitante, mais quand même satisfaisante qui sonne bien, qui se montre assez coupleuse et qui ne vibre pas de manière indésirable

BOF

Un niveau de performances correct, mais qui est quand même limité par la cylindrée et que les amateurs de customs habitués à plus de cubage pourraient trouver assez juste ; une plus grosse version animée par le moteur de la VTX1800 réglerait ce cas

Des lignes à saveur chopper très typées qui semblent indiquer la direction stylistique que plusieurs customs pourraient adopter, mais qui ne sont pas encore complètement acceptées de la part de la clientèle très conservatrice de ce créneau

Un niveau pratique limité, surtout lorsqu'il est question d'amener un passager ; il s'agit de motos de balade avant tout et pas vraiment de montures conçues pour les longs trajets

CONCLUSION

Les modèles de la série 1300 de Honda représentent probablement la meilleure illustration du degré d'importance de la période transitoire que traverse actuellement le créneau custom. Au lieu des copies de Harley-Davidson plus ou moins habiles qu'ont presque toujours été les customs de Honda, celles de cette série proposent chacune une identité visuelle à la fois forte, originale et élégante. Pour la première fois, on peut envisager l'achat d'une custom Honda pour des raisons de style plutôt qu'uniquement parce qu'il s'agit d'une Honda. L'avantage et le désavantage d'une direction stylistique aussi audacieuse c'est que celle-ci devient le facteur principal selon lequel les modèles sont jugés. Autrement dit, l'acheteur dira oui si le style lui plaît et non s'il ne lui plaît pas, et ce, sans égard aux qualités de la mécanique. En se basant sur ce critère, la seule conclusion possible est qu'elles marquent toutes d'excellentes notes. La Fury propose le style le plus extrême, mais elle possède aussi la ligne la plus risquée pour Honda. Or, si le constructeur doit être félicité d'avoir osé passer d'un style d'une timidité évidente à celui d'un chopper en bonne et due forme, il reste encore à voir si le Monde est vraiment prêt pour une telle Honda.

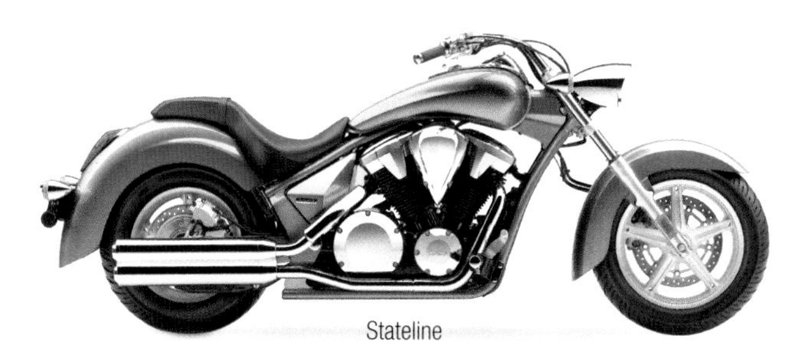

Stateline

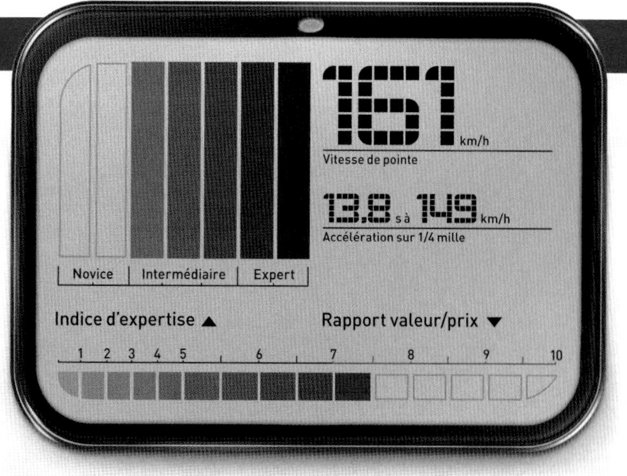

Voir légende en page 16

GÉNÉRAL

Catégorie	Custom/Tourisme léger
Prix	Fury ABS : 14 499 $ Stateline ABS : 13 499 $
Immatriculation 2012	545,65 $
Catégorisation SAAQ 2012	« régulière »
Évolution récente	VTX1300 introduite en 2002 Fury, Sabre, Stateline et Interstate en 2010
Garantie	1 an/kilométrage illimité
Couleur(s)	Fury : bleu, noir mat ; Stateline : gris
Concurrence	Harley-Davidson Sportster 1200, Yamaha Stryker

MOTEUR

Type	bicylindre 4-temps en V à 52 degrés, SACT, 3 soupapes par cylindre, refroidissement par liquide
Alimentation	injection à corps de 38 mm
Rapport volumétrique	9,2 :1
Cylindrée	1 312 cc
Alésage et course	89,5 mm x 104,3 mm
Puissance	57,8 ch @ 4 250 tr/min
Couple	79 lb-pi @ 2 250 tr/min
Boîte de vitesses	5 rapports
Transmission finale	par arbre
Révolution à 100 km/h	n/d
Consommation moyenne	5,3 l/100 km
Autonomie moyenne	313 km (Fury : 241 km)

PARTIE CYCLE

Type de cadre	double berceau, en acier
Suspension avant	fourche conventionnelle de 41 mm non ajustable (Fury : 45 mm)
Suspension arrière	monoamortisseur ajustable en précharge (Fury : précharge et détente)
Freinage avant	1 disque de 336 mm de Ø avec étrier à 2 pistons et système C-ABS
Freinage arrière	1 disque de 296 mm de Ø avec étrier à 1 piston et système C-ABS
Pneus avant/arrière	Fury : 90/90-21 & 200/50-18 Stateline : 140/80-17 & 170/80-15
Empattement	Fury : 1 804 mm ; Stateline : 1 780 mm
Hauteur de selle	Fury : 678 mm ; Stateline : 678 mm
Poids tous pleins faits	Fury : 309 kg ; Stateline : 312 kg
Réservoir de carburant	Fury : 12,8 litres ; Stateline : 16,6 litres

Shadow Phantom

AU CAS OÙ... Chez Honda, les diverses variantes dérivées de la plateforme Shadow 750 peuvent être considérées comme une sorte de « police d'assurance stylistique ». En effet, comme le constructeur a pris de très grands risques en poussant autant le style de sa série 1300, des modèles au look ultraconservateur devaient être maintenus dans la gamme, juste au cas où. Ce rôle est celui des 750 qui, à une certaine époque, figuraient d'ailleurs parmi les modèles les plus vendus chez Honda. Chacune propose une direction stylistique assez réservée et prévisible, une formule qui est la seule ayant fait ses preuves sur le marché en termes de popularité à ce jour. Il s'agit des customs offrant la plus petite cylindrée de la classe poids moyen et des modèles qui s'adressent avant tout à une clientèle soit novice, soit peu gourmande en matière de performances.

Même si ses premiers tours de roues ont été effectués il y a une quinzaine d'années, la Shadow 750 a très peu évolué sur le plan technique depuis. En fait, si évolution il y eut durant la vie du modèle, ce fut surtout au niveau du style et du nombre de variantes. Aux plus vieilles versions que sont les Spirit et Aero (cette dernière s'appelait Ace à l'origine), se sont ajoutées en 2010 les modèles RS et Phantom. D'un point de vue technique, à l'exception de l'arrivée de l'ABS combiné offert sur certaines variantes et de l'injection d'essence, très peu de choses ont changé.

Alors que les quatre variantes continuent d'être offertes aux États-Unis, seules les Phantom et Aero sont proposées sur le marché canadien en 2012.

La Phantom est clairement influencée par la populaire série de modèles Dark Custom introduits depuis quelques années par Harley-Davidson. Son style rond et classique s'inspire de manière assez évidente de celui de la célèbre Fat Boy, et plus particulièrement de celui de la Fat Boy Lo qui arbore le même type de traitement noir. Il s'agit tout simplement d'une Spirit à laquelle le train avant de l'Aero, avec sa grosse fourche et son large pneu avant, a été greffé. Quant à la RS, elle est techniquement très proche et se distingue surtout par sa position de conduite de type plus standard.

La mécanique qui anime tous les modèles est exactement la même. Il s'agit d'un petit V-Twin de 750 cc refroidi par liquide dont le rendement reste plaisant et satisfaisant tant qu'on n'attend pas de miracles de sa part. L'arrivée récente de l'injection l'a amélioré, mais sans le transformer.

L'ABS COMBINÉ REPRÉSENTE UNE CARACTÉRISTIQUE QU'AUCUN AUTRE MODÈLE DE LA CLASSE N'OFFRE.

Les performances sont décentes. Les Shadow s'élancent d'un arrêt avec assez d'autorité pour laisser loin derrière la majorité des voitures tandis que les vitesses d'autoroute sont aisément atteintes et maintenues. Si le moteur se tire honorablement d'affaire jusque-là, vrombissant de façon plaisante et ne vibrant jamais au point d'agacer, les vitesses plus élevées, elles, sont moins évidentes et voient l'agrément de conduite se dissiper. L'agréable vrombissement du V-Twin se transforme alors en une vibration à haute fréquence qui ne présente plus d'intérêt, tandis que la sonorité perd tout son charme et que l'exposition au vent devient déplaisante.

Le comportement relativement solide, très léger et extrêmement accessible des Shadow 750 reste une caractéristique clé des modèles. Tous ces derniers possèdent par contre une suspension arrière qui digère mal les routes abîmées, et ce, surtout avec un passager à bord.

Bien que les Shadow actuelles s'avèrent finalement très proches des modèles originaux, une importante avancée technologique distingue certaines des variantes de quoi que ce soit d'autre dans cette classe. Il s'agit non seulement de l'ABS, mais aussi d'un système combiné, ce qui signifie que le freinage des roues avant et arrière est actionné même si seulement l'un des freins est sollicité. Compte tenu de la faible expérience de conduite de la clientèle habituelle, la disponibilité d'une telle technologie constitue décidément un avantage pour les Shadow, avantage qui pourrait servir à contrebalancer leur infériorité en termes de cylindrées et de performances par rapport aux modèles rivaux de plus en plus gros.

QUOI DE NEUF EN 2012 ?

Aucun changement

Aero coûte 500 $ et Phantom 600 $ de moins qu'en 2011

PAS MAL

Un petit V-Twin qui s'essouffle un peu vite, mais qui se montre agréablement coupleux et qui produit une agréable sonorité saccadée

Un pilotage très accessible même pour les motocyclistes peu expérimentés

Un système ABS combiné, ce qui est unique dans cette catégorie

Des styles sympathiques et un bon niveau de finition à prix raisonnable

BOF

Un niveau de performances correct, mais pas très excitant ; l'arrivée de l'injection a amélioré très légèrement les accélérations et les reprises, mais elles restent des 750 et les motocyclistes le moindrement exigeants à ce sujet devraient envisager plus gros

Une suspension arrière qui devient rude sur mauvaise route

Des lignes qui semblent étrangement vieilles, voire fades lorsqu'on les compare à celles de VT1300 ; elles illustrent une direction stylistique beaucoup plus conservatrice que dans le cas des 1300

Une selle dont la forme est jolie sur la Phantom, mais qui se montre vite inconfortable

CONCLUSION

Les Shadow 750 ont déjà figuré parmi les motos les plus populaires du marché. Il s'agit d'un fait qui démontre très bien le besoin pour une custom d'entrée en matière simple, bien présentée et produite par un fabricant réputé. L'introduction récente de la variante stylistique Phantom inspirée de la ligne Dark Custom de Harley-Davidson ainsi que de la RS « à la 883 » – qui continue sa pause canadienne pour le moment – indique que Honda semble décidé à continuer de compter sur une cylindrée de 750 cc plutôt que de suivre la tendance aux plus grosses mécaniques qu'ont choisi d'autres marques. Ce qui n'a rien d'insensé, puisque le besoin pour une cylindrée plus faible mieux adaptée à une clientèle arrivant à la moto sera toujours là, et que ces modèles commencent décidément à se faire rares. Tant que les attentes ne deviennent pas plus hautes que ce que le rôle des Shadow 750 leur permet d'offrir, celles-ci continueront d'accomplir un travail respectable.

Shadow Aero

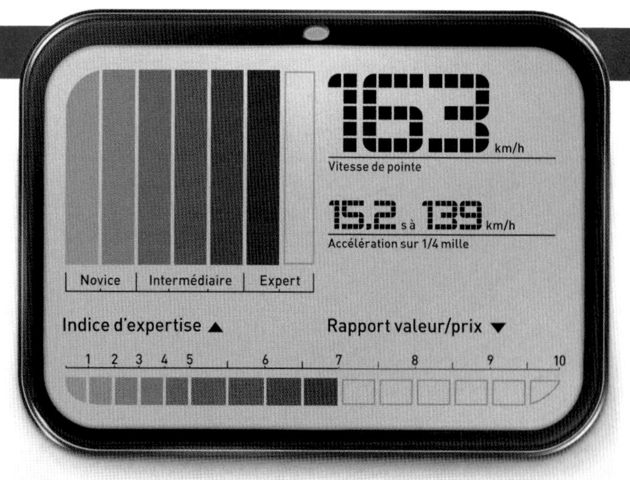

Voir légende en page 16

GÉNÉRAL

Catégorie	Custom
Prix	Phantom : 8 999 $ Aero ABS : 9 499 $
Immatriculation 2012	545,65 $
Catégorisation SAAQ 2012	« régulière »
Évolution récente	Aero (Ace) introduite en 1997, revue en 2004 ; Spirit introduite en 2001, revue en 2007 ; Phantom et RS introduites en 2010
Garantie	1 an/kilométrage illimité
Couleur(s)	Phantom : noir ; Aero : rouge
Concurrence	Harley-Davidson Sportster 883, Kawasaki Vulcan 900, Suzuki Boulevard C50/M50, Yamaha V-Star 950

MOTEUR

Type	bicylindre 4-temps en V à 52 degrés, SACT, 3 soupapes par cylindre, refroidissement par liquide
Alimentation	injection à corps de 34 mm
Rapport volumétrique	9,6 :1
Cylindrée	745 cc
Alésage et course	79 mm x 76 mm
Puissance	45,5 ch @ 5 500 tr/min
Couple	48 lb-pi @ 3 500 tr/min
Boîte de vitesses	5 rapports
Transmission finale	par arbre
Révolution à 100 km/h	n/d
Consommation moyenne	6,1 l/100 km
Autonomie moyenne	239 km

PARTIE CYCLE

Type de cadre	double berceau, en acier
Suspension avant	fourche conventionnelle de 41 mm non ajustable
Suspension arrière	2 amortisseurs ajustables en précharge
Freinage avant	1 disque de 296 mm de Ø avec étrier à 2 pistons (Aero : C-ABS)
Freinage arrière	P : tambour mécanique de 180 mm de Ø Aero : 1 disque de 276 mm avec étrier à 1 piston et C-ABS
Pneus avant/arrière	120/90-17 & 160/80-15
Empattement	1 640 mm
Hauteur de selle	Phantom : 652 mm ; Aero : 658 mm
Poids tous pleins faits	Phantom : 251 kg ; Aero : 262 kg
Réservoir de carburant	14 litres

Chief Dark Horse

IMMORTELLE... Indian, c'est la marque qui refuse de mourir. Car mourir, elle aurait dû. Après avoir été utilisée par des charlatans pour dépouiller des investisseurs éblouis par la riche histoire du nom, et après avoir été ridiculisée par des opportunistes qui n'ont finalement rien fait de plus que coller l'emblème du chef guerrier sur de misérables clones de Harley-Davidson, n'importe quelle marque, peu importe son passé, aurait dû mourir. Et même si les efforts de Stellican, la firme qui a acquis les droits du nom en 2004, étaient bien intentionnés, le fait est que l'Indian a toujours cet air de caricature de l'originale, ce je ne sais quoi de projet artisanal. L'acquisition de la marque par Polaris au printemps 2011 représente carrément un dénouement inespéré qui, nous l'espérons profondément, ramènera enfin la dignité qui revient de plein droit à cette vénérable pièce de l'univers de la moto.

Analyse Technique

Les trois modèles offerts par Indian en 2012 sont des variantes d'une même base, celle que la compagnie Stellican a léguée à Polaris après l'avoir raffinée du mieux qu'elle le pouvait. Techniquement, il est question d'une custom relativement commune, construite autour d'un cadre en acier à berceau semi-double, utilisant une partie cycle décente et propulsée par un V-Twin de 105 pouces cubes nommé Power Plus. Celui-ci est une version améliorée des moteurs S&S ayant été installés sur les fausses Indian du tournant du millénaire. Évidemment, les garde-boue enveloppants qui sont devenus la signature visuelle d'Indian font partie de l'image. Au-delà de la disponibilité actuelle du produit, l'aspect le plus intéressant de l'acquisition d'Indian par Polaris, c'est ce que pourraient potentiellement devenir les motos de cette mythique marque. Les représentants de la compagnie américaine à qui Victory appartient, faut-il le rappeler, nous ont assez ouvertement parlé de leurs intentions, justement lors d'une présentation de produits Victory. Selon eux, une chose est claire, personne n'apposera d'emblème Indian sur une Victory et les deux marques évolueront plutôt parallèlement, chacune dans son créneau. Qu'arrivera-t-il donc des modèles Indian et quelle direction prendront-ils sous la gouverne de Polaris ? Pour le moment, la réalité, c'est qu'eux-mêmes se posent un peu la question. On nous a confirmé qu'une nouvelle équipe était en train de s'imbiber de chaque détail de l'histoire d'Indian et que dans l'immédiat, on tenterait de raffiner le produit actuel, puisqu'il faudra au moins deux ou trois ans à Polaris pour accoucher d'une toute nouvelle moto, si telle est son intention. La compagnie du Minnesota a de grandes décisions à prendre. À suivre.

Chief Classic

QUOI DE NEUF EN 2012 ?

Acquisition d'Indian par Polaris à qui appartient aussi Victory

PAS MAL

Un nom mythique que les pires abus n'ont pas réussi à faire mourir

Une ligne relativement fidèle au style associé à la marque qui semble plaire

Une occasion en or pour Polaris et pour le milieu du motocyclisme tout entier, mais seulement si le nouveau propriétaire de la marque met sur le marché des motos de qualité qui respectent l'héritage de la marque

Une compagnie de très haut calibre, soit Polaris, qui est maintenant propriétaire de la marque, ce qui devrait considérablement hausser le niveau de qualité du produit

BOF

Une authenticité qui s'est beaucoup effritée avec les années et qui, on l'espère, sera rétablie par le rachat de la marque par Polaris

Un style dont la fidélité envers les véritables Indian d'antan est presque caricaturale ; les modèles actuels sont une évolution des clones de Harley-Davidson qu'étaient les premières Indian « modernes » vendues au tournant du millénaire

Des prix élevés et une récente acquisition de la marque par Polaris qui compliquent la décision d'un achat, puisque les modèles devraient s'améliorer à moyen terme

CONCLUSION

Le rachat d'Indian par Polaris est l'une des nouvelles les plus importantes de l'histoire moderne de la moto. Qu'on soit amateurs ou pas de ces fameuses formes qui font d'une Indian un modèle instantanément reconnaissable, le fait est qu'il s'agit d'une marque mythique au sens le plus pur du mot. Elle semblait destinée à tomber dans l'oubli après une longue et humiliante fin de vie aux mains d'opportunistes, pour ne pas dire de bandits, mais sa récente acquisition par le géant du Minnesota va très probablement assurer sa survie dans la dignité. Quelle forme prendra Indian au cours de cette nouvelle ère est entre les mains de Polaris qui insiste par ailleurs pour préciser que Victory et Indian resteront des entités distinctes. En ce qui nous concerne, nous rêvons tout simplement, finalement, d'une vraie Indian, donc, d'une moto qu'on jurerait sortie de l'usine il y a un demi-siècle, et ce, jusque dans ses moindres détails.

Chief Vintage

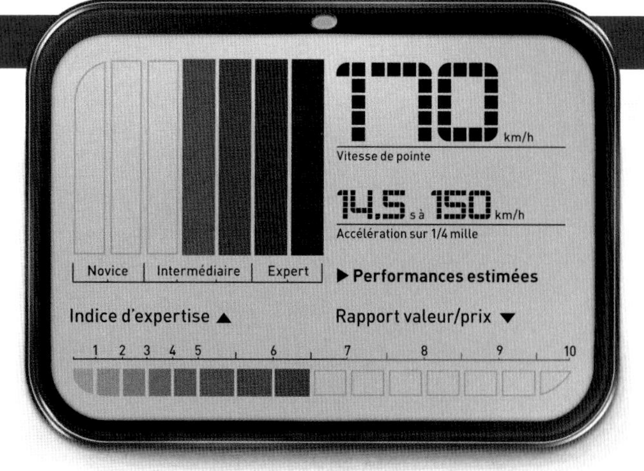

Voir légende en page 16

GÉNÉRAL

Catégorie	Custom / Tourisme léger
Prix	Chief Vintage : 37 999 $ Chief Dark Horse : 29 499 $ Chief Classic : 27 999 $
Immatriculation 2012	545,65 $
Catégorisation SAAQ 2012	« régulière »
Évolution récente	acquisition d'Indian par Polaris en 2011
Garantie	2 ans/kilométrage illimité
Couleur(s)	choix multiples
Concurrence	Harley-Davidson Softail, Dyna et tourisme

MOTEUR

Type	bicylindre 4-temps en V à 45 degrés, culbuté, 2 soupapes par cylindre, refroidissement par air
Alimentation	injection séquentielle
Rapport volumétrique	9,0 :1
Cylindrée	1 721 cc
Alésage et course	100,7 mm x 108 mm
Puissance	n/d
Couple	n/d
Boîte de vitesses	6 rapports
Transmission finale	par courroie
Révolution à 100 km/h	n/d
Consommation moyenne	n/d
Autonomie moyenne	n/d

PARTIE CYCLE

Type de cadre	berceau semi-double, en acier
Suspension avant	fourche conventionnelle de 41 mm non ajustable
Suspension arrière	monoamortisseur non ajustable
Freinage avant	2 disques de 292 mm de Ø avec étriers à 4 pistons
Freinage arrière	1 disque de 292 mm de Ø avec étrier à 2 pistons
Pneus avant/arrière	130/90 16 & 150/80 16
Empattement	1 737 mm
Hauteur de selle	692 mm
Poids à vide	Chief Vintage : 341 kg Chief Dark Horse : 338 kg Chief Classic : 330 kg
Réservoir de carburant	20,8 litres

Vulcan 1700 Voyager ABS

PAS SI FOUS, LES YANKEES... Pendant très longtemps, l'idée d'accessoiriser une custom au point d'en faire une «supposée» monture de voyage n'a semblé avoir du sens que dans l'étrange esprit de l'amateur de Harley-Davidson, celui-ci n'ayant «d'autre choix» pour envisager de longs trajets que de se «rabattre» sur une Electra Glide. Puis, les étranges et marginaux propriétaires de Harley-Davidson sont devenus très, très nombreux. Lancée en 2009 en ressuscitant le nom d'une antique monture de tourisme alors disparue du catalogue Kawasaki, la Voyager est la première véritable custom de tourisme japonaise façon Milwaukee. Elle partage sa plateforme avec une série d'autres Vulcan 1700, mais s'en distingue par un V-Twin calibré pour les exigences de la longue route et, bien entendu, par une généreuse liste d'équipements de série. Une version ABS est offerte.

La presse a toujours été et continue d'être un peu gênée de parler de copie ou d'imitation de Harley pour faire référence aux customs japonaises. Pourtant, sauf exception, c'est exactement ce que sont ces motos, une constatation qui s'applique parfaitement à la Voyager de Kawasaki, qui n'est ni plus ni moins qu'une Electra Glide japonaise. Il s'agit de la première monture nippone du genre, mais la très forte popularité de la version américaine constitue pratiquement une garantie que la Kawasaki ne restera pas seule longtemps. Il est d'ailleurs fort possible que la prochaine Yamaha Venture suive la même direction en se basant sur la plateforme de la Roadliner. Dans tous les cas, la principale question, en ce qui concerne ces modèles, se veut d'établir à quel point le résultat arrive à recréer l'ambiance très particulière du voyage à moto que propose Harley-Davidson.

Une randonnée aux commandes de la Voyager donne instantanément beaucoup de crédibilité à l'hypothèse voulant que les gens de Kawasaki aient passé beaucoup de temps à examiner et à rouler des Electra Glide, puisque cette fameuse ambiance est particulièrement réussie. La version nippone livre décidément la marchandise.

LES GENS DE KAWASAKI ONT DE TOUTE ÉVIDENCE PASSÉ UN BON MOMENT À ROULER ET À EXAMINER DES ELECTRA GLIDE.

Le succès d'une moto de ce genre requiert la présence simultanée d'une foule de qualités. Un V-Twin d'une imposante cylindrée et une bonne liste d'équipements représentent des caractéristiques évidemment importantes, mais si la Voyager peut être considérée comme une custom de tourisme réussie, c'est aussi parce qu'elle arrive à générer les bons sons et les bonnes sensations tout en cajolant littéralement le pilote et son passager. Installés comme ils le seraient sur une custom classique, mais sans la moindre exagération dans la position, profitant de selles de tourisme larges et moelleuses et protégés des éléments par un généreux carénage fixé au châssis, ils accumulent paisiblement les kilomètres. À l'exception d'une chaîne audio dont la qualité sonore n'est pas terrible et d'un pare-brise fixe causant de la turbulence au niveau du casque sur l'autoroute, les critiques sont rares. Même la masse considérable de l'ensemble qui rend la Voyager encombrante à basse vitesse ou à l'arrêt ne gêne plus la conduite dès qu'on se met en mouvement, grâce surtout à l'étroitesse de la moto sous le pilote et à la nature saine, équilibrée et invitante de la partie cycle. Le comportement routier est celui d'une grosse custom, avec en prime de très bonnes suspensions et un freinage combiné étonnamment efficace sur la version ABS. En général, tout se passe mieux quand on conserve un rythme de balade.

L'atteinte de cette fameuse ambiance passe aussi immanquablement par le caractère de la mécanique. Grâce à l'indéniable agrément livré par son gros bicylindre de 1,7 litre, la Voyager mérite de hautes notes à ce niveau. Assez puissant pour pousser toute cette masse avec autorité, assez coupleux pour ravir le pilote friand d'une combinaison de fortes accélérations et de tours bas, il s'agit d'un V-Twin de haut calibre dont les qualités sensorielles sont exquises, puisqu'il gronde de manière presque thérapeutique, surtout une fois lancé sur l'autoroute, et qu'il envoie jusqu'au pilote un fort plaisant tremblement.

QUOI DE NEUF EN 2012?

Système KAMS (Kawasaki Air Management System) qui extrait l'air chaud du radiateur et du cylindre arrière et le redirige sous la moto afin d'améliorer le confort par temps chaud à basse vitesse

Voyager coûte 750$ et Voyager ABS 1 150$ de moins qu'en 2011

PAS MAL

Une monture véritablement capable de tourisme grâce à un niveau de confort très élevé, à un volume de chargement considérable et à une aisance particulièrement agréable sur long trajet

Un châssis très sain, du moins à rythme approprié, puisque solide, précis et offrant une maniabilité étonnante compte tenu du poids élevé

Une mécanique exquise qui séduit autant par le niveau de performances très correct qu'elle offre que par le doux grondement qu'elle émet

Une version ABS dont le système de freinage est extraordinairement avancé et efficace pour une monture de nature custom

BOF

Une facilité de pilotage relative, puisque si les pilotes expérimentés s'habituent assez vite au poids élevé et à la selle un peu haute, les autres éprouvent plus de difficultés

Des 5e et 6e rapports surmultipliés qui ont l'avantage de beaucoup abaisser les tours sur l'autoroute, mais qui ne sont pas appropriés pour des reprises franches

Un pare-brise impossible à ajuster qui génère des turbulences au niveau du casque à des vitesses légèrement supérieures aux limites d'autoroute

Un système audio capable de contrôler un iPod, mais dont la qualité sonore est très moyenne, ainsi que des selles et des poignées chauffantes inexistantes

CONCLUSION

En matière de motos de voyage, des modèles ultraspécialisés comme la Gold Wing de Honda ou la K1600GTL de BMW viennent généralement les premières à l'esprit. Il existe néanmoins d'autres moyens de couvrir d'importantes distances, l'un d'eux étant d'accessoiriser une custom. Il ne s'agit pas de la façon de voyager préférée des amateurs de vitesse ou de douceur mécanique absolue, mais pour les motocyclistes qui favorisent la plus-value sensorielle d'une monture propulsée par un gros V-Twin, la formule de la custom de tourisme a décidément quelque chose de très attirant. Comme c'est souvent le cas chez les customs, il s'agit d'une formule inventée, raffinée et popularisée par Harley-Davidson avec ses délicieuses Electra Glide. Pour le moment, la Voyager de Kawasaki demeure la seule alternative japonaise. Nous ne dirions pas qu'elle surclasse la Harley, mais elle offre décidément une expérience tout à fait charmante dans le genre.

Vulcan 1700 Voyager

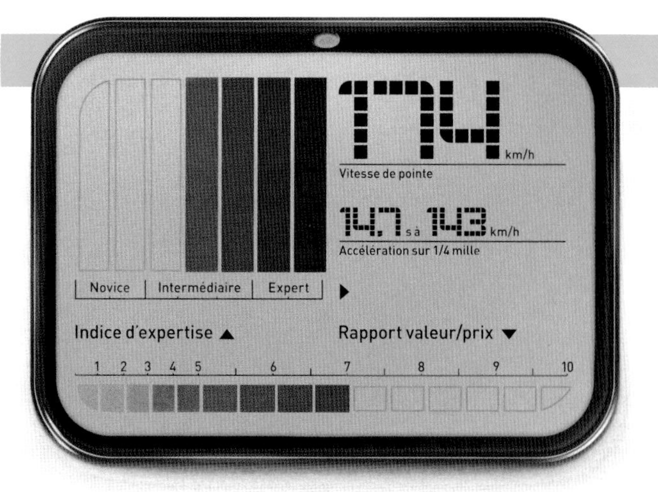

Voir légende en page 16

GÉNÉRAL

Catégorie	Tourisme de luxe
Prix	20 299 $ (ABS: 21 399 $)
Immatriculation 2012	545,65 $
Catégorisation SAAQ 2012	« régulière »
Évolution récente	introduite en 2009
Garantie	3 ans/kilométrage illimité
Couleur(s)	gris/noir
Concurrence	Harley-Davidson Electra Glide, Victory Vision Tour, Yamaha Royal Star Venture

MOTEUR

Type	bicylindre 4-temps en V à 52 degrés, SACT, 4 soupapes par cylindre, refroidissement par liquide
Alimentation	injection à 2 corps de 42 mm
Rapport volumétrique	9,5:1
Cylindrée	1 700 cc
Alésage et course	102 mm x 104 mm
Puissance	82 ch @ 5 000 tr/min
Couple	107,8 lb-pi @ 2 750 tr/min
Boîte de vitesses	6 rapports
Transmission finale	par courroie
Révolution à 100 km/h	environ 2 200 tr/min
Consommation moyenne	6,7 l/100 km
Autonomie moyenne	298 km

PARTIE CYCLE

Type de cadre	double berceau, en acier
Suspension avant	fourche conventionnelle de 45 mm non ajustable
Suspension arrière	2 amortisseurs ajustables en précharge et détente
Freinage avant	2 disques de 300 mm de Ø avec étriers à 4 pistons (et système ABS K-ACT)
Freinage arrière	1 disque de 300 mm de Ø avec étrier à 2 pistons (et système ABS K-ACT)
Pneus avant/arrière	130/90 B16 & 170/70 B16
Empattement	1 665 mm
Hauteur de selle	730 mm
Poids tous pleins faits	402 kg (ABS: 406 kg)
Réservoir de carburant	20 litres

L'ULTRA GT... Construite avec la Ninja-ZX-14 originale comme base, la Kawasaki Concours 14 mérite pleinement sa réputation de Supersport des montures de Grand Tourisme. Il ne s'agit toutefois pas littéralement d'une ZX-14 à valises, mais bien d'une sport-tourisme à part entière, les deux modèles ayant été développés parallèlement et sans que l'un ou l'autre ne soit compromis. Bien qu'elle partage son unique cadre monocoque en aluminium avec sa cousine sportive, la Concours 14 a recours à une mécanique calibrée spécifiquement pour ses besoins et bénéficie d'une partie cycle à la fois sportive et parfaitement adaptée aux réalités du tourisme sportif. Un entraînement final par arbre, un impressionnant système de freinage ABS combiné et assisté, un système antipatinage ainsi qu'une enviable liste d'équipements témoignent d'ailleurs de l'approche très sérieuse de Kawasaki.

Le cliché de la vitrine technologique est souvent utilisé dans le cas des toutes dernières sportives, mais la Concours 14 de Kawasaki le mérite pleinement. La liste des caractéristiques appuyant ce fait est d'ailleurs généreuse : système de contrôle de traction K-TRC désactivable sur demande ; complexe ABS assisté K-ACT géré par ordinateur avec choix de deux niveaux de freinage combiné ; pare-brise électrique à 4 positions préréglées ; aide visuelle à l'économie d'essence intégrée à l'écran et cartographie secondaire limitant légèrement la puissance, mais réduisant la consommation et maximisant l'autonomie ; système KIPASS permettant de laisser la clé de contact sur la moto... Et c'est sans même parler du superbe moteur à la fois doux, puissant et souple, ou encore du châssis monocoque.

LA CONCOURS 14 EST CLAIREMENT LA GT DES AMOUREUX DE PILOTAGE SPORTIF. SEULE LA K1600GT LA RIVALISE À CE SUJET.

Comme c'est le cas pour n'importe quelle moto, l'important n'est toutefois pas la quantité de technologie, mais plutôt la qualité de l'intégration et la transparence de celle-ci. En ce qui concerne la Concours 14, le verdict est généralement positif, bien que pas toujours. L'intérêt exact pour le KIPASS, par exemple, nous échappe encore et nous l'échangerions volontiers pour une selle chauffante livrée en équipement de série. Un pare-brise ne générant vraiment plus de turbulences ne serait certes pas de refus non plus. Si la Concours 14 n'est donc pas encore parfaite, à l'exception de ces quelques reproches, il reste qu'elle représente indéniablement l'une des sport-tourisme les plus réussies sur le marché. Si ces quelques défauts pouvaient être corrigés, on pourrait avoir droit à la référence du créneau.

La touriste sportive de Kawasaki a toujours été particulièrement douée au chapitre de la tenue de route, mais elle l'est encore plus depuis son évolution de 2010 en raison de nouveaux pneus et de révisions aux suspensions. Une route sinueuse est d'ailleurs tout ce dont a besoin la Concours pour faire la preuve de l'aisance naturelle et de la grande précision dont elle est capable dans ce type d'environnement. Pour le moment, il s'agit clairement de la GT des amoureux de pilotage sportif, exactement ceux à qui Kawasaki l'a destinée. Elle n'a par ailleurs de réelle concurrence à ce sujet que la BMW K1600GT dont l'agilité, la précision et le plaisir de pilotage en courbe sont admirables.

En matière de confort, la Concours 14 propose une longue et fort attrayante liste de qualités : belle position, excellente protection aux éléments, suspensions judicieusement calibrées, bonne selle, poignées chauffantes, nombreuses caractéristiques destinées à éloigner la chaleur du pilote par temps chaud, etc.

Quant à toute l'électronique embarquée, sauf exception, elle se traduit par de réels avantages au niveau de la conduite. Le système K-ACT de contrôle de traction, par exemple, fonctionne sans reproche sur chaussée glissante tandis que l'ABS offre la possibilité de choisir deux niveaux de combinaison des freins avant et arrière, l'un offrant un effet combiné plus fort, et l'autre moins. Le seul handicap, qui provient de l'assistance hydraulique du freinage, est un certain détachement au niveau de la sensation de précision au levier. La sécurité accrue en situation d'urgence est néanmoins indéniable.

QUOI DE NEUF EN 2012 ?

Aucun changement

Coûte 1 200 $ de moins qu'en 2011

PAS MAL

Un niveau de performances suffisamment élevé pour combler l'amateur de vitesse ou, à tout le moins, le satisfaire, en plus d'une excellente quantité de couple livrée à bas et moyen régimes facilitant et agrémentant l'usage quotidien

Des systèmes ABS, d'antipatinage et de freinage combiné aussi sophistiqués qu'efficaces qui se montrent généralement très transparents

Un excellent niveau de confort à tous les égards

Un comportement routier qui doit être considéré comme l'un des meilleurs de la catégorie en raison de sa pureté en pilotage sportif, du moins tant qu'on porte une sérieuse attention aux ajustements des suspensions

BOF

Une assistance du système de freinage ABS qui altère la sensation au levier en lui enlevant un degré de précision par rapport à un système classique sans assistance ; à ce chapitre, d'autres font mieux et Kawasaki pourrait s'améliorer

Un pare-brise qui génère encore un peu de turbulence en position haute

Un régulateur de vitesse qui est toujours absent de la liste d'équipements

Des selles qui ne sont pas chauffantes, ce qu'on serait en droit d'attendre, à tout le moins en option, d'une monture de ce calibre et de ce prix

CONCLUSION

Les modèles comme la Concours 14 restent généralement intouchés très longtemps, mais Kawasaki a pris tout le monde par surprise en révisant assez sérieusement sa touriste sportive après seulement deux années de production. Le résultat de cet ajustement rapide donne néanmoins raison au constructeur, puisqu'en appliquant d'une certaine façon la recette des sportives pures rapidement revues au créneau sport-tourisme, Kawasaki a élevé sa Concours à un niveau que seuls des efforts considérables de la part des manufacturiers concurrents permettront de rejoindre. D'ailleurs, pour le moment, sa seule véritable rivale est l'excellente mais chère BMW, ce qui positionne la Concours 14 de manière plutôt enviable. En effet, Kawasaki se retrouve ainsi avec la seule monture du genre qui est à la fois moderne, technologiquement à jour et dont le prix demeure à la portée des amateurs moyens de ce type de monture. Bref, la compagnie d'Akashi se retrouve avec ni plus ni moins qu'un incontournable dans ce créneau.

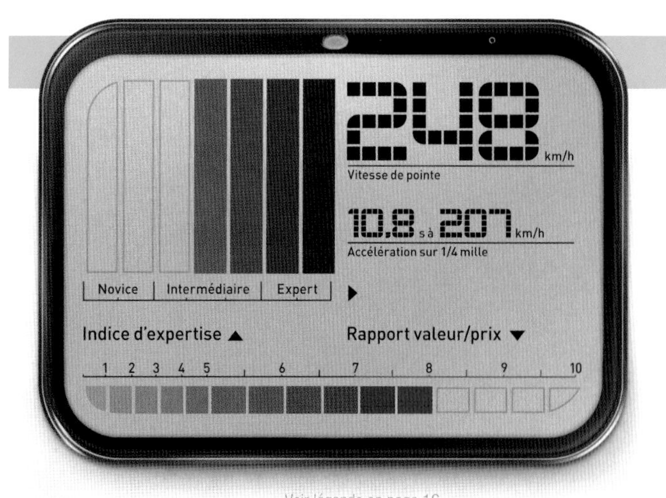

Voir légende en page 16

GÉNÉRAL

Catégorie	Sport-Tourisme
Prix	18 999 $
Immatriculation 2012	545,65 $
Catégorisation SAAQ 2012	« régulière »
Évolution récente	introduite en 2008, revue en 2010
Garantie	3 ans/kilométrage illimité
Couleur(s)	noir, rouge
Concurrence	BMW K1600GT, Honda ST1300 Yamaha FJR1300

MOTEUR

Type	4-cylindres en ligne 4-temps, DACT, 4 soupapes par cylindre, refroidissement par liquide
Alimentation	injection à 4 corps de 40 mm
Rapport volumétrique	10,7 :1
Cylindrée	1 352 cc
Alésage et course	84 mm x 61 mm
Puissance sans Ram Air	156 ch @ 8 800 tr/min
Puissance avec Ram Air	161 ch @ 8 800 tr/min
Couple	102,5 lb-pi @ 6 200 tr/min
Boîte de vitesses	6 rapports
Transmission finale	par arbre
Révolution à 100 km/h	environ 2 900 tr/min
Consommation moyenne	7,1 l/100 km
Autonomie moyenne	310 km

PARTIE CYCLE

Type de cadre	monocoque, en aluminium
Suspension avant	fourche inversée de 43 mm ajustable en précharge et détente
Suspension arrière	monoamortisseur ajustable en précharge et détente
Freinage avant	2 disques « à pétales » de 310 mm de Ø avec étriers radiaux à 4 pistons et ABS
Freinage arrière	1 disque « à pétales » de 270 mm de Ø avec étrier à 2 pistons et ABS
Pneus avant/arrière	120/70 ZR17 & 190/50 ZR17
Empattement	1 520 mm
Hauteur de selle	815 mm
Poids tous pleins faits	312 kg
Réservoir de carburant	22 litres

HULK... Les plus puissantes sportives pures frôlent désormais les 200 chevaux, un chiffre dont on ne pouvait que rêver il n'y a pas si longtemps. Question de bien mériter le R qui suit désormais son nom, la nouvelle ZX-14R ne fait qu'une bouchée de cette puissance. En effet, grâce à quelque 89 cc additionnels ainsi qu'à une liste de modifications internes dignes d'un projet de construction de pur bolide d'accélération, la puissance de la reine des Ninja se situerait autour de 215 chevaux au vilebrequin. Si nous devons ici utiliser le conditionnel, c'est que Kawasaki refuse de diffuser le vrai chiffre, pour des raisons de rectitude politique, évidemment. D'ailleurs, un maigre 10 cc supplémentaires et, à 1 451 cc, le constructeur aurait pu parler d'une ZX-15R, mais là encore, on a craint d'attirer un peu trop d'attention. Alors, on s'est restreint à 1 441 cc et environ 195 chevaux à la roue arrière.

Malgré la présence sur le marché de bolides capables de vitesses et d'accélérations extraordinaires, malgré l'existence de montures expressément conçues pour la vitesse pure comme la ZX-14 originale et la GSX1300R Hayabusa de Suzuki, malgré un tel contexte, le niveau de performances de la nouvelle Ninja ZX-14R ébahit. Sa puissance au vilebrequin, que nous avons estimée de façon conservatrice à 215 chevaux – un chiffre qui, une fois une perte d'efficacité de 10 pour cent soustraite, correspond aux 195 chevaux mesurés à la roue arrière sur dynamomètre – représente du jamais vu. Il s'agit d'une puissance permettant à tout bon pilote de plonger sous les 10 secondes assez facilement sur un quart de mille, et à un coureur de calibre expert de presque toucher aux 8 secondes. Si la ZX-14R est ainsi littéralement devenue une machine à accélérer, cette qualité est loin de résumer toute l'histoire de la surpuissante Kawasaki. L'autre côté de cette histoire, c'est toute l'électronique de la Ninja. En fait, les avantages amenés par la technologie dont il est ici question sont tels qu'on se doit d'en parler en termes d'avancée révolutionnaire.

LA ZX-14R EST LITTÉRALEMENT UNE MACHINE À ACCÉLÉRER.

Sur papier, le fait que la nouvelle ZX-14R soit équipée du contrôle de traction ressemble presque à une nouvelle anodine. Et après, se demande-t-on? Pourtant, sur le terrain, ce système à mi-chemin entre ceux de la Concours 14 et de la ZX-10R change tout. En arrivant avec une grande efficacité à éliminer non seulement le patinage de l'arrière en pleine accélération, mais aussi à garder l'avant au sol grâce à sa fonction antiwheelie, le système de contrôle de traction de la ZX-14R rend la plus forte accélération de l'univers de la moto étrangement accessible. Par exemple, en adoptant le second des trois modes, la puissance totale est conservée, mais l'électronique empêche tout dérapage et tout wheelie. Tout ce qui est requis du pilote est de bien s'accrocher et de pointer vers une longue ligne droite comme une piste d'accélération. À pleins gaz, la combinaison de l'immense puissance et de l'absence totale de réaction nerveuse de la part de la moto semble même un peu étrange, du moins au début, puisque le tout paraît presque trop facile. Toutefois, désengagez l'électronique et la bête qu'est la ZX-14R est démasquée. L'avant se met soudainement à s'envoler à des vitesses inimaginables et on découvre alors une monture décidément destinée à des mains expertes.

Par ailleurs, comme les bienfaits de l'électronique au niveau de la stabilité et de l'accessibilité sont incontestables, nous sommes complètement perplexes face à l'absence d'ABS sur la ZX-14R d'autant plus que tous les capteurs nécessaires à son fonctionnement sont déjà présents, puisque le système de contrôle de traction les utilise. Il s'agit d'un manque.

Bien que le point d'intérêt principal de la ZX-14R tourne évidemment autour de ses performances, le modèle possède nombre d'autres qualités, dont la plus attrayante est le côté admirablement raffiné de l'ensemble. Rarement ressent-on, aux commandes d'une sportive, une impression de sophistication et de finesse mécanique aussi présente, et ce, littéralement au niveau de chaque interaction avec la machine.

Toutes les aides électroniques de la ZX-14R ont beau faciliter considérablement l'acte d'avaler une piste d'accélération, l'exercice demeure d'une haute intensité. Dans un calme relatif, un bon pilote tombera assez facilement dans les 9 secondes.

Les tout premiers tours de roues que nous avons effectués aux commandes de la nouvelle ZX-14R le furent à pleins gaz, sur la piste d'accélération du Las Vegas Motor Speedway, à Las Vegas, où la présentation officielle du modèle a eu lieu. Comme il l'a fait lors du lancement de la ZX-14 originale en 2006, le multiple champion d'accélération Rickey Gadson était sur place pour aider les journalistes à abaisser leurs temps. Personne n'a pu arriver près des siens. Sur une ZX-14R de série, mais abaissée, il est tombé aussi bas que 9,29 secondes sur une piste considérée comme lente. La ZX-14R y était aussi pour quelque chose... Le crédit photo revient à Kevin Wing et Adam Campbell.

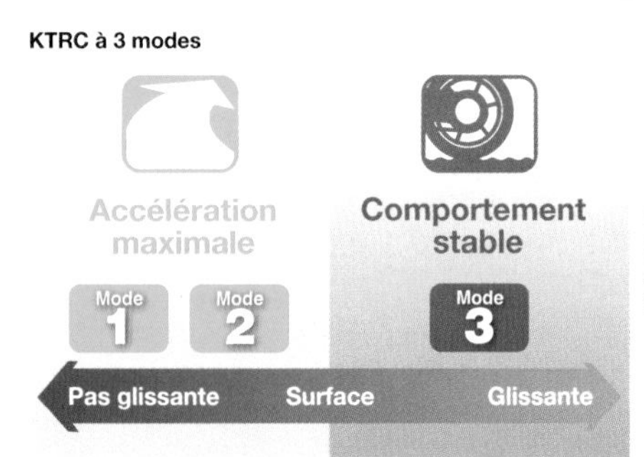

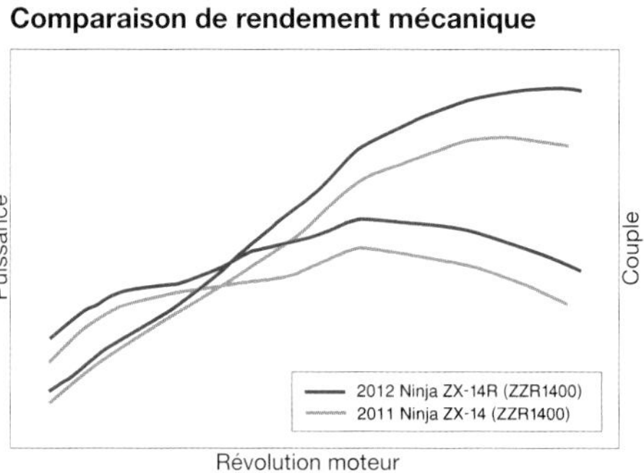

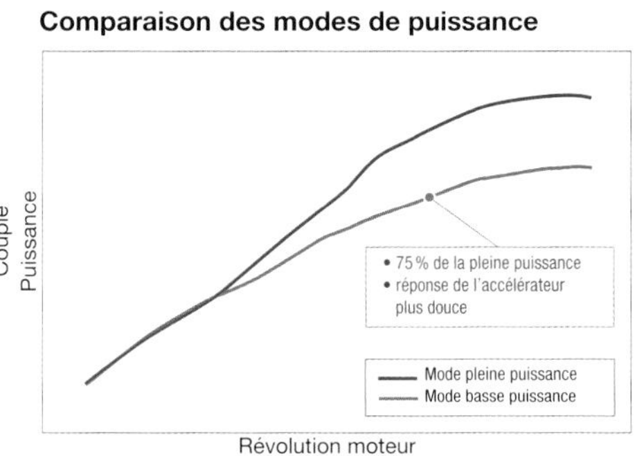

AU-DELÀ DU QUART DE MILLE...

Toute la technologie embarquée de la ZX-14R a de quoi impressionner, de la mécanique incroyablement puissante au système de contrôle de traction/antiwheelie en passant par les choix de modes de puissance, sans oublier le fameux cadre monocoque et le reste de l'excellente partie cycle. Constater le potentiel de vitesse ahurissant de la bête est également très divertissant. Il est néanmoins facile de se laisser distraire par ces attributs spectaculaires et d'oublier que le modèle offre beaucoup plus que de très hautes performances. En fait, le côté polyvalent et le confort du modèle sont suffisamment élevés pour qu'on puisse carrément affirmer avoir affaire à une excellente routière sportive. Non seulement étonnamment agile et amusante dans une enfilade de virages, elle bénéficie aussi d'une bonne selle, d'une excellente protection au vent et d'une mécanique inhabituellement douce, des caractéristiques qui en font une fort intéressante partenaire de longues randonnées. À l'exception de poignées qui demeurent un peu trop basses et qui continuent de placer un certain poids sur les mains du pilote, on trouve même assez peu à lui reprocher dans de telles circonstances. D'ailleurs, n'oublions pas, qu'en Europe, la ZX-14R est plutôt la ZZR1400 et qu'elle y est présentée comme une routière ultrapuissante. Des valises rigides sont même offertes en option.

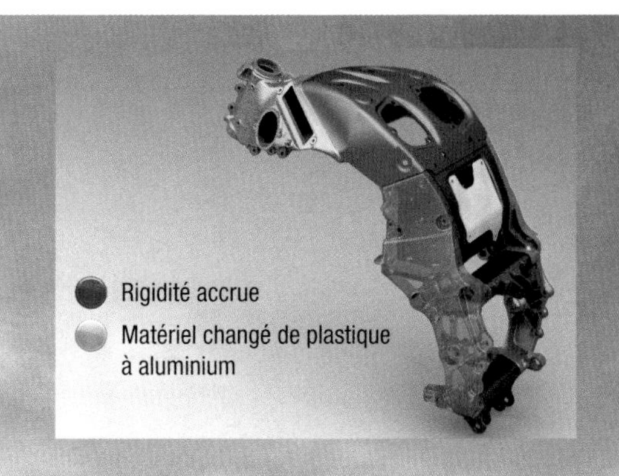

Las Vegas, c'est bien plus que des machines à sous. C'est aussi un désert et des routes magnifiques, comme celle-ci. Le crédit photo revient à Kevin Wing et Adam Campbell.

QUOI DE NEUF EN 2012 ?

Nouvelle génération de la ZX-14 qui devient la ZX-14R

Coûte 900 $ de plus qu'en 2011

PAS MAL

Un niveau de performances qui, incroyablement, fait presque paraître le modèle prédécesseur timide ; la ZX-14R est, et par une marge très confortable, la deux-roues de production la plus rapide du globe

Des aides électroniques au pilotage dont l'efficacité est stupéfiante, puisqu'elles permettent littéralement à des pilotes de n'importe quel niveau d'expérience de vivre toute la furie de la ZX-14R dans un calme relatif

Une partie cycle qui encaisse toute la furie du gros 4-cylindres comme si de rien n'était et qui se montre par ailleurs étonnamment agile et légère compte tenu du poids et des dimensions considérables du modèle

Un côté raffiné qui impressionne franchement ; la ZX-14R est la définition même de la mythique « gentlemen's Express »

Une ligne très agressive qui correspond parfaitement à la nature du modèle

BOF

Une absence presque inexcusable de l'ABS, puisque toute la quincaillerie du système de contrôle de traction, qui est présente, sert aussi à l'ABS ; la mission de porte-étendard technologique ne pourra être accomplie qu'avec l'installation du système

Un niveau de confort qui augmenterait considérablement avec des poignées plus hautes

Une direction qui se montre très stable dans la majorité des situations, mais qui peut occasionnellement s'agiter ; un amortisseur de direction manque toujours à la ZX-14R

CONCLUSION

Voilà maintenant quelques années qu'on répète que la prochaine révolution en matière de performances chez les motos viendra de l'électronique. Si les sportives pures et leurs systèmes ABS et de contrôle de traction ont été les premiers exemples de cette révolution, la nouvelle ZX-14R et toutes ses aides électroniques font l'irréfutable démonstration que les montures destinées à la route peuvent aussi être transformées. Incroyablement, la Ninja ZX-14R devient ainsi à la fois la moto de production la plus rapide sur Terre – par une très confortable marge, d'ailleurs – et l'une des sportives les plus dociles qui soient. Nous n'arrivons tout simplement pas à accepter la décision de Kawasaki de l'offrir sans ABS, mais à part cette erreur, nous ne pouvons que conclure qu'il s'agit d'une des machines les plus impressionnantes jamais mises en production.

Voir légende en page 16

GÉNÉRAL

Catégorie	Sportive
Prix	16 999 $
Immatriculation 2012	1 093,65 $
Catégorisation SAAQ 2012	« à risque »
Évolution récente	introduite en 2006, revue en 2012
Garantie	1 an/kilométrage illimité
Couleur(s)	vert
Concurrence	BMW K1300S, Honda VFR1200F, Suzuki GSX1300R Hayabusa

MOTEUR

Type	4-cylindres en ligne 4-temps, DACT, 4 soupapes par cylindre, refroidissement par liquide
Alimentation	injection à 4 corps de 44 mm
Rapport volumétrique	12,3 :1
Cylindrée	1 441 cc
Alésage et course	84 mm x 65 mm
Puissance sans Ram Air	215 ch @ 10 000 tr/min (estimation GM)
Puissance avec Ram Air	225 ch @ 10 000 tr/min (estimation GM)
Couple	119,9 lb-pi @ 7 500 tr/min
Boîte de vitesses	6 rapports
Transmission finale	par chaîne
Révolution à 100 km/h	environ 3 500 tr/min
Consommation moyenne	6,0 l/100 km
Autonomie moyenne	366 km

PARTIE CYCLE

Type de cadre	monocoque, en aluminium
Suspension avant	fourche inversée de 43 mm ajustable en précharge, compression et détente
Suspension arrière	monoamortisseur ajustable en précharge, compression et détente
Freinage avant	2 disques « à pétales » de 310 mm de Ø avec étriers radiaux à 4 pistons
Freinage arrière	1 disque « à pétales » de 250 mm de Ø avec étrier à 2 pistons
Pneus avant/arrière	120/70 ZR17 & 190/50 ZR17
Empattement	1 480 mm
Hauteur de selle	800 mm
Poids tous pleins faits	265 kg
Réservoir de carburant	22 litres

INTELLIGENCE ARTIFICIELLE... L'arrivée de la S1000RR sur le marché généra une véritable onde de choc dans le créneau hypersportif, l'allemande se permettant même de donner une raclée aux modèles asiatiques jusque-là dominants en termes de performances. La BMW innova aussi en introduisant un système de contrôle de traction, une technologie qui ouvrit tout grand les portes à l'arrivée de l'électronique chez ces sportives. Lancée l'an dernier, cette quatrième génération de la ZX-10R allait considérablement renchérir la mise de la S1000RR en matière d'électronique en ayant recours à la technologie développée par Kawasaki en MotoGP pour gérer bien plus que la traction en sortie de virage. Bienvenue dans l'ère de la sportive «intelligente» au cerveau capable de carrément assister le comportement.

Lorsque Kawasaki prit la décision de mettre fin à son programme de MotoGP il y a quelques années, le constructeur décida de récupérer les connaissances acquises en matière d'électronique en les appliquant à la prochaine ZX-10R. Les ingénieurs de l'équipe de MotoGP contribuèrent donc au développement de la moto qui deviendrait la quatrième génération de la ZX-10R. Celle-ci possède probablement le niveau d'aides électroniques le plus poussé du marché.

Les systèmes de contrôle de traction et de gestion de comportement de la ZX-10R fonctionnent à partir de données recueillies d'une panoplie de capteurs 200 fois par seconde. Kawasaki va jusqu'à prétendre que cette capacité d'analyse extrêmement poussée permet non seulement à la ZX-10R de «prévoir» la perte de traction avant qu'elle ne survienne, mais aussi, d'une certaine manière, de lire les intentions du pilote en scrutant continuellement le mouvement de l'accélérateur. Celui-ci a-t-il ouvert les gaz soudainement pour avaler le long droit d'une piste, est-il à gaz presque constant en plein virage, vient-il de refermer les gaz pour ramener la roue avant au sol? Voilà seulement quelques-uns des scénarios pouvant être reconnus par le système qui sélectionne ensuite la plus appropriée d'une liste presque infinie de cartographies de gestion de puissance emmagasinées dans sa mémoire. Il s'agit de décisions pouvant par ailleurs être modifiées à chaque analyse, donc jusqu'à 200 fois chaque seconde. La conséquence principale est que le comportement de la nouvelle ZX-10R est directement lié à celui du pilote, et plus précisément aux mouvements qu'il induit dans la poignée droite. Il en résulte un niveau d'interactivité jamais vu jusque-là entre un pilote et une moto de production, pour ne pas carrément parler d'intervention de la part de la moto.

POUR QUE LE PILOTE PUISSE ACCÉLÉRER SANS COUPER LES GAZ, LE SYSTÈME S-KTRC INTERVIENT EN LIMITANT L'ANGLE DES WHEELIES.

À titre d'exemple, la ZX-10R et son système S-KTRC sont programmés pour intervenir lors des wheelies en limitant la puissance lorsque l'avant se soulève plus qu'à un certain angle, le but étant de générer le temps le plus rapide au tour en évitant au pilote d'avoir à fermer les gaz. Or, dans certaines conditions extrêmes, comme un circuit avec de sévères dénivellations, la 10R ne réagit pas toujours de la même façon, ce qui peut s'avérer déroutant. Sur une piste plus normale, le contrôle de traction travaille de manière très efficace et complètement transparente. Trois niveaux de puissance peuvent être mariés à trois niveaux de contrôle de traction, et le tout peut être désactivé si le pilote le souhaite.

Avec ou sans ses aides électroniques, la ZX-10R se montre très difficile à prendre en défaut en piste, puisque son comportement est admirable à tous les points de vue. Plus légère d'une dizaine de kilos que la dernière version, elle est l'un des modèles les plus maniables et faciles à apprivoiser de la classe.

Même avec tout près d'une quinzaine de chevaux annoncés en moins que la S1000RR, la ZX-10R est une véritable fusée en ligne droite. Son moteur n'est pas particulièrement souple à très bas régime, une caractéristique que Kawasaki semble avoir volontairement programmée dans la courbe de puissance, mais une fois les mi-régimes passés et en route vers la zone rouge, la poussée est fabuleuse et sans répit.

QUOI DE NEUF EN 2012 ?

Aucun changement

Aucune augmentation

PAS MAL

Un véritable exploit technologique; la ZX-10R est probablement la moto de production la plus avancée de tous les temps et propose des solutions électroniques qui sont directement empruntées au programme de MotoGP de Kawasaki

Un comportement pratiquement irréprochable sur circuit, même à un rythme de course; elle est légère, d'une précision extrême et étonnamment facile à pousser sur un tour de piste

Des performances ahurissantes, mais livrées de manière très civilisée

BOF

Une utilisation très impressionnante de l'électronique au service du pilotage, mais qui n'est pas complètement exempte de «bogues»; comme les sportives de ce créneau semblent être vouées à recevoir de plus en plus de ce type d'assistance par ordinateur, nous ne serions pas étonnés que des «mises à jour» destinées à corriger certaines réactions deviennent monnaie courante

Une puissance à bas régime que Kawasaki a volontairement limitée pour ne pas bousculer les réactions de la moto dans les situations serrées, mais qui semble un peu faible en selle, surtout par rapport à la furie des hauts régimes

Un côté occasionnellement agaçant des assistances électroniques, surtout au niveau du contrôle de wheelie, qui provient d'une certaine irrégularité dans la manière avec laquelle le système intervient

CONCLUSION

La plupart des amateurs de sportives savent qu'il y a longtemps que les machines de MotoGP sont bardées d'aides électroniques au pilotage. Jusqu'à tout récemment, aucun d'eux n'avait toutefois une idée concrète de l'effet de ces aides. La Ducati 1098R et, de manière plus large, la BMW S1000RR lancèrent les premières le contrôle de traction «grand public». Les capacités électroniques de la ZX-10R vont nettement plus loin, puisque la Ninja possède littéralement un «cerveau» capable de s'interposer entre pilote et moto lorsqu'il le juge nécessaire en prenant des «décisions» basées sur des lignes de codes établies par des programmeurs. Il s'agit d'une sportive exceptionnelle en termes de puissance et de comportement, mais qui se distingue en étant carrément dotée d'une intelligence artificielle. Cela constitue-t-il un avantage? Même si ces «décisions» sont parfois discutables, la réponse ne peut être qu'affirmative. Quant à ceux qui finiraient par trouver toutes ces béquilles électroniques intrusives, l'option de les désactiver reste toujours là.

Voir légende en page 16

GÉNÉRAL

Catégorie	Sportive
Prix	16 499 $ (ABS: 17 299 $)
Immatriculation 2012	1 093,65 $
Catégorisation SAAQ 2012	«à risque»
Évolution récente	introduite en 2004, revue en 2006, en 2008 et en 2011
Garantie	1 an/kilométrage illimité
Couleur(s)	vert/noir, rouge/noire (ABS: noir)
Concurrence	Aprilia RSV4, BMW S1000RR, Honda CBR1000RR, MV Agusta F4, Suzuki GSX-R1000, Yamaha YZF-R1

MOTEUR

Type	4-cylindres en ligne 4-temps, DACT, 4 soupapes par cylindre, refroidissement par liquide
Alimentation	injection à 4 corps de 47 mm
Rapport volumétrique	13,0:1
Cylindrée	998 cc
Alésage et course	76 mm x 55 mm
Puissance sans Ram Air	179,1 ch @ 11 000 tr/min
Puissance avec Ram Air	188 ch @ 11 000 tr/min
Couple	82,6 lb-pi @ 11 000 tr/min
Boîte de vitesses	6 rapports
Transmission finale	par chaîne
Révolution à 100 km/h	environ 4 200 tr/min
Consommation moyenne	6,8 l/100 km
Autonomie moyenne	250 km

PARTIE CYCLE

Type de cadre	périmétrique, en aluminium
Suspension avant	fourche inversée de 43 mm ajustable en précharge, compression et détente
Suspension arrière	monoamortisseur ajustable en précharge, en haute et basse vitesses de compression, et en détente
Freinage avant	2 disques «à pétales» de 310 mm de Ø avec étriers radiaux à 4 pistons (et ABS)
Freinage arrière	1 disque à «pétales» de 220 mm de Ø avec étrier à 1 piston (et ABS)
Pneus avant/arrière	120/70 ZR17 & 190/55 ZR17
Empattement	1 425 mm
Hauteur de selle	813 mm
Poids tous pleins faits	198 kg (ABS: 201 kg)
Réservoir de carburant	17 litres

Ninja 1000 ABS

RETOUR AU BON SENS... Tellement d'années ont passé durant lesquelles on a vu le genre sportif se spécialiser qu'on a presque oublié qu'avant de devenir des machines de guerre dont la raison d'être se résume à établir des records sur piste, ces mêmes sportives offraient une étonnante polyvalence. La « nouvelle approche » à laquelle fait référence Kawasaki en parlant de son duo Ninja 1000/Z1000 n'est en fait rien d'autre qu'un retour en arrière, puisque toutes deux sont des motos de hautes performances d'abord et avant tout construites pour la route et ne faisant aucune concession visant à favoriser le comportement en piste. Il s'agit d'un concept qui n'est pas unique, puisqu'on pourrait comparer cette philosophie à celle d'une FZ1, par exemple, mais l'exécution des Kawasaki est particulièrement réussie. Pour 2012, l'ABS fait son apparition sur la Ninja 1000.

Loin de nous l'intention de faire planer un doute sur l'honnêteté de Kawasaki, mais il reste que c'est avec un sourire en coin que nous accueillons l'idée du « nouveau genre de sportives » que sont censées être les Ninja 1000 et Z1000. En fait, ce type de motos existe depuis longtemps, et chez le constructeur même, d'ailleurs. Nous faisons ici non seulement référence aux Ninja 900R et 1000R des années 80, mais aussi à une série d'autres rapides sportives conçues pour la route, pas la piste, comme les Honda Hurricane 600 et Yamaha FZ750, pour ne nommer que celles-là. Cela dit, si la Ninja 1000 et la Z1000 ne créent donc pas de nouvelle classe, elles en font néanmoins revivre une qu'on avait presque oubliée. Ces motos, qu'on pourrait aujourd'hui appeler des sportives routières plutôt que des routières sportives, englobaient même la plupart des modèles sportifs jusqu'à ce que les constructeurs découvrent l'attrait de l'extrême et qu'ils se mettent à faire de leurs sportives des machines de piste.

Les différences entre une sportive conçue pour la route et une sportive conçue pour la piste sont majeures. Le but du duo Ninja 1000/Z1000 est d'offrir du plaisir sur la route, dans autant de circonstances possibles, ce qui est très différent de la mission d'une moto comme la ZX-10R. Il y a d'ailleurs longtemps que nous reprochons à tous ces modèles très pointus de ne pas être particulièrement intéressants sur la route.

La manière dont Kawasaki s'y est pris pour rendre ces deux 1000 amusantes est assez simple : un moteur d'un litre admirablement coupleux et qui sonne bien, un châssis solide et précis mais pas nerveux, des suspensions fermes mais pas rudes, une protection au vent décente bénéficiant même d'un petit pare-brise ajustable manuellement dans le cas de la Ninja, une bonne selle et, enfin, une position qui plie les jambes modérément, ne met pas le moindre poids sur les mains et garde le dos parfaitement droit. Notons que quelques millimètres à peine distinguent la position de conduite de la Ninja 1000 de celle de la Z1000. En fait, à l'exception d'une poignée de détails techniques très mineurs, la Ninja 1000 est essentiellement une Z1000 carénée.

LE PLAISIR DE PILOTAGE VIENT DU CARACTÈRE JOUEUR DE L'ENSEMBLE PLUTÔT QUE DE VITESSES FOLLES AUTOUR D'UNE PISTE.

La plus grande qualité du duo Ninja 1000/Z1000 est l'équilibre entre performance et amusement qu'elles atteignent à presque tous les niveaux. Agiles sans être nerveuses, stables sans être lourdes de direction, rapides sans jamais se montrer incontrôlables, elles font sentir à leur pilote qu'il travaille au lieu de lui donner l'impression que tout se fait tout seul. À leurs commandes, le plaisir vient du caractère joueur de l'ensemble plutôt que de vitesses folles autour d'une piste. Et à ce chapitre, il n'est probablement pas de facteur plus important que le 4-cylindres génial que la marque d'Akashi a expressément conçu pour ces modèles. Gavé de couple en bas et poussant très fort des mi-régimes à la zone rouge, il est en plus particulièrement plaisant à entendre rugir en raison du travail acoustique de Kawasaki au niveau de l'admission d'air. Ses accélérations sont aussi immédiates que puissantes à tous les régimes et sur tous les rapports, tandis que sa plus belle caractéristique est sans aucun doute le fait qu'il permet de s'amuser sans qu'on ait la moindre idée de ce que dit le chronomètre.

QUOI DE NEUF EN 2012 ?

Ninja 1000 désormais livrée de série avec ABS

Ninja 1000 ABS coûte 300$ de plus que la Ninja 1000 2011

Aucune augmentation de prix pour la Z1000

PAS MAL

Un équilibre merveilleux entre performance et contrôle, entre agilité et accessibilité; toutes deux font partie des très rares motos de performances du marché qui soient avant tout conçues pour la route

Un moteur fabuleux qui tire fort immédiatement et tout le temps et qui chatouille l'ouïe comme peut-être aucun 4-cylindres en ligne de série n'est arrivé à le faire jusque-là

Un niveau de confort très appréciable grâce à une bonne selle, à une position relevée et à des suspensions judicieusement calibrées; même la protection au vent est meilleure qu'on pourrait le croire sur la Z1000, et très correcte sur la Ninja

Une selle plus basse que ce à quoi on s'attendrait

Des styles très intéressants; la Z1000 est moins dénudée et nettement moins discrète que les standards traditionnelles, tandis que la Ninja ne passera certes pas inaperçue

BOF

Un moteur qui vibre beaucoup moins que celui des versions précédentes de la Z1000, surtout la première, mais qu'on sent néanmoins toujours à certains régimes

Une impression de sensation vague dans la tenue de route, dans certaines circonstances, comme les changements rapides de direction

Une exposition au vent qui devient fatigante lors de longs trajets rapides sur la Z1000

CONCLUSION

Décrire la Ninja 1000 ou sa cousine la Z1000 comme des sportives développées pour la route «sans compromis» n'est pas qu'un jeu de mots très habile de la part de Kawasaki – l'expression sans compromis est habituellement réservée aux hypersportives destinées à la piste –, c'est aussi une manière très juste d'expliquer ce que sont ces modèles. L'hyper spécialisation des sportives semble carrément nous l'avoir fait oublier, mais la route n'est pas la piste et ce qui rend une moto plaisante en piste n'a donc pas nécessairement le même résultat sur la route. Et pourtant, presque toutes les sportives sont aujourd'hui construites spécifiquement pour rouler sur circuit. Ce n'est ni le cas de la Ninja 1000 ni celui de sa version dénudée qu'est la Z1000. Toutes deux permettront quand même au pilote qui le souhaite de bien s'amuser en piste, mais il est absolument vrai qu'aucun compromis n'a été fait pour rendre cela possible. Il s'agit d'un duo de montures aussi performantes que précises, mais elles sont avant tout des machines de route, parfaitement à l'aise au jour le jour.

Z1000

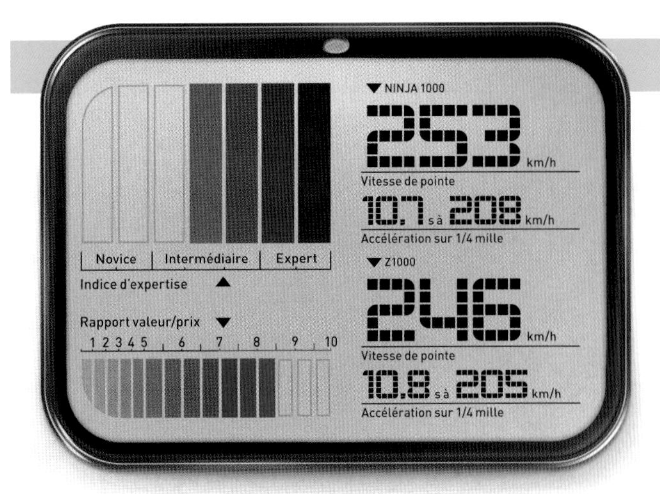

Voir légende en page 16

GÉNÉRAL

Catégorie	Routière Sportive/Standard
Prix	Ninja 1000 ABS: 13 999 $ Z1000: 13 199 $
Immatriculation 2012	545,65 $
Catégorisation SAAQ 2012	«régulière»
Évolution récente	Z1000 introduite en 2003, revue en 2007 et en 2009 Ninja 1000 introduite en 2011
Garantie	1 an/kilométrage illimité
Couleur(s)	Ninja 1000: noir/gris, vert/noir Z1000: orange
Concurrence	Ninja 1000: Honda CBF1000, Yamaha FZ1 Z1000: Aprilia Tuono V4, Ducati Streetfighter, Honda CB1000R, MV Agusta Brutale, Triumph Speed Triple

MOTEUR

Type	4-cylindres en ligne 4-temps, DACT, 4 soupapes par cylindre, refroidissement par liquide
Alimentation	injection à 4 corps de 38 mm
Rapport volumétrique	11,8:1
Cylindrée	1 043 cc
Alésage et course	77 mm x 56 mm
Puissance sans Ram Air	138 ch @ 9 600 tr/min
Couple	81,1 lb-pi @ 7 800 tr/min
Boîte de vitesses	6 rapports
Transmission finale	par chaîne
Révolution à 100 km/h	environ 4 200 tr/min
Consommation moyenne	6,2 l/100 km
Autonomie moyenne	250 km

PARTIE CYCLE

Type de cadre	périmétrique, en aluminium
Suspension avant	fourche inversée de 41 mm ajustable en précharge, compression et détente
Suspension arrière	monoamortisseur ajustable en précharge et en détente
Freinage avant	2 disques «à pétales» de 300 mm de Ø avec étriers radiaux à 4 pistons (Ninja 1000: ABS)
Freinage arrière	1 disque «à pétales» de 250 mm de Ø avec étrier à 1 piston (Ninja 1000: ABS)
Pneus avant/arrière	120/70 ZR17 & 190/50 ZR17
Empattement	Ninja 1000: 1 445 mm; Z1000: 1 440 mm
Hauteur de selle	Ninja 1000: 820 mm; Z1000: 815 mm
Poids tous pleins faits	Ninja 1000: 228 kg; Z1000: 218 kg
Réservoir de carburant	Ninja 1000: 19 litres; Z1000: 15,5 litres

EXEMPLAIRE... À une autre époque, le but de la classe des sportives de 600 cc se voulait d'offrir des montures à la fois agiles, accessibles et relativement polyvalentes. Il s'agit évidemment d'une ère révolue, puisque le seul et unique but de chacune de ces motos est désormais d'exceller sur circuit, et ce, à tout prix. Au sein d'un tel groupe, la génération courante de la ZX-6R, dont la dernière refonte remonte à 2009, fait presque figure d'ambassadrice en accomplissant de manière exemplaire pratiquement tout ce qu'on attend d'une telle moto. Au point où on se demande parfois comment une machine dont la mission est aussi effectivement accomplie pourrait vraiment être améliorée. Elle est animée par un 4-cylindres dont la zone rouge frôle les 17 000 tours à la minute et qui se montre à la fois extrêmement puissant à haut régime et décemment souple.

Encore tout récemment, il aurait été impensable qu'une 600 de ce type entamant sa quatrième année de production sans avoir évolué puisse encore faire partie du peloton de tête de la catégorie. Or, c'est bien le cas de la ZX-6R. Il s'agit d'une situation qui s'explique en partie par le ralentissement des lancements de nouveautés dans cette catégorie qui ne progresse plus avec le rythme effréné qui l'a marquée durant la dernière décennie, et en partie par les qualités exceptionnelles du modèle. En fait, tant qu'on ne la sort pas de l'environnement pour lequel elle a été expressément conçue, soit la piste, on éprouve même beaucoup de difficulté à reprocher quoi que ce soit à la ZX-6R.

LORSQU'IL S'AGIT DE ROULER TRÈS FORT EN PISTE, LA ZX-6R SE MONTRE ABSOLUMENT PHÉNOMÉNALE.

Depuis qu'elles sont devenues des spécialistes pures et dures de circuits, ces montures ont régulièrement démontré des lacunes, notamment en matière de mécanique. La Yamaha YZF-6R actuelle, dont le 4-cylindres tire de manière absolument furieuse à très haut régime, mais se montre presque amorphe dans les tours bas, représente un bon exemple du genre de défi auquel les ingénieurs responsables de ces motos font constamment face. La génération précédente de la ZX-6R, avec sa bande de puissance relativement large, mais sa poussée plutôt modeste dans les hauts tours, démontrait qu'une 600 pouvait se montrer relativement souple, mais qu'il fallait sacrifier la puissance à haut régime pour y arriver. Il semble bien que Kawasaki ait réussi à éliminer ce genre de compromis, puisque la mécanique de la ZX-6R courante se montre à la fois très décente en bas, donc vivable en utilisation quotidienne, et géniale à l'approche de sa zone rouge presque incroyable de 16 500 tr/min. En fait, la poussée à haut régime de la 6R est telle qu'on se demande si le constructeur n'est pas revenu à ses vieilles habitudes de « tricheur » (la ZX-6R avait jadis 636 cc) en dotant sa 600 de plus de 600 cc...

La qualité de la génération actuelle de la ZX-6R ne tient toutefois pas qu'à un seul aspect du pilotage. Le modèle excelle plutôt à presque tous les niveaux. Encore une fois, il s'agit d'une vérité qui ne tient que si l'on ne la sort pas de son environnement, puisque comme routière en conduite quotidienne normale et légale, on a plutôt affaire à une monture inconfortable et pas vraiment excitante.

De retour en piste, la ZX-6R propose l'un des comportements les plus invitants qui soient. Il est vrai qu'on pourrait dire la même chose de modèles comme la YZF-6R et la CBR600RR, pour ne nommer que ceux-ci, mais il reste qu'en matière de capacité à rouler fort sur une piste, la ZX-6R est absolument phénoménale. La combinaison qu'elle offre d'un poids extrêmement faible, d'une direction ne demandant qu'un minimum d'effort pour amorcer un virage exactement comme on le souhaite, de suspensions à peu près irréprochables, même à rythme élevé sur piste, de freins superbes tant par leur puissance que par la précision de leur dosage et d'un châssis aussi incroyablement communicatif qu'apparemment impossible à prendre en faute sont autant de caractéristiques qui font d'elle une 600 aussi désirable. Et malgré cela, concurrence et appétit sans fond de la clientèle obligent, elle sera inévitablement bientôt complètement repensée.

QUOI DE NEUF EN 2012 ?

Aucun changement

Coûte 900 $ de moins qu'en 2011

PAS MAL

Un moteur dont la capacité à tirer à la fois très fort à haut régime et à se montrer utilisable en conduite quotidienne est vraiment exceptionnelle

Une tenue de route simplement remarquable à tous les niveaux grâce à la sérénité du châssis en courbe, au freinage exceptionnel, à la grande précision de la direction et au travail sans faute des suspensions en pilotage sportif

Un ensemble qui frôle la perfection en matière de 600 hypersportives

BOF

Un niveau de confort relativement faible, comme c'est le cas sur la plupart des sportives aussi pointues

Un intérêt assez limité en dehors du circuit ; il s'agit de motos qui paraissent bien et dont les propriétaires sont très fiers, mais dans la besogne quotidienne, en utilisation normale sur la route, ces 600 ne sont certainement pas les montures les plus plaisantes

Une ligne qui commence à vieillir, surtout lorsqu'on la compare avec le style futuriste de la ZX-10R

CONCLUSION

La catégorie des sportives de 600 centimètres cubes a pressé le bouton pause en 2012, puisqu'à l'exception de l'arrivée de la MV Agusta F3 en cours d'année – une moto fort jolie, mais qui devra faire ses preuves avant qu'on puisse la prendre au sérieux dans cet environnement de machines surdouées –, c'est essentiellement le statu quo pour tous les modèles. Dans un tel contexte, la ZX-6R demeure intéressante en représentant encore l'un des choix les plus à jour. Il s'agit d'un modèle conçu avant tout pour tourner autour d'une piste de façon incroyablement efficace, une tâche qu'elle accomplit d'ailleurs de manière exceptionnelle. En fait, le plus grand défaut de la ZX-6R en est probablement un d'identité, puisque face aux autres excellentes sportives que sont ses équivalents chez Honda et Suzuki – la Yamaha est un peu différente –, elle semble manquer d'arguments la distinguant clairement. Le bon côté de cette profonde similitude c'est qu'on ne peut pas vraiment se tromper. Autrement dit, si vous aimez le vert, de grâce, faites-vous plaisir !

Voir légende en page 16

GÉNÉRAL

Catégorie	Sportive
Prix	12 299 $
Immatriculation 2012	1 093,65 $
Catégorisation SAAQ 2012	« à risque »
Évolution récente	introduite en 1995, revue en 1998, en 2000, en 2003, en 2005, en 2007 et en 2009
Garantie	1 an/kilométrage illimité
Couleur(s)	vert/noir, rouge/noir
Concurrence	Honda CBR600RR, MV Agusta F3, Suzuki GSX-R600, Triumph Daytona 675, Yamaha YZF-R6

MOTEUR

Type	4-cylindres en ligne 4-temps, DACT, 4 soupapes par cylindre, refroidissement par liquide
Alimentation	injection à 4 corps de 38 mm
Rapport volumétrique	13,3 : 1
Cylindrée	599 cc
Alésage et course	67 mm x 42,5 mm
Puissance sans Ram Air	126 ch @ 13 500 tr/min
Puissance avec Ram Air	132 ch @ 13 500 tr/min
Couple	49,2 lb-pi @ 11 800 tr/min
Boîte de vitesses	6 rapports
Transmission finale	par chaîne
Révolution à 100 km/h	environ 5 600 tr/min
Consommation moyenne	6,2 l/100 km
Autonomie moyenne	274 km

PARTIE CYCLE

Type de cadre	périmétrique, en aluminium
Suspension avant	fourche inversée de 41 mm ajustable en précharge, compression et détente
Suspension arrière	monoamortisseur ajustable en précharge, en haute et en basse vitesses de compression, et en détente
Freinage avant	2 disques « à pétales » de 300 mm de Ø avec étriers radiaux à 4 pistons
Freinage arrière	1 disque « à pétales » de 220 mm de Ø avec étrier à 1 piston
Pneus avant/arrière	120/70 ZR17 & 180/55 ZR17
Empattement	1 400 mm
Hauteur de selle	815 mm
Poids tous pleins faits	191 kg
Réservoir de carburant	17 litres

Ninja 650

VERT SEXY... La refonte quasi complète de la Ninja 650 en 2012 la voit peut-être perdre son R, mais la sympathique petite sportive gagne à tous les autres niveaux. Si la mécanique n'est que légèrement travaillée, un magnifique ensemble cadre-bras oscillant «double tube» est en revanche adopté, tandis que le timide dessin de l'ancien carénage fait place à une ligne qu'on peut dorénavant qualifier de sexy. Tout cela, sans parler d'une attention aux détails étonnamment poussée pour une monture de ce prix et de ce créneau. La ER-6n, la jumelle standard de la Ninja 650 que Kawasaki n'offre qu'au Canada en Amérique du Nord pour 2012, bénéficie de la même refonte. L'effort remarquable de la marque d'Akashi dans le cas de cette paire de 650 illustre une fois de plus l'espoir qu'ont les constructeurs d'arriver à attirer une nouvelle clientèle avec des montures moins extrêmes.

Les montures que les motocyclistes de longue date en sont venus à catégoriser de motos de novices semblent être sur le point de recevoir plus d'attention de la part des constructeurs qu'elles n'en ont peut-être jamais eue.

En 2012, aucun autre modèle n'illustre mieux cette situation que le duo Ninja 650/ER-6n. La raison derrière ce regain d'intérêt de la part des constructeurs pour ces motos qui, depuis toujours, ont été traitées comme des modèles de second rang, est fort simple. Cette fameuse nouvelle clientèle que toutes les compagnies attendent avec impatience n'entrera certainement pas par la grande porte. En d'autres mots, il est très peu probable que ce soit avec une ZX-10R ou un Vaquero que Kawasaki réussisse à attirer de nouveaux acheteurs. Tout d'un coup, on se dit donc que de donner un peu d'attention à cette bonne vieille petite Ninja 650 pourrait être une bonne idée.

ELLES INCARNENT CE QU'UNE MOTO DE CE GENRE PEUT DEVENIR LORSQU'UN CONSTRUCTEUR LUI ALLOUE TOUTES SES RESSOURCES.

Non seulement les résultats de cette réflexion sont intéressants, mais nous irons jusqu'à dire que le travail de Kawasaki sur ces 650 mérite les plus hauts éloges. La Ninja 650 et sa sœur la ER-6n incarnent ce qui a le potentiel de devenir la moto d'initiation ou de progression lorsqu'un constructeur lui consacre autant d'importance et de ressources qu'il l'aurait fait pour une sportive pure ou une grosse custom.

Sans même en avoir encore pris les commandes, le nouveau statut de la Ninja 650 et de la ER-6n est évident. Le style est passé d'ordinaire à sexy, certaines composantes comme le cadre et le bras oscillant sont presque exotiques, et le degré de finition passe de moyen à pratiquement irréprochable. Wow!

Toutes ces caractéristiques ne seraient toutefois que d'insignifiantes pièces si elles ne formaient pas un ensemble méritant les mêmes compliments. Or, dans ce cas aussi, les plus hauts éloges sont de mise.

Le Twin parallèle de 650 cc n'est peut-être pas aussi caractériel qu'un V-Twin, mais sa souplesse demeure remarquable compte tenu de sa cylindrée, tandis que ses vibrations ne sont jamais dérangeantes. Kawasaki annonce une amélioration du couple en 2012, mais celle-ci est difficile à percevoir et au mieux mineure. Cela n'empêche nullement la mécanique d'offrir à la fois le genre d'accessibilité requise pour mettre à l'aise un pilote novice et l'entrain nécessaire à distraire celui-ci après la période d'apprentissage.

Si les prestations du Twin ne s'améliorent ainsi que marginalement, la tenue de route, elle, progresse considérablement en termes de pureté et de plaisir de conduite. Grâce au nouveau châssis, mais aussi à de nouveaux pneus, les étroites et légères 650 s'inscrivent désormais en courbe sans la moindre résistance et se montrent admirablement solides et précises en pleine inclinaison. Leur comportement sur route sinueuse n'est en fait rien de moins qu'exceptionnel et même un pilote expert s'en déclarera ravi. Il s'agit d'une caractéristique qui fait de la Ninja 650 et de la ER-6n d'excellents préambules à une sportive plus sérieuse.

En termes de confort, là encore, les notes sont très bonnes. La position de conduite est sportive, mais ne met aucun poids sur les mains, les suspensions accomplissent un travail satisfaisant et la protection au vent est très correcte.

La moto d'initiation et les très petites cylindrées vont souvent de pair. Nous préférons plutôt parler de la première moto, du modèle qui permet d'accéder au sport, mais aussi de continuer de s'amuser par la suite. Et à ce chapitre, ces Kawasaki 650 revues sont très difficiles à battre.

À quelques pas de la barricade qui longe la frontière mexico-californienne, les routes de la région de San Diego, où la Ninja 650 fut présentée à la presse, se tortillent entre des collines brunâtres. Lorsqu'il vit l'auteur s'amuser en profitant d'une dénivellation, le photographe Kinney Jones s'installa dans le fossé longeant la route, puis lui demanda de recommencer. Et de recommencer. Sans jamais se plaindre, Gahel s'exécuta. Quelle éthique...

Ninja 650

JOLIES JUMELLES...

Comme cela a toujours été le cas, la Ninja 650 et la ER-6n sont essentiellement la même moto, carénée ou pas. Toutes deux partagent donc le même Twin, que Kawasaki a légèrement travaillé cette année afin qu'il génère un peu plus de couple à bas et moyen régimes, ainsi que la même impressionnante partie cycle. Le niveau de finition est aussi poussé dans les deux cas, un fait bien illustré par l'attention portée au silencieux bas « à la Buell », qui est l'un des plus esthétiquement réussis sur le marché, ou encore par la présence d'un pare-brise dont la hauteur peut être ajustée sur la Ninja. Parmi les autres améliorations dont bénéficient les versions 2012, on note également une ligne complètement repensée, une nouvelle instrumentation plus lisible avec écran multifonction, une selle dont le rembourrage est plus généreux, un châssis plus étroit sous le pilote afin de donner l'impression d'une selle plus basse, des suspensions plus souples dont la course a été augmentée et de nouveaux pneus contribuant à améliorer l'agilité et la qualité de la tenue de route, entre autres. L'un des aspects les plus étonnants des modèles est le degré d'attention aux détails dont ils ont fait l'objet, et ce, tant au niveau des traits complexes des pièces de carénage qu'en ce qui concerne le choix de certaines pièces comme le cadre et le bras oscillant de construction tubulaire double. Sans doute pour garder les prix aussi bas que possible, l'ABS n'est offert sur aucun de ces modèles en Amérique du Nord en 2012.

ER-6n

QUOI DE NEUF EN 2012 ?

Nouvelle génération de la Ninja 650 et de sa version standard la ER-6n

Ninja 650 coûte 400 $ de moins qu'en 2011 et ER-6n coûte 350 $ de moins qu'en 2010

PAS MAL

Une sympathique mécanique qui impressionne par son étonnante souplesse, par sa grande douceur et par son niveau de performances relativement amusant ; ce niveau permet à la fois aux novices de s'initier sans surprise et de progresser, faisant de ces 650 d'excellentes premières motos

Une partie cycle agile, précise et stable qui fait de la conduite sur route sinueuse une véritable joie, et ce, même pour un pilote de calibre expert ; il s'agit par ailleurs d'un comportement très indicatif de celui qu'offre une sportive plus pointue

Une accessibilité exceptionnelle amenée par une selle assez basse, par une grande légèreté et par une position de conduite très naturelle

Une nouvelle ligne nettement plus intéressante et une attention aux détails inhabituellement poussée sur une moto de ce prix

BOF

Des performances trop justes pour les motocyclistes « gourmands » en chevaux ; à quand une version de 750 cc et de 85 chevaux qui pourrait à la fois satisfaire un pilote expérimenté et initier un novice avec un mode de puissance réduite ?

Une injection abrupte à la remise des gaz, ce qui se traduit par des à-coups

Des versions ABS qui existent, mais que Kawasaki n'offre malheureusement pas en Amérique du Nord ; compte tenu de la clientèle plus ou moins expérimentée visée, ça devrait plutôt être le contraire : l'ABS devrait être offert de série

Une selle qui se montre assez confortable sur de courtes ou moyennes distances, mais qui devient ensuite moins accueillante

CONCLUSION

Même avant qu'elle ne perde son « R », la Ninja 650 était déjà l'une des meilleures motos du marché pour une clientèle allant de novice à moyennement expérimentée. La refonte dont elle bénéficie cette année l'élève facilement au niveau de première de classe. En termes d'accessibilité, mais aussi d'amusement et de capacité à servir autant à l'initiation qu'à la progression, il ne se fait tout simplement rien de mieux. Nous attendons toujours que quelqu'un, quelque part, comprenne l'importance de l'ABS pour le genre de clientèle à laquelle ces motos s'adressent, et par pure gourmandise, nous rêvons d'en voir la cylindrée passer à 700 ou 750 cc – sans augmentation de prix, bien sûr... –, mais à ces quelques souhaits près, nous ne pouvons qu'avouer qu'elles incarnent la première moto parfaite. Celle dont la ligne sexy vous attire, mais dont la facture ne menace pas de détruire vos économies. Celle qui vous dorlote durant vos premiers tours de roues, mais qui continue aussi de vous divertir longtemps ensuite. Celle qui vous introduit dans ce bel univers tout en vous préparant bien pour la suite, quelle qu'elle soit.

201 km/h
Vitesse de pointe

12,4 s à 168 km/h
Accélération sur 1/4 mille

Novice | Intermédiaire | Expert

Indice d'expertise ▲ Rapport valeur/prix ▼

1 2 3 4 5 6 7 8 9 10

Voir légende en page 16

GÉNÉRAL

Catégorie	Routière Sportive/Standard
Prix	Ninja 650 : 8 299 $ ER-6n : 7 899 $
Immatriculation 2012	545,65 $
Catégorisation SAAQ 2012	« régulière »
Évolution récente	Ninja 650R introduite en 2006 ; revue en 2012 et devient Ninja 650 ER-6n introduite en 2009, revue en 2012
Garantie	1 an/kilométrage illimité
Couleur(s)	Ninja 650 : noir, vert ER-6n : noir, jaune
Concurrence	Ninja 650 : Honda CBF600S, Suzuki SV650S et GSX650F, Yamaha FZ6R ER-6n : Aprilia Shiver 750, BMW F800R, Honda NC700S, Suzuki Gladius

MOTEUR

Type	bicylindre parallèle 4-temps, DACT, 4 soupapes par cylindre, refroidissement par liquide
Alimentation	injection à 2 corps de 38 mm
Rapport volumétrique	10,8 :1
Cylindrée	649 cc
Alésage et course	83 mm x 60 mm
Puissance	71 ch @ 8 500 tr/min
Couple	47,2 lb-pi @ 7 000 tr/min
Boîte de vitesses	6 rapports
Transmission finale	par chaîne
Révolution à 100 km/h	environ 4 500 tr/min
Consommation moyenne	5,2 l/100 km
Autonomie moyenne	307 km

PARTIE CYCLE

Type de cadre	périmétrique, en acier tubulaire
Suspension avant	fourche conventionnelle de 41 mm non ajustable
Suspension arrière	monoamortisseur ajustable en précharge
Freinage avant	2 disques « à pétales » de 300 mm de Ø avec étriers à 2 pistons
Freinage arrière	1 disque « à pétales » de 220 mm de Ø avec étrier à 1 piston
Pneus avant/arrière	120/70 ZR17 & 160/60 ZR17
Empattement	1 410 mm
Hauteur de selle	805 mm
Poids tous pleins faits	Ninja 650 : 209 ; ER-6n : 204 kg
Réservoir de carburant	16 litres

Ninja 400R Édition Spéciale

LE CAS 400... Depuis l'apparition sur certains marchés de 400 sportives durant les années 80 et 90, les motocyclistes nord-américains n'ont jamais cessé de les réclamer aux constructeurs. Or, à de très rares exceptions près – souvenez-vous de la Yamaha FZR400 –, ceux-ci ont maintenu leur refus de les offrir sur notre continent. Nettement plus légères que les sportives de 600 ou 750 cc sur lesquelles elles étaient basées et tournant à des régimes incroyablement élevés, ces 400 étaient effectivement intrigantes. Mais comme le prix d'une 400 aurait été pratiquement identique à celui d'une 600, elles ne furent jamais importées. Le cas 400 s'était presque fait oublier jusqu'à ce que la branche canadienne de Kawasaki choisisse d'importer une version 400 de la Ninja 650, en 2011, afin d'offrir une moto de progression aux très nombreux acheteurs de Ninja 250.

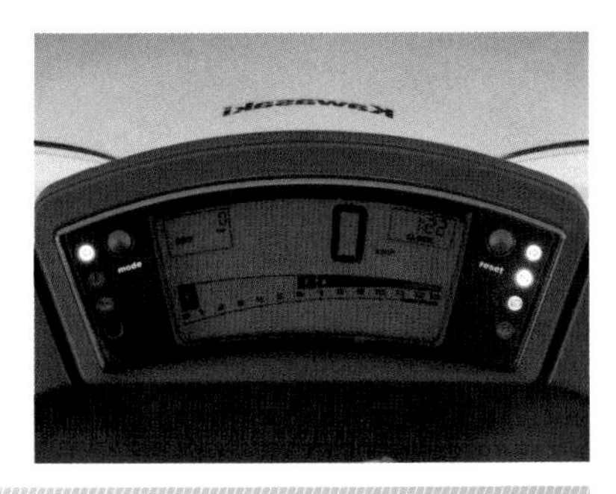

La motivation derrière la décision de Kawasaki d'importer la Ninja 400R est fort simple, puisqu'elle se résume à mettre en place un système de graduation permettant à un nouveau motocycliste de demeurer dans la famille du constructeur au fur et à mesure que ses besoins évoluent. Or, entre l'économique et très populaire Ninja 250R et le prochain échelon qu'est la Ninja 650 se trouvait un vide avant l'arrivée de la 400R. En théorie, la raison d'être de la 400R est donc tout à fait valide, celle-ci se situant presque exactement à mi-chemin entre les 250R et 650R autant en termes de prix que de cylindrée. De plus, comme aucun autre constructeur ne possède de modèle semblable, la Ninja 400R pourrait, par exemple, intéresser un propriétaire de Honda CBR250R. Toutefois, en pratique, il semblerait que la formule 400R n'obtient pas tout à fait le succès qu'on aurait pu lui prédire. L'une des raisons les plus probables est justement celle que les constructeurs craignaient, c'est-à-dire la trop grande proximité entre ce qu'offre une 400 et une 650. Bref, après s'être initié sur une 250, a-t-on réellement besoin d'une 400 ou est-on plutôt prêt pour la 650 qui propose essentiellement le même degré d'accessibilité, mais se montre par contre plus puissante? La réponse pourrait être affirmative si la 650 produisait le genre de performances qui peut prendre par surprise, mais ce n'est absolument pas le cas. Pire encore pour la formule 400, est le fait que l'on peut très bien rester satisfait durant des années d'une 650, mais que la 400, comme la 250, offre un niveau de puissance qu'on risque de souhaiter augmenter à plus ou moins court terme.

A-T-ON VRAIMENT BESOIN D'UNE 400 APRÈS S'ÊTRE INITIÉ SUR UNE 250, OU EST-ON PLUTÔT PRÊT POUR UNE 650 ?

Cela dit, nous serons les derniers à décourager ceux ou celles que la Ninja 400R intéresserait en dépit de toutes ces réflexions, puisqu'il s'agit décidément d'une excellente petite moto. Le qualificatif « petit » doit ici être mis en contexte, car il ne concerne vraiment que la cylindrée. En matière de poids et de dimensions, la Ninja 400R est essentiellement la jumelle parfaite de la Ninja 650R 2011, elle-même une très proche parente de la nouvelle Ninja 650 2012. Dans les faits, la Ninja 400R est une Ninja 650R propulsée par un plus petit moteur, rien de plus ni de moins.

Même si on préférait une selle un peu plus basse vu la vocation d'initiatrice de la 400R, l'accessibilité reste extraordinaire dans toutes les circonstances, des manœuvres serrées jusqu'aux routes sinueuses invitant un pilotage sportif. La Ninja 400R propose d'ailleurs une qualité de tenue de route qui pourrait surprendre bien des pilotes experts en raison de sa précision et de son aisance en pleine inclinaison.

Kawasaki semble être passé maître dans l'art de fabriquer des motos de petites cylindrées qui ne donnent pas l'impression d'être des jouets. Bien qu'elle propose des performances considérablement inférieures à celles de la 650, la Ninja 400R se tire très bien d'affaire en ne donnant jamais l'impression d'être sous motorisée et en n'exigeant aucunement des régimes très élevés pour circuler normalement. Au quotidien, on pourrait ne jamais dépasser les 6 000 ou 7 000 tr/min tandis que maintenir un rythme d'autoroute, même rapide, ne lui cause pas le moindre problème.

QUOI DE NEUF EN 2012 ?

Aucun changement

Coûte 500$ de moins qu'en 2011

PAS MAL

Un moteur qui impressionne par sa capacité à se montrer à la fois très accessible et parfaitement utilisable au quotidien en dépit de sa faible cylindrée

Un châssis agile, précis et stable qui se prête volontiers à tous les aspects de la conduite sportive et propose un avant-goût très représentatif du comportement des vrais modèles sportifs plus pointus et plus rapides

Une facilité de prise en main exceptionnelle amenée par une selle plutôt basse, par une grande légèreté et par une position de conduite qui met même les motocyclistes craintifs ou peu expérimentés immédiatement en confiance

BOF

Un niveau de performances qui, bien que décent, n'est adéquat que pour une clientèle novice ; les plus gourmands en chevaux ainsi que ceux comptant conserver leur monture assez longtemps devraient sérieusement considérer la 650

Des suspensions d'une qualité correcte, capables de soutenir un rythme assez élevé sur tracé sinueux, mais dont le travail est un peu rudimentaire

Un freinage ABS qui n'est pas offert ; compte tenu du calibre novice de la clientèle visée, il devrait être installé de série

Un prix honnête, mais qui ne constitue pas une aubaine ; ça pourrait être différent si le modèle était basé sur la Ninja 250 plutôt que sur la 650

Une selle qui pourrait être un peu plus basse compte tenu de la clientèle visée

CONCLUSION

La Ninja 400R est non seulement l'un des très rares modèles sur le marché qui offrent à la fois un comportement sportif authentique et un niveau d'accessibilité exceptionnel, elle est aussi, actuellement, la seule sportive d'initiation qu'on puisse envisager de conserver au-delà de la période d'apprentissage. Elle offre donc un net avantage sur les 250 ou les 125 que les propriétaires gardent habituellement tout au plus une ou deux saisons. Les intéressés doivent néanmoins réaliser qu'en termes de poids, de dimensions et d'accessibilité, une Ninja 650 est pratiquement identique. En fait, nous recommanderions même celle-ci à quiconque pourrait se permettre le supplément. Notre opinion à propos de ces 400 est qu'elles peuvent être très intéressantes, mais seulement si leur prix est considérablement inférieur à celui de l'échelon supérieur. Or, pour y arriver, il nous semble que baser la Ninja 400R sur la moins coûteuse 250R aurait été plus judicieux que d'en faire une machine dérivée de la plus complexe 650.

Ninja 400R

169 km/h
Vitesse de pointe

14,6 s à 143 km/h
Accélération sur 1/4 mille

Novice | Intermédiaire | Expert

Indice d'expertise ▲

Rapport valeur/prix ▼

1 2 3 4 5 6 7 8 9 10

Voir légende en page 16

GÉNÉRAL

Catégorie	Routière Sportive
Prix	6 999$ (Édition Spéciale : 7 199$)
Immatriculation 2012	343,65$
Catégorisation SAAQ 2012	« régulière »
Évolution récente	introduite en 2011
Garantie	1 an/kilométrage illimité
Couleur(s)	rouge (Édition Spéciale : vert lime/noir)
Concurrence	aucune

MOTEUR

Type	bicylindre parallèle 4-temps, DACT, 4 soupapes par cylindre, refroidissement par liquide
Alimentation	injection à 2 corps de 34 mm
Rapport volumétrique	11,0:1
Cylindrée	399 cc
Alésage et course	68,4 mm x 54,3 mm
Puissance	44 ch @ 9500 tr/min
Couple	27,3 lb-pi @ 7500tr/min
Boîte de vitesses	6 rapports
Transmission finale	par chaîne
Révolution à 100 km/h	environ 5800 tr/min
Consommation moyenne	4,8 l/100 km
Autonomie moyenne	323 km

PARTIE CYCLE

Type de cadre	treillis tubulaire, en acier
Suspension avant	fourche conventionnelle de 41 mm non ajustable
Suspension arrière	monoamortisseur ajustable en précharge
Freinage avant	2 disques « à pétales » de 300 mm de Ø avec étriers à 2 pistons
Freinage arrière	1 disque « à pétales » de 220 mm de Ø avec étrier à 1 piston
Pneus avant/arrière	120/70 ZR17 & 160/60 ZR17
Empattement	1410 mm
Hauteur de selle	790 mm
Poids tous pleins faits	203 kg
Réservoir de carburant	15,5 litres

EN AVANCE SUR SON TEMPS... Lancée au milieu des années 80 et ayant maintes fois été revue depuis, la Ninja 250R a toujours eu comme mission de proposer une porte d'entrée plus appropriée que les agressifs modèles de 600 cc souvent perçus par les motocyclistes débutants – à tort, évidemment – comme le premier échelon du créneau sportif. Un produit pratiquement unique sur le marché depuis des décennies, elle fut jointe l'an dernier par sa première rivale directe, la Honda CBR250R. Aujourd'hui, toutes deux ont le même rôle, soit celui d'attirer les nouveaux arrivants nécessaires au renouvellement de l'industrie de la moto. Bien que les deux modèles présentent un niveau de technologie semblable, la Kawasaki se distingue en étant propulsée par un bicylindre parallèle plutôt que par un monocylindre.

Si les 250 comme cette Ninja 250R font aujourd'hui partie des modèles les plus vendus du marché, cela n'a pas toujours été le cas. À titre d'exemple, la génération précédente de la Ninja 250R produite de 2000 à 2007, avec son moderne châssis en aluminium, s'avéra trop coûteuse. Pour cette raison, elle ne fut d'ailleurs jamais offerte aux États-Unis, où l'abordable modèle lancé en 1988 continuait de très bien se vendre. Dans le but de réduire les coûts, la version actuelle, dont l'introduction remonte à 2008, affiche ainsi un certain recul technologique par rapport à la version 2007. Le cadre en acier, l'alimentation par carburateurs et la puissance légèrement inférieure sont toutes des mesures ayant permis d'abaisser la facture jusqu'à une zone où les acheteurs acceptent les limites d'une 250, et ce, sans que la qualité de l'expérience de conduite soit affectée.

La plus petite des Ninja affiche des proportions similaires à celles d'une sportive pure de 600 cc. Pour le néophyte, elle est néanmoins beaucoup plus accueillante et beaucoup moins intimidante. Ultra mince, dotée d'une selle inhabituellement basse pour la classe et offrant presque une légèreté de bicyclette, la Ninja 250R possède toutes les qualités pour mettre immédiatement à l'aise les débutants les plus craintifs. De plus, malgré sa nature sportive, le modèle offre un confort très convenable grâce à une bonne selle, à une position de conduite relevée et à une bonne protection au vent.

Si le niveau de performances n'est évidemment pas miraculeux, il demeure tout de même très suffisant pour suivre tout genre de circulation, ce qui inclut même un rythme rapide sur l'autoroute. Maintenir 120 km/h est accompli sans problème, puisqu'une bonne trentaine de kilomètres à l'heure sont alors encore en réserve, et même un peu plus avec de la patience. Bien qu'on ne puisse pas vraiment parler de souplesse mécanique, la petite Ninja produit assez de puissance à bas et moyen régimes pour ne pas forcer le pilote à étirer les rapports jusqu'à la zone rouge en conduite normale. On s'en sort même très bien en ville en passant les vitesses vers les mi-régimes. Même si le petit moteur tourne régulièrement haut et semble toujours travailler fort, ses vibrations sont très bien contrôlées et ne deviennent jamais gênantes. Kawasaki a pratiquement fait une spécialité de ces petites mécaniques, et la petite Ninja le démontre bien.

KAWASAKI A PRATIQUEMENT FAIT UNE SPÉCIALITÉ DE CES PETITES MÉCANIQUES ET LA 250R LE DÉMONTRE BIEN.

L'une des caractéristiques les plus étonnantes de la Ninja 250R est qu'au-delà de ses belles qualités de monture d'initiation, en matière de tenue de route, on a carrément affaire à une véritable sportive. Le comportement routier a même de quoi impressionner, la petite Ninja se montrant même capable de supporter un rythme très élevé sur une route sinueuse. Il faut avoir piloté de « vraies » sportives pour réaliser à quel point le comportement général de la 250R est authentique. Une direction légère et précise, mais pas nerveuse, une grande sérénité en pleine courbe, une stabilité sans faute, un freinage aussi puissant que facile à doser et des suspensions capables d'encaisser une cadence agressive sont autant d'éléments faisant que tout, à ses commandes, ressemble à l'expérience offerte par une plus grosse cylindrée du même genre.

QUOI DE NEUF EN 2012 ?

Aucun changement

Aucune augmentation

PAS MAL

Un niveau d'accessibilité extraordinaire qui n'est surpassé que par celui d'une toute petite moto comme la Honda CBR125R ; la Kawasaki offre en revanche deux fois plus de puissance, ce qui facilite beaucoup la conduite quotidienne

Un comportement dont l'authenticité sportive étonne franchement ; la Ninja 250R propose un véritable avant-goût de la tenue de route d'une sportive plus puissante

Une bonne valeur, puisque pour le montant demandé, on obtient une vraie moto joliment dessinée, bien fabriquée et bien finie, et non un jouet

BOF

Un niveau de performances très correct et tout à fait approprié compte tenu de la mission de la moto, mais que même un débutant exploitera pleinement presque instantanément ; on doit en être conscient, surtout si on n'achète pas le modèle pour s'initier au monde sportif, mais plutôt parce qu'il est seulement économique

Une alimentation par carburateurs vieillotte, bien que fonctionnelle

Une absence de système ABS ; compte tenu de la clientèle visée, il s'agit d'un manque

Un problème récurant chez toutes ces très petites cylindrées qui n'arrivent souvent à distraire les acheteurs que sur une période relativement courte ; la revente et le rachat d'un autre modèle arrivent donc parfois plus vite qu'on l'anticipe, mais il s'agit du prix à payer pour une entrée progressive dans le monde des sportives

CONCLUSION

Les 250 ont très longtemps été perçues comme de banales et peu intéressantes motos de novice. Mais les temps changent et à l'aube d'un changement de garde dans le monde du motocyclisme, les montures d'initiation prennent une importance d'un tout autre ordre. Cette importance représente d'ailleurs la motivation première des constructeurs qui se doivent de faire de ces motos des modèles à la fois désirables et abordables. Comme l'excellente CBR250R de Honda, la Ninja 250R est un magnifique exemple de cette renaissance de la moto d'initiation. Les intéressés doivent évidemment demeurer conscients qu'on finit généralement par se lasser assez vite d'une 250, mais tant que cet aspect de l'achat est accepté, on ne peut pratiquement pas en être déçu. Toutes les qualités de la Ninja 250R n'empêchent cependant pas le marché d'évoluer. Or, dans le contexte actuel, l'alimentation par injection, mais surtout l'ABS représentent des caractéristiques manquantes chez Kawasaki. Serions-nous trop gourmands de souhaiter les voir ajoutées, mais sans que le prix n'en soit affecté ?

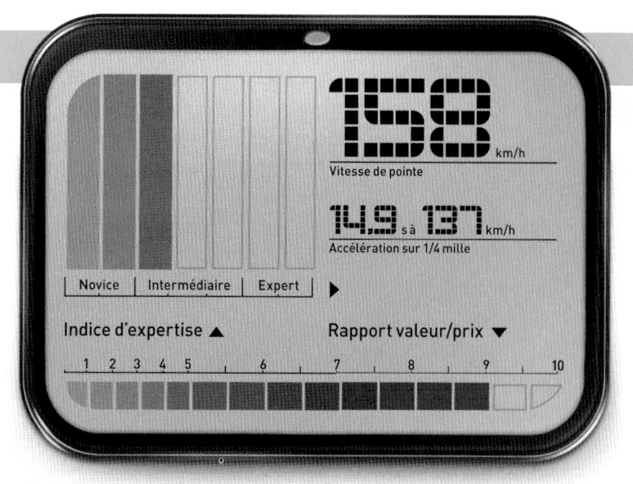

Voir légende en page 16

GÉNÉRAL

Catégorie	Routière Sportive
Prix	4 999 $
Immatriculation 2012	343,65 $
Catégorisation SAAQ 2012	« régulière »
Évolution récente	introduite en 1987, revue en 1988, en 2000 et en 2008
Garantie	1 an/kilométrage illimité
Couleur(s)	rouge, vert
Concurrence	Honda CBR250R

MOTEUR

Type	bicylindre parallèle 4-temps, DACT, 4 soupapes par cylindre, refroidissement par liquide
Alimentation	2 carburateurs à corps 30 mm
Rapport volumétrique	11,6:1
Cylindrée	249 cc
Alésage et course	62 mm x 41,2 mm
Puissance	32 ch @ 11 000 tr/min
Couple	16 lb-pi @ 10 000 tr/min
Boîte de vitesses	6 rapports
Transmission finale	par chaîne
Révolution à 100 km/h	environ 7 400 tr/min
Consommation moyenne	4,3 l/100 km
Autonomie moyenne	418 km

PARTIE CYCLE

Type de cadre	épine dorsale, en acier
Suspension avant	fourche conventionnelle de 37 mm non ajustable
Suspension arrière	monoamortisseur ajustable en précharge
Freinage avant	1 disque « à pétales » de 290 mm de Ø avec étrier à 2 pistons
Freinage arrière	1 disque « à pétales » de 220 mm de Ø avec étrier à 2 pistons
Pneus avant/arrière	110/70-17 & 130/70-17
Empattement	1 400 mm
Hauteur de selle	775 mm
Poids tous pleins faits	170 kg
Réservoir de carburant	18 litres

L'UJM DE DEMAIN... La progression de la catégorie crossover qui, rappelons-le, n'existait même pas il y a quelques années à peine, représente actuellement l'un des mouvements les plus intéressants de l'industrie. Après les Multistrada, Supermoto T et Tiger 1050, l'arrivée en 2012 de cette toute nouvelle Versys 1000 vient donner encore plus de crédibilité à ces méconnues montures à tout faire. Même s'il s'agit évidemment de la grande sœur de la Versys originale de 650 cc, dans les faits, la 1000 et la 650 ne partagent absolument rien, si ce n'est qu'un étrange dessin de phare avant. Leur philosophie est semblable, mais pas identique, puisque la nouveauté emprunte une direction décidément axée sur le tourisme qui est absente sur la 650, tandis que le niveau d'électronique embarqué de la 1000 rivalise avec celui d'une Ninja ZX-10R.

Analyse Technique

Même si relativement peu de motocyclistes s'y intéressent, et même si elles ne sont pas les montures les plus spectaculaires du marché, il reste que les crossovers constituent présentement l'une des catégories les plus intrigantes de l'industrie de la moto. Très souvent confondues avec les aventurières du genre BMW R1200GS dont le style est effectivement semblable, elles se distinguent par une absence quasi-totale de prétentions hors routières. Non seulement la nouvelle Versys 1000 correspond exactement à cette définition, mais elle est même carrément construite à partir d'une plateforme routière, celle que partagent les Ninja 1000 et Z1000. Ce dont nous serons les derniers à nous plaindre, puisqu'il s'agit de modèles expressément destinés à la route qui accomplissent chacun leur mission d'une manière exceptionnellement plaisante.

LES CROSSOVERS COMME LA VERSYS 1000 SONT TRÈS SOUVENT CONFONDUES AVEC LES AVENTURIÈRES COMME LA BMW R1200GS.

La Versys 1000 devient ainsi la première moto du genre propulsée par un 4-cylindres en ligne, toutes les autres étant plutôt mues par des bicylindres ou, dans le cas de la Triumph, par un tricylindre. Le constructeur annonce une puissance de 116 chevaux, soit environ une vingtaine de moins que dans le cas des Ninja 1000 et Z1000, et un couple tout juste inférieur. Selon Kawasaki, ces reculs auraient été motivés par une volonté de générer une bande de puissance encore mieux adaptée à la réalité de la route, c'est-à-dire encore plus gavée de couple à bas et moyen régimes, une qualité qui était déjà impressionnante sur les autres 1000.

Ce penchant vers les régimes «utiles» serait également dû à la mission de voyageuse de la Versys 1000, qui a été conçue pour très bien traiter un passager et qui peut être équipée d'un trio de valises. Kawasaki affirme d'ailleurs que la selle arrière serait la plus confortable de tout son catalogue et que le sous-cadre arrière a été conçu pour supporter une masse plus grande que la moyenne, toujours dans le but de rendre le modèle plus apte au tourisme.

Si Kawasaki annonce donc sa Versys 1000 comme une grande voyageuse, il ne le fait pas en se limitant à offrir des valises optionnelles. Bien au contraire, puisque la nouveauté se montre aussi étonnamment équipée en matière d'électronique. L'ABS qui l'équipe n'est nul autre que le système avancé retrouvé sur la ZX-10R, tandis que le contrôle de traction est essentiellement celui dont la toute nouvelle ZX-14R est munie, soit l'un des plus sophistiqués du marché. D'ailleurs, comme sur la ZX-14R, deux modes de puissance peuvent être choisis, le plus faible offrant 75 pour cent de la puissance maximale.

Le fait que la Versys 1000 possède également un côté sportif est mis en évidence aussitôt qu'on s'attarde à sa partie cycle, celle-ci étant pratiquement celle d'une Ninja 1000 haute sur patte. En y regardant de plus près, on remarque toutefois que les composantes principales comme le cadre ou les suspensions ont dans chaque cas été adaptées à la mission «toutes routes, toutes circonstances» du nouveau modèle. Notons qu'en 2012, en Amérique du Nord, la Versys 1000 ne sera offerte qu'au Canada.

Les crossovers comme cette nouvelle Versys 1000 tentent de s'imposer comme l'interprétation moderne de la bonne vieille UJM. Elles pourraient bien être les machines à tout faire de demain.

BIEN ÉQUIPÉE...

Il n'est pas rare de voir l'ajout d'équipements désirables faire exploser la facture d'un modèle, mais la nouvelle Versys 1000 est livrée de série très généreusement équipée. Systèmes ABS et de contrôle de traction, suspensions ajustables, pare-brise à hauteur réglable, porte-bagages, et multiples composantes de partie cycle d'origine sportive sont autant d'exemples de cette générosité. Kawasaki semble par ailleurs avoir fait un effort pour garder le prix raisonnable, puisqu'en dépit d'un niveau d'équipement plus grand, au Canada, où la Versys 1000 est vendue, la facture reste identique à celle de la Ninja 1000.

Z1000

Versys 1000

QUOI DE NEUF EN 2012 ?

Nouveau modèle

PAS MAL

Un ADN extrêmement intéressant ; la mécanique et le châssis de la Versys 1000 sont basés de près sur ceux des Ninja 1000 et Z1000, deux montures exceptionnellement plaisantes à piloter

Une série d'accessoires conçus pour transformer la Versys 1000 en légitime machine de tourisme

Une facture raisonnable compte tenu du très généreux niveau d'équipement livré de série et une mission de « routière toutes routes et à tout faire » qui, si elle se matérialise, semble très attrayante

Un niveau de technologie embarquée très impressionnant ; la Versys 1000 reprend le système ABS de la ZX-10R et l'antipatinage de la ZX-14R, en plus d'offrir deux modes de puissance

BOF

Un niveau de vibrations volontairement présent afin « d'améliorer les sensations à l'accélération » ; nous en doutons, et il s'agirait du premier 4-cylindres en ligne que nous aurions testé dont les vibrations seraient plaisantes ; on verra

Un style « multiusage » qui, même s'il est tout à fait approprié pour ce type de moto, reste encore difficile à comprendre pour plusieurs motocyclistes

Une hauteur de selle considérable qui risque de gêner les pilotes courts sur patte

CONCLUSION

Elle n'est peut-être pas le modèle le plus spectaculaire de 2012, mais la Versys 1000 pourrait bien en être l'un des plus importants. L'industrie de la moto se trouve présentement à une intersection dans son histoire, à un moment où l'hyperspécialisation n'a plus l'attrait qu'elle avait. La direction beaucoup plus généraliste qui définit la classe crossover n'a pas encore permis à celle-ci d'atteindre un niveau de popularité correspondant au potentiel que beaucoup soupçonnent qu'elle possède, dont nous. La Versys 1000, si elle se montre à la hauteur des hautes attentes qu'elle génère, pourrait bien être le modèle qui réussit finalement une percée chez le motocycliste moyen. En raison de sa nature nippone « accessible » et de sa facture raisonnable, il pourrait très bien s'agir de la crossover qui démocratise ce type de motos nouveau genre.

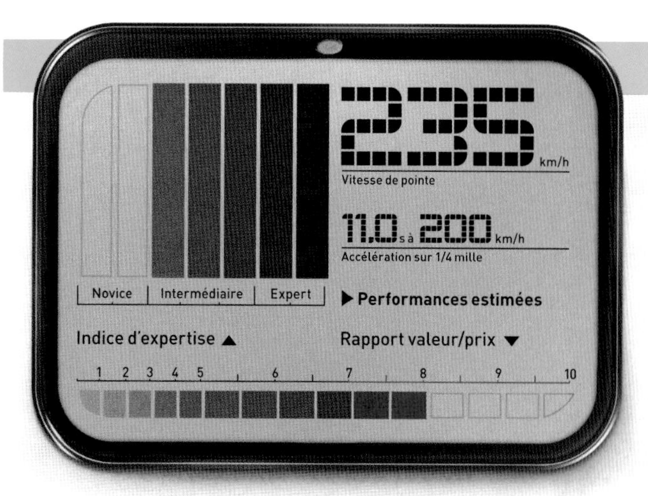

Voir légende en page 16

GÉNÉRAL

Catégorie	Routière Crossover
Prix	13 999 $
Immatriculation 2012	NC – probabilité 545,65 $
Catégorisation SAAQ 2012	NC – probabilité « régulière »
Évolution récente	introduite en 2012
Garantie	1 an/kilométrage illimité
Couleur(s)	gris magnésium
Concurrence	Ducati Multistrada, KTM 990 Supermoto T, Suzuki V-Strom 1000, Triumph Tiger 1050

MOTEUR

Type	4-cylindres en ligne 4-temps, DACT, 4 soupapes par cylindre, refroidissement par liquide
Alimentation	injection à 4 corps de 38 mm
Rapport volumétrique	10,3:1
Cylindrée	1 043 cc
Alésage et course	77 mm x 56 mm
Puissance	116 ch @ 9 000 tr/min
Couple	78,1 lb-pi @ 6 800 tr/min
Boîte de vitesses	6 rapports
Transmission finale	par chaîne
Révolution à 100 km/h	n/d
Consommation moyenne	n/d
Autonomie moyenne	n/d

PARTIE CYCLE

Type de cadre	périmétrique, en aluminium
Suspension avant	fourche inversée de 43 mm ajustable en précharge et détente
Suspension arrière	monoamortisseur ajustable en précharge et détente
Freinage avant	2 disques « à pétales » de 300 mm de Ø avec étriers à 4 pistons
Freinage arrière	1 disque « à pétales » de 250 mm de Ø avec étrier à 1 piston
Pneus avant/arrière	120/70 ZR17 & 180/55 ZR17
Empattement	1 520 mm
Hauteur de selle	845 mm
Poids tous pleins faits	239 kg
Réservoir de carburant	21 litres

ANTISPÉCIALISTE... La Versys, dont le nom proviendrait de l'abréviation des termes Versatile et System, c'est un peu la réplique à l'hyperspécialisation qui a façonné la moto ces dernières décennies. Lancée en 2007, puis légèrement revue en 2010, elle se voulait un genre de réponse à une question que personne n'avait jusqu'à ce moment posée, en ce sens que personne n'avait encore formellement demandé que la moto se « déspécialise ». Aujourd'hui, cette « déspécialisation » est dans la mire de presque tous les constructeurs qui voient en ce concept l'une des solutions à la pénurie actuelle de nouveaux arrivants dans le monde de la moto. Une sorte d'amalgame des meilleurs éléments de plusieurs types de motos, la Versys est construite autour d'un cadre et d'un moteur dérivés de ceux de la Ninja 650R 2011. Il ne s'agit pas d'une aventurière, mais d'une crossover.

Proposant une position de conduite relevée de type aventurière, offrant une protection au vent similaire à celle d'une sportive semi-carénée, faisant appel à des suspensions à long débattement et retenant une partie cycle de nature décidément sportive, la Versys mélange vraiment les genres. On pourrait la percevoir comme une routière sportive équipée des suspensions d'une aventurière ou encore comme une aventurière équipée de roues, de pneus et de freins provenant d'une routière sportive, et l'on aurait raison dans chacun de ces cas.

En raison de sa hauteur de selle relativement importante, elle perche son pilote assez haut au-dessus du sol, tandis que sa position de conduite est un mélange des postures dictées par une sportive pour le bas du corps et par une routière aventurière pour le haut du corps. Si, à ses commandes, la première impression ressentie en est une de confusion légère, on s'habitue en revanche assez vite et sans problème à cette façon d'être installé aux commandes d'une moto. Il est néanmoins plus difficile de s'adapter à la selle qui s'avère décente pour des sorties de courte ou moyenne durée, mais qui devient inconfortable sur long trajet. Il s'agit d'un point non seulement difficile à comprendre, mais aussi malheureux, puisque l'un des buts premiers d'une moto ainsi conçue devrait être d'offrir un niveau de confort suffisant pour envisager le voyage.

À SES COMMANDES, LA PREMIÈRE IMPRESSION EN EST UNE DE CONFUSION LÉGÈRE. ELLE PROVIENT D'UN MÉLANGE DE GENRES.

Dans le même ordre d'idées, contrairement à ce que laissent présager les longs débattements des suspensions, celles-ci sont ajustées plutôt fermement, comme sur une sportive. Il s'agit d'une caractéristique qui, lorsqu'elle est combinée avec l'excellente partie cycle, permet à la Versys d'offrir une tenue de route d'un calibre étonnement élevé. L'effort requis pour la placer en angle est presque nul en raison du large guidon et la moto encaisse sans broncher un rythme soutenu sur une route sinueuse. Mais cette grande légèreté de direction est aussi à l'origine d'un genre d'instabilité qui découle des moindres mouvements du pilote. Un réglage plus souple des suspensions semblerait par ailleurs plus approprié pour la Versys, puisqu'il favoriserait le confort sur mauvais revêtement sans enlever quoi que ce soit à la qualité de la tenue de route. Un tel compromis au niveau des suspensions est tout à fait réalisable, puisqu'il est déjà offert par nombre de motos, bien qu'il soit vrai qu'on le retrouve généralement sur des modèles nettement plus coûteux que celui-ci. Quant à l'ABS, il manque toujours à l'appel.

Très similaire à l'excellent petit Twin parallèle qui animait la Ninja 650R 2011, mais ajusté pour produire plus de couple, plus tôt dans sa plage de régimes, le moteur de la Versys est un vrai petit bijou. Sa souplesse est exemplaire compte tenu de sa cylindrée relativement faible – il accélère proprement en sixième dès 2 000 tr/min – et ses performances sont étonnamment satisfaisantes même si elles ne sont bien évidemment pas très élevées. Il vibrait un peu trop sur la version 2007-2009, mais depuis 2010, Kawasaki a ajouté des supports-moteur en caoutchouc et a modifié les repose-pieds pour justement réduire l'importance de ces vibrations.

QUOI DE NEUF EN 2012 ?

Aucun changement

Coûte 300 $ de moins qu'en 2011

PAS MAL

Une partie cycle dont la précision et la légèreté de direction permettent à la Versys d'offrir un comportement routier décidément relevé ; elle aime se retrouver inclinée et ne craint pas un rythme carrément sportif

Un charmant petit Twin parallèle qui semble plus souple qu'un moteur de cette cylindrée ne devrait normalement pouvoir l'être

Une position de conduite un peu particulière, mais à laquelle on s'habitue vite et qui donne un grand niveau de contrôle sur la moto

BOF

Une selle non seulement haute, mais aussi inconfortable sur long trajet en raison de sa forme peu naturelle

Des suspensions qui devraient bénéficier de leur long débattement afin d'être souples, mais qui sont plutôt ajustées de manière assez ferme ; cela enlève l'avantage d'avoir de tels débattements et fait simplement de la Versys une moto haute

Une direction qui est légère au point d'être nerveuse si le pilote ne porte pas une attention particulière aux impulsions qu'il envoie dans le guidon par ses mouvements

Un système ABS qui n'est toujours pas offert

Un concept prometteur, mais qui ne semble toujours pas arrivé à maturité

CONCLUSION

La Versys est l'une des toutes premières motos que nous avons classifiées comme routière crossover. Son concept est celui d'une réinterprétation moderne de la moto à tout faire dans lequel l'influence de la catégorie aventurière est prédominante, sans toutefois qu'il s'agisse d'une aventurière. Nous avons déjà écrit que ce type de moto avait le potentiel d'être révolutionnaire et nous maintenons cette position. D'ailleurs, de plus en plus de constructeurs fondent beaucoup d'espoir sur cette théorie, notamment Honda cette année avec sa NC700X, la seule rivale directe de la Versys, sans parler, évidemment, de Kawasaki et de sa propre version de 1000 cc du modèle, elle aussi lancée cette année. Cela dit, malgré tout son potentiel, il semble que la Versys ne soit pas encore tout à fait arrivée à maturité. Mais il n'en faudrait décidément pas beaucoup pour qu'elle se transforme en formidable machine à usages multiples.

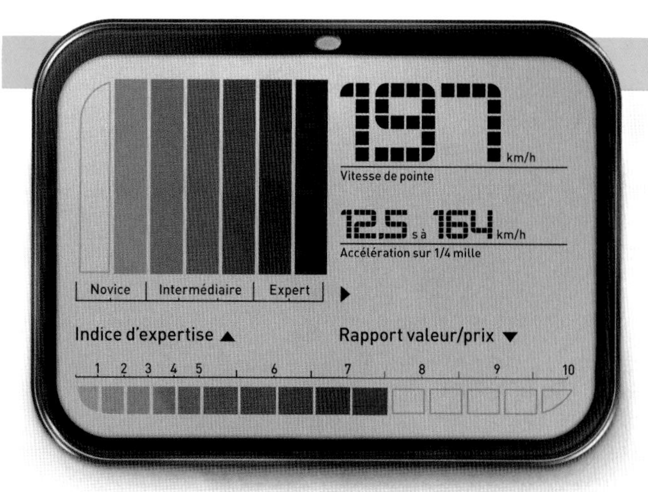

Voir légende en page 16

GÉNÉRAL

Catégorie	Routière Crossover
Prix	8 699 $
Immatriculation 2012	545,65 $
Catégorisation SAAQ 2012	« régulière »
Évolution récente	introduite en 2007, revue en 2010
Garantie	1 an/kilométrage illimité
Couleur(s)	jaune/noir
Concurrence	Honda NC700X

MOTEUR

Type	bicylindre parallèle 4-temps, DACT, 4 soupapes par cylindre, refroidissement par liquide
Alimentation	injection à 2 corps de 38 mm
Rapport volumétrique	10,6:1
Cylindrée	649 cc
Alésage et course	83 mm x 60 mm
Puissance	64 ch @ 8 000 tr/min
Couple	45 lb-pi @ 6 800 tr/min
Boîte de vitesses	6 rapports
Transmission finale	par chaîne
Révolution à 100 km/h	environ 4 500 tr/min
Consommation moyenne	4,9 l/100 km
Autonomie moyenne	387 km

PARTIE CYCLE

Type de cadre	treillis tubulaire, en acier
Suspension avant	fourche inversée de 41 mm ajustable en précharge et détente
Suspension arrière	monoamortisseur ajustable en précharge et détente
Freinage avant	2 disques « à pétales » de 300 mm de Ø avec étriers à 2 pistons
Freinage arrière	1 disque « à pétales » de 220 mm de Ø avec étrier à 1 piston
Pneus avant/arrière	120/70 ZR17 & 160/60 ZR17
Empattement	1 415 mm
Hauteur de selle	845 mm
Poids tous pleins faits	206 kg
Réservoir de carburant	19 litres

Vulcan 1700 Vaquero

COMME CHEZ... Comment faire évoluer le genre custom? Voilà une question à laquelle très peu de constructeurs ont véritablement tenté de répondre, du moins jusqu'à récemment. Chez Kawasaki, l'approche fut telle que chaque décision récente de la marque d'Akashi a suivi d'assez près la recette Harley-Davidson. À partir d'une plateforme commune – qui a dernièrement été renouvelée de manière très réussie d'un point de vue technique –, trois variantes sont proposées. La Classic incarne la custom au style, heu, classique, c'est-à-dire façon H-D Fat Boy ou Softail Deluxe. La Nomad prend le rôle non moins classique de la monture de tourisme léger à la Road King, tandis que la Vaquero pousse le thème du tourisme un peu plus loin, comme le fait la Street Glide. Notons que pour 2012, la Vaquero est offerte en option au Canada avec le système de freinage ABS K-ACT de la Voyager.

Il n'était certes pas difficile de prévoir que les choix de certains constructeurs, le moment venu de faire évoluer leurs customs, continueraient de suivre de très près Harley-Davidson. Après tout, la marque de Milwaukee établit les tendances du créneau depuis toujours. L'idée de faire confiance à ses choix n'a donc rien d'irresponsable, pour ne pas dire que c'est même exactement ce que les acheteurs demandent, du moins du côté «métrique» de l'univers custom.

Kawasaki fit preuve d'une telle «confiance» lorsque vint récemment le temps de repenser ses grosses Vulcan. La plateforme 1700 sur laquelle tous ces modèles sont basés fut introduite en 2009 avec les Classic et Nomad. Élaborée selon une approche très classique du genre custom, elle offre tout ce à quoi l'on s'attend de ce genre de moto. Visuellement, chaque pièce est modelée dans le but de former un ensemble cohérent et élégant qui est d'ailleurs nettement réussi en termes d'image générale et d'attention aux détails. Stylistiquement, les Vulcan 1700 Classic et Nomad n'amènent aucune révolution, pour ne pas dire qu'elles sont carrément prévisibles, mais elles restent quand même jolies. Quant au thème «bolide des années 60» de la Vaquero lancée en 2011, il est peut-être original, mais son élégance est certainement discutable.

COMME SUR TOUTES LES CUSTOMS BIEN CONÇUES, LEUR MASSE SEMBLE DISPARAÎTRE UNE FOIS LES ROUES EN MOUVEMENT.

Une fois en selle, on se retrouve dans tous les cas en terrain connu. Les dimensions sont imposantes, mais sans qu'elles soient exagérées, comme sur la défunte et éléphantesque Vulcan 2000. En fait, la masse considérable et les proportions généreuses sont même plutôt agréables.

Comme on s'y attend aujourd'hui sur une custom bien conçue, toute cette masse semble disparaître aussitôt que les roues sont en mouvement. Même la direction se montre légère à souhait, et ce, qu'on exécute une manœuvre dans un stationnement ou qu'on défile le long d'une route qui serpente dans la nature. Les Vulcan 1700 ne sont évidemment pas des machines de circuit, mais la solidité et la précision qui caractérisent leur comportement sont décidément invitantes. Malgré leur étonnante et fort plaisante souplesse, les suspensions demeurent tout à fait posées lorsque la route n'est plus droite. Les freins travaillent exactement comme on s'y attend sur ce genre de moto en permettant des ralentissements sûrs et faciles à maîtriser. Notons qu'au Canada, le système K-TRC ABS de la Voyager est offert sur la Vaquero pour 2012.

Émettant une sonorité peut-être pas exactement Harleyesque, mais non moins plaisante, puisque profonde et feutrée, et vrombissant juste assez pour que l'on n'oublie jamais sa présence et sa nature, le gros V-Twin qui anime les Vulcan 1700 est une pure joie à solliciter. Gorgé de couple dès le ralenti, il est amplement puissant pour propulser pilote, moto et, le cas échéant, passager et bagages avec suffisamment de force pour qu'on ne se plaigne jamais de manquer de quoi que ce soit. Une fois la vitesse de croisière sur l'autoroute atteinte, la sixième vitesse fait tomber les tours jusqu'à un régime si bas qu'on se sent tout entier traversé d'un doux mais puissant tremblement. En matière de custom poids lourd, on trouve peu de moteurs plus satisfaisants que celui-là.

QUOI DE NEUF EN 2012 ?

Système de freins combinés et ABS K-ACT optionnels sur la Vaquero

Vaquero et Nomad coûtent 800 $ et Classic 3 000 $ de moins qu'en 2011

PAS MAL

Un gros V-Twin qui doit être considéré comme une réussite franche ; il est extrêmement coupleux, gronde de belle façon et se montre doux quand il le faut, et présent quand il le faut

Une partie cycle très sérieusement bâtie qui est responsable d'un comportement très invitant sur la route, puisque solide, précis et léger

Une réduction de prix pour la Classic qui en fait presque une aubaine

Des lignes classiques aussi élégantes que soignées qui ne révolutionnent pas le genre custom, mais qui progressent néanmoins avec élégance

BOF

Une masse importante dans tous les cas ; les intéressés devront posséder un minimum d'expérience pour arriver à gérer les situations serrées et lentes

Un pare-brise (Nomad) et un carénage (Vaquero) qui remplissent bien leur rôle en ce qui a trait à procurer une protection face aux éléments, mais qui génèrent encore et toujours une certaine turbulence au niveau du casque, à vitesse d'autoroute

Une réussite esthétique moyenne ; les lignes sont élégantes, mais aussi très prévisibles dans le cas des Nomad et Classic, tandis que la Vaquero et son thème « bolide des années 60 » ne sont pas particulièrement réussis ; Kawasaki a au moins le mérite d'essayer quelque chose de différent, mais chacune de ces tentatives démontre à quel point la marque de Milwaukee est tout simplement dans une autre ligue en matière de style chez les customs, et à quel point les japonais continuent d'imiter sans vraiment créer

CONCLUSION

Après des années aux commandes de machines de plus en plus évoluées, les acheteurs de customs sont aujourd'hui plus vieux, plus exigeants et beaucoup plus connaisseurs. D'où la nécessité pour tous les constructeurs d'offrir des produits plus raffinés et plus attrayants que jamais dans ce créneau, une description qui définit d'ailleurs très bien ce qu'offre chacune de ces Vulcan 1700. Leur comportement est même si invitant et le rendement de leur mécanique si raffiné que nous n'hésiterions pas à les qualifier de customs haut de gamme. En fait, leur seule véritable lacune en est une stylistique, puisqu'elles se contentent d'imiter ce qui se fait chez on sait qui, mais sans vraiment innover. D'un autre côté, c'est souvent tout ce que les acheteurs demandent...

Vulcan 1700 Nomad

Vulcan 1700 Classic

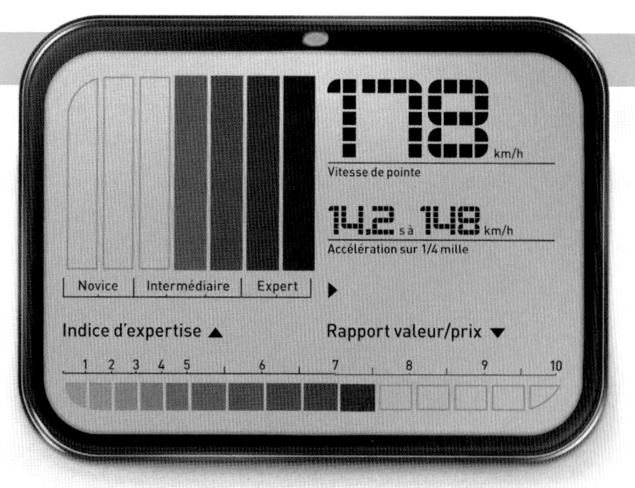

Voir légende en page 16

GÉNÉRAL

Catégorie	Custom/Tourisme léger
Prix	Vulcan 1700 Classic : 12 999 $ Vulcan 1700 Nomad : 17 899 $ Vulcan 1700 Vaquero : 19 199 $ (ABS : 20 299 $)
Immatriculation 2012	545,65 $
Catégorisation SAAQ 2012	« régulière »
Évolution récente	Vulcan 1500 introduite en 1996, 1600 en 2003, 1700 Classic et Nomad en 2009, Vaquero en 2011
Garantie	C : 1 an ; N : 2 ans ; V : 3 ans/kilom. illimité
Couleur(s)	C : noir ; N : rouge/argent ; V : bleu, noir
Concurrence	C : H-D Fat Boy, Victory Kingpin, Yamaha Road Star ; N : H-D Road King, Victory Cross Roads, Yamaha Road Star Silverado ; V : H-D Street Glide, Victory Cross Country

MOTEUR

Type	bicylindre 4-temps en V à 52 degrés, SACT, 4 soupapes par cylindre, refroidissement par liquide
Alimentation	injection à 2 corps de 42 mm
Rapport volumétrique	9:5
Cylindrée	1 699,6 cc
Alésage et course	102 mm x 104 mm
Puissance	C : 79 ch @ 4 500 tr/min N, V : 82 ch @ 5 000 tr/min
Couple	C : 108,4 lb-pi @ 2 250 tr/min N, V : 107,7 lb-pi @ 2 750 tr/min
Boîte de vitesses	6 rapports
Transmission finale	par courroie
Révolution à 100 km/h	environ 2 200 tr/min
Consommation moyenne	6,6 l/100 km
Autonomie moyenne	303 km

PARTIE CYCLE

Type de cadre	double berceau, en acier
Suspension avant	fourche conventionnelle de 43 mm (Vaquero : 45 mm) non ajustable
Suspension arrière	2 amortisseurs ajustables en précharge et détente
Freinage avant	2 disques de 300 mm de Ø avec étriers à 4 pistons (V : ABS opt.)
Freinage arrière	1 disque de 300 mm de Ø avec étrier à 2 pistons (V : ABS opt.)
Pneus avant/arrière	130/90 B16 & 170/70 B16
Empattement	1 665 mm
Hauteur de selle	C : 720 mm ; N : 750 mm ; V : 730 mm
Poids tous pleins faits	C : 345 kg ; N : 373 kg ; V : 379 kg
Réservoir de carburant	20 litres

Vulcan 900 Custom

NOUVELLE NORME... Les Vulcan 900 ont, d'une certaine façon, instauré une nouvelle norme chez les «petites» customs, puisque au lieu des 750 ou 800 cc qui ont très longtemps été le standard dans cette classe, les Kawasaki se sont mises à en offrir 900. Yamaha emboîta d'ailleurs le pas peu après avec sa V-Star de 950 cc. Si l'un des aspects les plus intéressants des modèles se résume au fait que cet avantage de cylindrée est passé aux acheteurs sans que la facture ne grimpe trop, l'autre a trait à la ligne, qui est élégante et soignée dans le cas de la Classic, et franchement jolie dans celui de la Custom. Une édition spéciale de celle-ci est même proposée avec un traitement noir inspiré des modèles Dark Custom de Harley-Davidson. Quant à la variante LT, il s'agit d'une Classic à laquelle un gros pare-brise, des sacoches latérales et un dossier de passager ont été ajoutés.

En raison de leur masse moins imposante, mais surtout d'une facture nettement plus accessible que celle des modèles poids lourds, ces «petites» customs ont toujours attiré un très grand nombre d'acheteurs. Les mesures utilisées pour arriver à de tels prix amènent néanmoins, généralement, certains aspects indésirables, comme des mécaniques aux performances restreintes, une qualité de finition au mieux décente et une limite au niveau de la qualité des composantes utilisées. Bien que ces limites aient toujours été perçues comme inévitables avec des factures aussi basses, tout changea lorsque Kawasaki lança sa Vulcan 900 Classic en 2006. Soudainement, pour un déboursé similaire à celui des modèles traditionnels, on obtenait plus de cubage, une finition plus soignée, des composantes plus désirables et, finalement, une meilleure moto.

LEUR PLUS GROSSE CYLINDRÉE LES REND PLUS SATISFAISANTES DANS TOUTES LES CIRCONSTANCES.

Parce que la Vulcan 900 possède une mécanique plus grosse que celle de modèles rivaux de 750 ou 800 cc, on pense parfois que ses performances sont largement supérieures. Cela ne reflète pas nécessairement la réalité, les accélérations du V-Twin de 903 cc ne pouvant pas vraiment être qualifiées d'excitantes. Elles s'avèrent toutefois satisfaisantes et décidément plus intéressantes que celles des cylindrées plus faibles. Cette différence de performance peut ne pas paraître très importante, mais dans cette classe où l'agrément de conduite est toujours restreint par la cylindrée, le cubage supérieur des Vulcan 900 est l'un de leurs plus grands atouts. Le niveau de performances offert permet aux Vulcan 900 de se montrer plus puissantes à tous les régimes, à toutes les vitesses et dans toutes les situations que les plus petits modèles. Ainsi, les accélérations sont plus plaisantes, les dépassements plus francs et le maintien d'une vitesse de croisière raisonnable sur l'autoroute plus aisé.

La transmission n'attire aucune critique, pas plus que l'injection ou l'entraînement final par courroie, d'ailleurs. En fait, mécaniquement, tout semble léger et précis, du relâchement de l'embrayage jusqu'au changement des vitesses en passant par le travail des freins qui se montrent toujours à la hauteur de la situation.

Les proportions de ces Vulcan sont plus généreuses que celles des plus petites cylindrées de même catégorie et se rapprochent de celles d'une machine plus grosse comme l'ancienne Vulcan 1500 Classic ou la Harley-Davidson Fat Boy. Grâce à une répartition judicieuse de la masse, elles démontrent une bonne facilité de prise en main, ce qui les rend parfaitement envisageables par une clientèle novice. Malgré leur poids considérable, elles s'allègent dès qu'elles sont en mouvement, se montrent agréablement légères en amorce de virage, et plutôt solides lorsqu'elles s'inclinent. Le pilote bénéficie d'une position de conduite dégagée et équilibrée, mais la selle ne reste confortable que sur des distances moyennes. La suspension arrière peut se montrer sèche à l'occasion si l'état de la route se dégrade, une caractéristique qui n'est d'ailleurs pas rare chez les customs. Enfin, la version LT est un peu plus pratique, mais son grand pare-brise crée de la turbulence au niveau du casque.

QUOI DE NEUF EN 2012 ?

Aucun changement

Aucune augmentation

PAS MAL

Une mécanique douce et relativement puissante qui exploite très bien l'avantage de cylindrée qu'elle offre par rapport à la moyenne de la classe; seule la V-Star 950 fait aussi bien à ce chapitre

Un châssis sain et une facilité de prise en main étonnante pour une moto d'un poids et d'un gabarit tout de même imposants

Une très bonne valeur résultant de l'une des plus grosses cylindrées de la classe, mais aussi d'un niveau de finition élevé, de l'attention accordée aux détails, de l'injection, de l'entraînement par courroie, etc.

BOF

Une selle acceptable sur de courtes ou moyennes distances, mais dont le confort est limité sur de longs trajets

Une suspension arrière occasionnellement sèche lorsque la qualité du revêtement se dégrade

Un pare-brise qui génère d'agaçantes turbulences au niveau du casque, à des vitesses d'autoroute, sur la version LT, comme c'est d'ailleurs le cas pour la majorité des customs ainsi équipées, malheureusement

CONCLUSION

Avec ses « petites » Vulcan, Kawasaki offre un choix très tentant à quiconque s'intéresse à une custom abordable et pas trop lourde. Pour des factures très similaires à celles des modèles rivaux dont la cylindrée est plus faible, elles offrent non seulement un moteur plus gros, mais aussi un agrément de conduite supérieur. Elles impressionnent également par le fait qu'elles n'y arrivent pas en coupant ailleurs, puisque toutes les caractéristiques prisées chez ces motos, comme l'injection, l'entraînement par courroie ou le freinage arrière par disque font partie de l'équipement de base. Même la finition s'avère étonnamment soignée pour ce créneau. Peu importe de quelle variante il s'agit, les Vulcan 900 représentent tout simplement d'excellents choix.

Vulcan 900 Classic

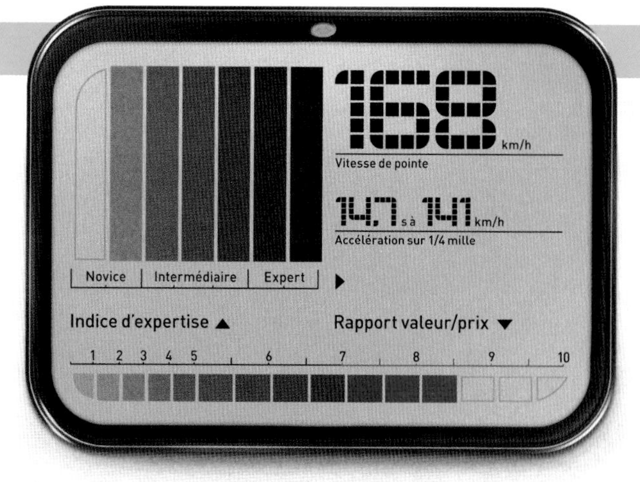

Voir légende en page 16

GÉNÉRAL

Catégorie	Custom / Tourisme léger
Prix	Classic : 9 699 $; Classic LT : 11 399 $ Custom : 9 999 $; Custom SE : 10 299 $
Immatriculation 2012	545,65 $
Catégorisation SAAQ 2012	« régulière »
Évolution récente	Classic introduite en 2006, Custom introduite en 2007
Garantie	1 an (LT : 2 ans)/km illimité
Couleur(s)	Classic : rouge; Classic LT : rouge, noir Custom : mauve; Custom SE : orange
Concurrence	Harley-Davidson Sportster 883, Honda Shadow 750, Suzuki Boulevard C50, Yamaha V-Star 950

MOTEUR

Type	bicylindre 4-temps en V à 55 degrés, SACT, 4 soupapes par cylindre, refroidissement par liquide
Alimentation	injection à 2 corps de 34 mm
Rapport volumétrique	9,5 :1
Cylindrée	903 cc
Alésage et course	88 mm x 74,2 mm
Puissance	54 ch @ 6 000 tr/min
Couple	60,6 lb-pi @ 3 500 tr/min
Boîte de vitesses	5 rapports
Transmission finale	par courroie
Révolution à 100 km/h	n/d
Consommation moyenne	5,8 l/100 km
Autonomie moyenne	344 km

PARTIE CYCLE

Type de cadre	double berceau, en acier
Suspension avant	fourche conventionnelle de 41 mm non ajustable
Suspension arrière	monoamortisseur ajustable en précharge
Freinage avant	1 disque de 300 mm de Ø avec étrier à 2 pistons
Freinage arrière	1 disque de 270 mm de Ø avec étrier à 2 pistons
Pneus avant/arrière	Classic : 130/90-16 & 180/70-15 Custom : 80/90-21 & 180/70-15
Empattement	1 645 mm
Hauteur de selle	Classic : 685 mm; Custom : 685 mm
Poids tous pleins faits	Classic : 281 kg; Custom LT : 298 kg Custom : 277 kg
Réservoir de carburant	20 litres

LÉGENDAIRE KLR... Derrière l'air discret et la fiche technique modeste de la KLR650 se cache l'une des montures les plus respectables du monde des deux-roues. Lancée en 1987, puis littéralement intouchée durant plus d'une vingtaine d'années, l'abordable et populaire double-usage de Kawasaki reçut sa première et sa seule révision en 2008. C'est en écoutant attentivement les commentaires des nombreux propriétaires que le constructeur cibla les améliorations dont bénéficie la version actuelle. Le niveau de confort fut ainsi nettement rehaussé, tandis que la capacité de passe-partout du modèle, elle, est demeurée intacte, le tout sans que le prix grimpe. Techniquement, il s'agit d'une double-usage, mais nous la catégorisons comme une routière aventurière en raison de ses capacités tout à fait réelles de voyageuse.

Lorsque vint enfin le temps de rajeunir la KLR650 en 2008, la solution retenue par Kawasaki afin d'y arriver tout en gardant son prix intéressant fut relativement simple. Le constructeur garda ce qui fonctionnait, surtout dans le cas de composantes complexes et coûteuses comme le moteur et le châssis, mais renouvela ce qui était devenu désuet, surtout s'il s'agissait de pièces facilement remplaçables et relativement peu coûteuses comme les suspensions, les freins ou le siège.

Le résultat a de quoi surprendre, puisqu'en dépit de cette approche conservatrice, la KLR650 de génération courante se veut une monture nettement supérieure au modèle qu'elle remplace.

ELLE SE DÉBROUILLE SI BIEN SUR CES PETITES ROUTES SERRÉES ET ABÎMÉES QUE NOUS LES AVONS BAPTISÉES «ROUTES DE KLR».

En selle, les différences entre l'ancienne version et le modèle actuel sont majeures et immédiatement perceptibles. On remarque d'abord qu'il est plus facile de prendre place aux commandes de la KLR650 en raison d'une hauteur de selle réduite grâce à l'abaissement des suspensions. Un bras oscillant plus solide, une plus grosse fourche et des ajustements moins mous que ceux de la version originale à l'avant comme à l'arrière permettent non seulement à la KLR de plonger beaucoup moins au freinage, mais aussi de se comporter étonnamment bien dans une enfilade de virages, même pris à un rythme élevé.

Nous avons testé la petite aventurière de Kawasaki dans une multitude de conditions dont certaines auraient été une torture pure et simple pour une routière normale. La KLR brille particulièrement sur les routes serrées qui se tortillent sans fin et dont le revêtement est soit dégradé, soit inexistant. En fait, grâce à une direction aussi légère que précise, à une excellente position de conduite et à des suspensions qui avalent tout ce qui se trouve devant elles, les manières du modèle s'avèrent même tellement bonnes qu'elles nous ont poussés à baptiser ces chemins «routes de KLR». Dans ce genre d'environnement reculé, la Kawasaki représente un outil pratiquement irremplaçable qui permet au pilote de couvrir de longues distances dans un confort relatif et, grâce au généreux réservoir d'essence, sans stress relié à l'autonomie, le tout en offrant une agilité exceptionnelle par rapport à une aventurière comme la BMW R1200GS.

Si la Kawasaki fait ainsi honneur à sa réputation de passe-partout, son côté routier n'est pas moins impressionnant pour autant, bien au contraire. La KLR650 offre en effet une protection au vent d'une étonnante qualité, une selle confortable et une mécanique relativement douce qui vibre considérablement moins que celle de la version originale. Il s'agit de qualités qui en font une monture dont la capacité à jouer les routières surprend beaucoup.

L'aspect vieillot de la mécanique ne dérangera que les motocyclistes exigeants en termes de performances, puisque celles-ci n'ont rien d'extraordinaire. Par ailleurs, les grands amateurs de pilotage hors-route auront tôt fait de découvrir que les jolis panneaux de plastique peuvent s'abîmer assez facilement lorsqu'on s'enfonce en sentier.

QUOI DE NEUF EN 2012 ?

Aucun changement

Coûte 250 $ de moins qu'en 2011

PAS MAL

Une mécanique simple, assez douce, robuste et suffisamment coupleuse pour se charger sans problème de la besogne quotidienne comme des longs voyages

Une partie cycle étonnamment solide et précise qui permet à la KLR de se transformer en machine à disséquer les routes serrées et sinueuses, surtout si elles ne sont pas dans un parfait état, et peu importe qu'elles soient pavées ou non

Une valeur très intéressante, puisqu'on achète plus qu'une économique double-usage ; la KLR est aussi une surprenante et polyvalente routière dont les manières sont plus polies qu'on ne pourrait le croire

BOF

Un niveau de performances qui n'est qu'adéquat ; la KLR se tire parfaitement bien d'affaire en ville et ne peine pas le moindrement sur l'autoroute, mais elle ne produit pas du tout un genre de livrée de puissance qu'on peut qualifier d'excitant

Une conception un peu moins robuste que par le passé en raison du large carénage et des panneaux de plastique plus nombreux et plus exposés

Une hauteur de selle qui gêne les pilotes courts sur pattes

Un comportement hors-route qui n'est pas mauvais du tout, mais qui est limité par les pneus d'origine qui sont adéquats sur des routes de terre ou de gravier, mais qui deviennent glissants lorsqu'on leur en demande plus

CONCLUSION

La KLR650 est l'une de ces motos qui n'ont pratiquement pas d'équivalent, ses rivales les plus proches étant soit considérablement plus chères, comme la BMW G650GS, soit nettement moins pratiques, comme la Suzuki DR650S. Elle n'est pas vraiment moderne, puisqu'elle est encore alimentée par carburateur et qu'à quelques détails près, son moteur n'a pas changé depuis le milieu des années 80, mais tout cela ne l'empêche absolument pas de fonctionner suffisamment bien pour faire complètement oublier cet âge technique. Véritable couteau suisse, elle arrive à prendre tour à tour la personnalité d'un agile passe-partout, d'une machine urbaine et même celle d'une aventurière ne reculant devant rien. Son plus grand attrait relève toutefois de son prix, que Kawasaki continue de garder irrésistiblement bas.

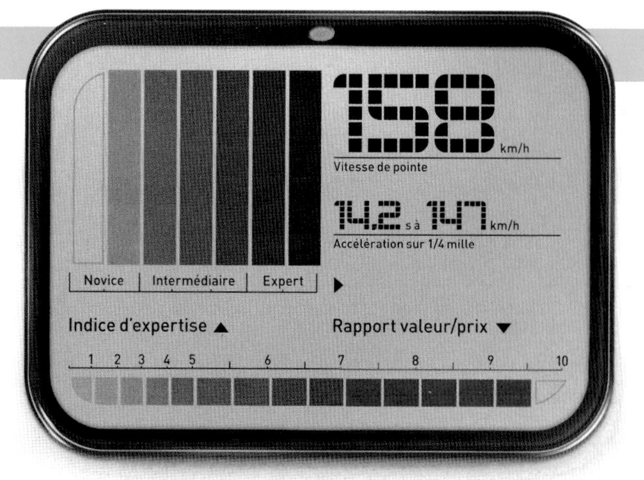

Voir légende en page 16

GÉNÉRAL

Catégorie	Routière Aventurière
Prix	6 899 $
Immatriculation 2012	545,65 $
Catégorisation SAAQ 2012	« régulière »
Évolution récente	introduite en 1987, revue en 2008
Garantie	1 an/kilométrage illimité
Couleur(s)	rouge et argent, noir et gris
Concurrence	BMW G650GS, Honda XR650L, Suzuki DR650SE

MOTEUR

Type	monocylindre 4-temps, DACT, 4 soupapes, refroidissement par liquide
Alimentation	1 carburateur à corps de 40 mm
Rapport volumétrique	9,8 : 1
Cylindrée	651 cc
Alésage et course	100 mm x 83 mm
Puissance	44 ch @ 6 500 tr/min
Couple	37 lb-pi @ 5 500 tr/min
Boîte de vitesses	5 rapports
Transmission finale	par chaîne
Révolution à 100 km/h	environ 3 900 tr/min
Consommation moyenne	4,6 l/100 km
Autonomie moyenne	502 km

PARTIE CYCLE

Type de cadre	berceau semi-double, en acier
Suspension avant	fourche conventionnelle de 41 mm non ajustable
Suspension arrière	monoamortisseur ajustable en précharge et détente
Freinage avant	1 disque de 280 mm de Ø avec étrier à 2 piston
Freinage arrière	1 disque de 240 mm de Ø avec étrier à 2 pistons
Pneus avant/arrière	90/90-21 & 130/80-17
Empattement	1 480 mm
Hauteur de selle	890 mm
Poids tous pleins faits	196 kg
Réservoir de carburant	22 litres

RARE ESPÈCE... La race des sportives pures à moteur V-Twin en est une où les espèces sont rarissimes. En fait, à part Ducati et sa famille de Superbike qui ont finalement inventé ce genre de machines, en termes de modèles de grande production, on n'en retrouve aujourd'hui qu'un autre, la KTM RC8 R. Il s'agit d'une bête de piste pure et dure que le constructeur autrichien a expressément développée dans le but de participer à des compétitions. Son slogan, « Ready to race », ne lui laissait d'ailleurs pas beaucoup de marge de manœuvre à ce chapitre. La version actuelle du modèle est une évolution de la première RC8 et propose un niveau de performances nettement accru. Non seulement la puissance est passée de 155 à 175 chevaux sur la R, mais le châssis et les suspensions de celle-ci affichent aussi une compétence clairement supérieure.

La première RC8 marqua non seulement l'entrée de la marque autrichienne dans l'impitoyable créneau des sportives pures, mais aussi dans celui encore beaucoup plus pointu des modèles dotés d'un V-Twin. Il fut une époque où plusieurs constructeurs se disputaient cette catégorie, notamment Honda avec sa RC51 et Buell avec sa 1125, mais depuis, tous se sont retirés, bien que la nouvelle aventure d'Erik Buell, Erik Buell Racing, continue d'offrir à l'unité une version hautement trafiquée de la 1125. Le monde des sportives à moteur V-Twin est ainsi devenu une affaire strictement rouge où Ducati règne en maître absolu. Du moins, à une exception près, celle de KTM et de sa RC8 R.

Beaucoup plus qu'une RC8 vitaminée, la RC8R renvoie carrément l'impression d'être une autre moto. Dotée d'une partie cycle considérablement plus solide et communicative que celle du modèle d'origine et animée par une mécanique dont la livrée de puissance est très impressionnante, il s'agit d'une bête de piste de la plus belle espèce dont la pureté du comportement dans l'environnement du circuit est remarquable. Comme nous n'avons pas évalué la nouvelle 1199 Panigale de Ducati, il nous est impossible de directement comparer la RC8 R à la nouvelle génération de la Superbike italienne, mais une chose est sûre, en termes de performances et de tenue de route, le modèle autrichien est très proche du niveau de performances qu'offrait la Ducati 1198, qui reste l'une des sportives les plus efficaces que nous n'ayons jamais pilotées. Des modèles à quatre cylindres plus puissants existent, mais l'expérience de pilotage que fait vivre un V-Twin aussi puissant et avancé est tout simplement irremplaçable. Or, c'est précisément l'accès à une telle expérience que permet la RC8 R, ce qui nous pousse à la recommander chaudement même si, sur papier du moins, la nouvelle Ducati est passée à un tout autre niveau de performances.

À TOUS LES NIVEAUX, LA RC8 R SE MONTRE TRÈS PROCHE DE LA DUCATI 1198, CE QUI EN SOI CONSTITUE UN EXPLOIT.

Produisant tout de même 175 chevaux, une puissance qui aurait été impensable pour un V-Twin il y a quelques années à peine, la RC8 R propose des accélérations extrêmement puissantes qui sont caractérisées par une livrée de chevaux étonnamment répandue sur la plage de régimes. Mais encore une fois, le plaisir à ses commandes ne vient pas que de la force de l'accélération, mais aussi des sensations et des sons communiqués par le V-Twin, surtout lorsque les régimes sont gardés hauts, comme en piste.

La tenue de route est très difficile à prendre en faute. La RC8 R se montre agréablement légère à lancer en courbe tout en se montrant extrêmement précise et en affichant une stabilité inébranlable à haute vitesse en piste. À tous les niveaux du pilotage sur circuit, la RC8 R travaille considérablement mieux que le modèle original. Par rapport à celui-ci, qui n'est par ailleurs plus offert, la RC8 R donne l'impression d'être un pur-sang destiné à la compétition et non une simple sportive capable de circuler en piste.

Au-delà de ses belles capacités de pistarde, la RC8 R possède aussi un talent insoupçonné pour ce type de moto, puisqu'elle se montre étonnamment vivable sur la route, un fait surtout dû à ses poignées un peu moins basses et à ses repose-pieds un peu moins élevés, comme le veut la coutume.

QUOI DE NEUF EN 2012 ?

Version R devient la seule offerte

Coûte 3 990 $ de moins qu'en 2010

PAS MAL

Une mécanique impressionnante autant par ses les hautes performances qu'elle livre que par la personnalité forte du V-Twin ; on a beau rappeler le recul de la RC8 R en termes de puissance par rapport à la 1199 Panigale, il reste que KTM est le seul autre grand constructeur au monde à offrir ce genre très particulier de sportive

Un châssis dont les manières sur pistes sont excellentes à tous les niveaux

Un niveau de confort étonnant sur la route en raison de la position de conduite relativement peu basculée sur l'avant

Une ligne très particulière qui vieillit étonnamment bien et qui semble encore plus agressive chaque fois qu'on aperçoit la RC8 avec de nouvelles couleurs

BOF

Une garde au sol qui n'est pas illimitée en piste et qui demande de tirer avantage des nombreux réglages possibles afin qu'elle ne devienne pas un problème

Une absence totale d'aides au pilotage électroniques comme le contrôle de traction ou l'ABS, ce qui constitue un recul par rapport à ce qu'offrent la plupart des autres sportives de pointe d'un litre ou plus

Un niveau de puissance tout à fait respectable, mais qui est en recul par rapport à celui de plusieurs modèles rivaux, tout particulièrement la 1199 Panigale

CONCLUSION

Ah, si ça n'était de cette Panigale ! Toute marque qui décide d'entrer dans l'arène des sportives pures doit accepter que peu importe l'extraordinaire niveau de compétences atteint par ses modèles, le succès sera toujours éphémère et que bien plus tôt que tard, tout sera à recommencer. KTM et sa RC8 R se retrouvent aujourd'hui précisément dans cette position, puisque la machine en question est fabuleuse, rien de moins. Sur piste, la RC8 R est parfaitement capable de rester dans la roue d'une Ducati 1198, ce qui représente un incroyable exploit de la part de cette compagnie qui semble encore se demander quel est son rôle sur la route. Le problème, c'est qu'avec l'arrivée de la 1199 Panigale, le calibre de la classe est passé à un autre niveau. Ça ne veut absolument pas dire qu'on ne devrait pas acheter une RC8 R, puisqu'elle demeure une sportive exceptionnelle, mais plutôt qu'on doit être prêt à vivre avec cette réalité.

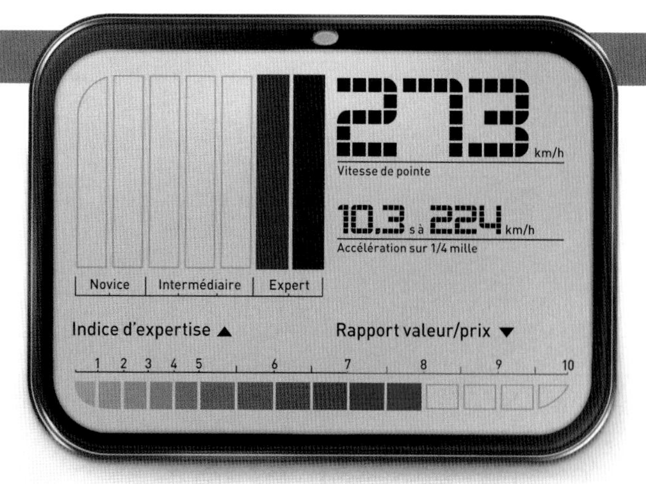

Voir légende en page 16

GÉNÉRAL

Catégorie	Sportive
Prix	18 999 $
Immatriculation 2012	1 093,65 $
Catégorisation SAAQ 2012	« à risque »
Évolution récente	introduite en 2008, version R introduite en 2009
Garantie	1 an/20 000 km
Couleur(s)	blanc, noir
Concurrence	Ducati 1199 Panigale

MOTEUR

Type	bicylindre 4-temps en V à 75 degrés, DACT, 4 soupapes par cylindre, refroidissement par liquide
Alimentation	injection à 2 corps de 52 mm
Rapport volumétrique	13,5 :1
Cylindrée	1 195 cc
Alésage et course	105 mm x 69 mm
Puissance	175 ch @ 10 250 tr/min
Couple	93,7 lb-pi @ 8 000 tr/min
Boîte de vitesses	6 rapports
Transmission finale	par chaîne
Révolution à 100 km/h	environ 3 500 tr/min
Consommation moyenne	6,7 l/100 km
Autonomie moyenne	246 km

PARTIE CYCLE

Type de cadre	treillis, en acier
Suspension avant	fourche inversée de 43 mm ajustable en précharge, compression et détente
Suspension arrière	monoamortisseur ajustable en précharge, en haute et basse vitesses de compression et détente, et en hauteur
Freinage avant	2 disques de 320 mm de Ø avec étriers radiaux à 4 pistons
Freinage arrière	1 disque de 220 mm de Ø avec étrier à 2 pistons
Pneus avant/arrière	120/70 ZR17 & 190/55 ZR17
Empattement	1 425 mm
Hauteur de selle	805/825 mm
Poids tous pleins faits	184 kg (sans essence)
Réservoir de carburant	16,5 litres

QUI SUIS-JE ? Même si les modèles comme la Multistrada de Ducati ou la nouvelle Versys 1000 de Kawasaki font qu'on s'habitue tranquillement au concept d'une crossover, rares sont les motocyclistes qui ne se questionnent pas sur la nature exacte de la KTM 990 Supermoto T lorsqu'ils la voient pour la première fois. Mais qu'est-ce au juste? Le nom semble indiquer un certain lien avec la classe supermoto, mais le style dit autre chose, tandis que les composantes clairement sportives pointent, elles aussi, dans une direction différente. Ajoutez à ce mélange un T pour Tourisme, une paire des sacoches latérales et des suspensions à long débattement, et la confusion devient encore plus profonde. Lancée en 2009 et offerte au Canada un an plus tard, la 990 Supermoto T est animée par une version légèrement épicée du V-Twin qui propulse la 990 Adventure.

Pour la plupart des constructeurs, s'en tenir aux catégories avec lesquelles on est familier, comme les customs, les sportives ou les sport-tourisme, et au sein desquelles on obtient un certain succès représente un plan confortable. Le cas de KTM est différent, puisque la marque autrichienne est très jeune, pour ne pas dire naissante, dans l'univers de la moto de route. Or, avec ce jeune âge vient une difficulté tout à fait normale de la part du public à identifier ce qu'est une KTM de route, et il n'est pas évident non plus pour le manufacturier de définir la nature de ses propres machines routières. On sait ce qu'est une Ducati ou une Harley-Davidson, mais qu'est une KTM routière, ou que devrait-elle être?

ON CONSTATE DÈS LES PREMIERS INSTANTS EN SELLE QU'ON A AFFAIRE À UNE MONTURE TRÈS INHABITUELLE.

Plusieurs modèles KTM semblent indiquer une volonté de la part du constructeur de se faire connaître comme un producteur de montures à la fois amusantes et extrêmes, ce qui représenterait un créneau non seulement intéressant, mais aussi particulièrement approprié compte tenu de l'image jeune qui est associée à la compagnie autrichienne. Une chose est sûre: si KTM entend établir une réputation extrême et joueuse, des modèles comme celui-ci sont tout indiqués, car il devient très clair dès les premiers instants passés aux commandes de la 990 SMT qu'elle est décidément surprenante et inhabituelle.

On peut décrire la 990 Supermoto T comme un véritable cocktail de genres. Sa position rappelle un peu celle d'une 990 Adventure, mais avec une saveur standard, voire sportive. Alors que la selle haute et les suspensions à grand débattement nous ramènent du côté aventure, la dimension des roues et la taille des pneus nous tirent plutôt du côté supermoto. Et puis, il y a ce V-Twin d'un litre qui donne au tout une atmosphère de machine délinquante grâce à sa production de couple tellement forte à bas régime qu'elle soulève constamment l'avant sur les premiers rapports. Finalement, la 990 Supermoto T fait un peu penser à une expérience qui, par accident, aurait mené à une découverte intéressante, bien qu'inattendue.

Perché assez haut, guidon large en main, on se sent envahi d'une envie de tout faire. De partir pour une courte balade, d'attaquer sans pitié une route en lacet, de peut-être faire un tour en piste, d'avaler du sérieux kilométrage, même d'enfiler les rapports avec la roue avant pointant le ciel. La 990 SMT n'est pas qu'un mélange de genres de motos, elle est plusieurs genres de motos. Elle se montre assez confortable et pratique pour faire tout ce qu'une standard peut accomplir. Elle est assez mince, agile et précise pour chauffer les fesses d'une sportive. Elle est assez coupleuse et puissante pour non seulement distraire un pilote expérimenté, mais aussi pour le divertir avec autant de folies qu'il le désirera. Mais la plus grande qualité du modèle et le plus bel accomplissement de KTM ne sont toutefois pas d'offrir une telle largeur d'utilisation. Le véritable exploit dans ce cas est d'être arrivé à proposer un tel amalgame de catégories de motos dans un ensemble qui ne semble d'aucune façon dérangé par cette mission étrange et hautement inhabituelle. Au contraire, la 990 SMT passe de l'une à l'autre de ses personnalités multiples d'une manière on ne peu plus naturelle.

QUOI DE NEUF EN 2012?

Retrait de la version R de notre marché

990 Supermoto T coûte 199$ de moins qu'en 2011

PAS MAL

Un mélange de genres de conduite déroutant, mais aussi très amusant qui définit bien la nature à personnalités multiples de la classe crossover

Un moteur qui incite au vice, et ce, non seulement en raison de son caractère très fort et de ses vives montées en régimes, mais aussi à cause de son couple instantané qui soulève l'avant sans cesse sur les premiers rapports

Un niveau de confort tout de même élevé grâce à une excellente position de conduite, à une bonne protection au vent, à des suspensions plutôt souples et à une selle très correcte

BOF

Une hauteur de selle assez importante pour mettre mal à l'aise les pilotes courts

Un comportement qui peut prendre par surprise les pilotes peu expérimentés, particulièrement en ce qui concerne la facilité avec laquelle l'avant se soulève à l'accélération

Une appellation Supermoto qui pourrait porter à confusion, puisqu'il s'agit d'une routière avant tout et non pas d'une moto qui a un quelconque lien avec la discipline que sont les épreuves de Supermoto

Une ligne qui ne fait décidément pas l'unanimité, surtout avec les petites valises latérales en place

CONCLUSION

Comme c'est le cas chez les aventurières desquelles elles sont souvent dérivées, les crossovers ont chacune leur(s) propre(s) personnalité(s) même si leur mission reste semblable. En ce qui concerne la 990 Supermoto T, on a affaire à une machine hautement désirable et particulièrement gratifiante à piloter, mais dont il est difficile de préciser la vocation exacte tellement, justement, les personnalités en question sont variées. Pour cette raison, elle s'avère toujours un peu étrange, puisqu'on ne sait pas trop si on se trouve aux commandes d'une sportive, d'une routière, d'une standard ou d'une machine à cascades. L'appellation Supermoto n'est d'ailleurs pas vraiment appropriée dans ce cas, puisqu'elle est bien trop pointue et ne décrit pas correctement l'étendue des possibilités qu'offre ce nouveau type moto à tout faire.

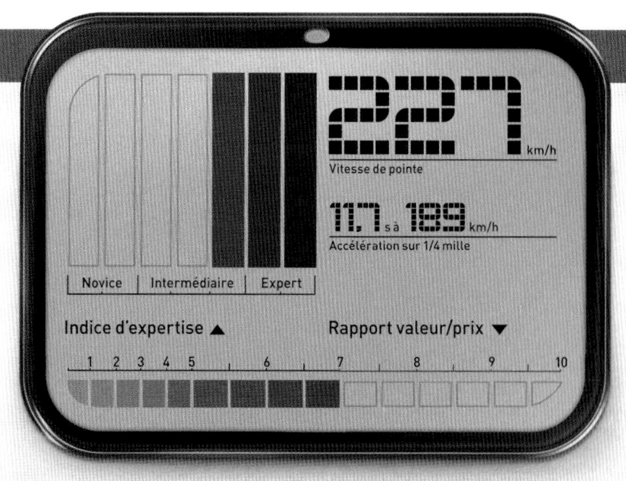

Voir légende en page 16

GÉNÉRAL

Catégorie	Routière Crossover
Prix	15 399 $
Immatriculation 2012	545,65 $
Catégorisation SAAQ 2012	« régulière »
Évolution récente	introduite en 2009
Garantie	2 ans/40 000 km
Couleur(s)	blanc
Concurrence	Ducati Multistrada 1200, Kawasaki Versys 1000, Triumph Tiger 1050

MOTEUR

Type	bicylindre 4-temps en V à 75 degrés, DACT, 4 soupapes par cylindre, refroidissement par liquide
Alimentation	injection à 2 corps de 48 mm
Rapport volumétrique	11,5:1
Cylindrée	999 cc
Alésage et course	101 mm x 62,4 mm
Puissance	115,6 ch @ 9 000 tr/min
Couple	71,5 lb-pi @ 7 000 tr/min
Boîte de vitesses	6 rapports
Transmission finale	par chaîne
Révolution à 100 km/h	environ 3 900 tr/min
Consommation moyenne	6,4 l/100 km
Autonomie moyenne	297 km

PARTIE CYCLE

Type de cadre	treillis, en acier
Suspension avant	fourche inversée de 48 mm ajustable en compression et détente
Suspension arrière	monoamortisseur ajustable en précharge, compression et détente
Freinage avant	2 disques de 305 mm de Ø avec étriers radiaux à 4 pistons
Freinage arrière	1 disque de 240 mm de Ø avec étrier à 2 pistons
Pneus avant/arrière	120/70 ZR17 & 180/55 ZR17
Empattement	1 505 mm
Hauteur de selle	855 mm
Poids tous pleins faits	197 kg (sans essence)
Réservoir de carburant	19 litres

990 Adventure R

NATURELLE... Les modèles de la classe routière aventurière vendent l'aventure à son sens le plus pur. Elles font miroiter aux intéressés l'idée de la liberté la plus totale à moto en leur promettant de les libérer des limites que sont les routes pavées et de leur ouvrir les portes de la nature. Ça, c'est la promesse, mais dans la pratique, rares sont les modèles de ce type dont les capacités hors-route sont légitimes, encore moins lorsqu'on parle de grosses cylindrées. Grâce à l'expertise de son constructeur en matière de poussière, la KTM 990 Adventure est probablement le modèle de cette classe dont le potentiel est le plus élevé du marché dans un environnement non asphalté. Deux versions sont offertes, la 900 Adventure de base qui est livrée de série avec l'ABS, et la version R, plus haute et destinée à ceux qui comptent sérieusement s'enfoncer dans cette fameuse nature.

La marque autrichienne KTM possède une réputation basée sur une riche histoire hors-route. Cette expertise est immédiatement ressentie lorsqu'on s'installe aux commandes de la 990 Adventure. Avec son guidon large et plat et sa selle longue et étroite dont la hauteur fait pointer des pieds la plupart des pilotes à l'arrêt, et ce, surtout dans le cas de la haute version R, la 990 Adventure propose une position assise et avancée rappelant clairement celle d'une moto de sentier. Par rapport à la BMW R1200GS à laquelle l'autrichienne est souvent comparée, la saveur hors-route de cette position est aussi marquée et évidente que l'est le penchant routier qu'offre la position et la nature de l'allemande. Loin d'être un handicap, cette posture dégagée laisse plutôt au pilote une impression de contrôle très marquée, surtout en sentiers.

L'EXPERTISE HORS-ROUTE DE KTM EST IMMÉDIATEMENT RESSENTIE AUX COMMANDES DE L'ADVENTURE.

Les capacités tout terrain de la 990 ne sont évidemment pas illimitées, fort gabarit oblige, mais elles restent impressionnantes pour une machine de telles dimensions. Sur une route non pavée, peu importe qu'elle soit recouverte de gravier ou de terre, l'Adventure maintient facilement des vitesses élevées et passe sa puissance au sol de manière relativement progressive et accessible.

Pousser l'exploration jusqu'à s'engager carrément en sentier sur des revêtements plus glissants révèle néanmoins que tout l'héritage de KTM ne suffit pas à transformer une haute routière de 200 kilos en agile machine de sous-bois. Cela dit, bien qu'elle semble devenir plus haute et plus lourde au fur et à mesure que les conditions deviennent plus serrées, la 990 possède quand même d'excellentes qualités de passe-partout, du moins tant qu'on a assez d'expérience pour en profiter et surtout si on installe les pneus appropriés pour ce type d'utilisation. Les suspensions à grand débattement de la version R augmentent encore plus les possibilités en pilotage hors-route.

Les talents de l'Adventure dépassent l'environnement de la poussière et se retrouvent aussi sur la route où elle affiche même quelques étonnantes qualités. La 990 est en effet capable d'enfiler une succession de virages avec un aplomb surprenant. Haute sur pattes, dotée de suspensions souples et chaussée de pneus double-usage à gomme tendre, elle se dandine un peu lorsqu'on attaque, mais pas au point de réduire le rythme, ou même le plaisir. Malgré son guidon plat et large qui allège la direction, il faut pousser énergiquement sur celui-ci pour l'incliner en amorce de virage ou pour passer d'un angle à l'autre, un phénomène attribuable à la longueur de l'arc que la hauteur de la moto la force à décrire dans un « gauche-droite ».

Le V-Twin d'un litre de l'Adventure bénéficia d'une augmentation de puissance appréciable en 2009 lorsque la version de base gagna 7 chevaux et la version R 17 chevaux. Aujourd'hui, les deux versions utilisent le moteur plus puissant de la R, qui est annoncé à 113 chevaux. Ce V-Twin autrichien est une des mécaniques les plus particulières du monde de la moto, puisqu'il s'agit d'un moteur qui semble demander au pilote qu'il le fasse souffrir sur la route et qui remercie celui-ci par un plaisir de pilotage qu'on ne soupçonnerait jamais avec une moto de cette catégorie.

QUOI DE NEUF EN 2012?

Version R de nouveau offerte

990 Adventure coûte 201 $ de plus qu'en 2011

PAS MAL

Un V-Twin aussi caractériel que vif et puissant qui monte très rapidement en régime et qui rugit d'une manière particulièrement plaisante

Des suspensions souples à long débattement qui gomment les pires défauts de la route et se débrouillent très bien sur les chemins non pavés où l'Adventure roule comme s'il s'agissait d'asphalte

Un comportement routier étonnamment solide et précis qui permet un amusement réel en pilotage sportif

BOF

Une selle qui, bien que nettement améliorée par rapport à celle du modèle d'origine, n'est pas encore un standard en matière de confort

Une hauteur de selle considérable qui fait pointer des pieds la plupart des pilotes et qui gêne ceux qui sont courts sur pattes, surtout sur la version R

Une allure torturée aux lignes angulaires qui dégage une certaine authenticité, puisqu'elle est tirée de la silhouette des machines de rallye du constructeur, mais qui n'a jamais vraiment fait l'unanimité et qui commence à vieillir

CONCLUSION

Au nom du marketing, certains thèmes à la mode sont utilisés à tort et à travers. «Supermoto» en est un, puisqu'on le retrouve désormais sur des montures n'ayant rien à voir avec ce que sont les vraies machines de ce type. Le thème «Aventure» est, lui aussi, non seulement surutilisé, mais aussi trompeur dans plusieurs cas, surtout si l'idée qu'on a de cette fameuse aventure inclut des paysages désertiques, des pays en voie de développement et des coins tellement reculés qu'on n'en connaissait pas l'existence. Ce genre de capacités, très peu de motos sur le marché les possèdent vraiment, tout particulièrement dans un format de grosse cylindrée, mais la 990 Adventure est décidément l'une d'elles.

990 Adventure

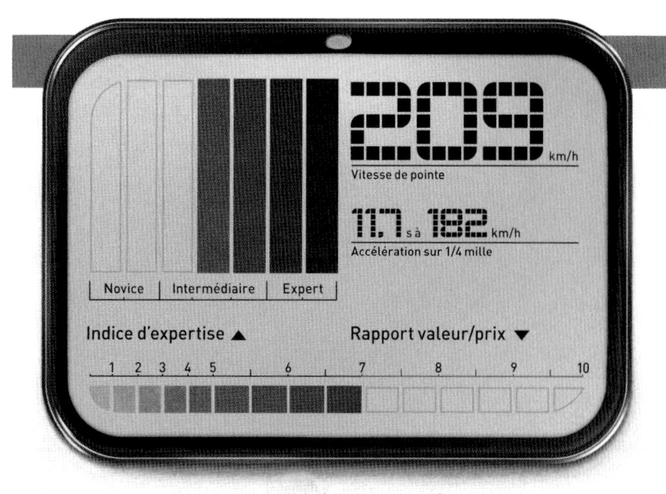

Voir légende en page 16

GÉNÉRAL

Catégorie	Routière Aventurière
Prix	990 Adventure : 16 999 $ 990 Adventure R : 17 199 $
Immatriculation 2012	545,65 $
Catégorisation SAAQ 2012	«régulière»
Évolution récente	introduite en 2003
Garantie	990 Adventure : 2 ans/40 000 km 990 Adventure R : 1 an/20 000 km
Couleur(s)	990 Adventure : bleu, blanc 990 Adventure R : noir
Concurrence	BMW R1200GS et R1200GS Adventure, Yamaha Super Ténéré

MOTEUR

Type	bicylindre 4-temps en V à 75 degrés, DACT, 4 soupapes par cylindre, refroidissement par liquide
Alimentation	injection à 2 corps de 48 mm
Rapport volumétrique	11,5:1
Cylindrée	999 cc
Alésage et course	101 mm x 62,4 mm
Puissance	113 ch @ 8 750 tr/min
Couple	73,7 lb-pi @ 6 750 tr/min
Boîte de vitesses	6 rapports
Transmission finale	par chaîne
Révolution à 100 km/h	environ 3 900 tr/min
Consommation moyenne	6,2 l/100 km
Autonomie moyenne	314 km

PARTIE CYCLE

Type de cadre	treillis, en acier
Suspension avant	fourche inversée de 48 mm ajustable en précharge, compression et détente
Suspension arrière	monoamortisseur ajustable en précharge, compression et détente
Freinage avant	2 disques de 300 mm de Ø avec étriers à 2 pistons (990 : et système ABS)
Freinage arrière	1 disque de 240 mm de Ø avec étrier à 2 pistons (990 : et système ABS)
Pneus avant/arrière	90/90-21 & 150/70 R18
Empattement	1 570 mm
Hauteur de selle	990 / 990 R : 860 / 895 mm
Poids tous pleins faits	990 / 990 R : 209,5 / 207 kg (sans essence)
Réservoir de carburant	19,5 litres

Norge GT 8V

DE TRAVERS...

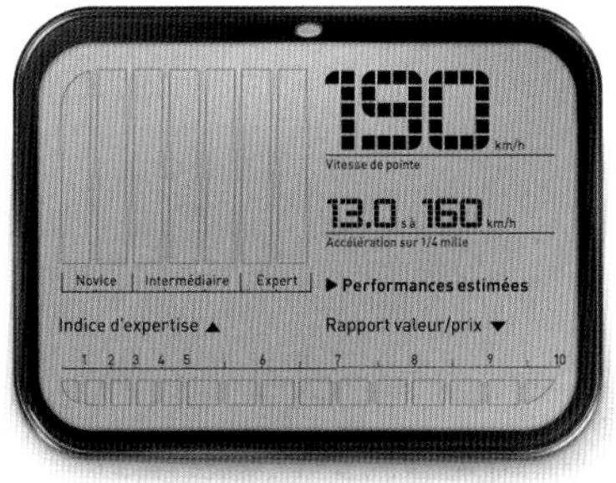

La marque italienne Moto Guzzi est depuis toujours fidèle à une seule configuration mécanique, le V-Twin transversal. Ce type de moteur est même tellement associé à la marque qu'il en est littéralement devenu la signature mécanique. Situées tout en haut de la gamme de motos offertes par le constructeur se trouvent les Norge GT 8V et Stelvio 1200 NTX. Toutes deux sont animées par la plus récente évolution de ce V-Twin refroidi par air et ouvert à 90 degrés. La première est une sport-tourisme tandis que la seconde prend plutôt la forme d'une aventurière.

Analyse Technique

Bien qu'elles appartiennent à des classes complètement différentes, la Norge GT 8V et la Stelvio 1200 NTX sont relativement similaires d'un point de vue mécanique. En effet, toutes deux utilisent la même mécanique en V transversale mariée à une boîte à 6 rapports et utilisant un entraînement final par arbre, et les deux sont également construites autour d'un cadre en acier à double poutre tubulaire. L'ABS est livré de série dans les deux cas, tandis que la Stelvio est en plus équipée d'un système antipatinage.

Stelvio 1200 NTX

GÉNÉRAL

Catégorie	Sport-Tourisme / Routière Aventurière
Prix	Norge GT 8V : 16 990 $ Stelvio 1200 NTX : 16 190 $
Immatriculation 2012	545,65 $
Catégorisation SAAQ 2012	« régulière »
Évolution récente	Norge introduite en 2006, 8V en 2011 Stelvio introduite en 2008, 8V en 2009
Garantie	2 ans/kilométrage illimité
Couleur(s)	Norge : blanc ; Stelvio : noir
Concurrence	Norge : Triumph Sprint GT Stelvio : BMW R1200GS

MOTEUR

Type	bicylindre 4-temps en V à 90 degrés, SACT, 4 soupapes par cylindre, refroidissement par air
Alimentation	injection à 2 corps de 50 mm
Rapport volumétrique	11,0 :1
Cylindrée	1 151 cc
Alésage et course	95 mm x 81,2 mm
Puissance	Norge : 102 ch @ 7 000 tr/min Stelvio : 105 ch @ 7 250 tr/min
Couple	Norge : 76,7 lb-pi @ 5 500 tr/min Stelvio : 83,3 lb-pi @ 5 800 tr/min
Boîte de vitesses	6 rapports
Transmission finale	par arbre
Révolution à 100 km/h	n/d
Consommation moyenne	n/d
Autonomie moyenne	n/d

PARTIE CYCLE

Type de cadre	double poutre tubulaire, en acier
Suspension avant	Norge : fourche conventionnelle de 45 mm ajustable en précharge ; Stelvio : fourche inversée de 50 mm ajustable en précharge, compression et détente
Suspension arrière	monoamortisseur ajustable en précharge et détente
Freinage avant	2 disques de 320 mm de Ø avec étriers (Stelvio : radiaux) à 4 pistons et système ABS
Freinage arrière	1 disque de 282 mm de Ø avec étrier à 2 pistons et système ABS
Pneus avant/arrière	Norge : 120/70 ZR17 & 180/55 ZR17 Stelvio : 110/90 R19 & 150/70 R17
Empattement	Norge : 1 530 mm ; Stelvio : 1 535 mm
Hauteur de selle	Norge : 810 mm ; Stelvio : 820/840 mm
Poids tous pleins faits	Norge : 287 kg ; Stelvio : 272 kg
Réservoir de carburant	Norge : 23 litres ; Stelvio : 32 litres

V7 Classic

TOUT OU RIEN...

Bien qu'elles soient toutes deux des standards, les Griso et V7 sont des montures complètement différentes. Offerte sur notre marché en version 8V SE, la première est très proche des modèles Norge et Stelvio en termes de mécanique et de partie cycle. En fait, la Griso est tout simplement la variante standard de cette plateforme. Quant à la V7, il s'agit d'une moto considérablement moins imposante qui pourrait même très facilement être envisagée comme monture d'initiation. Elle est animée par un V-Twin transversal de 744 cc.

Analyse Technique

La Griso 8V SE et la V7 Classic, qui est aussi offerte en variante Racer, se trouvent à l'opposé de la gamme de Moto Guzzi. La première est une standard haut de gamme plutôt massive propulsée par la version la plus puissante du V-Twin transversal italien. Elle est également équipée de suspensions entièrement ajustables. Quant à la V7, il s'agit d'une machine rétro dont les proportions sont nettement moins imposantes et qui s'adresse surtout aux nostalgiques qui ne sont ni très pressés ni très exigeants en matière de partie cycle, puisque celle de la V7 est rudimentaire.

Griso 8V SE

GÉNÉRAL

Catégorie	Standard
Prix	Griso : 13 590 $; V7 Classic : 9 490 $; V7 Racer : 10 190 $
Immatriculation 2012	545,65 $
Catégorisation SAAQ 2012	« régulière »
Évolution récente	Griso 1200 introduite en 2008 ; V7 introduite en 2008
Garantie	2 ans/kilométrage illimité
Couleur(s)	Griso : noir ; V7 Classic : noir, rouge ; V7 Racer : noir
Concurrence	Griso : BMW R1200R ; V7 Classic : Triumph Bonneville

MOTEUR

Type	bicylindre 4-temps en V à 90 degrés, SACT (culbuté), 4 (2) soupapes par cylindre, refroidissement par air
Alimentation	injection à 2 (1) corps de 50 (38) mm
Rapport volumétrique	11,0 :1 (9,6 :1)
Cylindrée	1 151 (744) cc
Alésage et course	95 (80) mm x 81,2 (74) mm
Puissance	Griso : 110 ch @ 7 500 tr/min V7 : 51 ch @ 6 200 tr/min
Couple	Griso : 79,7 lb-pi @ 6 400 tr/min V7 : 42,8 lb-pi @ 5 000 tr/min
Boîte de vitesses	6 (5) rapports
Transmission finale	par arbre
Révolution à 100 km/h	n/d
Consommation moyenne	n/d
Autonomie moyenne	n/d

PARTIE CYCLE

Type de cadre	Griso : double poutre tubulaire, en acier V7 : double berceau, en acier
Suspension avant	Griso : fourche inversée de 43 mm ajustable en précharge, compression et détente V7 : fourche conventionnelle de 40 mm non ajustable
Suspension arrière	Griso : monoamortisseur ajustable en précharge, compression et détente V7 : 2 amortisseurs ajustables en précharge
Freinage avant	Griso : 2 disques de 320 mm de Ø avec étriers radiaux à 4 pistons V7 : 1 disque de 320 mm de Ø avec étrier à 4 pistons
Freinage arrière	1 disque de 282 (260) mm de Ø avec étrier à 2 pistons
Pneus avant/arrière	Griso : 120/70 ZR17 & 180/55 ZR17 V7 : 100/90 18 & 130/80 17
Empattement	Griso : 1 554 mm ; V7 : 1 447 mm
Hauteur de selle	Griso : 800 mm ; V7 : 805 mm
Poids à vide	Griso : 222 kg ; V7 : 179 kg
Réservoir de carburant	Griso : 16,7 litres ; V7 : 22 litres

F4 RR

FLÈCHES...

Son profil effilé et élégant ainsi que des détails comme ses spectaculaires sorties d'échappement quadruples ont souvent valu à la F4 de MV Agusta d'être qualifiée de l'une des plus belles sportives au monde, et même s'il y a maintenant plusieurs années que la ligne n'a pas vraiment changé, le commentaire, lui, demeure. La version RR est propulsée par un 4-cylindres dont la puissance est annoncée à tout près de 200 chevaux. La F3 fut lancée l'an dernier. Il s'agit d'une version de 675 cc dont la ligne et l'architecture sont très similaires à celles de la F4. Une édition spéciale Oro est également offerte.

Analyse Technique

Si l'on se fie aux chiffres avancés par MV Agusta, la F4 RR serait l'une des plus puissantes sportives du marché. Pour atteindre une telle puissance, son quatre-cylindres est équipé, entre autres, de tubulures d'admission à longueur variable. Bien que la F3 – qui est aussi offerte en édition limitée Oro pour presque le double du prix du modèle de série – ne soit pas plus puissante que ses rivales de la catégorie des sportives pures de 600 cc, elle se distingue par sa configuration mécanique à trois cylindres identique à celle de la Triumph Daytona 675.

F3

GÉNÉRAL

Catégorie	Sportive
Prix	F4 RR : 24 995 $ F3 : 14 995 $ (Serie Oro : 28 995 $)
Immatriculation 2012	1 093,65 $
Catégorisation SAAQ 2012	« à risque »
Évolution récente	F4 introduite en 1998 F3 introduite en 2011
Garantie	2 ans/kilométrage illimité
Couleur(s)	F4 RR : rouge, blanc F3 : noir, blanc, rouge et argent (Oro : rouge et argent)
Concurrence	F4 RR : Aprilia RSV4, BMW S1000RR F3 : Triumph Daytona 675

MOTEUR

Type	4 (3) cylindres en ligne 4-temps, DACT, 4 soupapes par cylindre, refroidissement par liquide
Alimentation	injection à 4 (3) corps
Rapport volumétrique	13,4 :1 (13,0) :1
Cylindrée	998 (675) cc
Alésage et course	79 mm x 50,9 (45,9) mm
Puissance	F4 RR : 198 ch @ 13 400 tr/min F3 : 126 ch @ 14 400 tr/min
Couple	F4 : 84 lb-pi @ 9 200 tr/min F3 : 52,3 lb-pi @ 10 600 tr/min
Boîte de vitesses	6 rapports
Transmission finale	par chaîne
Révolution à 100 km/h	n/d
Consommation moyenne	n/d
Autonomie moyenne	n/d

PARTIE CYCLE

Type de cadre	aluminium et treillis en acier
Suspension avant	fourche inversée de 43 mm ajustable en précharge, compression et détente
Suspension arrière	monoamortisseur ajustable en précharge, compression et détente
Freinage avant	2 disques de 320 mm de Ø avec étriers radiaux à 4 (2) pistons
Freinage arrière	1 disque de 220 mm de Ø avec étrier à 4 pistons
Pneus avant/arrière	120/70 ZR17 & 190 (180) /55 ZR17
Empattement	1 430 (1 380) mm
Hauteur de selle	830 (812) mm
Poids à vide	185 (173) kg
Réservoir de carburant	17 (16) litres

À L'EURO...

Comme la F4, la Brutale continue de générer beaucoup de commentaires positifs liés à son fort élégant style européen. Il s'agit d'une standard construite de manière très sérieuse et surtout très sportive. En effet, qu'il s'agisse de son cadre qui mélange les pièces coulées en aluminium et le treillis d'acier typique des machines italiennes, de ses massives suspensions entièrement réglables ou encore de ses roues larges chaussées de gommes tendres, la Brutale RR 1090 ressemble à une sportive pure comme la F4 à laquelle on aurait retiré son carénage.

Analyse Technique

En termes de puissance annoncée et de fiche technique étoffée, la Brutale RR 1090 de MV Agusta fait partie des standards sportives les plus désirables, et ce, surtout lorsqu'on tient compte de son style très distinctif. Animée par un quatre-cylindres de plus d'un litre qui est annoncé par le constructeur à 156 chevaux, la Brutale exhibe une série de pièces superbes comme le massif bras oscillant, le très particulier cadre, les freins à gros disques et étriers signés Brembo ainsi que la fourche inversée à poteaux de 50 mm.

GÉNÉRAL

Catégorie	Standard
Prix	19 995 $
Immatriculation 2012	545,65 $
Catégorisation SAAQ 2012	« régulière »
Évolution récente	introduite en 2001
Garantie	2 ans/kilométrage illimité
Couleur(s)	rouge et argent, noir et gris, America
Concurrence	Ducati Streetfighter S, Triumph Speed Triple, Kawasaki Z1000

MOTEUR

Type	4-cylindres en ligne 4-temps, DACT, 4 soupapes par cylindre, refroidissement par liquide
Alimentation	injection à 4 corps
Rapport volumétrique	13,0 : 1
Cylindrée	1 078 cc
Alésage et course	79 mm x 55 mm
Puissance	156 ch @ 11 900 tr/min
Couple	73,8 lb-pi @ 10 100 tr/min
Boîte de vitesses	6 rapports
Transmission finale	par chaîne
Révolution à 100 km/h	n/d
Consommation moyenne	n/d
Autonomie moyenne	n/d

PARTIE CYCLE

Type de cadre	aluminium et treillis en acier
Suspension avant	fourche inversée de 50 mm ajustable en précharge, compression et détente
Suspension arrière	monoamortisseur ajustable en précharge, compression et détente
Freinage avant	2 disques de 320 mm de Ø avec étriers radiaux à 4 pistons
Freinage arrière	1 disque de 210 mm de Ø avec étrier à 4 pistons
Pneus avant/arrière	120/70 ZR17 & 190/55 ZR17
Empattement	1 438 mm
Hauteur de selle	830 mm
Poids à vide	183 kg
Réservoir de carburant	23 litres

AUDACE EXTRÊME... Lorsqu'elle fut lancée en 1999, la Hayabusa marqua le monde du motocyclisme comme peu de modèles ont réussi à le faire. Le choc arriva en deux temps, d'abord en raison des extraordinaires performances qui devaient lui permettre de surpasser toutes ses rivales en terme de vitesse pure. Dessiné avec des buts aérodynamiques très précis, le carénage de la GSX1300R affichait des formes qu'on n'avait jamais vues sur une moto. Il s'agissait d'un pari risqué pour Suzuki, mais c'est justement en partie grâce à l'audace de son design que la Busa est aujourd'hui considérée comme une machine culte. Si le modèle lui-même ne change pas en 2012, son environnement, lui, se trouve bouleversé par l'arrivée d'une toute nouvelle Kawasaki ZX-14R qui est, en fait, presque une ZX-15R. Y aura-t-il une réplique ?

Au sein de l'univers sportif où des évolutions profondes et fréquentes sont la seule manière de garder l'intérêt des acheteurs, la GSX1300R Hayabusa fait figure d'exception à la règle. En effet, malgré le fait que le modèle n'a évolué qu'une fois et de manière relativement conservatrice en 2008, la grosse Busa reste encore aujourd'hui un objet de vitesse hautement désirable.

Bien que le niveau de performances qu'offre la GSX1300R puisse être plus ou moins retrouvé sur une poignée de sportives d'un litre ultralégères, un facteur majeur distingue ces dernières de la grosse Suzuki, puisqu'aucune ne possède la capacité de générer des vitesses aussi élevées d'une façon aussi posée. La Hayabusa transforme littéralement l'acte de les atteindre en un jeu d'enfant. Bien installé derrière un pare-brise et un carénage qui semblent avoir été dessinés pour briser le mur du son, le pilote n'a qu'à enrouler l'accélérateur pour transformer sa vision périphérique en une image floue et confuse. Quelques maigres secondes suffisent pour tout faire disparaître sauf un point loin devant. En pleine accélération, la vitesse augmente à un rythme tellement élevé qu'on peine à s'y habituer et qu'on finit par éprouver une certaine difficulté à évaluer précisément les distances. Le phénomène est normal pour qui ne se retrouve pas couramment dans ce genre de situation, mais il se dissipe au fur et à mesure qu'on s'acclimate à la vitesse. Le lancement de la version actuelle de la Hayabusa nous avait d'ailleurs permis de commencer à nous habituer à l'étrange effet de telles vitesses, puisque le test s'était déroulé sur un circuit permettant d'atteindre les 300 km/h trois fois par tour... La stabilité de la Hayabusa dans ce genre de circonstances est absolument imperturbable, ce qui rend l'exercice étonnamment accessible. De retour sur la route, la longue et grosse Suzuki demande évidemment une grande retenue. Incroyablement solide et presque paisible à deux fois la vitesse légale, elle exige de son propriétaire qu'il fasse preuve de jugement lorsque l'envie lui prend de vérifier les capacités de son engin. Dans les faits, toutefois, ces capacités ne sont pas plus un problème dans le cas de la Busa qu'elles ne le sont dans celui de voitures pouvant atteindre ou dépasser les 300 km/h, puisque la clientèle des deux types de véhicules est généralement mature.

DES POIGNÉES UN PEU PLUS HAUTES SUFFIRAIENT À EN FAIRE UNE SURPRENANTE ROUTIÈRE.

Au-delà des fantastiques performances qui font sa réputation, la GSX1300R se veut une moto fiable, étonnamment bien maniérée et dont le niveau de confort n'est peut-être pas exceptionnel, mais reste quand même tout à fait raisonnable. Des poignées un peu plus hautes suffiraient même à en faire une surprenante routière. La tenue de route s'avère très respectable, puisqu'il s'agit d'une sportive en bonne et due forme dont les seuls réels handicaps en pilotage sur piste sont une masse et des dimensions clairement supérieures à la norme chez les machines construites pour tourner autour d'un circuit. Sur la route, la Hayabusa compense son recul en matière de finesse sportive par une stabilité exemplaire et par un comportement nettement moins nerveux que celui des sportives plus pointues. Elle est rapide, mais elle n'a pas tendance à surprendre son pilote, un fait surtout dû à ses proportions considérables.

Voir légende en page 16

QUOI DE NEUF EN 2012 ?

Aucun changement

Coûte 900 $ de moins qu'en 2011

PAS MAL

Des performances ahurissantes, mais aussi étonnamment accessibles, car malgré les vitesses et les accélérations extraordinaires dont elle est capable, la Hayabusa reste relativement calme et posée lorsqu'elle livre son plein potentiel

Un châssis long et un poids plutôt élevé qui garantissent une stabilité exceptionnelle malgré le niveau très élevé de performances ; la Busa se montre aussi étonnamment agile et plaisante sur une route sinueuse

Une ligne qui semble être une exagération de celle du modèle original et qui colle très bien à l'identité du modèle ; rien d'autre sur deux roues ne lui ressemble

BOF

Une deuxième génération qui ne propose que quelques améliorations techniques

Un 4-cylindres qui vibre moins que sur le modèle original, mais qui n'est pas aussi doux et qu'on ne sent pas aussi sophistiqué que celui de la ZX-14R

Un niveau de performances tellement élevé qu'il devient non seulement difficile, voire presque impossible d'en profiter de manière régulière

Un bon système de freinage, mais qui n'est pas équipé de l'ABS, même en option

Une certaine ZX-14R à cause de laquelle, en termes de performances pures, la Busa n'est plus l'une des deux, mais plutôt la numéro deux

CONCLUSION

Contrairement à ce que bien des gens croient, la grande majorité des motocyclistes qui acquièrent la machine de vitesse qu'est la Hayabusa ne sont pas de téméraires jeunots, mais plutôt des adultes dans la trentaine et dans la quarantaine, voire plus encore. Il s'agit majoritairement d'hommes qui ne choisissent absolument pas le modèle avec l'intention de tripler la limite légale sur l'autoroute, ce que la Busa permettrait pourtant de faire facilement, mais plutôt afin de laisser savoir à toutes les têtes se tournant sur son passage que s'ils le voulaient, ils le pourraient. On retrouve d'ailleurs le même type de motivation chez les propriétaires de supervoitures. Au-delà de l'immense potentiel de vitesse qui la définit, et sans toutefois qu'elle mérite d'être qualifiée de monture de sport-tourisme, comme c'est souvent le cas, la Hayabusa est aussi une routière nettement plus à l'aise en conduite quotidienne que n'importe quelle hypersportive. En fait, il ne lui en faudrait pas beaucoup pour devenir une routière sportive façon K1300S.

GÉNÉRAL

Catégorie	Sportive
Prix	15 399 $
Immatriculation 2012	1 093,65 $
Catégorisation SAAQ 2012	« à risque »
Évolution récente	introduite en 1999, revue en 2008
Garantie	1 an/kilométrage illimité
Couleur(s)	noir, rouge
Concurrence	BMW K1300S, Honda VFR1200F, Kawasaki Ninja ZX-14R

MOTEUR

Type	4-cylindres en ligne 4-temps, DACT, 4 soupapes par cylindre, refroidissement par liquide
Alimentation	injection à 4 corps de 44 mm
Rapport volumétrique	12,5 :1
Cylindrée	1 340 cc
Alésage et course	81 mm x 65 mm
Puissance	194 ch @ 9 700 tr/min
Couple	114 lb-pi @ 7 100 tr/min
Boîte de vitesses	6 rapports
Transmission finale	par chaîne
Révolution à 100 km/h	environ 3 400 tr/min
Consommation moyenne	7,3 l/100 km
Autonomie moyenne	287 km

PARTIE CYCLE

Type de cadre	périmétrique, en aluminium
Suspension avant	fourche inversée de 43 mm ajustable en précharge, compression et détente
Suspension arrière	monoamortisseur ajustable en précharge, compression et détente
Freinage avant	2 disques de 310 mm de Ø avec étriers radiaux à 4 pistons
Freinage arrière	1 disque de 260 mm de Ø avec étrier à 1 piston
Pneus avant/arrière	120/70 ZR17 & 190/50 ZR17
Empattement	1 480 mm
Hauteur de selle	805 mm
Poids tous pleins faits	260 kg
Réservoir de carburant	21 litres

HUMAIN REQUIS... Les unes après les autres, les 1000 passent à l'ère du contrôle de traction, de l'antiwheelie et du freinage antibloquant combiné et assisté, bref à l'ère des aides électroniques au pilotage. Inévitablement, la GSX-R1000 sera équipée de certaines ou de toutes ces technologies, mais ça ne sera pas immédiatement. Afin de faire patienter l'exigeante clientèle qui achète ces motos, Suzuki propose en 2012 une version raffinée de la cinquième génération du modèle lancée en 2009. La ligne est identique, tout comme le châssis, mais la mécanique reçoit une série de petites améliorations, le freinage bénéficie de réputés étriers Brembo Monobloc à l'avant et le système d'échappement passe de deux à un silencieux, abaissant la masse de quelques kilos. Afin « d'excuser » l'écart technologique avec certains modèles rivaux, Suzuki a également réduit le prix au Canada.

Parce que les aides électroniques au pilotage sont de plus en plus la norme chez les 1000, on pourrait logiquement conclure qu'une GSX-R1000 révisée, mais n'étant pas équipée d'une telle technologie équivaut à un produit offrant trop peu, trop tard. Pas si vite. Suzuki et sa GSX-R1000 méritent d'être défendus sur ce point, puisque tirer trop vite une telle conclusion serait exagérer.

Il est indéniable que sans le contrôle de traction, la responsabilité du délicat dosage de l'accélérateur en sortie de courbe revient exclusivement au pilote. Le problème que nous avons avec la théorie voulant qu'une monture sans système de contrôle de traction soit automatiquement inférieure, c'est que même si la GSX-R1000 2012 que nous avons évaluée n'en est pas équipée, cela n'en a pas fait le moindrement une sportive moins plaisante ou moins compétente. Serait-elle capable de réaliser des temps au tour plus bas avec de telles aides? Presque assurément. Mais ce que nous avons « découvert » après avoir effectué de nombreux tours de piste aux commandes du modèle révisé, c'est que nous ne nous sommes absolument pas ennuyés d'un tel système. En fait, ouvrir l'accélérateur d'une 1000 en sortie de courbe en sentant l'arrière se dandiner fut même un exercice rafraîchissant. Car même si l'introduction des divers systèmes d'aide au pilotage est relativement récente, et même si ces systèmes sont généralement extrêmement efficaces, il nous est arrivé de nous sentir un peu envahis par l'électronique. Telle qu'elle est, la GSX-R1000 se veut un rappel, et peut-être même un dernier rappel, de ce qu'est le pilotage pur d'un engin aussi puissant.

POUSSER LA GSX-R1000 SUR PISTE NE CORRESPOND PAS À UN EXERCICE PARFAIT, MAIS PLUTÔT À DU PILOTAGE PUR.

La GSX-R1000 a cette faculté de mettre immédiatement son pilote à l'aise. On se sent si vite en terrain connu à ses commandes qu'il n'y a presque pas de période d'acclimatation. Elle se laisse piloter sans interférer, comme si elle retirait tout caprice de l'équation et qu'elle acceptait humblement le rôle d'outil de piste. Cette pureté de comportement est d'ailleurs la raison principale pour laquelle on ne s'ennuie pas vraiment d'aides électroniques en la pilotant. Contrôler la traction en sortie de courbe devient un défi amusant et non une corvée terrifiante. L'énorme puissance permet de s'amuser à faire des wheelies monstres sans jamais craindre qu'un système antiwheelie ne vienne soudainement écraser l'avant au sol. Pousser la GSX-R1000 autour d'une piste ne correspond donc pas à un exercice parfaitement supervisé par ordinateur, mais plutôt à du pilotage pur.

C'est uniquement parce qu'elle représente un ensemble tellement cohérent que la GSX-R1000 peut être poussée de cette manière sans terrifier son pilote. La stabilité est sans faute dans toutes les circonstances, mais c'est surtout la précision avec laquelle on arrive à la placer là où l'on veut qui la rend si facile à piloter de manière précise autour d'une piste.

En ce qui concerne les améliorations faites au modèle en 2012, il est clair qu'elles ne le transforment pas et qu'elles ne font plutôt que raffiner l'expérience de pilotage. Une mécanique qui grimpe en régimes avec un peu plus d'empressement et un frein avant nettement plus puissant, mais quand même facile à doser constituent les deux améliorations les plus marquantes.

La GSX-R1000 2012 n'étant pas équipée du contrôle de traction, c'est au pilote de s'assurer qu'une sortie de courbe ne devient pas une sortie du décor. Comme dans le bon vieux temps... La tâche n'a rien de désagréable. Bien au contraire.

Sur la piste du Homestead Miami Speedway à Miami durant le lancement de presse de la GSX-R1000 2012, l'auteur se faufile entre un vibreur et l'une des glissantes lisières de béton qui parsèment le circuit, juste devant la lentille d'Andrea Wilson.

Crédit photo : John Howell

AMA PRO ROAD RACING
2012 SUZUKI GSX-R1000 LAUNCH
HOMESTEAD-MIAMI SPEEDWAY - HOMESTEAD, FL
OFFICIAL SERIES TEST
AMA Pro National Guard SuperBike

AMA PRO NATIONAL GUARD SUPERBIKE

BEST LAP TIMES - MORNING PRACTICE SESSION DAY 3

POS.	#	NAME	HOMETOWN	BIKE	BEST TIME	IN LAP	BEST SPD (MPH)	2nd BEST TIME	IN LAP	2nd BEST SPD (MPH)
1	70	Adam Child	No Hometown on File	Suzuki GSX-R1000	1:34.279	32	84.388	1:34.450	19	84.235
2	203	Kevin Ash	No Hometown on File	Suzuki GSX-R1000	1:34.556	14	84.141	1:35.632	15	83.194
3	59	Simon Roots	No Hometown on File	Suzuki GSX-R1000	1:35.190	7	83.580	1:35.422	8	83.377
4	78	Bertrand Gahel	No Hometown on File	Suzuki GSX-R1000	1:35.273	18	83.507	1:35.313	19	83.472
5	416	Martin Fitzgibbons	No Hometown on File	Suzuki GSX-R1000	1:36.060	7	82.823	1:37.228	9	81.828
6	47	Costa Mouzouris	No Hometown on File	Suzuki GSX-R1000	1:36.844	20	82.153	1:37.285	19	81.780
7	60	GoPro GoPro	No Hometown on File	Suzuki GSX-R1000	1:38.551	16	80.730	1:40.041	13	79.527
8	81	Kenny Pryde	No Hometown on File	Suzuki GSX-R1000	1:42.710	28	77.461	1:43.396	29	76.947
9	53	Emma Franklin	No Hometown on File	Suzuki GSX-R1000	1:45.690	12	75.277	1:45.756	13	75.230

AIR	Humidity: 86%	Temp: 71 °F
TRACK	Condition:	

GATORADE ET CHRONOS SECRETS

L'accablante humidité présente durant le lancement de la GSX-R1000 n'a pas empêché l'auteur, ci-haut, de profiter de chaque instant de piste disponible pour évaluer le modèle, et même de s'amuser un peu, puisque le personnel de Suzuki ne s'est pas opposé à « quelques » wheelies ici et là. Ce que ce même personnel n'a pas dit, toutefois, c'est qu'il chronométrait chacun des tours effectués par chacun des pilotes, question de comparer ces résultats avec les commentaires des journalistes, probablement... « Avoir su qu'ils prenaient nos temps, j'aurais fait moins de wheelies... » marmonna Gahel, surpris, lorsqu'on lui remit le document montrant les meilleurs chronos de la journée.

QUOI DE NEUF EN 2012 ?

Système d'échappement à un silencieux; étriers avant Brembo Monobloc; pistons allégés; fourche plus courte et allégée; unité de contrôle électronique avec de nouveaux paramètres; passages de ventilation agrandis entre les cylindres; taux de compression augmenté; consommation de carburant réduite

Coûte 1 600 $ de moins qu'en 2011

PAS MAL

Un niveau de performances non seulement parmi les plus élevés du marché, mais qui est aussi livré de manière précise et prévisible

Une partie cycle extrêmement bien équilibrée et dont les caractéristiques en pilotage sur piste sont exceptionnelles; des manœuvres les plus exigeantes jusqu'aux ajustements de trajectoire ou de freinage les plus fins, la GSX-R1000 se montre brillante

Un ensemble dont la facilité de pilotage impressionne vraiment compte tenu de la puissance générée; la GSX-R1000 donne immédiatement l'impression à son pilote qu'il s'agit de sa monture personnelle de longue date

BOF

Une arrivée marquée de la puissance après les mi-régimes qui rend parfois les accélérations maximales en sortie de virage délicates à gérer; le sélecteur de mode S-DMS ne représente pas la solution à cette caractéristique, mais l'antipatinage, oui

Un niveau de performances tellement élevé qu'on ne peut vraiment l'exploiter qu'en piste; d'un autre côté, la GSX-R1000 semble maintenant manquer un peu de puissance par rapport à certains modèles rivaux...

Une absence de toute aide électronique au pilotage, comme l'antipatinage

CONCLUSION

Le fait que cette version raffinée de la cinquième génération de la GSX-R1000 ne soit pas équipée d'un tas d'aides électroniques constituera probablement un manque considérable pour les technophiles endurcis. Les amateurs de pilotage pur, par contre, découvriront en elle une arme de piste à la fois puissante, posée et extrêmement gratifiante à pousser. Il est vrai que toutes les montures actuellement équipées de contrôle de traction et d'antiwheelie permettent au pilote de désactiver ces systèmes s'il désire se rendre responsable des conséquences. La réalité, toutefois, c'est que lorsque ces technologies sont là, on les laisse activées. Pour battre un chrono, pour réduire les risques, parce qu'on a payé pour, peu importe. Tout ça fait de cette version de la GSX-R1000 un modèle qui ne permettra pas à son propriétaire éventuel de se vanter de posséder la plus avancée du marché. En revanche, personne ne pourra douter du fait que c'est à lui, et à lui seul, que le mérite du pilotage revient.

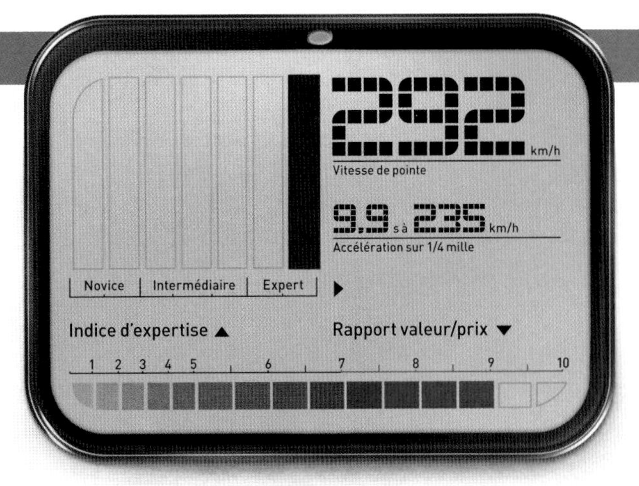

Voir légende en page 16

GÉNÉRAL

Catégorie	Sportive
Prix	14 999 $
Immatriculation 2012	1 093,65 $
Catégorisation SAAQ 2012	« à risque »
Évolution récente	introduite en 2001, revue en 2003, 2005, 2007, 2009 et 2012
Garantie	1 an/kilométrage illimité
Couleur(s)	bleu et blanc, noir
Concurrence	Aprilia RSV4, BMW S1000RR, Honda CBR1000RR, Kawasaki Ninja ZX-10R, MV Agusta F4, Yamaha YZF-R1

MOTEUR

Type	4-cylindres en ligne 4-temps, DACT, 4 soupapes par cylindre, refroidissement par liquide
Alimentation	injection à 4 corps de 44 mm
Rapport volumétrique	12,9:1
Cylindrée	999 cc
Alésage et course	74,5 mm x 57,3 mm
Puissance	182,5 ch @ 11 500 tr/min
Couple	86,3 lb-pi @ 10 000 tr/min
Boîte de vitesses	6 rapports
Transmission finale	par chaîne
Révolution à 100 km/h	environ 4 200 tr/min
Consommation moyenne	6,2 l/100 km
Autonomie moyenne	282 km

PARTIE CYCLE

Type de cadre	périmétrique, en aluminium
Suspension avant	fourche inversée de 43 mm ajustable en précharge, compression, et détente
Suspension arrière	monoamortisseur ajustable en précharge, en haute et en basse vitesses de compression et détente
Freinage avant	2 disques de 310 mm de Ø avec étriers radiaux à 4 pistons
Freinage arrière	1 disque de 220 mm de Ø avec étrier à 1 piston
Pneus avant/arrière	120/70 ZR17 & 190/50 ZR17
Empattement	1 405 mm
Hauteur de selle	810 mm
Poids tous pleins faits	203 kg
Réservoir de carburant	17,5 litres

GSX-R750

PAS VRAIMENT JUMELLES... Les concepts uniques n'existent pratiquement plus dans l'univers de la moto, du moins pas ceux qui ont du succès, puisqu'ils sont immédiatement repris par les constructeurs rivaux. Mais il en reste tout de même quelques-uns, et le duo GSX-R600/750 en fait partie. Le côté unique de la situation, dans ce cas, provient non seulement de la vénérable et légendaire GSX-R750, et plus précisément de sa cylindrée qui est aujourd'hui malheureusement complètement disparue du créneau sportif, mais aussi du fait qu'il s'agit, à toutes fins pratiques, de la même moto avec une option de moteur. Et quelle option! Les GSX-R600 et GSX-R750, dont la dernière révision remonte à l'an dernier, sont peut-être des jumelles sur papier, mais en piste ou sur la route, on a affaire à deux machines complètement différentes.

Chacune des sportives de cette classe est une machine absolument extraordinaire, une réalité qui s'applique tout particulièrement à cette génération de la GSX-R600 qui, rappelons-le, subissait une diète sévère l'an dernier. Son quatre-cylindres fut également passé au peigne fin dans le but de minimiser les pertes mécaniques. Le résultat est admirable, car même si le châssis n'a pas été complètement repensé, la perte de poids semble avoir encore plus affiné chacune des facettes du comportement. Si l'amélioration n'est pas vraiment perceptible sur la route, en piste, le progrès est évident, et c'est dans cet environnement que la GSX-R600 brille.

En fait, on pourrait assez facilement décrire la manière dont elle se comporte en réunissant tous les clichés qui font d'une sportive une machine de circuit exceptionnelle. La stabilité est non seulement imperturbable à des vitesses extrêmes, mais aussi durant toutes les transitions. En amorce de virage alors que le freinage est encore presque maximal, tout le long d'une courbe en pleine inclinaison et durant la sortie de courbe alors que la mécanique livre toute sa puissance et met un stress immense sur toute la partie cycle, il semble tout bonnement impossible de la pousser trop. Les suspensions, qui sont expressément conçues pour ce genre d'exercice, semblent complètement indifférentes à la situation et ce sont finalement les pneus qui lâchent les premiers. Ça ou le courage du pilote... L'un des points les plus améliorés sur cette génération sont les freins dont les étriers Brembo mordent de manière tellement féroce qu'un certain doigté est préférable lorsqu'on les sollicite.

LA 750 EST UN TOUT AUTRE ANIMAL. LA QUALIFIER DE 600 DIABOLIQUE EST MÊME TRÈS APPROPRIÉ.

En matière de performances, la GSX-R600 est très difficile à critiquer. L'accélération maximale est excitante, probablement équivalente à celles des modèles les plus rapides de la classe. Mais ce qui impressionne, c'est de constater à quel point la grande puissance à très haut régime – la zone rouge est établie au-delà de 15000 tr/min – n'a pas été générée au détriment de la souplesse à bas et moyen régimes. Ça reste une 600, évidemment, mais personne ne devrait se plaindre d'un tempérament creux dans les tours utilisés en conduite normale. On note d'ailleurs une position de pilotage sévère, mais tout de même pas extrême.

Et puis, on passe à la 750, et l'univers se transforme. Physiquement, à l'arrêt, la 600 et la 750 sont des jumelles parfaites. Mais dès la première ouverture des gaz et dès le premier virage, il devient très vite évident que la 750 est un tout autre animal. En fait, par rapport à 600, c'est un démon. La qualifier de 600 diabolique serait même très approprié. Sa puissance n'est pas celle d'une 1000, bien entendu, mais cela n'a pas la moindre importance. Tout ce qui compte, c'est qu'elle se comporte presque comme la 600 – presque, parce que toutes les manoeuvres demandent un peu plus d'effort en raison du plus gros moteur –, mais qu'elle étire les bras comme une 600 ne peut que rêver de le faire. Elle possède une cylindrée 25 pour cent plus grande, et elle en profite. Chaque montée en régime est accompagnée d'un sifflement strident provenant de la quincaillerie interne, tandis que le rugissement de l'admission en pleine accélération n'est ni plus ni moins que musical. La GSX-R750 est une merveille.

QUOI DE NEUF EN 2012 ?

Aucun changement

GSX-R600 coûte 1 100 $ et GSX-R750 800 $ de moins qu'en 2011

PAS MAL

Une paire de mécaniques géniales ; la 600 parce qu'elle offre une distribution de puissance étonnamment large, la 750 parce que ses performances sont d'un tout autre ordre et toutes les deux en raison de leur enivrante musicalité à pleins gaz

Un comportement en piste tellement fin et précis dans toutes les circonstances qu'il devient pratiquement impossible à critiquer

Une cylindrée et un format unique pour la GSX-R750 qui est littéralement une 600 de 750 cc, une formule carrément magique que nous remercions Suzuki de conserver

BOF

Un côté pratique presque inexistant, que ce soit en raison de l'inconfort sur des distances le moindrement longues ou de l'accueil symbolique offert au passager ; lorsqu'on dit qu'il s'agit de motos de piste, c'est exactement ce qu'elles sont

Un système S-DMS permettant de choisir diverses cartographies d'injection et qui modifie effectivement la livrée de puissance, mais qui n'est finalement pas très utile

Une certaine lourdeur de direction chez la 750 par rapport à la 600 ; elle n'est toutefois évidente que lorsque la 750 est directement comparée à la 600 en piste

Une étonnante absence du type d'avancées électroniques qu'on commence à voir chez d'autres constructeurs, comme le contrôle de traction et les freins ABS

CONCLUSION

Il semblerait que l'époque à laquelle ces incroyables pièces d'ingénierie étaient renouvelées tous les deux ou trois ans soit bel et bien derrière nous. C'est dommage, bien sûr, mais la bonne nouvelle, c'est que les modèles courants constituent l'héritage roulant de cette période. Lorsque vient le temps pour une monture comme la GSX-R600 d'évoluer vers un niveau encore supérieur, on ne peut ainsi que s'attendre à un résultat extraordinaire, ce qui est le cas ici. En termes de livrée de puissance, de tenue de route et de performances générales sur circuit, elle est effectivement extraordinaire. Bien comprendre le calibre de la 600 est important, puisque c'est en coinçant 25 pour cent plus de centimètres cubes dans sa mécanique qu'on obtient l'absolument divine GSX-R750. Comme les mots nous manquent pour en faire l'éloge de manière appropriée, nous nous contenterons simplement de répéter ce que nous avons déjà dit. C'est une merveille.

GSX-R600

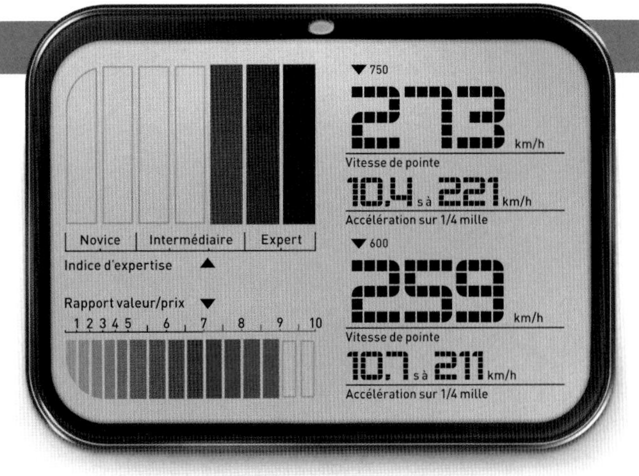

Voir légende en page 16

GÉNÉRAL

Catégorie	Sportive
Prix	GSX-R600 : 12 299 $ GSX-R750 : 13 199 $
Immatriculation 2012	1 093,65 $
Catégorisation SAAQ 2012	« à risque »
Évolution récente	750 introduite en 1985, revue en 1988, 1992, 1996, 2000, 2004, 2006, 2008 et 2011 ; 600 introduite en 1997, revue en 2001, 2004, 2006 et 2008 et 2011
Garantie	1 an/kilométrage illimité
Couleur(s)	GSX-R600 : bleu et blanc, noir GSXR-750 : bleu et blanc, noir et jaune
Concurrence	GSX-R600 : Honda CBR600RR, Kawasaki Ninja ZX-6R, MV Agusta F3, Triumph Daytona 675, Yamaha YZF-R6 GSX-R750 : Ducati 848 EVO

MOTEUR

Type	4-cylindres en ligne 4-temps, DACT, 4 soupapes par cylindre, refroidissement par liquide
Alimentation	injection à 4 corps de 40 (42) mm
Rapport volumétrique	12,9 :1 (12,5 :1)
Cylindrée	599 (749) cc
Alésage et course	67 (70) mm x 42,5 (48,7) mm
Puissance	600 : 126 ch @ 13 500 tr/min 750 : 152 ch @ 13 200 tr/min
Couple	600 : 51,4 lb-pi @ 11 500 tr/min 750 : 65,7 lb-pi @ 11 000 tr/min
Boîte de vitesses	6 rapports
Transmission finale	par chaîne
Révolution à 100 km/h	environ 5 200 (4 500) tr/min
Consommation moyenne	6,2 (6,5) l/100 km
Autonomie moyenne	274 (261) km

PARTIE CYCLE

Type de cadre	périmétrique, en aluminium
Suspension avant	fourche inversée de 41 mm ajustable en précharge, compression et détente
Suspension arrière	monoamortisseur ajustable en précharge, compression, détente et hauteur de l'assiette
Freinage avant	2 disques de 310 mm de Ø avec étriers radiaux à 4 pistons
Freinage arrière	1 disque de 220 mm de Ø avec étrier à 1 piston
Pneus avant/arrière	120/70 ZR17 & 180/55 ZR17
Empattement	1 385 mm (1 390 mm)
Hauteur de selle	810 mm
Poids tous pleins faits	187 kg (190 kg)
Réservoir de carburant	17 litres

GSX1250FA

ROBIN DES BOIS... Malgré un nom évocateur d'un lien avec les sportives pures de Suzuki, la GSX1250FA est l'authentique descendante de la Bandit 1200S originale, celle qui piquait des pièces aux vieilles GSX-R pour les offrir à la masse, à bon marché. Propulsée par un gros quatre-cylindres refroidi par liquide de 1 255 cc dont l'architecture s'inspire de celle des mécaniques des GSX-R, elle est construite à partir d'éléments simples mais solides qui auraient été tout à fait à leur place sur une sportive âgée de quelques générations. D'une certaine façon, la GSX1250FA se veut l'évolution ultime du concept de la grosse Bandit, puisqu'elle est désormais techniquement à jour, mais encore abordable. Alors que le modèle fait une pause aux États-Unis en 2012, au Canada, la version SE effectue un retour. Exclusive au pays, cette dernière est tout simplement un modèle de base accessoirisé pour le tourisme.

Alors que le modèle a longtemps été l'un des plus populaires en Europe, pour les motocyclistes nord-américains, une grosse Suzuki Bandit n'a toujours représenté qu'une routière compétente et économique, mais pas vraiment désirable. Dans le but d'améliorer cette perception et de réduire cet écart de popularité, et en se basant sur le fait que le marché nord-américain préfère les sportives entièrement recouvertes aux machines semi-carénées, Suzuki habilla sa Bandit 1250S en 2010 et la rebaptisa GSX1250FA pour l'occasion.

Contrairement aux Bandit originales qui ont toujours eu recours à une mécanique relativement simpliste dérivée de celles des toutes premières GSX-R, la GSX1250FA est propulsée par un quatre-cylindres moderne qui renvoie même une fort plaisante impression de finesse. L'aspect le plus intéressant et probablement le plus important de cette mécanique, c'est qu'il s'agit d'un moteur conçu à la base pour satisfaire exclusivement les besoins d'une utilisation routière. Il n'est donc absolument pas question ici d'une mécanique d'abord conçue pour une hypersportive et ensuite adaptée à une routière. Calibrée afin de produire autant de couple que possible dès les premiers tours, sa puissance maximale relativement modeste et ses montées en régimes linéaires n'en font toutefois pas un moteur particulièrement excitant. Cela dit, à l'exception des inconditionnels de hautes performances, qui seraient d'ailleurs bien mieux servis avec un modèle comme la Ninja 1000 de Kawasaki, la plupart des motocyclistes intéressés par ce type de routières sportives devraient se déclarer très satisfaits de ce genre de rendement.

SON COMPORTEMENT SUR LA ROUTE EST SURTOUT CARACTÉRISÉ PAR L'ABSENCE DE TOUTE RÉACTION NERVEUSE.

En pleine accélération à partir d'un arrêt, l'avant de la GSX1250F reste sagement au sol et la stabilité n'attire aucun reproche alors que pilote et moto s'élancent avec grâce et puissance. Le moteur s'éveille dès le ralenti et offre une poussée musclée et plaisante à partir d'aussi bas que 2 000 tr/min. On peut même faire descendre les tours jusqu'à 1 500 tr/min en sixième, puis ouvrir complètement l'accélérateur sans que le moteur rouspète le moindrement, ce qui représente une très belle démonstration de souplesse. L'injection se montre toutefois abrupte à l'ouverture des gaz, ce qui peut provoquer une conduite saccadée surtout à basse vitesse. Elle fonctionne parfaitement le reste du temps, tout comme l'embrayage et la transmission.

Compte tenu de sa masse tout de même considérable, de ses bonnes dimensions et de sa cylindrée importante, la GSX1250FA fait preuve d'une bonne agilité et d'une étonnante accessibilité. Elle se débrouille de manière honorable sur une route sinueuse, mais sa conduite est surtout caractérisée par une absence de toute réaction nerveuse.

Le niveau de confort s'avère suffisamment bon pour qu'elle soit envisagée pour de longs trajets, et ce, malgré une selle assez bonne, mais pas exceptionnelle et des suspensions un peu plus fermes qu'elles n'ont besoin de l'être compte tenu de l'utilisation routière modérée qui définit la vocation du modèle. Notons enfin que les freins se montrent parfaitement à la hauteur des performances et qu'ils bénéficient en équipement de série d'un système ABS, ce qui ajoute encore plus à la valeur du modèle.

QUOI DE NEUF EN 2012 ?

Retour de la version SE

Version de base coûte 400 $ de moins qu'en 2011

PAS MAL

Une très intéressante valeur ; la facture de la GSX1250FA n'est plus aussi basse que celle de la bonne vieille Bandit 1200 refroidie par huile, mais le produit est nettement plus moderne et offre même l'ABS de série

Un 4-cylindres conçu avec une seule et unique mission, celle de produire beaucoup de couple aussi tôt que possible en régime, ce qu'il fait très bien

Un genre de sportive raisonnable et confortable qui est malheureusement trop rare ; à part la CBF1000 de Honda, on ne trouve à peu près rien de directement comparable

Un niveau d'accessibilité élevé, puisque malgré la forte cylindrée, elle peut être envisagée sans problème par des motocyclistes de tout calibre

BOF

Une selle qui se montre assez confortable lors de déplacements de courte et moyenne durée, mais qui n'est pas exceptionnelle sur très longue route

Une injection qui se comporte parfaitement dans toutes les situations, mais qui se montre abrupte lors de l'ouverture des gaz

Un comportement de routière avant tout ; la GSX1250FA permet de s'amuser sur une route sinueuse, mais sa tenue de route n'est pas la plus instinctive qui soit

Des suspensions qui se sont raffermies lors de la dernière révision et qui sont maintenant un peu plus fermes qu'elles n'ont besoin de l'être sur une telle moto

CONCLUSION

Il est dommage que Suzuki ait abandonné le nom Bandit lorsqu'il présenta la version entièrement carénée de la Bandit 1250S en 2010. Pas seulement parce que l'appellation GSX1250FA ne coule pas particulièrement bien sur la langue, mais aussi parce que ce sont les valeurs de la Bandit qui définissent le modèle. La nommer simplement Bandit 1250F n'aurait-il pas eu plus de sens ? Ce qui compte vraiment, toutefois, c'est que grâce à la présence de caractéristiques comme une mécanique moderne généreuse en couple, un châssis simple, mais solide et efficace, un freinage ABS de série, un carénage plein et une instrumentation soignée, entre autres, la 1250 reste un fort intéressant achat, puisque son prix, lui, est toujours très raisonnable. Il s'agit d'une routière sportive « pour adultes » dont la mission rappelle beaucoup celle de la polyvalente Honda CBF1000 et qui s'adresse aux motocyclistes désirant combiner sportivité et confort, mais sans aller jusqu'à envisager une véritable et bien plus coûteuse machine de tourisme sportif.

GSX1250FA SE

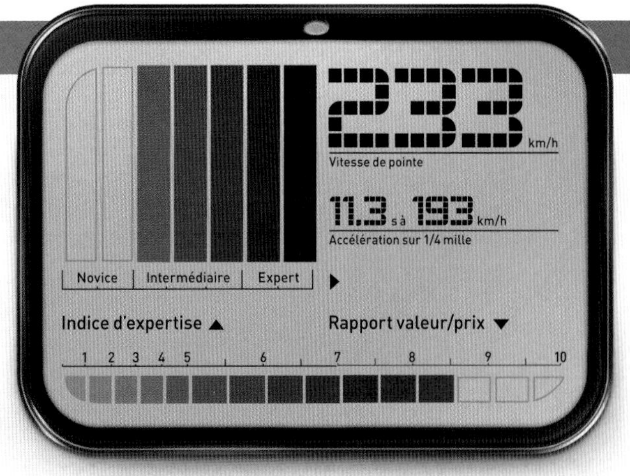

Voir légende en page 16

GÉNÉRAL

Catégorie	Routière Sportive
Prix	11 399 $ (SE : 12 899 $)
Immatriculation 2012	545,65 $
Catégorisation SAAQ 2012	« régulière »
Évolution récente	introduite en 1996, revue en 2001, 2006, 2007 et 2010
Garantie	1 an/kilométrage illimité
Couleur(s)	noir, bleu, blanc
Concurrence	Honda CBF1000, Kawasaki Ninja 1000, Triumph Sprint GT, Yamaha FZ1

MOTEUR

Type	4-cylindres en ligne 4-temps, DACT, 4 soupapes par cylindre, refroidissement par liquide
Alimentation	injection à 4 corps de 36 mm
Rapport volumétrique	10,5 :1
Cylindrée	1 255 cc
Alésage et course	79 mm x 64 mm
Puissance	98 ch @ 7 500 tr/min
Couple	79,6 lb-pi @ 3 700 tr/min
Boîte de vitesses	6 rapports
Transmission finale	par chaîne
Révolution à 100 km/h	environ 3 200 tr/min
Consommation moyenne	6,1 l/100 km
Autonomie moyenne	311 km

PARTIE CYCLE

Type de cadre	double berceau, en acier
Suspension avant	fourche conventionnelle de 43 mm ajustable en précharge
Suspension arrière	monoamortisseur ajustable en précharge et détente
Freinage avant	2 disques de 310 mm de Ø avec étriers à 4 pistons et système ABS
Freinage arrière	1 disque de 240 mm de Ø avec étrier à 1 piston et système ABS
Pneus avant/arrière	120/70 ZR17 & 180/55 ZR17
Empattement	1 485 mm
Hauteur de selle	805/825 mm
Poids tous pleins faits	257 kg
Réservoir de carburant	19 litres

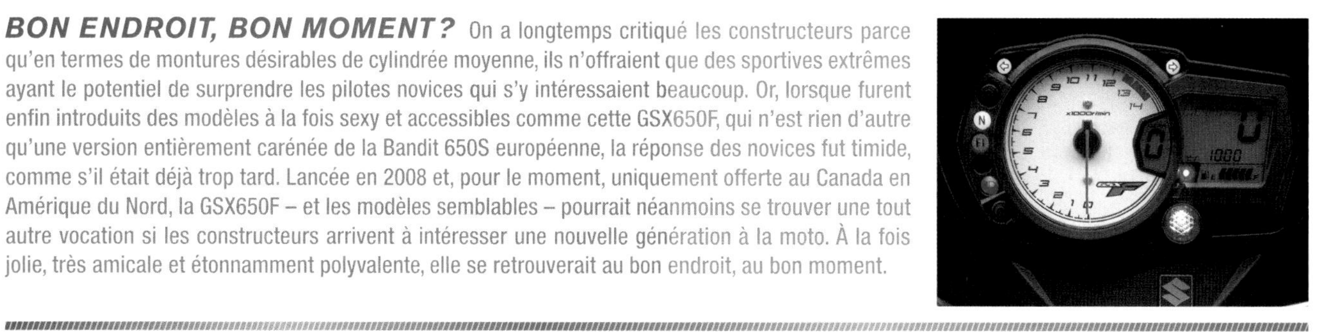

BON ENDROIT, BON MOMENT? On a longtemps critiqué les constructeurs parce qu'en termes de montures désirables de cylindrée moyenne, ils n'offraient que des sportives extrêmes ayant le potentiel de surprendre les pilotes novices qui s'y intéressaient beaucoup. Or, lorsque furent enfin introduits des modèles à la fois sexy et accessibles comme cette GSX650F, qui n'est rien d'autre qu'une version entièrement carénée de la Bandit 650S européenne, la réponse des novices fut timide, comme s'il était déjà trop tard. Lancée en 2008 et, pour le moment, uniquement offerte au Canada en Amérique du Nord, la GSX650F – et les modèles semblables – pourrait néanmoins se trouver une tout autre vocation si les constructeurs arrivent à intéresser une nouvelle génération à la moto. À la fois jolie, très amicale et étonnamment polyvalente, elle se retrouverait au bon endroit, au bon moment.

Il existe évidemment une clientèle pour laquelle une sportive doit gagner des championnats pour être intéressante, mais pour d'autres motocyclistes, un comportement accessible, un bon niveau de confort et un côté pratique élevé ont priorité. À ces derniers, on n'a longtemps proposé que des routières semi-carénées conçues exclusivement pour les Européens. Or, ceux-ci ont des goûts très différents de ceux des motocyclistes nord-américains.

La GSX650F est l'une des rares motos du marché dont le but consiste à combler ce besoin. Il s'agit, d'une certaine manière, d'une «fausse sportive», puisque sous cette robe d'inspiration GSX-R se trouve la Bandit 650S européene.

ELLE EST UNE LÉGITIME VERSION POIDS MOYEN DE LA RESPECTÉE ROUTIÈRE SPORTIVE QU'EST LA GSX1250FA.

Malgré les traits effilés de son carénage sportif, malgré l'air de famille existant entre son visage et celui des GSX-R et malgré une instrumentation «sport», la GSX650F fait partie des montures les plus accessibles et les plus pratiques que l'on puisse trouver sur le marché. Étonnamment légère de direction, elle se distingue dès les premiers tours de roues par une très agréable agilité dont est surtout responsable une bonne répartition du poids. La selle exceptionnellement basse pour une machine de style sportif contribue également à mettre rapidement le pilote en confiance, puisque ce dernier, pour une rare fois, touche confortablement le sol même s'il n'est que de taille moyenne. Comme cette selle est également confortable, comme la position de conduite de type assise est naturelle et équilibrée et comme la protection au vent est très bonne, les longs trajets de même que les courtes promenades peuvent être entrepris sans crainte de courbatures ou d'inconfort prématuré. Il s'agit d'une combinaison de caractéristiques qui fait de la GSX650F plus qu'une simple bonne première moto, mais qui transforme aussi le modèle en légitime version poids moyen de la respectée routière sportive qu'est la GSX1250FA. La distinction est importante, puisqu'elle élargit considérablement l'éventail de motocyclistes qui pourraient s'en déclarer satisfaits.

Les quelque 85 chevaux dont bénéficie la GSX650F ne battront aucun record, mais pour se déplacer confortablement dans toutes les situations et même pour s'amuser, surtout si on n'a pas une très grande expérience de la conduite d'une deux-roues, c'est absolument parfait comme niveau de performances. L'une des plus belles qualités du quatre-cylindres est une souplesse qui surprend franchement compte tenu de la cylindrée. Le moteur accepte sans rouspéter de reprendre à partir de 2 000 tr/min sur le sixième rapport, ce qui n'est pas du tout commun pour une 650.

Malgré le fait qu'elle n'est pas conçue pour gagner des courses, la GSX650F se débrouille quand même admirablement bien au chapitre de la tenue de route. Stable en toutes circonstances même en pleine accélération, légère en entrée de courbe et solide une fois inclinée, elle dispose d'une réelle capacité de rouler vite et précisément sur une route sinueuse. À ce sujet, on pourrait d'ailleurs lui reprocher ses réglages de suspensions un peu trop fermes. Compte tenu de la nature du modèle, une meilleure souplesse à ce niveau serait probablement plus appropriée. L'ABS est livré de série, ce qui étonne à un tel prix.

QUOI DE NEUF EN 2012 ?

Aucun changement

Coûte 1 100 $ de moins qu'en 2011

PAS MAL

Une ligne sympathique inspirée des GSX-R et qui fait de la GSX650F l'une des rares motos sur le marché qui offrent à la fois une grande accessibilité et un look sportif

Un comportement routier qui n'est pas du tout aussi vif et pointu que celui d'une GSX-R, mais qui reste d'une excellente qualité et qui se montre très accessible

Un très bon niveau de confort amené par une protection au vent correcte, par une bonne selle, par une position de conduite relevée et dégagée, et par une mécanique douce, du moins à bas et moyen régimes

Une bonne valeur, surtout compte tenu de l'ABS livré de série

BOF

Un niveau de performances que les amateurs de sensations fortes pourraient trouver un peu juste, et ce, même s'ils ne possèdent pas une grande expérience de la moto ; tous les autres devraient s'en déclarer satisfaits

Des suspensions qui, sans être rudes, sont calibrées avec une certaine fermeté dans le but de maximiser le potentiel de la tenue de route ; si nous avions le choix, compte tenu de la vocation routière du modèle, nous les souhaiterions un peu plus souples

Une injection qui travaille bien dans la plupart des situations, mais qui n'est pas tout à fait douce à la remise des gaz ; le système donne l'impression d'être une version satisfaisante, mais économique

CONCLUSION

Pour les férus de sportives pures, le style le plus agressif possible et les performances les plus élevées possible constituent les ingrédients clés d'un bon achat. À ce groupe, le marché offre un ample choix de modèles aussi sexy que performants. D'autres motocyclistes, toutefois, bien qu'ils affectionnent beaucoup les lignes des CBR-RR et des ZX-R et des GSX-R et des YZF-R, n'ont ni besoin ni envie du comportement nerveux qui accompagnent de tels choix. Pour eux, la combinaison idéale se réalise plutôt lorsque style sportif, accessibilité et polyvalence sont réunis, ce qu'à peine une poignée de modèles offrent, dont la GSX650F. Elle propose un intéressant mélange de sportivité et de facilité de pilotage dans un ensemble qui favorise avant tout le côté routier de la conduite d'une moto. Offerte pour une somme très raisonnable et équipée de série de l'ABS, elle incarne le concept de la routière sportive de cylindrée moyenne. Comme première moto ou comme modèle de progression, elle fait facilement partie de ce que le marché propose de mieux.

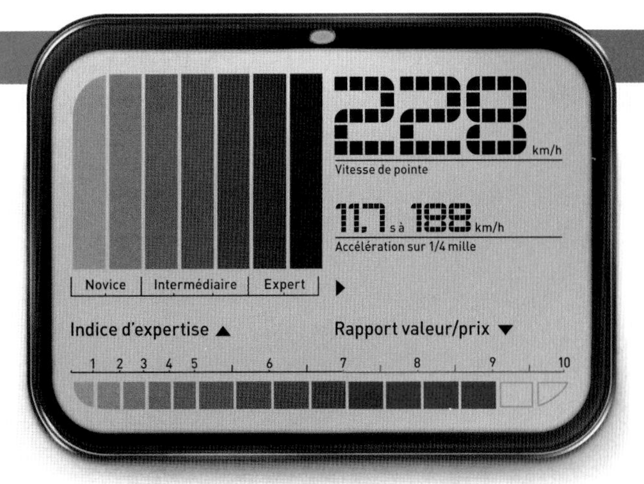

Voir légende en page 16

GÉNÉRAL

Catégorie	Routière Sportive
Prix	8 199 $
Immatriculation 2012	545,65 $
Catégorisation SAAQ 2012	« régulière »
Évolution récente	introduite en 2008
Garantie	1 an/kilométrage illimité
Couleur(s)	blanc et bleu, noir
Concurrence	Honda CBF600S, Kawasaki Ninja 650, Yamaha FZ6R

MOTEUR

Type	4-cylindres en ligne 4-temps, DACT, 4 soupapes par cylindre, refroidissement par liquide
Alimentation	injection à 4 corps de 36 mm
Rapport volumétrique	11,5 :1
Cylindrée	656 cc
Alésage et course	65,5 mm x 48,7 mm
Puissance	85 ch @ 10 500 tr/min
Couple	45,6 lb-pi @ 8 900 tr/min
Boîte de vitesses	6 rapports
Transmission finale	par chaîne
Révolution à 100 km/h	environ 5 200 tr/min
Consommation moyenne	5,4 l/100 km
Autonomie moyenne	351 km

PARTIE CYCLE

Type de cadre	double berceau, en acier
Suspension avant	fourche conventionnelle de 41 mm ajustable en précharge
Suspension arrière	monoamortisseur ajustable en précharge et détente
Freinage avant	2 disques de 310 mm de Ø avec étriers à 4 pistons et système ABS
Freinage arrière	1 disque de 240 mm de Ø avec étrier à 1 piston et système ABS
Pneus avant/arrière	120/70 ZR17 & 160/60 ZR17
Empattement	1 470 mm
Hauteur de selle	770 mm
Poids tous pleins faits	245 kg
Réservoir de carburant	19 litres

Gladius

BIENVENUE... Tous les efforts récents de l'industrie de la moto ont été déployés afin de construire des sportives toujours plus puissantes, des customs toujours plus grosses et des machines de tourisme toujours plus équipées. Personne n'a toutefois trop réfléchi à des modèles qui pourraient intéresser de nouveaux motocyclistes, si bien qu'entre la majorité des motos neuves actuelles et les besoins d'une nouvelle génération, un immense fossé s'est creusé. Dérivée de l'excellente petite sportive qu'est la SV650S, la Gladius fut introduite en 2009 justement dans le but d'offrir une option accessible à d'éventuels nouveaux motards. Toutes deux sont propulsées par un charmant petit V-Twin et bénéficient de freins ABS en équipement de série. Il s'agit de modèles qui, pour le moment, sont offerts sur le marché canadien, mais, étrangement, pas aux États-Unis.

Nous parlons souvent du problème de relève absente que vit l'industrie de la moto, mais il est nécessaire de le faire pour comprendre la Gladius dont la mission est précisément de charmer de nouveaux motocyclistes. Le modèle porte donc une responsabilité monumentale, mais possède-t-il vraiment les qualités requises pour séduire ces convoités jeunes nouveaux motocyclistes? Non seulement la réponse est affirmative, mais dans ce contexte bien particulier, la Gladius s'avère même presque parfaite, entre autres parce qu'elle offre visuellement quelque chose de nouveau et de peu intimidant, pour ne pas dire invitant, qui semble très bien concorder avec le calibre de la clientèle visée. Mais c'est avant tout au niveau mécanique que la Gladius brille, un constat qui n'a rien d'étonnant lorsqu'on se rappelle qu'il s'agit d'une très proche parente de la SV650S.

La Gladius propose une combinaison de caractéristiques très habilement choisies afin de rendre son pilotage le plus aisé et plaisant possible. On s'en rend compte dès le tout premier contact, puisqu'il s'agit d'une monture particulièrement légère. Qu'on ait à la soulever de sa béquille ou à la déplacer lorsque le moteur est à l'arrêt, l'opération requiert un effort minimum. Une fois en route, cette impression de légèreté prend encore plus d'importance lorsqu'on découvre chez elle l'une des directions les plus légères qui soient. La poussée nécessaire sur le guidon pour la faire changer de cap est même tellement faible que cette qualité peut se transformer en une sorte d'instabilité si le pilote ne fait pas attention aux impulsions qu'il transmet involontairement dans les poignées, au passage de bosses, par exemple. L'un des autres attraits prédominants de la Gladius est l'adorable V-Twin de 645 cc qui l'anime. Par rapport aux prestations qu'il propose sur la SV650S, Suzuki affirme avoir amélioré le couple à bas régime sans pour autant avoir réduit la puissance à haut régime, et c'est exactement ce qu'on constate. Les accélérations sont immédiates et ne font que s'intensifier à mesure que les tours grimpent. Aucun besoin, donc, d'amener le moteur jusqu'à la toute fin de sa plage de régimes pour s'amuser. Les performances absolues ne sont pas extraordinaires, comme cela n'a jamais été le cas pour la SV650S, d'ailleurs, mais dans le contexte qui est celui de ces deux modèles, elles sont décidément plus qu'appropriées, puisqu'elles en mettront plein les bras à la clientèle convoitée. Compte tenu de l'expérience de conduite limitée de celle-ci, la présence de l'ABS de série est un grand avantage.

L'UN DES PLUS GRANDS ATTRAITS QU'OFFRENT LES DEUX MODÈLES EST L'ADORABLE V-TWIN QUI LES ANIME.

La position compacte, mais relevée de la Gladius s'avère aussi naturelle que reposante, tandis que sa selle est relativement basse. Quant à la SV650S, il s'agit de la même sportive très compétente qu'on connaît depuis si longtemps. Son comportement n'est peut-être pas aussi fin que celui d'une 600 plus pointue, mais elle est tout de même capable d'effectuer des tours de piste à un rythme très élevé. La SV650S s'est toujours distinguée par sa très rare capacité à divertir son pilote sans le placer dans une fâcheuse position ou lui faire trop enfreindre la loi. L'un de ses rares défauts est une position de conduite un peu trop agressive pour son positionnement avant tout routier.

QUOI DE NEUF EN 2012 ?

Aucun changement

Coûtent 1 100 $ de moins qu'en 2011

PAS MAL

Un charmant petit V-Twin plein de caractère dont la puissance est assez élevée pour permettre à un large éventail de pilotes de s'amuser sans pour autant – trop – enfreindre la loi

Une tenue de route sportive facile à exploiter ; tant la SV que la Gladius représentent des outils parfaits pour s'initier à la conduite sur piste ou pour préparer le passage vers un modèle de type sportif supérieur

Une ligne très intéressante pour la Gladius qui troque la ligne haute performance de la SV pour un style haute couture beaucoup plus accessible

Une excellente valeur puisque les prix sont très intéressants et que les produits s'avèrent exceptionnels, surtout maintenant que l'ABS est livré en équipement de série

BOF

Un niveau de performances qui pourrait être plus excitant, du moins pour les pilotes expérimentés et exigeants ; nous continuons de rêver à un V-Twin de 750 ou 800 cc

Une position de conduite qui taxe les poignets et qui est inutilement radicale sur la SV, puisque le positionnement du modèle n'a jamais été celui d'une sportive pure destinée à la piste, mais plutôt celui d'une sportive modérée destinée à la route

Une direction tellement légère sur la Gladius qu'elle peut devenir nerveuse si le pilote ne prête pas une attention aux impulsions qu'il renvoie dans le guidon, lors du passage de bosses par exemple ; un amortisseur de direction ne serait pas superflu

CONCLUSION

La Gladius représente effectivement une moto parfaitement appropriée pour la fameuse nouvelle génération de motocyclistes que tous les constructeurs cherchent actuellement à séduire. Il s'agit d'une conclusion due à plusieurs de ses caractéristiques, dont une agilité exceptionnelle et une merveilleuse petite mécanique, mais aussi parce qu'elle est la définition de la petite moto à la fois accessible et intéressante. En offrant l'ABS de série, un style européen et une position invitante, et en ne lésinant pas sur la finition en dépit du bas prix, Suzuki livre par ailleurs une excellente valeur. Quant à la bonne vieille SV650S, disons simplement que si la Gladius est aussi intéressante et réussie, c'est surtout parce que la SV lui sert de base. Elle vieillit, mais demeure une proposition unique pour quiconque recherche une véritable sportive dans un format moyen offrant à la fois les grisantes sensations d'un V-Twin et un niveau d'accessibilité élevé. Nous ne cesserons de lui reprocher sa position de conduite inutilement sévère, mais à cette exception près, elle demeure extrêmement recommandable.

SV650S

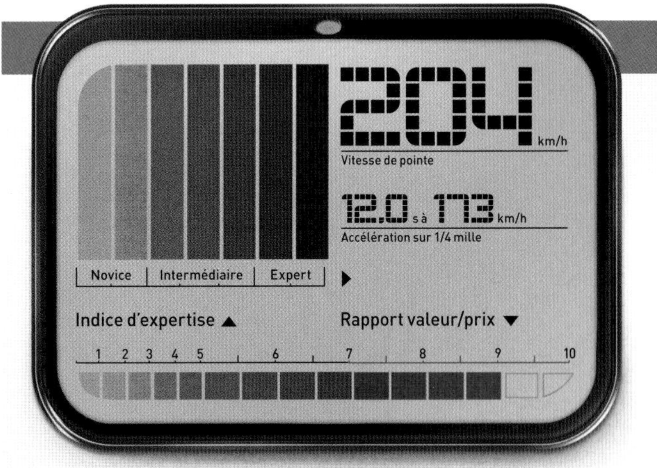

Voir légende en page 16

GÉNÉRAL

Catégorie	Routière Sportive/Standard
Prix	SV650S : 8 399 $ Gladius : 8 299 $
Immatriculation 2012	545,65 $
Catégorisation SAAQ 2012	« régulière »
Évolution récente	SV650S introduite en 1999, revue en 2003 ; Gladius introduite en 2009
Garantie	1 an/kilométrage illimité
Couleur(s)	SV650S : blanc, noir Gladius : noir, blanc et noir
Concurrence	SV650S : Honda CBF600S, Kawasaki Ninja 650, Suzuki GSX650F, Yamaha FZ6R Gladius : Aprilia Shiver 750, Ducati Monster 696, Honda NC700S, Kawasaki ER-6n

MOTEUR

Type	bicylindre 4-temps en V à 90 degrés, DACT, 4 soupapes par cylindre, refroidissement par liquide
Alimentation	injection à 2 corps de 39 mm
Rapport volumétrique	11,5 : 1
Cylindrée	645 cc
Alésage et course	81 mm x 62,6 mm
Puissance	SV650S : 74 ch @ 9 000 tr/min Gladius : 72 ch @ 8 400 tr/min
Couple	SV650S : 45 lb-pi @ 7 400 tr/min Gladius : 46,3 lb-pi @ 6 400 tr/min
Boîte de vitesses	6 rapports
Transmission finale	par chaîne
Révolution à 100 km/h	environ 4 700 tr/min
Consommation moyenne	6,0 l/100 km
Autonomie moyenne	SV650S : 283 km ; Gladius : 241 km

PARTIE CYCLE

Type de cadre	SV650S : treillis périmétrique, aluminium Gladius : treillis périmétrique, en acier
Suspension avant	fourche conventionnelle de 41 mm ajustable en précharge
Suspension arrière	monoamortisseur ajustable en précharge
Freinage avant	2 disques de 290 mm de Ø avec étriers à 2 pistons et système ABS
Freinage arrière	1 disque de 220 mm (G : 240mm) de Ø avec étrier à 1 piston et système ABS
Pneus avant/arrière	120/60 ZR17 & 160/60 ZR17
Empattement	SV650S : 1 430 mm ; Gladius : 1 445 mm
Hauteur de selle	SV650S : 800 mm ; Gladius : 785 mm
Poids tous pleins faits	SV650S : 203 kg ; Gladius : 202 kg
Réservoir de carburant	SV650S : 17 litres ; Gladius : 14,5 litres

AVENTURIÈRE ROUTIÈRE... Personne ne niera jamais que c'est en s'inspirant de la réputée BMW R-GS que la V-Strom et le reste des modèles de la classe ont été conçus. Néanmoins, la vocation de la Suzuki n'a jamais été exactement la même que celle de l'allemande, puisqu'elle se distingue par une construction presque exclusivement axée sur une utilisation routière. En fait, la V-Strom est une routière à laquelle certaines composantes typiques des aventurières ont été greffées. Son moteur provient des regrettées TL1000, tandis que son cadre périmétrique en aluminium pourrait très bien être celui d'une sportive. Nous continuons, pour le moment, de la catégoriser comme une aventurière, mais il n'en faudrait pas beaucoup pour que nous la fassions passer du côté des crossovers. La version SE, une exclusivité canadienne, est simplement une V-Strom accessoirisée pour le tourisme.

Bien que le concept de la routière aventurière lancé il y a plus de 30 ans par BMW ne cesse de donner naissance à de nouveaux modèles, on remarque que ces montures prennent petit à petit des directions différentes les unes des autres. Dans le cas de la V-Strom d'un litre, il s'agit d'une direction avant tout routière dont les principaux points d'intérêt sont un comportement accessible et un caractère mécanique fort provenant du V-Twin qui l'anime.

La V-Strom a la faculté de mettre son pilote immédiatement à l'aise lorsqu'il y prend place. Seule l'importante hauteur de selle constitue une ombre au tableau à ce sujet. En revanche, la position de conduite se montre particulièrement équilibrée. Le large guidon tubulaire tombe naturellement sous les mains tandis que son effet de levier important permet d'incliner la V-Strom avec une grande facilité. La qualité de la tenue de route est impressionnante et le châssis renvoie une surprenante sensation de solidité et de précision pour une moto de ce genre. La V-Strom 1000 se laisse d'ailleurs facilement convaincre de jouer les sportives sur une route sinueuse. Ces caractéristiques sont en fait tellement prononcées qu'on a par moments l'impression de simplement piloter une routière sportive avec une position de conduite d'aventurière.

ELLE DONNE L'IMPRESSION DE PILOTER UNE ROUTIÈRE SPORTIVE AVEC UNE POSITION D'AVENTURIÈRE.

L'une des plus belles qualités du modèle est l'impressionnante capacité d'absorption des suspensions à long débattement. En plus d'être en bonne partie responsables du très bon niveau de confort, ces suspensions permettent d'élever le rythme du pilotage jusqu'à un degré très surprenant. Parce que la V-Strom laisse le pilote se concentrer sur la route plutôt que sur l'état dans lequel elle se trouve, elle peut même facilement se montrer plus rapide qu'une sportive pointue sur un tracé en lacet dont le revêtement est abîmé, ce qui surprend d'ailleurs toujours les propriétaires de ces sportives.

Un autre grand attrait du modèle est le très plaisant V-Twin qui l'anime. Générant près d'une centaine de chevaux, bien injecté et marié à une boîte à 6 rapports douce et précise, il gronde et tremble d'une façon non seulement typique des V-Twin, mais aussi très agréable. Si son niveau de performances absolu ne s'avère pas époustouflant, le couple qu'il produit est par contre abondant à tous les régimes. Ses reprises franches et ses accélérations assez intenses pour soulever l'avant en pleine accélération sont amplement suffisantes pour distraire un motocycliste expérimenté.

Parmi les rares reproches qu'on peut formuler à l'égard de la V-Strom 1000 se trouve un certain jeu dans le rouage d'entraînement qui, combiné avec le couple élevé et le frein moteur important du V-Twin, peut provoquer une conduite saccadée à basse vitesse sur les rapports inférieurs, une particularité encore plus agaçante avec un passager à bord. Par ailleurs, même si elle est très à l'aise sur des sorties de longues distances, la V-Strom mériterait une selle mieux dessinée et plus confortable. La situation du pare-brise est semblable puisque s'il offre une bonne protection du torse et qu'il possède deux réglages en hauteur, il génère en revanche une turbulence constante et gênante au niveau du casque, peu importe son ajustement.

QUOI DE NEUF EN 2012 ?

Retour de la version SE

Version de base coûte 800 $ de moins qu'en 2011

PAS MAL

Un V-Twin d'un litre souple, performant et au caractère très plaisant

Une tenue de route étonnamment solide et précise, mais aussi facilement exploitable ; la V-Strom peut jouer les sportives de manière convaincante sur une route sinueuse, et se montre même particulièrement efficace si la chaussée est abîmée

Un niveau de confort élevé pour le pilote et le passager grâce à une position de conduite équilibrée et aux suspensions qui arrivent à aplanir les pires routes

BOF

Une hauteur de selle trop importante pour une moto dont le rôle n'est pas d'explorer les sentiers, mais plutôt de circuler sur la route

Un pare-brise qui se règle sur deux positions, mais qui crée une turbulence gênante au niveau du casque quel que soit l'ajustement

Une selle perfectible qui nuit légèrement aux aptitudes de la V-Strom pour les voyages au long cours

Un système ABS qui tarde toujours à faire son apparition

Un concept qui vieillit et qui semble être prêt pour une révision

CONCLUSION

Très efficace sur tout genre de routes, assez confortable pour permettre d'envisager de longs trajets, dotée de capacités sportives étonnantes et offrant un niveau de praticité très élevé, la V-Strom en format d'un litre se montre aussi facile à piloter que conviviale au quotidien, et ce, même si elle n'a jamais évolué depuis 2002. Elle a longtemps été et demeure encore une moto pour laquelle nous avons beaucoup d'affection. Le simple fait qu'elle mérite toujours autant de bons mots après si longtemps sans le moindre changement est d'ailleurs la plus belle preuve de son attrait. Mais le concept commence sérieusement à prendre de l'âge et bien qu'elle reste une très intéressante moto et même un bon achat, elle aurait maintenant grand besoin d'évoluer. L'arrivée cette année d'une toute nouvelle V-Strom 650 laisse d'ailleurs espérer que ce sera l'an prochain au tour de la 1000 d'être rajeunie.

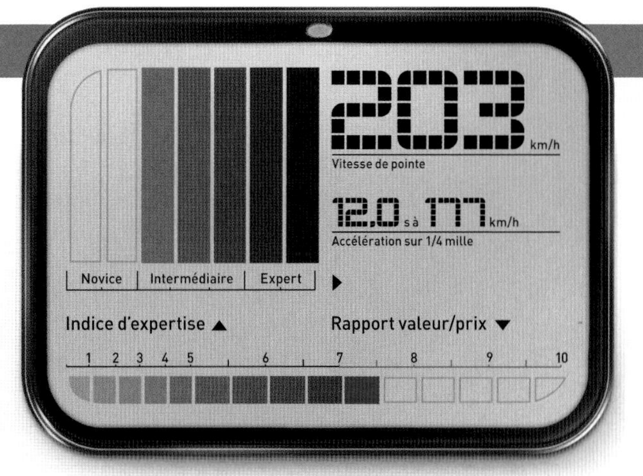

Voir légende en page 16

GÉNÉRAL

Catégorie	Routière Aventurière
Prix	11 499 $ (SE : 12 499 $)
Immatriculation 2012	545,65 $
Catégorisation SAAQ 2012	« régulière »
Évolution récente	introduite en 2002, SE introduite en 2009
Garantie	1 an/kilométrage illimité
Couleur(s)	noir, rouge et noir
Concurrence	Ducati Multistrada, KTM 990 Supermoto T, Triumph Tiger 1050

MOTEUR

Type	bicylindre 4-temps en V à 90 degrés, DACT, 4 soupapes par cylindre, refroidissement par liquide
Alimentation	injection à 2 corps de 45 mm
Rapport volumétrique	11,3:1
Cylindrée	996 cc
Alésage et course	98 mm x 66 mm
Puissance	98 ch @ 8 200 tr/min
Couple	65 lb-pi @ 7 000 tr/min
Boîte de vitesses	6 rapports
Transmission finale	par chaîne
Révolution à 100 km/h	environ 3 700 tr/min
Consommation moyenne	7,0 l/100 km
Autonomie moyenne	314 km

PARTIE CYCLE

Type de cadre	périmétrique, en aluminium
Suspension avant	fourche conventionnelle de 43 mm ajustable en précharge
Suspension arrière	monoamortisseur ajustable en précharge et détente
Freinage avant	2 disques de 310 mm de Ø avec étriers à 2 pistons
Freinage arrière	1 disque de 260 mm de Ø avec étrier à 1 piston
Pneus avant/arrière	110/80 R19 & 150/70 R17
Empattement	1 535 mm
Hauteur de selle	840 mm
Poids tous pleins faits	238 kg
Réservoir de carburant	22 litres

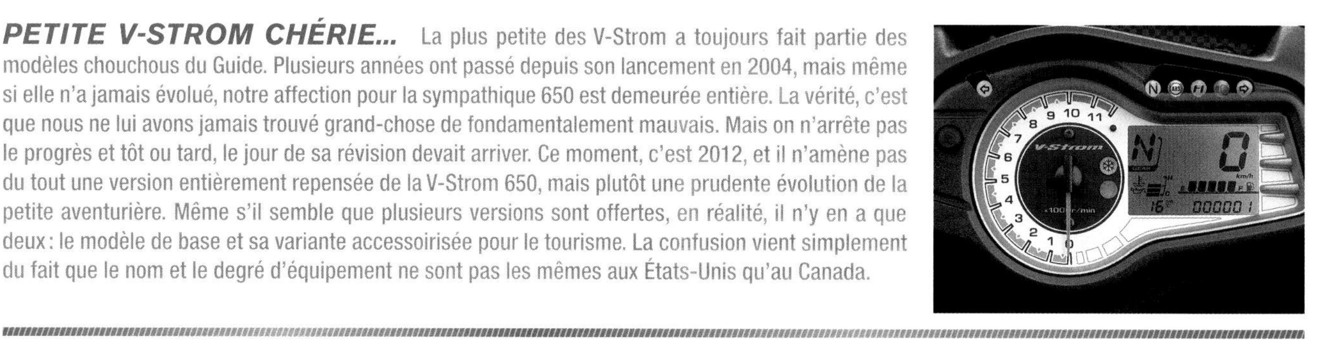

PETITE V-STROM CHÉRIE... La plus petite des V-Strom a toujours fait partie des modèles chouchous du Guide. Plusieurs années ont passé depuis son lancement en 2004, mais même si elle n'a jamais évolué, notre affection pour la sympathique 650 est demeurée entière. La vérité, c'est que nous ne lui avons jamais trouvé grand-chose de fondamentalement mauvais. Mais on n'arrête pas le progrès et tôt ou tard, le jour de sa révision devait arriver. Ce moment, c'est 2012, et il n'amène pas du tout une version entièrement repensée de la V-Strom 650, mais plutôt une prudente évolution de la petite aventurière. Même s'il semble que plusieurs versions sont offertes, en réalité, il n'y en a que deux: le modèle de base et sa variante accessoirisée pour le tourisme. La confusion vient simplement du fait que le nom et le degré d'équipement ne sont pas les mêmes aux États-Unis qu'au Canada.

Analyse Technique

Chaque année, parmi le lot de nouveautés présentées, pour des raisons variées, quelques modèles glissent inévitablement entre les mailles et ne peuvent être évalués avant l'impression du Guide. Ce n'est pas faute d'avoir essayé, mais la V-Strom 650 est malheureusement l'un de ces modèles en 2012, une situation particulièrement regrettable en raison de sa grande popularité. S'il est une note positive à ce sujet, c'est qu'elle est techniquement très proche du modèle original, un fait qui nous permet au moins de guider un peu les intéressés qui, si l'on se fie à l'historique des ventes du modèle, devraient être plutôt nombreux.

Le coup de crayon de Suzuki – pardonnez le jeu de mots – est aussi un coup de maître. Premièrement, parce qu'il est tout à fait réussi. La ligne est à la fois immédiatement reconnaissable et nouvelle, en plus de très bien respecter l'esprit d'aventure du modèle. Le style des deux V-Strom, la 650 et la 1000, a longtemps été critiqué, mais nous doutons fortement que la nouvelle ligne attire de mauvais mots.

La seconde raison pour laquelle le style de la nouvelle V-Strom 650 est judicieux, c'est que celle-ci semble être une toute nouvelle moto, alors qu'en réalité, d'un point de vue technique, il s'agit d'une évolution du modèle original, ce qui n'est pas nécessairement une mauvaise chose lorsqu'on prend en considération les fort nombreuses qualités de la première génération, qualités qui semblent d'ailleurs toutes conservées sur la version 2012.

LE STYLE ORIGINAL DES V-STROM A SOUVENT ÉTÉ CRITIQUÉ, MAIS LA NOUVELLE LIGNE EST PLUTÔT RÉUSSIE.

La base de la V-Strom 650 est inchangée, ce qui signifie que le cadre, les suspensions, les roues et les freins sont les mêmes que par le passé. Presque toutes les autres composantes sont modifiées, à commencer par le moteur.

Le V-Twin de 645 cc fait partie intégrante de l'attrait du modèle. Pour 2012, Suzuki l'a principalement raffiné au niveau de l'injection recalibrée, de l'embrayage adouci, des pistons plus légers, d'arbres à cames dont le nouveau profil ajouterait un peu de puissance et élargirait la livrée de couple, et du vilebrequin qui permettrait aux pulsations du V-Twin d'être mieux ressenties. L'ABS est livré de série sur toutes les versions et bénéficie en 2012 d'un module plus compact et plus léger. Enfin, le volume du réservoir est réduit de 22 à 20 litres, mais selon Suzuki, l'autonomie n'en souffrirait pas, puisque la consommation serait améliorée de 10 pour cent par rapport au modèle précédent.

Au chapitre de l'ergonomie, on note un nouveau pare-brise ajustable en trois positions ainsi qu'une nouvelle selle que le constructeur annonce plus confortable. À 835 mm, elle est plus haute de 15 mm que la précédente, mais deux selles optionnelles sont proposées, l'une est plus haute de 20 mm et l'autre plus basse de 20 mm que la selle standard.

Enfin, l'instrumentation de la V-Strom 650 reçoit plusieurs nouvelles fonctions accessibles à partir d'un bouton sur la poignée gauche. En plus d'afficher le rapport engagé, l'écran indique la température ambiante avec un avertisseur de gel se déclenchant à 3 degrés Celcius. L'ordinateur permet par ailleurs d'avoir accès à l'autonomie restante.

La V-Strom 650 est un franc succès pour Suzuki, qui a choisi de ne pas repenser le concept sur la nouvelle version, mais plutôt de le raffiner là où il en avait le plus besoin. L'exercice semble réussi.

LES VERSIONS

Quelques explications sont requises pour comprendre les nuances entre les diverses versions accessoirisées de l'édition 2012 de la V-Strom 650. Le cas américain est simple, puisque la seule option est une version appelée Adventure. Elle est équipée des valises en aluminium latérales seulement, du pare-brise de tourisme et des protège-moteur. Au Canada, cette version s'appelle plutôt Expedition et bénéficie, en plus, d'un top case central en aluminium, d'un sabot de moteur et de protège-mains. Quant à la version SE, il s'agit d'une exclusivité canadienne qui se veut simplement une V-Strom 650 de base équipée d'un trio de valises en plastique. Notons qu'une intéressante liste d'équipements est proposée par Suzuki. Elle comprend une béquille centrale, des poignées chauffantes, une prise 12V, un support pour GPS et des selles haute et basse, entre autres.

V-Strom 650 Adventure américaine

V-Strom 650 accessoirisée

QUOI DE NEUF EN 2012 ?

Nouvelle génération de la V-Strom 650

Introduction d'une version Adventure aux États-Unis et Expedition au Canada

Modèle de base coûte 600$ de moins qu'en 2011

PAS MAL

Un V-Twin dont le charme a toujours amplement compensé la puissance limitée et qui, sur cette version, aurait été raffiné et amélioré

Une tenue de route qui a toujours été impressionnante, surtout sur chaussée dégradée où les suspensions effaçaient les irrégularités et permettaient un rythme étonnant; toute la partie cycle est intouchée sur la version 2012

Une position relevée de conduite équilibrée qui n'a presque pas changé

Une selle que nous critiquions et que Suzuki annonce améliorée

Un pare-brise qui causait d'agaçantes turbulences et que Suzuki a remplacé

Un système ABS livré de série qui contribue à faire du modèle une très bonne valeur

BOF

Une cylindrée dont le rendement a toujours été plus que correct, mais une centaine de centimètres cubes de plus ne lui aurait pas fait de tort

Une hauteur de selle qui n'était déjà pas faible et qui augmente en 2012; en revanche, le constructeur propose une selle plus basse en option

CONCLUSION

Nous ne pouvons le confirmer avec du temps en selle, mais compte tenu de la nature limitée de cette révision, qui est davantage une évolution du modèle original, Suzuki semble avoir concentré ses efforts aux bons endroits. Parmi les rares critiques que la V-Strom 650 originale attirait, la ligne, la selle et le pare-brise figuraient en tête de liste. Or, chacun de ces points a fait l'objet d'un travail qui semble sérieux sur la version 2012. D'un autre côté, même si le modèle commençait à vieillir, on continuait d'apprécier le comportement routier accessible et précis et à louanger la sympathique mécanique au caractère charmant. Dans ce cas, Suzuki a sagement laissé tranquille ce qui fonctionnait. Le résultat est un modèle dont la valeur reste très impressionnante et qui, tout semble l'indiquer, offrira une expérience de pilotage raffinée.

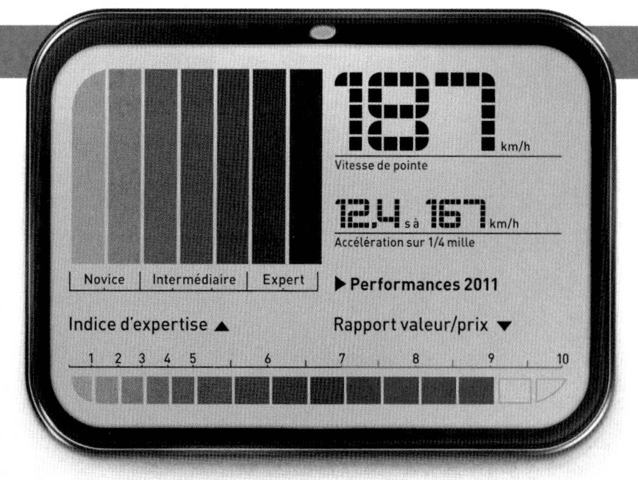

Voir légende en page 16

GÉNÉRAL

Catégorie	Routière Aventurière
Prix	9099$ (SE: 10199$; EXP: 10899$)
Immatriculation 2012	545,65$
Catégorisation SAAQ 2012	«régulière»
Évolution récente	introduite en 2004, revue en 2012 SE introduite en 2009
Garantie	1 an/kilométrage illimité
Couleur(s)	noir, orange, blanc
Concurrence	BMW F650GS, Triumph Tiger 800

MOTEUR

Type	bicylindre 4-temps en V à 90 degrés, DACT, 4 soupapes par cylindre, refroidissement par liquide
Alimentation	injection à 2 corps de 39 mm
Rapport volumétrique	11,2:1
Cylindrée	645 cc
Alésage et course	81 mm x 62,6 mm
Puissance (SV650S)	69 ch @ 8800 tr/min
Couple (SV650S)	44 lb-pi @ 6400 tr/min
Boîte de vitesses	6 rapports
Transmission finale	par chaîne
Révolution à 100 km/h	environ 4600 tr/min (2011)
Consommation moyenne	5,8 l/100 km (2011)
Autonomie moyenne	380 km (2011)

PARTIE CYCLE

Type de cadre	treillis périmétrique, en aluminium
Suspension avant	fourche conventionnelle de 43 mm ajustable en précharge
Suspension arrière	monoamortisseur ajustable en précharge et détente
Freinage avant	2 disques de 310 mm de Ø avec étriers à 2 pistons et système ABS
Freinage arrière	1 disque de 260 mm de Ø avec étrier à 1 piston et système ABS
Pneus avant/arrière	110/80 R19 & 150/70 R17
Empattement	1560 mm
Hauteur de selle	835 mm
Poids tous pleins faits	214 kg
Réservoir de carburant	20 litres

M109R Limited

BRUTALE AUDACE... En matière de customs, durant très longtemps, Suzuki n'a rien fait de mieux qu'offrir des machines au style prévisible et commun, des motos dont la mission se limitait à figurer au créneau, sans plus. Cette approche très conservatrice n'a pourtant pas empêché la marque d'Hamamatsu de faire preuve d'une stupéfiante créativité en lançant la M109R en 2006. Affichant un audacieux style presque sportif, la M109R reste l'une des customs les plus particulières du marché à ce jour. À l'exception des modèles de la famille V-Rod chez Harley-Davidson, on ne trouve tout simplement rien d'aussi osé en matière de style. L'attrait de la M109R va néanmoins bien plus loin, puisqu'elle est également propulsée par l'un des V-Twin de customs les plus puissants et caractériels jamais développés.

Même si l'on a largement abusé de l'appellation customs de performances au fil des ans, certains modèles l'ont tout de même méritée, à commencer par la Honda VTX1800 en 2001. Après que la plupart des grandes marques eurent emboîté le pas avec des interprétations plus ou moins crédibles du concept, Suzuki rejoignait enfin la catégorie en 2006 avec son premier modèle du genre, la M109R. En limitant la cylindrée à 1,8 litre à une époque où tout le monde semblait viser plus de 2 litres et en optant pour un style inhabituellement «caréné», Suzuki créa la surprise totale.

La présence visuelle de la M109R ne peut être vraiment appréciée que lorsqu'on l'observe réellement. Les photos ne lui rendent tout simplement pas justice. Longue, basse et très massive, elle paraît immense et renvoie immédiatement une impression de largeur extrême dont sont surtout responsables le réservoir surdimensionné et toute la partie arrière, qui est construite autour d'un pneu massif de 240 mm de section. Certaines motos imposantes semblent disparaître une fois qu'on y prend place, mais ce n'est pas du tout le cas de la M109R dont le côté massif reste tout à fait présent lorsqu'on en prend les commandes. Cela n'a d'ailleurs rien de désagréable, au contraire, et représente même un attrait pour les amateurs de machines costaudes.

LE V-TWIN EST FABULEUX ET OFFRE L'UNE DES PLUS FORTES ACCÉLÉRATIONS DE L'UNIVERS CUSTOM.

Si la M109R ne semble pas tellement lourde à l'arrêt en raison de son centre de gravité bas, sa position de conduite très typée peut en revanche gêner les pilotes aux jambes courtes, puisqu'elle demande d'étendre les pieds assez loin pour atteindre les repose-pieds. L'emplacement tout aussi avancé du guidon bas et plat crée une posture en C très accentuée. Étonnamment, le niveau de confort n'est, malgré cela, pas mauvais du tout, en partie grâce à la selle large et bien rembourrée et en partie grâce à la surprenante protection au vent apportée par l'avant de la moto. Celle-ci permet de maintenir tolérablement des vitesses d'autoroute qui seraient inconfortables sur une custom classique, un avantage considérable en utilisation quotidienne. Si la suspension avant n'attire pas de critiques, l'amortisseur arrière est sec sur tout ce qui est plus que moyennement abîmé.

Bien qu'il soit très possible que la ligne de la M109R constitue son premier facteur d'intérêt, une fois en route, l'attention tourne immédiatement vers le gros V-Twin qui l'anime. Il s'agit d'un moteur absolument fabuleux qu'on entend carrément renifler et souffler au ralenti. Il génère non seulement l'une des accélérations les plus puissantes de l'univers custom, mais aussi l'une des plus particulières, puisqu'il continue d'étirer les bras du pilote jusqu'aux tout derniers régimes. L'intense tremblement et la profonde sonorité qui s'en échappent à tous les régimes ajoutent également beaucoup à l'agrément de conduite.

Le comportement routier de la M109R est caractérisé par une stabilité de tous les instants, par un bon freinage et par une direction qui demande un effort légèrement supérieur à la moyenne en amorce et en milieu de virage à cause du large pneu arrière. La présence de celui-ci touche par ailleurs tous les autres aspects de la tenue de route, sans pour autant que cela soit vraiment dérangeant. Quant à l'ABS, il n'a jamais été offert sur le modèle.

QUOI DE NEUF EN 2012 ?

Aucun changement

Coûte 800 $ de moins qu'en 2011

PAS MAL

Un moteur dont la manière de renifler et de souffler au ralenti est presque bestiale et dont le niveau de performances est vraiment impressionnant

Une partie cycle qui encaisse sans broncher toute la furie du gros V-Twin et dont le large pneu arrière ne sabote pas trop les bonnes manières dont elle fait preuve dans la plupart des situations

Un coût raisonnable, puisque comparable à celui de customs poids lourds classiques de plus faible cylindrée et moins performantes

Une ligne qui, même si elle n'a jamais fait l'unanimité, représente l'un des plus audacieux designs customs du marché ; elle représente la signature stylistique de Suzuki dans ce créneau

BOF

Une injection qui se montre abrupte à la réouverture des gaz et un frein moteur inhabituellement fort qui se combinent pour rendre la conduite saccadée sur les rapports inférieurs, à basse vitesse

Un rouage d'entraînement dont on perçoit le sifflement à presque chaque instant en selle et qui compte parmi les raisons pour lesquelles nous disons qu'il ne s'agit pas de la grosse custom la plus raffinée qui soit

Une suspension arrière qui digère mal les routes très abîmées et dont la capacité d'absorption semble se limiter aux revêtements peu endommagés

CONCLUSION

Parmi toutes les customs ayant été présentées comme des modèles de performances au cours des années, très peu ont vraiment livré une marchandise digne d'une telle appellation. Avec les divers modèles de la famille V-Rod de Harley-Davidson, la M109R fait partie des très rares montures méritant légitimement d'être liées au thème de la performance. En fait, les prestations de la Suzuki en ligne droite sont telles qu'elle fait carrément mourir de honte les nombreuses machines ayant faussement affiché cette étiquette. Au-delà de son audacieux style exploitant de manière fort originale des lignes presque sportives, elle se distingue surtout par le rendement brutalement plaisant du monstre cracheur de feu qu'est le V-Twin qui la propulse. Il s'agit d'une mécanique extrêmement coupleuse et puissante dont la nature bestiale est non seulement très attachante, mais donne aussi au modèle toute la subtilité d'un boulet de canon fraîchement éjecté en pleine accélération. Ce moteur constitue d'ailleurs l'une des principales raisons pour lesquelles on devrait envisager une M109R, l'autre étant, bien entendu, le style très particulier du modèle.

M109R

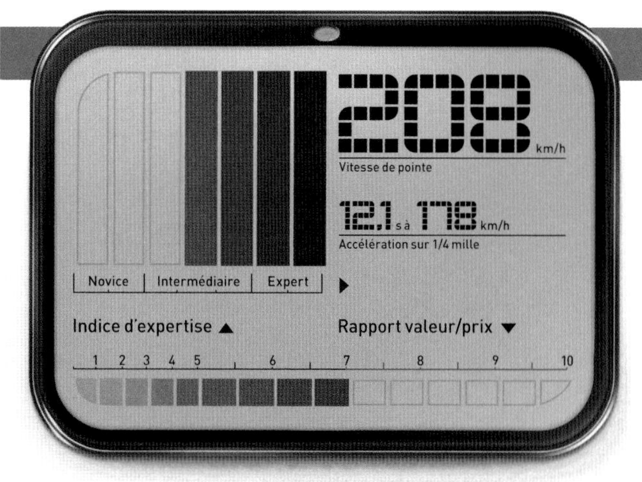

Voir légende en page 16

GÉNÉRAL

Catégorie	Custom
Prix	M109R : 15 999 $ M109R Limited : 16 499 $
Immatriculation 2012	545,65 $
Catégorisation SAAQ 2012	« régulière »
Évolution récente	introduite en 2006
Garantie	1 an/kilométrage illimité
Couleur(s)	M109R : noir M109R Limited : noir/orange, bleu/blanc
Concurrence	Harley-Davidson Night Rod Special, Victory Hammer

MOTEUR

Type	bicylindre 4-temps en V à 54 degrés, DACT, 4 soupapes par cylindre, refroidissement par liquide
Alimentation	injection à 2 corps de 56 mm
Rapport volumétrique	10,5 : 1
Cylindrée	1 783 cc
Alésage et course	112 mm x 90,5 mm
Puissance	127 ch @ 6 200 tr/min
Couple	118,6 lb-pi @ 3 200 tr/min
Boîte de vitesses	5 rapports
Transmission finale	par arbre
Révolution à 100 km/h	environ 2 900 tr/min
Consommation moyenne	7,8 l/100 km
Autonomie moyenne	250 km

PARTIE CYCLE

Type de cadre	double berceau, en acier
Suspension avant	fourche inversée de 46 mm non ajustable
Suspension arrière	monoamortisseur ajustable en précharge
Freinage avant	2 disques de 310 mm de Ø avec étriers radiaux à 4 pistons
Freinage arrière	1 disque de 275 mm de Ø avec étrier à 2 pistons
Pneus avant/arrière	130/70 R18 & 240/40 R18
Empattement	1 710 mm
Hauteur de selle	705 mm
Poids tous pleins faits	347 kg
Réservoir de carburant	19,5 litres

Boulevard C50T

APPROCHE SÛRE... Certains constructeurs, notamment Kawasaki et Yamaha, ont énormément investi dans cette catégorie dans l'espoir de faire croître leur part de marché. Plutôt que de se limiter à installer un frein arrière à disque ou à opter pour un entraînement par courroie, ces compagnies ont carrément été jusqu'à créer des moteurs plus gros. Chez Suzuki, où la cylindrée est depuis toujours un respectable 800 cc, on a choisi de résister à cette tendance et de plutôt sagement continuer à offrir des produits honnêtes à prix corrects. Quatre variantes sont offertes, à commencer par la C50 originale, une accessible custom poids moyen de style classique. Équipées des traditionnels gros pare-brise, sacoches en cuir et dossier de passager, les C50T et C50SE sont les versions de tourisme léger de la C50. Enfin, la M50 arbore une ligne plus sportive inspirée du style de la M109R.

En dépit de cylindrées beaucoup moins imposantes que celles des désirables modèles poids lourd, les customs de cylindrée moyenne représentent certaines des meilleures valeurs de ce créneau et figurent souvent parmi les modèles les plus vendus des constructeurs qui les offrent. Elles constituent d'ailleurs un défi de taille pour ceux-ci, puisque les acheteurs insistent pour retrouver toutes les caractéristiques des convoités customs de plus grosse cylindrée, mais à une fraction du prix. Les modèles les plus généreux voient leurs ventes grimper, et vice versa. Dans un tel contexte, les C50 et la M50 se débrouillent relativement bien en offrant pratiquement tous les critères recherchés. Une alimentation par injection, une ligne classique réussie dans le cas des variantes de la C50, des proportions juste assez généreuses, une finition soignée et un entraînement final propre par arbre sont autant de critères exigés par les acheteurs de modèles de cette classe. Toutes les 800 de Suzuki se montrent par contre avares au niveau du frein arrière qui est toujours du type à tambour. Quant à la cylindrée de 800 cc qui a longtemps été la norme de la classe, elle est aujourd'hui surpassée par des modèles qui approchent le litre. Pour le moment, malgré une certaine pression amenée par les modèles rivaux plus gros, Suzuki semblerait satisfait de se distinguer en offrant plusieurs versions de sa custom poids moyen. L'arrivée en 2010 d'une M50 redessinée dont la ligne imite la signature stylistique de la convoitée M109R représente un autre pas dans la même direction.

LEUR V-TWIN DE 805 CC SE SITUE ENTRE LES 900/950 CC DES KAWASAKI ET YAMAHA ET LES 750 CC DES HONDA SHADOW.

Les C50 et M50 se veulent des choix moyens dans leur catégorie en se situant, en termes de performances, entre les 900 et 950 de Kawasaki et de Yamaha et les Shadow 750 de Honda. Le V-Twin de 805 cc qui anime toutes les variantes fait correctement son travail sans toutefois montrer beaucoup de caractère. Il est doux, tremble et gronde gentiment, et procure des accélérations et des reprises satisfaisantes. L'injection fonctionne sans accroc tandis que les performances, sans s'avérer excitantes, peuvent être qualifiées d'honnêtes et de tout à fait suffisantes lorsque l'esprit reste à la balade. Un effort léger au levier d'embrayage et une transmission plutôt douce et précise sont d'autres points qui rendent ces motos amicales durant la besogne quotidienne. En raison du poids modéré, de la selle basse et de la position de conduite naturelle et décontractée, la prise en main se montre très aisée, même pour un pilote peu expérimenté. Les manœuvres lentes et serrées souvent délicates sur les customs de plus grosse cylindrée s'accomplissent ici sans complication, tandis qu'une fois en mouvement, elles se montrent faciles à mettre en angle tout en demeurant neutres et saines le long des virages. Les plateformes finissent par frotter, mais pas trop prématurément pour la classe. Si la stabilité reste généralement bonne quand la vitesse grimpe, la sensation de mollesse du levier et la puissance limitée du frein avant sont responsables d'un freinage qui n'est que moyen. De meilleures composantes et un frein à disque à l'arrière seraient bienvenus, sans parler de l'ABS qui, lui non plus, ne serait pas de refus.

QUOI DE NEUF EN 2012 ?

Retour de la C50SE

C50 coûte 400 $, C50T 300 $ et M50 500 $ de moins qu'en 2011

PAS MAL

De bonnes customs de cylindrée moyenne affichant une finition soignée et une ligne classique pour les C50, et un style inspiré de celui de la M109R pour la M50 qui va bien mieux au modèle que l'étrange silhouette de la version précédente

Une tenue de route relativement solide et équilibrée ainsi qu'un comportement général facile d'accès

Un V-Twin qui fonctionne en douceur et dont les performances sont dans la moyenne pour la catégorie

BOF

Un moteur qui n'est pas très caractériel sans toutefois que cela en fasse une mécanique désagréable ; en termes de performances, bien qu'il soit plus puissant que le V-Twin des Shadow 750, il n'est pas aussi intéressant que les moteurs des Yamaha V-Star 950 et Kawasaki Vulcan 900

Une suspension arrière qui ne digère pas toujours avec élégance les routes abîmées

Un freinage qui n'impressionne pas, surtout à cause du frein avant peu puissant et spongieux ; l'ABS n'est toujours pas offert

CONCLUSION

Les motocyclistes intéressés par les modèles de cette catégorie comptent parmi les plus difficiles du marché, puisqu'ils exigent le plus de caractéristiques possible pour le coût le plus bas possible. Il en résulte une concurrence très forte et des constructeurs qui sont allés jusqu'à augmenter les cylindrées pour se démarquer, ce qui n'a rien de banal. Dans cet environnement, la M50 et les diverses variantes de la C50 proposent de bonnes manières et des performances honnêtes pour un prix correct. Leur ligne est classique et soignée, leur mécanique s'avère amicale et leur comportement se montre accessible. Les versions de tourisme léger offrent une liste d'équipements de série qui coûteraient plus cher à acheter et à faire installer séparément. Toutes les variantes peuvent être considérées comme des produits équivalents en ce qui concerne le comportement ou la valeur, et toutes représentent des achats recommandables.

Boulevard M50

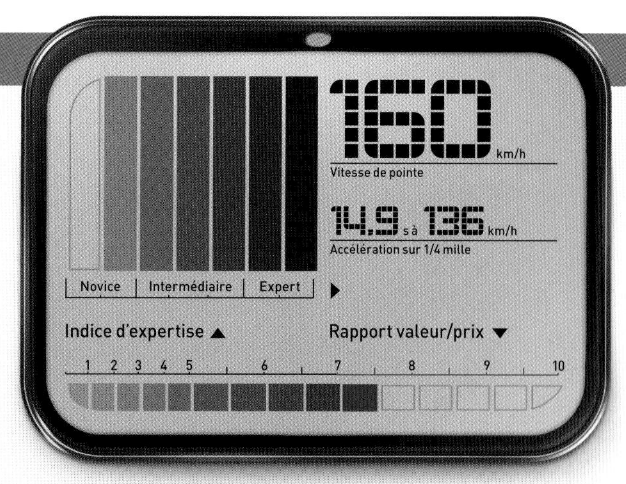

Voir légende en page 16

GÉNÉRAL

Catégorie	Custom / Tourisme léger
Prix	C50 : 8 899 $ (SE : 10 399 $) C50T : 10 499 $ M50 : 8 999 $
Immatriculation 2012	545,65 $
Catégorisation SAAQ 2012	« régulière »
Évolution récente	introduites en 2001, M50 revue en 2010
Garantie	1 an/kilométrage illimité
Couleur(s)	C50 : noir C50T : noir et blanc, rouge et noir M50 : noir, bleu
Concurrence	Harley-Davidson Sportster 883, Honda Shadow 750, Kawasaki Vulcan 900, Yamaha V-Star 950

MOTEUR

Type	bicylindre 4-temps en V à 45 degrés, SACT, 4 soupapes par cylindre, refroidissement par liquide
Alimentation	injection à 2 corps de 34 mm
Rapport volumétrique	9,4 : 1
Cylindrée	805 cc
Alésage et course	83 mm x 74,4 mm
Puissance	51 ch @ 6 000 tr/min
Couple	51 lb-pi @ 3 500 tr/min
Boîte de vitesses	5 rapports
Transmission finale	par arbre
Révolution à 100 km/h	environ 3 800 tr/min
Consommation moyenne	5,2 l/100 km
Autonomie moyenne	298 km

PARTIE CYCLE

Type de cadre	double berceau, en acier
Suspension avant	fourche conventionnelle (M50 : inversée) de 41 mm non ajustable
Suspension arrière	monoamortisseur ajustable en précharge
Freinage avant	1 disque de 300 mm de Ø avec étrier à 2 pistons
Freinage arrière	tambour mécanique de 180 mm de Ø
Pneus avant/arrière	130/90 H16 & 170/80 H15
Empattement	1 655 mm
Hauteur de selle	700 mm
Poids tous pleins faits	C50 : 277 kg ; C50T/SE : 295 kg ; M50 : 269 kg
Réservoir de carburant	15,5 litres

INHABITUELLE...

Par définition, une custom est animée par un V-Twin. À la limite, on arrive à accepter qu'en raison de son héritage, Triumph utilise un Twin parallèle. Mais un mono? Voilà qui est décidément inhabituel, pour ne pas dire unique, mais tel est le type de mécanique qui propulse la Boulevard S40 de 650 cc. Il s'agit d'un modèle lancé en 1986 sous le nom de Savage et qui n'a guère changé depuis, si ce n'est de l'installation d'un guidon de style drag en 2005. La S40 est l'une des rares motos encore alimentées par carburateur. Son prix est abaissé de 600 $ en 2012.

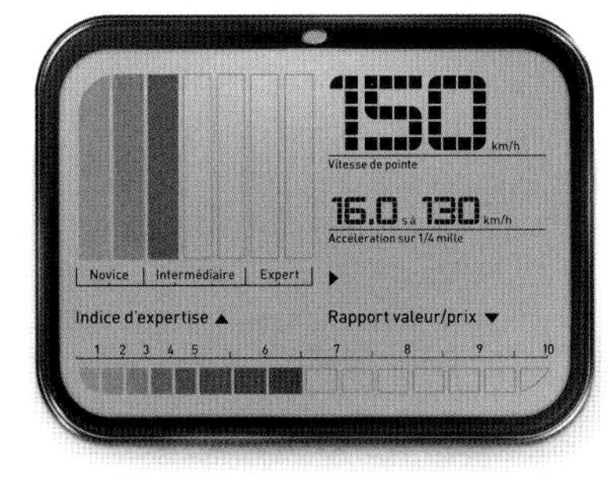

La principale raison pour laquelle la S40, alias Savage 650, n'a jamais vraiment évolué durant sa carrière qui s'étend maintenant sur plus d'un quart de siècle est qu'elle n'est ni plus ni moins qu'un outil d'initiation. Son rôle n'est donc pas d'exciter les sens, d'être performante ou de faire tourner les têtes, mais plutôt de permettre à une catégorie bien précise de motocyclistes d'entreprendre l'aventure du pilotage d'une moto dans les conditions les plus simples et les plus amicales possible. Ces derniers la trouvent en général immédiatement basse et légère, ce qui augmente leur niveau de confiance. Bien qu'elles n'aient rien de très excitant, même pour un novice, les performances que propose la S40 sont quand même beaucoup plus intéressantes que celles des petites 250 d'initiation. La sonorité agricole du monocylindre n'a rien de vraiment agréable non plus. Il n'y a pas de problème à suivre la circulation automobile, mais cela devient toutefois plus ardu avec un passager ou s'il faut dépasser rapidement. Comme la mécanique se débrouille bien à bas régime, on peut généralement éviter les tours élevés et leurs vibrations. Le prix peut sembler bas pour une moto neuve, mais on doit réaliser que ce qu'il permet d'obtenir est un véhicule techniquement vétuste. La S40 est en fin de compte une moto qui ne devrait être envisagée que si et seulement si le seul but de l'exercice est d'acquérir une monture de style custom qui permettra une période d'apprentissage aussi amicale que possible.

GÉNÉRAL

Catégorie	Custom
Prix	6 199 $
Immatriculation 2012	545,65 $
Catégorisation SAAQ 2012	« régulière »
Évolution récente	introduite en 1986
Garantie	1 an/kilométrage illimité
Couleur(s)	orange et noir, blanc et argent
Concurrence	aucune

MOTEUR

Type	monocylindre 4-temps, SACT, 4 soupapes, refroidissement par air
Alimentation	1 carburateur à corps de 40 mm
Rapport volumétrique	8,5 :1
Cylindrée	652 cc
Alésage et course	94 mm x 94 mm
Puissance	31 ch @ 5 400 tr/min
Couple	37 lb-pi @ 3 000 tr/min
Boîte de vitesses	5 rapports
Transmission finale	par courroie
Révolution à 100 km/h	n/d
Consommation moyenne	5,1 l/100 km
Autonomie moyenne	206 km

PARTIE CYCLE

Type de cadre	berceau semi-double, en acier
Suspension avant	fourche conventionnelle de 36 mm non ajustable
Suspension arrière	2 amortisseurs ajustables en précharge
Freinage avant	1 disque de 260 mm de Ø avec étrier à 2 pistons
Freinage arrière	tambour mécanique
Pneus avant/arrière	110/90-19 & 140/80-15
Empattement	1 480 mm
Hauteur de selle	700 mm
Poids tous pleins faits	173 kg
Réservoir de carburant	10,5 litres

RÉTRO URBAIN...

La toute petite TU250X est présentée par Suzuki comme étant une économique machine urbaine de style rétro. Son introduction dans la gamme du constructeur remonte à 2009. Elle est propulsée par un très simple monocylindre d'un quart de litre refroidi par air qui, étonnamment, bénéficie de l'injection. Il s'agit d'une moto dont la mission n'est pas clairement définie, puisqu'elle peut tout aussi bien jouer le rôle de modèle d'initiation que celui de mode de transport ou encore celui de deux-roues rétro pour citadin branché.

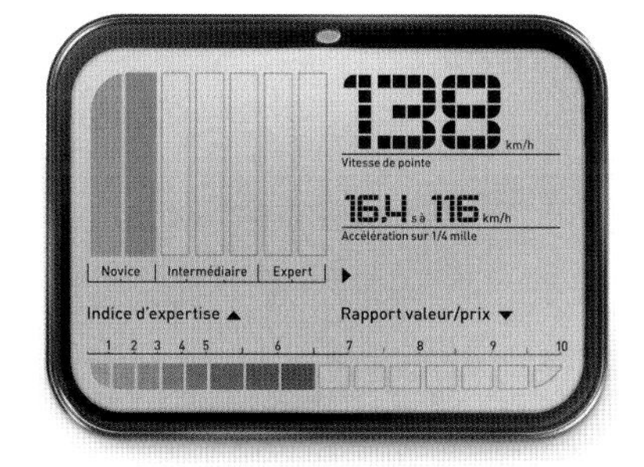

Il est pratiquement impossible de trouver un véhicule motorisé techniquement plus simple que cette sympathique TU250X. Si elle semble toute désignée pour satisfaire les besoins d'une école de conduite, on découvre en elle un outil urbain étonnamment efficace. La petite mécanique n'est évidemment pas très généreuse en sensations fortes – on est très loin des prestations d'une CBR250R ou d'une Ninja 250R –, mais grâce à une bonne livrée de puissance dès les premiers tours et au bon étagement des rapports, on arrive à se déplacer sans le moindre problème. Si les vitesses légales d'autoroute sont maintenues sans problèmes, une circulation rapide peut en revanche demander de la pousser dans ses derniers retranchements. Cela dit, tant que la TU est gardée dans un environnement où la très haute vitesse n'est pas régulièrement requise, elle se débrouille correctement. Le même commentaire peut être appliqué au comportement routier qui, compte tenu de la ligne vieillotte, surprend par sa solidité. Aucun record ne sera battu à ses commandes, mais tout est accompli de manière tout à fait satisfaisante. La maniabilité est exceptionnelle en raison d'un poids très faible, d'une direction très légère et d'une position de conduite naturelle qui met immédiatement en confiance.

La TU250X est une très bonne petite moto, mais il est incompréhensible que son prix soit aussi près de celui de modèles comme la CBR250R et la Ninja 250R. Si Suzuki gardait toutefois cette facture et ce look et qu'il coinçait dans la TU le mono de la S40, le constructeur aurait, par contre, quelque chose de très attirant.

GÉNÉRAL

Catégorie	Standard
Prix	5 299 $
Immatriculation 2012	343,65 $
Catégorisation SAAQ 2012	« régulière »
Évolution récente	introduite en 2009
Garantie	1 an/kilométrage illimité
Couleur(s)	noir et gris
Concurrence	aucune

MOTEUR

Type	monocylindre 4-temps, SACT, 2 soupapes, refroidissement par air
Alimentation	injection à 1 corps de 32 mm
Rapport volumétrique	9,2 : 1
Cylindrée	249 cc
Alésage et course	72 mm x 61,2 mm
Puissance	20 ch (estimation GM)
Couple	15 lb-pi (estimation GM)
Boîte de vitesses	5 rapports
Transmission finale	par chaîne
Révolution à 100 km/h	n/d
Consommation moyenne	4,8 l/100 km
Autonomie moyenne	250 km

PARTIE CYCLE

Type de cadre	épine dorsale, en acier
Suspension avant	fourche conventionnelle de 37 mm non ajustable
Suspension arrière	2 amortisseurs non ajustable
Freinage avant	1 disque de 275 mm de Ø avec étrier à 2 pistons
Freinage arrière	tambour mécanique
Pneus avant/arrière	90/90-18 & 100/90-18
Empattement	1 375 mm
Hauteur de selle	770 mm
Poids tous pleins faits	148 kg
Réservoir de carburant	12 litres

MAXI EN EFFET...

Le gros Suzuki Burgman, en Amérique du Nord, c'est un peu la mascotte chez ces maxiscooters d'abord et avant tout destinés au marché européen. Probablement le plus connu du fait qu'il fut le premier engin du genre à rouler de notre côté de l'Atlantique, il n'a pas changé depuis son introduction de 2002. Propulsé par un bicylindre de 638 cc produisant 55 chevaux et aussi lourd qu'une monture de sport-tourisme, il bénéficie d'un système de freinage ABS de série et possède un énorme coffre sous sa selle. Son prix est abaissé de 800 $ en 2012.

L'expérience proposée par le Burgman 650 peut être décrite comme un genre de croisement entre le pilotage d'une moto et d'un scooter, la balance penchant toutefois décidément du côté scooter. Ceux qui voudraient avoir le contrôle de la transmission automatique n'ont qu'à presser un bouton à n'importe quel moment pour transformer celle-ci en boîte séquentielle à cinq vitesses dont les rapports sont montés ou descendus à partir de commandes Up et Down placées sur la poignée gauche. Un bouton Power force le moteur à conserver des tours plus élevés où il produit plus de puissance. On s'en sert par exemple dans le but de dépasser rapidement sur une route secondaire, pour ensuite le désactiver et revenir à un régime moteur plus bas. Les 55 chevaux annoncés s'avèrent plus que suffisants sur l'autoroute où l'on n'a jamais l'impression que la mécanique est surmenée. La position de conduite est non seulement dégagée, mais aussi variable, puisque les jambes du pilote peuvent être pliées ou détendues. Avec sa grande protection au vent et sa selle haute, mais accueillante tant pour le pilote que pour le passager, le Burgman 650 n'est pas du tout un mauvais partenaire de longue route. Malgré une suspension et des freins qu'on ne sent pas très sophistiqués, mais qui accomplissent tout de même leur travail de façon honnête, le comportement routier est généralement sain. Un effort minimal suffit à inscrire le gros scooter en courbe, tandis que le châssis se montre assez rigide pour que la stabilité soit généralement bonne. Enfin, un compartiment d'impressionnantes dimensions situé sous la selle ajoute beaucoup au côté pratique du modèle.

GÉNÉRAL

Catégorie	Scooter
Prix	11 099 $
Immatriculation 2012	545,65 $
Catégorisation SAAQ 2012	« régulière »
Évolution récente	introduite en 2002
Garantie	1 an/kilométrage illimité
Couleur(s)	blanc, gris
Concurrence	BMW C600 Sport et C650GT, Yamaha TMAX

MOTEUR

Type	bicylindre parallèle 4-temps, DACT, 4 soupapes par cylindre, refroidissement par liquide
Alimentation	injection à 2 corps de 32 mm
Rapport volumétrique	11,2:1
Cylindrée	638 cc
Alésage et course	75,5 mm x 71,3 mm
Puissance	55 ch @ 7 000 tr/min
Couple	46 lb-pi @ 5 000 tr/min
Boîte de vitesses	automatique/séquentielle à 5 rapports
Transmission finale	par courroie
Révolution à 100 km/h	environ 4 500 tr/min
Consommation moyenne	5,8 l/100 km
Autonomie moyenne	258 km

PARTIE CYCLE

Type de cadre	tubulaire, en acier
Suspension avant	fourche conventionnelle de 41 mm non ajustable
Suspension arrière	2 amortisseurs ajustables en précharge
Freinage avant	2 disques de 260 mm de Ø avec étriers à 2 pistons et système ABS
Freinage arrière	1 disque de 250 mm de Ø avec étrier à 2 pistons et système ABS
Pneus avant/arrière	120/70 R15 & 160/60 R14
Empattement	1 595 mm
Hauteur de selle	750 mm
Poids tous pleins faits	277 kg
Réservoir de carburant	15 litres

MINI MAXI...

L'introduction de la génération actuelle du Burgman 400 remonte à 2007. Il s'agit d'une version de moindre cylindrée et considérablement plus légère et facile d'accès du modèle de 650 cc portant le même nom. Il représente aussi une manière nettement plus économique de rouler en maxiscooter, puisque sa facture est inférieure à celle du 650 de plusieurs milliers de dollars. Malgré cela, l'ABS fait partie de l'équipement de série, tout comme le fort pratique gros coffre sous la selle. Son rival le plus direct en Amérique du Nord est le Majesty de Yamaha. Le prix est abaissé de 600 $ en 2012.

Les scooters surdimensionnés comme le Burgman 400 s'avèrent non seulement étonnamment amusants à piloter, mais ils font aussi preuve d'un côté pratique insoupçonnable, proposent une très grande facilité d'utilisation et offrent des performances tout à fait suffisantes pour rouler aux côtés de la circulation automobile sans le moindre problème. En fait, le monocylindre injecté permet de rouler largement au-dessus des vitesses légales, puisqu'il passe rapidement le cap des 100 km/h et ne commence à s'essouffler qu'une fois les 140 km/h atteints. Le Burgman 400 se distingue de n'importe quelle moto grâce au gros coffre de 55 litres situé sous sa selle, un volume suffisant pour loger deux casques intégraux ou une foule de choses qui sont un casse-tête à transporter sur une moto sans valises. Le petit Burgman n'est pas un véhicule de tourisme, mais il n'y a aucune raison pour qu'il ne puisse être utilisé à cette fin. La position de conduite assise est reposante, les jambes ont une grande latitude de mouvements, la selle est bonne pour le pilote comme pour le passager, qui profite d'ailleurs d'un agréable dossier, et la protection au vent est excellente en plus d'être agréablement exempte de turbulences. Les suspensions ne sont pas des merveilles de raffinement, mais elles restent assez souples pour adéquatement filtrer la plupart des irrégularités de la route. À l'exception de freins qui font leur travail, mais qu'on sent spongieux aux leviers, le comportement routier est sain. La stabilité est bonne, la direction est ultralégère sans être nerveuse et la tenue de route en courbe, tant qu'on n'exagère pas, reste posée et relativement précise.

GÉNÉRAL

Catégorie	Scooter
Prix	7 999 $
Immatriculation 2012	343,65 $
Catégorisation SAAQ 2012	« régulière »
Évolution récente	introduite en 2004, revu en 2007
Garantie	1 an/kilométrage illimité
Couleur(s)	gris et noir
Concurrence	Yamaha Majesty

MOTEUR

Type	monocylindre 4-temps, DACT, 4 soupapes, refroidissement par liquide
Alimentation	injection
Rapport volumétrique	11,2:1
Cylindrée	400 cc
Alésage et course	81 mm x 77,6 mm
Puissance	34 ch @ 7 500 tr/min
Couple	26,8 lb-pi @ 6 000 tr/min
Boîte de vitesses	automatique
Transmission finale	par courroie
Consommation moyenne	4,9 l/100 km
Autonomie moyenne	275 km

PARTIE CYCLE

Type de cadre	tubulaire, en acier
Suspension avant	fourche conventionnelle de 41 mm non ajustable
Suspension arrière	monoamortisseurs ajustables en précharge
Freinage avant	2 disques de 260 mm de Ø avec étriers à 2 pistons et système ABS
Freinage arrière	1 disque de 210 mm de Ø avec étrier à 2 pistons et système ABS
Pneus avant/arrière	120/80-14 & 150/70-13
Empattement	1 585 mm
Hauteur de selle	710 mm
Poids tous pleins faits	222 kg
Réservoir de carburant	13,5 litres

RARE ENTRE-DEUX... Il existe bien peu de modèles entre les massives montures de sport-tourisme que sont les Kawasaki Concours 14 et Yamaha FJR1300 et les routières sportives conçues pour rouler comme la Suzuki GSX1250FA. En fait, la Sprint GT est peut-être même la seule moto du marché qui s'inscrive juste au milieu de ces deux classes. Présenté en 2011, le modèle actuel est une évolution de la Sprint ST. De sérieuses rumeurs courent voulant que Triumph soit sur le point d'introduire une machine de sport-tourisme pleine grandeur et laissent croire qu'il est possible que les jours de la Sprint GT soient comptés. D'un autre côté, sa nature unique pourrait très bien pousser Triumph à continuer de l'offrir aux côtés du futur modèle, qui pourrait fort bien ramener le nom Trophy à la gamme anglaise. La Sprint GT est livrée de série avec valises latérales et ABS.

Chaque année, depuis quelque temps, Triumph continue de présenter d'impressionnantes nouveautés. On n'a qu'à penser aux Tiger 800, à la nouvelle Tiger 1200 Explorer, à l'unique Daytona 675 ou encore à la légendaire Speed Triple complètement repensée l'an dernier. Cependant, même si elle a été présentée en 2011, la Sprint GT diffère de ces exemples en ce sens qu'elle est plutôt dérivée d'une monture introduite en 2005, la Sprint ST. Or, bien que nous ayons eu de très bons mots à l'égard de la ST au fil des ans, la réalité est qu'elle commence aujourd'hui à vieillir et qu'elle mériterait probablement d'être prochainement sérieusement revue.

En ayant basé la GT sur la ST, Triumph a étiré la vie de la plateforme, ce qui est très compréhensible, mais le fait est que le résultat n'offre rien de révolutionnaire. Cette réalité est toutefois loin de faire de la GT une mauvaise moto. Bien au contraire, en fait, puisqu'on a un peu l'impression, à ses commandes, d'avoir affaire à la monture que la ST aurait dû être depuis le début. En effet, parce que la ST a toujours été plus routière que sportive, le fait de la retrouver équipée de série de valises, de l'ABS, d'une meilleure selle, de suspensions recalibrées et de freins revus représente une amélioration très notable du concept original. De plus, la version du tricylindre de 1 050 cc qui anime la GT est un peu plus puissante et surtout plus coupleuse que celle de la ST, ce qui ne fait qu'ajouter aux qualités routières du modèle. Bref, aux commandes de la GT, on se sent surtout en train de piloter une version revue et corrigée de la ST plutôt qu'un tout nouveau modèle, une situation qui a ses bons et ses moins bons côtés.

LA GT REPRÉSENTE UNE OPTION PRESQUE UNIQUE SUR LE MARCHÉ, CELLE D'UNE SPORT-TOURISME POIDS LÉGER.

En ce qui concerne les moins bons côtés, le plus marquant est l'impression de piloter un modèle qui n'est plus tout à fait à jour. Bien entendu, cette impression ne se manifestera que chez les motocyclistes très expérimentés avec des modèles récents. Les autres découvriront plutôt la machine qui nous a tant plu ces dernières années. Un niveau de vibrations mécaniques pas dérangeant, mais quand même toujours présent ainsi qu'une position demandant de s'étirer jusqu'à un guidon un peu éloigné et un peu bas sont les seules caractéristiques révélant l'âge de la plateforme. Pour le reste, la Sprint GT demeure une joie à piloter. Beaucoup plus agile et beaucoup moins encombrante que les sport-tourisme classiques construites sur le moule d'une FJR1300, par exemple, la GT représente une option presque unique sur le marché, celle d'une touriste sportive poids léger. Merveilleusement plantée en virage et parfaitement à l'aise en pilotage sportif, elle propose un très invitant équilibre entre stabilité et rapidité de direction. Par ailleurs, bien qu'on souhaiterait des guidons un peu plus hauts, le confort reste excellent grâce à une généreuse protection au vent, à une très bonne selle et à des suspensions assez souples.

L'un des plus grands attraits du modèle a toujours été le très plaisant 3-cylindres qui l'anime avec un caractère si attachant. Il s'agit d'une qualité retrouvée de manière intégrale sur la GT. Pas extraordinairement puissant, bien que tout de même assez rapide en ligne droite et surtout agréablement coupleux, il séduit littéralement le pilote par sa musique unique en pleine accélération.

QUOI DE NEUF EN 2012 ?

Aucun changement

Aucune augmentation

PAS MAL

L'un des très bons moteurs sur le marché ; puissant et doté d'une très large plage de régimes utilisables, il émet une mélodie envoûtante en pleine accélération

Une sport-tourisme d'un format unique proposant des proportions qui sont davantage celles d'une routière sportive et qui s'avère donc moins encombrante que des modèles comme les FJR et Concours

Un bon niveau d'équipement de série qui comprend des valises rigides et l'ABS

Un comportement routier invitant marqué par une grande stabilité dans toutes les circonstances ainsi que par une très honnête capacité à jouer les sportives

BOF

Un compromis qui doit bien être compris par les acheteurs, puisque la Sprint GT n'offre pas un niveau de confort aussi poussé que celui des « vraies » sport-tourisme que sont les FJR ou Concours

Une mécanique très plaisante à solliciter, mais qu'on sent légèrement vibrer à travers tous les points de contact entre pilote et moto

Une position de conduite qui trahit l'âge de la plateforme, puisqu'elle force le pilote à s'étirer au-dessus d'un réservoir assez long pour atteindre les guidons ; les modèles plus récents offrent une position plus compacte

Une mise à jour « GT » très potable, mais qui ne représente certainement pas la refonte complète du modèle qu'on aimerait voir la Sprint recevoir

CONCLUSION

Les produits qui sortent des usines de la marque de Hinckley se sont améliorés de manière phénoménale ces dernières années. La Sprint ST de 2005 fut l'une des premières Triumph aisément comparables à des montures japonaises et un modèle que nous avons même associé à l'encensée VFR800. Les Triumph plus récentes sont d'un calibre encore nettement supérieur, ce qui en dit long sur les efforts déployés par le constructeur. Ce que cela signifie pour la Sprint GT, qui est intimement liée à la Sprint ST, c'est qu'elle ne représente pas le dernier cri dans la gamme anglaise. D'un autre côté, elle demeure une excellente monture de tourisme sportif proposée dans un format presque unique et animée par un moteur génial. Ça n'est quand même pas si mal.

Voir légende en page 16

GÉNÉRAL

Catégorie	Sport-Tourisme
Prix	14 699 $
Immatriculation 2012	545,65 $
Catégorisation SAAQ 2012	« régulière »
Évolution récente	introduite en 1999 comme ST, revue en 2005, réintroduite en 2011 comme GT
Garantie	2 ans/kilométrage illimité
Couleur(s)	noir, bleu, argent
Concurrence	Honda CBF1000, Suzuki GSX1250FA

MOTEUR

Type	3-cylindres en ligne 4-temps, DACT, 4 soupapes par cylindre, refroidissement par liquide
Alimentation	injection à 3 corps
Rapport volumétrique	12,0 :1
Cylindrée	1 050 cc
Alésage et course	79 mm x 71,4 mm
Puissance	128 ch @ 9 200 tr/min
Couple	80 lb-pi @ 6 300 tr/min
Boîte de vitesses	6 rapports
Transmission finale	par chaîne
Révolution à 100 km/h	environ 3 400 tr/min
Consommation moyenne	6,9 l/100 km
Autonomie moyenne	290 km

PARTIE CYCLE

Type de cadre	périmétrique, en aluminium
Suspension avant	fourche conventionnelle de 43 mm ajustable en précharge
Suspension arrière	monoamortisseur ajustable en précharge et détente
Freinage avant	2 disques de 320 mm de Ø avec étriers à 4 pistons et système ABS
Freinage arrière	1 disque de 255 mm de Ø avec étrier à 2 pistons et système ABS
Pneus avant/arrière	120/70 ZR17 & 180/55 ZR17
Empattement	1 537 mm
Hauteur de selle	815 mm
Poids tous pleins faits	265 kg
Réservoir de carburant	20 litres

Daytona 675R

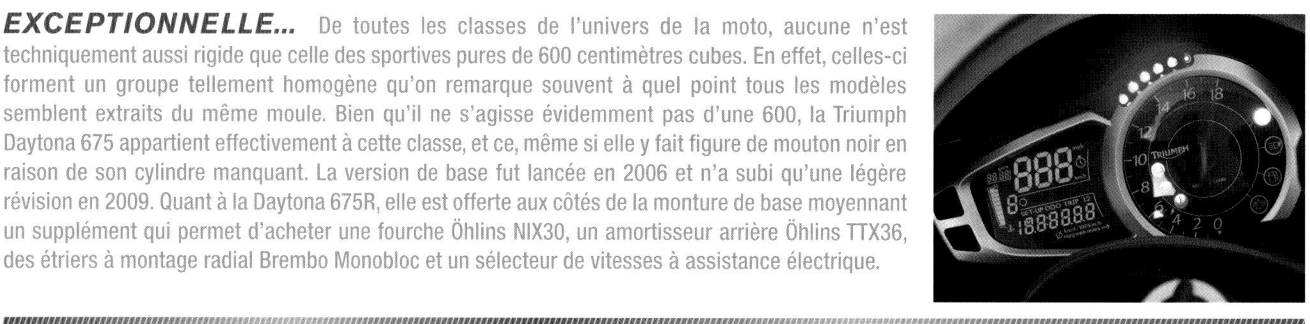

EXCEPTIONNELLE... De toutes les classes de l'univers de la moto, aucune n'est techniquement aussi rigide que celle des sportives pures de 600 centimètres cubes. En effet, celles-ci forment un groupe tellement homogène qu'on remarque souvent à quel point tous les modèles semblent extraits du même moule. Bien qu'il ne s'agisse évidemment pas d'une 600, la Triumph Daytona 675 appartient effectivement à cette classe, et ce, même si elle y fait figure de mouton noir en raison de son cylindre manquant. La version de base fut lancée en 2006 et n'a subi qu'une légère révision en 2009. Quant à la Daytona 675R, elle est offerte aux côtés de la monture de base moyennant un supplément qui permet d'acheter une fourche Öhlins NIX30, un amortisseur arrière Öhlins TTX36, des étriers à montage radial Brembo Monobloc et un sélecteur de vitesses à assistance électrique.

Dans une classe où les choix traditionnels offerts par les constructeurs japonais s'avèrent tellement similaires que les amateurs éprouvent souvent de la difficulté à choisir, la Daytona 675 est une oasis d'originalité. Il ne s'agit pas vraiment d'une 600 en raison de ses 75 cc additionnels, mais la qualifier de tricheuse serait exagéré, puisque son moteur n'utilise que trois cylindres, un de moins que ceux des «vraies» 600.

Allégée de 3 kilos, plus puissante de 3 chevaux et bénéficiant d'une courte liste d'améliorations techniques depuis sa révision de 2009, la 675 a finalement peu évolué depuis son lancement de 2006. Le modèle vieillit toutefois très bien, en partie parce que les autres 600 ont relativement peu progressé ces dernières années et en partie parce que le concept est encore pratiquement unique sur le marché.

ÉQUIPÉE DE SUSPENSIONS ÖHLINS DE TRÈS HAUT CALIBRE, LA 675R SE MONTRE ABSOLUMENT SEREINE EN PISTE.

La Daytona 675 est à la fois très similaire et très différente des 600 japonaises traditionnelles. Par exemple, elle ressemble à celles-ci au niveau de sa très grande légèreté et de ses proportions très compactes, mais elle s'en distingue en se montrant encore plus étroite et en proposant une position de conduite un peu plus radicale en raison d'une selle haute et de poignées très basses. S'il s'agit de caractéristiques qui la rendent inconfortable sur la route, en revanche, sur circuit, celles-ci prennent tout leur sens et font de la 675 une machine non seulement redoutable, mais aussi extrêmement plaisante à pousser. Dans cet environnement, la 675 de base offre une finesse et une précision de pilotage qui en font presque l'équivalente des meilleures nippones.

En termes de capacités sur circuit, les acheteurs qui opteront pour la Daytona 675R n'auront strictement rien à envier aux 600 japonaises, et ce, surtout en raison des suspensions Öhlins dont est équipé le modèle. Il s'agit carrément de composantes de compétition qui rendent le comportement presque serein sur circuit, une qualité qui permet au pilote de considérablement pousser le rythme sans que la moindre mauvaise manière ne se manifeste. La 675R bénéficie en plus d'étriers Brembo légèrement plus efficaces que les composantes de base ainsi que d'un sélecteur de vitesses à assistance électrique permettant de passer les rapports sans embrayage. On doit s'y adapter au début, mais on ne veut plus s'en passer ensuite.

Grâce à son tricylindre en ligne, la 675 ouvre littéralement un autre monde en termes de mécanique. Au lieu de la sonorité presque électrique de certains 4-cylindres, la Daytona émet plutôt une musique aussi unique qu'enivrante, surtout lorsqu'elle est équipée d'un silencieux un peu plus libre qui permet au moteur anglais de se mettre à chanter. L'avantage de ce type de mécanique va toutefois beaucoup plus loin, puisque celle-ci offre une bande de puissance dont un propriétaire de 600 ne peut que rêver. Offrant des accélérations presque aussi fortes au-delà des 10 000 tr/min, la 675 se démarque complètement du rendement des 600 à bas et moyen régimes où l'on peut carrément parler de souplesse. Presque toujours très doux, le tricylindre se montre parfaitement utilisable dès le relâchement de l'embrayage et génère une très plaisante poussée dès que les mi-régimes sont atteints.

QUOI DE NEUF EN 2012 ?

Aucun changement

Coûtent 600$ de plus qu'en 2011

PAS MAL

Un moteur à 3 cylindres absolument fabuleux qui se montre beaucoup plus coupleux à bas et moyen régimes et beaucoup plus agréable à l'oreille que celui d'une 600 japonaise à 4 cylindres

Un niveau de performances maximal très proche de celui des 600 japonaises et une tenue de route très similaire ; sur piste, la 675 est encore dans le coup, tandis que la 675R et ses suspensions Öhlins est un vrai petit bijou

Une ligne encore attrayante et un concept qui vieillit très bien malgré plusieurs années sur le marché sans changements majeurs

BOF

Une position de conduite très agressive qui met beaucoup de poids sur les poignets et un niveau de confort général faible, surtout en raison d'une selle dure

Une hauteur de selle considérable qui ne fera pas l'affaire des pilotes un peu courts sur pattes

Un sélecteur de vitesses à assistance électrique sur la 675R qui demande une certaine période d'adaptation, bien qu'on s'y attache ensuite

Un certain recul en termes de performances maximales en ligne droite par rapport aux 600 japonaises

CONCLUSION

Il est indiscutable que la Daytona 675 continue de proposer l'une des plus intéressantes et intelligentes formules du créneau sportif de cylindrée moyenne. Le cœur de cette nature particulière n'est que la fabuleuse mécanique à trois cylindres qui l'anime. Non seulement elle offre une souplesse qui ne cesse d'impressionner, et ce, dans une classe où la souplesse n'existe essentiellement pas, mais elle agrémente aussi l'expérience de pilotage en s'avérant l'un des moteurs les plus excitants qui soient à entendre rugir en pleine accélération. Quant à la variante R, elle est surtout destinée aux puristes qui sauront apprécier la valeur des suspensions Öhlins dont elle est équipée, bien que celles-ci fassent considérablement grimper la facture. Il s'agit d'une alternative extrêmement intéressante aux traditionnelles 600 offertes par les marques japonaises.

Daytona 675

Voir légende en page 16

GÉNÉRAL

Catégorie	Sportive
Prix	Daytona 675 : 12 599 $ Daytona 675R : 14 599 $
Immatriculation 2012	1 093,65 $
Catégorisation SAAQ 2012	« à risque »
Évolution récente	675 introduite en 2006, revue en 2009 ; 675R introduite en 2011
Garantie	2 ans/kilométrage illimité
Couleur(s)	Daytona 675 : rouge, noir Daytona 675R : blanc
Concurrence	Honda CBR600RR, Kawasaki Ninja ZX-6R, MV Agusta F3, Suzuki GSX-R600, Yamaha YZF-R6

MOTEUR

Type	3-cylindres en ligne 4-temps, DACT, 4 soupapes par cylindre, refroidissement par liquide
Alimentation	injection à 3 corps 44 mm
Rapport volumétrique	12,7 :1
Cylindrée	675 cc
Alésage et course	74 mm x 52,3 mm
Puissance	124 ch @ 12 600 tr/min
Couple	53 lb-pi @ 11 700 tr/min
Boîte de vitesses	6 rapports
Transmission finale	par chaîne
Révolution à 100 km/h	environ 5 100 tr/min
Consommation moyenne	6,4 l/100 km
Autonomie moyenne	272 km

PARTIE CYCLE

Type de cadre	périmétrique, en aluminium
Suspension avant	fourche inversée de 41 mm (R : 43 mm) ajustable en précharge, en détente et en (675 : haute et basse vitesses de) compression
Suspension arrière	monoamortisseur ajustable en précharge, en détente et en (675 : haute et basse vitesses de) compression
Freinage avant	2 disques de 308 mm de Ø avec étriers radiaux à 4 pistons
Freinage arrière	1 disque de 220 mm de Ø avec étrier à 1 piston
Pneus avant/arrière	120/70 ZR17 & 180/55 ZR17
Empattement	1 395 mm
Hauteur de selle	830 mm
Poids tous pleins faits	185 kg
Réservoir de carburant	17,4 litres

Speed Triple

ÉQUILIBRE SACRÉ... La Speed Triple est l'une des motos les plus particulières du marché. On la connaît évidemment pour son look de canaille et sa réputation de cherche-le-trouble, mais on oublie parfois que derrière cette façade de voyou se cache l'une des standards les plus équilibrées au monde. Pour cette raison, lorsque vint le temps de la repenser entièrement l'an dernier, une instruction fut explicitement donnée aux responsables de la transformation par John Bloor, à qui Triumph appartient : « Don't screw it up. » ou « Ne me la détraquez pas. » Le résultat est une monture animée par une version légèrement plus puissante de l'excellent tricylindre en ligne de l'ancienne Speed Triple, mais qui est installée dans une partie cycle toute neuve et, pour la première fois de l'histoire du modèle, exclusive à celui-ci. En 2012, Triumph propose une version R encore plus sportive.

Le temps était peut-être venu, l'an dernier, pour la Speed Triple d'évoluer. Ça arrive tôt ou tard à toutes les motos, mais sa formule n'avait certainement pas besoin d'être repensée. Les plus récentes versions du modèle avaient atteint un équilibre très particulier devant à tout prix être conservé sur la moto qui deviendrait sa remplaçante. Pour cette raison, l'une des toutes premières impressions ressenties aux commandes de la nouvelle Speed Triple, c'est celle d'être aux commandes d'une Speed Triple. Sur n'importe quelle autre machine, une telle constatation équivaudrait à une absence de progrès, mais pas dans ce cas, puisque cette sensation signifie simplement que malgré tous les changements, le fameux équilibre qui définit le modèle est intact.

ELLE PARVIENT À PASSER D'UN ENVIRONNEMENT ROUTIER À LA PISTE DE MANIÈRE COMPLÈTEMENT TRANSPARENTE.

La position de conduite proposée par la version actuelle de la Speed Triple est semblable, mais plus compacte, sans toutefois que ça le soit au point de se sentir coincé. Ce qui marque, c'est à quel point la posture est polyvalente. Sur la route, elle s'avère à la fois naturelle, détendue et sportive, mais sans se montrer encombrante lorsqu'on se retrouve en train de boucler des tours de piste, ce que la Speed Triple accomplit d'ailleurs sans se faire prier et avec beaucoup d'efficacité.

Les gains en termes de performances sont finalement mineurs et difficilement perceptibles sans comparaison directe avec une ancienne version, mais cette façon qu'a la Speed Triple de rouler sur le couple du ralenti jusqu'à la zone rouge est tellement intelligente et agréable que personne ne devrait s'en plaindre. Malgré cela, nous ne dirions certainement pas non au plaisir qu'apporterait quelque chose comme 200 cc de plus. La nouvelle Tiger Explorer possède d'ailleurs un tout nouveau triple de 1 215 cc... Mais nous savons aussi que ce souhait n'est qu'une preuve de gloutonnerie de notre part et jamais nous n'accepterions plus de puissance si ça se faisait au détriment de l'équilibre sacré du modèle. Tel qu'il est, le mélodieux moteur de la Speed Triple demeure l'une des plus attachantes mécaniques du monde du motocyclisme.

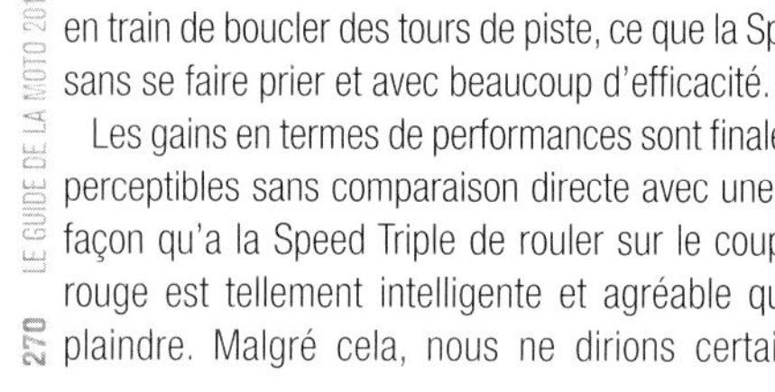

Lorsqu'on parle d'équilibre, il est d'abord et avant tout question de comportement, et c'est justement en ce qui concerne la tenue de route que cette génération de la Speed Triple s'avère le plus améliorée. Créer une standard qui tient la route n'est pas difficile, puisqu'on n'a qu'à déshabiller une sportive pour instantanément y arriver. Le problème, c'est qu'on aura toujours l'impression de piloter une sportive pure et non une machine à l'équilibre presque parfait. La Speed Triple, à l'inverse, se veut une monture routière qui offre une tenue de route presque équivalente à celle d'une sportive pure, ce qui est bien plus rare et bien plus difficile à accomplir. Elle y parvient en arrivant à passer de manière complètement transparente d'un environnement routier, où elle prend la forme d'une standard confortable, joueuse, agile et merveilleusement motorisée, à l'environnement de la piste, où l'on découvre en elle un outil étonnamment efficace. En fait, sur circuit, on sent nettement le penchant routier du modèle, autant par la position relevée que par la mécanique qui ne tourne qu'à 10 000 tr/min, mais sans que rien dans ce penchant ne représente une entrave au plaisir de pilotage, bien au contraire.

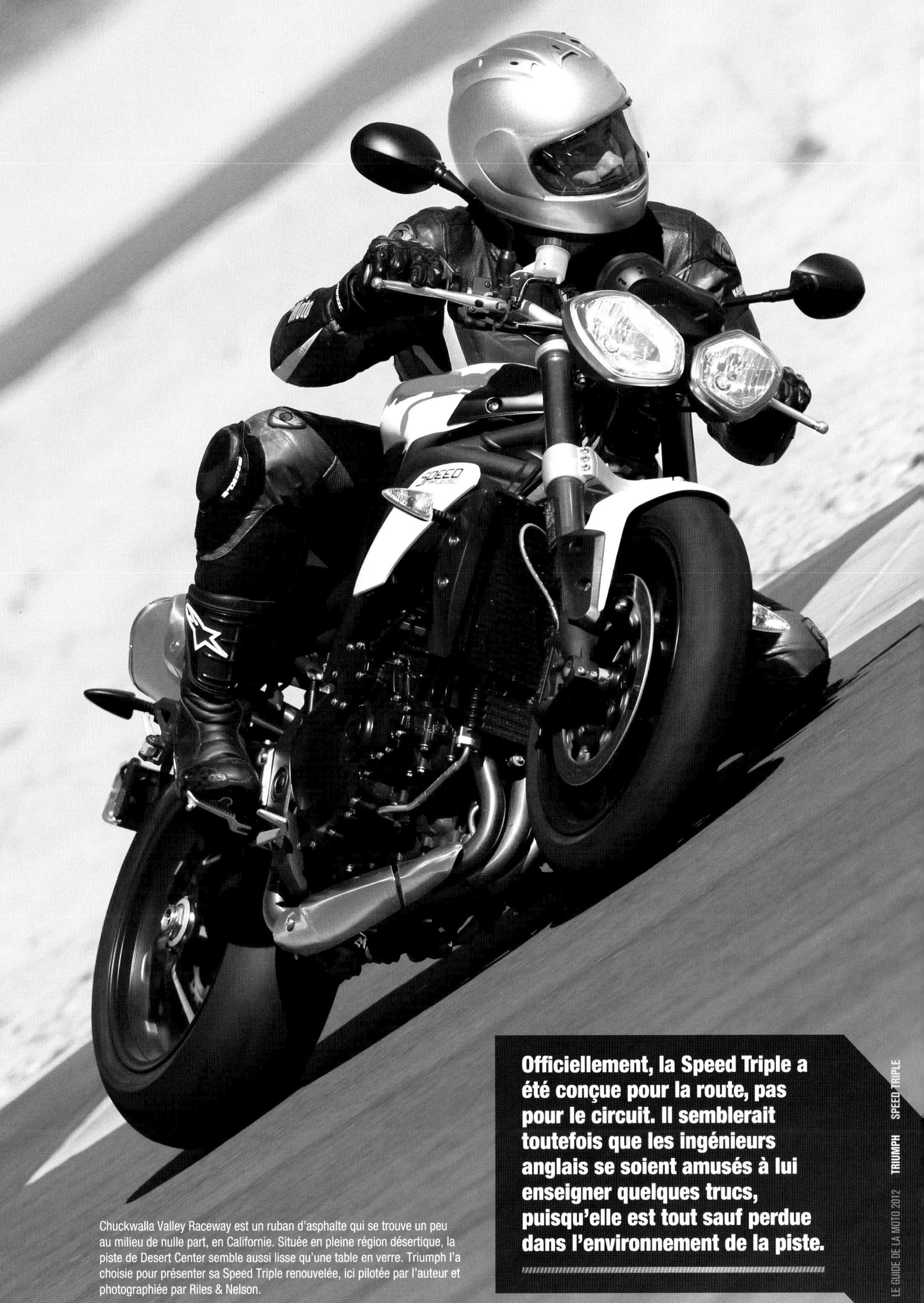

Chuckwalla Valley Raceway est un ruban d'asphalte qui se trouve un peu au milieu de nulle part, en Californie. Située en pleine région désertique, la piste de Desert Center semble aussi lisse qu'une table en verre. Triumph l'a choisie pour présenter sa Speed Triple renouvelée, ici pilotée par l'auteur et photographiée par Riles & Nelson.

Officiellement, la Speed Triple a été conçue pour la route, pas pour le circuit. Il semblerait toutefois que les ingénieurs anglais se soient amusés à lui enseigner quelques trucs, puisqu'elle est tout sauf perdue dans l'environnement de la piste.

SPEED TRIPLE R

Les versions R sont une tendance relativement récente chez Triumph, mais le constructeur les prend de plus en plus au sérieux. En 2012, c'est au tour de la Speed Triple, qui a été entièrement repensée l'an dernier, de se voir appliquer ce traitement hautes performances. Comme c'est le cas avec les autres modèles R de la gamme, la Daytona 675 et la Street Triple, la mécanique n'est pas touchée et c'est essentiellement au niveau de la partie cycle que sont concentrées les améliorations. Tout en haut de la liste des composantes qui ont été visées se trouvent les suspensions signées Öhlins. Comme il l'a fait pour la Daytona, Triumph a installé sur la Speed Triple une fourche NIX30 et un amortisseur TTX36, des pièces de calibre de compétition. Les roues en aluminium forgé à cinq branches sont plus légères de 1,7 kilo par rapport aux roues d'origine, tandis que les étriers Brembo Monobloc offriraient selon Triumph une puissance de freinage accrue de cinq pour cent. L'ABS peut être désactivé pour une utilisation en piste. Enfin, quelques pièces en fibre de carbone raffinent la ligne. Par rapport aux 14395$ de la Speed Triple avec ABS, le supplément demandé par Triumph pour la version R est d'environ 3100$ au Canada et 3200$ aux États-Unis.

QUOI DE NEUF EN 2012 ?

Version R offerte avec suspensions Öhlins, boîte de vitesses améliorée, étriers de freins avant Brembo Monobloc, système ABS et roues forgées en aluminium

Aucune augmentation pour la Speed Triple, version ABS coûte 100 $ de plus qu'en 2011

PAS MAL

Un tricylindre absolument brillant dont la sonorité est envoûtante et dont la façon de livrer un couple gras à tous les régimes est aussi unique que plaisante

Un équilibre très particulier entre une position à la fois confortable et sportive, entre un comportement à la fois agile et stable et entre une nature à la fois routière et pistarde qui explique pourquoi on parle du modèle d'une façon si spéciale

Une partie cycle d'un calibre très élevé qui n'offre pas qu'un comportement solide et précis sur la route, mais qui permet aussi de boucler des tours de piste à un rythme très surprenant

BOF

Un manque de protection contre les éléments qui, s'il est inhérent au style standard, devient inconfortable lorsqu'on tente d'exploiter toutes les performances du modèle

Une version R techniquement très intéressante, mais qui fait aussi considérablement grimper la facture

Un niveau de performances plus que suffisant, mais nous ne dirions pas non à quelques centaines de centimètres cubes de plus ; à 1 215 cc, la mécanique de la nouvelle Tiger Explorer semble drôlement appropriée pour satisfaire cette gloutonnerie

CONCLUSION

En raison d'une nature chevauchant très habilement le monde des standards et celui des sportives, la Speed Triple était déjà l'une des montures les plus particulières du marché. La génération actuelle est une nette amélioration du concept, mais elle ne le réinvente heureusement pas. Il existe peu motos qui atteignent un équilibre aussi attrayant entre sport, confort et praticité. La Speed Triple est à la fois une standard aux qualités de routières exceptionnelles et à la mécanique géniale, une agile machine urbaine qui a décidément la gueule de l'emploi, et une sportive capable de bousculer de vraies sportives autour d'une piste. Nous devrions chercher très fort et très longtemps avant de lui trouver un défaut majeur. John Bloor avait demandé à ses gars qu'ils se débrouillent pour ne pas la bousiller. Non seulement ils y sont parvenus, mais ils sont aussi arrivés à élever l'équilibre et le plaisir de conduite de la Speed Triple à un niveau presque mythique.

Speed Triple R

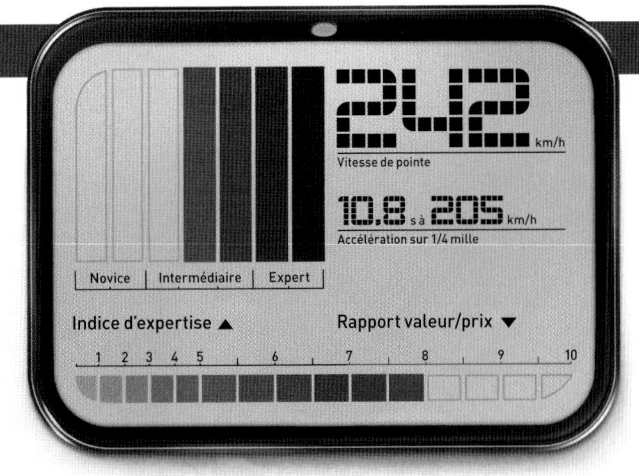

Voir légende en page 16

GÉNÉRAL

Catégorie	Standard
Prix	Speed Triple : 13 495 $ (ABS : 14 395 $) Speed Triple R : 17 499 $
Immatriculation 2012	545,65 $
Catégorisation SAAQ 2012	« régulière »
Évolution récente	introduite en 1994, revue en 1997, 2002, 2005 et en 2011, version R introduite en 2012
Garantie	2 ans/kilométrage illimité
Couleur(s)	Speed Triple : blanc, rouge, noir Speed Triple R : noir, blanc
Concurrence	Aprilia Tuono V4, Ducati Streetfighter, Honda CB1000R, Kawasaki Z1000, MV Agusta Brutale

MOTEUR

Type	3-cylindres en ligne 4-temps, DACT, 4 soupapes par cylindre, refroidissement par liquide
Alimentation	injection à 3 corps
Rapport volumétrique	12,0 :1
Cylindrée	1 050 cc
Alésage et course	79 mm x 71,4 mm
Puissance	133 ch @ 9 400 tr/min
Couple	82 lb-pi @ 7 750 tr/min
Boîte de vitesses	6 rapports
Transmission finale	par chaîne
Révolution à 100 km/h	environ 3 900 tr/min
Consommation moyenne	5,9 l/100 km
Autonomie moyenne	296 km

PARTIE CYCLE

Type de cadre	périmétrique, en aluminium tubulaire
Suspension avant	fourche inversée de 43 mm ajustable en précharge, compression et détente
Suspension arrière	monoamortisseur ajustable en précharge, compression et détente
Freinage avant	2 disques de 320 mm de Ø avec étriers radiaux à 4 pistons (R : et système ABS)
Freinage arrière	1 disque de 220 mm de Ø avec étrier à 2 pistons (R : et système ABS)
Pneus avant/arrière	120/70 ZR17 & 190/55 ZR17
Empattement	1 435 mm
Hauteur de selle	825 mm
Poids tous pleins faits	214 kg (R : 212 kg)
Réservoir de carburant	17,5 litres

Street Triple

PÉTARD À MÈCHE... Chez Triumph, créer une série de modèles dérivés d'une plateforme unique est une façon de faire avec laquelle on est assez familier. C'est même en exploitant le concept de machines modulaires que la marque est revenue à la vie au début des années 90. La Street Triple est le fruit de cette philosophie, puisqu'elle est directement dérivée de la Daytona 675. La puissance du moteur a été réduite et le couple augmenté, le carénage a été retiré, la position a été relevée et les suspensions proposent quelques réglages en moins. Bref, sur papier, on semble avoir affaire à la typique standard construite sur une base de sportive. Aussi offerte en version R équipée d'une suspension avant réglable et d'étriers Brembo, la Street Triple a pourtant sa propre et même explosive personnalité.

Il n'existe pas de recettes plus simples pour produire une standard que celle de déshabiller une sportive, ce qui résume exactement comment Triumph est arrivé à sa Street Triple, puisque celle-ci n'est rien d'autre qu'une Daytona 675 soulagée de son carénage. Cela dit, le résultat varie grandement d'un exercice à l'autre, un phénomène dû aux détails de la transformation. Les caractéristiques de la mécanique ont-elles été laissées identiques à celles de la sportive originale, ou a-t-on au contraire aseptisé le moteur? La position de conduite a-t-elle été repensée, ou a-t-on plutôt simplement haussé les poignées? Derrière cette manière très rapide de concocter une standard se cache donc une foule de détails qui, ensemble, jouent considérablement sur le produit final. Nous avons rarement vu un cas où chacun de ces détails a été aussi bien déterminé que celui de la Street Triple qui n'est rien de moins qu'une petite merveille. En fait, même s'il existe des modèles techniquement proches de la petite Triumph, comme la BMW F800R ou la Yamaha FZ8, une fois en selle, on réalise très vite qu'on a affaire à quelque chose d'absolument unique.

LA STREET TRIPLE EST UN PETIT ANIMAL CRACHANT UNE QUANTITÉ DE COUPLE PRESQUE INCROYABLE POUR UNE TELLE CYLINDRÉE.

L'ergonomie est assez particulière, une caractéristique découlant du fait qu'il s'agit à la base d'une des «600» les plus compactes du marché. La selle est heureusement bien meilleure que celle de la 675 et les poignées sont suffisamment hautes pour soulager les mains de tout poids, mais le pilote est décidément installé de manière serrée, sans toutefois que cela soit dérangeant. L'impression d'étroitesse entre les jambes encore plus prononcée que sur la 675 contribue aussi à donner à la Street Triple la sensation de machine très compacte qui s'en dégage. Il ne s'agit néanmoins, encore une fois, de rien de dérangeant, mais plutôt d'un environnement donnant au pilote une impression de contrôle instantanée. Un contrôle d'ailleurs bienvenu lorsqu'on réalise, après une généreuse ouverture des gaz, que malgré une vingtaine de chevaux en moins que la Daytona 675, la Street Triple est un véritable petit animal crachant une quantité de couple à moyen régime presque incroyable pour une telle cylindrée. Mais ce couple est bel et bien réel et, sur le premier rapport, il aura tôt fait de réveiller le pilote inattentif en mettant la Street à la verticale. En ligne droite, avec plus d'une centaine de chevaux disponibles et un poids plume, la Street Triple ne tiendra peut-être pas tête à une 600 sportive, mais elle amusera décidément son pilote, peu importe son degré d'expérience. En revanche, elle pourrait aisément surprendre le motocycliste moins chevronné, du moins s'il ne fait pas preuve d'un minimum de respect envers elle. Comme c'est le cas sur la 675, chaque instant de conduite est agrémenté d'une sonorité fabuleuse, d'un chant mécanique qu'on ne retrouve nul par ailleurs que chez ces fameux tricylindres anglais.

En matière de comportement, la Street Triple est exceptionnelle, ce qui ne devrait étonner personne, puisqu'elle reprend la partie cycle de la 675 de façon presque intégrale. Disons simplement qu'il s'agit d'une moto capable de tourner à un rythme très impressionnant en piste. Avec ses meilleures suspensions et ses freins plus puissants, la version R offre par ailleurs un avantage dans ces circonstances.

QUOI DE NEUF EN 2012 ?

Phares avant similaires à ceux de la Speed Triple

Fini brossé sur les silencieux et nouveau guidon

Aucune augmentation

PAS MAL

Un petit tricylindre absolument fabuleux qui propose non seulement des performances tout à fait satisfaisantes, mais qui agrémente aussi la conduite en générant une quantité de couple totalement inattendue pour cette cylindrée ; son unique sonorité rauque est également digne de mention

Une tenue de route littéralement digne de celle d'une sportive de 600 cc, une qualité qui s'explique très facilement par le fait qu'il s'agit d'une Daytona 675 dénudée

Une valeur élevée et une proposition pratiquement unique, puisqu'on ne trouve rien d'autre sur le marché d'aussi excitant, dans cette gamme de cylindrée

BOF

Une position de conduite très compacte qui ne dérange pas, mais que les pilotes de très grande taille pourraient trouver serrée

Une selle correcte, mais pas extraordinaire sur de longs trajets

Un comportement qui peut franchement surprendre, particulièrement en ce qui concerne le soulèvement de l'avant dû au fort couple, sur le premier rapport ; certains pilotes pourraient trouver qu'il s'agit là d'un bon point...

Un style standard réussi, mais dont les motocyclistes nord-américains ne sont pas toujours friands ; une version semi-carénée semblable à la Fazer 8 serait intéressante

CONCLUSION

Avec leur gueule utilitaire et leur motivation à favoriser le côté pratique de la moto, les standards poussent souvent les motocyclistes nord-américains à les sous-estimer. Comme la Street Triple, en plus, n'est qu'une 675 cc, on pourrait croire qu'elle est comparable à une Kawasaki ER-6n de 650 cc, par exemple. Mais oh ! qu'on se tromperait. On ne peut tout simplement pas s'imaginer l'expérience que réserve la petite Triumph. Il s'agit, et ce, sans le moindre doute, de la machine la plus excitante qu'on puisse acheter dans cet ordre de prix et de cylindrée. Il s'agit aussi d'une moto nettement plus intéressante et amusante qu'une Daytona 675 pour quiconque ne compte pas s'aligner sur une ligne de départ. Pour les amateurs de journées de piste qui veulent aussi rouler au quotidien sans souffrir le martyr, on trouve très peu de choix aussi invitants sur le marché.

Street Triple R

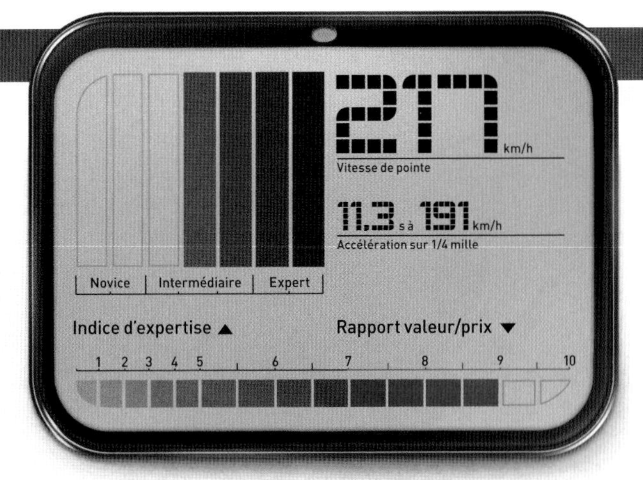

Voir légende en page 16

GÉNÉRAL

Catégorie	Standard
Prix	Street Triple : 9 999 $ Street Triple R : 11 199 $
Immatriculation 2012	545,65 $
Catégorisation SAAQ 2012	« régulière »
Évolution récente	introduite en 2008
Garantie	2 ans/kilométrage illimité
Couleur(s)	Street Triple : blanc, noir, mauve Street Triple R : blanc, noir, rouge
Concurrence	BMW F800R, Ducati Monster 796, Yamaha FZ8

MOTEUR

Type	3-cylindres en ligne 4-temps, DACT, 4 soupapes par cylindre, refroidissement par liquide
Alimentation	injection à 3 corps
Rapport volumétrique	12,7 :1
Cylindrée	675 cc
Alésage et course	74 mm x 52,3 mm
Puissance	105 ch @ 11 700 tr/min
Couple	50 lb-pi @ 9 200 tr/min
Boîte de vitesses	6 rapports
Transmission finale	par chaîne

PARTIE CYCLE

Type de cadre	périmétrique, en aluminium
Suspension avant	fourche inversée de 41 mm non ajustable (R : ajustable en précharge, compression et détente)
Suspension arrière	monoamortisseur ajustable en précharge et détente
Freinage avant	2 disques de 308 mm de Ø avec étriers à 2 pistons (R : radiaux à 4 pistons)
Freinage arrière	1 disque de 220 mm de Ø avec étrier à 2 pistons
Pneus avant/arrière	120/70 ZR17 & 180/55 ZR17
Empattement	1 410 mm
Hauteur de selle	800 mm
Poids tous pleins faits	189 kg
Réservoir de carburant	17,4 litres

Thruxton accessoirisée

NOSTALGIE, QUAND TU NOUS TIENS... La Thruxton, c'est l'héritière d'une autre époque. Elle a pour mission de faire revivre aux nostalgiques l'ère de gloire qui, voilà un demi-siècle, a fait de Triumph l'un des constructeurs les plus en vue du globe grâce à ses rapides machines. Basée sur la plateforme de la Bonneville, modèle avec lequel elle partage son cadre et son Twin parallèle refroidi par air, la Thruxton se distingue par un style aussi soigné que fidèle à celui des modèles sportifs produits par la marque de Hinckley durant les années 60. Une position de conduite basculée vers l'avant, des rétroviseurs en bout de poignées et des roues à rayons ne sont que quelques-uns des détails qui lui permettent d'atteindre cette authenticité visuelle de manière aussi crédible. Le modèle fut introduit en 2004 et n'a jamais évolué depuis.

Ayant pour unique mission de faire revivre l'atmosphère des années 60 et de ses Café Racer, la Thruxton s'adresse soit aux motocyclistes qui sont de cette génération, soit à ceux que celle-ci fascine. Sa délicieuse allure British est si réussie qu'elle éveillera à coup sûr chez ces passionnés un sentiment de nostalgie auquel il pourrait être difficile de résister. Comme ses sœurs de la lignée Bonneville, la Thruxton semble tout droit sortie des années glorieuses de l'industrie motocycliste anglaise et demeure l'un des modèles rétro les plus élégants et crédibles sur le marché.

En suivant méticuleusement le thème de la sportive d'antan, Triumph a créé une monture unique, ce que l'on remarque dès l'instant où on l'enfourche. L'étonnante fidélité avec laquelle la Thruxton respecte les proportions qui étaient courantes il y a un demi-siècle – mais considérées minuscules aujourd'hui – captive autant le pilote qui en prend les commandes que les passants qui l'observent. La selle est basse, étroite et mince, tandis que la moto ne semble pas plus large que son pneu avant, une impression qui n'est d'ailleurs pas très loin de la réalité.

ELLE DEMEURE L'UN DES MODÈLES RÉTRO LES PLUS ÉLÉGANTS ET CRÉDIBLES SUR LE MARCHÉ.

La position de conduite surprend elle aussi. Le buste penché vers l'avant, les poignets supportant tout le poids du corps basculé au-dessus du guidon et les jambes repliées à l'excès, le pilote se sent décidément à l'étroit. Bien qu'on finisse par s'y habituer après un moment, il s'agit d'une posture peu commune.

Malgré ses 865 cc, le bicylindre vertical s'est toujours montré peu énergique et ses performances n'ont jamais impressionné, pas plus que son caractère d'ailleurs. Délivrant sa puissance de façon très linéaire, il génère des accélérations modestes à bas régime, décentes au milieu et qui finissent par s'intensifier à mesure que les tours grimpent. Doux jusqu'à 5 000 tr/min, il s'agite par la suite jusqu'à devenir considérablement vibreux à l'approche de la zone rouge de 7 500 tr/min. Il est donc préférable de ne pas étirer les rapports à l'excès et de maintenir les révolutions dans la partie médiane de la bande de puissance. La Thruxton n'est pas lente, mais elle n'a décidément rien d'intéressant à proposer aux accros de puissance et de sensations fortes. L'arrivée de l'injection il y a quelques années a permis d'éveiller un peu les accélérations, mais elle ne les a certainement pas transformées.

Le faible effet de levier généré par le guidon étroit nuit à la maniabilité. Il faut pousser fort sur les poignées pour amorcer un virage et travailler aussi fort pour la faire passer rapidement d'un angle à l'autre. La sensation n'est pas désagréable, puisqu'elle donne au pilote l'impression d'avoir à travailler un peu pour manier la moto, ce qui représente un net contraste par rapport au comportement presque télépathique de la majorité des modèles du marché actuel. Neutre et solide en courbe, la Thruxton fait toujours preuve d'une grande stabilité.

Le confort n'est pas le point fort de la petite sportive rétro d'Hinckley. La suspension arrière est simpliste et se montre rude sur une route en mauvais état, un fait que la dureté de la selle ne fait que mettre en évidence. C'est donc durant de courtes balades plutôt que de longues sorties qu'on la sent appropriée.

QUOI DE NEUF EN 2012 ?

Aucun changement

Coûte 200 $ de moins qu'en 2011

PAS MAL

Un style néo-rétro admirablement bien rendu grâce à des proportions très habiles et équilibrées ; la Thruxton joue la carte de la nostalgie sans la moindre retenue et avec beaucoup de crédibilité

Une tenue de route actuelle ; ni la stabilité en ligne droite ni le comportement en courbe n'attirent de critiques, du moins tant qu'on se met dans la bonne ambiance et qu'on ne tente pas de jouer aux « vraies » sportives

Une expérience de conduite « sportive » différente, puisqu'elle n'est pas axée que sur les performances brutes et qu'elle demande un grand degré d'implication du pilote

BOF

Un niveau de confort à l'ancienne ; les poignées basses mettent du poids sur les mains, la selle étroite ne tarde pas à devenir douloureuse, la mécanique vibre à haut régime et les suspensions ne sont pas particulièrement souples, surtout à l'arrière

Des performances peu impressionnantes ; la Thruxton n'arrive à satisfaire que les pilotes qui la comprennent et qui ne s'attendent pas à une avalanche de chevaux, ce que le Twin anglais est loin de générer

Une mécanique qui manque de caractère surtout en raison du système d'échappement étouffé qui semble être commun à tous les modèles dérivés de la Bonneville

CONCLUSION

On choisit certaines motos pour leurs performances et d'autres pour leurs caractéristiques ou leurs équipements, mais la Thruxton fait partie de celles vers lesquelles on se sent attiré pour des raisons purement émotives. Les intéressés doivent donc bien réaliser qu'au-delà de ses attrayantes proportions et de sa silhouette rappelant la Belle Époque, la jolie anglaise affiche un certain nombre de caprices avec lesquels il faut accepter de vivre. Vibreuse, lourde de direction, assez inconfortable et n'ayant certes rien d'une fusée en ligne droite, elle offre finalement peu au motocycliste moyen. La Thruxton ne s'adresse toutefois évidemment pas à ce dernier, mais plutôt au nostalgique intéressé par autre chose qu'une quantité infinie de chevaux ou une technologie de pointe. La Thruxton est destinée au puriste, au romantique attiré par l'idée de rouler comme on le faisait il y a un demi-siècle aux commandes des mythiques sportives de cette époque qu'on appelait Café Racer.

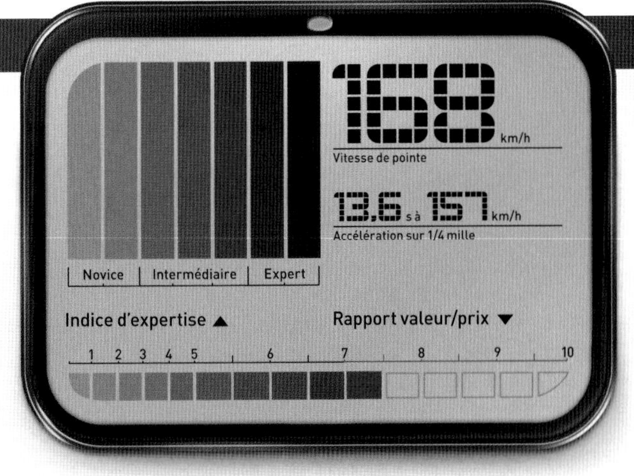

Voir légende en page 16

GÉNÉRAL

Catégorie	Standard
Prix	9 999 $
Immatriculation 2012	545,65 $
Catégorisation SAAQ 2012	« régulière »
Évolution récente	introduite en 2004
Garantie	2 ans/kilométrage illimité
Couleur(s)	noir, rouge
Concurrence	Harley-Davidson Sportster XR1200, Moto Guzzi V7

MOTEUR

Type	bicylindre parallèle 4-temps, DACT, 4 soupapes par cylindre, refroidissement par air
Alimentation	injection à 2 corps
Rapport volumétrique	9,2 :1
Cylindrée	865 cc
Alésage et course	90 mm x 68 mm
Puissance	68 ch @ 7 400 tr/min
Couple	51 lb-pi @ 5 800 tr/min
Boîte de vitesses	5 rapports
Transmission finale	par chaîne
Révolution à 100 km/h	environ 3 900 tr/min
Consommation moyenne	5,5 l/100 km
Autonomie moyenne	291 km

PARTIE CYCLE

Type de cadre	double berceau, en acier
Suspension avant	fourche conventionnelle de 41 mm ajustable en précharge
Suspension arrière	2 amortisseurs ajustables en précharge
Freinage avant	1 disque de 320 mm de Ø avec étrier à 2 pistons
Freinage arrière	1 disque de 255 mm de Ø avec étrier à 2 pistons
Pneus avant/arrière	100/90 R18 & 130/80 R17
Empattement	1 490 mm
Hauteur de selle	820 mm
Poids tous pleins faits	230 kg
Réservoir de carburant	16 litres

Bonneville accessoirisée

TRIUMPH INC... L'un des exercices stylistiques les plus complexes et délicats qui soient consiste à faire évoluer la ligne d'une monture construite autour d'un thème rétro, puisque cette ligne est justement censée être intemporelle. Cet exercice, Triumph s'y est prêté en 2009 avec la Bonneville, LE modèle le plus identifié à la vénérable marque anglaise. Un seul coup d'oeil à n'importe laquelle des variantes illustre bien à quel point le constructeur a respecté le passé. L'intervention technique fut limitée à l'installation de roues coulées à la place des roues à rayons sur le modèle de base et sur sa version SE, tandis que les silencieux « tire-pois » ont fait place à ceux de la Thruxton. D'un point de vue esthétique, des garde-boue redessinés furent le plus grand changement. Quant au modèle T100, qui est offert en 2012 en édition limitée Steve McQueen, Triumph a préféré le laisser intact.

Rares sont les motocyclistes ayant un lien personnel avec la scène des années 60 et qui arrivent à résister au charme de la Bonneville. Plusieurs constructeurs jouent la carte de la nostalgie, surtout avec des customs, mais Triumph se distingue en proposant non seulement des produits dont l'authenticité visuelle est frappante, mais dont la crédibilité est aussi inattaquable. En effet, pour arriver à un tel résultat, Triumph a essentiellement calqué la version d'époque. En plus de proportions très fidèlement reproduites, une foule de détails allant de la forme des couvercles du moteur à celle des silencieux en passant par le respect des emblèmes d'époque se combinent pour donner à l'ensemble un style antique que seul un regard éduqué arrive à distinguer de la vraie chose. Il n'y a donc rien d'étonnant à ce que les curieux confondent très souvent la Bonneville avec une moto restaurée. Deux versions sont offertes : la Bonneville inspirée des années 70, aussi proposée en variante SE mieux finie et équipée d'un tachymètre, et la T100 arborant une ligne des années 60. Dans les deux cas, il s'agit de montures construites avec des technologies parfaitement contemporaines, et ce, tant au niveau du moteur que du châssis.

BASSES, MINCES ET LÉGÈRES, TOUTES LES VERSIONS DE LA BONNEVILLE SE MONTRENT TRÈS ACCESSIBLES.

Avec une puissance relativement modeste de 67 chevaux, le Twin parallèle du modèle qui a depuis toujours été surnommé la Bonnie accomplit honnêtement son travail, mais sans en faire une moto vraiment excitante en ligne droite. Très silencieux et n'émettant qu'une sourde sonorité métallique, ce moteur se montre très doux à bas régime et ne se met à vibrer que lorsqu'on étire les rapports jusqu'à s'approcher de la zone rouge. Certains motocyclistes apprécieront une telle tranquillité, mais nous trouvons plutôt que la Bonneville manque de caractère.

La partie cycle a été construite de manière à ne pas entrer en conflit avec le style d'époque recherché par Triumph, mais elle reste quand même solide et moderne. Les composantes des suspensions sont plutôt rudimentaires et offrent un comportement moyen sur chaussée dégradée, mais l'ensemble reste assez bien conçu pour offrir un comportement routier sûr et précis. À moins de la pousser dans ses derniers retranchements, la Bonneville reste solide en courbe.

La version T100, qui n'est pourtant pas lourde de direction, demande nettement plus d'effort à faire changer de cap que la Bonneville, qui offre véritablement une agilité de bicyclette. Il s'agit de la plus grande différence de comportement entre les deux versions et d'une caractéristique découlant des différentes roues et des différents pneus dont elles sont équipées. Basses, minces et légères, toutes deux sont des motos très faciles d'accès qui démontrent une grande maniabilité dans un contexte urbain et qui permettent même de s'amuser franchement sur une route sinueuse. En termes d'agilité, la Bonneville se montre supérieure à la T100 dans toutes les circonstances.

La position de pilotage, qui est tout simplement du type assise, offre amplement de dégagement pour les jambes, laisse le dos droit et dépose les mains de manière naturelle sur un large guidon. La Bonneville n'offre décidément pas le confort d'une moto spécialisée pour le voyage, mais comme les selles ne sont pas mauvaises et que les suspensions accomplissent décemment leur travail, le confort reste très acceptable lorsque l'atmosphère est à la balade.

QUOI DE NEUF EN 2012 ?

Édition Steve McQueen : production limitée de 1100 unités numérotées, peinture vert kaki, plaque de protection du moteur, selle solo avec porte-bagages, petit phare avant

Bonneville T100 coûte 100 $ de plus et autres versions 200 $ de moins qu'en 2011

PAS MAL

Un style rétro tellement fidèle à celui des Bonneville d'antan que les passants la confondent souvent avec une moto restaurée

Un comportement routier satisfaisant, puisque solide et exempt de défauts majeurs

Des versions à roues coulées exceptionnellement maniables et accessibles

Un niveau pratique étonnamment élevé qu'on ne soupçonne pas toujours en raison de toute l'attention portée au style et au côté historique du modèle

BOF

Un niveau de performances bien plus intéressant que celui des premiers modèles de 790 cc, surtout depuis l'arrivée de l'injection, mais qui reste quand même modeste ; le Twin est plaisant, mais pas excitant et on ne dirait pas non à plus de 1 000 cc

Un moteur au caractère fade qui ne possède pas du tout la personnalité forte des tricylindres de la marque ; ses pulsations sont presque imperceptibles sur la route en utilisation normale et ses silencieux souffrent d'un étouffement profond

Un niveau de confort très correct pour la besogne quotidienne et les balades de moyennes durées, mais la selle plate ne reste pas confortable sur de longues distances et les suspensions ne sont pas très sophistiquées

CONCLUSION

Derrière son amical style d'époque et son petit air sans prétention, la Bonneville est peut-être le plus important modèle du catalogue anglais, puisque c'est elle qui ancre la réputation de la marque et qui donne toute sa profondeur à son histoire. Comme c'est le cas pour la Thruxton et la Scrambler, elle doit être comprise avant de pouvoir être appréciée. On doit donc bien saisir qu'il s'agit d'une monture dont le but est d'abord de spirituellement remonter le temps, un peu comme une Harley, et ensuite de le faire de manière aussi fonctionnelle que possible en s'appuyant sur de la technologie moderne. Ce qui étonne, c'est qu'avec toute cette attention à l'histoire et au style, la Bonnie s'avère aussi plaisante à piloter au jour le jour. Il s'agit à la fois d'un symbole très fort pour la marque anglaise et d'une excellente et très sympathique petite moto.

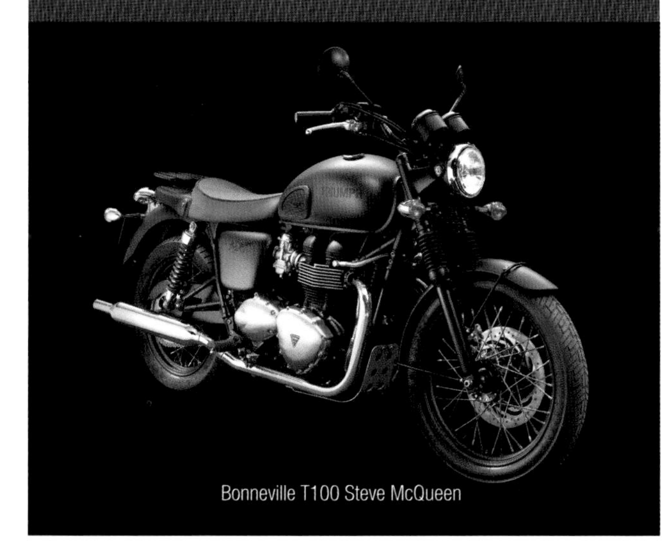

Bonneville T100 Steve McQueen

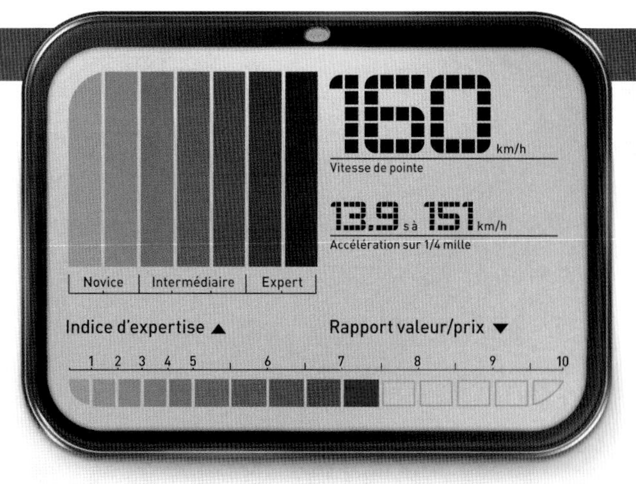

Voir légende en page 16

GÉNÉRAL

Catégorie	Standard
Prix	Bonneville T100 Steve McQueen : 10 999 $ Bonneville T100 : 10 299 $ Bonneville SE : 9 699 $ (noir : 9 399 $) Bonneville : 8 699 $
Immatriculation 2012	545,65 $
Catégorisation SAAQ 2012	« régulière »
Évolution récente	introduite en 2001, revue en 2009
Garantie	2 ans/kilométrage illimité
Couleur(s)	Bonneville T100 : rouge et blanc, noir et gris, noir ; Steve McQueen : vert Bonneville SE : noir, bleu et blanc, orange et noir Bonneville : noir, or
Concurrence	Harley-Davidson Sportster 883

MOTEUR

Type	bicylindre parallèle 4-temps, DACT, 4 soupapes par cylindre, refroidissement par air
Alimentation	injection à 2 corps
Rapport volumétrique	9,2 :1
Cylindrée	865 cc
Alésage et course	90 mm x 68 mm
Puissance	67 ch @ 7 500 tr/min
Couple	50 lb-pi @ 5 800 tr/min
Boîte de vitesses	5 rapports
Transmission finale	par chaîne
Révolution à 100 km/h	environ 3 700 tr/min
Consommation moyenne	5,0 l/100 km
Autonomie moyenne	320 km

PARTIE CYCLE

Type de cadre	double berceau, en acier
Suspension avant	fourche conventionnelle de 41 mm non ajustable
Suspension arrière	2 amortisseurs ajustables en précharge
Freinage avant	1 disque de 310 mm de Ø avec étrier à 2 pistons
Freinage arrière	1 disque de 255 mm de Ø avec étrier à 2 pistons
Pneus avant/arrière	T100 : 100/90 R19 & 130/80 R17 Bonneville : 110/70 R17 & 130/80 R17
Empattement	1 490 mm (T100 : 1 500 mm)
Hauteur de selle	740 mm (T100 : 775 mm)
Poids tous pleins faits	225 kg (T100 : 230 kg)
Réservoir de carburant	16 litres

Scrambler accessoirisée et Scrambler de série

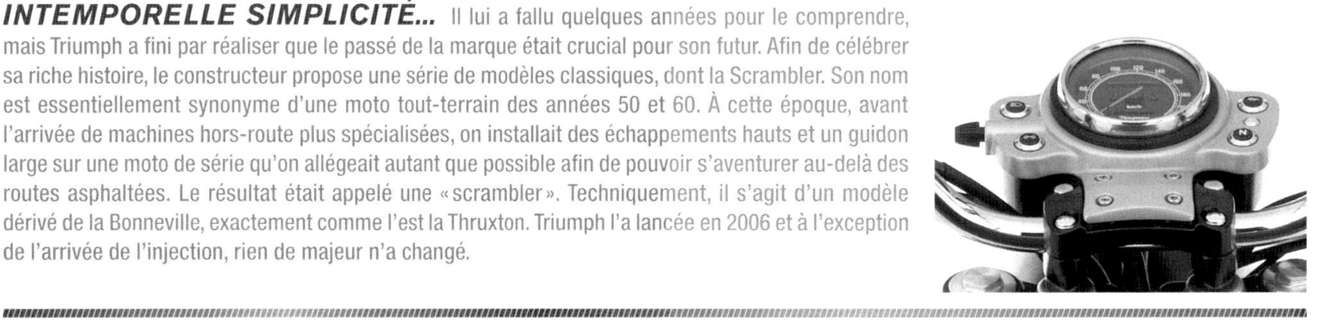

INTEMPORELLE SIMPLICITÉ... Il lui a fallu quelques années pour le comprendre, mais Triumph a fini par réaliser que le passé de la marque était crucial pour son futur. Afin de célébrer sa riche histoire, le constructeur propose une série de modèles classiques, dont la Scrambler. Son nom est essentiellement synonyme d'une moto tout-terrain des années 50 et 60. À cette époque, avant l'arrivée de machines hors-route plus spécialisées, on installait des échappements hauts et un guidon large sur une moto de série qu'on allégeait autant que possible afin de pouvoir s'aventurer au-delà des routes asphaltées. Le résultat était appelé une « scrambler ». Techniquement, il s'agit d'un modèle dérivé de la Bonneville, exactement comme l'est la Thruxton. Triumph l'a lancée en 2006 et à l'exception de l'arrivée de l'injection, rien de majeur n'a changé.

Bien peu de stylistes méritent d'être comparés à ceux de Harley-Davidson lorsqu'il s'agit de maîtriser le sentiment de nostalgie au point d'arriver à le transformer en machine à deux roues. Ceux de Triumph le méritent haut la main. La qualité du stylisme des modèles de la gamme classique à laquelle appartient la Scrambler est d'autant plus impressionnante que toutes ces motos sont élaborées à partir d'une même plateforme.

Les réactions générées par la Scrambler sont surprenantes, d'abord parce qu'elles sont étonnamment nombreuses, et ensuite parce que le modèle n'a aucune difficulté à passer pour la vraie chose, donc pour une vieille moto restaurée, du moins aux yeux d'observateurs non spécialisés. L'alimentation par injection représente un exemple particulièrement approprié à ce sujet, puisque Triumph a installé les composantes du système à l'intérieur de boîtiers imitant des carburateurs justement dans le but de protéger l'authenticité historique de la ligne. Malgré leur aspect antique, toutes les autres pièces de la moto sont à jour et parfaitement fonctionnelles, si bien que sous sa silhouette rétro très réussie, la Scrambler possède un niveau de technologie tout à fait actuel.

SOUS SES VIEUX TRAITS, LA SCRAMBLER CACHE UNE MOTO MODERNE DONT LE COMPORTEMENT EST D'UNE SURPRENANTE EFFICACITÉ.

Le fait que la Scrambler cache une moto moderne est non seulement important parce qu'il garantit à l'acheteur un produit de haute qualité, mais aussi parce qu'il est responsable des fort belles manières dont fait preuve le modèle sur la route. Démontrant une surprenante facilité de prise en main, la Scrambler propose un comportement d'une grande efficacité sur la route. Dotée d'une selle un peu haute, affichant un poids plutôt faible, agréablement étroite et très légère de direction, elle est propulsée par un Twin parallèle dont les performances sont livrées de manière on ne peut plus amicale. À ses commandes, rien n'intimide, si bien que même un débutant s'y sentirait à l'aise. Cela dit, elle saura satisfaire les pilotes plus expérimentés par des performances raisonnables et surtout par une capacité à transformer la moindre balade en petit plaisir. Qu'il s'agisse d'une sortie imprévue de quelques kilomètres, d'une escapade de quelques heures ou d'une promenade sans but, la Scrambler s'adapte aisément à toutes les situations et constitue un agréable retour à l'essentiel et à la simplicité.

En ces temps de spécialisation aiguë où tout semble finement calculé et déterminé par un niveau d'électronique toujours grandissant, la position de conduite de cette ancêtre des double-usage est tellement simple et logique qu'on se demande à quoi sert tout le reste. On est tout bonnement assis sur une selle plate avec un large guidon entre les mains. La posture est simplement celle que le corps demande. Toutes les commandes fonctionnent de manière fluide et naturelle. La puissance n'est pas énorme, mais le bicylindre est suffisamment coupleux pour qu'on ne manque jamais de rien en conduite urbaine comme sur l'autoroute. Il n'y a pas de protection contre le vent ni de suspensions très sophistiquées. Pas d'ordinateur de bord, pas d'instrumentation numérique et pas le moindre gadget en vue non plus. Aux commandes de la Scrambler, on se contente de rouler.

QUOI DE NEUF EN 2012 ?

Aucun changement

Coûte 200 $ de moins qu'en 2011

PAS MAL

Une autre de ces Triumph rétro dérivées de la Bonneville et dont le style classique parfaitement réussi démontre très bien que Harley n'est pas seul à maîtriser l'art de multiplier les modèles à partir d'une plateforme commune

Une facilité de pilotage tellement grande qu'elle fait de la Scrambler non seulement un modèle que les motocyclistes expérimentés apprécient pour son thème, mais qui peut aussi très bien jouer le rôle de moto d'initiation

Une base mécanique moderne qui offre une tenue de route d'une qualité surprenante

Une proposition unique qui n'a pas vraiment d'équivalent direct sur le marché

BOF

Une capacité hors-route limitée malgré le look tout-terrain à l'ancienne ; s'aventurer à l'occasion sur une route de gravier demeure possible, mais pas beaucoup plus

Une selle plate qui est parfaite pour la besogne quotidienne, mais qui n'est pas vraiment dessinée pour être confortable sur de longues distances

Un moteur dont le niveau de performances est correct lorsque l'on a l'esprit à la balade, mais qui n'offre rien de vraiment excitant puisque doux et silencieux au point d'en être timide ; une sérieuse augmentation de cylindrée et de caractère transformerait le modèle en machine très désirable

CONCLUSION

Grâce à la technologie moderne, l'attachante silhouette antique de la Scrambler ne l'empêche pas de se comporter avec solidité et précision en courbe, de freiner avec assurance ni même – une fois n'est pas coutume – de s'aventurer dans un sentier pas trop abîmé. Comme d'autres Triumph conçues dans le but de replonger leur propriétaire dans le passé, la Scrambler n'est pas destinée au motocycliste moyen, qui ne s'y intéressera pas plus qu'il ne la comprendra. Mais pour une poignée de nostalgiques jeunes et moins jeunes, la seule vue du modèle générera un sourire qui ne s'effacera assurément pas une fois sur la route. Sa simplicité en fait un genre de retour à la case départ, une moto qu'on enfourche simplement pour le plaisir de rouler. En fait, le concept est même tellement rafraîchissant que nous rêvons du jour où Triumph lui injectera quelques centaines de centimètres cubes et une sérieuse dose de caractère. On pourrait alors avoir affaire à l'une des plus intéressantes motos sur le marché.

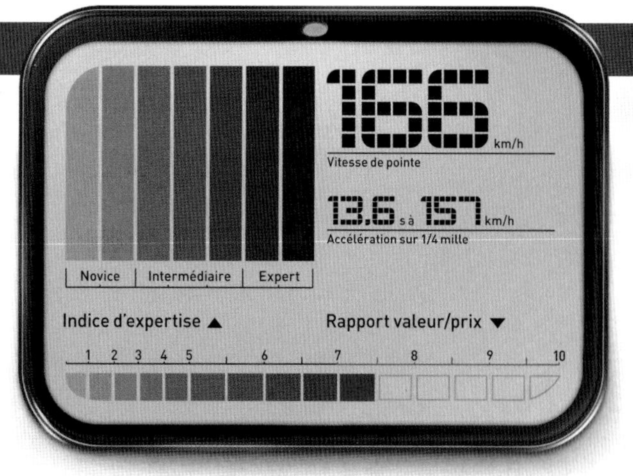

Voir légende en page 16

GÉNÉRAL

Catégorie	Standard
Prix	9 999 $
Immatriculation 2012	545,65 $
Catégorisation SAAQ 2012	« régulière »
Évolution récente	introduite en 2006
Garantie	2 ans/kilométrage illimité
Couleur(s)	vert, noir
Concurrence	aucune

MOTEUR

Type	bicylindre parallèle 4-temps, DACT, 4 soupapes par cylindre, refroidissement par air
Alimentation	injection à 2 corps
Rapport volumétrique	9,2:1
Cylindrée	865 cc
Alésage et course	90 mm x 68 mm
Puissance	58 ch @ 6 800 tr/min
Couple	50 lb-pi @ 4 750 tr/min
Boîte de vitesses	5 rapports
Transmission finale	par chaîne
Révolution à 100 km/h	environ 3 500 tr/min
Consommation moyenne	5,5 l/100 km
Autonomie moyenne	291 km

PARTIE CYCLE

Type de cadre	double berceau, en acier
Suspension avant	fourche conventionnelle de 41 mm non ajustable
Suspension arrière	2 amortisseurs ajustables en précharge
Freinage avant	1 disque de 310 mm de Ø avec étrierà 2 pistons
Freinage arrière	1 disque de 255 mm de Ø avec étrier à 2 pistons
Pneus avant/arrière	100/90 R19 & 130/80 R17
Empattement	1 500 mm
Hauteur de selle	825 mm
Poids tous pleins faits	230 kg
Réservoir de carburant	16 litres

Tiger Explorer

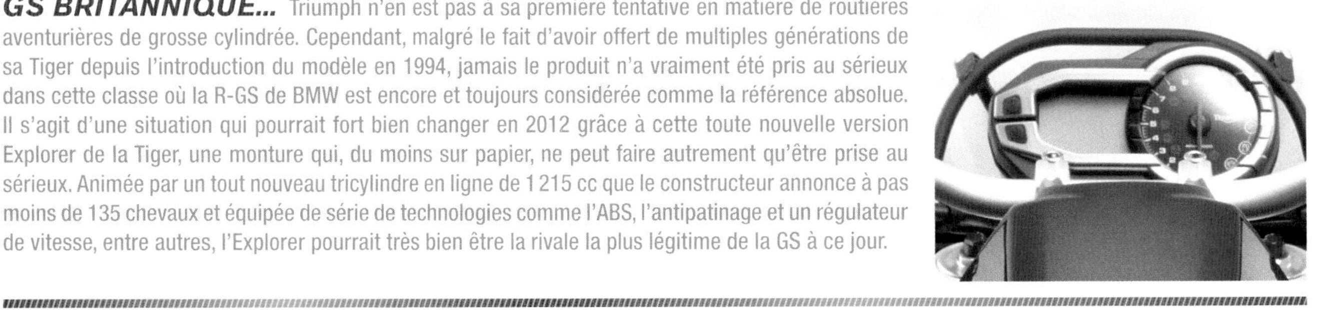

GS BRITANNIQUE... Triumph n'en est pas à sa première tentative en matière de routières aventurières de grosse cylindrée. Cependant, malgré le fait d'avoir offert de multiples générations de sa Tiger depuis l'introduction du modèle en 1994, jamais le produit n'a vraiment été pris au sérieux dans cette classe où la R-GS de BMW est encore et toujours considérée comme la référence absolue. Il s'agit d'une situation qui pourrait fort bien changer en 2012 grâce à cette toute nouvelle version Explorer de la Tiger, une monture qui, du moins sur papier, ne peut faire autrement qu'être prise au sérieux. Animée par un tout nouveau tricylindre en ligne de 1 215 cc que le constructeur annonce à pas moins de 135 chevaux et équipée de série de technologies comme l'ABS, l'antipatinage et un régulateur de vitesse, entre autres, l'Explorer pourrait très bien être la rivale la plus légitime de la GS à ce jour.

Analyse Technique

Une rivalité très sérieuse s'est installée entre Triumph et BMW dans le créneau des routières aventurières, et ce, surtout depuis l'an dernier, lorsque le constructeur britannique présenta une paire de Tiger 800 destinées à rivaliser directement avec les F650/800GS. En 2012, c'est à la R1200GS que Triumph s'attaque avec la toute nouvelle Tiger Explorer.

Même si l'air de famille avec la 800 est évident, la nouveauté n'est absolument pas basée sur le plus petit modèle, mais représente plutôt un concept à part entière. L'Explorer est propulsée par un tout nouveau triple en ligne de 1 215 cc dont la puissance annoncée est de 135 chevaux, un chiffre impressionnant pour la catégorie. L'ABS et le contrôle de traction sont installés de série, tout comme un régulateur de vitesse, mais les selles et les poignées chauffantes sont des options. Triumph propose déjà une série d'accessoires, dont des valises en aluminium.

Afin de rendre l'Explorer aussi polyvalente que possible pour une clientèle aussi large que possible, Triumph l'a non seulement équipée d'une selle à hauteur variable, mais aussi d'un pare-brise et d'un guidon ajustables. L'une des plus intéressantes données fournies par le constructeur concerne l'entretien dont les intervalles seraient de 16 000 km. Toujours dans le but de réduire les coûts et la complexité de l'entretien, un entraînement par arbre a été développé pour l'Explorer, une rareté chez Triumph, tandis que les roues coulées à dix branches permettent l'utilisation de pneus sans chambre. Le constructeur affirme par ailleurs qu'une attention particulière a été portée au confort durant de très longues randonnées, et ce, non seulement pour le pilote, mais aussi pour le passager, au niveau de la selle et des poignées de maintien.

Propulsée par un tout nouveau tricylindre de 1 215 cc annoncé à 135 chevaux et dotée d'une partie cycle conçue pour tout affronter, l'Explorer est, sur papier, la plus sérieuse rivale de la R1200GS à ce jour.

L'AUTRE GROSSE TIGER

La Tiger 1050, c'est l'autre Triumph de ce type de grande cylindrée. Elle est souvent confondue avec une aventurière, mais il s'agit en réalité d'une crossover comme la Multistrada de Ducati. Elle n'est pas offerte au Canada en 2012 en raison d'une quantité de modèles 2011 suffisante pour répondre à la demande, mais sur le marché des États-Unis elle reste présente dans la gamme.

La Tiger 1050 fut une surprise lorsqu'elle fut introduite en 2007. Compte tenu de la nature aventurière que le modèle avait toujours eue jusque-là, on ne se serait jamais attendu à voir la Tiger autant s'éloigner de la mission à moitié routière et à moitié hors-routière qui l'avait toujours définie. En dirigeant la Tiger exclusivement vers la route, mais en conservant les proportions d'aventurières de la génération précédente, Triumph s'aventurait dans un tout nouveau créneau, celui des montures de type crossover. Avec du recul, on peut aujourd'hui comprendre la logique derrière cette décision, puisque les premières générations de la Tiger n'étaient guère plus que des routières hautes et chaussées de pneus double-usage.

Malgré le changement d'orientation qu'a subi la Tiger, elle conserve une position de conduite relevée typique de la classe aventurière tandis que les suspensions affichent encore un débattement relativement long. Ces caractéristiques expliquent d'ailleurs l'impression d'environnement connu ressentie lorsqu'on s'installe à ses commandes. Cette impression se dissipe néanmoins dès l'instant où l'on enroule l'accélérateur ou que l'on s'engage sur un tracé sinueux, puisqu'il devient alors évident que cette génération de la Tiger a clairement bénéficié d'une infusion de gênes sportifs. En fait, sur le genre de routes tortueuses et bosselées souvent retrouvées lorsqu'on s'éloigne des centres urbains, la Tiger s'avère même facilement supérieure à la plupart des sportives pures pourtant beaucoup plus pointues d'un point de vue technique. La raison est simple et se veut une conséquence directe de l'utilisation de ces fameuses suspensions capables à la fois d'absorber d'importants défauts de la chaussée et de demeurer posées en courbe.

Qui dit Triumph dit aussi tricylindre charismatique et à ce chapitre, la Tiger ne déçoit pas. Bien que la version du renommé moteur anglais qui anime ce modèle soit un peu moins puissante que celle qu'on retrouve sur les Speed Triple et Sprint GT, elle conserve une personnalité tout aussi forte. Souple et coupleux à souhait, et ce, quel que soit le régime ou le rapport, le tricylindre en ligne de 1 050 cc donne l'impression de toujours livrer suffisamment de puissance pour satisfaire et amuser. L'avant s'envole doucement en pleine accélération sur le premier rapport et la poussée demeure très divertissante sur le reste des 6 vitesses. Au-delà de ses belles performances et de son étonnante douceur de fonctionnement, l'une des caractéristiques les plus attrayantes de cette mécanique est l'unique sonorité rauque qu'elle émet lorsqu'elle est sollicitée, surtout lorsqu'un silencieux accessoire est installé. Triumph en propose d'ailleurs lui-même qui ne sont pas excessivement bruyants.

Les qualités de routières de la Tiger sont nombreuses. La version SE est munie de l'ABS en équipement de série ainsi que d'une paire de valises rigides et de protège-mains très appréciés par temps froid. Le bon niveau de confort résulte d'une position très équilibrée, d'une bonne selle, d'une bonne protection au vent et de suspensions calibrées pour faire face à la plupart des situations. Les seuls reproches à ce chapitre sont un pare-brise qui génère de la turbulence au niveau du casque, sur l'autoroute, ainsi qu'une suspension arrière qui se montre occasionnellement ferme.

QUOI DE NEUF EN 2012?

Nouveau modèle

PAS MAL

Une conception qui semble aussi sérieuse, sinon plus que ça n'a été le cas l'an dernier avec les 800

Un moteur de plus de 1 200 cc développé pour le modèle et dont la puissance et le couple annoncés sont plutôt impressionnants

Une quantité d'équipement de série intéressante et qui comprend l'ABS, le contrôle de traction et un régulateur de vitesse

BOF

Une selle qui semble plutôt haute même à son ajustement le plus bas

Une masse étonnamment élevée qui est non seulement considérablement plus grande que celle de la R1200GS, mais qui surpasse aussi celle de la version Adventure

Une valeur complètement inconnue en termes de fiabilité et de comportement

Des poignées chauffantes optionnelles

CONCLUSION

Alors que la Tiger 1050 continue discrètement son chemin dans le monde toujours peu connu des crossovers, la nouvelle Explorer, elle, joue le tout pour le tout en affrontant directement la R1200GS. La tâche de rivaliser avec la vénérable BMW ne sera pas facile, une réalité bien illustrée par le fait que tous les modèles ayant essayé de le faire ont échoué. Cela dit, la nouvelle Explorer semble construite de manière plus sérieuse que n'importe laquelle des motos de ce type ne l'a été jusque-là. Elle donne vraiment l'impression que Triumph n'a rien négligé pour arriver à être enfin respecté face à BMW dans ce créneau. Le constructeur britannique y est arrivé l'an dernier avec ses Tiger 800, mais la R1200GS est un adversaire bien plus coriace que la F800GS. On roulera et on verra.

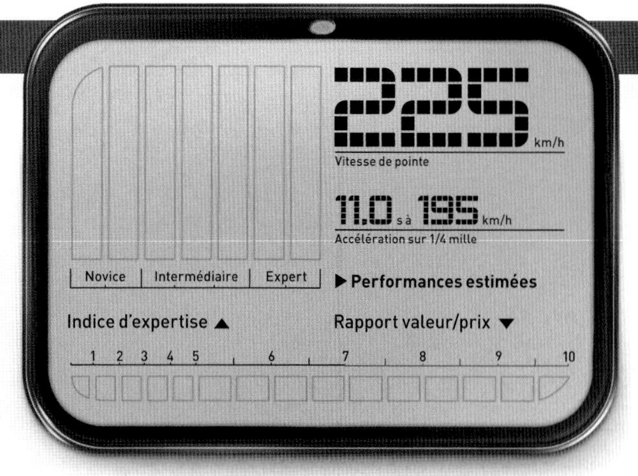

Voir légende en page 16

GÉNÉRAL

Catégorie	Routière Aventurière
Prix	17 499 $
Immatriculation 2012	545,65 $
Catégorisation SAAQ 2012	« régulière »
Évolution récente	introduite en 1994, revue en 1999 et en 2007, Explorer introduite en 2012
Garantie	2 ans/kilométrage illimité
Couleur(s)	bleu, noir, gris
Concurrence	BMW R1200GS, Yamaha Super Ténéré

MOTEUR

Type	3-cylindres en ligne 4-temps, DACT, 4 soupapes par cylindre, refroidissement par liquide
Alimentation	injection à 3 corps
Rapport volumétrique	n/d
Cylindrée	1 215 cc
Alésage et course	85 mm x 71,4 mm
Puissance	135 ch @ 9 300 tr/min
Couple	89 lb-pi @ 7 850 tr/min
Boîte de vitesses	6 rapports
Transmission finale	par arbre
Révolution à 100 km/h	n/d
Consommation moyenne	n/d
Autonomie moyenne	n/d

PARTIE CYCLE

Type de cadre	treillis, en acier tubulaire
Suspension avant	fourche inversée de 46 mm non ajustable
Suspension arrière	monoamortisseur ajustable en précharge et détente
Freinage avant	2 disques de 305 mm de Ø avec étriers à 4 pistons et système ABS
Freinage arrière	1 disque de 282 mm de Ø avec étrier à 2 pistons et système ABS
Pneus avant/arrière	110/80 R19 & 150/70 R17
Empattement	1 530 mm
Hauteur de selle	840/860 mm
Poids tous pleins faits	259 kg
Réservoir de carburant	20 litres

Tiger 800XC

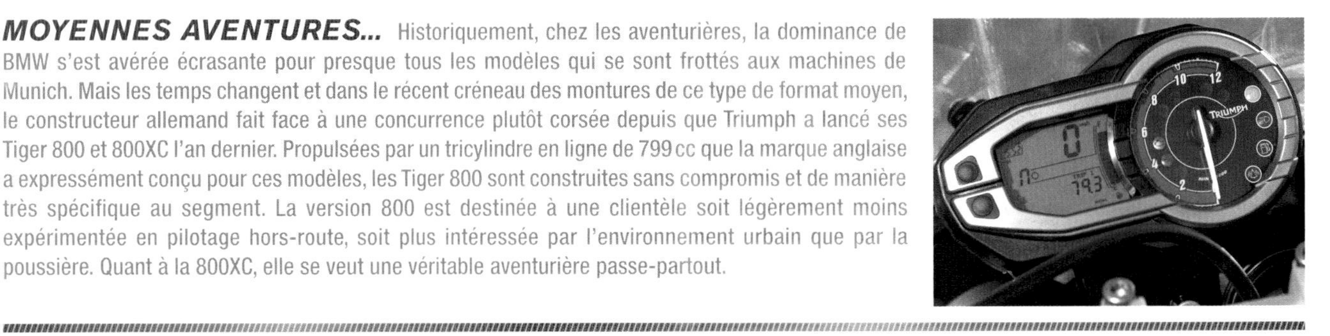

MOYENNES AVENTURES... Historiquement, chez les aventurières, la dominance de BMW s'est avérée écrasante pour presque tous les modèles qui se sont frottés aux machines de Munich. Mais les temps changent et dans le récent créneau des montures de ce type de format moyen, le constructeur allemand fait face à une concurrence plutôt corsée depuis que Triumph a lancé ses Tiger 800 et 800XC l'an dernier. Propulsées par un tricylindre en ligne de 799 cc que la marque anglaise a expressément conçu pour ces modèles, les Tiger 800 sont construites sans compromis et de manière très spécifique au segment. La version 800 est destinée à une clientèle soit légèrement moins expérimentée en pilotage hors-route, soit plus intéressée par l'environnement urbain que par la poussière. Quant à la 800XC, elle se veut une véritable aventurière passe-partout.

En matière de quantité, de variété et de qualité de montures, le « petit » constructeur britannique Triumph n'a aujourd'hui plus rien à envier aux grandes marques, pour ne pas dire que les rôles sont en train de s'inverser. Les Tiger 800 sont de parfaits exemples de ce revirement de situation, puisqu'il s'agit d'excellentes motos qui se comparent sans la moindre gêne à des produits comme les BMW F650/800GS, leurs rivales directes.

Alors que la version de base propose un angle un peu plus urbain, la variante XC, elle, est une aventurière en bonne et due forme qui se montre capable de franchir de sérieux obstacles et de passer comme si de rien n'était de routes asphaltées à des chemins non pavés. Il s'agit aussi d'une routière accomplie capable d'affronter de longs trajets en offrant un très bon niveau de confort, tandis que sa tenue de route est suffisamment relevée pour pleinement satisfaire un pilote exigeant et expérimenté en conduite sportive.

LE TRICYLINDRE DES TIGER 800 FAIT PENSER À UNE PETITE VERSION DU SUPERBE MOTEUR QUI ANIME LA SPEED TRIPLE.

Les Tiger 800 proposent une facilité d'utilisation extraordinaire, puisqu'elles font partie de ces motos sur lesquelles on se sent immédiatement à l'aise. À leurs commandes, toutes les manœuvres et toutes les opérations semblent intuitives et transparentes. En fait, les Tiger 800 proposent un ensemble de qualités qui rappelle beaucoup celui qu'offre non pas les F650/800GS, mais plutôt la R1200GS. Jamais elles ne donnent l'impression d'être des modèles de second rang, comme le font à certains égards les BMW 650/800GS, et renvoient en plus un fort sentiment de désirabilité dont est grandement responsable le moteur qui les anime.

Triumph aurait facilement pu opter pour une avenue plus simple en termes de mécanique en reprenant ou en modifiant l'excellent tricylindre en ligne de 675 cc de la Street Triple, mais il a plutôt choisi de concevoir un tout nouveau moteur de 800 cc dont les propriétés devaient parfaitement servir les besoins d'une routière aventurière de poids moyen. Le résultat est admirable, puisqu'on croirait littéralement solliciter une petite version du moteur de 1 050 cc de la Speed Triple, qui est carrément l'une des meilleures mécaniques du monde du motocyclisme. L'embrayage est léger, les rapports s'engagent sans effort et le couple disponible dès les premiers tours permet à la moto d'accélérer de façon instantanée et autoritaire. Presque toujours très doux, ce moteur offre une répartition de puissance tellement généreuse à tous les régimes qu'il semble ne jamais y avoir de tours ou de rapports inappropriés. Aussi confortable à haut régime en pleine accélération qu'à rouler sur le couple à bas régime, il se montre tout aussi à l'aise dans un environnement routier qu'en sentier. Comme la plupart des triples anglais, il est aussi particulièrement plaisant à écouter. La réduction poussée du jeu du rouage d'entraînement et le calibrage sans faute de l'injection sont d'autres facteurs qui permettent à la mécanique de se montrer très satisfaisante.

Une selle confortable, bien que plutôt haute dans le cas de la 800XC, une bonne protection au vent, des suspensions judicieusement calibrées et d'excellents freins font également partie de l'ensemble proposé par ces Tiger 800. Notons que l'ABS, qui est livré de série, peut être désengagé.

QUOI DE NEUF EN 2012 ?

Versions sans ABS ne sont plus offertes

Tiger 800XC coûte 300 $ et Tiger 800 600 $ de plus qu'en 2011

PAS MAL

Un ensemble impressionnant ; les Tiger 800 font partie de ces motos qui sont un charme à presque tous les niveaux

Un moteur superbe qui reprend toutes les caractéristiques du renommé tricylindre de 1 050 cc dans un format un peu plus petit, mais sans que l'agrément de conduite n'en souffre : ça tire bien, c'est coupleux à souhait et ça sonne bien

Une vraie nature aventurière pour la 800XC qui possède la capacité d'affronter tout genre de terrains et qui offre une légèreté permettant une bonne agilité hors-route

Un comportement solide et précis marqué par une très grande facilité de pilotage

BOF

Une selle haute, surtout en pilotage hors-route dans le cas de la 800XC, qui devrait être nettement plus basse sur la 800 qui est supposément plus accessible et urbaine

Une mécanique dont la sonorité devient métallique à certains régimes

Des poignées chauffantes qui sont absentes en équipement de série

Un cadre arrière soudé plutôt que vissé au cadre, et des supports de repose-pieds soudés plutôt que vissés au cadre arrière ; une petite chute pourrait coûter cher

Une protection au vent qui n'est pas mauvaise, mais qu'un pare-brise un peu plus grand améliorerait beaucoup, surtout s'il était ajustable

CONCLUSION

La marque britannique a judicieusement choisi d'investir de façon massive dans de nouveaux modèles et de nouveaux créneaux durant la période de récession qui a considérablement ralenti la plupart des autres constructeurs. Les Tiger 800 sont de très bons exemples des excellents résultats de cette stratégie. Il ne s'agit pas de montures dérivées d'une base existante, mais plutôt de conceptions développées de manière très spécifique pour cette classe que les BMW F650/800GS ont créée et auxquelles ces Tiger s'attaquent de façon très directe. Merveilleusement équilibrées sous tous les aspects du pilotage et propulsées par une mécanique largement plus intéressante que celle des modèles rivaux, les Tiger 800 sont des propositions qu'un motocycliste à la recherche d'une aventurière de format moyen pourra très difficilement contourner.

Tiger 800

Voir légende en page 16

GÉNÉRAL

Catégorie	Routière Aventurière
Prix	Tiger 800XC : 13 399 $ Tiger 800 : 12 299 $
Immatriculation 2012	545,65 $
Catégorisation SAAQ 2012	« régulière »
Évolution récente	introduites en 2011
Garantie	2 ans/kilométrage illimité
Couleur(s)	Tiger 800XC : noir, blanc, orange Tiger 800 : noir, blanc, vert
Concurrence	Tiger 800XC : BMW F800GS Tiger 800 : BMW F650GS, Suzuki V-Strom 650

MOTEUR

Type	3-cylindres en ligne 4-temps, DACT, 4 soupapes par cylindre, refroidissement par liquide
Alimentation	injection à 3 corps
Rapport volumétrique	12,0 : 1
Cylindrée	799 cc
Alésage et course	74 mm x 61,9 mm
Puissance	94 ch @ 9 300 tr/min
Couple	58 lb-pi @ 7 850 tr/min
Boîte de vitesses	6 rapports
Transmission finale	par chaîne
Révolution à 100 km/h	environ 4 200 tr/min
Consommation moyenne	6,0 l/100 km
Autonomie moyenne	316 km

PARTIE CYCLE

Type de cadre	treillis, en acier tubulaire
Suspension avant	fourche inversée de 43 mm ajustable en précharge, compression et détente
Suspension arrière	monoamortisseur ajustable en précharge et détente
Freinage avant	2 disques de 308 mm de Ø avec étriers à 4 pistons avec système ABS
Freinage arrière	1 disque de 255 mm de Ø avec étrier à 2 pistons avec système ABS
Pneus avant/arrière	Tiger 800XC : 90/90 ZR21 & 150/70 ZR17 Tiger 800 : 110/80 ZR19 & 150/70 ZR17
Empattement	800XC : 1 545 mm ; 800 : 1 530 mm
Hauteur de selle	800XC : 845/865 mm ; 800 : 810/830 mm
Poids tous pleins faits	800XC : 215 kg ; 800 : 210 kg
Réservoir de carburant	19 litres

Rocket III Roadster

GENTILLES GROSSES BÊTES... Les Rocket III sont les vestiges d'une ère pourtant pas si lointaine marquée par une surenchère de cubage chez les customs. Les uns après les autres, bon nombre de constructeurs tentèrent d'offrir la moto équipée du plus gros moteur au monde. Voyant une occasion de rehausser son statut face aux marques établies, Triumph haussa la mise jusqu'à 2 300 cc, et gagna. Maintenant que la poussière de cette guerre est retombée, on se demande un peu à quoi sert une custom de 2,3 litres. Mais la marque anglaise a investi gros pour développer cette très particulière plateforme et elle continue donc d'offrir la Rocket III, bien que ce soit à des sauces un peu différentes. Le modèle original a disparu et est aujourd'hui remplacé par la Roadster, tandis qu'une variante de tourisme léger, la Touring, est offerte depuis 2008.

Les modèles méritant véritablement d'être qualifiés d'uniques et d'inimitables sont extrêmement rares sur le marché, mais la Rocket III en fait indiscutablement partie. Il s'agit de la moto de grande production propulsée par le plus gros moteur au monde et, très franchement, il est difficile d'imaginer une autre marque, quelle qu'elle soit, s'engager dans un projet visant à surpasser la Triumph. De toute façon, l'intérêt des motocyclistes pour ce genre de titre n'est plus du tout suffisant pour justifier les investissements requis pour mener une telle aventure à terme. Triumph l'a fait en 2004 pour prouver qu'il pouvait bousculer les grands. Il y est arrivé et le défi est aujourd'hui de rentabiliser l'exercice.

Des deux versions de la Rocket III, la Touring est de loin la moins dramatique. Sa cylindrée est la même que celle de la Roadster, mais sa puissance est nettement inférieure, puisqu'elle lui concède pas moins d'une quarantaine de chevaux. Étrangement, même le couple est moins élevé. Ces caractéristiques s'expliquent possiblement par le vœu de Triumph de rendre la Touring plus accessible à un plus grand nombre. Le résultat est une monture de tourisme léger assez intéressante dans l'environnement normal pour ce genre de moto, c'est-à-dire les longues balades. Le côté pratique des valises est alors mis en évidence, tout comme le très bon niveau de confort offert par la selle. Il s'agit par ailleurs d'une des rares customs qui prennent vraiment soin du passager. Celui-ci profite non seulement d'une très bonne selle, mais aussi de plateformes et seul un dossier manque à l'appel. La position de conduite à saveur typiquement custom est très dégagée et ne cause aucun inconfort sur de longs trajets. La Touring, qui rappelle un peu la regrettée Valkyrie, n'est toutefois pas parfaite en mode tourisme, puisque sa suspension arrière se montre occasionnellement sèche et que son pare-brise génère d'agaçantes turbulences au niveau du casque à vitesse d'autoroute. Le comportement routier sûr et solide est marqué par une direction vraiment légère résultant d'un guidon très large. La stabilité est impossible à prendre en faute dans des circonstances normales, mais l'énorme masse de l'ensemble devient problématique à basse vitesse, lors de manœuvres serrées où toute l'attention et toute l'expérience du pilote sont requises.

EN TERMES DE PERFORMANCES, LA DIFFÉRENCE ENTRE LES VERSIONS EST MAJEURE.

En termes de performances, la différence entre les versions est majeure. Alors que la Touring n'a rien d'une fusée et préfère clairement tourner à bas régime où elle se montre très souple et assez douce, la Roadster corrompt son pilote au premier tour d'accélérateur. Il s'agit d'une moto dotée d'une très grande puissance et capable de performances élevées pour une custom, mais elle a aussi la particularité de livrer toute cette cavalerie de manière étonnamment civilisée. Les accélérations plein gaz s'avèrent très amusantes, voire impressionnantes, mais la réalité est qu'elles n'ont rien à voir avec la violence explosive dont est capable une VMAX, un modèle auquel la Roadster est souvent comparée, faute d'autres choix. Chaque instant de conduite est accompagné d'un profond bourdonnement provenant du gros tricylindre. Si l'on ne peut vraiment qualifier celui-ci de musical, il demeure décidément unique et amène une couleur très particulière à l'expérience de conduite.

QUOI DE NEUF EN 2012?

Aucun changement

Rocket III Roadster coûte 1 200 $ de moins et Rocket III Touring 300 $ de plus qu'en 2011

PAS MAL

Un tricylindre unique autant par son concept que par les sensations qu'il fait vivre à chaque ouverture des gaz; il s'agit d'une des rares configurations mécaniques dont on ne peut vivre l'expérience qu'à une et une seule adresse

Un niveau de confort très correct sur la Roadster dont la position à saveur custom est dégagée, relaxe et très bon sur la Touring en raison de sa position encore plus spacieuse et de son excellente selle

Un comportement étonnamment décent pour des machines de telles proportions

Un niveau de performances assez impressionnant dans le cas de la Roadster, puisqu'elle est à la fois très puissante et totalement docile

BOF

Une ligne très polarisante qui continue d'être controversée dans les 2 cas; d'un autre côté, il semble que les acheteurs soient justement attirés par cet aspect très distinct

Une masse élevée et des proportions immenses qui demandent toute l'attention du pilote à basse vitesse et dans les situations serrées

Une selle qui n'est pas particulièrement basse dans le cas de la Roadster, ce qui ne fait qu'amplifier le problème du poids élevé

Un concept intéressant qui mériterait peut-être d'être poussé encore plus loin, comme une Rocket III transformée en standard extrême ou en musclebike de 200 chevaux

CONCLUSION

Il est évident que les immenses et très particulières Rocket III ne s'adressent pas à tout le monde, mais il reste qu'elles ont beaucoup de mérite. Véritables démonstrations roulantes de savoir-faire de la part de la marque anglaise, elles offrent une expérience de conduite totalement unique. En fait, les motocyclistes intéressés par des caractéristiques comme les leurs devraient s'estimer chanceux qu'un constructeur ait décidé d'emprunter une telle direction. Si le type de pilotage qu'elles proposent est fortement marqué par le caractère et le rendement sans pareil de leur grosse mécanique, il se vit également à un autre niveau, puisque les Rocket III représentent aussi une garantie d'individualisme pour les propriétaires. Elles étonnent franchement en se comportant de façon aussi civilisée, que ce soit par la manière dont tous les chevaux de la Roadster sont livrés ou en ce qui concerne la qualité de leur comportement routier. Imaginer et créer de telles bêtes: il fallait le faire.

Rocket III Touring

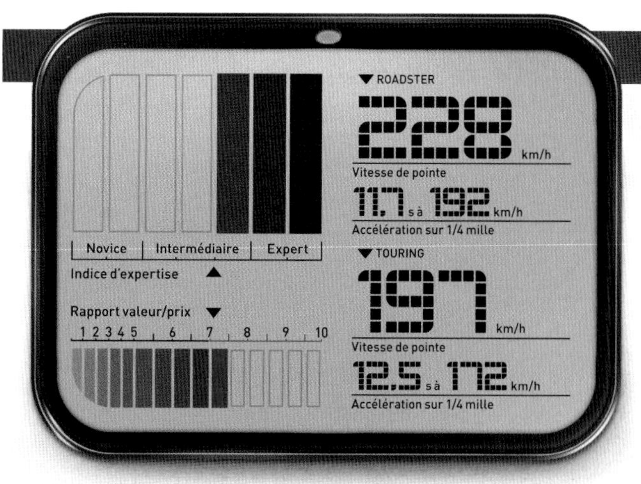

Voir légende en page 16

GÉNÉRAL

Catégorie	Tourisme léger / Custom
Prix	Rocket III Touring: 19 499 $ (noir: 18 999 $) Rocket III Roadster: 16 799 $
Immatriculation 2012	545,65 $
Catégorisation SAAQ 2012	« régulière »
Évolution récente	Rocket III introduite en 2004, Touring introduite en 2008, Roadster introduite en 2010
Garantie	2 ans/kilométrage illimité
Couleur(s)	Rocket III Touring: noir et blanc, noir Rocket III Roadster: bleu, rouge, noir
Concurrence	Rocket III Roadster: Suzuki M109R, Yamaha VMAX Rocket III Touring: H-D Road King, Kawasaki Vulcan 1700 Nomad, Victory Cross Roads

MOTEUR

Type	3-cylindres en ligne 4-temps, DACT, 4 soupapes par cylindre, refroidissement par liquide
Alimentation	injection à 3 corps de 56 mm
Rapport volumétrique	8,7:1
Cylindrée	2 294 cc
Alésage et course	101,6 mm x 94,3 mm
Puissance	Touring: 105 ch @ 6 000 tr/min Roadster: 146 ch @ 5 750 tr/min
Couple	Touring: 150 lb-pi @ 2 500 tr/min Roadster: 163 lb-pi @ 2 750 tr/min
Boîte de vitesses	5 rapports
Transmission finale	par arbre
Révolution à 100 km/h	environ 2 400 tr/min
Consommation moyenne	7,2 l/100 km
Autonomie moyenne	Touring: 310 km; Roadster: 333 km

PARTIE CYCLE

Type de cadre	double épine dorsale, en acier
Suspension avant	fourche inversée de 43 mm non ajustable (Touring: conventionnelle)
Suspension arrière	2 amortisseurs ajustables en précharge
Freinage avant	2 disques de 320 mm de Ø avec étriers à 4 pistons et système ABS
Freinage arrière	1 disque de 316 mm de Ø avec étrier à 2 pistons et système ABS
Pneus avant/arrière	Touring: 150/80 R16 & 180/70 R16 Roadster: 150/80 R17 & 240/50 R16
Empattement	Touring: 1 705 mm; Roadster: 1 695 mm
Hauteur de selle	Touring: 730 mm; Roadster: 750 mm
Poids tous pleins faits	Touring: 395 kg; Roadster: 367 kg
Réservoir de carburant	Touring: 22,3 litres; Roadster: 24 litres

Thunderbird

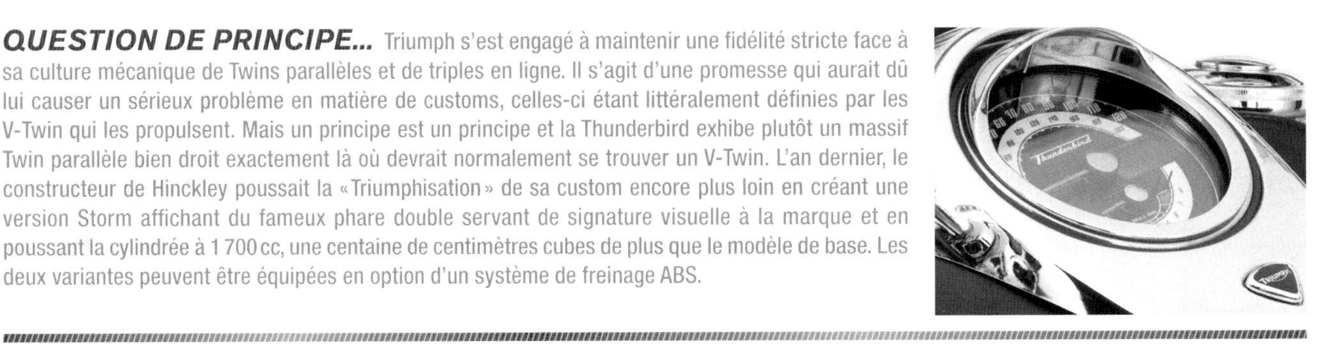

QUESTION DE PRINCIPE... Triumph s'est engagé à maintenir une fidélité stricte face à sa culture mécanique de Twins parallèles et de triples en ligne. Il s'agit d'une promesse qui aurait dû lui causer un sérieux problème en matière de customs, celles-ci étant littéralement définies par les V-Twin qui les propulsent. Mais un principe est un principe et la Thunderbird exhibe plutôt un massif Twin parallèle bien droit exactement là où devrait normalement se trouver un V-Twin. L'an dernier, le constructeur de Hinckley poussait la «Triumphisation» de sa custom encore plus loin en créant une version Storm affichant du fameux phare double servant de signature visuelle à la marque et en poussant la cylindrée à 1 700 cc, une centaine de centimètres cubes de plus que le modèle de base. Les deux variantes peuvent être équipées en option d'un système de freinage ABS.

Attirer une tranche démographique moins âgée que celle traditionnellement intéressée par les customs n'est pas une mince affaire, mais compte tenu de la fossilisation imminente de la clientèle dans ce créneau, la mission est de la plus haute importance pour l'industrie du motocyclisme. Alors que les génies du marketing se penchaient sur cette énigme, Harley-Davidson, de son côté, se mettait à peindre quelques pièces en noir. La ligne Dark Custom était née et, comme par magie, de jeunes adultes plutôt que des Boomers ont commencé à s'intéresser à des customs. Si la Thunderbird Storm lancée en 2011 s'inspire sans la moindre gêne de cette tendance, elle a au moins le mérite de pousser le stylisme un peu plus loin en affichant une paire d'yeux typiques des Triumph. Le constructeur anglais a également choisi de rehausser d'un bon cran les performances du modèle en installant de série le kit de 1 700 cc offert en option sur la Thunderbird de base qui, elle, a plutôt une cylindrée de 1 600 cc. Armée de tout près d'une centaine de chevaux, soit une bonne douzaine de plus que la Thunderbird originale, la Storm est l'une des customs poids lourd les plus rapides du marché. Par rapport à la 1600 de base, la différence en termes de performances mesurées en ligne droite n'est pas majeure, mais quand même notable. Personne ne devrait d'ailleurs être trop surpris si Triumph décidait éventuellement d'animer toutes les versions de la Thunderbird avec le gros Twin parallèle de 1 700 cc. À l'exception de l'accélération et du couple supérieurs de la Storm, les deux versions se comportent de façon identique.

LA THUNDERBIRD SE MONTRE AISÉMENT SUPÉRIEURE À LA MOYENNE DES GROSSES CUSTOMS EN MATIÈRE DE COMPORTEMENT.

Bien qu'elle paraisse très différente en raison de sa configuration mécanique, l'expérience de conduite qu'offre la Thunderbird se rapproche énormément de celle que propose la moyenne des grosses customs. À plusieurs égards, la Triumph est toutefois nettement supérieure à cette moyenne. Par exemple, elle fait preuve d'une précision et d'une rigueur très surprenantes en virage, deux qualités attribuables à une construction particulièrement rigide du cadre, aux solides composantes de suspensions et aux roues larges chaussées de pneus presque sportifs. Des suspensions qui fonctionnent, ce qui est loin d'être la norme chez les customs, ainsi que de très bons freins pouvant être équipés d'un système ABS servent également d'explication pour la qualité du comportement routier.

D'une façon assez inattendue, les sensations renvoyées par le Twin parallèle, et ce, autant à un niveau sonore que tactile, ressemblent à s'y méprendre à l'expérience offerte par un V-Twin de cylindrée semblable. En selle, on jurerait même carrément piloter une moto non seulement animée par un V-Twin, mais aussi par un V-Twin fort plaisant générant un profond grondement et tremblant au rythme saccadé des gros pistons. Le moteur se montre particulièrement doux à gaz constants et ne s'anime en pulsant de manière plaisante qu'en pleine accélération. Le niveau de confort du modèle n'attire aucune véritable critique, puisque l'ergonomie, qui est très semblable sur les deux versions, est dictée par une position de conduite agréable, tandis que la selle bien formée et bien rembourrée ne cause pas d'inconfort prématuré.

QUOI DE NEUF EN 2012?

Aucun changement

Thunderbird coûte 1 000 $ et Thunderbird Storm 800 $ de moins qu'en 2011

PAS MAL

Un Twin parallèle dont la sonorité et la cadence ressemblent à s'y méprendre aux sensations renvoyées non seulement par un V-Twin, mais bien par un bon V-Twin

Un niveau de performances très intéressant, puisque le couple à bas régime est excellent et que les accélérations sont plus puissantes qu'on s'y attendrait sur une custom de cette cylindrée

Un style très particulier pour la version Storm qui est littéralement une « custom Triumph » puisqu'elle porte toutes les signatures mécaniques et visuelles de la marque

Un comportement routier qui doit être qualifié d'exemplaire, ce qui s'explique par le fait que la partie cycle est construite avec une rigueur presque sportive

BOF

Une ligne élégante dans le cas de la Thunderbird de base, mais aussi très prévisible; Triumph n'a pas voulu bousculer davantage la clientèle conservatrice à laquelle il demande déjà d'accepter un Twin parallèle au lieu d'un V-Twin

Un système ABS anormalement cher

Une image générale définie par la présence d'un Twin parallèle là où devrait normalement se trouver un V-Twin; on aime ou on n'aime pas

Un choix de silencieux double qui semble ne pas correspondre à l'image haut de gamme du produit; oserions-nous faire allusion à la Kawasaki Vulcan 500 LTD?

CONCLUSION

Le marché regorge de copies plus ou moins réussies d'une quelconque Harley-Davidson, mais même si la ligne très prévisible de la Thunderbird et le traitement Dark Custom de la variante Storm font décidément penser aux produits de Milwaukee, le fait est que la Triumph est différente. S'il est indéniable que le constructeur anglais s'est inspiré sans aucune honte du style américain, il reste qu'il serait injuste de ne pas respecter les risques pris dans le but d'injecter une dose extrêmement rare d'identité non milwaukienne dans la Thunderbird. Triumph l'a fait en animant le modèle avec un massif Twin parallèle, en solidifiant de manière très inhabituelle la partie cycle et, dans le cas de la Storm, en créant un visage clairement identifiable à la marque. Pour une rare fois, un constructeur a osé transformer la formule custom à son image.

Thunderbird Storm

193 km/h
Vitesse de pointe

12,8 s à 168 km/h
Accélération sur 1/4 mille

Novice | Intermédiaire | Expert

Indice d'expertise ▲ Rapport valeur/prix ▼

1 2 3 4 5 6 7 8 9 10

Voir légende en page 16

GÉNÉRAL

Catégorie	Custom
Prix	T-Bird : 14 499 $ (noir : 13 999 $) T-Bird ABS : 15 499 $ (noir : 14 999 $) T-Bird Storm : 15 499 $ (ABS : 16 499 $)
Immatriculation 2012	545,65 $
Catégorisation SAAQ 2012	« régulière »
Évolution récente	Thunderbird introduite en 2010 Thunderbird Storm introduite en 2011
Garantie	2 ans/kilométrage illimité
Couleur(s)	T-Bird : noir, bleu, rouge T-Bird Storm : noir, noir mat
Concurrence	Harley-Davidson Super Glide Custom et Fat Bob, Kawasaki Vulcan 1700 Classic, Victory Hammer, Yamaha Road Star

MOTEUR

Type	bicylindre parallèle 4-temps, DACT, 4 soupapes par cylindre, refroidissement par liquide
Alimentation	injection à 2 corps de 42 mm
Rapport volumétrique	9,7 :1
Cylindrée	T-Bird : 1 597 cc T-Bird Storm : 1 699 cc
Alésage et course	T-Bird :103,8 mm x 94,3 mm T-Bird Storm : 107,1 mm x 94,3 mm
Puissance	T-Bird : 85 ch @ 4 850 tr/min T-Bird Storm : 97 ch @ 5 200 tr/min
Couple	T-Bird : 108 lb-pi @ 2 750 tr/min T-Bird Storm : 115 lb-pi @ 2 950 tr/min
Boîte de vitesses	6 rapports
Transmission finale	par courroie
Révolution à 100 km/h	environ 2 300 tr/min
Consommation moyenne	6,7 l/100 km
Autonomie moyenne	328 km

PARTIE CYCLE

Type de cadre	double épine dorsale, en acier
Suspension avant	fourche conventionnelle de 47 mm non ajustable
Suspension arrière	2 amortisseurs ajustables en précharge
Freinage avant	2 disques de 310 mm de Ø avec étriers à 4 pistons (et système ABS optionnel)
Freinage arrière	1 disque de 310 mm de Ø avec étrier à 2 pistons (et système ABS optionnel)
Pneus avant/arrière	120/70 R19 & 200/50 R17
Empattement	1 615 mm
Hauteur de selle	700 mm
Poids tous pleins faits	339 kg
Réservoir de carburant	22 litres

Speedmaster

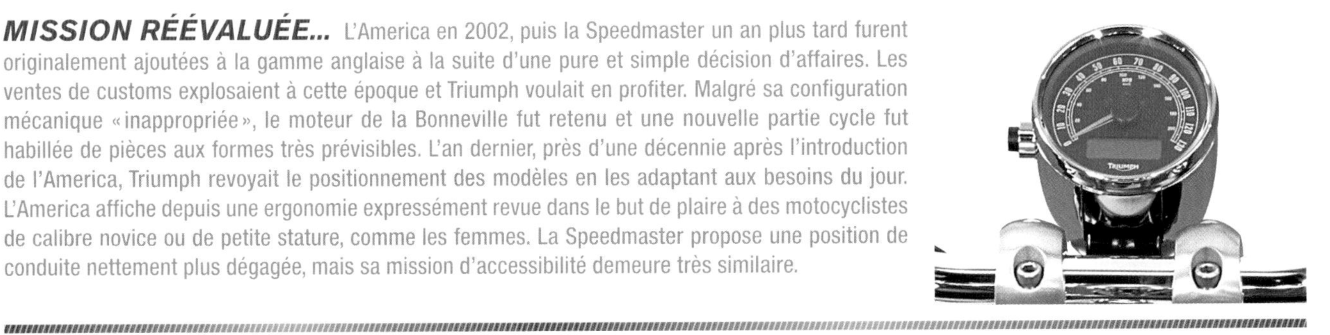

MISSION RÉÉVALUÉE... L'America en 2002, puis la Speedmaster un an plus tard furent originalement ajoutées à la gamme anglaise à la suite d'une pure et simple décision d'affaires. Les ventes de customs explosaient à cette époque et Triumph voulait en profiter. Malgré sa configuration mécanique «inappropriée», le moteur de la Bonneville fut retenu et une nouvelle partie cycle fut habillée de pièces aux formes très prévisibles. L'an dernier, près d'une décennie après l'introduction de l'America, Triumph revoyait le positionnement des modèles en les adaptant aux besoins du jour. L'America affiche depuis une ergonomie expressément revue dans le but de plaire à des motocyclistes de calibre novice ou de petite stature, comme les femmes. La Speedmaster propose une position de conduite nettement plus dégagée, mais sa mission d'accessibilité demeure très similaire.

D'un point de vue éthique, les Speedmaster et America n'ont jamais été très crédibles, et ce, surtout pour deux raisons: une ligne bien trop prévisible, particulièrement dans le cas de l'America, et un Twin parallèle qui, encore aujourd'hui, jure dans ce monde de V-Twin. La marque britannique leur fit probablement la plus grande des faveurs en lançant la grosse Thunderbird 1600, elle aussi une custom propulsée non pas par un V-Twin, mais bien par un Twin parallèle. La Thunderbird a servi à démontrer l'engagement de Triumph envers ce type de moteur, qui est intimement lié à sa riche histoire. Or, avec cet engagement, le nuage d'imposture qui suivait l'America et la Speedmaster se dissipa presque instantanément. Littéralement du jour au lendemain, elles gagnaient l'authenticité qui leur manquait depuis toujours.

En 2011, la persistance de Triumph à offrir ces modèles leur donna un nouvel avenir, puisqu'ils se virent tous deux repositionnés afin de mieux refléter les besoins du marché courant. En premier lieu, les prix furent ramenés jusqu'à un niveau pratiquement équivalent à celui des modèles concurrents nippons ou américains, ce qui est d'ailleurs parfaitement logique, puisqu'il n'y avait auparavant aucune manière de justifier une facture plus élevée.

En second lieu, l'America et de la Speedmaster sont depuis passées de customs de cylindrée moyenne normales à des customs d'initiation. Il s'agit d'une transformation qui rappelle beaucoup celle qu'a subie la Harley-Davidson Sportster 883 SuperLow, le but étant dans tous les cas d'offrir des montures plus appropriées aux besoins d'une toute nouvelle génération de motocyclistes.

LA RÉVISION QU'ELLES ONT SUBIE EN 2011 LES A TRANSFORMÉES EN CUSTOMS D'INITIATION.

Pour y arriver, Triumph a modifié la position de conduite en rapprochant considérablement du pilote le guidon et les repose-pieds, en abaissant la selle et en installant une béquille laissant la moto plus droite à l'arrêt afin d'en faciliter le soulèvement. Notons que le design des roues a été revu et que la forme de quelques pièces, comme les garde-boue, les phares et les clignotants, a aussi été modifiée. L'ergonomie revue des modèles atteint son but, puisqu'elle permet à des pilotes novices ou physiquement petits de se sentir immédiatement à l'aise. Le poids est très bien masqué et la proximité des commandes confère à l'ensemble une accessibilité réellement très élevée. En revanche, dans le cas de l'America, les pilotes plus grands se sentent serrés, tandis que les motocyclistes plus expérimentés ont l'impression d'être assis sur une monture de novice. Sa position détendue plaçant pieds et mains devant est typique pour une custom de style classique.

La position de conduite de la Speedmaster est nettement plus dégagée et ne causera aucun problème aux pilotes plus grands ou plus expérimentés pour lesquels elle est d'ailleurs nettement plus intéressante. Dans le cas des deux modèles, la mécanique injectée tire proprement et propose des performances adéquates, à défaut d'être excitante. Il s'agit d'un moteur excessivement doux et silencieux qui renvoie très peu de sensations. Sur la route, les deux se montrent toujours stables et très intuitives à manier et proposent un niveau de confort raisonnable sauf en ce qui concerne la suspension arrière occasionnellement rude.

QUOI DE NEUF EN 2012?

Aucun changement

America coûte 400$ et Speedmaster 100$ de plus qu'en 2011

PAS MAL

Une certaine originalité provenant de la configuration mécanique propre à Triumph qu'est le bicylindre vertical, un moteur qui se montre par ailleurs doux et coopératif

Un comportement routier faisant preuve de belles manières à presque tous les niveaux, de la stabilité en ligne droite à la solidité en virage en passant par la légèreté de direction

Une facilité de prise en main exceptionnelle, particulièrement dans le cas de l'America qui a justement été revue pour paraître aussi accessible que possible à une clientèle novice ou physiquement petite; la Speedmaster est également très peu intimidante

BOF

Une ergonomie tellement compacte dans le cas de l'America que celle-ci devient exclusivement une monture destinée à une clientèle novice ou physiquement petite; la position de conduite de la Speedmaster est nettement plus dégagée

Un niveau de performances qui n'est pas mauvais et qui s'avère tout à fait suffisant dans la majorité des situations, mais qui n'arrivera à satisfaire que les pilotes peu gourmands en chevaux ou les novices

Une suspension arrière qui se montre sèche sur les défauts prononcés de la chaussée

Une mécanique dont le caractère est très timide en raison de la très grande douceur de fonctionnement du moteur et de la sonorité étouffée du système d'échappement

CONCLUSION

L'America et sa cousine la Speedmaster n'étaient à l'origine que des manières relativement faciles pour Triumph de participer au créneau custom. Chères, aussi timides au niveau des sensations mécaniques qu'elles l'étaient en termes de performances et propulsées par un Twin parallèle carrément inapproprié dans cette classe, elles ne s'adressaient finalement qu'aux maniaques aveugles de la marque anglaise. Même si ces versions révisées demeurent techniquement très proches des modèles originaux, leur attrait, lui, est maintenant très différent. Ce regain d'intérêt découle en grande partie du fait qu'elles affichent désormais des factures comparables à celles des modèles rivaux, ce qui les rend beaucoup plus faciles à envisager. Et bien qu'elles aient toujours été très amicales en termes de pilotage, la grande attention portée à l'accessibilité de l'America en fait désormais une option que la clientèle visée ne pourra ignorer.

America

160 km/h
Vitesse de pointe

13,9 s à 151 km/h
Accélération sur 1/4 mille

Novice | Intermédiaire | Expert

Indice d'expertise ▲ Rapport valeur/prix ▼

1 2 3 4 5 6 7 8 9 10

Voir légende en page 16

GÉNÉRAL

Catégorie	Custom
Prix	America: 9599$ (noir: 9299$) Speedmaster: 9299$
Immatriculation 2012	545,65$
Catégorisation SAAQ 2012	« régulière »
Évolution récente	America introduite en 2002, revue en 2011; Speedmaster introduite en 2003, revue en 2011
Garantie	2 ans/kilométrage illimité
Couleur(s)	America: bleu et blanc, noir Speedmaster: rouge, noir
Concurrence	Harley-Davidson Sportster 883, Honda Shadow 750, Kawasaki Vulcan 900 Classic, Suzuki Boulevard C50 et M50, Yamaha V-Star 950

MOTEUR

Type	bicylindre parallèle 4-temps, DACT, 4 soupapes par cylindre, refroidissement par air
Alimentation	injection à 2 corps
Rapport volumétrique	9,2:1
Cylindrée	865 cc
Alésage et course	90 mm x 68 mm
Puissance	60 ch @ 6800 tr/min
Couple	53 lb-pi @ 3300 tr/min
Boîte de vitesses	5 rapports
Transmission finale	par chaîne
Révolution à 100 km/h	environ 3500 tr/min
Consommation moyenne	4,9 l/100 km
Autonomie moyenne	393 km

PARTIE CYCLE

Type de cadre	double berceau, en acier
Suspension avant	fourche conventionnelle de 41 mm non ajustable
Suspension arrière	2 amortisseurs ajustables en précharge
Freinage avant	1 disque de 310 mm de Ø avec étrier à 2 pistons
Freinage arrière	1 disque de 285 mm de Ø avec étrier à 2 pistons
Pneus avant/arrière	America: 130/90 R16 & 170/80 R15 Speedmaster: 100/90 R19 & 170/80 R15
Empattement	America: 1617 mm Speedmaster: 1606 mm
Hauteur de selle	690 mm
Poids tous pleins faits	250 kg
Réservoir de carburant	19,3 litres

Cross Country Tour

JUSTE MILIEU... Est-il possible qu'il soit plus difficile de percer le marché custom que celui des sportives pures ultrapuissantes? Au moins, avec ces dernières, ce que les acheteurs veulent est clair. Les attentes des amateurs de customs sont bien moins précises, puisqu'elles tournent surtout autour du style. Or, le style, c'est subjectif. Chez Victory, on s'est d'abord aventuré du côté touristique de ce créneau avec une très – et probablement trop – particulière Vision, avec des résultats prévisibles. À mi-chemin entre les lignes classiques des Harley-Davidson et l'allure extraterrestre de la Vision, le style des montures basées sur les Cross Country et Cross Roads semble beaucoup mieux reçu. Comme les nouvelles Cross Country Tour et Hard-Ball, toutes les variantes de la série tourisme de Victory partagent le même V-Twin de 106 pouces cubes et le même cadre en aluminium.

Comme chez un certain autre grand constructeur américain, Victory propose une série de montures de tourisme basées sur une plateforme commune. Inaugurée avec la luxueuse Vision en 2008, cette base s'est immédiatement imposée comme étant l'une des plus sérieusement construites et des plus solidement maniérées du créneau custom. En fait, la Vision était, et demeure, une véritable moto de tourisme propulsée par un gros V-Twin custom, et non une custom accessoirisée pour le tourisme. Cette distinction est d'une grande importance, puisqu'elle explique le comportement agréablement solide et serein de chacun des modèles de la série, de l'aérée Cross Roads jusqu'à la nouvelle version Tour de la Cross Country en passant par l'agréablement audacieuse Hard-Ball, une autre nouveauté en 2012.

LA NOUVELLE CROSS COUNTRY TOUR PROPOSE UN AGRÉABLE DOSAGE DE CONFORT ET D'OUVERTURE À LA ROUTE.

Même si toutes les variantes sont pratiquement identiques d'un point de vue mécanique, les différents niveaux d'équipements et les écarts de poids existant entre les modèles confèrent à chacun des particularités propres. La grosse Vision Tour, par exemple, avec son immense selle, sa longue liste d'équipements et son pare-brise électriquement réglable, peut aisément jouer du coude avec la Honda Gold Wing dans l'environnement du voyage, ce qui constitue un enviable compliment. La nouvelle Cross Country Tour, qui est en fait une Cross Country généreusement accessoirisée, offre une expérience du voyage un peu moins enveloppante, mais non moins plaisante. Il s'agit d'un fort agréable dosage de confort et d'ouverture à la route qui s'avère très similaire à celui proposé par des customs de tourisme comme l'Electra Glide de Harley-Davidson ou la Voyager de Kawasaki. Compte tenu de la très grande popularité des modèles de ce genre chez Harley-Davidson, la Cross Country Tour représente probablement l'une des variantes ayant le plus de potentiel de succès chez Victory, surtout vu que son style à la fois classique et moderne semble être plutôt bien reçu par les amateurs de customs. À l'autre extrémité de la série se trouve la Cross Roads, une custom de tourisme léger dont l'équipement minimal ne consiste qu'en une paire de sacoches latérales et d'un gros pare-brise. Ironiquement, ce modèle, qui est le moins équipé et le moins cher de la série par une bonne marge, est aussi l'un des plus plaisants à piloter. Construite en utilisant une plateforme conçue pour une moto beaucoup plus massive, la Cross Roads propose un comportement routier marqué par une impression d'aisance et de sérénité dans toutes les circonstances. À ses commandes, toutes les manœuvres semblent faciles et sûres, tout se fait légèrement et précisément. La Cross Country est à très peu de choses près la même moto équipée d'un carénage fixé au cadre.

Le gros V-Twin de 106 pouces cubes commun à toutes les variantes est un fort plaisant exemple du genre. Expressément conçu pour pousser aussi fort que possible, aussi tôt que possible, il arrive à faire bouger toute la masse des divers modèles avec une agréable autorité. Ses qualités acoustiques ne sont peut-être pas aussi musicales que celles des V-Twin de Harley-Davidson, entre autres, mais il reste qu'on a affaire à une excellente mécanique dont le rendement s'avère plus qu'adéquat pour ce genre d'utilisation.

Reprenant la base de la Vision et ajoutant une généreuse liste d'équipements à la Cross Country, la nouvelle version Tour de cette dernière est un très intéressant ajout à la gamme Victory. Rivale directe de la Harley-Davidson Electra Glide et de la Kawasaki Voyager, elle propose une expérience très crédible du voyage à penchant custom. Nous ne serions pas surpris de la voir remporter un succès notable.

La très jolie petite ville de Park City dans l'Utah est chaque année l'hôte du prestigieux Sundance Festival, mais elle a cette fois aussi servi de base à Victory pour la présentation de ses modèles 2012. Le constructeur du Minnesota jure que c'est un hasard, mais son évènement eut lieu en même temps que la présentation Harley-Davidson, au même endroit. L'auteur, passant ici devant la lentille de Barry Hathaway aux commandes de la nouvelle version Tour de la Cross Country, quelque part dans les nombreuses montagnes faisant de Park City une destination prisée des skieurs, a ainsi dû faire le va-et-vient entre les deux présentations. Un jour, il déjeunait avec les gens de Victory, puis disparaissait mystérieusement dans la soirée afin d'assister au souper de Harley-Davidson, pour ensuite sauter dans un taxi et revenir à l'hôtel de Victory. Et le lendemain, c'était le contraire...

CROSS ROADS CLASSIC LE

Une nouveauté en 2012, la variante Classic LE est une édition accessoirisée de la Cross Roads de base. Outre sa peinture noire et blanche, elle se distingue du modèle de base par ses roues à rayons, par la finition de sa selle et de ses sacoches, ainsi que par son gros pare-brise, ses phares auxiliaires et ses barres de protection installés de série.

CROSS ROADS

Équipée d'une selle qui demeure confortable même sur de longues distances et installant son pilote de manière détendue, mais sans exagération, la Cross Roads incarne l'esprit de la balade en custom haut de gamme. Elle est la moins chère et la moins équipée des variantes de la gamme de tourisme de Victory, mais elle propose une simplicité qui la rend très attachante.

CORY NESS CROSS COUNTRY

Fils du légendaire Arlen Ness, Cory Ness signe cette édition spéciale de la Cross Country. Mécaniquement identique au modèle de base, elle s'en distingue par sa peinture spéciale ainsi que par une longue liste de pièces remplacées par des composantes provenant des catalogues d'accessoires Ness ou Victory. Cette liste comprend le guidon, les poignées, les rétroviseurs, les repose-pieds et les plateformes, les couvercles du moteur, les barres de protection, les roues et les haut-parleurs, entre autres. Évidemment, l'exercice fait en sorte que la facture augmente de plusieurs milliers de dollars.

CROSS COUNTRY

Au sein de la gamme de tourisme de Victory, la Cross Country joue le rôle de la monture de tourisme léger avec carénage fixe, une formule directement destinée à rivaliser avec la très populaire Street Glide chez Harley-Davidson. Elle est propulsée par le V-Twin 106/6, est équipée de l'ABS et offre même un système audio avec intégration iPod installé dans son carénage.

HARD-BALL

L'une des nouveautés présentées par Victory en 2012, la Hard-Ball combine le style dénudé de la Cross Roads, les valises rigides de la Cross Country, les roues à rayons de la Classic LE et le guidon de type Ape Hanger de la High-Ball, alors que le tout semble avoir été plongé dans un bain de peinture noir matte. Elle est l'exemple parfait du genre de risques que Victory semble désormais prêt à prendre en matière de style custom. Comme elle est basée sur la plateforme de tourisme du constructeur, elle est livrée de série avec le V-Twin Freedom 106/6 et l'ABS.

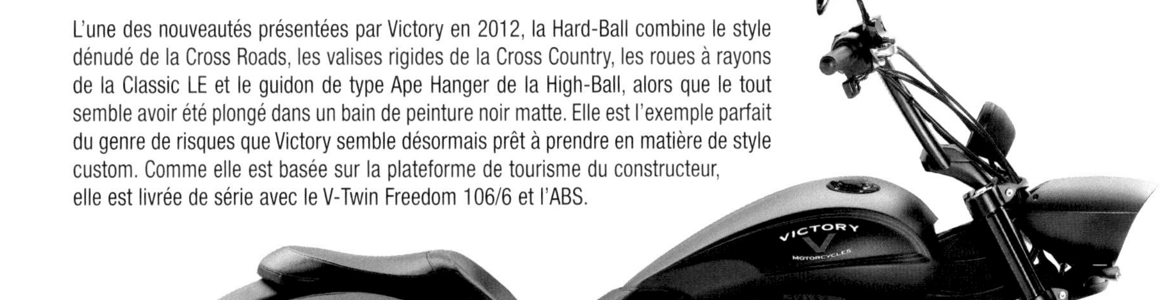

VISION TOUR

C'est avec la Vision que Victory lança sa plateforme de tourisme en 2008. Si la marque du Minnesota a depuis multiplié les variantes dérivées de cette base, la Vision reste unique en ce sens qu'aucun autre modèle de la gamme n'aborde le thème du tourisme de manière aussi sérieuse, un fait que l'extravagante ligne du modèle pousse parfois à oublier. La Vision est non seulement unique au sein de la gamme Victory, mais elle est aussi sans pareil sur le marché, puisqu'elle est le seul véritable modèle de tourisme de luxe à saveur custom offert aujourd'hui. Il s'agit d'un genre de Gold Wing à moteur V-Twin.

ARLEN NESS VISION

Comme c'est le cas de toutes les variantes signées par les membres de la famille Ness à laquelle Victory est associé depuis plusieurs années, la Arlen Ness Vision est une Vision offrant une peinture spéciale et sur laquelle a été installée une longue liste de pièces issues des catalogues d'accessoires Victory ou Ness. La seule différence technique digne de mention entre les deux modèles est une suspension arrière abaissée.

QUOI DE NEUF EN 2012 ?

Introduction de la variante Cross Country Tour

Introduction de la variante Cross Roads Classic LE

Introduction de la variante Hard-Ball

Vision Tour coûte 2 970 $ et Arlen Ness Vision 3 020 $ de moins qu'en 2011, Cross Country coûte 630 $, Cory Ness Cross Country 520 $ et Cross Roads 770 $ de plus qu'en 2011

PAS MAL

Un excellent niveau de confort sur les modèles Tour découlant de très bonnes selles, de positions très dégagées et variables, de bonnes suspensions et d'un pare-brise ajustable électriquement qui ne génère presque pas de turbulences dans le cas de la Vision

Une partie cycle extrêmement solide qui se montre stable et rassurante, peu importe les conditions ou la vitesse, et ce, sur toutes les variantes

Un niveau d'équipement généreux sur les modèles Tour

Une ligne qui semble plaire dans le cas des modèles Cross Roads et Cross Country et un style agréablement osé dans le cas de la nouvelle Hard-Ball

Des selles inhabituellement basses pour des montures de tourisme

BOF

Un V-Twin qui réussit à pousser toute cette masse avec une étonnante facilité, mais qui le fait sans la sonorité mélodieuse d'une mécanique de Harley-Davidson

Un poids très élevé qui ne dérange aucunement une fois en mouvement, mais qui demande toute l'attention du pilote à basse vitesse, dans les situations serrées

Des plateformes de passager sur la Vision qui entrent en contact avec l'arrière des mollets du pilote lorsqu'il recule la moto en étant assis dessus ; elles ne sont pas repliables

Des valises latérales rigides dont le volume n'est pas très généreux sur la Vision

Une garantie qui devrait être bien plus longue ; trois ans serait logique pour de telles motos

Des lignes osées et audacieuses dans le cas de la Vision, mais aussi polarisantes

Un coffre arrière fixé à la moto de manière pas très esthétique sur la Cross Country Tour

Des factures pas très raisonnables dans le cas des modèles Ness qui n'offrent vraiment qu'une finition plus poussée et pas toujours de bon goût

CONCLUSION

La plateforme de la Vision sur laquelle toutes ces variantes sont construites représente la réalisation technique la plus impressionnante de Victory à ce jour. Il s'agit d'une base remarquablement bien maniérée dont la solidité et la précision demeurent constantes autant dans le cas d'une lourde moto de tourisme de luxe comme la Vision que dans celui de machines plus aérées comme la Cross Roads de tourisme léger. Par ailleurs, la flexibilité stylistique et fonctionnelle de cette base ne cesse de surprendre, puisqu'elle permet de créer à la fois des montures joliment épurées comme la nouvelle Hard-Ball et des customs de tourisme de luxe comme la nouvelle Cross Country Tour ou la Vision Tour. D'ailleurs, en ce qui concerne ces dernières, nous ne serions pas très étonnés de voir la première devenir LE modèle de tourisme chez Victory et la seconde disparaître de la gamme. La raison derrière cette supposition est que le constructeur américain commence enfin à définir son identité dans ce créneau, ne serait-ce que d'un point de vue stylistique. Or, la Cross Country Tour colle beaucoup plus à cette identité que la Vision, que beaucoup continuent de percevoir comme un OVNI à deux roues. D'une manière ou d'une autre, il semble que Victory soit enfin sur la voie de la crédibilité et de la popularité en matière de customs de tourisme.

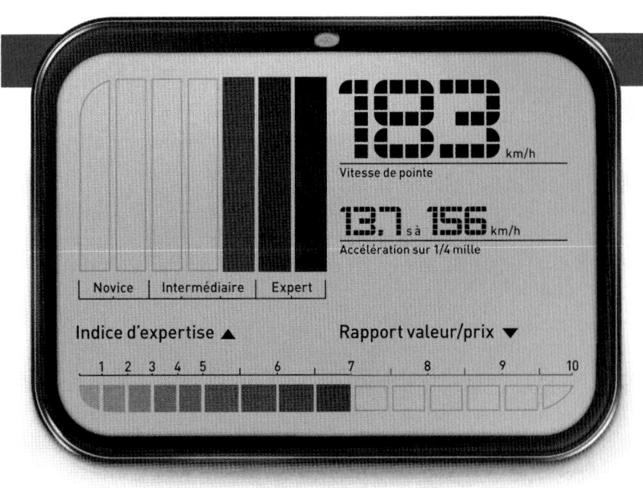

Voir légende en page 16

GÉNÉRAL

Catégorie	Tourisme de luxe / Tourisme léger
Prix	Cross Country Tour / C. Ness : 23 999 / 28 399 $ Cross Country / Hard-Ball : 20 699 / 20 699 $ Vision Tour / Arlen Ness Vision : 22 899 / 30 499 $ Cross Roads / Classic LE : 17 499 / 19 599 $
Immatriculation 2012	545,65 $
Catégorisation SAAQ 2012	« régulière »
Évolution récente	Vision Tour introduite en 2008, Cross Roads et Cross Country en 2010, Cross Country Tour et Hard-Ball en 2012
Garantie	1 an/kilométrage illimité
Couleur(s)	choix multiples
Concurrence	Harley-Davidson Série Tourisme, Kawasaki Vulcan 1700 Voyager et Nomad, Yamaha Royal Star Venture et Stratoliner Deluxe

MOTEUR

Type	bicylindre 4-temps en V à 50 degrés (Freedom 106/6), SACT, 4 soupapes par cylindre, refroidissement par air et huile
Alimentation	injection à 2 corps de 45 mm
Rapport volumétrique	9,4 :1
Cylindrée	1 731 cc
Alésage et course	101 mm x 108 mm
Puissance	92 ch
Couple	109 lb-pi
Boîte de vitesses	6 rapports
Transmission finale	par courroie
Révolution à 100 km/h	environ 2 300 tr/min
Consommation moyenne	6,6 l/100 km
Autonomie moyenne	333 km (Vision : 344 km)

PARTIE CYCLE

Type de cadre	épine dorsale, en aluminium
Suspension avant	fourche inversée de 43 mm non ajustable (Vision : conventionnelle de 46 mm)
Suspension arrière	monoamortisseur ajustable en pression d'air
Freinage avant	2 disques de 300 mm de Ø avec étriers à 4 pistons et système ABS
Freinage arrière	1 disque de 300 mm de Ø avec étrier à 2 pistons et système ABS
Pneus avant/arrière	130/70 R18 & 180/60 R16
Empattement	1 670 mm
Hauteur de selle	667 mm (Vision Tour / ANV : 673 / 622 mm)
Poids à vide	CCT / CNCC / CC / H-B : 384 / 347 / 347 / 345 kg VT / ANV / CR / CRCLE : 395 / 395 / 338 / 350 kg
Réservoir de carburant	22 litres (Vision : 22,7 litres)

Kingpin

LES SOFTAIL DE VICTORY... Il lui a fallu de longues années pour le comprendre, mais Victory semble enfin avoir saisi que les motocyclistes préfèrent l'authenticité à l'imitation. Les comparaisons insistantes avec les produits des amis de Milwaukee se font plus rares et de plus en plus de concepts maison, comme la High-Ball et la nouvelle Judge 2013, commencent à faire surface. C'est bien. Tout ça ne veut néanmoins pas dire qu'on ne regarde plus ce qui se passe chez Harley-Davidson. Bien au contraire, en fait. La plateforme Vegas, qui a commencé par donner naissance à des modèles comme la Kingpin et la Jackpot, se voit désormais exploitée exactement de la même manière que c'est le cas pour la plateforme Softail de la marque de Milwaukee. Ainsi, chaque année, des variantes additionnelles sont offertes, certaines étant plus osées, d'autres plus conservatrices.

La plateforme Vegas est aujourd'hui à la base de sept modèles : la Vegas et sa version 8-Ball, la Jackpot, la High-Ball, la Zach Ness Vegas, la Kingpin et la nouvelle Judge, qui est un modèle 2013. Dans tous les cas, il s'agit de customs poids lourd de format classique sans prétention en matière de tourisme, un rôle qui revient plutôt aux modèles dérivés de la Vision.

À cause de variations dans leur position de conduite ainsi que de leurs roues et de leurs pneus de différentes grandeurs, les sensations de pilotage ne sont pas exactement les mêmes d'un modèle à l'autre, mais il reste que le comportement propose des caractéristiques communes. La seule exception à cette règle est la Jackpot dont le gros pneu arrière de 250 mm handicape la direction et demande une bonne dose d'expérience de la part du pilote. Bien que sa façon de se comporter rappelle celle d'un chopper artisanal, elle n'est pas à éviter pour autant. Il s'agit tout simplement d'une custom extrême avec un caractère bien particulier qui s'adresse à des amateurs avertis. En ce qui concerne toutes les autres variantes, on constate dès les premiers moments de conduite avoir affaire à des montures agréablement bien maniérées. Très basses, élancées et relativement minces, elles s'avèrent étonnamment peu intimidantes pour des machines d'un tel poids, d'une telle cylindrée et de telles proportions. Il s'agit d'une qualité qui n'est pas du tout commune chez Victory qui produit aussi l'immense et lourde Vision, sans parler de la Hammer dont le large pneu arrière engendre un comportement demandant un certain apprivoisement. À la fois très stables et légères de direction, les montures dérivées de la plateforme Vegas sont même si faciles d'accès qu'on pourrait sans problème les recommander à une clientèle ne détenant pas un niveau d'expérience très élevé. Il s'agit d'une qualité qui est partiellement liée aux selles très basses, mais comme cette caractéristique est atteinte grâce à un débattement réduit de la suspension arrière sur plusieurs modèles, des réactions sèches sur mauvais revêtement ne sont pas rares.

LE V-TWIN DE PLUS DE 1 700 CC QUI ANIME TOUS LES MODÈLES EST UN DES PLUS GRANDS ATOUTS DE LA PLATEFORME.

Semblable sur la plupart des modèles, la position de conduite est typée sans être extrême. Elle tend les jambes et place les pieds plus ou moins loin devant selon la version, tout en offrant un guidon juste assez reculé pour qu'il tombe bien sous les mains. Notons que la nouvelle Judge est le seul modèle offrant des repose-pieds en position centrale.

Le V-Twin refroidi par air de 106 pouces cubes, soit plus de 1 700 cc, qui anime toutes les variantes est l'un des plus grands atouts de la plateforme. Produisant près d'une centaine de chevaux, ce qui est exceptionnel chez des motos de ce genre, il livre un niveau de performances plus élevé que celui auquel on s'attendrait sur des montures dont ni le style ni le positionnement ne font allusion à des accélérations particulièrement fortes. Il s'agit d'une mécanique qui tire proprement à partir de très bas régimes sur n'importe quel rapport et qui continue de générer une poussée étonnamment forte jusqu'à l'entrée en jeu du limiteur de régimes. Son seul vrai défaut est de ne pas être particulièrement agréable pour les sens, sans toutefois qu'il soit déplaisant pour autant. Ce n'est pas non plus le moteur le plus soigné qui soit en termes d'apparence.

Peu importe ce qu'on pense de l'apparence de la nouvelle Judge ou de la High-Ball, Victory mérite d'être félicité pour oser s'éloigner du moule typique de la custom classique. En termes de style, la compagnie du Minnesota est aujourd'hui la plus audacieuse des marques non milwaukiennes.

JUDGE

Avec ses roues inspirées des designs automobiles des années 70, ses pneus à lettrage blanc surélevé et son nom faisant un clin d'oeil à la Pontiac GTO Judge, la dernière née des variantes dérivées de la plateforme Vegas mise sur le thème du Muscle Bike à saveur rétro. Techniquement, il s'agit d'une copie presque conforme de la High-Ball lancée en 2011, les seules différences se trouvant au niveau du pneu arrière un peu moins large, du guidon bas et des repose-pieds en position centrale, les seuls de ce type chez Victory. Il s'agit d'un modèle 2013.

HIGH-BALL

Introduite en 2011, la High-Ball propose un genre de liberté stylistique qu'on ne voit habituellement que chez Harley-Davidson. L'équilibre des proportions et la justesse des lignes ne sont pas tout à fait aussi habilles que chez les modèles semblables provenant de la marque de Milwaukee, mais Victory a au moins le mérite d'oser sortir des sentiers battus en termes de style custom. Comme la High-Ball a apparemment été bien reçue, on ne devrait pas s'étonner de voir les customs du Minnesota afficher une témérité stylistique de plus en plus grande à l'avenir.

VEGAS

La Vegas fut la première custom réellement intéressante présentée par Victory. Lancée en 2003, elle permit aux très ordinaires premiers modèles offerts par cette «autre» marque américaine de se faire un peu oublier. Sa silhouette, qui est surtout caractérisée par l'arc créé par la combinaison du réservoir et de la selle, est devenue le visage des modèles customs de Victory.

VEGAS 8-BALL

La Vegas 8-Ball, c'est la plus économique des montures de la plateforme Vegas. Pour cette raison, elle est équipée d'une selle solo, tandis que la seule couleur offerte est le noir, comme le veut la tradition chez toutes les versions 8-Ball du constructeur. Propulsée par le même V-Twin de 106 pouces cubes que toutes les autres variantes de cette famille de modèles, elle représente facilement l'une des meilleures valeurs chez Victory. Grâce à sa selle très basse, à son centre de gravité bas et à sa minceur, elle se montre aussi étonnamment facile à piloter pour une custom poids lourd.

VEGAS JACKPOT

À la fois la plus infâme des customs Victory et l'une des plus intéressantes, la Jackpot n'est décidément pas pour tout le monde. Caractérisée par la combinaison d'un immense pneu arrière de 250 mm et d'un minuscule pneu avant de 90 mm, elle offre un comportement, disons, particulier.

QUOI DE NEUF EN 2012 ?

Introduction de la variante Judge 2013

Retrait de la variante Kingpin 8-Ball

Vegas coûte 370 $, Vegas 8-Ball 240 $, Vegas Jackpot 430 $, Zach Ness Vegas 2 690 $, Kingpin 30 $ et High-Ball 360 $ de moins qu'en 2011

PAS MAL

Des lignes fluides sympathiques qui identifient le style Victory ainsi qu'un large choix de variantes, dont certaines, comme la Jackpot, la High-Ball et la nouvelle Judge font preuve de plus d'audace stylistique que la majorité des customs non milwaukiennes

Un V-Twin 106/6 à la fois agréablement puissant et coupleux

Des selles basses que les pilotes de petite stature apprécieront et qui donnent aux modèles une position de conduite « au ras le sol » plaisante

Une version 8-Ball agréablement abordable, mécaniquement équivalente aux autres et dont la finition « économique » demeure très correcte

Un comportement solide, stable et plutôt précis qui rend la conduite accessible sur toutes les variantes sauf la Jackpot, dont le comportement est assez particulier

BOF

Des factures qui ne sont pas toujours logiques (une Kingpin devrait coûter bien moins qu'une Cross Roads) et parfois encore élevées, comme pour la Jackpot et la Zach Ness Vegas, cette dernière n'étant pas très généreuse pour le surplus qu'elle commande

Un comportement routier étonnamment pauvre dans le cas de la Jackpot dont la combinaison du très large pneu arrière et très mince pneu avant ne se fait pas du tout de manière harmonieuse

Des styles plutôt élégants, mais qui commencent à sentir le réchauffé ; Victory gagnerait probablement à diversifier sa plateforme en ajoutant davantage de variantes comme la nouvelle Judge

Une absence de système ABS, même en option

Une mécanique puissante, mais qui fait son travail de manière un peu froide, sans caractère ni sonorité particulière

CONCLUSION

En termes de comportement (la Jackpot reste une exception à ce chapitre) et de performances, la plateforme de la série Vegas attire relativement peu de critiques. Le V-Twin qui les anime pourrait encore et toujours s'améliorer en ce qui concerne les aspects sensoriel et esthétique, mais à cette exception près, on ne peut techniquement en demander beaucoup plus à des customs. Elles ont longtemps été ridiculement chères, mais les prix sont aujourd'hui raisonnables dans l'ensemble, voire intéressants dans certains cas, comme celui de la Vegas 8-Ball qui est une custom de plus de 1 700 cc produisant presque 100 chevaux offerte à un prix approchant celui des 1300 japonaises. Tout ce qui manque vraiment à cette bonne base est donc un habile coup de crayon. Les lignes actuelles sont sympathiques, bien qu'un peu répétitives, mais des modèles comme la High-Ball et la nouvelle Judge sont la preuve que Victory est prêt à prendre quelques risques, ce qui est plus qu'on ne peut dire de la grande majorité des customs non milwaukiennes.

Zach Ness Vegas

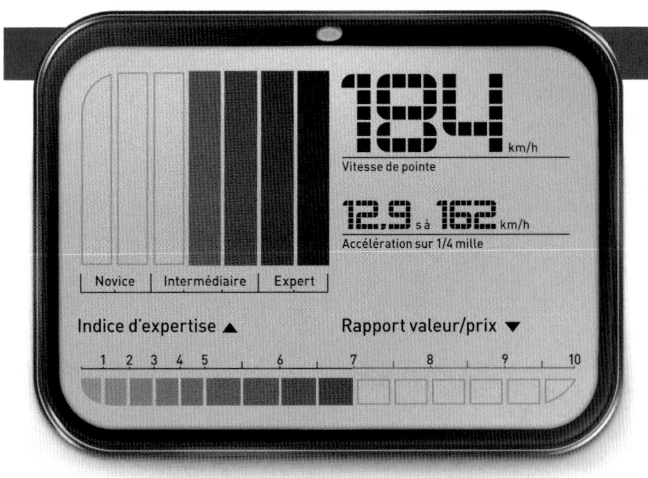

Voir légende en page 16

GÉNÉRAL

Catégorie	Custom
Prix	Vegas / 8-Ball : 15 799 / 13 699 $ High-Ball / Judge : 14 699 / 15 299 $ Kingpin / Jackpot : 16 699 / 20 199 $ Zach Ness Vegas : 18 499 $
Catégorisation SAAQ 2012	« régulière »
Évolution récente	106/6 adopté sur toutes les versions en 2011 ; Vegas introduite en 2003, Kingpin en 2004, Jackpot en 2006, High-Ball en 2011 et Judge en 2012
Garantie	1 an/kilométrage illimité
Couleur(s)	choix multiples
Concurrence	Harley-Davidson Softail et Dyna, Kawasaki Vulcan 1700 Classic, Yamaha Road Star et Raider

MOTEUR

Type	bicylindre 4-temps en V à 50 degrés, (Freedom 106/6) SACT, 4 soupapes par cylindre, refroidissement par air et huile
Alimentation	injection à 2 corps de 45 mm
Rapport volumétrique	9,4 :1
Cylindrée	1 731 cc
Alésage et course	101 mm x 108 mm
Puissance	97 ch
Couple	113 lb-pi
Boîte de vitesses	6 rapports
Transmission finale	par courroie
Révolution à 100 km/h	environ 2 200 tr/min
Consommation moyenne	6,4 l/100 km
Autonomie moyenne	265 km

PARTIE CYCLE

Type de cadre	double berceau, en acier
Suspension avant	fourche conventionnelle de 43 mm non ajustable (Kingpin : inversée)
Suspension arrière	monoamortisseur ajustable en précharge
Freinage avant	1 disque de 300 mm de Ø avec étrier à 4 pistons
Freinage arrière	1 disque de 300 mm de Ø avec étrier à 2 pistons
Pneus avant/arrière	V / 8-B / ZNV : 90/90-21 & 180/55 B18 High-Ball : 130/90-16 & 150/80-16 Judge : 130/90 B16 & 140/90 B16 Kingpin : 130/70 B18 & 180/55 B18 Jackpot : 90/90-21 & 250/55 B18
Empattement	V / 8-B / ZNV / JP : 1 684 mm H-B / JU : 1 647 mm ; KP : 1 666 mm
Hauteur de selle	V / 8-B / ZNV : 640 mm ; H-B : 635 mm JU / KP / JP : 658 / 673 / 653 mm
Poids à vide	V / 8-B / ZNV / JP : 293 / 290 / 290 / 296 kg H-B / JU / KP : 300 / 300 / 303 kg
Réservoir de carburant	17 litres

Hammer S

ENVIRONNEMENT FLOU... La véritable mission d'une custom de performances n'est toujours pas vraiment définie, et ce, même une bonne quinzaine d'années après l'arrivée des premiers modèles sur le marché. Doivent-elles vraiment être puissantes, comme une V-Rod, ou peuvent-elles seulement se contenter d'afficher une ligne agressive comme l'ont fait la plupart des montures ainsi catégorisées ? Chez Victory, on répond à ces questions sans vraiment s'engager dans une direction ni dans l'autre en proposant un modèle dont la ligne est plutôt sportive et dont la mécanique est plutôt performante. Lancée en 2005, la Hammer est caractérisée par sa silhouette fuyante, par son puissant V-Twin refroidi par air et par son immense pneu arrière de 250 mm. Outre la version S équipée de roues sport et dont la finition est plus cossue, une variante 8-Ball plus économique est aussi offerte.

Bien qu'elle constitue un argument de vente très important dans presque tous les autres créneaux de l'industrie de la moto, la performance n'a jamais été véritablement demandée ou appréciée par les amateurs de customs. Des modèles dits de performances furent bien développés, mais aucun n'a vraiment pu être qualifié de succès, à l'exception possible de la Harley-Davidson V-Rod. En fait, encore aujourd'hui, la recette du succès pour une moto de ce type reste inconnue, ce qui donne lieu à des interprétations assez diverses.

Chez Victory, on s'est d'abord mouillé dans cette classe en 2000 avec la V92SC Sport Cruiser, qui disparut de la gamme sans que personne la regrette. La Hammer de 2005 fut accueillie de manière bien plus chaleureuse, essentiellement parce qu'il s'agissait de l'une des premières customs de série équipée d'un massif pneu arrière de 250 mm. Ce pneu et la gigantesque aile qui le couvre caractérisent la ligne du modèle, surtout lorsqu'il est observé de l'arrière. Sans qu'elle verse dans l'extrême, la position de conduite reste assez typée et reflète bien l'esprit de la Hammer. Pieds devant, mains qui tombent sur un guidon relativement bas et plat reculant juste assez, assis sur une selle très basse, on s'y sent rapidement à l'aise. La version 8-Ball propose une selle plus basse et moins éloignée des repose-pieds.

LES DEUX VERSIONS SONT PROPULSÉES PAR LE MÊME PUISSANT V-TWIN DE 106 POUCES CUBES CRACHANT PRESQUE 100 CHEVAUX.

Peu importe la variante, l'effet du gros pneu arrière sur le comportement devient évident dès qu'on se met en mouvement, alors qu'on constate immédiatement un effort à la direction considérablement plus élevé que la normale. Qu'il s'agisse d'amorcer une longue courbe prononcée à vitesse d'autoroute ou de circuler dans un stationnement, on sent toujours le gros pneu arrière tenter d'empêcher la moto de s'incliner. On s'y habitue en apprenant simplement à pousser plus fort et de manière plus déterminée sur le guidon. Une fois cette conduite particulière assimilée, le tout devient tout à fait vivable. La stabilité en ligne droite est imperturbable tandis qu'on est presque surpris de découvrir une bonne tenue de cap dans les longues courbes ainsi qu'une étonnante solidité dans une enfilade de virages. De telles routes doivent néanmoins être abordées avec un minimum de retenue, puisque les belles manières du châssis se détériorent rapidement sur chaussée dégradée, lorsqu'on exagère le rythme ou si le revêtement est détrempé.

Le niveau de performances proposé par la Hammer surprend agréablement. Les deux versions sont propulsées par le même massif V-Twin de 106 pouces cubes générant tout près d'une centaine de chevaux. Quoique laissant toujours à désirer en matière de sonorité, il s'agit d'une mécanique qui impressionne par la force avec laquelle elle arrive à faire accélérer la Hammer à partir des tout premiers tours et sur toute la plage de régimes. En plus d'être admirablement souple, il s'agit d'un V-Twin au fonctionnement doux qui ne tremble franchement qu'en pleine accélération. Il est dommage que cette mécanique manque de charisme, puisqu'une présence sensorielle plus recherchée en ferait potentiellement une référence. Dans son état actuel, elle rappelle un peu les V-Twin des premières customs japonaises qui tiraient fort, mais qui n'avaient pas vraiment de caractère particulier.

QUOI DE NEUF EN 2012 ?

Retrait de la version Hammer

Hammer S coûte 430 $ et Hammer 8-Ball 370 $ de moins qu'en 2011

PAS MAL

Une ligne « musclée » surtout marquée par l'immense pneu arrière ; elle semble généralement plaire et compte beaucoup dans la décision d'achat ; le thème sportif de la version S est par ailleurs plutôt bien réussi

Un V-Twin dont les performances sont impressionnantes et dont la livrée de couple à bas régime est grasse, dense et très plaisante

Une belle position de conduite, typée sans être extrême et qui colle bien au modèle

BOF

Un V-Twin proposant une expérience sensorielle qui n'est que moyenne ; Victory arrive clairement à extraire beaucoup de puissance de ses moteurs, mais il ne semble pas encore en maîtriser tout à fait les caractéristiques auditives et tactiles

Un gros pneu arrière qui a beaucoup d'effets sur le comportement et la direction ; la Hammer demande au pilote de constamment compenser la résistance du pneu en inclinaison ; on s'y fait, mais une bonne expérience de pilotage est préférable et il faut rester sur ses gardes sous la pluie lorsque ces réactions sont plus délicates

Une ligne qui commence à prendre du vieux et qui mériterait d'être rafraîchie ; on n'a qu'à regarder la V-Rod et ses variantes pour comprendre à quel point le thème « Muscle » peut devenir intéressant avec le bon coup de crayon

Une facture assez élevée dans le cas de la Hammer S et un écart de prix considérable entre celle-ci et la variante 8-Ball qui ressemble de plus en plus à une belle valeur, surtout depuis qu'elle aussi est animée par le V-Twin 106/6 de 97 chevaux

CONCLUSION

La Hammer est l'une des rares customs du marché dont la ligne ne se contente pas d'imiter bêtement celle d'une quelconque Harley-Davidson. Elle mérite d'être qualifiée de custom de performances, mais surtout en termes de style et d'accélération, et pas vraiment en ce qui concerne sa tenue de route, puisqu'à ce chapitre, son très gros pneu arrière la prive clairement d'un comportement supérieur à la moyenne. Comme elle fut l'une des premières Victory dessinées sans trop regarder ce qui se passait chez les voisins de Milwaukee, sa ligne affiche une certaine authenticité. Cela dit, son style n'étonne plus et commence même à vieillir, et si Victory lui accordait un peu d'attention en lui faisant bénéficier de l'audace dont il fait preuve avec des produits comme les Hard-Ball et High-Ball, l'attrait de la Hammer pourrait atteindre un niveau bien différent. Elle a le potentiel d'être la V-Rod de la marque du Minnesota.

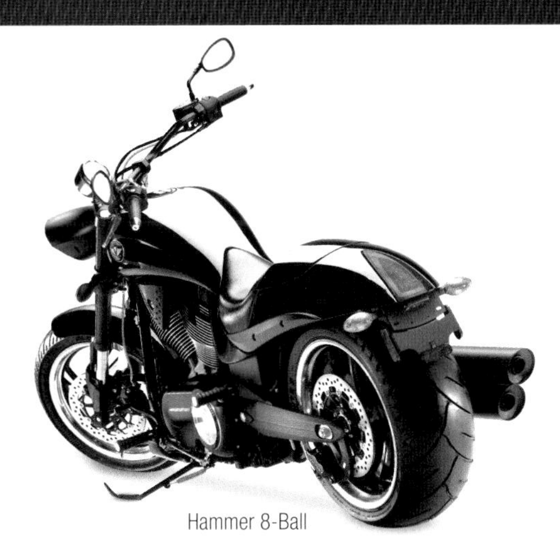

Hammer 8-Ball

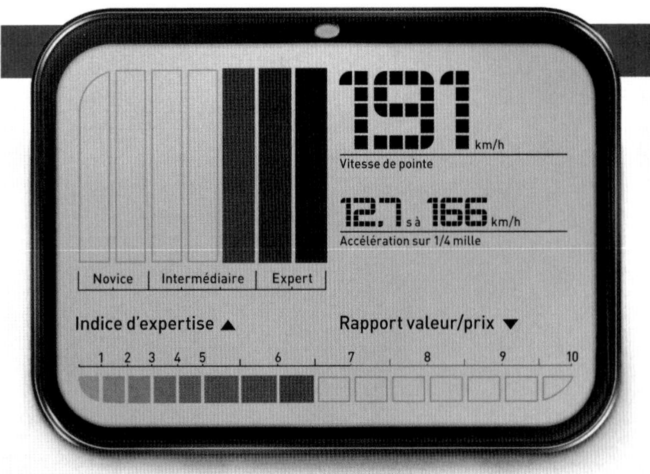

Voir légende en page 16

GÉNÉRAL

Catégorie	Custom
Prix	Hammer S : 20 199 $ Hammer 8-Ball : 15 799 $
Immatriculation 2012	545,65 $
Catégorisation SAAQ 2012	« régulière »
Évolution récente	introduite en 2005, variante 8-Ball introduite en 2010
Garantie	1 an/kilométrage illimité
Couleur(s)	Hammer S : rouge et noir, blanc et rouge Hammer 8-Ball : noir
Concurrence	Harley-Davidson V-Rod Muscle, V-Rod et Night Rod Special

MOTEUR

Type	bicylindre 4-temps en V à 50 degrés (Freedom 106/6), SACT, 4 soupapes par cylindre, refroidissement par air et huile
Alimentation	injection à 2 corps de 45 mm
Rapport volumétrique	9,4 :1
Cylindrée	1 731 cc
Alésage et course	101 mm x 108 mm
Puissance	97 ch
Couple	113 lb-pi
Boîte de vitesses	6 rapports
Transmission finale	par courroie
Révolution à 100 km/h	environ 2 100 tr/min
Consommation moyenne	6,4 l/100 km
Autonomie moyenne	265 km

PARTIE CYCLE

Type de cadre	double berceau, en acier
Suspension avant	fourche inversée de 43 mm non ajustable
Suspension arrière	monoamortisseur ajustable en précharge
Freinage avant	2 disques (8-Ball : 1) de 300 mm de Ø avec étriers à 4 pistons
Freinage arrière	1 disque de 300 mm de Ø avec étrier à 2 pistons
Pneus avant/arrière	130/70 R18 & 250/40 R18
Empattement	1 669 mm
Hauteur de selle	673 mm (8-Ball : 660 mm)
Poids à vide	305 kg
Réservoir de carburant	17 litres

INTEMPORELLE? Un simple coup d'œil suffit pour saisir d'où provient l'inspiration derrière le coup de crayon de la Venture, celle-ci étant de toute évidence la réponse de la marque d'Iwata City aux très populaires Electra Glide de Harley-Davidson. Présentée en 1999 et n'ayant jamais été révisée depuis – son système audio comprend toujours un lecteur de cassettes... –, elle est aujourd'hui la monture la plus vieille de la gamme routière de Yamaha, du moins, si on fait exception de la toute petite V-Star 250. Encore alimentée par carburateurs et animée par un V4 introduit il y a plus d'une quinzaine d'années sur les premières Royal Star, la Venture reste néanmoins capable de remplir sa mission de touriste. Mais elle n'est certes pas intemporelle et une sérieuse révision ne lui ferait non seulement pas de tort, mais pourrait aussi, à condition d'être judicieuse, la transformer en produit très désirable.

Même si une telle situation génère à coup sûr certaines lacunes techniques, un modèle lancé en 1999 et n'ayant jamais reçu la moindre mise à jour – ce qui est précisément le cas de la Royal Star Venture – ne représente pas nécessairement une monture déclassée sur le marché actuel. En fait, surtout en raison du type de moteur qui l'anime, un rare V4, on peut même encore considérer la Venture comme une façon intéressante d'aborder le tourisme à saveur custom. Il s'agit en effet d'une caractéristique qui la distingue de tous les autres modèles semblables, ces derniers étant plutôt propulsés par un bicylindre en V.

Depuis leur arrivée sur le marché au milieu des années 90, on a vanté la qualité de la tenue de route des customs Royal Star. Leur châssis ayant été rigidifié lors de son adaptation pour la Venture, il arrive à supporter sans problème l'excès de poids qu'elle affiche par rapport aux boulevardières dont elle est dérivée. La Venture est d'ailleurs la seule survivante de cette lignée de customs à moteur V4.

LA CHAÎNE AUDIO AVEC LECTEUR DE CASSETTES TRAHIT INSTANTANÉMENT L'ÂGE AVANCÉ DE LA VENTURE.

Dans les virages pris à grande vitesse comme en ligne droite, la Venture fait preuve d'une rassurante stabilité. La direction s'avère agréablement légère et précise, pour une moto de ce genre bien sûr. En courbe, le comportement de la grosse Yamaha est solide, sa direction se montre neutre et les imperfections de la route ne l'incommodent pas outre mesure. Le freinage est puissant et précis. Il serait néanmoins grand temps que Yamaha la dote d'un système de freinage ABS, une technologie qu'offrent la plupart de ses rivales.

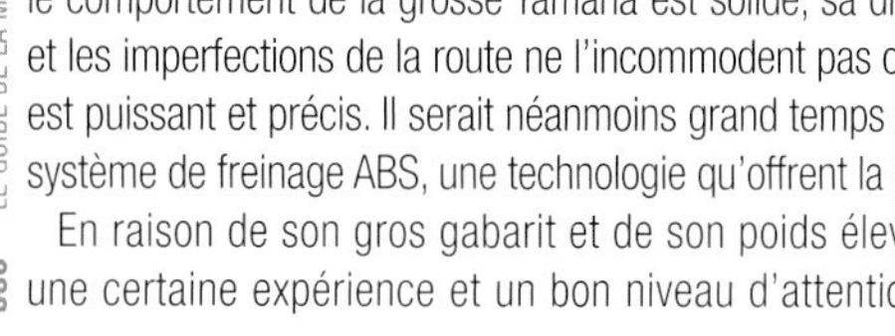

En raison de son gros gabarit et de son poids élevé, la Venture demande une certaine expérience et un bon niveau d'attention lors des manœuvres à l'arrêt ou à très basse vitesse. Le centre de gravité bas facilite la conduite dès qu'on se met en mouvement, mais une hauteur de selle un peu plus faible aiderait à donner encore plus confiance au pilote dans ces circonstances.

Lancés sur la route, le pilote et son passager avalent les kilomètres en tout confort et bénéficient de la plupart des accessoires habituellement associés aux machines de tourisme de luxe. L'équipement s'avère fonctionnel et plutôt complet, la position de conduite est détendue et dégagée, la selle reste confortable pendant des heures, les suspensions s'en tirent avec une surprenante efficacité et la protection au vent demeure excellente. La hauteur du pare-brise risque néanmoins d'entraver la visibilité par temps pluvieux, puisqu'on doit regarder au travers plutôt qu'au-dessus. La finition est irréprochable et la garantie de cinq ans est la meilleure de l'industrie.

Les performances du V4 de 1,3 litre peuvent être décrites comme adéquates. Il développe tout près d'une centaine de chevaux, ce qui est supérieur au rendement de la plupart des V-Twin des modèles rivaux, bien que pas de beaucoup dans certains cas. Coupleux à bas et moyen régimes, le V4 permet à la Venture d'accélérer franchement jusqu'à sa zone rouge, tandis que la sonorité rauque et veloutée qui accompagne chaque montée en régime contribue, elle aussi, à l'agrément de conduite que l'on ressent à ses commandes. Il s'agit d'une mécanique bien adaptée à la mission du modèle, mais qu'une sérieuse révision pourrait transformer en petit joyau.

QUOI DE NEUF EN 2012 ?

Aucun changement

Coûte 3 900 $ de moins qu'en 2011

PAS MAL

Un V4 doux et souple qui gronde de façon plaisante ; il s'agit d'une architecture moteur non seulement unique dans la classe, mais qui colle aussi très bien au rôle de machine de tourisme du modèle

Une solide partie cycle dont le comportement sain est bien secondé par des suspensions judicieusement calibrées

Un prix enfin ajusté à l'âge du modèle, puisque réduit de manière notable en 2012

Une liste d'équipements exhaustive, un confort royal, une finition sans reproche et la meilleure garantie de l'industrie

BOF

Un gabarit imposant qui complique les manœuvres lentes et demande une bonne expérience de conduite

Un pare-brise dont la hauteur fait qu'on doit regarder au travers plutôt qu'au-dessus, ce qui devient dérangeant par temps pluvieux ou lorsqu'il est couvert d'insectes, une situation qui empire la nuit ; il semble évident que toutes ces montures devraient offrir un certain ajustement du pare-brise, ne serait-ce que manuel

Un concept qui commence à dater, même s'il est encore intéressant ; de plus, on regrette l'absence d'options indispensables aujourd'hui sur ce type de motos : poignées et selle chauffantes, ABS, injection, GPS, système audio moderne, etc.

CONCLUSION

Personne ne sait vraiment quels sont les plans de Yamaha en ce qui concerne la Venture. Tel qu'il est, le modèle demeure recommandable en raison d'une liste de qualités peut-être pas impressionnante, mais à tout le moins décente. Nous ne pouvons néanmoins nous empêcher de voir en elle un potentiel extraordinaire. Bien qu'une mise à jour stylistique accompagnée du merveilleux V-Twin de la Roadliner pourrait facilement la transformer en une très plaisante custom de tourisme classique façon Electra Glide, nous croyons que la Venture gagnerait plutôt à conserver une mécanique de configuration V4. Premièrement, parce que le modèle est associé à ce type de moteur depuis toujours et deuxièmement, parce qu'une certaine VMAX possède la mécanique tout indiquée pour transformer la Venture non pas en une classique custom, mais plutôt en une sorte de supertouriste à saveur custom. En l'équipant de tout ce que l'électronique offre aujourd'hui, Yamaha pourrait avoir, entre ses mains, une très sérieuse rivale de la Gold Wing.

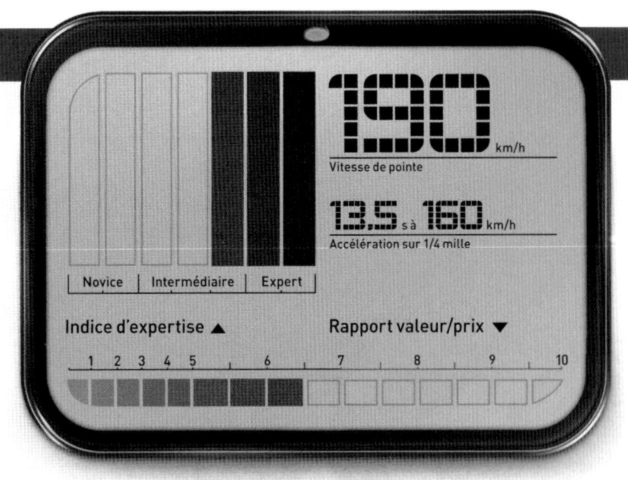

Voir légende en page 16

GÉNÉRAL

Catégorie	Tourisme de luxe
Prix	19 999 $
Immatriculation 2012	545,65 $
Catégorisation SAAQ 2012	« régulière »
Évolution récente	introduite en 1999
Garantie	5 ans/kilométrage illimité
Couleur(s)	noir
Concurrence	Harley-Davidson Electra Glide, Kawasaki Vulcan 1700 Voyager Victory Cross Country Tour

MOTEUR

Type	4-cylindres 4-temps en V à 70 degrés, DACT, 4 soupapes par cylindre, refroidissement par liquide
Alimentation	4 carburateurs à corps de 32 mm
Rapport volumétrique	10,0:1
Cylindrée	1 294 cc
Alésage et course	79 mm x 66 mm
Puissance	98 ch @ 6 000 tr/min
Couple	89 lb-pi @ 4 750 tr/min
Boîte de vitesses	5 rapports
Transmission finale	par arbre
Révolution à 100 km/h	environ 3 000 tr/min
Consommation moyenne	7,5 l/100 km
Autonomie moyenne	300 km

PARTIE CYCLE

Type de cadre	double berceau, en acier
Suspension avant	fourche conventionnelle de 43 mm avec ajustement pneumatique de la précharge
Suspension arrière	monoamortisseur avec ajustement pneumatique de la précharge
Freinage avant	2 disques de 298 mm de Ø avec étriers à 4 pistons
Freinage arrière	1 disque de 320 mm de Ø avec étrier à 4 pistons
Pneus avant/arrière	150/80-16 & 150/90-15
Empattement	1 705 mm
Hauteur de selle	750 mm
Poids tous pleins faits	394 kg
Réservoir de carburant	22,5 litres

ROUTIÈRE À RABAIS... Ce n'est que deux ans après son apparition sur le marché européen que la FJR1300 fut finalement ajoutée à la gamme canadienne de Yamaha en 2003. Première sérieuse rivale nippone des Honda ST, elle fut aussi la première moto de ce type à revendiquer un niveau sportif plus élevé que ne l'avait dicté le créneau jusque-là, positionnement qui est toutefois, aujourd'hui, devenu celui de la Kawasaki Concours 14 et, jusqu'à un certain point, de la BMW K1600GT. La version actuelle, dont la dernière révision remonte à 2006, représente une évolution sérieuse du modèle original, mais pas une refonte complète. Compte tenu de l'apparition récente de modèles plus modernes et techniquement plus avancés, Yamaha accorde en 2012 une baisse de prix notable à la FJR300, question de raviver un peu les ventes, possiblement jusqu'à l'arrivée d'une nouvelle version.

Même si elle commence à faire voir quelques rides – le concept est sur le marché depuis plus d'une décennie –, une nature accessible et sans surprise ainsi qu'un bon niveau général de performances continuent de faire de la FJR1300 un choix tout à fait recommandable chez ces routières surdouées.

Construite autour d'un châssis rigide, affichant un poids raisonnable et animée par un gros 4-cylindres de 145 chevaux, elle se positionnait jadis comme le modèle de prédilection des anciens propriétaires de sportives désirant passer à cette classe. Au-delà de son ADN sportif, la FJR offrait à ces derniers un niveau de confort élevé, une position de conduite relevée et une excellente protection contre les éléments, sans oublier le côté pratique des valises rigides de série ainsi que suffisamment de caractéristiques pour rendre un passager heureux. Au fil des ans, l'évolution de la FJR1300 s'est poursuivie dans la même philosophie, mais sans jamais s'éloigner de l'équilibre original.

DERRIÈRE SES QUELQUES RIDES, LA FJR1300 CONSERVE LES QUALITÉS D'UNE EXCELLENTE MACHINE DE TOURISME SPORTIF.

Confortablement installé sur une selle dont la hauteur est réglable, assis bien droit et sans poids sur les mains, profitant de la puissance et de la souplesse du gros 4-cylindres de 1,3 litre, bénéficiant d'une stabilité irréprochable et de la protection variable d'un pare-brise à ajustement électrique, le pilote de la FJR se retrouve dans un environnement qui définit la notion de tourisme sportif. Bien que pas aussi incisif que celui de certains modèles plus récents, le comportement routier demeure solide, rassurant et étonnamment accessible compte tenu de la masse du modèle.

Offrant une stabilité irréprochable en conduite normale, la FJR se prête volontiers au jeu du pilotage sportif. Les freins de type semi-combinés (le frein arrière active l'un des étriers du frein avant, mais pas l'inverse) sont livrés de série avec l'ABS.

L'un des objectifs principaux de Yamaha, lorsque vint le temps de faire évoluer la FJR1300 en 2006, fut de remédier aux problèmes d'inconfort plus ou moins sérieux soulevés par les propriétaires, dont un dégagement de chaleur excessif. La FJR actuelle chauffe toujours dans la circulation, mais elle le fait de façon normale plutôt qu'extrême.

La volonté d'améliorer l'écoulement de l'air amena plusieurs modifications qui ont toutes eu un effet bénéfique. Le pare-brise n'est toutefois pas encore un modèle d'efficacité. Il continue de générer, surtout lorsqu'il se trouve en position haute, un niveau de turbulences gênant, même si celles-ci sont moins présentes que par le passé. Le retour d'air poussant le pilote dans le dos a quant à lui été considérablement réduit. L'ajout d'ouïes latérales qui s'ouvrent pour dévier l'air des jambes du pilote constitue un dispositif peu complexe qui fonctionne finalement bien.

La mécanique de la FJR1300 a toujours tourné un peu haut à vitesse d'autoroute, mais plutôt qu'ajouter un sixième rapport, ce qui aurait été complexe et coûteux, Yamaha a simplement allongé légèrement le tirage final afin d'abaisser les régimes dans cet environnement, un compromis qui s'avère acceptable, mais pas idéal. L'instrumentation est, quant à elle, claire, bien disposée et assez complète. Les poignées chauffantes sont très appréciées par temps froid, tandis qu'une paire de valises rigides sont livrées de série.

QUOI DE NEUF EN 2012 ?

Aucun changement

Coûte 3 200 $ de moins qu'en 2011

PAS MAL

Un plaisant mélange de sportivité, de confort et d'équilibre dans un ensemble à la fois pratique et plaisant sur une route sinueuse

Un 4-cylindres qui pousse fort des bas régimes à la zone rouge, et qui est bien secondé par une partie cycle qui se montre aussi sportive que stable dans toutes les circonstances

Un fort intéressant ajustement reflétant l'âge du modèle

Un attrayant compromis entre la complexité et le coût d'une BMW et la sportivité prédominante de la Kawasaki qui fait de la FJR1300 la sport-tourisme au caractère relativement neutre capable de satisfaire une large variété de pilotes

BOF

Un moteur qui tourne un peu moins haut sur l'autoroute que sur le modèle original, mais une sixième vitesse surmultipliée serait toujours la bienvenue

Un pare-brise qui, en position haute, cause un certain retour d'air poussant le pilote vers l'avant et génère toujours d'agaçantes turbulences – moins que le précédent cependant – au niveau du casque, surtout à haute vitesse

Une ligne élégante, mais qui commence à montrer ses rides

Une garantie qui devrait être plus longue ; la concurrence offre 3 ans, ce qui semble approprié et logique pour des machines de ce prix et dont l'utilisation est axée sur les longues distances

CONCLUSION

La FJR1300 a durant plusieurs années incarné le choix des amateurs de sport-tourisme avec un penchant avoué pour les inclinaisons et les tracés tortueux. Toutes les qualités qui lui ont valu une telle réputation demeurent aujourd'hui entières même si le modèle prend de l'âge. Désormais, elle se retrouve ainsi dans une situation qui rappelle celle de la Honda ST1300, soit celle d'une monture vieillissante, bien qu'encore parfaitement compétente. Dans des circonstances normales, il aurait pu s'agir d'un positionnement problématique, notamment en raison de la présence de la Kawasaki Concours 14, une machine beaucoup plus moderne dont la mission est similaire à celle de la FJR. Yamaha a néanmoins non seulement contourné le problème, mais il a aussi possiblement redonné un nouveau souffle à sa FJR en abaissant son prix de façon substantielle cette année.

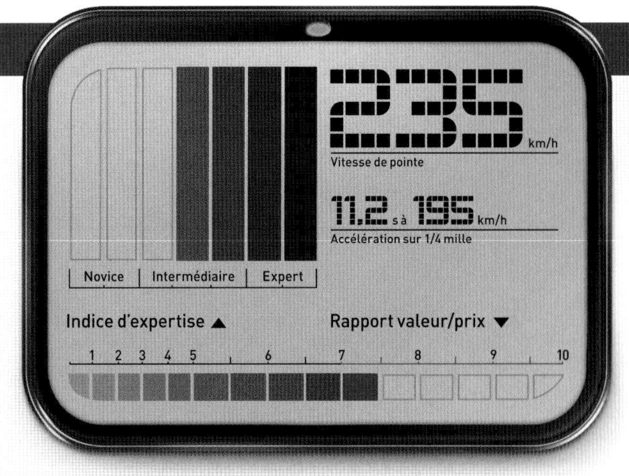

Voir légende en page 16

GÉNÉRAL

Catégorie	Sport-Tourisme
Prix	16 999 $
Immatriculation 2012	545,65 $
Catégorisation SAAQ 2012	« régulière »
Évolution récente	introduite en 2001 ; revue en 2006 ; version AE introduite en 2006
Garantie	1 an/kilométrage illimité
Couleur(s)	bleu
Concurrence	BMW K1600GT, Kawasaki Concours 14

MOTEUR

Type	4-cylindres en ligne 4-temps, DACT, 4 soupapes par cylindre, refroidissement par liquide
Alimentation	injection à 4 corps de 42 mm
Rapport volumétrique	10,8 : 1
Cylindrée	1 298 cc
Alésage et course	79 mm x 66,2 mm
Puissance	145 ch @ 8 000 tr/min
Couple	99,1 lb-pi @ 7 000 tr/min
Boîte de vitesses	5 rapports
Transmission finale	par arbre
Révolution à 100 km/h	environ 3 200 tr/min
Consommation moyenne	7,4 l/100 km
Autonomie moyenne	337 km

PARTIE CYCLE

Type de cadre	périmétrique, en aluminium
Suspension avant	fourche conventionnelle de 48 mm ajustable en précharge, compression et détente
Suspension arrière	monoamortisseur ajustable en précharge et détente
Freinage avant	2 disques de 320 mm de Ø avec étriers à 4 pistons et système ABS
Freinage arrière	1 disque de 282 mm de Ø avec étrier à 2 pistons combiné avec le frein avant et système ABS
Pneus avant/arrière	120/70 ZR17 & 180/55 ZR17
Empattement	1 545 mm
Hauteur de selle	805/825 mm
Poids tous pleins faits	291 kg
Réservoir de carburant	25 litres

YZF-R1

À JOUR... La classe des sportives pures d'un litre est un peu telle qu'on la connaît aujourd'hui en raison de l'arrivée de la YZF-R1 en 1998. Plusieurs modèles à la fois puissants et légers avaient été offerts avant elle, mais la R1 poussa la formule jusqu'à un niveau que plusieurs croyaient insurpassable, une caractéristique qui lui valut la réputation d'une des montures les plus féroces du monde du motocyclisme. Le contexte de la catégorie a bien changé depuis, puisque c'est désormais une allemande qui domine, tandis que les avancées électroniques sont devenues aussi importantes, sinon plus, que les chevaux. Dans ce contexte extrêmement concurrentiel, la YZF-R1 est mise à jour en 2012 grâce à une révision dont la principale caractéristique est l'ajout d'un système de contrôle de traction. L'édition WGP, pour World GP, célèbre les 50 ans de Yamaha en course au niveau Grand Prix.

L'un des aspects les plus intéressants de la YFZ-R1 représente aussi une caractéristique absolument unique chez les sportives pures propulsées par un 4-cylindres d'un litre, donc toutes sauf la Aprilia RSV4.

On ne peut tout simplement pas être préparé à la surprise que réserve la mécanique de la R1 et qui provient de l'utilisation d'un vilebrequin de type Crossplane. Le côté absolument unique du modèle devient évident dès que prend vie le moteur, puisque jamais on ne croirait qu'il s'agit d'une moto animée par un 4-cylindres en ligne, ce qui est pourtant le cas. En fait, on jurerait plutôt ressentir un V4 et entendre un gros V8, ce qui est stupéfiant. Ce constat se veut une conséquence directe de l'utilisation du vilebrequin Crossplane qui fut à l'origine développé pour la M1 de MotoGP. Celui-ci est d'ailleurs extrêmement complexe à produire, selon le manufacturier. Son but premier est d'améliorer la traction en sortie de virage en générant une livrée de puissance plus saccadée que coulée afin de maximiser la « morsure » du pneu au sol et de réduire son patinage. Le moteur de la R1 cherche ainsi à imiter les propriétés d'un V-Twin, voire d'un V4. Notons que Aprilia, dont la RSV4 est munie d'un authentique V4, semble également croire aux avantages d'une telle configuration mécanique.

LA PIÈCE MANQUANTE DU PUZZLE DE LA R1, LE CONTRÔLE DE TRACTION, ARRIVE ENFIN POUR 2012.

En piste, on constate en effet que la R1 est une 1000 très particulière. Tout d'abord, il s'agit d'un véritable tracteur à bas régime, ce qui va à contre-courant de la tendance actuelle chez ces motos dont les moteurs tournent de plus en plus haut et dont la livrée de puissance est de plus en plus pointue. La R1 produit plus de couple, plus tôt que n'importe quelle autre 1000 rivale. Sur circuit, ce couple arrive de manière tellement précipitée que, sur le modèle 2011, il compliquait le pilotage en rendant les sorties de virages délicates à gérer. La livrée de puissance de type « V4 » aidait bien à favoriser un peu l'adhérence lors des accélérations en pleine inclinaison, mais le couple est tellement fort qu'une précision extrême du contrôle de l'accélérateur devait constamment faire partie du pilotage. La pièce manquante du puzzle de la R1, le contrôle électronique de la traction, arrive enfin en 2012. Très transparent dans son travail, il arrive à éviter les dérapages de la roue arrière en se basant sur les vitesses de chaque roue et en agissant sur l'ouverture de l'accélérateur électronique, sur l'injection et sur l'allumage. Notons qu'il peut être désactivé et que trois niveaux de puissance distincts sont offerts au pilote.

Le comportement de la R1 sur circuit surprend un peu, puisqu'elle demande un effort notable pour être pilotée rapidement, surtout sur une piste serrée, un peu comme si on avait affaire à une monture plus lourde que la moyenne. Une fois qu'on s'habitue à cette particularité – qui pourrait être en partie due à l'utilisation de silencieux hauts –, les manières du châssis sont aussi difficiles à prendre en faute que sur les 1000 rivales. Grâce au degré très élevé de communication de sa partie cycle, la YZF-R1 s'avère brillante sur circuit, ce qu'on remarque au niveau de toutes les caractéristiques du pilotage, de la solidité et de la précision en entrée de courbe jusqu'à la sensation de traction en pleine inclinaison en passant par le freinage.

Animée par un unique moteur à vilebrequin Crossplane et construite sans demi-mesure, la R1 n'accusait vraiment de retard qu'au niveau du contrôle de la traction. L'arrivée d'un tel système en 2012 la remet à jour.

YZF-R1 WGP

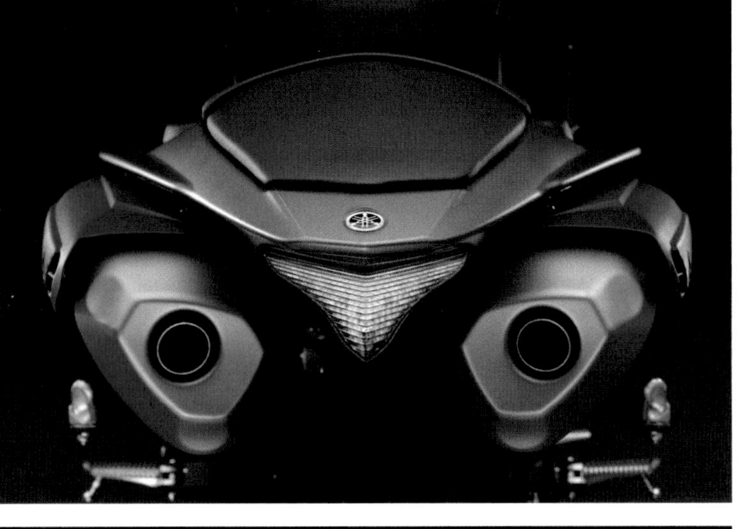

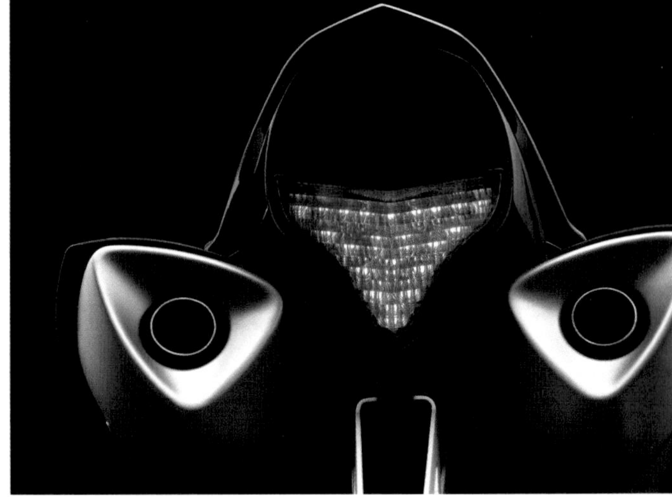

YZF-R1 2012

YZF-R1 2011

ÉVOLUTION DE R1

La YZF-R1 offerte par Yamaha en 2012 est ce qu'on appelle une habile et intéressante évolution du modèle 2011. Habile, parce qu'elle affiche juste assez de changements pour qu'on puisse légitimement parler d'une évolution et non simplement d'une légère mise à jour intragénération, ce qui aurait été le cas si l'ajout d'un système de contrôle de traction n'avait pas été fait. Mais en équipant la YZF-R1 de la caractéristique actuellement la plus prisée chez les sportives d'un litre, l'antipatinage, Yamaha transforme instantanément le modèle 2012 en option « courante », donc en monture que les acheteurs peuvent considérer comme étant à jour. L'arrivée de ce système de contrôle de traction à 6 niveaux d'intervention représente la seule modification qui change les performances de la moto, puisqu'il permet enfin au pilote d'exploiter l'impressionnant couple du moteur en sortie de courbe, en piste. Notons qu'il peut être désactivé.

QUOI DE NEUF EN 2012 ?

Système de contrôle de traction à 6 niveaux, unité de contrôle reprogrammée, carénage avant et silencieux redessinés, repose-pieds offrant une plus grande adhérence et té de fourche imitant celui de la M1 de Moto GP

Édition 50e anniversaire World GP limitée à 2000 unités numérotées dans le monde

Coûte 1 900 $ de moins qu'en 2011

PAS MAL

Une mécanique extraordinairement caractérielle qui renvoie des sensations telles qu'on jurerait avoir affaire à un V4 et non à un 4-cylindres en ligne ; les performances sont exceptionnelles et son couple à bas régime très élevé, mais la sonorité de gros V8 qu'elle émet en pleine accélération est aussi enivrante ; il s'agit de la seule 1000 à 4 cylindres en ligne qui possède une mécanique caractérielle

Une partie cycle très compétente à tous les niveaux, ce qui est d'ailleurs devenu la norme chez ces machines conçues pour la piste

Une évolution technologique intéressante grâce à l'arrivée de l'antipatinage qui corrige le problème de livrée de puissance abrupte de l'ancienne version en sortie de virage

BOF

Une mécanique qui n'aime pas traîner à très bas régime sur un rapport élevé

Un comportement en piste marqué par une certaine lourdeur lors des changements de direction qui se transforme en un effort de pilotage plus élevé que la moyenne

Un potentiel de vitesse tellement élevé qu'on n'arrive que très rarement à en bénéficier pleinement, comme sur les autres 1000

CONCLUSION

Les modèles hypersportifs souffrent régulièrement d'un manque d'identité propre découlant de leurs performances – et, jusqu'à un certain point, de leur ligne – parfois très similaires. Ça n'est décidément pas le cas de la vénérable YZF-R1 depuis qu'elle est propulsée par ce fameux moteur à vilebrequin Crossplane, puisque ce dernier prend complètement le pilote par surprise en renvoyant la très agréable combinaison de sons et de sensations qui caractérise non pas un classique 4-cylindres en ligne, mais plutôt un V4. Bien que le but derrière cette technologie était de maximiser la traction en sortie de courbe en piste, celui-ci n'est vraiment atteint que cette année avec l'arrivée d'un système de contrôle de traction. À ceux qui tiennent les comptes et qui font remarquer qu'elle n'est toujours pas aussi puissante que la dominante BMW – quelle sportive l'est ? –, nous répondons que la YZF-R1 offre au moins un ensemble à jour d'un point de vue technologique, ce qui ne peut être dit de toutes ses rivales.

YZF-R1 WGP

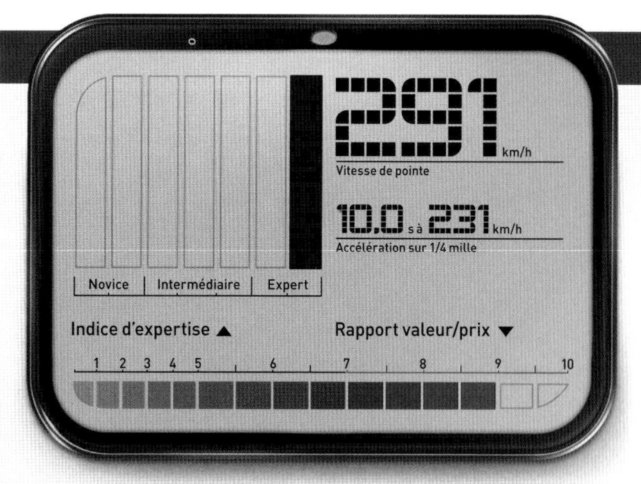

Voir légende en page 16

GÉNÉRAL

Catégorie	Sportive
Prix	14 999 $ (édition 50e WGP : 15 399 $)
Immatriculation 2012	1 093,65 $
Catégorisation SAAQ 2012	« à risque »
Évolution récente	introduite en 1998 ; revue en 2001, 2004, 2007, 2009 et en 2012
Garantie	1 an/kilométrage illimité
Couleur(s)	noir, bleu, blanc (WGP : blanc/rouge)
Concurrence	Aprilia RSV4, BMW S1000RR, Honda CBR1000RR, Kawasaki ZX-10R, MV Agusta F4, Suzuki GSX-R1000

MOTEUR

Type	4-cylindres en ligne 4-temps, DACT, 4 soupapes par cylindre, refroidissement par liquide
Alimentation	injection à 4 corps de 45 mm
Rapport volumétrique	12,7 :1
Cylindrée	998 cc
Alésage et course	78 mm x 52,2 mm
Puissance sans Ram Air	179,6 ch @ 12 500 tr/min
Couple sans Ram Air	84,6 lb-pi @ 10 000 tr/min
Boîte de vitesses	6 rapports
Transmission finale	par chaîne
Révolution à 100 km/h	environ 4 200 tr/min
Consommation moyenne	6,8 l/100 km
Autonomie moyenne	264 km

PARTIE CYCLE

Type de cadre	périmétrique « Deltabox », en aluminium
Suspension avant	fourche inversée de 43 mm ajustable en précharge, compression et détente
Suspension arrière	monoamortisseur ajustable en précharge, en haute et en basse vitesses de compression et en détente
Freinage avant	2 disques de 310 mm de Ø avec étriers radiaux à 6 pistons
Freinage arrière	1 disque de 220 mm de Ø avec étrier à 1 piston
Pneus avant/arrière	120/70 ZR17 & 190/55 ZR17
Empattement	1 415 mm
Hauteur de selle	835 mm
Poids tous pleins faits	206 kg
Réservoir de carburant	18 litres

YZF-R6 WGP

ASPIRATION UNIQUE... L'exercice de la piste représente depuis maintenant plus d'une dizaine d'années la mission non seulement première, mais carrément unique de toutes les sportives pures de 600 centimètres cubes. Le fait qu'aucun modèle n'approche cette mission avec un tel abandon que la Yamaha YZR-R6 résume bien le positionnement de celle-ci au sein de la classe. Cette détermination de la part du constructeur ne se traduit pourtant ni par un comportement d'une quelconque façon violent ni par un niveau de puissance ou de vitesse nettement supérieur à ce qu'offrent les modèles rivaux, mais se constate plutôt par une pureté de concept ne laissant aucune place à la moindre concession routière. Équipée d'un accélérateur électronique et de tubulures d'admission à longueur variable, entre autres gadgets, la R6 demeure la plus techniquement avancée des 600.

Même si le seul et unique but des constructeurs offrant une sportive pure de 600 cc dans leur catalogue se résume à proposer le modèle le plus rapide en piste, il reste qu'on tente généralement de rendre l'expérience de la route le moins pénible possible, et ce, même si on n'en fait pas nécessairement la publicité. Lancée en 2006, cette génération de la YZF-R6 ne fut pas développée avec cette dernière intention, mais fut plutôt livrée avec un moteur très puissant en haut, mais inhabituellement creux à bas et moyen régimes, même pour une 600. Yamaha travailla à corriger le tir et installa en 2008 un complexe système YCC-I (Yamaha Chip Controlled Intake) variant la longueur des tubulures d'admission dans le but d'améliorer cet aspect. Il en profita aussi, la même année, pour complètement revoir les caractéristiques de rigidité du châssis. Les suspensions furent également revues et la distribution du poids ajustée par une modification de la position de conduite qui bascula encore plus sur l'avant de la moto.

LA YZF-R6 VIEILLIT, MAIS ELLE VIEILLIT BIEN ET DEMEURE UNE 600 EXCEPTIONNELLE EN PISTE.

Si l'arrivée du YCC-I visait l'amélioration du « couple », l'intention première de ces modifications demeurait toutefois de permettre à la R6 de rouler encore plus fort dans son environnement de prédilection : le circuit.

Bien qu'ils soient réels, les résultats ne sont pas nécessairement évidents à ressentir, surtout pour le motocycliste moyen qui ne roule que sur la route, ou même pour l'occasionnel adepte de journées d'essais libres en piste. Il reste que si minimes soient-ils à certains niveaux, ces changements demeurent à la fois réels et positifs.

L'une des améliorations les plus faciles à percevoir est également l'une de celles qu'on aurait aimé voir encore plus prononcées. Elle concerne la livrée de puissance dans les régimes inférieurs. Toute la technologie de Yamaha fonctionne de façon absolument transparente et arrive bel et bien à éveiller le moteur plus tôt, puisque la R6 n'oblige désormais plus son pilote à garder l'aiguille en haut de 12 000 tr/min pour livrer ses meilleures performances. Ce régime est maintenant abaissé à environ 10 000 tr/min, ce qui est mieux, mais qui demeure tout de même assez élevé. Sous cette barre, et particulièrement beaucoup plus bas, dans les tours auxquels on a affaire tous les jours, la nature creuse de la R6 demeure. Il s'agit d'un cas où l'électronique aide la situation, mais sans éliminer le problème.

Une utilisation routière ne mettra pas en évidence les améliorations apportées à la partie cycle, si ce n'est qu'on note une position légèrement plus sévère. En piste, toutefois, la YZF-R6 semble moins exigeante que le modèle 2006-2007. Sa précision dans le choix de lignes, sa capacité à s'inscrire en courbe en plein freinage et son aisance à soutenir chaque once de puissance de la mécanique en sortie de courbe sont autant de qualités qui restent inchangées, mais qui ne demandent plus un effort de concentration aussi élevé pour être atteintes. Cette mouture de la R6 demeure donc l'un des outils les plus impressionnants qui soient si le but de l'exercice est uniquement de disséquer une piste. Dans cet environnement, elle constitue une machine absolument exceptionnelle et reste l'une des 600 les plus satisfaisantes.

QUOI DE NEUF EN 2012?

Introduction d'une édition 50e anniversaire World GP limitée à 1500 unités dans le monde et qui diffère de la YZF-R6 de base par une peinture unique et par une plaque numérotée; elle marque les 50 ans de Yamaha en compétition au niveau Grand Prix

Coûte 1 300 $ de moins qu'en 2011

PAS MAL

Une mécanique au tempérament furieux à haut régime; garder la R6 dans les tours élevés et l'écouter littéralement hurler jusqu'à sa zone rouge est une expérience en soi

Une partie cycle absolument brillante sur circuit, où la R6 semble enfin prendre tout son sens et dévoiler sa raison d'être

Une ligne qui, malgré qu'elle soit restée plus ou moins la même depuis plusieurs années, ne demeure rien de moins que spectaculaire; la R6 est l'une de ces motos auxquelles les photos ne rendent pas complètement justice et qu'on n'apprécie vraiment qu'en 3 dimensions

BOF

Une mécanique que Yamaha a tenté de rendre un peu moins creuse par l'ajout de diverses technologies, mais qui demeure probablement la plus faible à bas régime chez les 600; s'il ne s'agit pas d'un défaut en piste, sur la route, il manque décidément de jus en bas

Un concept qui ne fait pas la moindre concession aux réalités d'une utilisation routière et qui n'existe que pour accomplir des choses extraordinaires sur circuit

Un niveau de confort très faible et un côté pratique sérieusement handicapé par la pureté sportive du modèle

CONCLUSION

Même si elle commence à vieillir, et même si plusieurs autres modèles rajeunis ont été lancés depuis son arrivée, la YZF-R6 demeure la plus extrême des 600 que l'on peut acquérir. Cela peut sembler attirant pour une certaine catégorie d'acheteurs cherchant à mettre la main sur l'arme absolue en piste, sur la machine faisant le moins de compromis, et ce, même si la large majorité d'entre eux n'ont jamais roulé et ne rouleront jamais sur circuit. Mais le fait que la R6 arrive à se démarquer de façon aussi nette dans un environnement aussi compétitif illustre bien à quel genre de monture unidimensionnelle on a affaire. Il s'agit d'une très attrayante pièce technologique, mais on ne devrait l'envisager que si l'on est prêt à accepter le genre de sacrifices inhérents à un concept dont la mission est aussi pure et pointue.

YZF-R6

Voir légende en page 16

GÉNÉRAL

Catégorie	Sportive
Prix	11 999 $ (édition 50e WGP: 12 399 $)
Immatriculation 2012	1 093,65 $
Catégorisation SAAQ 2012	« à risque »
Évolution récente	introduite en 1999; revue en 2003, 2006 et en 2008
Garantie	1 an/kilométrage illimité
Couleur(s)	noir, bleu, blanc (WGP: blanc/rouge)
Concurrence	Honda CBR600RR, Kawasaki ZX-6R, MV Agusta F3, Suzuki GSX-R600, Triumph Daytona 675

MOTEUR

Type	4-cylindres en ligne 4-temps, DACT, 4 soupapes par cylindre, refroidissement par liquide
Alimentation	injection à 4 corps de 41 mm
Rapport volumétrique	13,1:1
Cylindrée	599 cc
Alésage et course	67 mm x 42,5 mm
Puissance avec Ram Air	133 ch @ 14 500 tr/min
Puissance sans Ram Air	127 ch @ 14 500 tr/min
Couple avec Ram Air	49,9 lb-pi @ 10 500 tr/min
Couple sans Ram Air	48,5 lb-pi @ 10 500 tr/min
Boîte de vitesses	6 rapports
Transmission finale	par chaîne
Révolution à 100 km/h	environ 5 600 tr/min
Consommation moyenne	6,4 l/100 km
Autonomie moyenne	273 km

PARTIE CYCLE

Type de cadre	périmétrique, en aluminium
Suspension avant	fourche inversée de 41 mm ajustable en précharge, en haute et en basse vitesses de compression, et en détente
Suspension arrière	monoamortisseur ajustable en précharge, en haute et en basse vitesses de compression, et en détente
Freinage avant	2 disques de 310 mm de Ø avec étriers radiaux à 4 pistons
Freinage arrière	1 disque de 220 mm de Ø avec étrier à 1 piston
Pneus avant/arrière	120/70 ZR17 & 180/55 ZR17
Empattement	1 375 mm
Hauteur de selle	850 mm
Poids tous pleins faits	189 kg
Réservoir de carburant	17 litres

PLEINE DE BON SENS... Afin de contrer la tendance à la spécialisation extrême qui a transformé chaque monture de nature sportive en pure machine de circuit au cours des deux dernières décennies, Yamaha décida en 2001 de lancer un modèle qui pourrait à la fois satisfaire des besoins de vitesse, de confort et de praticité. Relativement performante et propulsée par une version adoucie de la mécanique de la YZF-R1 de l'époque, mais présentée sous la forme d'une routière sportive, la FZ1 était née. L'idée, qui était pleine de bon sens, a d'ailleurs été reprise sur la récente Ninja 1000 de Kawasaki. La FZ1 ne fut modifiée qu'en 2006 lorsque Yamaha la révisa complètement. Quelques chevaux furent ajoutés grâce à l'utilisation du moteur de la R1 de 2004, mais le confort, lui, recula et un accent plus important sur les performances fait désormais partie de ce qu'offre le modèle.

L'idée d'une monture possédant les attributs sportifs d'une machine comme la YZF-R1, mais priorisant la réalité de la route plutôt que celle de la piste, a décidément quelque chose d'attirant. Ce concept, qui est très exactement celui de la FZ1 actuelle, contraste par ailleurs avec celui du modèle original, puisque ce dernier se voulait plutôt une alternative moderne et performante à une Bandit 1200S qu'une sportive pure adoucie en vue d'une utilisation routière.

En lieu et place des poignées basses d'une sportive pure, on retrouve sur la FZ1 un large guidon tubulaire plat, tandis qu'un demi-carénage exposant un impressionnant cadre en aluminium remplace l'habituel habillage complet. Sous son apparence sobre, la FZ1 cache néanmoins un tempérament bouillant capable de distraire même un habitué de sportives pures, et ce, autant en courbe qu'en ligne droite. Grâce à sa mécanique de 150 chevaux et à son poids raisonnable de 220 kg tous pleins faits, la FZ1 vous catapulte à 140 km/h en première et à 170 km/h en deuxième, tandis que la troisième vous fait déjà violer par un facteur de deux la limite de vitesse permise sur l'autoroute. Tout ça en une dizaine de secondes seulement et avec encore trois rapports à passer. S'il s'agit malgré tout de performances qui sont en retrait par rapport à celles d'une sportive pure d'un litre, elles suffisent quand même amplement à divertir un pilote habitué aux sensations offertes par ces dernières. Comme le moteur de la FZ1 est une version recalibrée de celui qui animait la YZF-R1 2004-2006, il affiche en gros les mêmes traits de caractère et aime donc tourner assez haut. Il serait injuste d'aller jusqu'à dire qu'il est creux en bas ou au milieu, mais le qualifier d'un peu mou à ces régimes serait toutefois approprié. Cela dit, son rendement entre 8 000 tr/min et la zone rouge de 12 000 tr/min fait vite oublier de cette « mollesse ». Malgré cette fougue, le nez de la FZ1 résiste étonnamment bien au soulèvement. Les similitudes avec la mécanique de la R1 de l'époque ne s'arrêtent pas là, puisqu'on retrouve aussi une transmission fluide très précise dont les rapports sont rapprochés ainsi que des suspensions fermes, mais pas rudes. Le système d'injection se montre un peu abrupt à la réouverture des gaz, ce qui a pour résultat de rendre la conduite saccadée, surtout avec un passager à bord.

SANS ÊTRE CELLES D'UNE SPORTIVE PURE D'UN LITRE, LES PERFORMANCES RESTENT DÉCIDÉMENT DIVERTISSANTES.

La selle est confortable seulement sur des distances courtes ou moyennes tandis que la protection au vent se situe à mi-chemin entre celle d'une sportive et celle d'une standard munie d'un saute-vent, ce qui équivaut à dire qu'elle n'est pas très généreuse. Par rapport au modèle original, le niveau de confort est d'ailleurs en recul, ce qui est dommage. Heureusement, la position de conduite reste relevée et plaisante. Elle est compacte et ressemble à celle d'une R1 sur laquelle on aurait installé un guidon plat surélevé.

Grâce au nombre impressionnant de composantes qu'elle emprunte à l'ancienne génération de sa cousine sportive, la FZ1 affiche une tenue de route de haut niveau. Si le modèle original pouvait occasionnellement jouer les sportives sur un circuit, cette génération se sent tellement chez elle dans cet environnement qu'on croirait avoir affaire à une sportive pure déguisée en routière, ce qui représente une proposition vraiment peu commune.

QUOI DE NEUF EN 2012 ?

Aucun changement

Coûte 1 200 $ de moins qu'en 2011

PAS MAL

Un niveau de performances de très haut calibre qui, sans être équivalent à celui d'une R1, reste amplement suffisant pour divertir un pilote expert, même sur circuit

Une tenue de route très relevée et un comportement routier d'une grande rigueur qui trahissent son héritage sportif ; la FZ1 peut tourner en piste toute la journée sans jamais sembler ridicule

Le meilleur de deux mondes : performances et tenue de route de très haut niveau, et polyvalence raisonnable et confort décent

BOF

Une mécanique dont la souplesse n'est pas mauvaise, mais sans être exceptionnelle non plus, un facteur surtout dû à la nature pointue de ce moteur provenant de la génération 2004-2006 de la YZF-R1

Un niveau de confort en recul par rapport à la première génération du modèle, puisque la selle est ferme et pas vraiment adaptée aux longues distances et que les suspensions ont presque une fermeté de sportive pure, sans raison valable

Une occasion manquée, d'une certaine manière, de créer une véritable sportive confortable, ce dont était très proche la première version ; selon nous, l'idéologie de la FZ1 est extrêmement intéressante, mais elle pourrait être mieux réalisée ; une nouvelle FZ1 avec le moteur à vilebrequin Crossplane de la R1 actuelle, des suspensions capables de servir sport et confort, une bonne selle et un pare-brise plus généreux la transformeraient

CONCLUSION

Les modèles comme la FZ1 sont les plus populaires de l'immense marché européen, mais font en revanche partie des motos les plus difficiles à vendre en Amérique du Nord. L'influence des motards du Vieux Continent sur la direction qu'a prise le modèle en 2006 fut donc majeure. Or, ces derniers ont la mauvaise manie de pleurnicher sans arrêt pour qu'une routière devienne toujours plus sportive. Comme s'il n'y avait pas assez de sportives radicales sur le marché... De la routière sportive à la fois rapide et polyvalente qu'elle était au début, la FZ1 a ainsi vu sa nature considérablement radicalisée lors de cette refonte de 2006, si bien qu'il s'agit aujourd'hui d'une machine qu'on sent d'abord sportive, et ensuite routière. Pour le motocycliste habitué à une sportive pure, mais désirant une monture mieux adaptée aux réalités d'une utilisation quotidienne, elle représente une proposition presque unique sur le marché. Mais pour ceux qui recherchent l'équilibre parfait entre sport et confort, elle n'incarne malheureusement pas la machine idéale.

Voir légende en page 16

GÉNÉRAL

Catégorie	Routière Sportive
Prix	11 999 $
Immatriculation 2012	545,65 $
Catégorisation SAAQ 2012	« régulière »
Évolution récente	introduite en 2001 ; revue en 2006
Garantie	1 an/kilométrage illimité
Couleur(s)	blanc
Concurrence	Honda CBF1000, Kawasaki Ninja 1000

MOTEUR

Type	4-cylindres en ligne 4-temps, DACT, 5 soupapes par cylindre, refroidissement par liquide
Alimentation	injection à 4 corps de 45 mm
Rapport volumétrique	11,5 :1
Cylindrée	998 cc
Alésage et course	77 mm x 53,6 mm
Puissance	150 ch @ 11 000 tr/min
Couple	78,2 lb-pi @ 8 000 tr/min
Boîte de vitesses	6 rapports
Transmission finale	par chaîne
Révolution à 100 km/h	environ 4 000 tr/min
Consommation moyenne	6,8 l/100 km
Autonomie moyenne	264 km

PARTIE CYCLE

Type de cadre	périmétrique, en aluminium
Suspension avant	fourche inversée de 43 mm ajustable en précharge, compression et détente
Suspension arrière	monoamortisseur ajustable en précharge et détente
Freinage avant	2 disques de 320 mm de Ø avec étriers à 4 pistons
Freinage arrière	1 disque de 245 mm de Ø avec étrier à 1 piston
Pneus avant/arrière	120/70 ZR17 & 190/50 ZR17
Empattement	1 460 mm
Hauteur de selle	815 mm
Poids tous pleins faits	220 kg
Réservoir de carburant	18 litres

FZ8 WGP

UNE PETITE FZ1... L'une des conséquences de la très malheureuse disparition de la classe des sportives pures de 750 cc a été l'élimination presque systématique de routières de cylindrée semblable, un phénomène tout simplement lié au fait que les modèles routiers empruntent souvent les mécaniques des sportives. Il s'agit d'une triste conséquence, car entre le coût d'une rapide routière sportive de 1000 cc comme la FZ1 et le modeste niveau de performances d'une monture comme la FZ6R se trouve une zone où bien des motocyclistes seraient heureux. Basée de si près sur la FZ1 qu'on pourrait presque les qualifier de jumelles, la FZ8 tente de combler ce vide. La version semi-carénée, la Fazer 8, est littéralement une FZ1 de 800 cc et n'est offerte qu'au Canada en Amérique du Nord. Quant à la version standard, la FZ8, une édition WGP est proposée en 2012, mais seulement au Canada.

Après une bonne dizaine d'années durant lesquelles les motos de classe moyenne ont pratiquement disparu, l'arrivée du duo FZ8/Fazer 8 en 2011 annonçait enfin le retour cette catégorie dont l'extinction est directement liée à la récente tendance vers « l'extrême ». Celle-ci a d'ailleurs complètement bouleversé plusieurs autres segments ces dernières années, tout particulièrement chez les motos au caractère sportif. À la place des bonnes vieilles 750 qui faisaient tant de choses quand même très bien, sont apparues des 600 ultra-agiles et des 1000 ultra-puissantes, des montures qui se sont ensuite tellement spécialisées qu'elles ont fait de la polyvalence une notion en voie d'extinction. Si cette tendance a fait le bonheur des amateurs de sensations fortes, les simples amateurs de polyvalence, eux, se sont retrouvés avec des choix reflétant de moins en moins leurs besoins.

Yamaha ne propose pas la FZ8 comme un modèle destiné à une clientèle débutante ou peu expérimentée, mais plutôt comme une moto de progression, comme une monture qu'on acquiert après sa première moto. Dans les faits, elle est tellement bien maniérée et se montre si amicale à piloter qu'elle pourrait très bien être recommandée à un ou une motocycliste novice. La direction est d'une légèreté extraordinaire, mais ne se montre jamais nerveuse, tandis que les manières du châssis sont très difficiles à prendre en défaut. N'oublions pas que la base sur laquelle la FZ8 est construite est essentiellement celle d'une FZ1 et qu'elle est donc conçue pour encaisser sans broncher une puissance 50 pour cent plus élevée que la centaine de chevaux de ces 800. L'un des rares reproches possibles envers la partie cycle serait un freinage qui n'est pas le plus mordant qui soit. Mais compte tenu de la nature du modèle et de son positionnement, des freins plus abrupts auraient probablement été inappropriés, ce qui donne raison à Yamaha de les avoir calibrés ainsi. L'ABS, par contre, devrait être offert.

LE RENDEMENT DE LA FZ8 EST NETTEMENT SUPÉRIEUR À CELUI D'UNE 600 COMME LA FZ6R OU D'UNE 650 COMME LA NINJA 650.

En termes de performances, la FZ8 propose une livrée de puissance à la fois suffisamment douce pour ne pas surprendre une clientèle moyennement expérimentée, et assez vivante pour satisfaire un pilote un peu plus exigeant. À ce chapitre, le rendement de la FZ8 est nettement supérieur à celui d'une 600 comme la FZ6R ou d'une 650 comme la Ninja 650R. Même s'il est pratiquement exempt de caractère avec son sifflement électrique, le 4-cylindres en ligne se montre assez souple et décemment puissant, bien que personne ne puisse le confondre avec un 1000. La beauté d'un tel degré de puissance c'est qu'il fait de la FZ8 une machine avec laquelle on pourra passer de nombreuses années parfaitement heureux, ce qui n'est pas nécessairement vrai dans le cas d'une routière sportive de 600 cc.

Les différences entre la FZ8 et la Fazer 8 se limitent au carénage de tête ajouté à cette dernière. La position de conduite est exactement la même. Elle plie les jambes presque autant que sur une sportive, mais garde le dos presque droit et ne met pas de poids sur les mains. La selle est très correcte, les suspensions sont calibrées de manière appropriée pour une utilisation routière et la protection au vent, bien que pas très grande, suffit pour dévier le flot d'air du torse du pilote dans le cas de la Fazer 8.

QUOI DE NEUF EN 2012 ?

Introduction d'une édition 50e anniversaire World GP (Canada seulement) à tirage limité qui diffère de la FZ8 de base par une peinture unique et par une plaque numérotée ; elle marque les 50 ans de Yamaha en compétition au niveau Grand Prix

Coûte 1 000 $ de moins qu'en 2011

PAS MAL

Un concept très intéressant, puisque moins coûteux et moins intimidant qu'une monture d'un litre, et nettement plus plaisant qu'une monture de 600/650 cc

Une partie cycle extrêmement bien maniérée qui se montre à la fois légère, précise et accessible et dont les qualités contribuent beaucoup à mettre le pilote en confiance

Une mécanique qui s'avère agréable en raison d'un niveau de performances plus que correct et d'une souplesse très honnête

BOF

Une mécanique qui accomplit tout ce qu'elle a à faire très bien, mais dont le caractère est pratiquement inexistant ; il s'agit d'un banal 4-cylindres en ligne qui monte et descend en régime de manière presque électrique, ni plus ni moins

Des freins qui ne sont pas impressionnants en termes de puissance ou de mordant instantané, mais qui fonctionnent tout de même très bien

Un système ABS qui existe et qui est offert sur les versions européennes, mais qui ne fait même pas partie des options en Amérique du Nord

CONCLUSION

Faisant partie de ceux qui pleurent depuis nombre d'années l'absence de routières dont la cylindrée se situe au milieu des classes 600 et 1000, c'est avec beaucoup d'intérêt que nous nous sommes attardés au duo des FZ8 et Fazer 8 lorsqu'elles furent lancées en 2011. Elles n'ont pas déçu. Elles livrent toutes deux exactement le genre de marchandise auquel on s'attend chez des montures de classe moyenne. Le niveau de puissance n'est pas extraordinaire, mais il se situe presque exactement entre les 75 chevaux de la FZ6 et les 150 chevaux de la FZ1. Et, c'est ce qui est surtout important, ce niveau suffit décidément pour amuser un pilote modérément expérimenté. Le fait que la FZ8 est bâtie sur une base presque identique à celle de la FZ1 garantit par ailleurs un comportement routier exemplaire. Clairement plus intéressantes qu'une 600, nettement plus accessibles qu'une 1000, les FZ8/Fazer 8 définissent la notion de classe moyenne chez les routières sportives.

Fazer 8

Voir légende en page 16

GÉNÉRAL

Catégorie	Routière Sportive
Prix	FZ8 : 9 499 $ (édition 50e WGP : 9 749 $) Fazer 8 : 9 999 $
Immatriculation 2012	545,65 $
Catégorisation SAAQ 2012	« régulière »
Évolution récente	introduite en 2011
Garantie	1 an/kilométrage illimité
Couleur(s)	FZ8 : gris (WGP : blanc/rouge) Fazer 8 : noir, blanc
Concurrence	BMW F800R et ST, Ducati Monster 796, Triumph Street Triple

MOTEUR

Type	4-cylindres en ligne 4-temps, DACT, 4 soupapes par cylindre, refroidissement par liquide
Alimentation	injection à 4 corps de 35 mm
Rapport volumétrique	12,0 :1
Cylindrée	779 cc
Alésage et course	68 mm x 53,6 mm
Puissance	106 ch @ 10 000 tr/min
Couple	60,5 lb-pi @ 8 000 tr/min
Boîte de vitesses	6 rapports
Transmission finale	par chaîne
Révolution à 100 km/h	environ 4 700 tr/min
Consommation moyenne	6,2 l/100 km
Autonomie moyenne	274 km

PARTIE CYCLE

Type de cadre	périmétrique, en aluminium
Suspension avant	fourche inversée de 43 mm non ajustable
Suspension arrière	monoamortisseur ajustable en précharge
Freinage avant	2 disques de 310 mm de Ø avec étriers à 4 pistons
Freinage arrière	1 disque de 267 mm de Ø avec étrier à 1 piston
Pneus avant/arrière	120/70 ZR17 & 180/55 ZR17
Empattement	1 460 mm
Hauteur de selle	815 mm
Poids tous pleins faits	FZ8 : 212 kg Fazer 8 : 215 kg
Réservoir de carburant	17 litres

PREMIERS PAS SPORTIFS... L'accès à la moto représente un éternel débat au cœur duquel s'affrontent, d'un côté, une combinaison de parties souhaitant voir les novices lentement grimper les échelons et, de l'autre, les novices eux-mêmes souhaitant juste qu'on leur fiche la paix. Il s'agit d'un débat extrêmement émotif beaucoup plus souvent basé sur des opinions que sur des faits, mais qui, de façon inexplicable, s'attarde très rarement aux modèles concernés. Construite à partir de composantes simples, mais dont l'efficacité est très élevée, animée par une version adoucie à environ 75 chevaux du 4-cylindres qui propulsait jadis la YZF-R6, légère et affichant des dimensions compactes, la FZ6R pourrait facilement convaincre un grand nombre d'intervenants qu'une 600 peut très bien servir de porte d'entrée dans le créneau sportif. Elle occupe la place de l'ancienne FZ6 dans la gamme Yamaha.

Des montures affichant une cylindrée similaire et offrant plus ou moins les mêmes avantages que la FZ6R ont régulièrement été offertes sur le marché au cours des années, mais elles ont presque toutes été mises de côté par ceux et celles qu'elles auraient pourtant dû attirer, et ce, pour des raisons d'esthétisme avant tout. Souvent très bien construites, celles-ci ont traditionnellement affiché une ligne beaucoup trop retenue, voire carrément laide, comme si une bonne valeur ou des performances modestes devaient absolument rimer avec style anodin.

La FZ6R est l'une des premières motos de cette classe qui change cette situation en se définissant à la fois comme une monture particulièrement appropriée pour guider une clientèle jeune, inexpérimentée ou craintive dans l'univers sportif et comme une moto visuellement très attrayante. Équipée d'un carénage plein, dessinée avec goût et même agrémentée d'un intéressant traitement graphique, elle représente enfin une option acceptable pour une clientèle qui se serait autrement dirigée vers de très belles, mais aussi très pointues 600 destinées à des experts et conçues pour exceller dans l'environnement de la piste. La FZ6R est également offerte pour une somme de beaucoup inférieure au prix d'une sportive pure de 600 cc, ce qui représente évidemment une motivation de plus pour la clientèle visée.

ELLE EST L'UNE DES PREMIÈRES MOTOS DE CETTE CLASSE QUI EST À LA FOIS ATTRAYANTE ET APPROPRIÉE POUR UN NOVICE.

Bien que techniquement à jour, la FZ6R ne réinvente pas la roue en matière de mécanique. Animée par une version adoucie du 4-cylindres en ligne de la FZ6 (qui était elle-même propulsée par une version moins puissante du moteur de la YZF-R6 pré-2006) et construite autour d'un cadre assez simple en acier tubulaire, elle propose une fiche technique plutôt routinière.

Le résultat ne sent toutefois aucunement la monture économique et se comporte au contraire de manière absolument brillante, particulièrement au chapitre de la tenue de route qui est presque digne de celle d'une véritable sportive. Un pilote le désirant pourrait même l'amener en piste pour s'amuser, une réalité qui illustre bien la compétence, la solidité et la précision de la partie cycle. De plus, au chapitre du comportement routier, la FZ6R définit de manière très élégante la notion d'accessibilité en se montrant d'une extrême facilité à piloter tout en réduisant presque à néant les réactions sèches et parfois même difficiles à gérer des sportives plus pointues de cylindrée semblable.

Il faut toutefois préciser que l'une des raisons principales derrière cette grande accessibilité a trait à un niveau de performances relativement modeste. Avec un peu plus de 75 chevaux et un couple à bas régime plutôt limité en raison de l'origine hypersportive de sa mécanique, même si elle n'a rien d'une tortue, la FZ6R n'offre pas non plus le genre de puissance ou de caractère qui serait d'un grand intérêt pour un pilote avide de chevaux. Mettez-la néanmoins dans les mains d'un motocycliste inexpérimenté ou facilement intimidé par une grande puissance et ce niveau de performances devient non seulement tout à fait adéquat, mais aussi amusant et facilement exploitable. Tous les autres aspects de son pilotage suivent de manière très fidèle cette philosophie d'accessibilité.

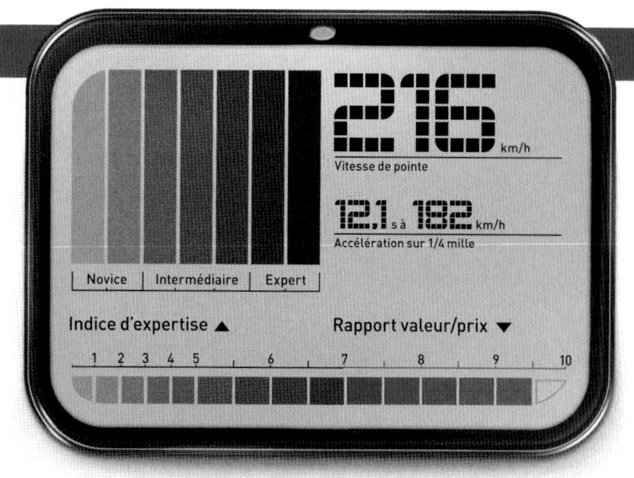

Voir légende en page 16

QUOI DE NEUF EN 2012 ?

Aucun changement

Coûte 900 $ de moins qu'en 2011

PAS MAL

Un concept qui répond à un besoin de longue date du motocyclisme pour des sportives tout aussi attrayantes et bien finies que celles que les constructeurs alignent sur les lignes de départ des pistes de course, mais dont le comportement et le prix sont beaucoup plus accessibles

Un comportement routier qui impressionne par sa qualité, puisque la solidité, la précision et l'agilité dont fait preuve la partie cycle permettraient à la FZ6R de franchement s'amuser en piste, même si ce n'est pas du tout sa mission

Un niveau de confort très intéressant en raison, entre autres, de suspensions calibrées pour la route et d'une position à saveur sportive, mais pas fatigante

BOF

Un niveau de performances modeste surtout approprié pour une clientèle de calibre novice, qui en aura, soit dit en passant, plein les bras avec les 75 chevaux, ou pour une clientèle que le format et le prix intéressent, mais dont la gourmandise en termes de performances correspond à ce genre de puissance

Un système ABS qui manque non seulement à l'appel, mais qui devrait aussi être offert de série sur une machine destinée à ce type de clientèle

Une mécanique dont le caractère n'est pas le plus excitant qui soit, puisqu'elle est creuse en bas et qu'elle n'émet qu'une sonorité générique de 4-cylindres en ligne

CONCLUSION

Avant d'envisager une monture comme la FZ6R, il est essentiel d'en réaliser les limites. Il s'agit d'une monture dont le potentiel de vitesse relativement limité et dont le caractère mécanique plutôt commun représentent les deux plus grandes lacunes. Bref, la mettre entre les mains d'un pilote expérimenté et exigeant équivaudrait à la sortir du contexte pour lequel elle a été créée. Mais mettez-la plutôt entre les mains d'un pilote novice, d'un motocycliste qui progresse après avoir possédé une plus petite cylindrée ou encore tout simplement entre celles d'un ou d'une motocycliste mature, mais n'ayant pas besoin de plus de puissance, et elle prend tout son sens. La FZ6R est non seulement une excellente machine d'initiation ou de progression, mais elle représente aussi l'une des façons les plus amusantes et intelligentes d'entrer dans l'univers des motos de nature sportive.

GÉNÉRAL

Catégorie	Routière Sportive
Prix	7 999 $
Immatriculation 2012	545,65 $
Catégorisation SAAQ 2012	« régulière »
Évolution récente	introduite en 2009
Garantie	1 an/kilométrage illimité
Couleur(s)	blanc, noir
Concurrence	Kawasaki Ninja 650, Suzuki GSX650F

MOTEUR

Type	4-cylindres en ligne 4-temps, DACT, 4 soupapes par cylindre, refroidissement par liquide
Alimentation	injection à corps de 32 mm
Rapport volumétrique	12,2:1
Cylindrée	599 cc
Alésage et course	65,5 mm x 44,5 mm
Puissance	76,4 ch @ 10 000 tr/min
Couple	44,1 lb-pi @ 8 500 tr/min
Boîte de vitesses	6 rapports
Transmission finale	par chaîne
Révolution à 100 km/h	environ 5 300 tr/min
Consommation moyenne	6,4 l/100 km
Autonomie moyenne	270 km

PARTIE CYCLE

Type de cadre	de type « diamant », en acier tubulaire
Suspension avant	fourche conventionnelle de 41 mm non ajustable
Suspension arrière	monoamortisseur ajustable en précharge
Freinage avant	2 disques de 298 mm de Ø avec étriers à 2 pistons
Freinage arrière	1 disque de 245 mm de Ø avec étrier à 1 piston
Pneus avant/arrière	120/70 ZR17 & 160/60 ZR17
Empattement	1 440 mm
Hauteur de selle	785 mm
Poids tous pleins faits	212 kg
Réservoir de carburant	17 litres

L'ALTERNATIVE... En lançant la Super Ténéré, Yamaha s'est non seulement attaqué à l'un des monuments sacrés de l'univers des deux-roues, la BMW R1200GS, mais il l'a aussi fait en visant l'allemande d'une façon plus déterminée que n'importe quelle autre aventurière l'a fait avant elle. Mais l'importance de la Super Ténéré ne s'arrête pas là, puisqu'elle se veut aussi la première rivale directe de la GS produite par l'un des quatre grands constructeurs japonais. Il s'agit d'une moto que Yamaha a conçue à partir d'une page complètement blanche afin de se donner toutes les chances possibles face au réputé couteau suisse de Munich. Système ABS combiné, assisté et géré par ordinateur, contrôle de traction à modes multiples et accélérateur électronique font par ailleurs partie de l'impressionnant arsenal technologique offert de série sur la Ténéré.

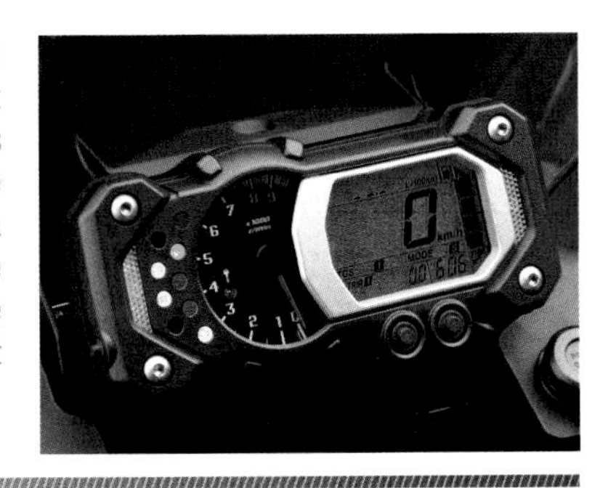

Le succès, la polyvalence et le plaisir de pilotage des BMW GS poussent de plus en plus de constructeurs à tenter leur chance dans ce créneau où le modèle allemand définit encore mieux que tout autre la notion de routière aventurière.

Certains diront que la riche histoire de Yamaha en rallye constitue un avantage pour la marque nippone. Peut-être. En termes de présence visuelle, force est d'admettre que la Super Ténéré 1200 a la gueule de l'emploi et qu'elle donne dès le premier coup d'œil l'impression d'être une machine capable de traverser un désert ou une chaîne de montagnes. Techniquement, tout est en place pour le permettre, des suspensions à long débattement jusqu'à la position joliment équilibrée de type aventurière en passant par un système antipatinage multimode permettant d'accélérer sans dérobade de l'arrière sur terrain glissant, ce qui n'est pas du tout superflu sur une machine de ce poids, surtout avec un pilote moins qu'expert en selle. Ce système peut être désactivé, ce qui, de manière incompréhensible pour une moto de ce genre, est impossible dans le cas de l'ABS combiné livré de série. À la défense de Yamaha, il s'agit d'un système ABS avancé qui fonctionne de manière efficace et très transparente, même en sentier. Mais le fait qu'il ne peut être désactivé va à l'encontre de la logique sur une telle moto. Il s'agit d'une erreur de la part du constructeur. Nous comprenons très bien que Yamaha tienne à ce que l'aspect sécuritaire amené par le système demeure toujours présent et c'est pourquoi nous croyons qu'un compromis acceptable, voire intéressant, serait un système permettant au moins de désactiver l'arrière. Décidément à suivre.

NOUS CROYONS QU'UN COMPROMIS ACCEPTABLE, VOIRE INTÉRESSANT, SERAIT UN ABS POUVANT ÊTRE DÉSACTIVÉ À L'ARRIÈRE.

Le comportement routier de la Super Ténéré s'avère généralement très bon. Un guidon large garantit une direction très légère tandis que la précision et la solidité du châssis en courbe ne sont prises en défaut que lorsque le rythme est élevé et que la chaussée est en mauvais état, une combinaison qui pousse la moto à danser un peu sur ses suspensions. Ces dernières offrent par ailleurs un bon rendement sur la route, peu importe son état. Les chemins non asphaltés sont survolés sans tracas, mais un sentier beaucoup plus abîmé verra les suspensions talonner si les réglages ne sont pas raffermis.

Le tout nouveau bicylindre parallèle de la Super Ténéré propose de bonnes performances. Ses accélérations sont semblables à celle d'une R1200GS, mais elles sont livrées différemment. Tellement doux qu'il en devient presque anonyme, le Twin ne s'éveille qu'une fois les tout premiers régimes passés, disons au-delà de 2 000 tr/min. Les mi-régimes sont bien remplis et un amusant punch survient même entre 6 000 tr/min et la zone rouge d'un peu plus de 7 500 tr/min. Ce punch est suffisamment fort pour soulever l'avant en première, mais celui-ci est doucement ramené au sol par le contrôle de traction qui agit dans ce cas comme antiwheelie. Un sélecteur de mode permet de limiter la puissance à un niveau très linéaire possiblement utile sur surface très glissante.

Le niveau de confort est élevé grâce à une position de conduite naturelle et dégagée, à une bonne selle dont la hauteur s'ajuste facilement, à une protection au vent très correcte, bien que compromise par quelques turbulences, à une mécanique toujours douce et à des suspensions souples.

QUOI DE NEUF EN 2012 ?

Aucun changement

Aucune augmentation

PAS MAL

Un ensemble très impressionnant; de la ligne très évocatrice jusqu'aux multiples technologies de pointe utilisées en passant par l'attention aux détails tels que le radiateur latéral, les roues à rayons sans tubes ou l'impeccable finition, on a affaire à une machine de première classe

Une série d'aides électroniques qui accomplissent chacune de leurs missions de manière irréprochable et surtout complètement transparente

Un prix intéressant compte tenu de toute la technologie embarquée; il s'agit d'un des meilleurs arguments du modèle face à la convoitée BMW R1200GS

Une capacité d'aventurière bel et bien réelle, puisque la Super Ténéré 1200 amènera son pilote au bout du monde s'il le souhaite

BOF

Un système ABS extrêmement sophistiqué, mais qui n'offre pas la possibilité d'être désactivé, au moins au niveau de la roue arrière, ce que les adeptes sérieux de pilotage hors route risquent de trouver impardonnable

Une mécanique dont la puissance est tout à fait adéquate, mais qui se montre tellement douce qu'elle devient absente; on aimerait vraiment mieux sentir le Twin

Certains équipements de série comme des poignées chauffantes manquent à l'appel

Une selle haute, comme c'est d'ailleurs la coutume chez ces motos

CONCLUSION

La Super Ténéré est une monture très particulière évoluant dans un contexte très particulier. En raison de sa nature même, elle ne peut qu'être directement comparée à l'une des motos les plus encensées de l'univers des deux-roues, la R1200GS. Il s'agit d'une position à la fois difficile et intéressante. Difficile parce que la GS n'est rien de moins qu'exceptionnelle à presque tous les niveaux, et intéressante parce qu'une fois la comparaison mise un peu de côté, on découvre en la Super Ténéré une monture merveilleusement polyvalente et compétente. En fait, plus nous passons de temps à ses commandes, plus nous nous y attachons. Son plus grand défaut, outre la situation de l'ABS, est probablement le caractère mécanique trop réservé de son Twin. Mais ses qualités sont très nombreuses. Très. D'une façon un peu ironique, l'une d'elles est qu'il ne s'agit justement pas d'une BMW, mais plutôt d'un produit japonais. Pour les motocyclistes qui ne jurent que par la fiabilité légendaire des produits asiatiques, elle représente essentiellement une occasion unique.

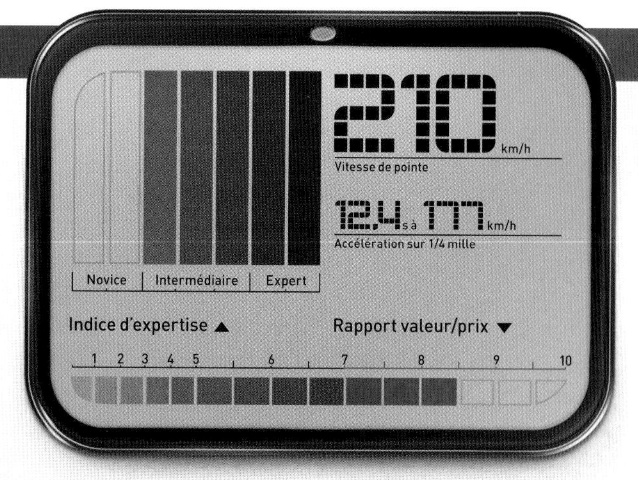

Voir légende en page 16

GÉNÉRAL

Catégorie	Routière Aventurière
Prix	16 499 $
Immatriculation 2012	545,65 $
Catégorisation SAAQ 2012	« régulière »
Évolution récente	introduite en 2012
Garantie	1 an/kilométrage illimité
Couleur(s)	bleu, noir
Concurrence	BMW R1200GS, KTM 990 Adventure Moto Guzzi Stelvio, Suzuki V-Strom 1000

MOTEUR

Type	bicylindre parallèle 4-temps, DACT, 4 soupapes par cylindre, refroidissement par liquide
Alimentation	injection à deux corps de 46 mm
Rapport volumétrique	11,1:1
Cylindrée	1 199 cc
Alésage et course	98 mm x 79,5 mm
Puissance	110 ch @ 7 250 tr/min
Couple	84 lb-pi @ 6 000 tr/min
Boîte de vitesses	6 rapports
Transmission finale	par chaîne
Révolution à 100 km/h	environ 3 200 tr/min
Consommation moyenne	6,3 l/100 km
Autonomie moyenne	365 km

PARTIE CYCLE

Type de cadre	périmétrique, en acier
Suspension avant	fourche inversée de 43 mm ajustable en précharge, compression et détente
Suspension arrière	monoamortisseur ajustable en précharge et détente
Freinage avant	2 disques « à pétales » de 310 mm de Ø avec étriers à 4 pistons et ABS combiné
Freinage arrière	1 disque « à pétales » de 282 mm de Ø avec étrier à 1 piston et ABS combiné
Pneus avant/arrière	110/80R19 & 150/70R17
Empattement	1 540 mm
Hauteur de selle	845/870 mm
Poids tous pleins faits	261 kg
Réservoir de carburant	23 litres

DÉMENCE MÉCANIQUE... La VMAX est une entité absolument unique dans l'univers du motocyclisme. En matière de brutalité mécanique et de violence technologique, il n'existe rien, et nous disons bien rien qui n'arrive à sa cheville. Propulsée par un monstrueux V4 de 1,7 litre crachant 200 chevaux, plus longue qu'une Gold Wing et bénéficiant d'un degré de technologie digne d'une machine de MotoGP, elle est l'unique et directe descendante du légendaire modèle lancé en 1985. La V-Max originale s'était toutefois mérité une réputation peu enviable en termes de comportement, et Yamaha insista pour que cette très attendue seconde génération du modèle soit sans reproche à ce chapitre. Un massif châssis en aluminium coulé, des suspensions surdimensionnées et des freins immenses assurent que de tels écarts de conduite ne puissent plus survenir. L'ABS est livré de série.

S'il est une qualité que la moto possède de manière naturelle, c'est la performance. Et dans le cas de modèles conçus spécifiquement pour la vitesse, le degré de performances est aujourd'hui tout simplement ahurissant. La VMAX est extraordinaire du fait que même dans un tel contexte, aucune moto n'arrive à s'en approcher en termes de puissance crue et immédiate. En fait, la nature barbare de la Yamaha fait même paraître délicates les sportives les plus rapides.

Le déchaînement de puissance découlant de l'ouverture des gaz d'une VMAX définit la notion de chaos contrôlé. Les 200 chevaux de l'immense V4 de 1,7 litre s'emballent alors dans un rugissement fou. Le pneu arrière hurle, patine et fume. La poussée est telle qu'elle catapulte pilote et moto comme s'ils étaient éjectés d'un canon. Heureusement, la VMAX est construite pour répéter ce genre de scène à volonté, sans le moindre tracas. Elle est non seulement très longue et très lourde, mais elle est également construite de manière extrêmement solide. Malgré l'incroyable furie qui suit chaque ouverture généreuse des gaz, le châssis encaisse les accélérations brutales comme si de rien n'était. Passez la deuxième agressivement tout en gardant l'accélérateur bien enroulé et l'arrière se remettra à patiner. Éventuellement, le pneu mordra à nouveau, ce qui soulèvera l'avant, mais seulement de quelques centimètres. N'importe quelle autre moto se serait renversée – et peut-être même désintégrée... –, mais la longueur et le poids de la VMAX la gardent en parfait équilibre. Aucun autre aspect de son pilotage ne décrit mieux son esprit que ce magique moment de folle accélération et de parfait contrôle. L'exercice se poursuit jusqu'à ce que la limite électronique de 220 km/h soit atteinte, donc quelques courts instants plus tard à peine, moments durant lesquels le pilote complètement exposé aura constaté un accroissement exponentiel du sifflement et de la force du vent. Peu importe les modèles de production que vous avez pilotés ou connus avant, vous n'avez jamais fait une telle expérience. Garanti.

L'OUVERTURE SOUDAINE DES GAZ SUR LE PREMIER RAPPORT FERA HURLER, PATINER ET FUMER LE PNEU ARRIÈRE.

Une fois les émotions fortes passées et de retour à une utilisation plus normale, la VMAX tire plutôt bien son épingle du jeu. La position de conduite relevée est confortable, les suspensions travaillent très correctement, les freins ABS sont excellents et toutes les commandes, incluant l'ensemble embrayage/boîte de vitesses, s'actionnent avec douceur et précision. Bref, on a clairement l'impression d'être aux commandes d'une monture de haute qualité offrant un grand degré de sophistication. Par ailleurs, la stabilité est impossible à prendre en faute tandis que la solidité et la précision en courbe sont tout à fait acceptables pour une bête de ce genre.

Mais la VMAX n'est pas sans défauts. Extrêmement longue et dotée d'une géométrie de direction très conservatrice – des caractéristiques nécessaires pour maîtriser une telle débauche de chevaux –, il s'agit d'un véritable mastodonte en termes de masse et de proportions. La VMAX manque clairement d'agilité à basse vitesse dans les situations serrées, pour ne pas dire qu'elle est balourde et maladroite dans ces circonstances. On note également une autonomie beaucoup trop réduite qui limite carrément les déplacements.

QUOI DE NEUF EN 2012 ?

Aucun changement

Aucune augmentation

PAS MAL

Un V4 qui crache littéralement le feu puisque ses 200 chevaux sont non seulement bel et bien réels, mais aussi parce qu'ils se manifestent d'une manière tellement immédiate qu'ils arrivent à enfumer le pneu arrière à volonté

Une partie cycle qui, contrairement à celle de la V-Max originale, est parfaitement à la hauteur des incroyables performances de la VMAX et encaisse sans broncher toute la furie du gros V4

Une ligne qui, quoiqu'un peu prévisible puisque fortement inspirée de celle du modèle original, interprète très bien « l'esprit MAX », en plus d'afficher une finition absolument impeccable

BOF

Une livrée de puissance tellement brutale et immédiate qu'elle fait très facilement patiner le pneu arrière ; au même titre qu'une sportive pure d'un litre, la VMAX demande beaucoup d'expérience et de respect de la part du pilote qui compte en extraire tout le potentiel

Un prix élevé qui déçoit plusieurs fanatiques du modèle en le mettant hors de leur portée ; il reste que même à ce prix, la VMAX vaut absolument le coup

Un accueil peu intéressant réservé au passager

Un poids élevé et des dimensions imposantes qui alourdissent le comportement lors de manœuvres serrées

Un réservoir d'essence bien trop petit compte tenu de la consommation très élevée ayant comme résultat une autonomie minuscule

CONCLUSION

La VMAX n'est pas que rapide ou brutale ou particulière. Elle est phénoménale. Elle n'est ni plus ni moins qu'une entité, une force de la nature qui n'a aucun équivalent. La Ducati Diavel serait techniquement ce qui s'en approche le plus, mais en selle, la Yamaha est tout simplement sans équivalent. Il s'agit d'une moto dont la seule raison d'être tient de l'importance du légendaire modèle original pour la marque aux trois diapasons, une importance telle qu'elle a poussé le constructeur à créer un engin presque inimaginable. Juste pour montrer qu'il le pouvait. Mécaniquement, la VMAX est une bête au sens le plus barbare du mot, un monstre pulvérisateur de pneu arrière. Mais il s'agit aussi d'une machine bénéficiant d'une technologie non seulement extraordinairement poussée, mais aussi spécifiquement développée pour gérer de manière parfaite toute cette folie. Beaucoup de motocyclistes trouvent qu'elle est trop chère. Ils ont tort. Yamaha en demanderait le double que nous ne trouverions pas le prix injustifié.

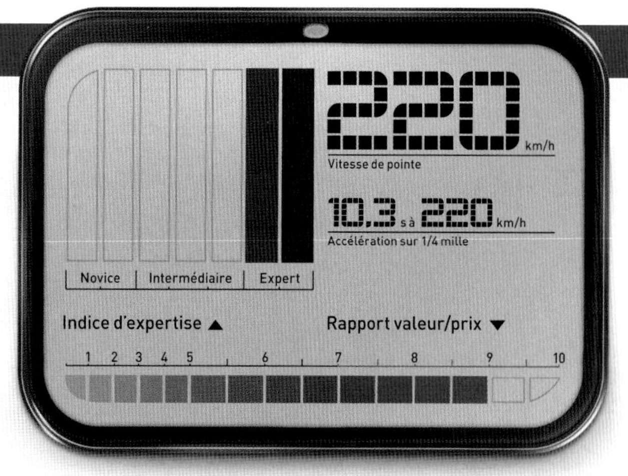

Voir légende en page 16

GÉNÉRAL

Catégorie	Muscle Bike
Prix	22 999 $
Immatriculation 2012	545,65 $
Catégorisation SAAQ 2012	« régulière »
Évolution récente	introduite en 1985 ; nouvelle génération introduite en 2009
Garantie	1 an/kilométrage illimité
Couleur(s)	noir mat
Concurrence	Ducati Diavel, Triumph Rocket III Roadster

MOTEUR

Type	4-cylindres 4-temps en V à 65 degrés, DACT, 4 soupapes par cylindre, refroidissement par liquide
Alimentation	injection à 4 corps de 48 mm
Rapport volumétrique	11.3:1
Cylindrée	1 679 cc
Alésage et course	90 mm x 66 mm
Puissance	198 ch @ 9 000 tr/min
Couple	123 lb-pi @ 6 500 tr/min
Boîte de vitesses	5 rapports
Transmission finale	par arbre
Révolution à 100 km/h	environ 3 400 tr/min
Consommation moyenne	9,1 l/100 km
Autonomie moyenne	164 km

PARTIE CYCLE

Type de cadre	de type « diamant », en aluminium
Suspension avant	fourche conventionnelle de 52 mm ajustable en précharge, compression et détente
Suspension arrière	monoamortisseur ajustable en précharge, compression et détente
Freinage avant	2 disques de 320 mm de Ø avec étriers radiaux à 6 pistons et système ABS
Freinage arrière	1 disque de 298 mm de Ø avec étrier à 1 piston et système ABS
Pneus avant/arrière	120/70 R18 & 200/50 R18
Empattement	1 700 mm
Hauteur de selle	775 mm
Poids tous pleins faits	310 kg
Réservoir de carburant	15 litres

Roadliner S

CUSTOMS ALPHA... Mues par le plus gros V-Twin de production au monde refroidi par air, construites autour d'un des très rares cadre en aluminium de l'univers custom (Yamaha et Victory sont les seuls qui en offrent), affichant l'une des finitions les plus poussées jamais vues sur une moto de série et dessinées avec une élégance et une grâce généralement réservées aux projets d'un certain Willie G., les 1900 de Yamaha sont non seulement les customs les plus sérieuses jamais produites par un constructeur japonais, mais elles figurent aussi parmi les motos de ce genre les plus ambitieuses qui soient. Trois variantes sont proposées: la Roadliner S et deux versions de tourisme léger, les Stratoliner S et Deluxe. Toutes bénéficient de baisses de prix marquées en 2012 au Canada afin, entre autres, de les rendre plus concurrentielles avec les produits Harley-Davidson.

«Construire le nec plus ultra en matière de customs et proposer aux plus exigeants des connaisseurs des machines qui les combleraient à tous les niveaux de l'expérience custom.» Tel était l'ambitieux but de la marque d'Iwata City en s'engageant dans le projet «1900», et le constructeur n'a pratiquement reculé devant rien afin de se donner les moyens de ses ambitions. À titre d'exemple, comme la réalisation d'une custom de telle cylindrée avec des méthodes de production normales se serait traduite par une moto d'une masse très importante, et comme cette masse aurait handicapé nombre d'aspects du comportement, des efforts très inhabituels pour le genre custom furent déployés à ce sujet. Des efforts qui ont d'ailleurs porté fruit, puisque Yamaha est arrivé à faire de ses 1900 des montures étonnamment agiles qu'on jurerait plus légères qu'elles ne le sont réellement et qui ne renvoient pas la sensation de lourdeur excessive ressentie sur la plupart des modèles du genre dont la cylindrée est si grande.

LE V-TWIN DE 1 900 CC EST UN VÉRITABLE JOYAU DONT LES QUALITÉS ACOUSTIQUES ET TACTILES SONT EXQUISES.

L'une des facettes les plus intéressantes des trois variantes est le cadre en aluminium qu'elles partagent. Il est fabriqué avec la même technologie que celle des châssis des sportives de la marque et se veut le principal responsable d'un étrange sentiment de pureté et de sérénité ressenti à leurs commandes. Il s'agit d'un sentiment qui est à la fois difficile à décrire et à imaginer sur une custom, mais qu'on peut néanmoins expliquer comme un genre de parallèle avec l'impression de solidité et de précision renvoyée par une sportive pure bâtie autour d'un cadre en aluminium très rigide.

Grâce à toute la technologie derrière leur partie cycle, les Yamaha 1900 s'avèrent faciles à mettre en angle, où elles se montrent imperturbables. D'une stabilité impériale en ligne droite et équipées d'excellents freins dont le seul défaut est de ne pas être secondés d'un système ABS, ces customs offrent une qualité de comportement routier pratiquement inégalée dans l'univers des customs. Seule une certaine fermeté de la suspension arrière sur mauvais revêtement affecte le niveau de confort.

Au-delà des manières impeccables de leur châssis, les 1900 se démarquent surtout grâce à la délicieuse mécanique qui les anime, un gros V-Twin de 1 854 cc qui n'est rien de moins qu'une réussite absolue. Des V-Twin plus puissants existent, mais celui-ci se débrouille très bien en ligne droite et s'avère en plus gorgé de couple dès le ralenti, si bien qu'il propulse moto et pilote avec une fougue qui devrait ravir les connaisseurs les plus exigeants.

Les qualités de cette mécanique vont toutefois bien plus loin. La grande importance qu'accorde Yamaha à la musicalité de ses moteurs de type V-Twin et à leur rythmique élève l'expérience de pilotage à un niveau très impressionnant. Durant chaque instant de la conduite, le pilote se retrouve ainsi traversé de pulsations aussi lourdes et graves que plaisantes, tandis que son ouïe est caressée par le doux et profond grondement que seule une telle cylindrée peut produire. Ce V-Twin fait partie des très rares moteurs que nous mettrions dans la même ligue que les mécaniques de Harley-Davidson en termes de qualité de caractère, ce qui est un immense compliment.

QUOI DE NEUF EN 2012 ?

Variante Deluxe équipée de série d'un GPS Garmin Zumo 665 avec navigation, connectivité Bluetooth, capacité de réception de radio satellite, etc.

Emblème de réservoir redessiné sur toutes les variantes

Roadliner S coûte 5 300 $, Stratoliner S 4 300 $ et Stratoliner Deluxe 3 000 $ de moins qu'en 2010

PAS MAL

Un comportement d'un équilibre très surprenant ; malgré son gabarit, la Roadliner se balance avec une grâce et une élégance qui étonnent autant qu'elles séduisent

Un V-Twin qui propose à la fois un caractère fort et plaisant combiné à un niveau de performances décidément impressionnant

Une allure non seulement différente, mais aussi très chic et raffinée, ainsi qu'une qualité de finition qui doit être considérée comme le standard de l'industrie

BOF

Une des lignes les plus élégantes du monde custom, mais qui est encore clairement inspirée du style des modèles de Milwaukee

Des versions de tourisme léger qui accomplissent leur mandat de manière ordinaire, sans plus ; une Kawasaki Nomad est, par exemple, bien plus accueillante et beaucoup plus confortable pour son passager

Une suspension arrière ferme et l'absence de système ABS

Un gros silencieux qui ne semble pas être au même niveau de design que l'ensemble et qui nuit à la pureté de l'image

CONCLUSION

Le cas de la Roadliner et de ses variantes de tourisme léger est extrêmement intéressant, puisqu'il est celui d'un effort ultime en matière de custom de la part d'un constructeur de très haut calibre. Techniquement, il s'agit d'une réussite totale, et ce, tant au niveau des sensations mécaniques ressenties par le pilote qu'à celui de la finesse du comportement routier. La Roadliner serait-elle donc vraiment la custom ultime ? Tant qu'on laisse Harley-Davidson en dehors de ça, la réponse ne peut vraiment être que oui. Il s'agit d'un ensemble techniquement supérieur présenté de manière plus soignée et plus élégante que celui de n'importe quelle autre custom non milwaukienne. Toutefois, lorsqu'on mêle Harley à ça, la réflexion de l'amateur se complique considérablement, puisqu'elle se transforme en déchirant dilemme entre l'attrait de la mythique marque américaine et toutes les qualités des Yamaha.

Stratoliner Deluxe

193 km/h
Vitesse de pointe

12,6 s à 169 km/h
Accélération sur 1/4 mille

Novice | Intermédiaire | Expert

Indice d'expertise ▲

Rapport valeur/prix ▼

1 2 3 4 5 6 7 8 9 10

Voir légende en page 16

GÉNÉRAL

Catégorie	Custom/Tourisme léger
Prix	Roadliner S : 15 999 $ Stratoliner S : 18 999 $; Deluxe : 19 999 $
Immatriculation 2012	545,65 $
Catégorisation SAAQ 2012	« régulière »
Évolution récente	R et S introduites en 2006, Deluxe en 2010
Garantie	1 an/kilométrage illimité
Couleur(s)	Roadliner S : gris Stratoliner S : noir ; Deluxe : argent
Concurrence	Roadliner S : H-D Softail Deluxe, Kawasaki Vulcan 1700 Classic, Victory Kingpin Stratoliner S : H-D Road King, Kawasaki Vulcan Nomad, Victory Cross Roads Deluxe : H-D Electra Glide Classic, Kawasaki Vaquero, Victory Cross Country

MOTEUR

Type	bicylindre 4-temps en V à 48 degrés, culbuté, 4 soupapes par cylindre, refroidissement par air
Alimentation	injection à 2 corps de 43 mm
Rapport volumétrique	9,5 :1
Cylindrée	1 854 cc
Alésage et course	100 mm x 118 mm
Puissance	101 ch @ 4 800 tr/min
Couple	123 lb-pi @ 2 500 tr/min
Boîte de vitesses	5 rapports
Transmission finale	par courroie
Révolution à 100 km/h	environ 2 500 tr/min
Consommation moyenne	6,8 l/100 km
Autonomie moyenne	250 km

PARTIE CYCLE

Type de cadre	double berceau, en aluminium
Suspension avant	fourche conventionnelle de 46 mm non ajustable
Suspension arrière	monoamortisseur ajustable en précharge
Freinage avant	2 disques de 298 mm de Ø avec étriers à 4 pistons
Freinage arrière	1 disque de 320 mm de Ø avec étrier à 1 piston
Pneus avant/arrière	130/70 R18 & 190/60 R17
Empattement	1 715 mm
Hauteur de selle	705 mm
Poids tous pleins faits	R : 340 kg ; S : 369 kg ; D : 368 kg
Réservoir de carburant	17 litres

Raider S

LA PLUS AMÉRICAINE DES ASIATIQUES... Comme la Fury de Honda et la Stryker de Yamaha, la Raider fait plus que bêtement copier une silhouette piquée dans le catalogue Harley-Davidson et s'inspire plutôt du mouvement chopper. C'est justement en raison de cette indépendance que nous la qualifions de la «plus américaine des asiatiques», car s'il est une caractéristique que partagent toutes les Harley, c'est leur originalité stylistique. La Raider se distingue d'un point de vue mécanique en proposant l'un de ces cadres en aluminium qui sont toujours uniques à Yamaha ainsi que par un impressionnant V-Twin refroidi par air de 1 900 cc qu'elle emprunte à la Roadliner. La version SCL, pour Star Custom Line, est une variante haut de gamme de la Raider de base, à la Harley-Davidson CVO. Elle est réservée au marché américain et le nombre d'unités produites sera limité à 500.

Les constructeurs proposant des customs dans leur catalogue n'aiment pas du tout qu'on le leur rappelle, mais le fait est que leurs produits ne sont en grande majorité rien de plus que l'équivalent de diverses Harley-Davidson. Comme s'il était impossible d'imaginer d'autres lignes, comme si la formule custom était obligatoirement basée sur le moule d'une Fat Boy. L'un des bons côtés du ralentissement actuel du marché, c'est qu'il force ces mêmes constructeurs à enfin mettre leurs stylistes et leurs ingénieurs au travail afin de réaliser des styles plus autonomes. S'il est aussi coupable que n'importe quel autre manufacturier en matière «d'inspiration milwaukienne», Yamaha semble en revanche commencer à faire preuve d'une intéressante créativité dans ce créneau.

LA LIGNE INSPIRÉE DU MOUVEMENT CHOPPER AFFICHE DES PROPORTIONS D'UNE ÉLÉGANCE ÉTONNANTE.

Affichant une ligne provenant non pas des pages du catalogue Harley-Davidson, mais plutôt inspirée par le mouvement chopper, la Raider affiche des proportions d'une élégance étonnante .

Un reflet d'exhaustives recherches menées par Yamaha sur les phénomènes custom et chopper, elle représente la combinaison fort réussie d'une position de conduite très particulière, d'un style original et de technologies de pointe. Une combinaison formant par ailleurs un ensemble qu'on pourrait presque qualifier de bouleversant d'un point de vue émotionnel tellement l'expérience que celui-ci fait vivre est intense.

Voilà maintenant quelque temps que Yamaha a saisi l'importance du son et des sensations renvoyées par le V-Twin d'une custom. La Raider démontre que la marque a également compris le pouvoir qu'une position de conduite exerce sur l'expérience de pilotage. Assis très bas sur une selle large et moulante, le pilote de la Raider doit étirer les jambes pour atteindre les repose-pieds et tendre les bras à la hauteur des épaules de manière à ce que ses poings soient positionnés face à la route. Décrire la posture, que certains appellent «poings dans le vent», comme macho ou dominante n'aurait rien d'exagéré.

Le magnifique V-Twin de la Roadliner et une solide partie cycle bâtie autour d'un cadre en aluminium décrivent un ensemble techniquement enviable. En résistant par ailleurs à la tentation d'installer un gros pneu arrière de 240 mm et en optant plutôt pour une gomme de 210 mm, Yamaha a épargné à la Raider la lourdeur de direction et la maladresse généralement inhérentes à beaucoup de customs équipées d'un pneu arrière très large. Sans toutefois être particulièrement agile dans les manœuvres serrées en raison de sa direction très ouverte, la Raider démontre une stabilité royale, fait preuve d'une direction assez précise et offre un aplomb en virage très correct. Par ailleurs, si le confort offert par la selle est surprenant, et ce, même sur des distances plutôt longues, le passager n'est toutefois pas très gâté et souffre de la sévère sécheresse de la suspension arrière.

Le V-Twin de 1,9 litre compte pour une très importante partie du plaisir de pilotage de la Raider. Puissant et sublimement coupleux à très bas régime, il gronde lourdement sans toutefois trembler outre mesure. On le sent clairement «pulser» en pleine accélération, mais il s'adoucit dès qu'une vitesse de croisière est atteinte. Il s'agit fort probablement du meilleur V-Twin custom actuellement produit.

QUOI DE NEUF EN 2012 ?

Variante SCL limitée à 500 exemplaires introduite sur le marché américain ; elle se distingue de la Raider de base par sa peinture unique, par ses roues développées avec l'aide de Performance Machine, par ses câbles en acier tressé et par sa selle en cuir

Raider S coûte 3 500 $ et Raider 3 600 $ de moins qu'en 2011

PAS MAL

Un véritable joyau de V-Twin gavé de couple lourd et gras dès les tout premiers régimes, doté d'un délicieux grondement sourd et tremblant juste assez, et jamais trop

Une partie cycle étonnamment bien maniérée pour une moto dont la géométrie est aussi extrême

Une selle basse, des repose-pieds avancés et un guidon droit placé bien à l'avant se combinent pour former l'une des positions de conduite les plus cool de l'univers custom

BOF

Une suspension arrière qui ne donne pas beaucoup de chances au pilote sur des défauts prononcés de la chaussée, où elle peut se montrer très rude

Un niveau de confort très précaire pour le passager, tant au chapitre de la position qu'à celui de la rude suspension arrière

Un style formé d'une foule de petits détails très réussis, mais dont certains ne semblent pas s'agencer de façon homogène avec l'ensemble ; la forme des silencieux qui ne fait pas l'unanimité et le dessin banal des roues sont des exemples

CONCLUSION

À l'exception de Victory, qui a littéralement tout misé sur le marché custom, Yamaha est le constructeur ayant le plus investi dans ce type de moto, un fait qui devient d'ailleurs évident en jetant un simple coup d'œil à sa gamme. La Raider représente ce que la marque aux trois diapasons fait de mieux en la matière. Il s'agit d'un modèle pour lequel nous avons une profonde affection. La manière dont elle installe le pilote à ses commandes, franchement, le derrière bas, mains et pieds devant, sans offrir d'excuses, est exquise. L'extraordinaire caractère du gros V-Twin qui l'anime est toutefois son plus grand atout. Puissant et coupleux, grondant et pulsant, il est l'incarnation même de ce qu'un V-Twin custom devrait être et de ce qu'une telle mécanique devrait transmettre au pilote en termes de sensations. Très rares sont les moteurs dont la présence mécanique atteint un tel degré. En fait, chez les V-Twin, à part le Twin Cam de Harley-Davidson installé dans les châssis Dyna, aucun autre ne nous vient à l'esprit.

Raider SCL

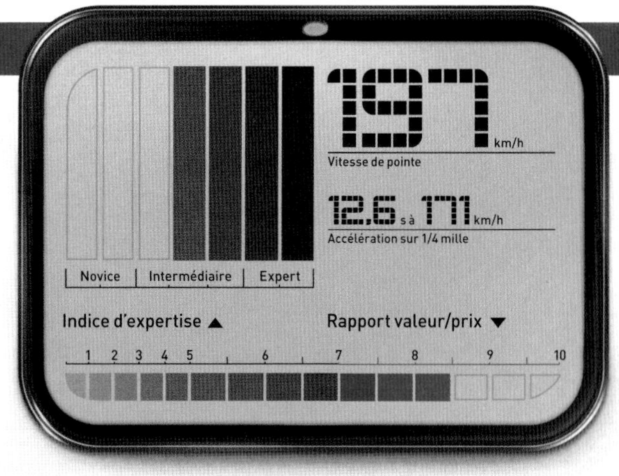

Voir légende en page 16

GÉNÉRAL

Catégorie	Custom
Prix	Raider : 15 999 $ Raider S : 16 499 $
Immatriculation 2012	545,65 $
Catégorisation SAAQ 2012	« régulière »
Évolution récente	introduite en 2008
Garantie	1 an/kilométrage illimité
Couleur(s)	Raider : argent Raider S : violet, noir
Concurrence	Harley-Davidson Dyna Wide Glide Victory Vegas Jackpot

MOTEUR

Type	bicylindre 4-temps en V à 48 degrés, culbuté, 4 soupapes par cylindre, refroidissement par air
Alimentation	injection à 2 corps de 43 mm
Rapport volumétrique	9,5 :1
Cylindrée	1 854 cc
Alésage et course	100 mm x 118 mm
Puissance	101 ch @ 4 800 tr/min
Couple	124 lb-pi @ 2 200 tr/min
Boîte de vitesses	5 rapports
Transmission finale	par courroie
Révolution à 100 km/h	environ 2 500 tr/min
Consommation moyenne	6,8 l/100 km
Autonomie moyenne	228 km

PARTIE CYCLE

Type de cadre	double berceau, en aluminium
Suspension avant	fourche conventionnelle de 46 mm non ajustable
Suspension arrière	monoamortisseur ajustable en précharge
Freinage avant	2 disques de 298 mm de Ø avec étriers à 4 pistons
Freinage arrière	1 disque de 310 mm de Ø avec étrier à 1 piston
Pneus avant/arrière	120/70-21 & 210/40 R18
Empattement	1 799 mm
Hauteur de selle	695 mm
Poids tous pleins faits	331 kg
Réservoir de carburant	16 litres

Road Star Silverado S

OBJECTIF ATTEINT... Bien saisir la nature de la Road Star exige de reculer un peu dans le temps afin de comprendre le contexte dans lequel elle a été conçue. Le développement de la version originale démarra au milieu des années 90, à une époque où plus une custom japonaise ressemblait à une Harley-Davidson, plus son succès commercial était assuré. Le modèle fut finalement lancé en 1999 et la surprenante étendue des similitudes avec les produits de Milwaukee choqua littéralement le milieu du motocyclisme. À ce jour, d'ailleurs, personne n'est allé plus loin que Yamaha à ce chapitre, notamment en ce qui concerne l'architecture du V-Twin refroidi par air qui anime la Road Star. La seule révision dont celle-ci a bénéficié fut, en 2004, lorsque la cylindrée passa de 1 600 à 1 700 cc. La Silverado est une variante de tourisme léger livrée avec pare-brise, valises rigides et dossier de passager.

Chacune des caractéristiques de la Road Star tente d'établir une crédibilité basée sur de nombreuses ressemblances avec les customs de Milwaukee, notamment la Fat Boy. Il s'agit d'une intention qui dépasse de beaucoup son style classique et s'étend en profondeur jusqu'à la mécanique. En effet, avec son refroidissement par air, ses soupapes actionnées par culbutage et ses cylindres ouverts à 43 degrés, le gros bicylindre japonais est techniquement très proche du mythique V-Twin ouvert à 45 degrés des Harley. Le modèle, qui a longtemps été le porte-drapeau de la gamme custom de Yamaha, s'éveille ainsi en émettant l'un des plus profonds grondements de V-Twin. Il existe des cylindrées plus imposantes que les 1 700 cc de la Road Star, mais celle-ci ne s'en trouve pas le moindrement gênée, puisque rares sont les customs qui la surpassent en termes de présence mécanique.

LE GROS BICYLINDRE JAPONAIS EST TECHNIQUEMENT TRÈS PROCHE DU MYTHIQUE V-TWIN DES HARLEY.

Yamaha comprend tout autant que Harley-Davidson l'importance de l'expérience sensorielle découlant de la conduite d'une custom et n'a reculé devant aucun effort pour donner vie au moteur de la Road Star. Il s'agit d'une réalité qui devient évidente sitôt la première enfoncée, l'embrayage relâché et les gaz enroulés, et qui est ressentie sous la forme d'un grondement profond et de pulsations franches. Sur l'autoroute, les tours sont bas et chaque mouvement des deux gros pistons s'avère tout aussi clairement audible que palpable. Cette particularité qu'a la Road Star d'accompagner chaque instant de conduite d'une telle présence mécanique en fait même l'une des customs les plus communicatives sur le marché. Si communicative en fait qu'il vaudrait mieux que les intéressés soient certains de vouloir vivre avec une telle présence de la part du V-Twin, puisqu'une caractéristique de ce genre n'est pas nécessairement considérée par tous les amateurs de customs comme un point positif.

Malgré des performances sortant peu de l'ordinaire, la Road Star arrive quand même à satisfaire en ligne droite, mais elle y arrive surtout grâce au caractère fort et à la nature musclée de son V-Twin à bas régime.

Si le comportement routier et le confort proposés par ce modèle ont toujours été très honnêtes, son fabricant est tout de même arrivé à les peaufiner lors de la révision de 2004. La Road Star a toujours été une moto à la direction légère dont le comportement est sain et solide en courbe, dont la position de conduite détendue est bien équilibrée et dont les suspensions se débrouillent de façon correcte sur la route. Le constructeur a toutefois profité de cette révision pour ajouter une selle mieux formée et plus spacieuse ainsi que pour améliorer le freinage, gracieuseté des composantes empruntées à la sportive R1 de l'époque. Les commentaires négatifs au sujet du confort et du comportement routier se résument en trois points : le poids élevé de la moto ; les agaçantes turbulences produites par le pare-brise de la version Silverado et le niveau de confort au mieux ordinaire réservé au passager. Les adeptes de longs voyages en duo seraient d'ailleurs bien avisés de sérieusement évaluer les autres choix qui s'offrent à eux avant de s'arrêter sur une Silverado, puisqu'elle n'est pas conçue pour le véritable tourisme.

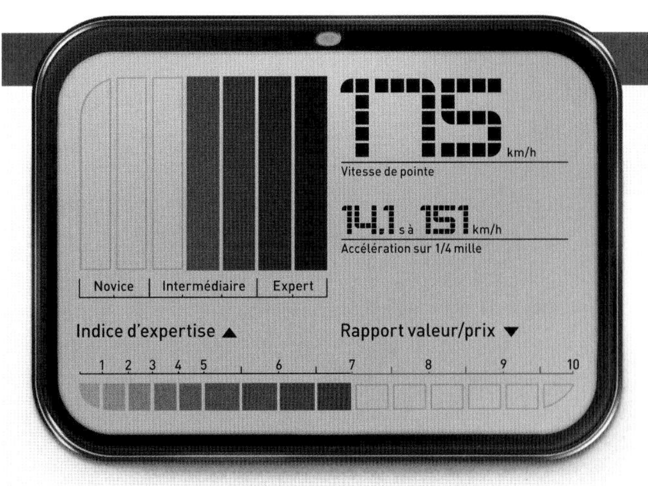

Voir légende en page 16

QUOI DE NEUF EN 2012 ?

Aucun changement

Road Star S coûte 3 000 $ et Road Star Silverado S 3 700 $ de moins qu'en 2011

PAS MAL

Un V-Twin extrêmement communicatif et très plaisant pour les sens, du moins pour l'amateur de customs qui s'attend à de franches et fortes sensations mécaniques

Un comportement sain provenant d'une bonne stabilité et d'une direction précise et légère, du moins une fois qu'on se met en mouvement

Un niveau de confort appréciable pour le pilote grâce à des suspensions bien calibrées et à une position de conduite dégagée et détendue

BOF

Un poids considérable qui complique autant les opérations quotidiennes telle la sortie du garage que les manœuvres serrées et à basse vitesse

Un pare-brise qui mériterait un peu d'attention sur les Silverado, puisqu'il produit depuis toujours d'agaçantes turbulences au niveau du casque

Une très forte présence mécanique qui ne plaît pas à tous ; certains sont surpris de retrouver un niveau de pulsations aussi franc, mais s'y habituent, tandis que d'autres le considèrent simplement comme excessif

Un niveau de confort ordinaire pour le passager, qui ne bénéficie pas du tout du même accueil que sur des modèles rivaux comme la Kawasaki Nomad

CONCLUSION

De toutes les customs poids lourd sur le marché, la Road Star est probablement celle qui s'inspire le plus librement et le plus fidèlement des produits Harley-Davidson. Elle le fait tant d'un point de vue technique avec son V-Twin culbuté refroidi par air dont l'architecture est vraiment très proche de celle des moteurs américains, qu'à bien d'autres niveaux comme la facilité de personnalisation et l'importance accordée par Yamaha aux associations de propriétaires. Quant aux similitudes visuelles, elles sont non seulement évidentes, mais presque prévisibles. Le véritable et le plus intéressant attrait pour une Road Star demeure néanmoins le caractère fort et franc de son gros bicylindre. Il s'agit d'une particularité dont l'intensité ne plaît pas nécessairement à tous les amateurs de customs, mais qu'adoreront ceux pour qui un moteur de ce genre est tenu d'accomplir plus que la simple propulsion et doit aussi faire vivre une expérience mécanique.

Road Star S

GÉNÉRAL

Catégorie	Custom/Tourisme léger
Prix	Road Star S : 13 999 $ Road Star Silverado S : 15 499 $
Immatriculation 2012	545,65 $
Catégorisation SAAQ 2012	« régulière »
Évolution récente	introduite en 1999 ; revue en 2004
Garantie	1 an/kilométrage illimité
Couleur(s)	Road Star S : noir Road Star Silverado S : blanc perle
Concurrence	Road Star S : H-D Fat Boy, Kawasaki Vulcan 1700 Classic, Victory King Pin Road Star Silverado S : H-D Heritage Softail Classic, Kawasaki Vulcan 1700 Nomad

MOTEUR

Type	bicylindre 4-temps en V à 48 degrés, culbuté, 4 soupapes par cylindre, refroidissement par air
Alimentation	injection à deux corps de 40 mm
Rapport volumétrique	8,4 :1
Cylindrée	1 670 cc
Alésage et course	97 mm x 113 mm
Puissance	72,3 ch @ 4 000 tr/min
Couple	106,3 lb-pi @ 2 500 tr/min
Boîte de vitesses	5 rapports
Transmission finale	par courroie
Révolution à 100 km/h	environ 2 400 tr/min
Consommation moyenne	6,3 l/100 km
Autonomie moyenne	269 km

PARTIE CYCLE

Type de cadre	double berceau, en acier
Suspension avant	fourche conventionnelle de 43 mm non ajustable
Suspension arrière	monoamortisseur ajustable en précharge
Freinage avant	2 disques de 298 mm de Ø avec étriers à 4 pistons
Freinage arrière	1 disque de 320 mm de Ø avec étrier à 4 pistons
Pneus avant/arrière	130/90-16 & 150/80-16
Empattement	1 688 mm
Hauteur de selle	710 mm
Poids tous pleins faits	Road Star S : 337 kg Silverado S : 351 kg
Réservoir de carburant	18 litres

L'ACCESSIBLE CHOPPER... Ils se sont d'abord imprégnés dans notre imaginaire en passant par la télé-réalité. Puis, nous nous sommes mis à les voir – et à les entendre – déambuler dans nos rues sous la forme de créations artisanales provenant d'ateliers privés, cette fois, grâce au profond besoin d'attention d'une poignée de clients fortunés. Et enfin, grâce à tout l'intérêt qu'ils ont généré autour d'eux, ils sont finalement tout récemment arrivés à l'étape de la production de masse. Le phénomène qu'est la moto de style chopper atteint ainsi aujourd'hui le stade de la démocratisation, un fait qu'aucun modèle n'illustre mieux que cette jolie et abordable Stryker. Il s'agit non seulement de la custom dont le style est probablement le plus éloigné de celui d'une Harley-Davidson classique, mais aussi de l'un des exercices stylistiques du genre les plus réussis sur le marché.

Au sein du catalogue Yamaha, la Stryker se veut la petite sœur de la convoitée et très réussie Raider de 1 900 cc. Mais on se rend aussi compte, avec un peu de recul, qu'elle prend également le rôle de la V-Star 1100 dans la gamme du constructeur. En effet, la V-Star, qui a aujourd'hui été retirée du marché, avait comme mission d'offrir une solution à une clientèle lorgnant des modèles de plus grosse cylindrée, mais ne disposant pas des moyens pour les acquérir. Le rôle de la Stryker, qui est aussi l'une des customs de style chopper les plus accessibles du marché, est identique.

Une facture alléchante est parfois gage d'une baisse de qualité, mais cela n'est absolument pas le cas de la Stryker. On décèle bien, en la comparant à la Raider, une certaine retenue dans l'application de chrome ou dans la finition de certaines pièces, comme les roues, mais dans l'ensemble, l'attention aux détails dont elle a fait l'objet demeure étonnante. Partout où l'on regarde, des pièces dont la forme se marie au thème de la ligne peuvent être aperçues. Le style élégant du réservoir, le degré de finition poussé du moteur, l'entraînement final par courroie et même l'instrumentation numérique sont autant d'éléments qui témoignent du fait que l'attrayante facture qui accompagne la Stryker n'en fait décidément pas une monture de qualité réduite.

LA POUSSÉE PRODIGIEUSE DE LA RAIDER EST ABSENTE, MAIS LA STRYKER RESTE ÉTONNAMMENT SATISFAISANTE.

Cette conclusion s'applique d'ailleurs également au pilotage, puisqu'à une ou deux exceptions près, la Stryker se comporte généralement très bien sur la route.

Le V-Twin de 1 304 cc qui l'anime est exactement celui de la V-Star 1300. Bien qu'on ne retrouve évidemment pas le genre de poussée prodigieuse qui suit l'ouverture des gaz d'une Raider, on s'étonne de découvrir en la Stryker une monture dont la rapidité en ligne droite satisfait, puisque les accélérations sont caractérisées par une livrée de couple assez généreuse dans les premiers régimes, ainsi que par une plaisante sonorité. En termes de performances brutes, bien que les capacités de la Stryker sont ainsi clairement trop limitées pour satisfaire les exigeants amateurs de gros cubage et de grosse poussée, elles devraient toutefois s'avérer suffisantes pour tous les autres. Un agaçant jeu dans le rouage d'entraînement provoque toutefois des à-coups à la remise des gaz et représente l'un des rares reproches possibles envers cette excellente mécanique.

C'est avec beaucoup de fierté que Yamaha affirme avoir trouvé le moyen de contourner les problèmes inhérents à une géométrie de direction aussi extrême que celle de la Stryker, dont l'angle d'ouverture de la fourche est nettement très prononcé. Sur la route, il est surprenant de constater que peu importe les circonstances, que ce soit une manœuvre serrée à la sortie d'un stationnement ou une longue courbe rapide, la Stryker se montre posée, précise et très intuitive à piloter. Du moins, jusqu'à ce qu'on croise une section de pavé abîmée et que l'amortisseur arrière beaucoup trop rude ne vienne ternir le tableau autrement presque impeccable de la tenue de route.

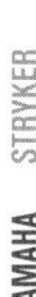

QUOI DE NEUF EN 2012?

Aucun changement

Aucune augmentation

PAS MAL

Une ligne véritablement réussie, autant dans le judicieux choix des proportions qu'au niveau de l'élégance de la vision d'ensemble; après avoir examiné à la loupe – puis imité – des Harley-Davidson durant des années, les stylistes de Yamaha montrent décidément qu'ils possèdent d'autres talents

Un V-Twin dont les performances ne sont pas de l'ordre de celles des très grosses cylindrées, évidemment, mais qui arrive tout de même à satisfaire grâce à une poussée tout à fait correcte à bas et moyen régimes

Un comportement routier d'une surprenante qualité compte tenu de l'agressivité de l'angle de direction; à quelques mineures exceptions près, la Stryker se manie avec la même aisance qu'une custom classique

BOF

Une suspension arrière calibrée de manière beaucoup trop rude, puisqu'elle meurtrit le dos du pilote sur mauvais revêtement

Un agaçant jeu dans le rouage d'entraînement qui provoque des à-coups chaque fois que les gaz sont fermés et ouverts de nouveau

Un comportement généralement très correct pour une monture affichant une telle géométrie, mais qui n'est pas pour autant parfait, puisque la direction a une légère tendance à vouloir «tomber» dans l'intérieur du virage lors de manœuvres serrées

CONCLUSION

Tout semble indiquer que Yamaha tente de répéter avec la Stryker l'histoire qu'a écrite la V-Star 1100. En offrant à un prix étonnamment bas un ensemble dont la ligne est franchement une réussite absolue et dont les manières sont très correctes, la réputée marque nipponne se donne décidément les moyens d'arriver à recréer l'immense succès de la 1100. En fait, il semble que les seuls facteurs qui jouent contre la Stryker soient, d'un côté, le récent ralentissement du créneau custom et, de l'autre, la popularité encore non établie de ce style chez les amateurs. Car bien que les montures de style chopper continuent de susciter un intérêt certain, rien ne semble pour le moment indiquer qu'elles représentent la direction stylistique qui définira l'avenir du créneau custom. Une chose demeure toutefois indiscutable: ceux et celles que ce type de moto attire peuvent difficilement mieux tomber que sur celle-là.

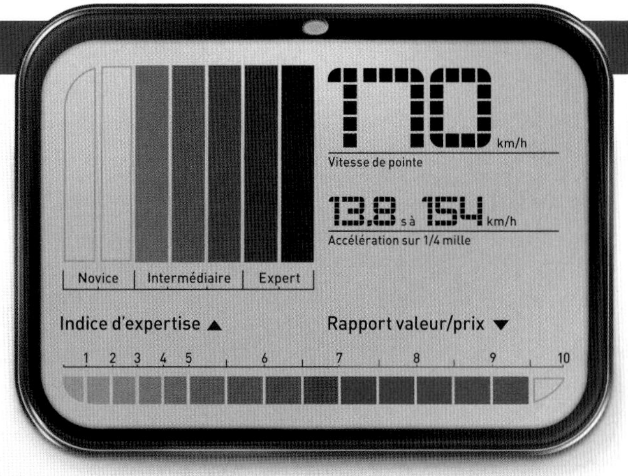

Voir légende en page 16

GÉNÉRAL

Catégorie	Custom
Prix	12 599 $
Immatriculation 2012	545,65 $
Catégorisation SAAQ 2012	«régulière»
Évolution récente	introduite en 2011
Garantie	1 an/kilométrage illimité
Couleur(s)	noir, rouge, bronze
Concurrence	Honda Fury, Stateline

MOTEUR

Type	bicylindre 4-temps en V à 60 degrés, SACT, 4 soupapes par cylindre, refroidissement par liquide
Alimentation	injection à 2 corps de 40 mm
Rapport volumétrique	9,5:1
Cylindrée	1 304 cc
Alésage et course	100 mm x 83 mm
Puissance	76,8 ch @ 5 500 tr/min
Couple	78,8 lb-pi @ 3 500 tr/min
Boîte de vitesses	5 rapports
Transmission finale	par courroie
Révolution à 100 km/h	environ 3 000 tr/min
Consommation moyenne	6,3 l/100 km
Autonomie moyenne	238 km

PARTIE CYCLE

Type de cadre	double berceau, en acier
Suspension avant	fourche conventionnelle de 41 mm non ajustable
Suspension arrière	monoamortisseur ajustable en précharge
Freinage avant	1 disque de 320 mm de Ø avec étrier à 2 pistons
Freinage arrière	1 disque de 310 mm de Ø avec étrier à 1 piston
Pneus avant/arrière	120/70-21 & 210/40R18
Empattement	1 750 mm
Hauteur de selle	670 mm
Poids tous pleins faits	293 kg
Réservoir de carburant	15 litres

V-Star 1300

POIDS MI-LOURD... L'étendue des choix de cylindrées qui s'offrent à l'éventuel acheteur de custom est considérable. Les plus gros cubages sont évidemment les plus désirables, mais les factures et le gabarit des modèles augmentent souvent très rapidement lorsqu'on commence à monter l'échelle des catégories. L'attrait de la V-Star 1300 c'est que sa cylindrée constitue le dernier échelon avant qu'on tombe chez les massifs et coûteux poids lourds. Il s'agit d'un modèle relativement récent, puisqu'il fut introduit en 2007. Fait intéressant, depuis que Honda a retiré sa VTX1300 du marché, la V-Star 1300 n'a essentiellement plus de rivale directe, outre la Sportster 1200 de Harley-Davidson. En effet, les seuls autres modèles offrant une cylindrée semblable affichent désormais tous une ligne inspirée du mouvement chopper. La version Tourer est livrée avec des équipements de tourisme léger.

On a cru, à une certaine époque, que la fragmentation des cylindrées chez les customs était exagérée et inutile. Or, on constate aujourd'hui non seulement que les acheteurs préfèrent avoir ce genre choix, mais aussi qu'ils favorisent parfois ces cylindrées mitoyennes. Le cas des 1300, dont fait partie cette V-Star, le démontre bien, puisqu'elles ont fini par complètement remplacer les 1100.

Le but premier des 1300 a toujours été de combler un important écart d'ordre économique entre les cylindrées inférieures et supérieures, mais l'intérêt qu'elles suscitent est également d'ordre physique, puisque leurs proportions représentent un seuil que certains motocyclistes s'avouent peu confortables de dépasser.

Visuellement, la V-Star 1300 propose une ligne prévisible, mais quand même soignée et réussie. Elle possède une présence physique comparable à celle de modèles plus gros comme une Road Star, mais s'avère presque aussi facile à relever de sa béquille qu'une custom de cylindrée plus faible. Pour un motocycliste que la masse d'une moto de plus gros cubage intimide, il s'agit d'une caractéristique rassurante. Par contre, les plus expérimentés trouveront sur la 1300 l'avantage d'une position plus dégagée que sur une custom de classe poids moyen.

La V-Star 1300 affiche une stabilité sans faute, même lorsque la vitesse grimpe. La direction se montre exceptionnellement légère puisqu'une simple impulsion sur le large guidon suffit à amorcer un virage. Une fois inclinée, elle fait preuve de manières impeccables et suit la trajectoire choisie proprement et solidement. Les plateformes finissent par frotter, mais pas de manière prématurée. Si les freins sont puissants, surtout à l'avant, une pression importante au levier est tout de même nécessaire pour arriver aux meilleurs résultats. Par ailleurs, on note que l'ABS tarde beaucoup trop à arriver sur ces motos.

BIEN MOINS FORT QUE CELUI D'UNE ROAD STAR, LE CARACTÈRE EST BIEN PLUS INTÉRESSANT QUE CELUI D'UNE 900 OU D'UNE 950.

Le V-Twin qui anime la V-Star 1300 possède une cylindrée juste assez imposante pour éveiller les sens du pilote se trouvant à ses commandes. Chatouillant ce dernier de douces pulsations sur l'autoroute, le bicylindre tremble juste assez à l'accélération pour rendre l'expérience plaisante et ne vibre jamais exagérément. Sa sonorité est propre et pure. Exempte de tout bruit mécanique parasite, elle se caractérise par un profond grondement des silencieux qui varie au rythme des changements de régimes du moteur. Si l'amplitude des sensations n'est pas aussi large que sur la caractérielle Road Star, elle est nettement plus intéressante que sur les 900 ou 950 de la catégorie inférieure.

Le couple généré par le V-Twin est présent dès le relâchement de l'embrayage, lequel fait preuve d'une belle progressivité. Les accélérations sont franches sur toute la plage de régimes. S'il est clair qu'on n'est pas en présence du genre de couple de tracteur auquel on peut s'attendre de la part d'un gros cubage, ça pousse quand même nettement plus fort qu'un modèle poids moyen, et juste assez pour qu'un pilote expérimenté puisse s'en déclarer satisfait. La douceur de l'entraînement final par courroie, l'absence de jeu dans le rouage d'entraînement et l'excellente alimentation par injection renvoient par ailleurs une sensation de sophistication et de qualité.

QUOI DE NEUF EN 2012?

Aucun changement

V-Star 1300 coûte 600$ et V-Star 1300 Tourer 700$ de moins qu'en 2011

PAS MAL

Un comportement équilibré et sain qui satisfait les pilotes expérimentés et rassure les moins avancés

Une mécanique offrant abondamment de couple que l'on prend plaisir à écouter et à sentir vrombir

Une attention aux détails qui surprend pour une moto de ce prix; la V-Star 1300 abonde en pièces travaillées, bien finies et bien présentées

BOF

Un style classique élégant, mais aussi très prévisible; il arrive à satisfaire l'amateur de customs moyen, mais fait bien peu pour combler un besoin de nouveauté de plus en plus présent en matière de style chez les customs

Une suspension arrière plutôt ferme, adéquate sur un revêtement de bonne qualité, mais trop rude quand celui-ci se détériore

Un pare-brise haut sur la version Tourer; il ne génère pas trop de turbulences, mais il force le pilote à regarder au travers, ce qui peut devenir embêtant la nuit ou par temps pluvieux

CONCLUSION

Avec l'abandon de la part de Honda d'une présence dans le créneau des custom de style classique de 1 300 cc, une position qu'a occupée durant des années la VTX1300, la V-Star 1300 se retrouve presque dans une situation de monopole, puisqu'elle n'a plus de concurrence directe, du moins si l'on fait exception de la Harley-Davidson Sportster 1200. La bonne nouvelle, pour les intéressés, c'est qu'il s'agit d'un choix auquel bien peu de choses peuvent être reprochées. La V-Star 1300 propose de fort respectables performances, démontre un excellent comportement routier et accorde une impressionnante attention aux détails et à la finition. Comme la facture qui l'accompagne est raisonnable, il s'agit d'une excellente manière d'acquérir une custom de bonne cylindrée sans tomber dans les factures d'un niveau bien plus important – et l'encombrement – qu'imposent les modèles plus gros. C'est d'ailleurs là l'attrait majeur des 1300.

V-Star 1300 Tourer

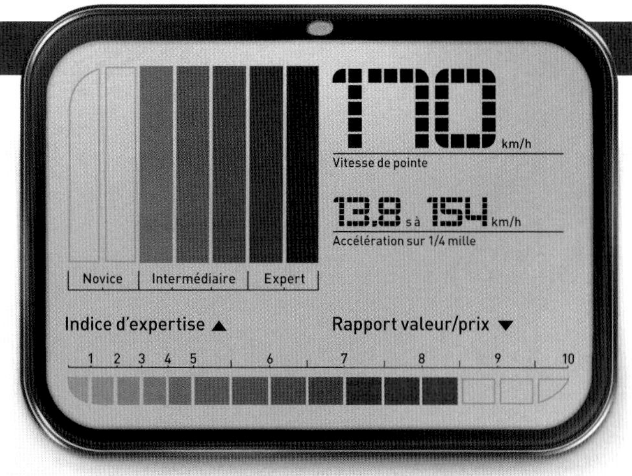

Voir légende en page 16

GÉNÉRAL

Catégorie	Custom/Tourisme léger
Prix	V-Star 1300: 11 999$ V-Star 1300 Tourer: 13 499$
Immatriculation 2012	545,65$
Catégorisation SAAQ 2012	«régulière»
Évolution récente	introduite en 2007
Garantie	1 an/kilométrage illimité
Couleur(s)	V-Star 1300: rouge V-Star 1300 Tourer: gris
Concurrence	Harley-Davidson Sportster 1200 Honda Sabre & Interstate

MOTEUR

Type	bicylindre 4-temps en V à 60 degrés, SACT, 4 soupapes par cylindre, refroidissement par liquide
Alimentation	injection à 2 corps de 40 mm
Rapport volumétrique	9,5:1
Cylindrée	1 304 cc
Alésage et course	100 mm x 83 mm
Puissance	76,8 ch @ 5 500 tr/min
Couple	81,8 lb-pi @ 4 000 tr/min
Boîte de vitesses	5 rapports
Transmission finale	par courroie
Révolution à 100 km/h	environ 3 000 tr/min
Consommation moyenne	6,3 l/100 km
Autonomie moyenne	293 km

PARTIE CYCLE

Type de cadre	double berceau, en acier
Suspension avant	fourche conventionnelle de 41 mm non ajustable
Suspension arrière	monoamortisseur ajustable en précharge
Freinage avant	2 disques de 298 mm de Ø avec étriers à 2 pistons
Freinage arrière	1 disque de 298 mm de Ø avec étrier à 1 piston
Pneus avant/arrière	130/90-16 & 170/70-16
Empattement	1 690 mm
Hauteur de selle	690 mm
Poids tous pleins faits	V-Star 1300: 303 kg V-Star 1300 Tourer: 323 kg
Réservoir de carburant	18,5 litres

V-Star 950

PLUS, C'EST MIEUX... L'univers custom est un environnement dans lequel on arrive très difficilement à s'opposer de manière crédible au cliché prétendant que plus, c'est mieux. Et l'un des meilleurs exemples de la justesse de ce fameux cliché peut être constaté chez les modèles de la classe des customs poids moyens, là où la Yamaha V-Star 950 évolue depuis son lancement en 2009. Conçue à partir d'une page toute blanche, la 950 – qui a aujourd'hui remplacé la V-Star 650, discontinuée en 2012 – offre avant tout plus de cubage, la denrée la plus précieuse chez ces machines propulsées par des V-Twin souvent un peu paresseux. Pour la concurrence, surtout celle qui propose 750 ou 800 cc, l'argument est décidément très difficile à défendre, surtout que Yamaha garde l'écart de prix juste assez faible pour qu'il soit tentant. Une version de tourisme léger, la Tourer, est aussi offerte.

On aurait juré, jusqu'à l'an dernier, que Yamaha s'était donné la mission de noyer l'univers des customs avec ses innombrables modèles, puisqu'il n'existait aucune catégorie, ou même sous-catégorie où la marque n'était pas présente.

On comprend néanmoins aujourd'hui, maintenant que les V-Star 650 et 1100 ont disparu, que la V-Star 950 n'avait pas nécessairement comme but de combler l'écart de cylindrée entre ces modèles. La 950 suit plutôt les nouvelles tendances du marché en prenant la relève de la 650 comme machine d'entrée en matière, une situation très similaire à celle de la V-Star 1300 qui a remplacé la 1100. En bref, le marché en demande plus, et Yamaha lui donne ce qu'il veut.

Comme il s'agit d'une moto que des pilotes novices doivent pouvoir envisager, la V-Star 950 propose une masse et des proportions très habilement déterminées. Ainsi, elle s'avère tout aussi accessible pour les motocyclistes débutants que pour les femmes qui craignent souvent le poids trop élevé des plus grosses cylindrées. Il est par ailleurs fort intéressant de noter que cette accessibilité n'empêche en rien la V-Star 950, qui est tout de même propulsée par une mécanique de près d'un litre, de satisfaire un pilote plus expérimenté, du moins, tant que celui-ci ne demande pas la lune en termes de performances.

LA V-STAR 950 PROPOSE UNE MASSE ET DES PROPORTIONS TRÈS HABILEMENT DÉTERMINÉES.

Si le niveau de puissance offert par la 950 n'est pas exceptionnel, il reste que la quantité de couple produite par le V-Twin est juste assez bonne pour qu'on n'ait pas l'impression d'être aux commandes d'une custom de petite cylindrée. Cette qualité représente un avantage non négligeable puisqu'elle place la 950 du côté favorable de cette fine ligne qui sépare les customs à « petit » V-Twin des modèles bénéficiant d'une cylindrée qu'on peut commencer à qualifier de grosse. De plus, Yamaha a déployé des efforts considérables afin de donner au bicylindre de la V-Star 950 une sonorité propre et aussi profonde que possible compte tenu de la cylindrée, ce qui ne fait qu'ajouter à l'agrément de conduite.

S'il est une qualité qui ressort de manière prédominante de la V-Star, c'est l'impression d'harmonie et d'homogénéité que renvoie l'ensemble. Tout, et ce, sans exception, fonctionne bien et de manière transparente.

La selle très basse, le poids étonnamment faible, la position de conduite joliment équilibrée et la direction très légère se combinent pour en faire une custom qu'on semble apprivoiser de manière presque immédiate. L'embrayage progressif et qui demande très peu d'efforts, la transmission douce et précise, les freins assez puissants – bien que dépourvus d'ABS – et les suspensions habilement calibrées sont autant de caractéristiques additionnelles qui ne font que renforcer cette plaisante sensation d'ensemble cohérent et fonctionnel.

Le comportement routier de la V-Star 950 s'avère pratiquement impeccable en proposant une excellente stabilité, une bonne précision en virage et une grande légèreté de direction en entrée de courbe. La seule petite ombre au tableau concerne la garde au sol, puisque les plateformes frottent relativement tôt en virage. On ne s'en rend pas compte en conduite normale, mais on doit en être conscient et adapter son rythme en conséquence en courbe.

QUOI DE NEUF EN 2012 ?

Aucun changement

V-Star 950 coûte 200 $ et V-Star 950 Tourer 1 100 $ de moins qu'en 2011

PAS MAL

Une très bonne valeur puisqu'on obtient, pour un prix pas beaucoup plus élevé que celui des modèles rivaux, une mécanique de cylindrée plus forte, ce qui représente un avantage clair chez les customs, surtout dans cette classe

Un comportement absolument impeccable qui se montre à la fois assez relevé pour intéresser les pilotes de longue date et assez facile d'accès pour mettre à l'aise les moins expérimentés

Un V-Twin agréablement coupleux dont la cylindrée est juste assez importante pour qu'il génère un vrombissement plaisant

BOF

Un pare-brise qui provoque une certaine quantité de turbulence à la hauteur du casque sur la version Tourer ; on a vu pire, malgré tout

Une faible hauteur de selle dictant un emplacement proportionnellement bas des plateformes qui frottent relativement tôt en virage ; il ne s'agit pas d'un défaut majeur, mais plutôt d'un facteur dont il faut tenir compte en s'engageant dans une courbe

Une ligne élégante et propre, mais quand même un peu anonyme ; Yamaha tente bien de faire évoluer ses customs, mais le côté prévisible du style classique persiste

CONCLUSION

Mue par un V-Twin de presque un litre, la V-Star 950 peut être perçue comme une custom poids moyen gonflée ou comme un petit poids mi-lourd. Dans les deux cas, la réflexion qu'elle oblige les acheteurs à effectuer demeure la même, puisque celle-ci consiste à analyser la justification de la différence de prix qu'elle commande par rapport aux plus économiques 750 et 800. Le fait est que la classe a changé depuis l'arrivée des Kawasaki Vulcan 900 et de la V-Star 950. L'occasion d'obtenir une cylindrée plus importante et tous les avantages qui l'accompagnent pour quelques centaines de dollars de plus est désormais très difficile à ignorer. Surtout que la Yamaha offre davantage que seulement du cubage additionnel, puisqu'il s'agit aussi d'un ensemble très bien maniéré, très accessible en termes de conduite et quand même intéressant à piloter. En fait, on peut carrément parler d'un ensemble auquel il ne manque vraiment pas grand-chose.

V-Star 950 Tourer

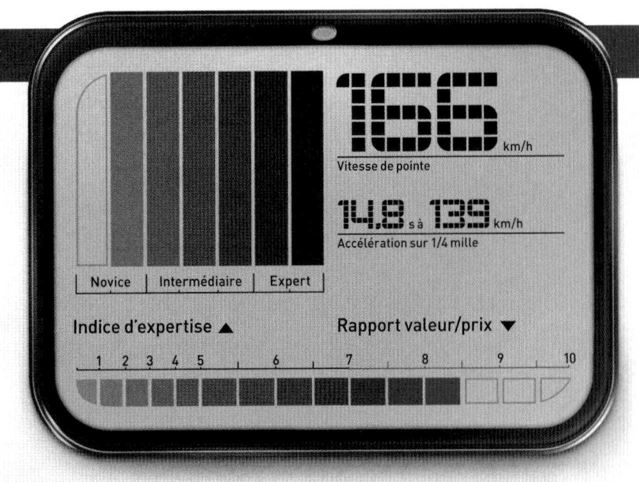

Voir légende en page 16

GÉNÉRAL

Catégorie	Custom/Tourisme léger
Prix	V-Star 950 : 9 899 $ V-Star 950 Tourer : 10 999 $
Immatriculation 2012	545,65 $
Catégorisation SAAQ 2012	« régulière »
Évolution récente	introduite en 2009
Garantie	1 an/kilométrage illimité
Couleur(s)	V-Star 950 : argent, rouge V-Star 950 Tourer : noir, bleu
Concurrence	V-Star 950 : Harley-Davidson Sportster 883, Honda Shadow 750, Kawasaki Vulcan 900 Classic, Suzuki Boulevard C50 V-Star 950 Tourer : Kawasaki Vulcan 900 Classic LT, Suzuki Boulevard C50 SE et T

MOTEUR

Type	bicylindre 4-temps en V à 60 degrés SACT, 4 soupapes par cylindre, refroidissement par air
Alimentation	injection à corps unique de 35 mm
Rapport volumétrique	9,0 :1
Cylindrée	942 cc
Alésage et course	85 mm x 83 mm
Puissance	54 ch @ 6 000 tr/min
Couple	58,2 lb-pi @ 3 500 tr/min
Boîte de vitesses	5 rapports
Transmission finale	par courroie
Révolution à 100 km/h	n/d
Consommation moyenne	5,4 l/100 km
Autonomie moyenne	314 km

PARTIE CYCLE

Type de cadre	double berceau, en acier
Suspension avant	fourche conventionnelle de 41 mm non ajustable
Suspension arrière	monoamortisseur ajustable en précharge
Freinage avant	1 disque de 320 mm de Ø avec étrier à 2 pistons
Freinage arrière	1 disque de 298 mm de Ø avec étrier à 1 piston
Pneus avant/arrière	130/70-18 & 170/70-16
Empattement	1 685 mm
Hauteur de selle	675 mm
Poids tous pleins faits	V-Star 950 : 278 kg V-Star 950 Tourer : 298 kg
Réservoir de carburant	17 litres

SCOOTER AUX HORMONES... Yamaha ne passe pas par quatre chemins pour expliquer sa vision lorsqu'il décrit le TMAX : il ne s'agit ni plus ni moins que d'un croisement entre un megascooter et une moto. Ce type de présentation laissant envisager une nature à cheval entre différents genres n'est pas vraiment nouvelle dans le milieu de la moto et ne s'avère pas non plus toujours véridique. Mais le TMAX est véritablement un concept unique. Il doit au monde du scooter son style, son ergonomie, ses divers volumes de rangements ainsi que sa transmission automatique, et à l'univers de la moto toute la technologie derrière sa partie cycle entière et son moteur, un bicylindre parallèle logé horizontalement entre les pieds du pilote. Il s'agit d'un de ces modèles que le marché canadien doit à ses goûts parfois un peu européens, puisqu'il n'est pas offert aux États-Unis en 2012.

Examiner la fiche technique d'un TMAX sans savoir qu'il s'agit d'un scooter pourrait facilement laisser croire qu'on a affaire à une moto. En effet, avec son cadre et son bras oscillant en aluminium coulé, ses larges roues sportives montées de pneus à profil bas, son freinage par disque triple (l'ABS, bien qu'offert en Europe, n'est pas proposé sur notre marché, probablement pour une question de coût), sa fourche à poteaux massifs de 43 mm et son moteur gonflé à 530 cc dont chaque pièce interne a été optimisée de manière à extraire le maximum de chevaux et de couple, le TMAX pourrait très bien être une moto. Et c'est justement de cette unique abondance de pièces et de technologies issues du milieu de la moto que provient le côté particulier du modèle, puisque la volonté de Yamaha, et ce, depuis la toute première génération lancée en 2001, a justement toujours été de créer un mégascooter offrant un comportement semblable à celui d'une moto. Bien que nous n'ayons pas encore évalué cette nouvelle génération, nous connaissons bien la version précédente et nous pouvons confirmer que le pilotage d'un TMAX se résume bel et bien à un mélange de caractéristiques provenant du créneau des scooters, comme la position de conduite, l'environnement de pilotage et la transmission automatique, et de sensations venant du créneau des motos comme la maniabilité, la précision de direction et la stabilité. En fait, le TMAX se comporte essentiellement comme un scooter doté de qualités absentes chez les modèles traditionnels. Le marché nord-américain peine parfois à saisir l'intérêt d'un tel concept, mais lorsqu'on réalise que le segment du mégascooter, en Europe, en est un chaudement disputé par une multitude de modèles, l'unicité du TMAX commence à prendre son sens.

Le TMAX n'existe qu'en raison du grand appétit du marché européen pour ce genre de scooter format géant. Afin de se distinguer des nombreux modèles rivaux, Yamaha a mis à profit sa riche expérience en matière de sportives pour réaliser un concept mi-moto, mi-scooter.

COMME UNE SPORTIVE...

Le cadre du TMAX ne ressemble peut-être pas à celui d'une sportive, mais il est construit exactement de la même manière que celui d'une YZF. En effet, il n'est composé que de trois parties principales – une gauche, une droite et une arrière – boulonnées ensemble. Chacune de ces pièces est fabriquée en aluminium coulé sous vide, un processus permettant de varier de manière très précise l'épaisseur de parois et, par le fait même, la rigidité de l'ensemble. En fait, pratiquement tous les aspects techniques du TMAX – les suspensions, les roues, les pneus, les freins – affichent le même genre de parallèle avec la construction d'une moto sportive, sans pour autant que cela soit visible au premier coup d'œil. Lorsque Yamaha parle d'un mégascooter sportif, il le fait donc avec la plus grande légitimité, et ce, même si le côté pratique qui provient surtout des multiples espaces de rangement reste présent.

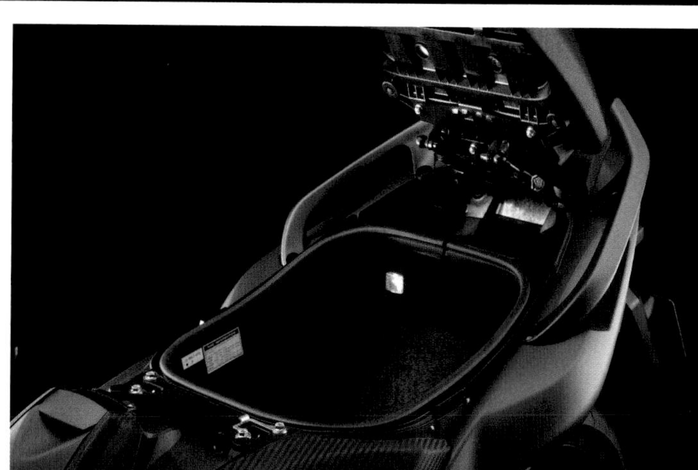

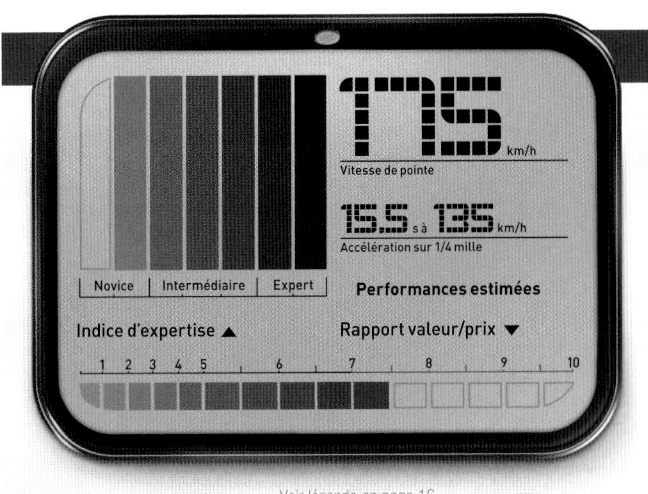

Voir légende en page 16

QUOI DE NEUF EN 2012 ?

Nouvelle génération du modèle

PAS MAL

Un intéressant design à cheval entre le mégascooter de grosse cylindrée traditionnel comme le Suzuki Burgman 650 et la routière sportive ; ça n'est décidément pas pour tout le monde, mais ceux que ça pourrait intéresser sont chanceux qu'un constructeur produise un tel engin

Une très grande facilité d'opération qu'on ne peut vraiment apprécier qu'après un essai ; on n'a littéralement qu'à ouvrir les gaz et partir

Une ligne juste assez agressive très réussie qui donne une excellente idée du genre de véhicule en partie urbain, en partie sportif et en partie routier qu'est le TMAX

BOF

Un coût suffisamment élevé pour envisager un très grand nombre de vraies motos, dont d'excellentes routières

Un côté pratique réduit par un coffre sous le siège dont le volume est nettement moins généreux que la moyenne chez ces mégascooters

Un design qui s'écarte du thème scooter en ce sens qu'il ne s'agit pas vraiment d'un véhicule « step through » qu'on n'a pas besoin d'enjamber

CONCLUSION

Bien que toutes les modifications apportées au TMAX en 2012 en fassent vraiment une nouveauté, le concept original, celui d'un mégascooter doté des qualités dynamiques d'une moto, reste intact. Seule une évaluation en bonne et due forme pourra évidemment le confirmer, mais l'analyse du profond travail effectué par Yamaha laisse croire qu'on aura affaire à une version encore plus rapide et au comportement encore plus affûté du dernier modèle que nous avons testé. Il s'agit, bien entendu, d'un choix très particulier, puisque son prix d'achat permettrait d'envisager une panoplie d'excellentes routières. D'ailleurs, à moins d'une très grande surprise, personne ne s'attend à ce qu'il s'agisse d'un modèle vendu en très grand nombre. Il reste néanmoins que ceux que ce genre d'expérience intéresse doivent s'estimer chanceux, puisqu'il s'agit d'un concept réalisé avec énormément de technologie et le plus grand des sérieux.

GÉNÉRAL

Catégorie	Scooter
Prix	10 499 $
Immatriculation 2012	545,65 $
Catégorisation SAAQ 2012	« régulière »
Évolution récente	introduit en 2001 ; revu en 2008 et en 2012
Garantie	1 an/kilométrage illimité
Couleur(s)	blanc
Concurrence	BMW C600 Sport et C650GT, Suzuki Burgman 650

MOTEUR

Type	bicylindre parallèle 4-temps, DACT, 4 soupapes par cylindre, refroidissement par liquide
Alimentation	injection à 2 corps de 34 mm
Rapport volumétrique	10,9:1
Cylindrée	530 cc
Alésage et course	68 mm x 73 mm
Puissance	43 ch @ 6 750 tr/min
Couple	38,3 lb-pi @ 5 250 tr/min
Boîte de vitesses	automatique
Transmission finale	par courroie

PARTIE CYCLE

Type de cadre	périmétrique, en aluminium, moteur porteur
Suspension avant	fourche conventionnelle de 43 mm non ajustable
Suspension arrière	monoamortisseur ajustable en précharge
Freinage avant	2 disques de 267 mm de Ø avec étriers à 2 pistons
Freinage arrière	1 disque de 282 mm de Ø avec étrier à 1 piston
Pneus avant/arrière	120/70-15 & 160/6-15
Empattement	1 580 mm
Hauteur de selle	800 mm
Poids tous pleins faits	218 kg
Réservoir de carburant	15 litres

V-STAR 250

STARLETTE...

La V-Star 250 fait partie de ces modèles qui existent depuis une éternité et qui n'ont jamais évolué, mais qui reviennent quand même année après année. Dans ce cas, le seul « changement » survint en 2008 alors que la toute petite custom qu'on connaissait jusque-là sous le nom de Virago 250 fut rebaptisée V-Star 250. N'ayant pratiquement aucune concurrence directe, elle possède l'avantage d'être mue par une mécanique en V, ce qu'on s'étonne toujours de retrouver sur une moto si peu chère et de cylindrée aussi faible. Pour 2012, une importante réduction de 1 000 $ est accordée sur le marché canadien.

Si l'on fait exception de l'écusson V-Star qu'elle exhibe fièrement depuis sa « graduation » de 2008, la petite custom de Yamaha demeure parfaitement identique au modèle original inauguré en 1988. Offrant l'avantage d'être propulsée par un V-Twin, la V-Star 250 possède une authenticité tant visuelle que mécanique qui lui a toujours permis de se distinguer des modèles qui l'ont concurrencée au cours des années, soit les Honda Rebel 250 et Suzuki Marauder 250. Ses 21 chevaux lui permettent de suivre la circulation urbaine, voire s'aventurer occasionnellement sur l'autoroute sans problème. Du moins tant qu'on n'est pas pressé... Disons simplement qu'elle s'adresse strictement à une clientèle inexpérimentée et très patiente. Son comportement routier honnête est caractérisé par une grande maniabilité imputable surtout à son poids très peu élevé et à une hauteur de selle très faible. La position de conduite n'est toutefois ni naturelle ni au goût du jour, un fait dont est surtout responsable la hauteur importante du guidon ainsi que son étrange courbure et l'angle de ses poignées. Surtout utilisées par les écoles de conduite, les motos de ce type sont relativement peu intéressantes sur la route. Elles peuvent servir durant la période d'apprentissage, mais rares sont les motocyclistes qui ne s'en lassent pas rapidement pour passer à quelque chose de plus sérieux. Il s'agit ainsi d'une monture d'initiation, sans plus, un fait qui nous pousse souvent à dire qu'il est peut-être préférable d'acheter ce genre de modèle d'occasion.

GÉNÉRAL

Catégorie	Custom
Prix	4 499 $
Immatriculation 2012	343,65 $
Catégorisation SAAQ 2012	« régulière »
Évolution récente	introduite en 1988
Garantie	1 an/kilométrage illimité
Couleur(s)	noir
Concurrence	Hyosung Aquila 250, Suzuki TU 250

MOTEUR

Type	bicylindre 4-temps en V à 60 degrés, SACT, 2 soupapes par cylindre, refroidissement par air
Alimentation	1 carburateur à corps de 26 mm
Rapport volumétrique	10,0:1
Cylindrée	249 cc
Alésage et course	49 mm x 66 mm
Puissance	21 ch @ 8 000 tr/min
Couple	15,2 lb-pi @ 6 000 tr/min
Boîte de vitesses	5 rapports
Transmission finale	par chaîne

PARTIE CYCLE

Type de cadre	double berceau, en acier
Suspension avant	fourche conventionnelle de 33 mm non ajustable
Suspension arrière	2 amortisseurs ajustables en précharge
Freinage avant	1 disque de 282 mm de Ø avec étrier à 2 pistons
Freinage arrière	tambour mécanique
Pneus avant/arrière	3,00-18 & 130/90-15
Empattement	1 490 mm
Hauteur de selle	685 mm
Poids tous pleins faits	147 kg
Réservoir de carburant	9,5 litres

PRATIQUE...

Dans le très particulier créneau des megascooters, le Majesty 400 propose un compromis fort intéressant. Profitant d'un moteur assez puissant pour laisser loin derrière les scooters de plus ou moins 250 cc et considérablement plus économique à l'achat que les plus gros modèles comme le Suzuki Burgman 650 ou même le TMAX de Yamaha, il représente l'une des options les plus sensées dans cette classe de véhicules. Il est propulsé par un monocylindre injecté de 395 cc et bénéficie d'un châssis en aluminium. Son prix est réduit de 1 000 $ en 2012 au Canada.

Le Majesty 400 fait partie des véhicules à deux roues les plus faciles à piloter qui soient. Il n'a aucun embrayage à manier ni aucune vitesse à changer. Son côté pratique est l'une de ses caractéristiques prédominantes, un fait facilement démontré par les multiples utilisations possibles du vaste coffre de 60 litres qui se cache sous la selle. Les 34 chevaux générés par le petit moteur sont appréciables, bien que la masse considérable de l'ensemble limite les performances à un niveau qu'on pourrait qualifier d'utile mais timide. L'accélération est amplement suffisante pour suivre une circulation pressée et à part une légère paresse à s'élancer à partir d'un arrêt complet, le monocylindre suffit toujours à la tâche. Plus à l'aise une fois en route, non seulement il passe le cap des 100 km/h sans peiner, mais il est aussi capable d'atteindre et maintenir plus de 140 km/h avec une étonnante facilité. À ces vitesses, l'un de ses plus grands atouts, outre la bonne stabilité, est l'impressionnante efficacité du carénage et du pare-brise ne générant presque aucune turbulence. En plus d'une position de conduite reposante et d'une bonne selle, on a droit à une grande latitude au niveau de la position des jambes. La seule ombre au tableau en termes de confort concerne les suspensions qui sont calibrées fermement, surtout à l'arrière.

Le Majesty est un scooter assez puissant pour affronter toutes les situations quotidiennes, étonnamment confortable sur de longues distances et suffisamment facile d'accès pour qu'à peu près n'importe qui puisse simplement l'enjamber et partir. Il est même assez pratique pour remplacer à l'occasion une voiture.

GÉNÉRAL

Catégorie	Scooter
Prix	7 499 $
Immatriculation 2012	343,65 $
Catégorisation SAAQ 2012	« régulière »
Évolution récente	introduit en 2005
Garantie	1 an/kilométrage illimité
Couleur(s)	gris foncé
Concurrence	Suzuki Burgman 400

MOTEUR

Type	monocylindre 4-temps, DACT, 4 soupapes, refroidissement par liquide
Alimentation	injection à corps unique de 38 mm
Rapport volumétrique	10,6 : 1
Cylindrée	395 cc
Alésage et course	83 mm x 73 mm
Puissance	34 ch @ 7 250 tr/min
Couple	26,8 lb-pi @ 6 000 tr/min
Boîte de vitesses	automatique
Transmission finale	par courroie

PARTIE CYCLE

Type de cadre	tubulaire, en acier
Suspension avant	fourche conventionnelle de 41 mm non ajustable
Suspension arrière	2 amortisseurs ajustables en précharge
Freinage avant	1 disque de 267 mm de Ø avec étrier à 2 pistons
Freinage arrière	1 disque de 267 mm de Ø avec étrier à 1 piston
Pneus avant/arrière	120/80-14 & 150/70-13
Empattement	1 565 mm
Hauteur de selle	760 mm
Poids tous pleins faits	212 kg
Réservoir de carburant	14 litres

ATLAS

LES PLUS BELLES
ROUTES DU MONDE

VALLEY OF FIRE, NEVADA

Photo : Kevin Wing

VALLEY OF FIRE, NEVADA

Las Vegas, qui fut choisie comme base pour le lancement de la ZX-14R 2012 par Kawasaki, est un endroit idéal pour le lancement d'une nouveauté. De l'hébergement cossu et du divertissement garanti donnent l'impression aux constructeurs qui invitent les journalistes à évaluer leurs modèles que les conditions sont idéales pour favoriser les bons mots. C'est le jeu, et c'est ensuite au journaliste de choisir de demeurer objectif ou d'écrire des bons mots juste pour être invité à nouveau. Le véritable attrait de Las Vegas n'est toutefois pas Las Vegas, mais plutôt le terrain lunaire qui entoure cette « ville construite au milieu de nulle part ».

Photo : Adam Campbell

DODGE
SAM'S TOWN

«THE STRIP» LAS VEGAS MOTOR SPEEDWAY

Parfois, les plus belles routes au monde ne sont pas des routes, mais plutôt une longue ligne droite de bitume collant le long de laquelle on peut vivre l'une des plus féroces accélérations sur terre aux commandes d'une toute nouvelle Ninja ZX-14R, durant le lancement officiel du modèle. Voilà un contexte qui décrit exactement la scène de cette image montrant l'auteur s'élancer sur un quart de mille mesuré.

Photo : Adam Campbell

KAMLOOPS, COLOMBIE-BRITANNIQUE

Certaines régions de la Colombie-Britannique n'ont rien à envier à la Californie en termes de paysages et de routes, et la ville de Kamloops et ses environs font certainement partie de ces endroits. L'auteur s'y est retrouvé dans le cadre d'une randonnée médiatique organisée par Deeley Harley-Davidson, l'importateur canadien de la célèbre marque américaine.

Photo : Bill Petro

GLACIER NATIONAL PARK, MONTANA

Il paraît que la vue du sommet du Glacier National Park est absolument magnifique. Malheureusement, l'auteur n'a pu le constater, puisqu'à peine quelques kilomètres après que cette photo ait été prise, la route s'enfonça dans un dense nuage qui l'empêcha de voir plus de 5 mètres devant sa moto. Va falloir y retourner... Quant à la « plogue » ci-contre pour la chaîne d'hôtels Best-Westen, elle ne fait certainement pas partie des habitudes du Guide, mais voici la raison derrière cette exception. Il y a quelque temps, Best Western s'est associé à Harley-Davidson afin de promouvoir ses établissements auprès des motocyclistes. Il était donc naturel que la randonnée médiatique organisée par le constructeur retienne cette chaîne pour héberger ses invités. Grâce à cette association, les motocyclistes qui séjournent chez Best Western ont droit à des petits bonis, comme une place de stationnement directement devant leur chambre et même, parfois, un endroit pour laver leur moto. Au-delà de ces bonis, c'est la décision de la chaîne d'ouvertement s'associer au milieu de la moto et à ses « motards » qui nous a beaucoup plu. Et pour cette raison, c'est avec plaisir que nous la « ploguons » dans nos pages.

Photo : Bill Petro

CALIFORNIA STATE ROUTE 1

Plus l'auteur du Guide se retrouve sur la fameuse route californienne longeant la côte pacifique, plus il ne peut attendre d'y retourner. La présentation des modèles Harley-Davidson 2012 lui a donné l'occasion de le faire dans le cadre d'une «évaluation prolongée» d'une Ultra Classic Electra Glide, une monture littéralement construite pour ce type de trajet et d'ambiance.

Photos : Bertrand Gahel

MPH
RPM x 100
FUEL
DAVIDSON

VOLT

3389

PALM SPRINGS, CALIFORNIE

La Californie représente probablement l'environnement le plus émerveillant de l'Amérique du Nord pour les motocyclistes. Comme la plupart des constructeurs y ont installé leurs bureaux, ainsi que plusieurs grandes publications moto américaines, d'ailleurs, les présentations officielles y sont souvent tenues, ce qui fut le cas de celle de la Ducati Streetfighter 848, plus précisément dans la région de Palm Springs.

Photo : Bertrand Gahel

MOUNT SAN JACINTO STATE PARK

Prise durant le lancement de la Streetfighter 848, quelque part dans le Mount San Jacinto State Park à environ une heure de la ville de Palm Springs, l'image est celle d'une session de photo typique lors de ces présentations. Le photographe à l'œuvre dans ce cas est Brian J. Nelson, une moitié du duo Riles & Nelson, dont plusieurs photos ornent chaque année les pages du Guide de la Moto.

Photo : Bertrand Gahel

CUL-DE-SAC DISCRET, USA

Les «shows de boucane» sont rarement appropriés lors des lancements officiels, mais avec de bons arguments, certains constructeurs acceptent de sacrifier un pneu. L'auteur, ici en plein travail devant la lentille de Brian J. Nelson, ne manque pas du front nécessaire pour obtenir ce genre de permission. «Votre nouveauté est très jolie, surtout avec une telle toile de fond. Il ne manque qu'un peu de fumée et l'ambiance sera parfaite pour une photo de rêve.» Le pire, c'est qu'il avait raison, comme en témoigne l'image principale de l'essai de la Streetfighter 848 dans la section Ducati de cette édition du Guide de la Moto.

Photo : Costa Mouzouris

BARCELONE, ESPAGNE

Les quelques fois où les constructeurs traversent l'Atlantique pour présenter une nouveauté, comme ce fut le cas à l'occasion du lancement des Honda NC700X et NC700S, sont toujours intéressantes. D'abord parce que le dépaysement est des plus plaisants, comme en témoigne cette photo prise à quelques kilomètres de Barcelone, mais aussi parce qu'il y a quelque chose de très attachant à cette culture où la moto n'est pas un intrus sur la route, mais plutôt, tout simplement, un autre véhicule. Dépaysant en effet.

Photo : Bertrand Gahel

1-MEE
602
B
www.honda.be

CÔTE VERMEILLE, FRANCE

Le lancement de la NC700X et NC700S a été tenu en Espagne, à Barcelone, mais la France n'était qu'à quelques heures de route, trop près pour ne pas y aller, ne serait-ce que pour le lunch. La Côte Vermeille, où la photo fut prise, longe la mer Méditerranée jusqu'à la frontière espagnole en se tortillant au gré de la rive. Des paysages à couper le souffle, de l'air marin plein les poumons, des routes qui montent et descendent et tournaillent comme des montagnes russes... Décidément difficile à battre comme environnement de rêve à moto.

Photo : Bertrand Gahel

PARK CITY, UTAH

Surtout connue parce qu'elle est l'hôte du Sundance Film Festival, la ville de Park City en Utah fut choisie par Victory pour présenter sa gamme 2012 à la presse spécialisée. Un bon choix, puisqu'il s'agit d'une région riche en montagnes et en vues spectaculaires, les ingrédients tout indiqués pour un beau moment de moto, comme celui-ci, où l'auteur prend la route aux commandes de la nouvelle Cross Country Tour littéralement en même temps que le soleil se lève.

Photo : Barry Hathaway

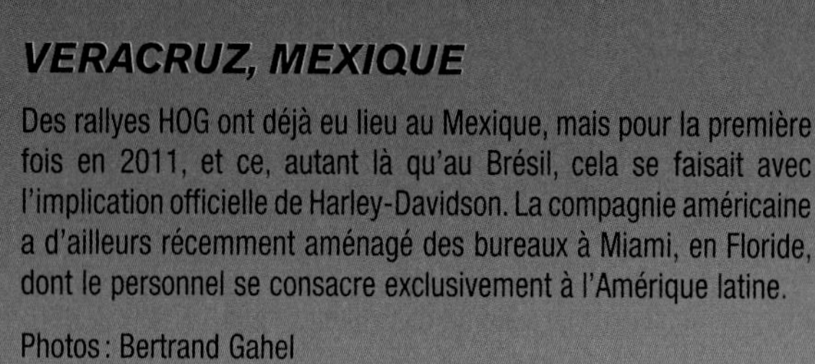

VERACRUZ, MEXIQUE

Des rallyes HOG ont déjà eu lieu au Mexique, mais pour la première fois en 2011, et ce, autant là qu'au Brésil, cela se faisait avec l'implication officielle de Harley-Davidson. La compagnie américaine a d'ailleurs récemment aménagé des bureaux à Miami, en Floride, dont le personnel se consacre exclusivement à l'Amérique latine.

Photos : Bertrand Gahel

La presse mexicaine tente de ne rien manquer de la parade qui la suit. La photo fut prise par l'auteur, à partir d'une autre camionnette aussi bondée.

HARLEY-DAVIDSON ET L'AMÉRIQUE LATINE

Les raisons qui ont amené *Le Guide de la Moto* à Veracruz, au Mexique, puis à Rio de Janeiro, au Brésil, n'ont rien à voir avec le lancement d'une nouveauté. En fait, l'auteur du Guide s'y est plutôt rendu pour assister au 13e rallye annuel des propriétaires mexicains de Harley-Davidson et à la première édition des Rio Harley Days. Il ne l'a toutefois pas fait dans le but de prendre part aux festivités, mais plutôt à titre d'observateur. Explications.

Depuis la récente crise économique, les ventes au détail de la plupart des constructeurs ont considérablement baissé et toutes les marques, dont Harley-Davidson, cherchent aujourd'hui à accroître leur clientèle. Le plan de la marque de Milwaukee est toutefois très différent de celui des autres compagnies. Plutôt que de se lancer dans le développement et la production d'économiques modèles de petite cylindrée – qui dilueraient de toute façon l'image de la marque – Harley-Davidson compte maximiser le potentiel des marchés auxquels il n'accordait que peu d'attention auparavant, comme l'Amérique latine. Le défi vient du fait qu'il s'agit d'une série de pays où, faute de moyens, la moto est presque exclusivement une affaire de très petits modèles dont le rôle se limite aux déplacements à petits frais. On comprend donc à quel point tenter d'y vendre non seulement les modèles de grosse cylindrée communs chez nous, mais bien des Harley-Davidson, qui sont parmi les motos les plus chères, représente un plan ambitieux.

Les rassemblements comme les rallyes HOG constituent d'excellents outils de promotion pour le constructeur américain (on n'a qu'à penser à l'impact qu'ont ceux de Daytona et de Sturgis sur l'image de Harley-Davidson), mais seulement parce qu'ils sont populaires, puisqu'un événement de la sorte où personne ne se présente se résume à un échec public de la pire espèce. La force du nom Harley-Davidson et de toutes les émotions qui l'accompagnent suffiraient-elles à traverser les barrières culturelles et économiques et à générer assez d'engouement pour qu'un tel rassemblement puisse être qualifié de succès ? Suffiraient-elles pour ouvrir à Harley-Davidson les portes d'un tout nouveau marché ? Bertrand Gahel fait son compte rendu.

L'organisateur de l'événement HOG mexicain, Francisco « Paco » Montes, et le directeur de la marque au pays, Fausto Lopez (à partir de la droite), sont reçus par l'armée mexicaine.

Malgré un événement de nature américaine, la culture mexicaine est demeurée très visible.

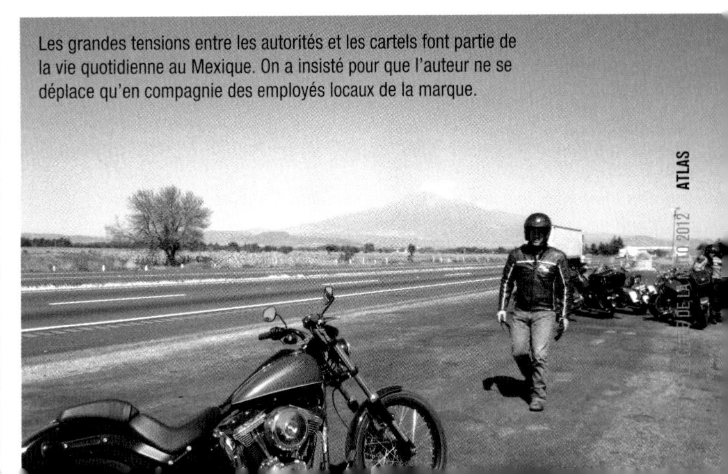

Les grandes tensions entre les autorités et les cartels font partie de la vie quotidienne au Mexique. On a insisté pour que l'auteur ne se déplace qu'en compagnie des employés locaux de la marque.

RIO DE JANEIRO, BRÉSIL

Tout événement d'envergure signé Harley-Davidson culmine avec une parade. L'auteur s'est joint à celle des Rio Harley Days qui fit le tour de la ville Rio de Janeiro, heureusement sous escorte policière. Une escorte pilotant des Harley, bien sûr.

Photos : Bertrand Gahel

« La seule conclusion possible est que pour des raisons que personne ne peut vraiment expliquer, la marque Harley-Davidson semble au-dessus de toutes les frontières culturelles et économiques. Comme je le constate souvent au niveau de l'évaluation de ses modèles, le constructeur ne fait pas grand-chose comme les autres et les règles du jeu de l'industrie de la moto ne semblent étrangement pas s'appliquer à lui. Quiconque a déjà passé un peu de temps au Mexique connaît la pauvreté du pays et il n'est donc pas surprenant que le rallye national mexicain ne soit absolument pas d'une envergure s'approchant de celle des gros événements américains. Mais des gens et des Harley, il y en avait. Les proportions des Rio Harley Days, au Brésil, étaient d'un tout autre ordre. Ça n'était pas Daytona, mais on doit quand même parler d'impressionnant succès. Au-delà des nombres, ce qui m'a le plus frappé, c'est l'engouement généré par la marque. Au Mexique, la ministre du Tourisme était non seulement présente, mais aussi intéressée. Même l'armée a accueilli le petit contingent de journalistes mexicains auquel je me suis joint. Au Brésil, j'ai été complètement étonné par les gens qui se sont présentés sur le site des Rio Harley Days, puisqu'il ne s'agissait pas en majorité du « gars ou de la fille de Harley » typiquement accoutré, mais plutôt de jeunes familles voulant s'approcher, toucher et même s'asseoir sur ces « mythiques machines ». On aurait dit qu'une vedette était en ville et qu'une foule accourait pour l'accueillir et prendre une photo à côté d'elle. Quant aux propriétaires de Harley-Davidson, leur fierté était presque palpable, mais on aurait dit qu'elle n'était pas tout à fait la même qu'en Amérique du Nord. Là-bas, c'est comme si le phénomène Harley-Davidson repartait à zéro, comme s'il se situait là où il était il y a 20 ans chez nous. La plus importante conclusion que je tire de ce petit périple chez les latinos américains, c'est que la mystérieuse force qu'est Harley-Davidson représente un formidable cheval de Troie pour la moto. Si les constructeurs rivaux sont le moindrement futés, ils observeront de très près le succès de la marque de Milwaukee dans cette partie du monde, car si cette dernière arrive vraiment à surmonter les obstacles économiques et à se mettre à y vendre des motos, la logique voudrait que la porte soit aussi ouverte pour les autres marques. Après tout, ne se sont-elles pas mises à vendre des customs en Amérique uniquement grâce à la popularité des Harley-Davidson ? » B.G.

La majorité de la clientèle qui s'est présentée sur le site des Rio Harley Days, à Rio de Janeiro, était parfaitement... normale. Jeunes et moins jeunes n'avaient qu'un intérêt, celui de voir et de toucher une Harley-Davidson.

VENTES AU DÉTAIL GLOBALES DE HARLEY-DAVIDSON

Comme tous les constructeurs, Harley-Davidson a vu ses ventes chuter après la crise économique. Le nombre d'unités vendues en Amérique latine peut sembler faible, mais il n'est pas si loin des résultats canadiens et Harley-Davidson croit que la tendance à la hausse se maintiendra dans cette partie du monde. En fait, le constructeur prévoit que d'ici 2014, ses exportations atteindront 40 pour cent de sa production, contre 25 pour cent en 2007. Avec un tel déplacement des ventes vers les marchés internationaux, il n'est pas étonnant que le constructeur commence à regarder sérieusement les plus petits marchés, puisque lorsqu'ils sont additionnés, ceux-ci représentent une opportunité intéressante.

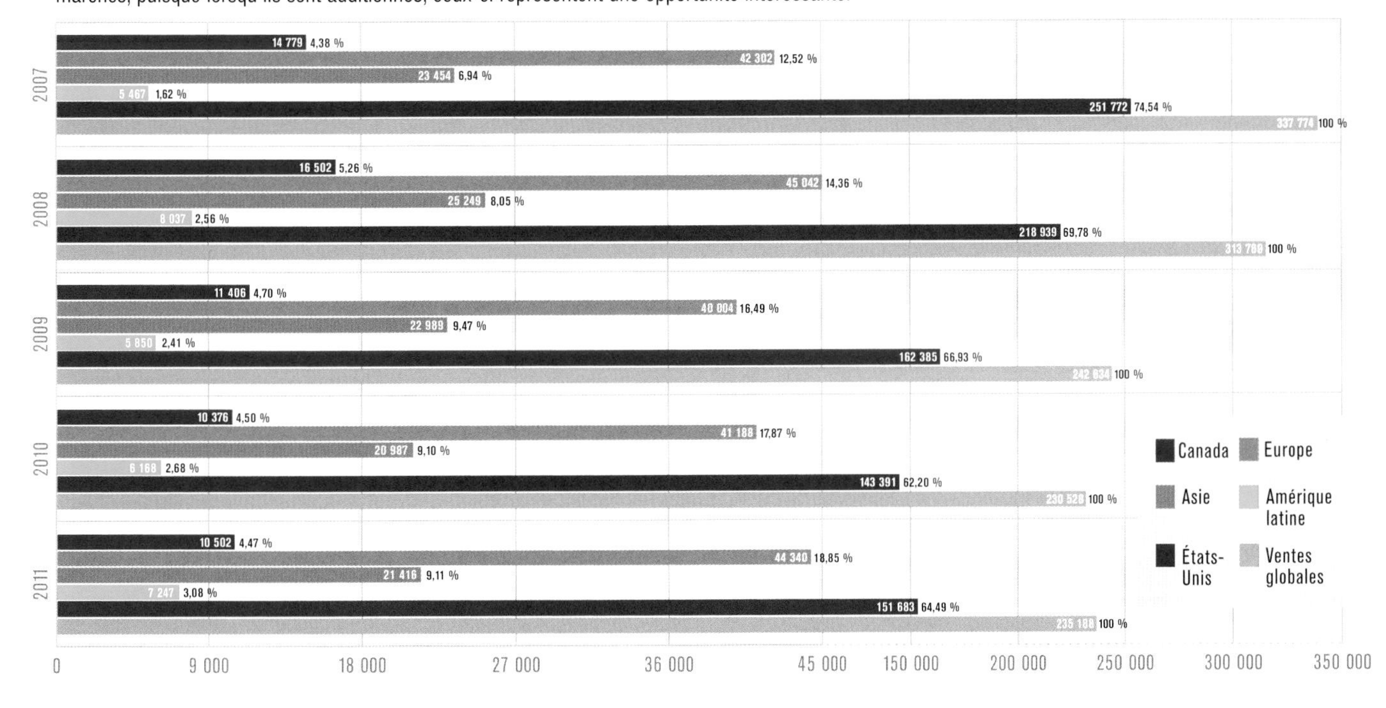

SAN DIEGO, CALIFORNIE

Certaines régions de la Californie, comme les environs de la ville de San Diego, ne sont pas les plus majestueuses de l'état. Le relief tout en collines garantit par contre des routes dont le tracé se tord à en devenir un terrain de jeu, dont profite ici l'auteur aux commandes de la Ninja 650 2012 à l'occasion de son lancement officiel.

Photo : Kinney Jones

L'index des concessionnaires du Guide de la Moto est un service payant. Seuls les concessionnaires et les manufacturiers participants y figurent.

ANDRÉ JOYAL MOTONEIGE
438, rang Thiersant, St-Aimé Massueville
450 788-2289
www.andrejoyal.com

AS MOTO INC.
8940, boul. Ste-Anne, Château-Richer
418 824-5585
www.asmoto.com

ATELIER CSP
505, 2e Rue Est, Rimouski
418 725-4843
www.ateliercsp.com

ATELIER DE RÉPARATION LAFORGE
1167, boul. Laure, Sept-Îles
418 962-6051
www.atelierlaforge.com

BEAUCE SPORT
610, boul. Vachon Sud, Ste-Marie-de-Beauce
418 387-6655
www.beaucesports.com

CENTRE DU SPORT LAC ST JEAN
2500, avenue du Pont Sud, Alma
418 662-6140
www.lecentredusportlacstjean.com

CENTRE MOTO FOLIE
7777, Métropolitain Est, Montréal
514 493-1956

CENTRE SPORT ST-FÉLICIEN
850, boul. Sacré-Cœur, St-Félicien
418 679-3000
www.centredusportlacstjean.com

CLÉMENT MOTOS
630, Grande Carrière, Louiseville
819 228-5267
www.clementmoto.com

DENIS GÉLINAS MOTOS
1430, boul. Ducharme, La Tuque
819 523-8881

DESHAIE'S MOTOSPORT
8568, boul. St-Michel, Montréal
514 593-1950
www.deshaiesmotosport.com

DUFOUR ADRÉNALINE
967, boul. Monseigneur-de-Laval, Baie-St-Paul
418 240-6357

ÉQUIPEMENTS MOTORISÉS LES CHUTES
975, 5e avenue, Shawinigan Sud
819 537-5136
www.equipementsleschutes.com

ÉQUIPEMENT R.S. LACROIX
552, Principale Sud, Amos
819 732-2177

GAUTHIER MARINE
1 095, rue L'escale, Val-d'Or
819 825-5955

GÉNÉRATION SPORT
945, chemin Rhéaume
St-Michel-de-Napierville
450 454-9711
www.generation-sport.ca

JAC MOTOS SPORT
855, des Laurentides, St-Antoine
450 431-1911
www.jacmotosport.com

LAVAL MOTO
315, boul. Cartier, Laval
450 662-1919
www.lavalmoto.com

LOCATION BLAIS INC.
280, avenue Larivière, Rouyn-Noranda
819 797-9292
www.locationblais.com

MATANE MOTOSPORT
1455 Du Phare Ouest, Matane
418 562-3322
www.matanemotosport.ca

MINI MÉCANIQUE GASPÉ
5, rue Des Lilas, Gaspé
418 368-5733

MOTEURS C-A
106, Route 132 Est, Gascons
418 396-5504

MOTO DUCHARME
761, chemin des Prairies, Joliette
450 755-4444
www.motoducharme.com

MOTO EXPERT BAIE COMEAU
1884, Laflèche, Baie Comeau
418 295-3030

MOTO EXPERT STE-ROSALIE
6500, boul. Laurier Est, Sainte-Rosalie
450 799-3000

MOTO FALARDEAU
1670, boul. Paquette, Mont-Laurier
819 440-4500
www.motofalardeau.com

MOTO MAG
2, du Pont, Chicoutimi
418 543-3750

MOTO PERFORMANCE 2000 INC.
1500, Forand, Plessisville
819 362-8505
www.motoperformance2000.com

MOTOPRO GRANBY
564, Dufferin, Granby
450 375-1188
www.motoprogranby.net

MOTOS ILLIMITÉES
3250, des Entreprises, Terrebonne
450 477-4000
www.motosillimitees.com

MOTOSPORT NEWMAN
7308, boul. Newman, LaSalle
514 366-4863
www.motosportnewman.com

MOTOSPORT NEWMAN PIERREFOND
14 400, boul. Pierrefonds, Pierrefonds
514 626-1919
www.motosportnewman.com

MOTOSPORT NEWMAN RIVE-SUD
3259, boul. Taschereau, Greenfield Park
450 656-5006
www.motosportnewman.com

MOTO VANIER QUÉBEC
776, boul. Wilfrid-Hamel, Québec
418 527-6907
www.motovanier.com

NADON SPORT
280, Béthanie, Lachute
450 562-2272
www.nadonsportlachute.com

NADON SPORT
62, St-Louis, St-Eustache
450 473-2381
www.nadonsport.com

NAPA PIÈCES D'AUTO
147, rue St-Benoit Est, Amqui
418 629-4679

PELLETIER MOTOSPORT
356, rue Temiscouata, Rivière-du-Loup
418 867-4611

R-100 SPORTS
512, chemin Chapleau, Bois-des-Filions
450 621-7100
www.r-100sport.com

ROCK MOTO SPORT
989, rue Fortier Sud, Sherbrooke
819 564-8008
www.rockmotosport.com

ROGER A. PELLETIER
6, rue des Érables, Cabano
418 854-2680
www.fautvoirpelletier.ca

R.P.M. RIVE-SUD
226, chemin des Îles, Lévis
418 835-1624
www.rpmrivesud.com

SPORT COLLETTE RIVE-SUD
1233, rue Armand-Frappier, Ste-Julie
450 649-0066
www.sportcollette.com

SPORT PLUS ST-CASMIR
480, Notre-Dame, St-Casimir
418 339-3069
www.sportsplusst-casimir.com

ST-JEAN MOTO
8, route 144, St-Jean-sur-Richelieu
450 347-5999
www.stjeanmoto.ca

TECH MINI-MÉCANIQUE
196, chemin Haut-de-la-Rivière, St-Pacôme
418 852-2922

TRUDEL PERFORMANCE 3-RIVIÈRES
1908, rue St-Phillip, Trois-Rivières
819 376-7436

www.suzuki.ca

ATELIER DE RÉPARATION LAFORGE
1167, boul. Laure, Sept-Îles
418 962-6051
www.atelierlaforge.com

BAIE-COMEAU MOTOSPORT
2633, boul. Laflèche, Baie-Comeau
418 589-2012

CENTRE MOTO FOLIE
7777, boul. Metropolitain Est, Anjou
514 493-1956

CLAUDE STE-MARIE SPORTS
5925, chemin Chambly, St-Hubert
450 678-4700

CLÉMENT MOTOS
630, chemin de la Grande Carrière
Louiseville
819 228-5267

ÉQUIPEMENTS F.L.M.
1346, boul. St-Antoine, (St-Antoine)
St-Jérome
450 436-8838

GAÉTAN MOTO
1601, boul. Henri-Bourassa, Québec
418 648-0621
www.gaetanmoto.com

GARAGE J-M VILLENEUVE
206, boul. St-Benoit Est, Amqui
418 629-1500

GERMAIN BOUCHER SPORTS
980, boul. Iberville, Iberville
450 347-3457

GRÉGOIRE SPORT
2061, Route 131, Notre-Dame-de-Lourdes
450 752-2442

HARRICANA AVENTURES
211, rue Principale Sud, Amos
819 732-4677

LAVAL MOTO
315, boul. Cartier Ouest, Laval
450 662-1919
www.lavalmoto.com

MARINA TRACY SPORTS
3890, Chemin St-Roch, Tracy
450 742-1910
www.marina-tracy.com

MARTIAL GAUTHIER LOISIRS
1015, boul. Ste-Geneviève, Chicoutimi
418 543-6537
www.martialgauthier.com

MINI MOTEUR RG
1012, avenue Bergeron, St-Agapit
418 888-3692
www.minimoteursrg.com

MOTO GATINEAU
666, boul. Maloney, Gatineau
819 663-6162

MOTO JMF
842, boul. Frontenac Ouest, Thetford Mines
418 335-6226
www.motojmf.com

MOTO REPENTIGNY
101, rue Grenier, Charlemagne
450 585-5224

MOTOS ILLIMITÉES
3250, boul. de L'Entreprise, Terrebonne
450 477-4000

MOTO THIBAULT MAURICIE
205, Dessurault, Trois-Rivières
819 375-2727

MOTOS THIBAULT SHERBROOKE
3750, rue du Blanc-Côteau, Sherbrooke
819 569-1155
www.motosthibault.com

PERFORMANCE GP MONTMAGNY
230, chemin des Poiriers, Montmagny
418 248-9555
www.performancegp.com

PICOTTE MOTOSPORT
1257, rue Principale, Granby
450 777-5486
www.picottemotosport.com

PRESTIGE MOTOSPORT
15 655, boul. Lacroix Est
St-Georges (Beauce)
418 228-6619
www.prestigemotosport.com

PRO-PERFORMANCE GPL
5750, boul. Ste-Anne
Boischatel
418 822-3838
www.properformance.ca

PULSION SUZUKI
150 D, Route 122,
(St-Germain) Drummondville
819 395-4040
www.pulsionsuzuki.com

RM MOTOSPORT
22, boul. Arthabasca (Route 116)
Victoriaville
819 752-6427
www.rmmotosport.com

ROLAND SPENCE & FILS
4364, boul. du Royaume, Jonquière
418 542-4456

RPM RIVE-SUD
226, chemin des Îles, Lévis
418 835-1624
www.rpmrive-sud.com

SM SPORT
11 337, boul. Valcartier
(Loretteville) Québec
418 842-2703
www.smsport.ca

SPORT BELLEVUE
1395, boul. du Sacré-Cœur
St-Félicien
418 679-1005
www.sportbellevue.ca

SPORT PATOINE
1431, Route Kennedy, Scott
418 387-5574
www.sportspatoine.com

www.yamaha-motor.ca

ABITIBI-TÉMISCAMINGUE

DIMENSION SPORT
208, route 393 Sud, La Sarre
819 333-3030
www.dimensionsport.com

HARRICANA AVENTURES
211, rue Principale Sud, Amos
819 732-4677
www.harricanaaventures.com

HARRICANA AVENTURES VAL-D'OR
1601, 3e avenue, Val-d'Or
819 874-2233
www.harricanaaventures.com

MOTO SPORT DU CUIVRE
2045, boul. Rideau, Rouyn-Noranda
819 768-5611
www.motosportducuivre.com

SCIE ET MARINE FERRON
7, rue Principale Nord, Béarn
819 726-3231
www.scieetmarineferron.com

BAS ST-LAURENT

GARAGE GHISLAIN ST-PIERRE
1207 Route 185 Sud, Dégelis
418 853-2310

LIONEL CHAREST & FILS
472, rue Principale, Pohénégamook
418 893-5334
www.lcharest.com

PELLETIER MOTO SPORT
356, rue Témiscouata, Rivière-du-Loup
418 867-4611

P. LABONTÉ ET FILS
1255, rue Industrielle, Mont-Joli
418 775-5877
www.plabonte.com

CENTRE DU QUÉBEC

EUGÈNE FORTIER & FILS
100, boul. Baril, Princeville
819 364-5339
www.eugenefortier.com

LE DOCTEUR DE LA MOTO
4919, rang St-Joseph, Ste-Perpétue
819 336-6307
www.docteurdelamoto.qc.ca

SPORT 100 LIMITES
825, rue St-Joseph, Drummondville
819 445-6686

CHAUDIÈRE-APPALACHES

MINI MOTEURS R.G.
1012, avenue Bergeron, St-Agapit
418 888-3692

MOTO JMF
842, boul. Frontenac Ouest, Thetford Mines
418 335-6226
www.motojmf.com

MOTO PRO
6685, 127e rue, St-Georges-Est (Beauce)
418 228-7574
www.equipemotopro.com

N.D.B. SPORT
309, rue St-Louis, Warwick
819 358-2275
www.ndbsports.com

PERFORMANCE G.P. MONTMAGNY
230, chemin des Poirier, Montmagny
418 248-9555
www.promoto.qc.ca

SPORT TARDIF
428, rue Principale, Vallée-Jonction
418 253-6164
www.sporttardif.com

CÔTE NORD

BAIE-COMEAU MOTORSPORTS
2633, boul. La Flèche, Baie-Comeau
418 589-2012

XTREM MOTOSPORTS
487, avenue du Québec, Sept-Iles
418 961-2111

ESTRIE

GAGNÉ-LESSARD SPORTS
16, route 147, Coaticook
819 849-4849
www.gagnelessard.com

GARAGE RÉJEAN ROY
2760, rue Laval, Lac Mégantic
819 583-5266
www.garagerejeanroy.com

MOTOS THIBAULT SHERBROOKE
3750, Du Blanc-Coteau, Sherbrooke
819 569-1155
www.motosthibault.com

PICOTTE MOTOSPORT
1257, rue Principale, Granby
450 777-5486
www.picottemotosport.com

GASPÉSIE

ABEL-DENIS HUARD MARINE ET MOTO
12, route Leblanc, Pabos
418 689-6283
www.abeldenishuard.com

AVENTURES SPORT MAX
161, Perron Ouest, Caplan
418 388-2231
www.sportsmax.ca

AVENTURES SPORT MAX
141, boul. Interprovincial, Pointe-à-la-Croix
418 788-5666
www.sportsmax.ca

BOUTIQUE DE LA MOTO (MATANE)
1416, avenue du Phare Ouest, Matane
418 562-5528
www.boutiquedelamoto.com

GARAGE LÉON COULOMBE ET FILS
40, rue Prudent-Cloutier, Mont-St-Pierre
418 797-2103

MINI MÉCANIQUE GASPÉ
5, rue des Lilas (Parc Industriel), Gaspé
418 368-5733
www.minimecaniquegaspe.com

LANAUDIÈRE

GRÉGOIRE SPORT
1291, route 343, St-Ambroise-de-Kildaire
(comté Joliette)
450 752-2442
www.gregoiresport.com

GRÉGOIRE SPORT
2061, boul. Barrette (route 131),
Notre-Dame-de-Lourdes
450 752-2201
www.gregoiresport.com

MOTOS ILLIMITÉES
3250, boul. des Entreprises, Terrebonne
450 477-4000
www.motosillimitees.com

LAURENTIDES

CENTRE DU SPORT ALARY
1324, route 158 (boul. St-Antoine), St-Jérôme
450 436-2242
www.sportalary.com

DESJARDINS STE-ADÈLE MARINE
1961, boul. Ste-Adèle, Ste-Adèle
450 229-2946
www.desjardinsmarine.com

GÉRALD COLLIN SPORTS
1664, route 335, St-Lin-des-Laurentides
450 439-2769
www.geraldcollinsport.com

MONT-LAURIER SPORTS
224, boul. des Ruisseaux, Mont-Laurier
819 623-4777
www.mont-laurier-sports.com

NADON SPORT LACHUTE
280, avenue Béthany, Lachute
450 562-2272
www.nadonsportlachute.com

XTREME MILLER SPORT
175 Route 117, Mont-Tremblant
819 681-6686
www.xtrememillersport.com

MAURICIE

DENIS GÉLINAS MOTOS
1430, boul. Ducharme, La Tuque
819 523-8881

J. SICARD SPORT
811, boul. St-Laurent Est, Louiseville
819 228-5803
www.jsicardsport.com

MOTOS THIBAULT MAURICIE
205, rue Dessureault, Trois-Rivières
819 375-2222
www.motosthibault.ca

www.yamaha-motor.ca

MAURICIE ÉVASION SPORTS
645, route 153, St-Tite
418 365-3223
www.mauricieevasionsports.com

SPORTS PLUS ST-CASIMIR
480, rue Notre-Dame, St-Casimir
418 339-3069
www.sportsplusst-casimir.com

MONTÉRÉGIE

JASMIN PÉLOQUIN SPORTS
1210, boul. Fiset, Sorel-Tracy
450 742-7173
www.jasminpeloquinsport.com

MOTO R.L. LAPIERRE
1307, rue St-Édouard, St-Jude
450 792-2366
www.motorl.com

MOTO SPORT NEWMAN RIVE-SUD
3259, boul. Taschereau, Greenfield Park
450 656-5006
www.motosportnewman.com

SÉGUIN SPORT
5, rue St-Jean-Baptiste Est, Rigaud
450 451-5745
www.seguinsport.ca

SPORT COLLETTE RIVE-SUD
1233, boul. Armand-Frappier, Ste-Julie
450 649-0066
www.sportcollette.com

MONTÉRÉGIE

SUPER MOTO ST-HILAIRE
581, boul. Laurier, St-Hilaire
450 467-1521
www.super-moto.ca

VARIN YAMAHA
245, rue St-Jacques, Napierville
450 245-3663

OUTAOUAIS

CHARTRAND YAMAHA
1087, chemin de Montréal, Gatineau
819 986-3595
www.chartrandyamaha.com

EARL LÉPINE GARAGE
1235, Chapeau Waltham Road, Chapeau
819 689-2972

LES SPORTS DAULT ET FRÈRES
383, boul. Desjardins, Maniwaki
819 449-1001
www.sportsdault.qc.ca

MOTO GATINEAU
656, boul. Maloney Est, Gatineau
819 663-6162
www.motogatineau.com

RÉCRÉATIF RMB
458, rue Vanier, Gatineau
819 682-6686
www.rmbmoto.com

RÉGION DE MONTRÉAL

ALEX BERTHIAUME & FILS
4398, rue De la Roche, Montréal
514 521-0230
www.alexberthiaume.com

CENTRE MOTO FOLIE
7777, boul. Métropolitain Est, Montréal
514 352-9999

DESHAIES MOTOS
8568, boul. St-Michel, Montréal
514 593-1950
www.deshaiesmotosport.com

MOTOSPORT NEWMAN LASALLE
7308, boul. Newman, LaSalle
514 366-4863
www.motosportnewman.com

MOTOSPORT NEWMAN PIERREFONDS
1440, boul. Pierrefonds, Pierrefonds
514 626-1919
www.motosportnewman.com

NADON SPORT ST-EUSTACHE
62, rue St-Louis, St-Eustache
450 473-2381
www.nadonsport.com

RÉGION DE QUÉBEC

G.L. SPORT
94, rue Principale
Saint-Gervais-de-Bellechasse
418 887-3691

PERFORMANCE VOYER
125, Grande Ligne, St-Raymond-de-Portneuf
418 337-8744
www.performancevoyer.com

PRO-PERFORMANCE
5750, boul. Ste-Anne, Boischatel
418 822-3838
www.properformance.ca

RPM RIVE-SUD
226, chemin des Îles, Lévis
418 835-1624
www.rpmrivesud.com

S.M. SPORT
113, boul. Valcartier, Loretteville
418 842-2703
www.smsport.ca

SAGUENAY/LAC ST-JEAN

CENTRE DU SPORT LAC ST-JEAN
1454, rue Principale, Chambord (Lac St-Jean)
418 342-6202
www.centredusportlacstjean.com

CENTRE DU SPORT LAC ST-JEAN
2500, ave. du Pont Sud, Alma
418 662-6140
www.centredusportlacstjean.com

CENTRE DU SPORT LAC ST-JEAN
850, boul. Sacré-Coeur, St-Félicien
418 679-3000
www.centredusportlacstjean.com

ÉVASION SPORT D.R.
2639, route 170, Laterrière
418 678-2481
www.evasion-sport.com

GAUDREAULT YAMAHA
2872, boul. Wallberg, Dolbeau-Mistassini
418 276-2393

MARTIAL GAUTHIER LOISIRS
1015, boul. Ste-Geneviève, Chicoutimi-Nord
418 543-6537
www.martialgauthier.com

SAGUENAY MARINE
1911, rue Sainte-Famille, Jonquière
418 547-2022
www.saguenaymarine.com

SPORTS PLEIN-AIR GAGNON
870, 3e Rue, Chibougamau
418 748-3134

INDEX DES CONCESSIONNAIRES DUCATI

www.ducati.com

DUCATI MONTRÉAL
6816, boul. St-Laurent, Montréal
514 658-0610
www.ducatimontreal.com

MONETTE SPORTS
251, boul. des Laurentides, Laval
450 668-6466
1 800 263-6466
www.monettesports.com

MOTOS THIBAULT SHERBROOKE
3750, rue du Blanc-Coteau
Sherbrooke
819 569-1155
www.motosthibault.com

MOTO VANIER QUÉBEC
776, boul. Wilfrid-Hamel
Québec
418 527-6907
1 888 527-6907
www.motovanier.ca

INDEX DES CONCESSIONNAIRES BMW

www.bmw-motorrad.ca

ÉVASION BMW
5020, boul. Industriel, Sherbrooke
819 821-3595
www.performancenc.ca

MONETTE SPORTS
251, boul. des Laurentides, Laval
450 668-6466
www.monettesports.com

MOTO INTERNATIONALE
6695, rue St-Jacques Ouest
Montréal
514 483-6686
www.motointer.com

MOTO VANIER QUÉBEC
776, boul. Wilfrid-Hamel, Québec
418 527-6907
www.motovanier.ca

INDEX DES CONCESSIONNAIRES BRP

www.can-am.brp.com

ACCENT PLEIN AIR
171, rue Prinicipale Sud, Amos
819 732-9119
www.accentpleinair.com

ADRÉNALINE SPORTS
6280, boul. Wilfrid-Hamel, Ancienne-Lorette
418 687-0383
www.adrenalinesports.ca

ANDRÉ HALLÉ & FILS
121, rue St-Benoit Est, Amqui
418 629-4111
www.andrehalle.com

ATELIER DE REPARATION LAFORGE
1167, boul. Laure, Sept-Îles
418 962-6051
www.atelierlaforge.com

BLAIS RÉCRÉATIF
280, avenue Larivière, Rouyn-Noranda
819 797-1232
www.blaisrecreatif.com

CENTRE DE LA MOTONEIGE
9060, rue de la Montagne, Valcourt
450 532-2262
www.centredelamotoneige.com

CLAUDE STE-MARIE SPORT
5925, chemin Chambly, St-Hubert
450 678-4700
www.stemariesport.com

CONTANT LAVAL
6310, boul. des Mille-Îles, Laval
450 666-6676
www.contant.ca

CONTANT MIRABEL
18 000, rue J.A. Bombardier, Mirabel
450 434-6676
www.contant.ca

CONTANT STE-AGATHE
1300, chemin Impasse de la Tourbière
Ste-Agathe-des-Monts
819 326-6626
www.contant.ca

DION MOTO
840, côte Joyeuse, St-Raymond
418 337-2776
dionmoto.com

ELITECH SPORTS ÉVASION
1200, chemin de la Gabelle
Saint-Étienne-des-Grès
819 691-1773
www.elitechsportevasion.com

ÉQUIPEMENTS VILLENEUVE
1178, boul. Ste-Geneviève, Chicoutimi Nord
418 543-3600
www.equipementsvilleneuve.com

F. CONSTANTINEAU & FILS
1117, boul. Paquette, Mont Laurier
819 623-1724
www.fconstantineau.com

GARAGE REJEAN ROY
2760, rue Laval, Lac Megantic
819 583-5266
www.garagerejeanroy.com

LAPOINTE SPORTS
576, route 131, Joliette
(Notre-Dame-des-Prairies)
450 752-1224
www.lapointesports.com

LOISELLE SPORTS GATINEAU
776 C, boul. Maloney, Gatineau
819 893-2925
www.loisellesports.com

MERCIER MARINE
3670, boul. Frontenac Ouest, Thetford Mines
418 423-5517
www.merciermarine.com

PERFORMANCE N.C. – GRANBY
125, rue Pierre-Paradis, St-Alphonse-de-Granby
450 360-3888
www.performancenc.ca

PERFORMANCE N.C. – PRINCEVILLE
780, boul. Baril Ouest (Route 116), Princeville
819 505-0712
www.performancenc.ca

PERFORMANCE N.C. – ST-GERMAIN
176, boul. Industriel, St-Germain-de-Grantham
819 395-2464
www.performancenc.ca

PERFORMANCE N.C. – SHERBROOKE
5020, boul. Industriel, Sherbrooke
819 821-3595
www.performancenc.ca

RIENDEAU SPORTS
2109, chemin de l'Industrie
St-Mathieu-Beloeil
450 446-9109
www.riendeausports.com

SPORTS D.R.C.
3055, rue du Pont Sud, Alma
418 668-7389

SUMMUM SPORT
625, rue Dubois, St-Eustache
450 974-0404
www.summumsport.com

T.Y. MOTEURS
1091, rue Commercial, Saint-Jean-Chrysostome
418 833-0500
www.tymoteurs.com

INDEX DES CONCESSIONNAIRES TRIUMPH

www.triumphmotorcycles.com

MOTO MONTRÉAL
1601, Wellington, Montréal
514 932-9718 • 1 800 561-0609
www.motomontreal.com

MOTO VANIER QUÉBEC
776, boul. Wilfrid-Hamel, Québec
418 527-6907 • 1 888 527-6907
www.motovanier.ca

www.harleycanada.com

ATELIER DE MÉCANIQUE PRÉMONT
2495, boul. Wilfrid-Hamel Ouest, Québec
418 683-1340
www.premont-harley.com

BÉCANCOUR HARLEY-DAVIDSONMD
4350, rue Arsenault, Bécancour
819 233-3303
www.harley-blanchette.com

BIBEAU MOTO SPORT
1704, chemin Sullivan, Val d'Or
819 824-2541

CARRIER HARLEY-DAVIDSONMD
5630, rue Martineau, St-Hyacinthe
450 549-4341
www.boileauharley.ca

CARRIER HARLEY-DAVIDSONMD DRUMMONDVILLE
176, boul. Industriel, St-Germain-de-Grantham
819 395-2464

HARLEY-DAVIDSONMD LAVAL
4501 autoroute 440 Ouest, Laval
450 973-4501
www.harleylaval.net

HARLEY-DAVIDSONMD CÔTE-NORD
305, boul. Lasalle, Baie Comeau
418 296-9191
www.hamiltonbourassa.com

HARLEY-DAVIDSONMD DE L'OUTAOUAIS
22, boul. Mont-Bleu, Gatineau
819 772-8008
www.hdoutaouais.ca

HARLEY-DAVIDSONMD MONTRÉAL
6695, rue St-Jacques Ouest, Montréal
514 483-6686
www.harleydavidsonmontreal.com

HARLEY-DAVIDSONMD RIMOUSKI
424, Montée Industrielle, Rimouski
418 724-0883

LEO HARLEY-DAVIDSONMD
8705, boul. Taschereau, Brossard
450 443-4488
www.leoharleydavidson.com

MOTOSPORTS G.P.
12, boul. Arthabasca, Victoriaville
819 758-8830
www.motosportsgp.com

MOTO VISION LAURENTIDES
131, chemin du lac Millette, suite 102
Saint-Sauveur
450 227-4888
www.visionharley.com

PRÉMONT BEAUCE HARLEY-DAVIDSONMD (SHOP)
3050, route Kennedy
Notre-Dame-des-Pins
418 774-2453

R.P.M. MOTO PLUS
2510, rue Dubose, Saguenay
418 699-7766

SHAWINIGAN HARLEY-DAVIDSONMD
6033, boul. des Hêtres, Shawinigan
819 539-1450
www.shawiniganharleydavidson.com

SHERBROOKE HARLEY-DAVIDSONMD
4203 King Ouest, Sherbrooke
819 563-0707
www.sherbrookeharley.com

SPORT BOUTIN
2000, boul. Hébert, Valleyfield
450 373-6565
www.sportboutin.com

VISION HARLEY-DAVIDSONMD
47, rue de Lyon, Repentigny
450 582-2442
www.visionharley.com

INDEX DES CONCESSIONNAIRES VICTORY

www.victorymotorcycles.com

ATELIER CSP
505, 2e rue Est, Rimouski
418 725-4843
www.ateliercsp.com

GOBEIL ÉQUIPEMENT
2138, boul. Saint-Jean-Baptiste, Chicoutimi
418 549-3956
www.gobeilequipement.ca

MALTAIS PERFORMANCE
190, boul. Gérard D. Lévesque Est, Paspébiac
418 752-7000
www.maltaisperformance.com

MARINE NOR-SPORT
25, boul. des Hauteurs, St-Jérôme
450 436-2070
www.nor-sport.com

MARTIN AUTO CENTRE
1832, 3e avenue, Val-d'Or
819 824-4575
www.martinautocentre.com

MOTO DUCHARME
761, chemin des Prairies, Joliette
450 755-4444
www.motoducharme.com

MOTOS ILLIMITÉES
3250, boul. des Entreprises, Terrebonne
450 477-4000
www.motosillimitees.com

MOTOSPORT NEWMAN PIERREFONDS
14 400, boul Pierrefonds, Pierrefonds
514 626-1919
www.motosportnewman.com

NADON SPORTS ST-EUSTACHE
62, rue St-Louis, St-Eustache
450 473-2381
www.nadonsport.com

PASSION SPORT
731, boul. Saint-Laurent Est, Louiseville
819 228-2066
www.passionsport.ca

PICOTTE MOTORSPORT
1257, rue Principale, Granby
450 777-5486
www.picottemotosport.com

PINARD MOTO
1193, route 125, Ste-Julienne
450 831-2212
www.pinardmoto.com

RM MOTOSPORT
22, boul. Arthabasca Est
Victoriaville
819 752-6427
www.rmmotosport.com

RPM RIVE-SUD
226, chemin des îles, Lévis
418 835-1624
www.rpmrivesud.com

SPORT 100 LIMITES
825, boul. St-Joseph
Drummondville
819 445-6686
www.sport100limites.com

SPORT COLLETTE RIVE-SUD
1233, boul. Armand Frappier
Ste-Julie
450 649-0066
www.sportcollette.com

NOTES